Künkele/Vodermeier/Zwirner
Rückstellungen in der Bilanzierungspraxis

Zusätzliche digitale Inhalte für Sie!

Dieses Buch bietet Ihnen mehr als nur eine gedruckte Version! Nutzen Sie die folgenden Möglichkeiten, die Ihnen für dieses Produkt in der NWB Datenbank zur Verfügung stehen.

@ Online-Version

Sie haben das gedruckte Exemplar Ihres Buches nicht zur Hand oder möchten etwas schnell recherchieren? Dann nutzen Sie die Online-Version Ihres Buches. Diese steht Ihnen nach Eingabe des folgenden Freischaltcodes direkt zur Verfügung.

Schalten Sie sich Ihre digitalen Mehrwerte direkt frei:

Scannen Sie den QR-Code **oder** rufen Sie die Seite www.nwb.de auf.
Geben Sie den Freischaltcode ein und folgen Sie dem Anmeldedialog. Fertig!

Ihr Freischaltcode
PECV-FKOU-GWIH-DGIN-XWZG-C

www.nwb.de

Rückstellungen in der Bilanzierungspraxis

Ansatz, Ausweis und Bewertung in Handels- und Steuerrecht

- Zahlreiche Beispiele
- Praxistransfer
- ABC der Rückstellungen (über 1.000 Stichwörter)

Von
WP/StB Dipl.-Kfm. Kai Peter Künkele
WP/StB Michael Vodermeier M. Sc.
WP/StB Dipl.-Kfm. Prof. Dr. Christian Zwirner

Unter Mitarbeit von
Dr. Marcel Schmeer

5., aktualisierte Auflage

nwb

ISBN 978-3-482-**68405**-0
5., aktualisierte Auflage 2025

NWB Verlag GmbH & Co. KG
Eschstr. 22
44629 Herne
service@nwb.de

Satz: Reemers Publishing Services GmbH, Krefeld
Druck: mediaprint solutions, Paderborn

Um eine gute Lesbarkeit zu gewährleisten, verwenden wir in Fachtexten in der Regel geschlechtsspezifische Personenbezeichnungen. Selbstverständlich sind damit alle Menschen gleichermaßen gemeint.

VORWORT

Rückstellungen gehören nach wie vor zu den bedeutendsten Bilanzposten und sind zentraler Bestandteil des handelsrechtlichen Jahresabschlusses. Dies manifestiert sich in ihrem rein quantitativen Umfang, den ihnen innewohnenden bilanzpolitischen Möglichkeiten und der umfangreichen Rechtsprechung zu ihrem Ansatz und ihrer Bewertung. Ebenso sind Rückstellungen immer wieder Gegenstand der steuerlichen Betriebsprüfung sowie finanzgerichtlicher Verfahren. Die Bilanzierenden sind im Zusammenhang mit Rückstellungen mit einer Vielzahl von Fragestellungen konfrontiert. Das vorliegende Werk geht auf die bilanziellen Fragen zu Ansatz, Bewertung und Ausweis von Rückstellungen ein. Dabei wird der aktuelle Meinungsstand in Rechtsprechung und Finanzverwaltung ebenso berücksichtigt wie gesetzliche Neuerungen. Insgesamt wurden für die aktuelle Auflage mehr als 250 Urteile berücksichtigt und ausgewertet. Auch wird an den einzelnen Stellen auf die Abweichungen zwischen Handelsrecht und Steuerrecht eingegangen. Einen Schwerpunkt stellt die Bilanzierung von Pensionsrückstellungen, als eine der wichtigsten Rückstellungsarten, dar.

Problembereiche der Rückstellungsbilanzierung werden anhand von zahlreichen Schaubildern, Beispielen und Buchungssätzen verständlich aufbereitet. Für die Bilanzierungspraxis relevante Chancen und Risiken der Rückstellungsbilanzierung werden anhand von Praxistipps verdeutlicht.

In der Praxis sind Ansatz und Bewertung von Rückstellungen in den letzten Jahren immer komplizierter geworden. Ein Grund ist das zunehmende Auseinanderfallen von Handels- und Steuerbilanz. Der Steuergesetzgeber hat für Ansatz und Bewertung von Rückstellungen in der Steuerbilanz vielfältige Regelungen geschaffen. Mit der Abschaffung der umgekehrten Maßgeblichkeit steigen die Möglichkeiten einer unabhängigen Steuerbilanzpolitik. Daher werden in diesem Werk auch die steuerbilanziellen Optionen hinsichtlich Ansatz und Bewertung thematisiert. Ein weiterer Grund für die Aufwertung der Bilanzierungsprobleme im Bereich der Rückstellungen ist die zunehmende Rechtsprechung in diesem Bereich. Aufgrund bestehender Ermessenspielräume bei der Bilanzierung dem Grunde nach und des gegebenen Schätzrahmens bei der Bewertung haben sich immer wieder Finanzgerichte und der Bundesfinanzhof mit der Bilanzierung von Rückstellungen zu beschäftigen. „Rückstellungen in der Bilanzierungspraxis" stellt die dadurch entstandenen Änderungen dar und bietet detaillierte Ausführungen zur Umstellung auf die aktuelle Rechtslage. Im Bereich der Rückstellungsbilanzierung weichen Handels- und Steuerrecht mitunter deutlich voneinander ab. In den letzten Jahren haben sich zudem die Fälle gemehrt, in denen das Handelsrecht der steuerrechtlichen Rechtsprechung bzw. etwaigen Verwaltungsanweisungen nicht folgt, sodass sich zunehmend Abweichungen ergeben.

Zentraler Bestandteil des Werkes ist das äußerst umfangreiche ABC der Rückstellungen – mehr als 1.000 Stichwörter werden einzeln dargestellt. Damit enthält das Werk die ganz überwiegende Zahl der in Rechtsprechung, Stellungnahmen der Finanzverwaltung und Literatur behandelten Sachverhalte. Es unterstützt die Bilanzierenden in ihrer täglichen Arbeit. Der Praktiker kann nach einzelnen Rückstellungssachverhalten suchen und sich Klarheit über deren Ansatz, Bewertung und Ausweis verschaffen. Für eine große Zahl von Rückstellungssachverhalten wird die Frage geklärt, ob ein Ansatz von Rückstellungen infrage kommt oder nicht. Die vorliegende Auflage berücksichtigt den im April 2025 bekannten Rechtsstand.

„Rückstellungen in der Bilanzierungspraxis" versorgt die Bilanzierenden mit der Lösung von zentralen Problemstellungen in der Rückstellungsbilanzierung. Sachverhaltsspezifische Fragen zu einzelnen Rückstellungsarten können mithilfe des vorliegenden Werkes untersucht werden – schnell, klar und zielgerichtet. Ebenso lassen sich die Herausforderungen der Rechnungslegungspraxis lösen. Ganz bewusst findet sich in dem Werk daher weiterhin ein kurzes Kapitel zum Übergang auf das BilMoG. Nicht zuletzt, da einzelne Umstellungseffekte bis zum Jahr 2025 fortdauern.

Für seine Mitarbeit bei diesem Werk danken wir Herrn Dr. Marcel Schmeer außerordentlich. Des Weiteren danken wir Herrn Philipp Kontusch für seine Unterstützung. Es wäre uns ohne ihren Einsatz nicht möglich gewesen, das Werk in der aktuellen Form fertigzustellen, um mit der nun vorliegenden 5. Auflage an den Erfolg der Erstauflage anknüpfen zu können. Entscheidend für die aktuelle 5. Auflage waren die hohe positive Resonanz, die das Werk in der Praxis und am Markt erfahren hat, und die laufenden Neuerungen in der Rechtsprechung.

Dem Verlag, namentlich Frau Natalie Mertens, danken wir für die vertrauensvolle und unkomplizierte Zusammenarbeit. Wir freuen uns, das Werk zusammen mit dem Verlag in der nun vorliegenden überarbeiteten, aktualisierten und erweiterten 5. Auflage realisieren zu können.

Wir hoffen, dass das Buch „Rückstellungen in der Bilanzierungspraxis" am Markt erneut eine positive Aufnahme erfahren wird. Da es unser vorrangiges Ziel ist, eine stets aktuelle und praxisnahe Auseinandersetzung mit dem Thema Rückstellungen zu bieten, sind wir auf die Rückmeldungen der Leser dieses Buches angewiesen. Wir freuen uns daher sehr, wenn Sie uns Ihre Anregungen und Anmerkungen ebenso wie Fragen aus Ihrem praktischen Bilanzierungsalltag unter *bilanzrecht@crowe-kleeberg.de* zukommen lassen. Lassen Sie uns auch gerne Vorschläge für neue Stichwörter zukommen. Nur so können wir die aktuellen Entwicklungen, Fragestellungen und Probleme berücksichtigen und dafür Sorge tragen, dass auch künftige Auflagen dieses Werkes stets den Anforderungen der Praxis gerecht werden. Für Ihre Unterstützung diesbezüglich bedanken wir uns bereits heute.

München, im April 2025

Kai Peter Künkele
Michael Vodermeier
Christian Zwirner

INHALTSVERZEICHNIS

ABBILDUNGSVERZEICHNIS

TABELLENVERZEICHNIS

ABKÜRZUNGSVERZEICHNIS

A

a. A.	anderer Ansicht
a. F.	alte Fassung
Abs.	Absatz
Abt.	Abteilung
abzgl.	abzüglich
AfA	Absetzung für Abnutzung
AG	Aktiengesellschaft
AHK	Anschaffungs- und Herstellungskosten
AIFM	Alternative Investment Fund Manager
AIFM-StAnpG	Gesetz zur Anpassung des Investmentsteuergesetzes und anderer Gesetze an das AIFM-Umsetzungsgesetz
AK	Anschaffungskosten
AktG	Aktiengesetz
Alt.	Alternative
AltTZG	Altersteilzeitgesetz
Anm.	Anmerkung
AO	Abgabenordnung
ArbnErfG	Arbeitnehmererfindungsgesetz
Art.	Artikel
AStG	Gesetz über die Besteuerung bei Auslandsbeziehungen
ATZ	Altersteilzeit
Aufl.	Auflage
Az.	Aktenzeichen

B

BAG	Bundesarbeitsgericht
BauGB	Baugesetzbuch
BayLfSt	Bayerisches Landesamt für Steuern
BB	Betriebs-Berater (Zeitschrift)
BBergG	Bundesberggesetz
BBK	Buchführung, Bilanzierung, Kostenrechnung (Zeitschrift)
BBodSchG	Gesetz zum Schutz vor schädlichen Bodenveränderungen und zur Sanierung von Altlasten
BC	Zeitschrift für Bilanzierung, Rechnungswesen und Controlling
Bd.	Band
BeckRS	Beck online Rechtsprechung
BeckVerw	Verwaltungsanweisungen-Datenbank Beck online
Begr.	Begründer
BEHG	Brennstoffemissionshandelsgesetz
BetrAVG	Gesetz zur Verbesserung der betrieblichen Altersversorgung
BetrVG	Betriebsverfassungsgesetz
BewG	Bewertungsgesetz

BFH	Bundesfinanzhof
BFHE	Entscheidungen des Bundesfinanzhofs
BFH/NV	Sammlung amtlich nicht veröffentlichter Entscheidungen des Bundesfinanzhofs
BFuP	Betriebswirtschaftliche Forschung und Praxis (Zeitschrift)
BGB	Bürgerliches Gesetzbuch
BGBl.	Bundesgesetzblatt
BGH	Bundesgerichtshof
BilMoG	Gesetz zur Modernisierung des Bilanzrechts (Bilanzrechtsmodernisierungsgesetz)
BilRUG	Bilanzrichtlinie-Umsetzungsgesetz
BImSchG	Gesetz zum Schutz vor schädlichen Umwelteinwirkungen durch Luftverunreinigungen, Geräusche, Erschütterungen und ähnliche Vorgänge (Bundes-Immissionsschutzgesetz)
BMF	Bundesministerium der Finanzen
BpO	Betriebsprüfungsordnung
BRD	Bundesrepublik Deutschland
BRZ	Zeitschrift für Bilanzierung und Rechnungswesen
bspw.	beispielsweise
BStBl.	Bundessteuerblatt
BT	Bundestag
Buchst.	Buchstabe
BUrlG	Bundesurlaubsgesetz
bzw.	beziehungsweise

C

c.p.	ceteris paribus
CTA	Contractual Trust Arrangement/Agreement

D

d.h.	das heißt
d.Verf.	den Verfasser
DAV	Deutsche Aktuarvereinigung
DAX	Deutscher Aktienindex
DB	Der Betrieb (Zeitschrift)
DGVFM	Deutsche Gesellschaft für Versicherungs- und Finanzmathematik
Diss.	Dissertation
DRS	Deutscher Rechnungslegungsstandard
Drucks.	Drucksache
DSGVO	Datenschutzgrundverordnung
DStR	Deutsches Steuerrecht (Zeitschrift)
DStRE	Deutsches Steuerrecht – Entscheidungsdienst (Zeitschrift)
DStZ	Deutsche Steuer-Zeitung

E

e.V.	eingetragener Verein
EBIT	Earnings before Interest and Taxes
EBITDA	Earnings before Interest, Taxes, Depreciation and Amortization
EDL-G	Gesetz über Energiedienstleistungen und andere Energieeffizienzmaßnahmen

EDV	elektronische Datenverarbeitung
EEX	European Energy Exchange
EFG	Entscheidungen der Finanzgerichte (Zeitschrift)
EG	Europäische Gemeinschaft
EGHGB	Einführungsgesetz zum Handelsgesetzbuch
ElektroG	Elektro- und Elektronikgesetz
EnWG	Gesetz über die Elektrizitäts- und Gasversorgung
ERA	Entgeltrahmenabkommen
EStÄR	Einkommensteuer-Änderungsrichtlinien
EStB	Ertrag-Steuerberater (Zeitschrift)
EStG	Einkommensteuergesetz
EStH	Amtliche Hinweise zu den Einkommensteuer-Richtlinien
EStR	Einkommensteuerrichtlinien
etc.	et cetera
EU	Europäische Union
EuGH	Europäischer Gerichtshof
EUR	Euro
Euribor	Euro Interbank Offered Rate
evtl.	eventuell
EWKFondsG	Einwegkunststofffondsgesetz
EZB	Europäische Zentralbank

F

f., ff.	folgende, fortfolgende
FAB	Fachausschuss Unternehmensberichterstattung
FAQ	Frequently Asked Questions
FB	FinanzBetrieb (Zeitschrift)
FG	Finanzgericht
FinVerw	Finanzverwaltung
Fn.	Fußnote
FS	Festschrift

G

GbR	Gesellschaft bürgerlichen Rechts
GDPdU	Grundsätze zum Datenzugriff und zur Prüfbarkeit digitaler Unterlagen
GE	Geldeinheit
gem.	gemäß
gesetzl.	gesetzlich
GewO	Gewerbeordnung
GF	Geschäftsführer
ggf.	gegebenenfalls
ggü.	gegenüber
GKV	Gesamtkostenverfahren
gl. A.	gleicher Ansicht
GmbH	Gesellschaft mit beschränkter Haftung
GoB	Grundsätze ordnungsmäßiger Buchführung
grds.	grundsätzlich

GrEStG	Grunderwerbsteuergesetz
GrS	Großer Senat des Bundesfinanzhofs
GuV	Gewinn- und Verlustrechnung

H

H	Hinweis
h.M.	herrschende Meinung
HB	Handelsbilanz
HFA	Hauptfachausschuss des IDW
HFR	Höchstrichterliche Finanzrechtsprechung (Zeitschrift)
HGB	Handelsgesetzbuch
HK	Herstellungskosten
Hrsg.	Herausgeber

I

i.d.F.	in der Fassung
i.d.R.	in der Regel
i.d.S.	in diesem Sinne
i.e.S.	im engeren Sinne
i.H. der/des	in Höhe der/des
i.H. von	in Höhe von
i.R. der/des	im Rahmen der/des
i.R. einer/eines	im Rahmen einer/eines
i.R. von	im Rahmen von
i.S. der/des	im Sinne der/des
i.S. einer/eines	im Sinne einer/eines
i.S. von	im Sinne von
i.V. mit	in Verbindung mit
IAS	International Accounting Standard
IDW	Institut der Wirtschaftsprüfer
IDW FN	IDW Fachnachrichten
IDW RH	IDW Rechnungslegungshinweis
IDW RS	IDW Stellungnahme zur Rechnungslegung
IFRS	International Financial Reporting Standards
IKS	internes Kontrollsystem
inkl.	inklusive
insb.	insbesondere
InsO	Insolvenzordnung
iStR	Internationales Steuerrecht (Zeitschrift)

J

JFB	Jahresfehlbetrag
JStG	Jahressteuergesetz

K

Kap.	Kapitel
KapG	Kapitalgesellschaft

Kfz	Kraftfahrzeug
KG	Kommanditgesellschaft
KMU	kleine und mittlere Unternehmen
KoR	Zeitschrift für kapitalmarktorientierte und internationale Rechnungslegung
kösdi	Kölner Steuerdialog (Zeitschrift)
KrW-/AbfG	Gesetz zur Förderung der Kreislaufwirtschaft und Sicherung der umweltverträglichen Beseitigung von Abfällen
KSchG	Kündigungsschutzgesetz
KSt	Körperschaftsteuer
KStG	Körperschaftsteuergesetz
KStR	Körperschaftsteuerrichtlinien

L

LfSt	Landesamt für Steuern
LkSG	Lieferkettensorgfaltspflichtengesetz
Lkw	Lastkraftwagen
LSt	Lohnsteuer
LStDV	Lohnsteuer-Durchführungsverordnung
LuL	Lieferungen und Leistungen
LwAltschG	Gesetz zur Änderung der Regelungen über Altschulden landwirtschaftlicher Unternehmen

M

m.w.H.	mit weiteren Hinweisen
m.w.N.	mit weiteren Nachweisen
max.	maximal
mbH	mit beschränkter Haftung
MDK	Medizinischer Dienst der Krankenversicherung
mind.	mindestens
Mio.	Million
Mrd.	Milliarde
MuSchG	Gesetz zum Schutz der erwerbstätigen Mutter (Mutterschutzgesetz)
MW	MedienWirtschaft – Zeitschrift für Medienmanagement und Kommunikationsökonomie

N

n.F.	neue Fassung
n.rkr.	nicht rechtskräftig
Nr.	Nummer
NW	Nennwert
NWB	Neue Wirtschafts-Briefe (Verlag/Zeitschrift)
NZB	Nichtzulassungsbeschwerde

O

o.Ä.	oder Ähnliches
OFD	Oberfinanzdirektion
OHG	offene Handelsgesellschaft

P	
p.a.	per annum / pro anno
PatG	Patentgesetz
PDF	Portable Document Format
PersG	Personengesellschaft
PersHG	Personenhandelsgesellschaft
PH	Prüfungshinweis
PiR	Praxis der internationalen Rechnungslegung (Zeitschrift)
PKV	private Krankenversicherung
Pkw	Personenkraftwagen
ProdHaftG	Gesetz über die Haftung für fehlerhafte Produkte (Produkthaftungsgesetz)
PRst.	Pensionsrückstellung
PSV	Pensionssicherungsverein
PSVaG	Pensionssicherungsverein auf Gegenseitigkeit

R	
R	Richtlinie
rd.	rund
REACH	Registration, Evaluation, Authorisation and Restriction of Chemicals (Europäische Chemikalienverordnung)
RefE	Referentenentwurf
Rev.	Revision
rkr.	rechtskräftig
RLZ	Restlaufzeit
ROI	Return on Investment
RS	Rechnungslegungsstandard
Rst.	Rückstellung
RückAbzinsV	Rückstellungsabzinsungsverordnung
Rz.	Randziffer

S	
S.	Seite
SAR	Stock-Appreciation-Rights
SDAX	Small-Cap-DAX
SEPA	Single Euro Payments Area (Einheitlicher Euro-Zahlungsverkehrsraum)
SGB	Sozialgesetzbuch
sog.	sogenannt
SolZ	Solidaritätszuschlag
StAnpG	Steueranpassungsgesetz
StB	Steuerbilanz, auch: Der Steuerberater (Zeitschrift)
StBerG	Steuerberatungsgesetz
SteuK	Steuerrecht kurzgefaßt (Zeitschrift)
StGB	Strafgesetzbuch
StromPBG	Strompreisbremsegesetz
StuB	Steuern und Bilanzen (Zeitschrift)
StuW	Steuern und Wirtschaft (Zeitschrift)

StVO	Straßenverkehrsordnung
SvEV	Sozialversicherungsentgeltverordnung

T

TA	Technische Anleitung
TEHG	Treibhausgas-Emissionshandelsgesetz
TEUR	Tausend Euro
THG	Treibhausgas
THG-Quote	Treibhausgasminderungsquote
TÜV	Technischer Überwachungsverein
TV	Tarifvertrag
Tz.	Textziffer

U

u. a.	unter anderem, auch: und andere
u. Ä.	und Ähnliches
u. E.	unseres Erachtens
u. U.	unter Umständen
Ubg	Die Unternehmensbesteuerung (Zeitschrift)
UKV	Umsatzkostenverfahren
UmwG	Umwandlungsgesetz
UmwStG	Umwandlungssteuergesetz
UrhG	Urhebergesetz
USchadG	Umweltschadengesetz
USD	US-Dollar
US-GAAP	United States Generally Accepted Accounting Principles
usw.	und so weiter
v. a.	vor allem

V

VAG	Versicherungsaufsichtsgesetz
VerpackG	Verpackungsgesetz
VerpackV	Verpackungsverordnung
VFE-Lage	Vermögens-, Finanz- und Ertragslage
vGA	verdeckte Gewinnausschüttung
vgl.	vergleiche
VPI	Verbraucherpreisindex

W

WEA	Windenergieanlage
WPg	Die Wirtschaftsprüfung (Zeitschrift)
WpHG	Wertpapierhandelsgesetz
WP Praxis	Zeitschrift für die Praxis der Wirtschaftsprüfung

Z	
z. B.	zum Beispiel
z. T.	zum Teil
ZPO	Zivilprozessordnung
zzgl.	zuzüglich

LITERATURVERZEICHNIS

Allgemeiner Teil

	Zitiert
Adler/Düring/Schmaltz (Hrsg.), Rechnungslegung und Prüfung der Unternehmen, 6. Aufl. 2001	ADS
Anzinger/Oser/Schlotter, Rechnungslegung und Prüfung der Unternehmen, 7. Aufl. 2023	Anzinger/Oser/Schlotter
Baetge/Kirsch/Thiele (Hrsg.), Bilanzrecht, 2002 ff., Stand: 115. Ergänzungslieferung Februar 2024	Baetge/Kirsch/Thiele/*Bearbeiter*
Baetge/Kirsch/Thiele, Bilanzen, 17. Aufl. 2024	Baetge/Kirsch/Thiele
Bertram/Kessler/Müller (Hrsg.), Haufe HGB Bilanz Kommentar, 14. Aufl. 2023	Bertram/Kessler/Müller/*Bearbeiter*
Böcking et al. (Hrsg.), Beck'sches Handbuch der Rechnungslegung, Stand: 71. Ergänzungslieferung Januar 2024	Beck HdR/*Bearbeiter*
Frotscher/Geurts (Hrsg.), EStG Kommentar, Stand: 239. Ergänzungslieferung 2024	Frotscher/Geurts/*Bearbeiter*
Grottel et al. (Hrsg.), Beck'scher Bilanz-Kommentar, 14. Aufl. 2024	Beck Bil-Komm/*Bearbeiter*
Herrmann/Heuer/Raupach (Hrsg.), EStG/KStG Kommentar, Stand: 323. Lieferung Januar 2024	HHR/*Bearbeiter*
Kirsch (Hrsg.), Rechnungslegung, 2012 ff., Stand: 126. Ergänzungslieferung März 2024 (ursprünglich unter dem Titel „Bonner Handbuch Rechnungslegung")	Bonner Handbuch/*Bearbeiter*
Hoffmann/Lüdenbach, NWB Kommentar Bilanzierung, 15. Aufl. 2023	*Hoffmann/Lüdenbach*
IDW, WPH Edition, Wirtschaftsprüfung und Rechnungslegung, 18. Aufl. 2023	WPH Edition
Küting/Weber (Begr.), Handbuch der Rechnungslegung – Einzelabschluss, 5. Aufl. 2002 ff., Stand: 41. Ergänzungslieferung Januar 2024	HdR-E/*Bearbeiter*
Lademann (Hrsg.), EStG Kommentar, Stand: 280. Aktualisierung Januar 2024	Lademann/*Bearbeiter*
Petersen/Zwirner (Hrsg.), Handbuch Bilanzrecht, 2. Aufl. 2018	Handbuch Bilanzrecht/*Bearbeiter*
Petersen/Zwirner (Hrsg.), Systematischer Praxiskommentar Bilanzrecht, 4. Aufl. 2020	Syst. Praxiskommentar Bilanzrecht/*Bearbeiter*

Schmidt/Ebke (Hrsg.), Münchener Kommentar zum Handelsgesetzbuch, Bd. 4, 5. Aufl. 2023 — MünchKommHGB/*Bearbeiter*

Schulze-Osterloh et al. (Hrsg.), Handbuch des Jahresabschlusses (HdJ), 1984 ff., Stand: 84. Ergänzungslieferung Februar 2024 — HdJ/*Bearbeiter*

Besonderer Teil

Abele, Stephan, BB-Kommentar „Anwaltliche Androhung von Schadensersatzansprüchen begründet noch nicht die Wahrscheinlichkeit der Inanspruchnahme", in: BB 23/2015 S. 1393.

Abele, Stephan, BB-Kommentar „Bestätigung der herrschenden Auffassung zur bilanziellen Behandlung von Wartungsobliegenheiten für Flugzeuge", in: BB 41/2015 S. 2482.

Andresen, Ulf, Ansatz von Steuerrückstellungen bei Verrechnungspreisrisiken aus Geschäftsbeziehungen mit dem beherrschenden Gesellschafter, in: WPg 11/2003 S. 593–600.

Atilgan, Erdogan, Drohverlust- und Ansammlungsrückstellungen bei vorzeitiger Filialschließung bedingt durch die Corona-Pandemie – Eine Darstellung am Praxisfall eines Kreditinstituts, in: DB 14/2021 S. 693–697.

Bäcker, Roland M., Rückstellungen für die Altlastensanierung – Anmerkungen zum Urteil des BFH vom 19.10.1993 – VIII R 14/92, BB 1994, S. 37 ff., in: BB 10/1995 S. 503–513.

Baetge, Jörg/Kirsch, Hans-Jürgen/Thiele, Stefan, Bilanzen, 17. Aufl. 2023.

Basedow, Marcel/Heim, Michael, BilMoG (Bilanzrechtsmodernisierungsgesetz), Auswirkungen auf die Versorgungsverpflichtungen, Update IV/2009.

Baumhoff, Hubertus/Liebchen, Daniel/Kluge, Sven, Die Bildung von Rückstellungen für die steuerliche Verrechnungspreisdokumentation, in: iStR 21/2012 S. 821–829.

Berizzi, Walter/Guldan, Andreas, Auswirkungen der Verpackungsverordnung auf den Jahresabschluss, in: DB 12/2007 S. 645–649.

Bieg, Hartmut, Bilanzierung und Bewertung von Financial Swaps – Teil II, in: StB 7/2003 S. 259–263.

Blenkers, Michael/Czisz, Konrad/Gerl, Christian, Rückstellungen – aktuelle Darstellung in alphabetischer Reihenfolge inklusive Umweltbereich, 1994.

BMF v. 2.5.2022, IV C 6 – S 2176/20/10005 :001, Maßgebendes Finanzierungsalter bei der Bewertung von Pensionsrückstellungen nach § 6a EStG und von Jubiläumsrückstellungen, in: DStR 18/2022 S. 887.

BMF v. 11.4.2022, IV C 7 – S 2236/21/10001 :002, Ertragsteuerliche Behandlung von Biogasanlagen und der Erzeugung von Energie aus Biogas, BStBl. I 2022 S. 633.

BMF v. 8.12.2020, IV C 6 – S 2133/19/10002:013, Bilanzsteuerrechtliche Beurteilung vereinnahmter und verausgabter Pfandgelder; Vereinfachungs- und Anwendungsregelung, in: DStR 50/2020 S. 2789–2790.

BMF v. 27.2.2020, IV C 6 – S 2137/19/10002:001, Steuerliche Gewinnermittlung; Pauschale Bewertung von Rückstellungen für Zuwendungen anlässlich eines Dienstjubiläums, in: BStBl. I 2020 S. 254–255.

BMF v. 17.12.2019, IV C 6 – S 2176/19/10001:001, Bewertung von Pensionsrückstellungen nach § 6a EStG für im Jahr des Übergangs auf neue Rechnungsgrundlagen erteilte Versorgungszusagen, in: DStR 51–52/2019 S. 2700–2701.

BMF v. 19.2.2019, IV C 6 – S 2133/13/10002, Bilanzsteuerliche Beurteilung vereinnahmter und verausgabter Pfandgelder; Aufhebung des BMF-Schreibens v. 13.6.2005 (BStBl. I 2005, 715), in: DStR 9/2019 S. 449.

BMF v. 22.10.2018, IV C 6 – S 2175/07/10002, Steuerliche Gewinnermittlung; Urteil des Bundesfinanzhofes vom 27. September 2017 (BStBl 2018 II S. 702) zu Rückstellungen für den sog. Nachteilsausgleich bei Altersteilzeitvereinbarungen, in: BStBl. I 2018 S. 1112.

BMF v. 19.10.2018, IV C 6 – S 2176/07/10004:001, Steuerliche Gewinnermittlung; Bewertung von Pensionsrückstellungen nach § 6a EStG, Übergang auf die „Heubeck-Richttafeln 2018 G“, in: DStR 43/2018 S. 2272–2273.

BMF v. 30.11.2017, IV C 6 – S 2133/14/10001, Steuerliche Gewinnermittlung; Bilanzsteuerrechtliche Berücksichtigung von Verpflichtungsübernahmen, Schuldbeitritten und Erfüllungsübernahmen mit vollständiger oder teilweiser Schuldfreistellung, Anwendung der Regelungen in § 4f und § 5 Absatz 7 Einkommensteuergesetz, in: BStBl. I 2017 S. 1619–1623.

BMF v. 23.12.2016, IV C 2 – S 2770/16/10002, Änderung des § 253 HGB durch das Gesetz zur Umsetzung der Wohnimmobilienkreditrichtlinie und zur Änderung handelsrechtlicher Vorschriften; Auswirkung auf die Anerkennung steuerlicher Organschaften, in: BStBl. I 2017 S. 41.

BMF v. 7.3.2013, IV C 6 – S 2137/12/10001, Steuerliche Gewinnermittlung; Rückstellung wegen zukünftiger Betriebsprüfungen bei Großbetrieben, in: DStR 12/2013 S. 592–593.

BMF v. 20.11.2012, IV C 6 – S 2137/09/10002, Steuerliche Gewinnermittlung; Rückstellungen für die Betreuung bereits abgeschlossener Versicherungen, in: BStBl. I 2012 S. 1100.

BMF v. 28.11.2011, IV C 6 – S 2137/09/10004, Steuerliche Gewinnermittlung; Rückstellungen für Verpflichtungen, zu viel vereinnahmte Entgelte mit künftigen Einnahmen zu verrechnen (Verrechnungsverpflichtungen), in: BStBl. I 2011 S. 1111.

BMF v. 24.6.2011, IV C 6 – S 2137/0-03, Steuerliche Gewinnermittlung; Rückstellungen für Verpflichtungen, zu viel vereinnahmte Entgelte mit künftigen Einnahmen zu verrechnen (Verrechnungsverpflichtungen), in: DStR 26/2011 S. 1226–1228.

BMF v. 11.5.2010, IV C 6 – S 2137/07/10004, Bilanzsteuerrechtliche Behandlung von schadstoffbelasteten Grundstücken; Bildung von Rückstellungen für Sanierungsverpflichtungen und Teilwertabschreibungen nach § 6 Absatz 1 Nummer 2 Satz 2 EStG, in: BStBl. I 2010 S. 495–496.

BMF v. 12.3.2010, IV C 6 – S 2133/09/10001, Maßgeblichkeit der handelsrechtlichen Grundsätze ordnungsmäßiger Buchführung für die steuerliche Gewinnermittlung; Änderung des § 5 Absatz 1 EStG durch das Gesetz zur Modernisierung des Bilanzrechts (Bilanzrechtsmodernisierungsgesetz – BilMoG) vom 15. Mai 2009 (BGBl. I S. 1102, BStBl. I S. 650), in: BStBl. I 2010 S. 239–242.

BMF v. 8.12.2008, IV C 6 – S 2137/07/10002, Rückstellungen für Zuwendungen anlässlich eines Dienstjubiläums; BMF-Schreiben vom 29. Oktober 1993 (BStBl. I S. 898) und vom 12. April 1999 (BStBl. I S. 434), in: BStBl. I 2008 S. 1013–1015.

BMF v. 4.7.2008, IV C 7 – S 2742–a/07/10001, Zinsschranke (§ 4h EStG; § 8a KStG), in: BStBl. I 2008 S. 718–729.

BMF v. 5.5.2008, IV B 2 – S 2176/07/0009, Bewertung von Pensionsrückstellungen nach § 6a EStG; Anhebung der Altersgrenzen der gesetzlichen Rentenversicherung durch das RV-Altersgrenzenanpassungsgesetz vom 20. April 2007 (BGBl 2007 I S. 554), in: BStBl. I 2008 S. 569–570.

BMF v. 29.1.2008, IV B 2 – S 2176/07/0001, Bilanzsteuerliche Behandlung von Pensionszusagen einer Personengesellschaft an einen Gesellschafter und dessen Hinterbliebene, in: BStBl. I 2008 S. 317–319.

BMF v. 2.4.2007, IV B 2 – S 2137/07/0003, Bildung von Rückstellungen in der steuerlichen Gewinnermittlung; Berücksichtigung der sog. ERA-Anpassungsfonds in der Metall- und Elektroindustrie, in: DStR 17/2007 S. 763.

BMF v. 28.3.2007, IV B 2 – S 2175/07/0002: Bilanzsteuerliche Berücksichtigung von Altersteilzeitvereinbarungen im Rahmen des so genannten „Blockmodells" nach dem Altersteilzeitgesetz (AltTZG), in: BStBl. I 2007 S. 297–300.

BMF v. 15.3.2007, IV B 2 – S 2176/07/0003, Betriebliche Altersversorgung; Berücksichtigung von Renten aus der gesetzlichen Rentenversicherung bei der bilanzsteuerrechtlichen Bewertung von Pensionsverpflichtungen und bei der Ermittlung der als Betriebsausgaben abzugsfähigen Zuwendungen an Unterstützungskassen (sog. Näherungsverfahren), in: BStBl. I 2007 S. 290–296.

BMF v. 28.11.2006, IV B 2 – S 2137 – 73/06, Bildung von Rückstellungen in der steuerlichen Gewinnermittlung; Rückstellungen für die Betreuung bereits abgeschlossener Lebensversicherungen, BFH-Urteil vom 28.7.2004, in: DStR 49/2006 S. 2215.

BMF v. 26.1.2006, IV C 5 – S 2333 – 2/06, Betriebliche Altersversorgung – Vorgezogene Leistungen in Form eines Übergangsgelds vor dem 60. Lebensjahr, in: DB 12/2006 S. 641–642.

BMF v. 6.12.2005, IV B 2 – S 2134 a–42/05, Ertragsteuerliche Behandlung von Emissionsberechtigungen nach dem Gesetz über den Handel mit Berechtigungen zur Emission von Treibhausgasen (Treibhausgas-Emissionshandelsgesetz – TEHG) vom 8. Juli 2004 (BGBl 2004 I S. 1578), in: BStBl. I 2005 S. 1047–1050.

BMF v. 12.10.2005, IV B 2 – S 2137 – 38/05, Rückstellungen für künftige Nachbetreuungsleistungen bei Hörgeräte-Akustikern; Anwendung des BFH-Urteils vom 5.6.2002; Berücksichtigung von Garantie- und Reparaturleistungen, in: DStR 44/2005 S. 1858–1859.

BMF v. 26.5.2005, IV B 2 – S 2175 – 7/05, Abzinsung von Verbindlichkeiten und Rückstellungen in der steuerlichen Gewinnermittlung nach § 6 Abs. 1 Nrn. 3 und 3a EStG in der Fassung des Steuerentlastungsgesetzes 1999/2000/2002, in: BStBl. I 2005 S. 699–708.

BMF v. 3.11.2004, IV B 2 – S 2176 – 13/04, Zusagen auf Leistungen der betrieblichen Altersversorgung; Bilanzsteuerrechtliche Berücksichtigung von überdurchschnittlich hohen Versorgungsanwartschaften (Überversorgung), in: BStBl. I 2004 S. 1045–1048.

BMF v. 18.7.2003, IV C 3 – S 2211 – 94/03, Abgrenzung von Anschaffungskosten, Herstellungskosten und Erhaltungsaufwendungen bei der Instandsetzung und Modernisierung von Gebäuden; BFH-Urteile vom 9. Mai 1995 (BStBl. II 1996 S. 628, 630, 632, 637), vom 10. Mai 1995 (BStBl. II 1996 S. 639) und vom 16. Juli 1996 (BStBl. II S. 649) sowie vom 12. September 2001 (BStBl. II 2003 S. 569, 574) und vom 22. Januar 2003 (BStBl. II S. 596), in: BStBl. I 2003 S. 386–391.

BMF v. 21.1.2003, IV A 6 – S 2137 – 2/03, Rückstellungen für sog. Anpassungsverpflichtungen (nach TA Luft); Nichtanwendung des BFH-Urteils vom 27. Juni 2001 – I R 45/97, in: BStBl. I 2003 S. 125.

BMF v. 25.7.2002, IV A 6 – S 2176 – 28/02, Steuerrechtliche Anerkennung von Zusagen auf Hinterbliebenenversorgung für die Lebensgefährtin oder den Lebensgefährten, in: DStR 32/2002 S. 1352–1353.

BMF v. 17.11.1999, IV C 2 – S 2175 – 30/99, Abzinsungszeiträume bei Rückstellungen für „bergrechtliche" Verpflichtungen nach § 6 Abs. 1 Nr. 3 a Buchstabe e Satz 2 EStG, in: BStBl. I 1999 S. 1127–1129.

BMF v. 11.11.1999, IV C 2 – S 2176 – 102–99, Rückstellungen für Verpflichtungen zur Gewährung von Vergütungen für die Zeit der Arbeitsfreistellung vor Ausscheiden aus dem Dienstverhältnis und für Jahreszusatzleistungen im Jahr des Eintritts des Versorgungsfalls, in: BStBl. I 1999 S. 959–961.

BMF v. 18.6.1999, IV C 2 – S 2137 – 66/99, Rückstellungen wegen der Verpflichtung zur Zahlung der Produktionsabgabe bei der Zuckerherstellung, in: DStR 27/1999 S. 1113.

BMF v. 14.5.1999, IV C 6 – S 2742 – 9/99, Steuerliche Behandlung von Pensionszusagen gegenüber beherrschenden Gesellschafter-Geschäftsführern (§ 8 Abs. 3 Satz 2 KStG); zu den Kriterien der „Wartezeit" (Abschnitt 32 Abs. 1 Satz 5 und 6 KStR) und der „Finanzierbarkeit" (Abschnitt 32 Abs. 1 Satz 9 KStR), in: BStBl. I 1999 S. 512–514.

BMF v. 17.2.1998, IV B 2 – S 2134a – 42 – 25/98, Bilanzsteuerrechtliche Behandlung von bedingt rückzahlbaren Druckbeihilfen, in: BStBl. I 1998 S. 368.

BMF v. 28.4.1997, IV B 2 – S 2137 – 38/97, Passivierung von Krediten, die aus künftigen Erlösen zu tilgen sind – Nichtanwendung des BFH-Urteils vom 20.9.1995, in: DStR 19/1997 S. 739.

BMF v. 11.2.1992, IV B 2 – S 2137 – 8/92, Rückstellungen wegen Vernichtung gelagerter Altreifen, in: DStR 11/1992 S. 357.

BMF v. 18.11.1991, IV B 2 – S 2137 – 58/91, Rückstellungen für Prämien- bzw. Bonusverbindlichkeiten im Sparverkehr, in: DB 2/1992 S. 67.

BMF v. 13.3.1987, IV B 1 – S 2176 – 12/87, Steuerrechtliche Fragen der betrieblichen Altersversorgung der durch das Bilanzrichtlinien-Gesetz geänderten handelsrechtlichen Vorschriften, in: BStBl. I 1987 S. 365–366.

BMF v. 16.1.1981, IV B 2 – S 2137 – 39/80, Rückstellungen für Kosten des Jahresabschlusses, in: DB 8/1981 S. 398–399.

BMF v. 29.4.1974, IV B 2 – S 2137 – 6/74, Rückstellungen für Wechselobligo und Wertberichtigungen für Forderungen: Anwendung der Grundsätze des BFH-Urteils vom 19.12.1972 (BStBl. II 1973, S. 218, DB 1973 S. 505) zur sog. „Aufhellungstheorie", in: DB 18/1974 S. 848–849.

Boecker, Corinna/Zwirner, Christian, Kommentierung des § 285 HGB, in: Zwirner, Christian (Hrsg.), BilRUG, 2016, S. 498–526.

Bogenschütz, Eugen, Behandlung steuerlich nicht passivierungsfähiger Verpflichtungen beim Asset Deal, in: Ubg 3/2008 S. 135–142.

Bolik, Andreas/Schuhmann, Sophia, Finanzverwaltung nutzt die Gunst der Stunde und ändert Passivierungszeitpunkt bei ATZ-Rückstellung, in: StuB 23–24/2018 S. 837–840.

Bolik, Andreas/Zinken Luisa, BilMoG-Beibehaltungswahlrecht schlägt auf steuerliche Rückstellungsdeckelung durch – Anmerkungen zum Urteil des BFH vom 09.03.2023 – IV R 24/19 –, in: WPg 18/2023 S. 1026–1031.

Brink, Bettina Beate/Tenbusch, Hermann-Josef/Prinz, Markus, Restrukturierungsrückstellungen im Visier der Betriebsprüfung – Erwiderung und Replik zu dem Beitrag von Prinz, DB 2007, S. 353, in: DB 8/2008 S. 363–367.

Broemel, Karl/Endert, Volker, Anpassung von Ansammlungsrückstellungen bei Vertragsverlängerung, in: BBK 4/2015 S. 157–163.

Broemel, Karl/Endert, Volker, Bildung einer Rückstellung für strittige Feststellungen durch die Betriebsprüfung, in: BBK 15/2014 S. 699–703.

Brösel, Gerrit/Mindermann, Torsten, Kommentierung des § 253 HGB, in: Petersen, Karl/Zwirner, Christian (Hrsg.), BilMoG, 2009, S. 405–423.

Brösel, Gerrit/Mindermann, Torsten, Kommentierung des § 277 HGB, in: Petersen, Karl/Zwirner, Christian (Hrsg.), BilMoG, 2009, S. 495–498.

Brösel, Gerrit/Zwirner, Christian, Bilanzierung von Sportrechteverträgen nach HGB, IFRS und US-GAAP aus Sicht eines werbefinanzierten Fernsehsenders, in: MW 1/2004 S. 21–29.

Bünning, Martin, BB-Kommentar „Ist bei öffentlich-rechtlich begründeten Verpflichtungen die Rückstellungsbildung tatsächlich nur bei drohender Inanspruchnahme des berechtigten Grundstückeigentümers gerechtfertigt?“, in: BB 39/2014 S. 2354.

Coenenberg, Adolf/Haller, Axel/Schultze, Wolfgang, Jahresabschluss und Jahresabschlussanalyse: Betriebswirtschaftliche, handelsrechtliche, steuerrechtliche und internationale Grundsätze – HGB, IFRS, US-GAAP, DRS, 27. Aufl. 2024.

Daub, Sebastian, Rückstellungen nach HGB, US-GAAP und IAS, Diss., 2000.

Deubert, Michael/Lewe, Stefan, Bilanzierung von Pfandrückstellungen nach HGB, in: DStR 36/2020 S. 1975–1980.

Döllerer, Georg, Ansatz und Bewertung von Rückstellungen in der neueren Rechtsprechung des Bundesfinanzhofs, in: DStR 3/1987 S. 67–72.

Drewes, Michael, Offene Fragen zur Bildung handelsrechtlicher Bewertungseinheiten im Konzern, in: DB 5/2012 S. 241–243.

Eckstein, Hans-Martin/Fuhrmann, Sven, Steuerliche Nichtanerkennung von Drohverlustrückstellungen – Abgrenzung zu anderen Rückstellungen, in: DB 11/1998 S. 529–532.

Eifler, Günter, Grundsätze ordnungsmäßiger Bilanzierung für Rückstellungen, 1976.

Emig, Michael/Walter, Jan, Zur Bilanzierung im Rahmen eines Asset Deals erworbener Rückstellungen, in: NWB 27/2010 S. 2124–2132.

Engel-Ciric, Dejan, Bildung und Bewertung sonstiger Rückstellungen nach BilMoG: Praxisleitfaden, in: BRZ 8/2009 S. 362–366.

Euler, Roland/Hommel, Michael, Passivierungszeitpunkt von Rückstellungen – neuere Entwicklungen in der BFH-Rechtsprechung, in: BB 41/2014 S. 2475–2479.

Farwick, Lars-Oliver, Rückstellung für ungewisse Verbindlichkeiten gegenüber Entschädigungseinrichtungen – Anmerkungen zum Urteil des FG München vom 29.1.2018 – 7 K 1776/16, in: StuB 22/2018 S. 811–814.

Fatouros, Nikos, Rückstellungen für ungewisse Verbindlichkeiten – Beginn einer Kehrtwende in der Rechtsprechung?, in: DB 3/2005 S. 117–124.

Fink, Christian/Kunath, Oliver, Bilanzpolitisches Potenzial bei der Rückstellungsbildung und -bewertung nach neuem Handelsrecht, in: DB 43/2010 S. 2345–2352.

Führich, Gregor, Theorie und Praxis der Rückstellungsbildung für die Entsorgung von Kernbrennelementen nach deutschem Bilanzrecht (Teil 1), in: WPg 20/2006 S. 1271–1278.

Fuhrmann, Claas, Handelsrechtliche Neubewertung von Pensionsrückstellungen: Auswirkungen der Änderungen von § 253 HGB auf Organschaften, in: NWB 14/2017 S. 1003–1006.

Funk, Harry/Müller, Stefan, Produzenten- und Produkthaftungsrückstellungen nach HGB und IFRS, in: BB 36/2010 S. 2163–2167.

Garvens, Michael/Lubitz, Dieter, Rückstellungen als Anschaffungskosten immaterieller Vermögenswerte – Am Beispiel von Lärmschutzaufwendungen und Betriebsgenehmigungen von Flughäfen, in: StuB 6/2005 S. 248–253.

Gelhausen, Wolf/Fey, Gerd, Rückstellungen für ungewisse Verbindlichkeiten und Zukunftsbezogenheit von Aufwendungen – Anmerkung zu dem BFH-Urteil vom 12.12.1991 IV R 28/91, in: DB 12/1993 S. 593–597.

Gelhausen, Wolf/Fey, Gerd/Kämpfer, Georg, Rechnungslegung und Prüfung nach dem Bilanzrechtsmodernisierungsgesetz, 2009.

Günkel, Manfred, Rechtsprechungsmodifizierung bei der Wahrscheinlichkeit der Verbindlichkeit als Voraussetzung für die Rückstellungsbildung, in: BB 35/2015 S. 2091–2093.

Günkel, Manfred/Fenzl, Barbara, Ausgewählte Fragen zum Steuerentlastungsgesetz: Bilanzierung und Verlustverrechnung, in: DStR 16/1999 S. 649–654.

Haaker, Andreas/Hoffmann, Wolf-Dieter, Aktivierung von Rückstellungsbeträgen?, in: PiR 1/2010 S. 21–22.

Hageböke, Jens/Hennrichs, Joachim, Organschaft: Der Gesetzeszweck der Ausschüttungssperre in § 253 Abs. 6 Satz 2 HGB n.F. als Thesaurierungsgrund i.S.v. § 14 Abs. 1 Satz 1 Nr. 4 KStG, in: DB 1–2/2017 S. 18–26.

Hanke, Christian, Bildung einer Rückstellung für externe Qualitätskontrolle?, in: WP Praxis 5/2022 S. 185.

Happe, Peter, Grundsätze ordnungsmäßiger Buchführung für Swapvereinbarungen, Diss., 1996.

Happe, Rüdiger, Digitaler Datenzugriff – Zulässigkeit der Bildung einer Rückstellung für GDPdU-Aufwand, in: BBK 14/2010 S. 651–655.

Happe, Rüdiger, Urlaubsrückstellungen (nicht nur) bei abweichendem Wirtschaftsjahr, in: BBK 5/2010 S. 225–229.

Harth, Hans-Jörg, Kap. 2.3: Bewertung von Altersversorgungsverpflichtungen und vergleichbaren langfristig fälligen Verpflichtungen, in: Kessler, Harald/Leinen, Markus/Strickmann, Michael (Hrsg.), Handbuch BilMoG – Der praktische Leitfaden zum Bilanzrechtsmodernisierungsgesetz, 2. Aufl. 2010, S. 348–385.

Hasenburg, Christof/Hausen, Raphael, Zur Umsetzung der HGB-Modernisierung durch das BilMoG: Bilanzierung von Altersversorgungsverpflichtungen (insbesondere aus Pensionszusagen) und vergleichbaren langfristig fälligen Verpflichtungen unter Einbeziehung der Verrechnung mit Planvermögen, in: DB 23/2009 S. 38–46.

Heddäus, Birgit, Handelsrechtliche Grundsätze ordnungsmäßiger Bilanzierung für Drohverlustrückstellungen, Diss., 1997.

Henckel, Niels-Frithjof, Praxishinweise zur Passivierung von Aufwand für die Aufbewahrung von Geschäftsunterlagen nach § 249 Abs. 1 HGB i. d. F. des BilMoG, in: BB 34/2009 S. 1798–1802.

Henckel, Niels-Frithjof/Meyer, Henning/Peun, Michael/Roß, Norbert, Kongruente Bewertung rückgedeckter Altersversorgungszusagen im Lichte von IDW RH FAB 1.021, in: WPg 19/2022 S. 1088–1097.

Hennrichs, Joachim, BB-Kommentar „Differenzierte Wahrscheinlichkeit für die Passivierung von Rückstellungen für Passivprozesse“, in: BB 31/2015 S. 1841.

Herrfurth, Jörg/Zwirner, Christian, Die E-Bilanz jetzt umsetzen, in: Beilage zu StuB 7/2013 S. 1–16.

Herzig, Norbert, Rückstellungen wegen öffentlich-rechtlicher Verpflichtungen, insbesondere Umweltschutz, in: DB 27–28/1990 S. 1341–1354.

Herzig, Norbert/Bohn, Alexander, Rückstellungspflichten aus den ERA-Einführungstarifverträgen in der Metall- und Elektroindustrie, in: BB 28–29/2006 S. 1551–1562.

Herzig, Norbert/Briesemeister, Simone, Steuerliche Problembereiche des BilMoG-RegE, in: Ubg 3/2009 S. 157–162.

Herzig, Norbert/Esser, Klaus, Erfüllungsrückstände und drohende Verluste bei Arbeitsverhältnissen – Wann sind Rückstellungen zu bilden?, in: DB 25/1985 S. 1301–1306.

Heubeck, Klaus, Die Prüfung von Pensionsrückstellungen, 1987.

Heubeck, Klaus/Herrmann, Richard/D'Souza, Gabriele: Die Richttafeln 2005 G – Modell, Herleitung, Formeln –, in: Blätter der DGVFM 3/2006 S. 473–517.

Hofer, Hannes, Bilanzierung der Grundstücksveräußerungen mit Mietpreiszusicherung, in: DB 20/2003 S. 1069–1073.

Höfer, Reinhold, Kap. 2: Unmittelbare Versorgungszusage/§ 6a EStG Pensionsrückstellung, in: Höfer, Reinhold/Veit, Annekatrin/Verhuven, Thomas (Hrsg.), Betriebsrentenrecht (BetrAVG), Bd. II: Steuerrecht/Sozialabgaben/HGB/IFRS, 6. Aufl. 2010 ff., Stand: 25. Ergänzungslieferung Januar 2024.

Höfer, Reinhold/Pisters, Manfred, Rückstellungen für Krankheitsbeihilfen an Rentner in der Steuerbilanz – Anmerkungen zu dem BFH-Urteil vom 30.1.2002 I R 71/00, in: DB 44/2002 S. 2288–2291.

Höfer, Reinhold/Rhiel, Raimund/Veit, Annekatrin, Die Rechnungslegung für betriebliche Altersversorgung im Bilanzrechtsmodernisierungsgesetz, in: DB 31/2009 S. 1605–1612.

Hoffmann, Wolf-Dieter, Die Neubewertung des Aufwands für Rückbauverpflichtungen, in: PiR 12/2014 S. 388.

Hoffmann, Wolf-Dieter, Künftige Aufwendungen oder Ausgaben?, in: StuB 15/2010 S. 561–562.

Hoffmann, Wolf-Dieter, Rückstellung für Schallschutz, in: PiR 5/2010 S. 146–148.

Hoffmann, Wolf-Dieter, Der Verkauf mit Rückgaberecht, in: PiR 2/2008 S. 72–74.

Hommel, Michael/Schall, Dominik, Rückstellungen für künftige Betriebsprüfungen – neue Streitfragen zwischen wirtschaftlicher Betrachtungsweise und Objektivierung, in: BB 42/2022 S. 2410–2414.

Hommel, Michael/Schulte, Oliver, Schätzungen von Rückstellungen in Fast-Close-Abschlüssen, in: BB 31/2004 S. 1671–1678.

Hommel, Michael/Stein, Noelle-Alicia/Ummenhofer, Theresa, Neue Rückstellungskriterien des BFH, in: WPg 2/2001 S. 80–85.

Hruby, Kapka, Ansatz von Rückstellungen für Mehrerlösabschöpfung in der Handels- und in der Steuerbilanz, in: DStR 3/2010 S. 127–131.

IDW, Trendwatch Going Brexit, Stand 22.9.2016.

IDW FAB, Grenzen des Passivierungswahlrechts nach Artikel 28 Abs. 1 Satz 2 EGHGB im Fall des Wechsels des Durchführungswegs und bei Leistungskürzungen, in: IDW Life 10/2020 S. 823–826.

IDW HFA, Bilanzierung von Finanzierungsbeiträgen an die KZVK nach HGB, in: IDW Life 1/2017 S. 118–120.

IDW HFA, Aufwendungen für die SEPA-Einführung: Rückstellungsbildung? IDW-Auffassung vom 10.4.2013, in: BC 5/2013 S. 182–183.

IDW HFA, 205. Sitzung des HFA, in: IDW FN 1–2/2007 S. 107–109.

IDW HFA, Aus der Facharbeit des IDW, in: WPg 2/1995 S. 56–59.

IDW HFA, Verlautbarung zur Übernahme von Versorgungsverpflichtungen nach FAS 106 in einen nach handelsrechtlichen Grundsätzen aufzustellenden Konzernabschluß, in: WPg 1/1994 S. 26–27.

IDW HFA 3/1993, Zur Bilanzierung und Prüfung der Anpassungspflicht von Betriebsrenten, in: IDW FN 1–2/1994 S. 4–6.

IDW HFA 1/1989, Zur Bilanzierung beim Leasinggeber, in: WPg 21/1989 S. 625–626.

IDW HFA 2/1988, Pensionsverpflichtungen im Jahresabschluß, in: WPg 13/1988 S. 403–406.

IDW RH FAB 1.021, Handelsrechtliche Bewertung von Rückstellungen für Altersversorgungsverpflichtungen aus rückgedeckten Direktzusagen, in: IDW Life 7/2021 S. 777–784.

IDW RH HFA 1.009, Rückstellungen für die Aufbewahrung von Geschäftsunterlagen sowie für die Aufstellung, Prüfung und Veröffentlichung von Abschlüssen und Lageberichten nach § 249 Abs. 1 HGB, in: IDW FN 8/2010 S. 354–355.

IDW RH HFA 1.013: Handelsrechtliche Vermerk- und Berichterstattungspflichten bei Patronatserklärungen, in: IDW FN 3/2008 S. 116–119.

IDW RS HFA 3: Handelsrechtliche Bilanzierung von Verpflichtungen aus Altersteilzeitregelungen, in: IDW FN 7/2013 S. 309–314.

IDW RS HFA 4: Zweifelsfragen zum Ansatz und zur Bewertung von Drohverlustrückstellungen, in: IDW FN 1/2013 S. 61–62.

IDW RS HFA 4: Zweifelsfragen zum Ansatz und zur Bewertung von Drohverlustrückstellungen, in: IDW FN 7/2010 S. 298–304.

IDW RS HFA 23: Bilanzierung und Bewertung von Pensionsverpflichtungen gegenüber Beamten und deren Hinterbliebenen, in: IDW FN 6/2009 S. 316–322.

IDW RS HFA 28: Übergangsregelungen des Bilanzrechtsmodernisierungsgesetzes, in: IDW FN 12/2009 S. 642–657.

IDW RS HFA 28 Änderung: Übergangsregelungen des BilMoG, in: IDW FN 10/2010 S. 451.

IDW RS HFA 30: Handelsrechtliche Bilanzierung von Altersversorgungsverpflichtungen, in: IDW Life 1/2017 S. 102–116.

IDW RS HFA 34: Einzelfragen zur handelsrechtlichen Bilanzierung von Verbindlichkeitsrückstellungen, in: IDW Life 7/2015 S. 380.

IDW RS HFA 34: Einzelfragen zur handelsrechtlichen Bilanzierung von Verbindlichkeitsrückstellungen, in: IDW FN 1/2013 S. 53–61.

Jonas, Martin, Die Bildung von Bewertungseinheiten im handelsrechtlichen Jahresabschluss, Diss., 2011.

Kahle, Holger/Kopp, Nicolas, Zur Deckelung der Rückstellungen in der Steuerbilanz, in: DStR 45/2023 S. 2472–2478.

Kalus, Michael/Hahn, Christian, Der Kommentar zum Urteil der Woche – Rückstellungen für die Kosten einer Betriebsprüfung auch ohne Prüfungsanordnung, in: NWB 49/2010 S. 3935.

Kessler, Harald, Rückstellungen in der Finanzrechtsprechung – Bestandsaufnahme und neuere Entwicklungen (Teil B) –, in: BBK 14/1997 S. 691–709.

Kessler, Harald, Rückstellungen für schwebende Dauerbeschaffungsgeschäfte – Vorschlag einer begrenzt beschaffungsmarktorientierten Anspruchsbewertung, in: WPg 1/1996 S. 2–16.

Kessler, Harald, Rückstellungen und Dauerschuldverhältnisse – Neue Ansätze zur Lösung aktueller Passivierungsfragen der Handels- und Steuerbilanz, Diss., 1992.

Kessler, Wolfgang/Scholz-Görlach, Ulrich, Die Abgrenzung des Saldierungsbereichs bei Drohverlustrückstellungen, in: PiR 11/2007 S. 304–307.

Keßler, Marco, Pensionsverpflichtungen nach neuem HGB und IFRS – Auswirkungen von Contractual Trust Arrangements, Diss., 2010.

Kirsch, Hanno, Voraussichtliche Auswirkungen des BilRUG auf die GuV-Rechnung und die GuV betreffenden Angaben, in: DStR 12/2015 S. 664–670.

Kleinmanns, Florian, BB-Kommentar „Wartungskosten werden nicht über mehrere Jahre verteilt", in: BB 13/2015 S. 1713.

Klusmeier, Stefan, Rückstellung für eine Inanspruchnahme nach § 133 InsO – eine zwingende Folge der Rechtsprechung des BGH, in: DStR 42/2014 S. 2056–2059.

Kolb, Susanne/Roß, Norbert, Änderungen der Gewinn- und Verlustrechnung durch das BilRuG, in: WPg 17/2015 S. 869–876.

Kolbe, Stefan, Bildung einer Rückstellung für ungewisse Verbindlichkeiten bei einem eigenbetrieblichen Interesse, in: StuB 15/2020 S. 582–585.

Kreher, Markus/Sailer, Pier Stefano/Rothenburger, Manuel/Spang, Heiko, Zur Umsetzung der HGB-Modernisierung durch das BilMoG: Ausgewählte Anwendungsfragen zu aktienbasierter Mitarbeitervergütung, selbst geschaffenen immateriellen Vermögensgegenständen und der Bilanzierung von sonstigen Rückstellungen, in: Beilage 5 zu DB 23/2009 S. 99–108.

Kröner, Ilse, Abführung des „richtigen Gewinns" einer Organgesellschaft nach Änderung von § 253 HGB, in: WPg 13/2017 S. 796–800.

Kropff, Bruno, Rückstellungen für künftige Verlustübernahmen aus Beherrschungs- und/oder Gewinnabführungsverträgen?, in: Knobbe-Keuk, Brigitte/Klein, Franz/Moxter, Adolf (Hrsg.), Handelsrecht und Steuerrecht – Festschrift für Dr. Dr. h. c. Georg Döllerer, 1988, S. 349–367.

Kunath, Oliver, Ermessensabhängige Bilanzierung und Bewertung von Rückstellungen, in: Fink, Christian/Schultze, Wolfgang/Winkeljohann, Norbert (Hrsg.), Bilanzpolitik und Bilanzanalyse nach neuem Handelsrecht, 2010, S. 153–181.

Künkele, Kai Peter/Zwirner, Christian, Bilanzsteuerliche Änderungen durch die EStÄR 2012 – Überblick über die wichtigsten Neuregelungen, in: DStR 23/2013 S. 1199–1203.

Künkele, Kai Peter/Zwirner, Christian, Maßgeblichkeit bei der steuerlichen Rückstellungsbewertung, in: StuB 12/2013 S. 439–444.

Künkele, Kai Peter/Zwirner, Christian, Steuerbilanzpolitik: Ausweitung der Möglichkeiten durch das BilMoG, in: DStR 44/2010 S. 2263–2270.

Künkele, Kai Peter/Zwirner, Christian, Durchbrechung der Maßgeblichkeit der Handels- für die Steuerbilanz: Auswirkungen auf die Steuerbilanzpolitik – Teil 1: Inhalte des neuen BMF-Schreibens, in: BC 5/2010 S. 212–217.

Küting, Karlheinz, Die Erfassung von erhaltenen und gewährten Zuwendungen im handelsrechtlichen Jahresabschluß (Teil II), in: DStR 8/1996 S. 313–316.

Küting, Karlheinz/Cassel, Jochen/Metz, Christian, XIII. Ansatz und Bewertung von Rückstellungen, in: Küting, Karlheinz/Pfitzer, Norbert/Weber, Claus-Peter (Hrsg.), Das neue deutsche Bilanzrecht – Handbuch zur Anwendung des Bilanzrechtsmodernisierungsgesetzes (BilMoG), 2. Aufl. 2009, S. 321–338.

Küting, Karlheinz/Cassel, Jochen/Metz, Christian, Die Bewertung von Rückstellungen nach neuem Recht, in: DB 43/2008 S. 2317–2324.

Küting, Karlheinz/Kessler, Harald, Rückbauverpflichtungen im Spiegel der nationalen und internationalen Bilanzierung, in: PiR 11/2007 S. 308–314.

Küting, Karlheinz/Kessler, Harald, Zur geplanten Reform des bilanzsteuerlichen Rückstellungsrechts nach dem Entwurf eines Steuerentlastungsgesetzes 1999/2000/2002, in: DStR 50/1998 S. 1937–1946.

Küting, Karlheinz/Keßler, Marco, Bilanzielle Auslagerung von Pensionsverpflichtungen nach HGB und den IFRS durch ein Contractual Trust Arrangement, in: DB 32/2009 S.1717–1723.

Lange, Jens, Rückstellungen für Stock Options in Handels- und Steuerbilanz, in: StuW 2/2001 S. 137–149.

Leffson, Ulrich, Die Grundsätze ordnungsmäßiger Buchführung, 7. Aufl. 1987.

LfSt Niedersachsen v. 21.2.2024, S 2137-St 224a/St 221-3596/2023, Rückstellung für die Aufbewahrung von Geschäftsunterlagen in Papier oder digitaler Form, in: DB 12/2024 S. 695–696.

LfSt Niedersachsen v. 5.10.2023, S 2137 – St 224a/St 211-2721/2023, NWB OAAAJ-54592.

LfSt Niedersachsen v. 26.9.2023, S 2137 – St 221/ St 224a-2815/2023, NWB NAAAJ-54588.

Liebscher, Roberto/Zwirner, Christian, Bewertung von Gewährleistungs- und Garantierückstellungen nach BilMoG, in: BC 5/2011 S. 195–197.

Loritz, Karl-Georg, Übergangsgelder im Steuer- und Arbeitsrecht, in: DStZ 19/1995 S. 577–583.

Lüdenbach, Norbert, Verhältnis von Wertminderung und Rückstellung bei Bodenkontamination, in: StuB 6/2022 S. 228.

Lüdenbach, Norbert, Rückbauverpflichtungen nach internationaler Rechnungslegung und deutschem Bilanzrecht: Praktische Unterschiede und kritischer Rechtsvergleich, in: BB 16/2003 S. 835–840.

Lüdenbach, Norbert/Hoffmann, Wolf-Dieter, Faktische Verpflichtungen und (verdeckte) Aufwandsrückstellungen nach IFRS und HGB/EStG, in: BB 43/2005 S. 2344–2349.

Madauß, Norbert, Rückstellungen für „Schmiergelder", in: DB 13/1996 S. 637–641.

Marx, Franz Jürgen, Maßgeblichkeit des Handelsbilanzansatzes für Rückstellungen in der Steuerbilanz?, in: StuB 12/2017 S. 449–455.

Maus, Günter, ABC der Rückstellungen, 2008.

May, Gerhard/Querner, Immo/Schmitz, Udo, Entwicklung von Zinskurven für Zwecke der Bilanzierung nach IFRS/US-GAAP, in: DB 23/2005 S. 1229–1237.

Melcher, Winfried/David, Katrin/Skowronek, Thomas, Rückstellungen in der Praxis, 2013.

Meyering, Stephan/Gröne, Matthias, Der Erfüllungsbetrag bei der Bewertung von Rückstellungen in Handels- und Steuerrecht – Berücksichtigung künftig erwarteter Preis- und Kostensenkungen?, in: BFuP 66/2014 S. 459–477.

Meyering, Stephan/Gröne, Matthias, Handels- und steuerrechtliche Rückstellungen für die Stilllegung von Kernkraftwerken – Ein adäquates Mittel zur Absicherung der Stilllegungskosten? –, in: DB 25/2014 S. 1385–1390.

Mourabit, Francis, Steuermindernde Rückstellungen für Abbruchverpflichtungen, in: NWB 10/2015 S. 652–656.

Moxter, Adolf, Bilanzrechtsprechung 6. Aufl. 2007.

Moxter, Adolf, Neue Ansatzregeln für Verbindlichkeitsrückstellungen? (Teil I), in: DStR 25/2004 S. 1057–1060.

Moxter, Adolf, Neue Ansatzkriterien für Verbindlichkeitsrückstellungen? (Teil II), in: DStR 26/2004 S. 1098–1102.

Moxter, Adolf, Grundsätze ordnungsgemäßer Rechnungslegung, 2003.

Moxter, Adolf, Künftige Verluste in der Handels- und Steuerbilanz, in: DStR 14/1998 S. 509–515.

Mujkanovic, Robin, Handelsbilanzielle Folgen von Verlustübernahmeverpflichtungen – Ein Anwendungsbeispiel, in: StuB 6/2023 S. 233–237.

Naumann, Thomas K., Zur Abgrenzung von künftig ertragsteuerrechtlich nicht mehr zu bildenden Drohverlustrückstellungen, insbesondere bei Kreditinstituten, in: BB 10/1998 S. 527–531.

Niehues, Karl, Rückstellungen für leer stehende Mieträume, in: DB 20/2007 S. 1107–1108.

OFD Frankfurt am Main v. 6.6.2024, S 2137 A – 00007 – 0357 – St 5c, NWB ZAAAJ-71033.

OFD Frankfurt am Main v. 18.7.2023, S 2133 A – 21 – St 516, Bilanzsteuerliche Behandlung von Zinsen nach § 233a AO, in: DStR 31/2023 S. 1717–1718.

Olbrich, Christian, Eine neue Rückstellung im Personalbereich – Zum Problem der Lohnfortzahlung im Todesfall –, in: WPg 13/1989 S. 390–391.

Ortmann-Babel, Martina/Bolik, Andreas, BilMoG – Bilanzierung von Rückstellungen und latenten Steuern, in: SteuK 3/2009 S. 51–54.

Oser, Peter, Ansammlungsrückstellungen und Verlängerung des Nutzungsverhältnisses, in: StuB 22/2014 S. 855.

Oser, Peter, Bilanzrechtliche Implikationen qualifiziert faktischer Konzernierung im Spiegel des „TBB"-Urteils des BGH, in: WPg 10/1994 S. 312–321.

Oser, Peter/Roß, Norbert, Rückstellungen aufgrund der Pflicht zur Rücknahme und Entsorgung von sog. Elektroschrott beim Hersteller – Bilanzierung nach HGB, IFRS und US-GAAP, in: WPg 19/2005 S. 1069–1077.

Oser, Peter/Wirtz, Holger, Rückstellungsreport 2022 – Darstellung ausgewählter Rückstellungssachverhalte, in: StuB 3/2023 S. 105–113.

Oser, Peter/Wirtz, Holger, Rückstellungsreport 2023 – Darstellung ausgewählter Rückstellungssachverhalte, in: StuB 1/2024 S. 1–10.

Oser, Peter/Wirtz, Holger, Rückstellungsreport 2024 – Darstellung ausgewählter Rückstellungssachverhalte, in: StuB 1/2025 S. 1–12.

Oser, Peter/Wirtz, Holger, Rückstellungsreport 2018, in: StuB 3/2019 S. 97–103.

Oser, Peter/Wirtz, Holger, Änderung der Abzinsung von Pensionsrückstellungen, in: DB 5/2016 S. 247–248.

Oser, Peter/Wirtz, Holger, Rückstellungsreport 2015, in: StuB 1/2016 S. 1–15.

Osterloh-Konrad, Christine, Rückstellungen für Prozessrisiken in Handels- und Steuerbilanz – Kriterien der Risikokonkretisierung und ihre Anwendung auf die Prozesssituation (Teil II), in: DStR 39/2003 S. 1675–1680.

Patek, Guido, Bilanzielle Implikationen der handelsrechtlichen Normierung von Bewertungseinheiten, in: DB 20/2010 S. 1077–1083.

Pellens, Bernhard/Sellhorn, Thorsten/Strzyz, Adam, Pensionsverpflichtungen nach dem Regierungsentwurf eines BilMoG – Simulation erwarteter Auswirkungen, in: DB 44/2008 S. 2373–2380.

Perridon, Louis/Steiner, Manfred/Rathgeber, Andreas, Finanzwirtschaft der Unternehmung, 18. Aufl. 2022.

Petersen, Jochen, Rechnungslegung für Pensionsverpflichtungen nach HGB, US-GAAP und IAS, Diss., 2001.

Petersen, Karl, Rückstellungen für öffentlich-rechtliche Verpflichtungen, in: WPg 20/2019 S. 1079–1090.

Petersen, Karl/Künkele, Kai Peter/Göttler, Thomas, Handels- und steuerrechtliche Behandlung von Remissionen im deutschen Buchhandel, in: DStR 42/2012 S. 2141–2147.

Petersen, Karl/Zwirner, Christian, FAQ BilMoG, in: BB 27/2010 S. 1651–1657.

Petersen, Karl/Zwirner, Christian, Rechnungslegung und Prüfung im Umbruch: Überblick über das neue deutsche Bilanzrecht – Veränderte Rahmenbedingungen durch das verabschiedete Bilanzrechtsmodernisierungsgesetz (BilMoG), in: Beihefter 1 zu KoR 5/2009 S. 1–45.

Petersen, Karl/Zwirner, Christian/Froschhammer, Matthias, Die Bilanzierung von Bewertungseinheiten nach § 254 HGB, in: StuB 12/2009 S. 449–456.

Petersen, Karl/Zwirner, Christian/Künkele, Kai Peter, BilMoG in Beispielen, 3. Aufl. 2012.

Petersen, Karl/Zwirner, Christian/Künkele, Kai Peter, Umstellung auf das neue deutsche Bilanzrecht: Übergangsregelungen des BilMoG nach IDW RS HFA 28 – Darstellung, Beispiele und Tipps für die Umsetzung in der Praxis, in: Beilage 4 zu DB 17/2010 S. 1–27.

Petersen, Karl/Zwirner, Christian/Künkele, Kai Peter, Bilanzanalyse und Bilanzpolitik nach BilMoG, 2. Aufl. 2009.

Petersen, Karl/Zwirner, Christian/Künkele, Kai Peter, Bilanzpolitik und -analyse nach neuem Recht – Auswirkungen des BilMoG auf die Passivseite, in: StuB 21/2009 S. 794–800.

Pfitzer, Norbert/Schaum, Wolfgang/Oser, Peter, Rückstellungen im Lichte aktueller Rechtsentwicklungen, in: BB 26/1996 S. 1373–1380.

Philipps, Holger, Kontaminierte Grundstücke im Jahresabschluß – Rückstellungen, außerplanmäßige Abschreibungen und sonstige finanzielle Verpflichtungen bei Boden- und Grundwasserverunreinigungen, Diss., 1995.

Philippsen, Katharina/Mielke, Nathalie, Handelsrechtliche Auswirkungen des Einwegkunststofffondsgesetzes, in: StuB 10/2024 S. 369–372.

Prinz, Markus, Bilanzierung von Rückstellungen nach dem BilMoG – Überblick über die geplanten Änderungen ab 2009, in: BBK 5/2008 S. 237–246.

Prinz, Markus, Restrukturierungsrückstellungen im Visier der Betriebsprüfung – Gefährdungspotenziale für eine zeitgerechte und vollständige Bilanzierung von Sozialplanverpflichtungen, in: DB 7/2007 S. 353–358.

Prinz, Ulrich, Rückstellungen für Nachbetreuungsleistungen in Werkzeugverträgen, in: DB 6/2022 S. 297–299.

Prinz, Ulrich, Rückstellungen: aktuelles Praxis-Knowhow, in: WPg 18/2018 S. 1152–1158.

Prinz, Ulrich, Rückstellungen: aktuelles Praxis-Knowhow, in: WPg 22/2017 S. 1316–1323.

Prinz, Ulrich, Rückstellungen: aktuelles Praxis-Knowhow, in: WPg 23/2015 S. 1223–1228.

Prinz, Ulrich, Leitlinien steuerbilanzieller Rückstellungsbildung: Eine besteuerungspraktische Bestandsaufnahme, in: DB 4/2015 S. 147–153.

Rätke, Bernd, Die doppelte Wahrscheinlichkeit bei der Rückstellungsbildung, in: StuB 17/2015 S. 658–661.

Roser, Frank, Verbindlichkeitsrückstellungen dem Grunde und der Höhe nach – Auswirkungen der aktuellen Rechtsprechung?, in: WPg 14/2015 S. 693–705.

Roß, Norbert/Drögemüller, Steffen, Keine Rückstellungen in der Handels- und Steuerbilanz für Registrierungskosten aufgrund der künftigen EU-Chemikalienverordnung („Reach"), in: BB 19/2006 S. 1044–1047.

Rößler, Nicolas, Contractual Trust Arrangements – eine rechtliche Bestandsaufnahme, in: BB 23/2010 S. 1405–1414.

Roth, Matthias/Wittmann, Markus, Der Tipp in der Mitte – Bilanzrechtsmodernisierungsgesetz – Änderungen der Bilanzierungs- und Bewertungsvorschriften im handelsrechtlichen Jahresabschluss, in: Stbg 2/2008 S.74–75.

Russ, Wolfgang/Janßen, Christian/Götze, Thomas, BilRUG – Auswirkungen auf das deutsche Bilanzrecht: Kommentar zum Bilanzrichtlinie-Umsetzungsgesetz, 2015.

Scharpf, Paul, X. Finanzinstrumente, in: Küting, Karlheinz/Pfitzer, Norbert/Weber, Claus-Peter (Hrsg.), Das neue deutsche Bilanzrecht – Handbuch zur Anwendung des Bilanzrechtsmodernisierungsgesetzes (BilMoG), 2. Aufl. 2009, S. 197–258.

Scheidt, Heinz-Albert, Drohverlustrückstellungen aus Versicherungsverhältnissen nach Eintritt eines Schadenfalls, in: DB 12/1991 S. 613–614.

Scherff, Susanne/Willeke, Clemens, Neufassung des IDW RH HFA 1.009 – Rückstellungen für Aufbewahrung von Geschäftsunterlagen sowie für Aufstellung, Prüfung und Offenlegung, in: BBK 24/2010 S. 1169–1174.

Schiffers, Joachim/Strahl, Martin/Fuhrmann, Claas/Veit, Annekatrin: Kommentierung des § 5 EStG, in: Korn et al. (Hrsg.), Einkommensteuergesetz, 152. Aktualisierung 2024.

Schildbach, Thomas/Stobbe, Thomas/Brösel, Gerrit, Der handelsrechtliche Jahresabschluss, 11. Aufl. 2019.

Schlotter, Carsten, „Gekaufte" Drohverlustrückstellungen, in: Ubg 9/2010 S. 635–645.

Schönnenbeck, Hermann: Bilanzierung drohender Verluste aus schwebenden Geschäften (Teil I), in: DB 40/1962 S. 1281–1284.

Schubert, Daniela, Das neue Umweltschadensgesetz und mögliche Auswirkungen auf die Rückstellungsbilanzierung und -bewertung, in: WPg 11/2008 S. 505–511.

Schülen, Werner, Entwicklungstendenzen bei der Bildung von Rückstellungen, in: WPg 23/1983 S. 658–665.

Schulze-Osterloh, Joachim, Ausgewählte Änderungen des Jahresabschlusses nach dem Referentenentwurf eines Bilanzrechtsmodernisierungsgesetztes, in: DStR 1–2/2008 S. 63–73.

Schumann, Jan Christian, Ansatz und Bewertung von Rückstellungen, in: EStB 12/2014 S. 441–448.

Seeger, Norbert, Contractual Trust Agreements auf dem Prüfstand, in: DB 13/2007 S. 697–703.

Siegel, Theodor, Rückstellungen für Anschaffungs- oder Herstellungskosten in Ausnahmefällen?, in: DB 17/1999 S. 857–858.

Strahl, Martin, Beratungsrelevante Entwicklungen zum Bilanzsteuerrecht, in: kösdi 8/2014 S. 18965–18970.

Theile, Carsten, Bilanzrichtlinie-Umsetzungsgesetz (BilRUG), 2015.

Theile, Carsten/Stahnke, Melanie, Bilanzierung sonstiger Rückstellungen nach dem BilMoG-Regierungsentwurf, in: DB 33/2008 S. 1757–1760.

Thouet, Philipp, Die Änderung des Ansammlungszeitraumes bei der Ansammlungsrückstellung, in: DStR 51–52/2014 S. 2550–2551.

Thurnes, Georg/Hainz, Günter, Auswirkungen des Bilanzrechtsmodernisierungsgesetzes auf Pensionsrückstellungen, in: BRZ 5/2009 S. 212–217.

Tranacher, Philipp, Handelsrechtliche Bilanzierung und Ertragsbesteuerung von Umtauschanleihen beim Emittenten, in: DStR 2018 S. 2491–2502.

Van Venrooy, Gerd J.; Handelsbilanz-Rückstellungen wegen Patentverletzung, in: StuW 1/1991 S. 28–32.

Veit, Annekatrin, Rückstellungen für Zuwendungen anlässlich eines Dienstjubiläums – Anmerkungen zum BMF-Schreiben vom 8.12.2008, in: StuB 3/2009 S. 102–104.

Verband Deutscher Mineralbrunnen e.V., Handelsrechtliche und steuerrechtliche Beurteilung von Leergut bei Mineralbrunnen, 2008.

Vetter, Eberhard, Stillschweigender Grundsatzbeschluß der Hauptversammlung zur Bewilligung der Aufsichtsratsvergütung?, in: BB 7/1989 S. 442–443.

Volk, Gerrit, Der Ausstieg aus der Atomkraft und die Rückstellungsproblematik, in: DStR 39/2015 S. 2193–2197.

Volkmann, Markus, Rückstellungen für die Rücknahme und Verwertung von Altfahrzeugen – Auswirkungen der „Abwrackprämie" auf die Rückstellungsbildung, in: StuB 7/2009 S. 263–268.

Weber-Grellet, Heinrich, Kommentierung des § 4f EStG, in: Schmidt, Ludwig (Begr.), EStG, 43. Aufl. 2024.

Weber-Grellet, Heinrich, Kommentierung des § 5 EStG, in: Schmidt, Ludwig (Begr.), EStG, 43. Aufl. 2024.

Weber-Grellet, Heinrich, Kommentierung des § 6a EStG, in: Schmidt, Ludwig (Begr.), EStG, 43. Aufl. 2024.

Weigl, Roland/Weber, Hans-Georg/Costa, Martin, Bilanzierung von Rückstellungen nach dem BilMoG, in: BB 20/2009 S. 1062–1066.

Werner, Eginhard, Rückstellungen für Verwaltungskosten künftiger Betriebsprüfungen: Praxis- und Gestaltungsüberlegungen, in: BRZ 9/2008 S. 225–229.

Winter, Oliver, Zur Rückstellungsdotierung bei OTC-Zinsoptionen, in: BB 32/1995 S. 1631–1638.

Wöhe, Günter, Einführung in die Allgemeine Betriebswirtschaftslehre, 28. Aufl. 2023.

Wolz, Matthias/Oldewurtel, Christoph, Bilanzierung von Pensionsverpflichtungen nach BilMoG, in: BBK 17/2010 S. 815–825.

Wüstemann, Jens/Koch, Christopher, Zinseffekte und Kostensteigerungen in der Rückstellungsbewertung nach BilMoG, in: BB 18/2010 S. 1075–1078.

Zeidler, Frank/Schmatz, Wolfgang, Rückstellungen für Jahresabschluss-, Prüfungs- und Beratungskosten, in: BBK 6/2015 S. 281–284.

Zülch, Henning/Hoffmann, Sebastian, Die Bilanzierung sonstiger Rückstellungen nach BilMoG, in: StuB 10/2009 S. 369–373.

Zwirner, Christian, Auswirkungen der Inflation auf Pensionsrückstellungen – Handelsrechtliche Ergebnisbelastung ohne steuerliche Wirkung – Bewertungsgewinne nach IFRS, in: BC 4/2023 S. 155–156.

Zwirner, Christian, Wahlrecht zur einheitlichen Bilanzierung von Einheits- und Individualleergut – BMF-Schreiben vom 08.12.2020, in: BC 1/2021 S. 18–19.

Zwirner, Christian, Pfandrückstellungen in der Steuer- und Handelsbilanz, in: DB 50/2020 S. 2646.

Zwirner, Christian, Geringerer Anstieg der Pensionsverpflichtungen im Jahresabschluss 2018 als bisher aufgrund der überarbeiteten Richttafeln erwartet, in: DB 42/2018 S. 2518.

Zwirner, Christian, Neue biometrische Richttafeln der HEUBECK AG – Höhere Pensionsrückstellungen und Ergebnisbelastung im Jahresabschluss aufgrund gestiegener Lebenserwartung, in: DB 35/2018 S. 2066.

Zwirner, Christian, Pensionsrückstellungen: Erstmalige Anwendung der und Übergang auf die neuen Heubeck-Richttafeln, in: BC 12/2018 S. 577–582.

Zwirner, Christian, Bilanzierung von Altersversorgungsverpflichtungen: Neuregelungen durch IDW RS HFA 30 n. F., in: BC 10/2017 S. 474–480.

Zwirner, Christian, Handelsrechtliche Bilanzierung von Altersversorgungsverpflichtungen nach IDW RS HFA 30 n. F., in: StuB 6/2017 S. 218–224.

Zwirner, Christian (Hrsg.), BilRUG – Gesetze, Materialien, Kommentierung, 2016.

Zwirner, Christian, Kommentierung des § 268 HGB, in: Zwirner, Christian (Hrsg.), BilRUG, 2016, S. 448–453.

Zwirner, Christian, Kommentierung des § 275 HGB, in: Zwirner, Christian (Hrsg.), BilRUG, 2016, S. 462–468.

Zwirner, Christian, Kommentierung des § 276 HGB, in: Zwirner, Christian (Hrsg.), BilRUG, 2016, S. 469–470.

Zwirner, Christian, Kommentierung des § 284 HGB, in: Zwirner, Christian (Hrsg.), BilRUG, 2016, S. 495–497.

Zwirner, Christian, Auswirkungen des Brexits auf Bilanzierung, Bewertung, Berichterstattung sowie Chancen- und Risikoüberlegungen, in: DStR 45/2016 S. 2665–2672.

Zwirner, Christian, Neuregelung zur handelsrechtlichen Bewertung von Pensionsrückstellungen – Überblick, Praxisauswirkungen und offene Fragen, in: DStR 16/2016 S. 929–934.

Zwirner, Christian, Neubewertung von Pensionsrückstellungen: Keine Abführungssperre für die Entlastungseffekte, in: BC 8/2016 S. 372–374.

Zwirner, Christian, Neuregelung zur handelsrechtlichen Bewertung von Pensionsrückstellungen, Offene Fragen zur Änderung des § 253 HGB und Handlungsempfehlungen, in: StuB 6/2016 S. 207–213.

Zwirner, Christian, Brennpunkt Pensionsrückstellungen: Neubewertung nach HGB, Überblick, Praxisbeispiele und Empfehlungen, in: BC 5/2016 S. 198–206.

Zwirner, Christian, Entlastung bei der Bewertung von Pensionsrückstellungen – Wahlrecht noch für 2015, in: BC 3/2016 S. 95–96.

Zwirner, Christian, Das BilRUG ist da – Überblick über die wesentlichen Unterschiede zwischen Regierungsentwurf und verabschiedeter Gesetzesfassung, in: DStR 29/2015 S. 1640–1645.

Zwirner, Christian, Das BilRUG ist mehr als eine Rechnungslegungsreform: Auswirkungen auf Steuerungskennzahlen, in: BC 8/2015 S. 338–339.

Zwirner, Christian, Reform des HGB durch das BilRUG – Ein Überblick über die wesentlichen Detailänderungen im Einzelabschluss, in: DStR 36/2014 S. 1784–1791.

Zwirner, Christian, BGH: Rückzahlungspflicht anrechenbarer Kapitalertragsteuern, in: SteuK 10/2014 S. 209.

Zwirner, Christian, Zunehmende Ergebnisbelastungen durch Pensionsrückstellungen, in: DStR 17/2013 S. 875–879.

Zwirner, Christian, Zinssatzschmelze: Ergebnis- und Eigenkapitalgefährdung wegen bilanzierter Pensionsrückstellungen, in: BC 5/2013 S. 200–203.

Zwirner, Christian, Handelsrechtliche Bilanzierung von Verbindlichkeitsrückstellungen – Anmerkungen zu IDW ERS HFA 34, in: BB 26/2012 S. 1655–1660.

Zwirner, Christian, BFH: Zeitpunkt der Bildung einer Rückstellung für hinterzogene Mehrsteuern, in: SteuK 22/2012 S. 465.

Zwirner, Christian, Handelsrechtliche Bilanzierung von Verpflichtungen aus Altersteilzeitregelungen – Anmerkungen zu IDW ERS HFA 3 n.F., in: StuB 19/2012 S.731–736.

Zwirner, Christian, Bilanzielle Behandlung von Beihilferückstellungen nach BilMoG, in: WPg 4/2012 S.198–200.

Zwirner, Christian, Drohverlustrückstellungen für nachhaltig verlustbringende Filialen, Wann darf oder muss ein schwebendes Geschäft bilanziert werden?, in: StuB 23/2011 S.891–895.

Zwirner, Christian, Abbildung von Rückstellungen für Altersteilzeit, in: BC 12/2011 S.520–523.

Zwirner, Christian, Besonderheiten der Behandlung von Altersteilzeitvereinbarungen nach BilMoG, in: BB 10/2011 S.619–621.

Zwirner, Christian, Übergang auf das BilMoG bei überdotierten Rückstellungen, in: BB 45/2010 S.2747–2749.

Zwirner, Christian, Leser fragen – Experten antworten, Pensionsrückstellungen nach BilMoG: Handlungsanleitung für künftige Zuführung und Bewertung, in: BRZ 3/2010 S.98–99.

Zwirner, Christian/Boecker, Corinna, Bewertungseinheiten in Form antizipativer Hedges – Besonderheiten und Probleme, in: BB 47/2012 S.2935–2939.

Zwirner, Christian/Busch, Julia, Leser fragen – Experten antworten, BilMoG: Abzinsung von Rückstellungen – Maßgeblichkeit und Bestimmung der Restlaufzeit, in: BC 9/2010 S.410–412.

Zwirner, Christian/Busch, Julia/Boecker, Corinna, Bilanzielle Abbildung von Sachleistungsverpflichtungen nach HGB und IFRS – Eine Fallstudie zur Ermittlung der Wertansätze im Rahmen der Zugangs- und der Folgebewertung, in: KoR 12/2010 S.664–669.

Zwirner, Christian/Kähler, Malte, Rechnungsabgrenzungsposten im handels- und steuerrechtlichen Jahresabschluss, Unterschiedliche Behandlung von Verbrauchsteuern nach Handels- und Steuerrecht, in: BC 3/2015 S.133–136.

Zwirner, Christian/Krauß, Felix, Pensionsverpflichtungen und Planvermögen – Empirische Kennzahlenanalyse in DAX, MDAX, SDAX und TecDAX vor dem Hintergrund der Zinswende und der Inflation im Jahr 2022, in: KoR 2/2024 S.56–65.

Zwirner, Christian/Krauß, Felix, Kurzarbeitergeld: Drohverlustrückstellungen für Aufstockungsbeträge?, in: BC 8/2020 S.371–371.

Zwirner, Christian/Künkele, Kai Peter, Eigenständige Steuerbilanzpolitik – Möglichkeiten, Anwendungsbereiche, Konsequenzen, in: Beilage zu StuB 7/2012 S.1–16.

Zwirner, Christian/Künkele, Kai Peter, Rückstellungen für Betriebsprüfungen im Zusammenhang mit GDPdU, in: BC 3/2009 S.113–115.

Zwirner, Christian/Lindmayr, Simon, Neufassung des IDW RS HFA 30: Die Würdigung aktueller Entwicklungen im Rahmen der Bilanzierung von Pensionsrückstellungen, in: DB 14/2017 S.743.

Zwirner, Christian/Lindmayr, Simon, Neufassung des IDW RS HFA 30: Die Würdigung aktueller Entwicklungen im Rahmen der Bilanzierung von Pensionsrückstellungen, in: BETRIEBSWIRTSCHAFT Wissen 4/2017 S.112.

Zwirner, Christian/Tippelhofer, Michael, Rückstellungen für Compliance und Personal, Ansatz, Ausweis und Bewertung in Handels- und Steuerbilanz, in: Beilage zu StuB 9/2017 S.1–16.

Zwirner, Christian/Tippelhofer, Michael, Keine Abführungssperre bei der Abzinsung von Pensionsrückstellungen, BMF-Schreiben vom 23.12.2016, IV C 2 – S 2770/16/10002; DOK 2016/1157209, in: BC 1/2017 S. 6–7.

Zwirner, Christian/Vodermeier, Michael/Krauß, Felix, FAB des IDW zur bilanziellen Behandlung von sog. Inflationsausgleichsprämien im HGB- und IFRS-Abschluss, in: DB 7/2023 S. 343.

Zwirner, Christian/Vodermeier, Michael/Krauß, Felix, Nochmals zur Bilanzierung von Inflationsausgleichsprämien, Reaktionen der Arbeitgeberverbände auf die Stellungnahme des IDW, in: BC 3/2023 S. 118–120.

Zwirner, Christian/Vodermeier, Michael/Krauß, Felix, Bilanzierung von Inflationsausgleichsprämien gemäß dem Tarif der IG Metall, in: BC 2/2023 S. 77–79.

Zwirner, Christian/Vodermeier, Michael/Krauß, Felix, Zur Bilanzierung von Inflationsausgleichsprämien, Überblick und Einordnung der Stellungnahme des IDW, in: BC 2/2023 S. 70–74.

Zwirner, Christian/Zimny, Gregor, Rechnungslegung und Bewertung im Niedrigzinsumfeld, Auswirkungen anhaltend niedriger Zinsen auf Bilanzansätze und Bewertungsergebnisse, in: WP Praxis 1/2016 S. 4–10.

Zwirner, Christian/Zimny, Gregor, Auswirkungen des Energieaudits nach § 8 EDL-G auf handelsrechtliche Rückstellungsbildung und Berichtspflichten nach § 321 Abs. 1 S. 3 HGB, in: DStR 45/2015 S. 2510–2514.

Zwirner, Christian/Zimny, Gregor/Vodermeier, Michael, Jahresabschluss 2020 in der Corona-Pandemie, in: Beilage zu StuB 21/2020 S. 1–16.

1 Einleitung

1.1 Begriff, Zweck und Bedeutung der Rückstellungen

Rückstellungen sind wie Verbindlichkeiten **Schulden** des bilanzierenden Kaufmanns[1] und dementsprechend auf der Passivseite der Bilanz zu zeigen.[2] Es handelt sich bei Rückstellungen um Verpflichtungen, die dem Grunde und/oder der Höhe sowie ggf. dem Zeitpunkt (der Fälligkeit) nach ungewiss sind.[3] Fraglich ist also, ob und/oder in welcher Höhe das Unternehmen eine Verpflichtung zu erfüllen hat.

PRAXISTIPP

Die Frage, ob es sich bei einer (möglichen) Verpflichtung um einen rückstellungsbegründenden Sachverhalt handelt, ist zu verneinen, wenn:

1. die Verpflichtung bereits rechtswirksam entstanden ist und
2. die genaue Höhe der Verpflichtung bereits bekannt ist.

Der Ansatz von Rückstellungen dient dazu, Schulden, also u.a. auch solche, die noch nicht rechtswirksam entstanden sind, die zum Bilanzstichtag aber als wirtschaftlich verursacht anzusehen sind, vollständig zu erfassen **(vollständiger Schuldenausweis).**[4] Die wirtschaftliche Verursachung, der sich der Bilanzierende nicht entziehen kann, muss in diesem Zusammenhang auf eine Verpflichtung und nicht auf ein eigenbetriebliches Interesse zurückzuführen sein.[5] In diesem Zusammenhang haben Rückstellungen den Zweck, die sich erst in Zukunft als Ausgaben realisierenden, aber dem abgelaufenen Geschäftsjahr wirtschaftlich unvermeidbar zuzurechnenden Aufwendungen vorwegzunehmen und damit periodengerecht auszuweisen.[6] Rückstellungen dienen folglich auch der Verwirklichung des **Realisationsprinzips**[7] und des **Imparitätsprinzips** als Ausfluss des Vorsichtsprinzips[8]: Der vorsichtige Kaufmann hat zum Schutz der Gläubiger Vermögensminderungen,[9] die sich erst in späteren Perioden ergeben, aber ihre Verursachung in der jetzigen Periode finden, bereits in der jetzigen Periode bei Ermittlung des Reinvermögens zu berücksichtigen.

PRAXISTIPP

Der Bilanzierende hat sich zu verdeutlichen, dass sich Ansatz und Bewertung von Rückstellungen am Realisations- und am Imparitätsprinzip zu orientieren haben. Das heißt, dass im Zweifelsfall – nicht zuletzt wegen des der handelsrechtlichen Rechnungslegung zugrunde liegenden Vorsichtsprinzips sowie des Gläubigerschutzes – die Rückstellung eher und höher zu bilanzieren ist, im Vergleich zu Vermögensgegenständen auf der Aktivseite. Allerdings bedeutet dies nicht, dass stets der höchste Wert, der für die Erfüllung der jeweiligen Rückstellung infrage kommen könnte, anzusetzen ist.

1 Vgl. Syst. Praxiskommentar Bilanzrecht/*Petersen/Künkele/Zwirner*, § 249 HGB Rz. 2; *Daub*, S. 54.

2 Vgl. *Baetge/Kirsch/Thiele*, S. 413.

3 Vgl. Syst. Praxiskommentar Bilanzrecht/*Petersen/Künkele/Zwirner*, § 249 HGB Rz. 4.

4 Vgl. Baetge/Kirsch/Thiele/*Hommel*, § 249 HGB Rz. 15. Zu der Betrachtung der Zwecke der Rückstellungsbilanzierung im Licht der Bilanztheorien siehe *Coenenberg/Haller/Schultze*, S. 460 ff.; *Baetge/Kirsch/Thiele*, S. 428 f.

5 Vgl. zur Abgrenzung der externen wirtschaftlichen Verursachung von einem möglicherweise bestehenden eigenbetrieblichen Interesse insb. BFH v. 22.1.2020, XI R 2/19, DStR 2020 S. 1298. Vgl. auch *Kolbe*, StuB 2020 S. 582 ff.; ebenso *Hommel/Stein/Ummenhofer*, WPg 2021 S. 83 ff.

6 Vgl. auch HdR-E/*Mayer-Wegelin/Kessler/Höfer*, § 249 HGB Rz. 17 f.; *Roser*, WPg 2015 S. 693, 695.

7 Siehe *Moxter*, Grundsätze ordnungsgemäßer Rechnungslegung, S. 48.

8 Vgl. Syst. Praxiskommentar Bilanzrecht/*Wittmann*, § 243 HGB Rz. 31.

9 Das heißt unter Vermeidung des Ausweises eines zu hohen ausschüttbaren Gewinns.

Die **zentralen Eigenschaften** von Rückstellungen – in der Abgrenzung zu anderen Bilanzposten (siehe hierzu Kap. 1.2) – sind das Vorliegen einer Schuld **(Schuldcharakter)** und die **Unsicherheit** über Entstehen und/oder Höhe der Verpflichtung sowie über den genauen Zahlungs- bzw. Fälligkeitszeitpunkt. Mit Blick auf die Unsicherheit sind mehrere Fälle zu unterscheiden:[10]

- Unsicherheit dem **Grunde** nach,
- Unsicherheit der **Höhe** nach,
- Unsicherheit dem **Grunde** und der **Höhe** nach und/oder
- Unsicherheit dem **(Zahlungs-)Fälligkeitszeitpunkt** nach.

Es lässt sich also festhalten: Rückstellungen sind Schulden/Verpflichtungen des Unternehmens, die

- **wirtschaftlich verursacht** sind und
- mit deren **Eintreten** wahrscheinlich zu rechnen ist, die aber
- dem **Grunde** und/oder
- der **Höhe** sowie
- ggf. dem **Zeitpunkt** (der Fälligkeit) nach unsicher

sind.[11]

Rückstellungen stellen ein **bedeutendes Instrument der Innenfinanzierung** dar. Mit der Bildung der Rückstellung wird der ausschüttbare Gewinn um den entsprechenden Betrag gemindert, während der Zahlungsmittelbestand gleich bleibt. Dieser Betrag steht dem Unternehmen bis zur Fälligkeit der Verpflichtung zur freien Disposition.[12] Werden Rückstellungen im Rahmen bestehender Ermessensspielräume hoch bewertet, werden **stille Reserven** gebildet, die sich erst bei Inanspruchnahme oder Auflösung der Rückstellung auflösen. Überdies wird mit der aufwandswirksamen Einbuchung der Rückstellung die steuerliche Bemessungsgrundlage gemindert, sofern die Rückstellung steuerlich anerkannt wird. Zwar wird dieser Effekt im Jahr der Auflösung/Inanspruchnahme umgedreht, doch stehen dem Unternehmen aufgrund der niedrigeren Steuerlast im Jahr der Einbuchung zusätzliche Mittel zur Verfügung, die bis zum Zeitpunkt der Auflösung/Inanspruchnahme der Rückstellung genutzt werden können.[13] Die Steuer wird demnach gestundet **(Steuerstundungseffekt)** und die effektive Zahllast wird bei einer positiv rentierlichen Anlage des zunächst „gesparten" Betrags gemindert.

BEISPIEL Ein Unternehmen wird in t1 wegen einer angeblichen Vertragsverletzung verklagt. Das Unternehmen rechnet damit, den Prozess zu verlieren, und stellt eine Prozesskostenrückstellung i. H. von 300.000 EUR zurück. Die Ansatzkriterien des § 5 Abs. 3 EStG sind als erfüllt anzusehen.

10 Vgl. HdR-E/*Mayer-Wegelin*, § 249 HGB Rz. 49.

11 Vgl. *Coenenberg/Haller/Schultze*, S. 433 ff. Ist allein die Fälligkeit unsicher, erfolgt ein Ausweis als Verbindlichkeit; vgl. MünchKommHGB/*Ballwieser*, § 249 HGB Rz. 10.

12 Vgl. Wöhe, S. 583.

13 Vgl. Wöhe, S. 588.

Buchungssatz:

sonstige betriebliche Aufwendungen	300.000 EUR
an	
sonstige Rückstellungen	300.000 EUR

Die daraus resultierende Steuerersparnis beträgt bei einem angenommenen Steuersatz von 30% (0,3 × 300.000 EUR =) 90.000 EUR. Den entsprechenden Betrag legt das Unternehmen auf einem Tagesgeldkonto an. Das Geld wird annahmegemäß mit 2% p.a. verzinst.

In t3 fällt das Gericht das Urteil. Das Unternehmen wird wider Erwarten von jeglichen Ansprüchen freigesprochen. Die Rückstellung wird vollständig aufgelöst. Es ergibt sich eine Steuerlast von 90.000 EUR. Unter Berücksichtigung der Zinsen auf den zurückgestellten Betrag i.H. von 3.636 EUR (90.000 EUR × $1{,}02^2$ – 90.000 EUR) beträgt die „effektive" Steuerlast allerdings nur 86.364 EUR.

Die **Bedeutung der Rückstellungen in der Praxis** zeigt sich bspw. auch beim Umfang der bilanziell ausgewiesenen Pensionsverpflichtungen im Verhältnis zum Buchwert des Eigenkapitals. Für die DAX-Unternehmen ergibt sich auf Basis der ausgewerteten Geschäftsberichte für die Geschäftsjahre 2017 bis 2022 eine Relation der Pensionsverpflichtungen zum Buchwert des Eigenkapitals zwischen rd. 27% und rd. 63%.[14] Auch wenn die vorgenannten Befunde im Wesentlichen auf IFRS-Daten Bezug nehmen, gilt für die handelsrechtliche Rechnungslegung nichts anderes: Allein von ihrer quantitativen Erscheinung her sind Rückstellungen (und hier insb. **Pensionsverpflichtungen**) ein bedeutender Passivposten. Zudem zeigen die empirischen Daten auch, wie entscheidend bestimmte bewertungsrelevante Parameter, wie bspw. das bewertungsrelevante Zinsniveau, für die Höhe der Pensionsverpflichtungen in der Bilanz sind.

1.2 Abgrenzung von anderen Posten der Bilanz

1.2.1 Rücklagen

Rückstellungen werden häufig mit Rücklagen verwechselt. Während es sich bei Rückstellungen jedoch, mit Ausnahme jener **Rückstellungen** für innerbetriebliche Aufwendungen, um **Fremdkapital** handelt, sind die Rücklagen dem Eigenkapital zuzurechnen.[15] Rückstellungen werden **aufwandswirksam** gebildet (Buchung: Aufwand gegen Rückstellung), weil sie bilanziell bereits wirtschaftlich oder rechtlich verursachte, aber noch nicht realisierte Ausgaben abbilden. Rücklagen hingegen werden nicht aus Aufwendungen „gespeist", sondern ergeben sich durch bereits realisierte Gewinne **(Gewinnrücklage)**[16] bzw. durch eine Außenfinanzierung, wenn der Ausgabebetrag eines Geschäftsanteils ihren Nennwert (NW) übersteigt **(Kapitalrücklage).**[17]

PRAXISTIPP

Rückstellungen sind eine „Vorsorge" für zum Stichtag bereits **verursachte,** d.h. **bereits definierbare,** aber noch nicht realisierte Ausgaben. Rücklagen stehen dem Unternehmen grds. dauerhaft zur Verfügung und können zur Deckung späterer, noch **nicht verursachter** und i.d.R. **noch nicht definierter**[18] Aufwendungen verwendet werden.

14 Vgl. *Zwirner/Krauß*, KoR 2024 S.63.

15 Vgl. *Blenkers/Czisz/Gerl*, S.34; HdR-E/*Mayer-Wegelin*, § 249 HGB Rz.22.

16 Vgl. *Eifler*, S.34. Wobei hier natürlich anzumerken ist, dass Gewinne sich durch die Differenz aus (höheren) Erträgen und (niedrigeren) Aufwendungen ergeben.

17 Zur Kapitalrücklage zählen neben den aufgeführten auch noch andere Beträge. Siehe hierzu § 272 Abs.2 HGB.

18 Eine Ausnahme besteht bei zweckgebundenen Rücklagen. Siehe hierzu Syst. Praxiskommentar Bilanzrecht/*Patek/Hartmann*, § 272 HGB Rz.115.

Die folgende Tabelle fasst die Unterschiede zwischen den benannten Bilanzposten zusammen:

Tab. 1: Abgrenzung der Rückstellungen von den Rücklagen

	Rückstellungen	**Rücklagen**
Bilanzielle Zuordnung	Fremdkapital	Eigenkapital
Bildung	Aufwandswirksam wegen bestimmter Außenverpflichtung (Rückstellung für ungewisse Verbindlichkeiten, Drohverlustrückstellung) oder bestimmter Innenverpflichtung (sog. Aufwandsrückstellung)	Aus realisierten Gewinnen durch Gewinnverwendungsbeschluss/ Satzungsvorgaben etc. oder i. R. einer Außenfinanzierung (z. B. einer Kapitalerhöhung)
Verwendung	Für den Zweck, für den die Rückstellung gebildet wurde, also die bestimmte Außen- oder Innenverpflichtung	Mit Ausnahme zweckgebundener Rücklagen freie Verwendung – bspw. für spätere Ausschüttungen oder Investitionen

1.2.2 Rechnungsabgrenzungsposten

Rückstellungen sind ferner von Rechnungsabgrenzungsposten abzugrenzen. Bei **passiven Rechnungsabgrenzungsposten** handelt es sich um „[...] Einnahmen vor dem Abschlussstichtag [...], soweit sie Ertrag für eine bestimmte Zeit nach diesem Tag darstellen“[19]. Die Abgrenzung ist insofern schon eingängig, als es sich bei passiven Rechnungsabgrenzungsposten um Einnahmen handelt, Rückstellungen aber stets mit (zukünftigen) Ausgaben im Zusammenhang stehen.

Wie Rückstellungen begründen sich **aktive Rechnungsabgrenzungsposten** aus bestimmten Aufwendungen. Während Rückstellungen auf bereits zu berücksichtigenden Aufwendungen basieren, die zu späteren Ausgaben führen, basieren aktive Rechnungsabgrenzungsposten auf Ausgaben, denen noch keine Aufwendungen gegenüberstehen.[20]

PRAXISTIPP

Wird eine Ausgabe getätigt für Aufwand späterer Perioden, sind aktive Rechnungsabgrenzungsposten zu bilden (**erst** die **Ausgabe, dann** der **Aufwand**). Fällt Aufwand an, dem in späteren Perioden Ausgaben folgen, sind Rückstellungen zu bilden (**erst** der **Aufwand, dann** die **Ausgabe**).

BEISPIEL ▸ Wird im Dezember die Miete des Monats Januar überwiesen, ist zum Bilanzstichtag 31.12. ein aktiver Rechnungsabgrenzungsposten zu bilanzieren (**Ausgabe** im Dezember, **Aufwand** im Januar).

Werden im Dezember Produkte ausgeliefert, die wegen eines eklatanten Mangels zurückgerufen werden müssen, ist eine Rückstellung zu bilden (**Aufwand** im Dezember, **Ausgabe** im nächsten Jahr).

Rechnungsabgrenzungsposten und Rückstellungen ist gemein, dass sie eine **periodengerechte Erfolgsermittlung** verfolgen, indem Aufwand und Ertrag den Perioden zugerechnet werden, in denen sie ihre wirtschaftliche und rechtliche Verursachung finden. Im Gegensatz zu den Rück-

19 § 250 Abs. 2 HGB.
20 Vgl. § 250 Abs. 1 HGB.

stellungen sind die Aufwendungen eines aktiven Rechnungsabgrenzungspostens genau quantifizierbar,[21] da sie auf einen realisierten Zahlungsmittelabfluss zurückzuführen sind.[22]

1.2.3 Eventualverbindlichkeiten

Vor Inkrafttreten des BilRUG waren nach § 251 i. V. mit § 268 Abs. 7 HGB a. F. Eventualverbindlichkeiten **unter der Bilanz oder im Anhang** des Abschlusses auszuweisen.[23] Die Neufassung der handelsrechtlichen Regelungen durch das BilRUG schreibt einen Pflichtausweis des Gesamtbetrags etwaiger finanzieller Verpflichtungen, Garantien oder Eventualverbindlichkeiten, die nicht Gegenstand der Bilanz sind, im Anhang vor.[24] Damit ist die Möglichkeit des Ausweises unter der Bilanz weggefallen. Da § 268 Abs. 7 HGB aber nur für Kapitalgesellschaften (bzw. diesen nach § 264a HGB gleichgestellte Personenhandelsgesellschaften) gilt, bleibt die durch das BilRUG nicht geänderte Regelung nach § 251 HGB unverändert.[25] Demnach haben Unternehmen, die keinen Anhang zu erstellen haben, die Angaben weiterhin unter der Bilanz vorzunehmen. Hierzu zählen bspw. Unternehmen in der Rechtsform der KG oder OHG.[26]

Diesen Haftungsverhältnissen sind alle Sachverhalte zu subsumieren, aus denen eine Inanspruchnahme erwachsen könnte, die jedoch zum Bilanzstichtag nicht wahrscheinlich erscheint. Die Abgrenzung ggü. den Rückstellungen macht sich folglich an der **Wahrscheinlichkeit der Inanspruchnahme** fest. Wird mit hinreichender Wahrscheinlichkeit mit einer Inanspruchnahme gerechnet, ist eine Rückstellung zu bilanzieren, andernfalls ist nach § 251 i. V. mit § 268 Abs. 7 HGB lediglich die Eventualverbindlichkeit im Anhang anzugeben.

BEISPIEL

Fall 1: Angabe von Haftungsverhältnissen bei Kapitalgesellschaften

Die Sigma GmbH hat in ihrem Jahresabschluss zum 31.12.2015 Haftungsverhältnisse i. H. von 100.000 EUR unter der Bilanz angegeben. Im Jahresabschluss zum 31.12.2016 sind diese Angaben im Anhang zu machen.

Fall 2: Angabe von Haftungsverhältnissen bei Personenhandelsgesellschaften

Die Sigma OHG hat in ihrem Jahresabschluss zum 31.12.2015 Haftungsverhältnisse i. H. von 100.000 EUR unter der Bilanz angegeben. Im Jahresabschluss zum 31.12.2016 sind diese Angaben weiterhin unter der Bilanz zu machen.

PRAXISTIPP

Eine Eventualverbindlichkeit ist unter den Haftungsverhältnissen auszuweisen, wenn zum Bilanzstichtag nicht mit hinreichender Wahrscheinlichkeit mit einer Inanspruchnahme gerechnet wird. Ist hingegen eine Inanspruchnahme wahrscheinlich, ist eine Rückstellung zu bilanzieren.

Eine besondere Relevanz hat das Wahrscheinlichkeitserfordernis bei der **bilanziellen Abbildung von Bürgschaften.** Der bilanzierende Kaufmann muss hier zu jedem Bilanzstichtag anhand der Bonität des Schuldners abschätzen, ob eine Inanspruchnahme droht. Hier kann die vielzitierte Formel „Es spricht mehr dafür als dagegen" nur als Richtschnur dienen, denn eine genaue Be-

21 Vgl. *Eifler*, S. 38.

22 Vgl. *Zwirner/Kähler*, BC 2015 S. 133, 133 ff.; Syst. Praxiskommentar Bilanzrecht/*Heine/Zenger*, § 250 HGB Rz. 1 ff.

23 Vgl. § 251 i. V. mit § 268 Abs. 7 HGB.

24 Vgl. *Zwirner*, DStR 2015 S. 1640, 1641.

25 Vgl. *Zwirner*, DStR 2014 S. 1784, 1787; *Zwirner* in: Zwirner, BilRUG, S. 448.

26 Vgl. *Russ/Janssen/Götze/Mezger/Weiser*, BilRUG-Kommentar, § 268 HGB Rz. 15.

messung der 50-%-Grenze ist gerade nicht in jedem Einzelfall möglich.[27] Vom Kaufmann ist deshalb eine **vernünftige Einschätzung** vorzunehmen, ob eine **Inanspruchnahme** erwartet wird oder nicht. Diese Einschätzung ist jedoch in den seltensten Fällen dem Beweis durch die **51-%-Regel** zugänglich und kann wiederum nur anhand einer intuitiven Wahrscheinlichkeitsermittlung geprüft werden.

PRAXISTIPP

Die Einschätzung der Eintrittswahrscheinlichkeit der Höhe nach im Zusammenhang mit Eventualverbindlichkeiten ist letztlich entscheidend dafür, ab wann eine erwartete Verpflichtung nicht mehr nur im Anhang anzugeben, sondern aufwandswirksam als Rückstellung zu bilanzieren ist. Hierbei muss eine angemessene Risikoeinschätzung erfolgen, wobei das handelsrechtliche Vorsichtsprinzip nicht so zu verstehen ist, dass im Zweifel immer der „Worst Case" anzunehmen ist. Es muss vielmehr eine vernünftige, an Wahrscheinlichkeitsüberlegungen orientierte Einschätzung erfolgen.

1.2.4 Sonstige finanzielle Verpflichtungen

Sonstige finanzielle Verpflichtungen, die nicht in der Bilanz enthalten sind, müssen – soweit sie für die Beurteilung der Finanzlage notwendig sind – von bestimmten Gesellschaften im Anhang angegeben werden.[28] „Nicht in der Bilanz enthaltene Geschäfte" umfassen auch Dauerschuldverhältnisse, die grds. keinen Eingang in die Bilanz finden. Besteht seitens des Bilanzierenden allerdings ein **Verpflichtungsüberschuss (d. h., stehen sich Leistung und Gegenleistung nicht ausgeglichen gegenüber),** ist eine Drohverlustrückstellung zu bilanzieren. Bei Ausgeglichenheit von Leistung und Gegenleistung bleibt es bei der Anhangangabe. Hierbei sind die in § 285 Nr. 3 HGB genannten Voraussetzungen zu beachten.[29]

PRAXISTIPP

Dauerschuldverhältnisse sind Grundlage von Drohverlustrückstellungen, wenn Leistung und Gegenleistung sich ungleich gegenüberstehen. Als sonstige finanzielle Verpflichtungen sind sie nur dann auszuweisen, wenn:

- sich Leistung und Gegenleistung ausgeglichen gegenüberstehen,[30]
- die Angabe des Dauerschuldverhältnisses für die Beurteilung der Finanzlage notwendig ist,
- es sich bei dem bilanzierenden Unternehmen um mittlere oder große KapG bzw. PersHG handelt.[31]

1.2.5 Verbindlichkeiten

Im Gegensatz zu Verbindlichkeiten, die sowohl dem Grunde als auch der Höhe nach sicher sind,[32] haftet den Rückstellungen stets zumindest ein **Ungewissheitsmoment** an. Die Fragen nach dem Ob, nach dem Wann und nach dem Wie-viel sind bei Verbindlichkeiten bereits beantwortet. Bei Rückstellungen ist zumindest eine dieser Fragen (noch) offen.

27 Eine Anwendung dieser „Formel" ist nur bei einer sehr großen Grundgesamtheit sinnvoll, sodass das „Gesetz der großen Zahl" greift; vgl. *Hoffmann/Lüdenbach*, § 249 HGB Rz. 46.
28 Vgl. § 285 Nr. 3 HGB; Syst. Praxiskommentar Bilanzrecht/*Prechtl/Zieglmaier*, § 285 HGB Rz. 14 ff.
29 Siehe hierzu ausführlich *Boecker/Zwirner* in: Zwirner, BilRUG, S. 498 ff.
30 Vgl. HdR-E/*Mayer-Wegelin*, § 249 HGB Rz. 22.
31 Vgl. Syst. Praxiskommentar Bilanzrecht/*Prechtl/Zieglmaier*, § 285 HGB Rz. 17.
32 Vgl. HdR-E/*Mayer-Wegelin*, § 249 HGB Rz. 22; Syst. Praxiskommentar Bilanzrecht/*Lentz*, § 266 HGB Rz. 166.

Abb. 1: Abgrenzung der Verbindlichkeiten von den Rückstellungen

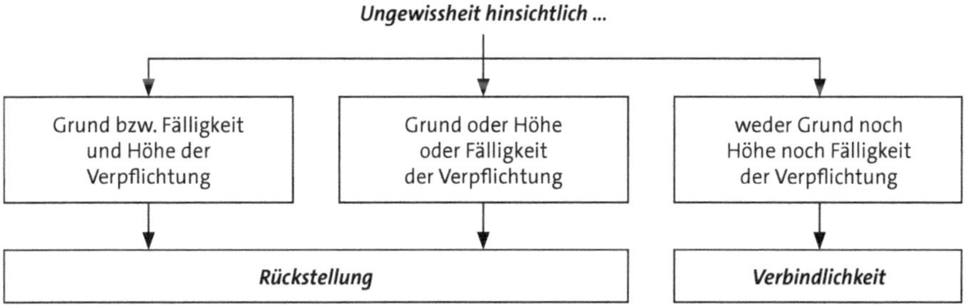

© Künkele/Vodermeier/Zwirner

BEISPIEL

Fall 1: Ein Kunde reklamiert ein fehlerhaftes Produkt, allerdings lassen sich die Reparaturkosten nicht genau abschätzen.

Fall 2: Ein Kunde reklamiert ein fehlerhaftes Produkt. Die Reparaturkosten können genau beziffert werden.

In beiden Fällen besteht Sicherheit über den Grund der Verpflichtung. Während im ersten Fall die Höhe der Verpflichtung ungewiss ist und damit die Bilanzierung einer Rückstellung erfordert, ist die Höhe der Verpflichtung im zweiten Fall bekannt und der Verpflichtung ist dementsprechend mit der Bilanzierung einer Verbindlichkeit Rechnung zu tragen.

1.3 Rückstellungsarten

Die Ansatzvorschriften nach § 249 HGB unterscheiden grds. zwischen **drei grundlegenden Rückstellungsarten,** deren Charakteristika an anderer Stelle noch genauer erläutert werden (siehe Kap. 2).

Rückstellungen für ungewisse Verbindlichkeiten liegen dann vor, wenn zum Bilanzstichtag eine Außenverpflichtung besteht, aber Grund und/oder Höhe der Verpflichtung nicht verlässlich bestimmt werden können.[33] Sofern Grund und Höhe der Verpflichtung feststehen, liegen die Ansatzkriterien von Verbindlichkeiten vor. Die Bewertung richtet sich grds. nach den erwarteten, vorsichtig zu schätzenden Aufwendungen unter Berücksichtigung der für Rückstellungen gültigen Bewertungsgrundsätze nach § 253 Abs. 1 Satz 2 HGB.

Rückstellungen für drohende Verluste aus schwebenden Geschäften dienen der Berücksichtigung von bekannten und bestimmbaren künftigen Verlusten, die am Bilanzstichtag hinreichend abschätzbar sind, aber erst künftig anfallen. Die wirtschaftliche Verursachung der Verluste ist allerdings in dem Abschluss des bereits zum Bilanzstichtag bestehenden (schwebenden) Geschäfts zu sehen. Rückstellungen für drohende Verluste aus schwebenden Geschäften sind damit ein unmittelbarer Ausfluss des handelsrechtlichen Imparitätsprinzips,[34] das den Bilanzierenden zum Ausweis unrealisierter, aber sich bereits abzeichnender Verluste zum Bilanzstichtag

33 Vgl. MünchKommHGB/*Ballwieser,* § 249 HGB Rz. 10; *Roser,* WPg 2015 S. 693, 698 ff.; *Broemel/Endert,* BBK 2014 S. 699, 699.

34 Vgl. § 253 Abs. 1 Nr. 4 HGB.

zwingt.[35] Hinsichtlich der Bewertung der Rückstellungen für drohende Verluste ist auf den sich nach (kompensatorischer) Berücksichtigung etwaiger Erträge ergebenden Verpflichtungsüberschuss abzustellen.[36]

Aufwandsrückstellungen bilden Verpflichtungen ab, die im abgelaufenen Geschäftsjahr wirtschaftlich verursacht wurden, für die allerdings zum Bilanzstichtag – entgegen den Rückstellungen für ungewisse Verbindlichkeiten – keine Außenverpflichtung vorliegt. Mangels Vorliegen einer Außenverpflichtung handelt es sich bei Aufwandsrückstellungen um sog. Innenverpflichtungen, die keine Schulden i.S.des § 247 HGB darstellen.[37] Um den Ansatz dieser Rückstellungen zu begrenzen, sieht § 249 Abs.1 HGB allein den Ansatz von Aufwandsrückstellungen vor für:

- im Geschäftsjahr unterlassene Aufwendungen für Instandhaltung, die im folgenden Geschäftsjahr innerhalb von drei Monaten nachgeholt werden,
- im Geschäftsjahr unterlassene Aufwendungen für Abraumbeseitigung, die im folgenden Geschäftsjahr nachgeholt werden,
- Gewährleistungen, die ohne rechtliche Verpflichtung erbracht werden.

Die Möglichkeit der Bildung von Rückstellungen für unterlassene Instandhaltungen, die nach Ablauf der drei Monate nach dem Bilanzstichtag, aber **innerhalb der letzten neun Monate des folgenden Geschäftsjahrs nachgeholt** werden, ist durch das BilMoG seit 2010 aufgehoben worden. Auch „ihrer Eigenart nach genau umschriebene, dem Geschäftsjahr oder einem früheren Geschäftsjahr zuzuordnende" Aufwandsrückstellungen (sog. **spezielle Aufwandsrückstellungen**) können seit dem BilMoG nicht mehr gebildet werden.[38] Die folgende Tabelle zeigt Ansatzverbote und Ansatzpflichten nach dem HGB:

Tab. 2: Ansatzpflichten und -verbote nach § 249 HGB

Rückstellungsart	HGB
Rückstellungen für ungewisse Verbindlichkeiten	Ansatzpflicht
Rückstellungen für drohende Verluste aus schwebenden Geschäften	Ansatzpflicht
Rückstellungen für im Geschäftsjahr unterlassene Aufwendungen für Instandhaltungen, die innerhalb der ersten drei Monate des folgenden Geschäftsjahrs nachgeholt werden	Ansatzpflicht
Rückstellungen für Abraumbeseitigungen, die im folgenden Geschäftsjahr nachgeholt werden	Ansatzpflicht
Rückstellungen für Gewährleistungen, die ohne rechtliche Verpflichtung erbracht werden	Ansatzpflicht
Rückstellungen für im Geschäftsjahr unterlassene Aufwendungen für Instandhaltungen, die nach Ablauf des Dreimonatszeitraums innerhalb der letzten neun Monate des folgenden Geschäftsjahrs nachgeholt werden	Ansatzverbot
Spezielle Aufwandsrückstellungen	Ansatzverbot

35 Vgl. Syst. Praxiskommentar Bilanzrecht/*Brösel*, § 252 HGB Rz.44.
36 Vgl. Beck Bil-Komm/*Schubert*, § 249 HGB Rz.3.
37 Vgl. *Schumann*, EStB 2014 S.441, 442.
38 Vgl. Syst. Praxiskommentar Bilanzrecht/*Petersen/Künkele/Zwirner*, § 249 HGB Rz.177ff.

Während § 249 HGB den Ansatz der Rückstellungen regelt, sieht § 266 HGB den **bilanziellen Ausweis** der Rückstellungen vor. Zu den Rückstellungen für ungewisse Verbindlichkeiten zählen sowohl die Rückstellungen für Pensionen und ähnliche Verpflichtungen als auch die Steuerrückstellungen. Weitere Rückstellungen für ungewisse Verbindlichkeiten sind unter den sonstigen Rückstellungen auszuweisen. Aufwandsrückstellungen sowie Rückstellungen für drohende Verluste aus schwebenden Geschäften stellen sonstige Rückstellungen dar.

PRAXISTIPP

Die Rückstellungsarten des § 249 HGB stimmen nicht mit dem gesetzlichen Gliederungsschema des § 266 HGB überein. Die meisten Rückstellungen sind unter den sonstigen Rückstellungen in der Bilanz auszuweisen.

Die folgende Tabelle gibt die unterschiedliche Kategorisierung von Rückstellungen in den §§ 249, 266 HGB wieder:

Tab. 3: Kategorisierung der Rückstellungen

Nach Ansatzvoraussetzungen (§ 249 HGB)	Rückstellungen für ungewisse Verbindlichkeiten	Rückstellungen für drohende Verluste	Aufwandsrückstellungen
Nach Ausweis (§ 266 HGB)	Rückstellungen für Pensionen und ähnliche Verpflichtungen	Steuerrückstellungen	Sonstige Rückstellungen

1.4 Bildung, Inanspruchnahme (Verbrauch) und Auflösung von Rückstellungen

Die **Bildung** der jeweiligen Rückstellung hat über den **Aufwandsposten** der Gewinn- und Verlustrechnung (GuV) zu erfolgen, dem der künftig anfallende Aufwand zuzurechnen wäre bzw. dem der Aufwand zugerechnet worden wäre, wenn er noch im abgelaufenen Geschäftsjahr zu Ausgaben geführt hätte.[39] Rückstellungen sind demnach über verschiedene GuV-Posten zu bilden. In Betracht kommen regelmäßig alle Aufwandsarten bis auf die Abschreibungen. Ausgehend vom Gliederungsschema des § 275 Abs. 1 HGB bieten damit folgende Aufwandsposten Raum für die Bildung von Rückstellungen: Materialaufwand, Personalaufwand, sonstige betriebliche Aufwendungen, Zinsen und ähnliche Aufwendungen, außerordentliche Aufwendungen, Steuern vom Einkommen und Ertrag, sonstige Steuern.

Betrifft die Rückstellung verschiedene Aufwandsarten (bspw. beim Gewährleistungsaufwand, wenn sowohl Personal- als auch Materialaufwand notwendig sind), hat die Bildung der Rückstellung über den Posten **„sonstige betriebliche Aufwendungen"** zu erfolgen.[40] Dies gilt auch für die Fälle, in denen noch nicht erkennbar ist, welche Aufwandsarten in welchem Umfang betroffen sind.[41]

39 Vgl. Beck HdR/*Scheffler*, B 233 Rz. 85.
40 Vgl. so auch Beck HdR/*Scheffler*, B 233 Rz. 86.
41 Vgl. *Coenenberg/Haller/Schultze*, S. 465.

Der Zeitpunkt der Bildung einer Rückstellung hängt von ihrer wirtschaftlichen Verursachung ab. Demnach darf eine Rückstellung zum Bilanzstichtag nur dann angesetzt werden, wenn sie zu diesem Zeitpunkt **rechtlich oder wirtschaftlich** als **verursacht** anzusehen ist (siehe Kap. 2.1.2.3).

BEISPIEL Die Beispiel AG hat in t1 Beratungsleistungen der ABC Beratungen GmbH in Anspruch genommen. Die Rechnung für die Leistungen ist zum Bilanzstichtag noch nicht eingegangen. Die Beispiel AG rechnet damit, dass die in t1 geleistete Beratung 12.000 EUR kosten wird.

Buchungssatz:

sonstiger betrieblicher Aufwand	12.000 EUR
an	
sonstige Rückstellungen	12.000 EUR

Spätestens i. R. der **(Risiko-)Inventur** sind zum Bilanzstichtag alle Risiken abzuschätzen und hinsichtlich ihrer Verursachung und Wahrscheinlichkeit zu bewerten. Notwendige Voraussetzung für diese **„Inventur der Risiken"** ist eine vollständige Registrierung aller abgeschlossenen Verträge sowie etwaiger vorhandener Schadensersatzansprüche, Reklamationen etc.[42]

Hinsichtlich der wirtschaftlichen Verursachung ist auch der Zeitraum zwischen Bilanzstichtag und Bilanzerstellung zu berücksichtigen. Hierbei wirken sog. **wertaufhellende Tatsachen** nach dem Bilanzstichtag auf die Rückstellungsbildung dem Grunde nach auf den Bilanzstichtag zurück.[43] Dies gilt im Besonderen nicht nur für die Frage des Ansatzes, sondern auch für Bewertungsfragen.

Wertbegründende Tatsachen nach dem Bilanzstichtag führen nicht zum Ansatz einer Rückstellung,[44] weil die Wertbegründung nicht dem abgelaufenen, sondern dem folgenden Geschäftsjahr zuzurechnen ist.

Nach der erstmaligen Bildung (und damit der vorgenommenen Zugangsbewertung) ist die Rückstellung spätestens zu jedem folgenden Abschlussstichtag neu zu bewerten. Sofern sich bewertungsbedingte Anpassungen ergeben, sind diese zu berücksichtigen. Während ein höherer Wert als aufwandswirksame **Zuführung** zu berücksichtigen ist,[45] wird ein geringerer Wert im Zuge des **Verbrauchs** (der Inanspruchnahme) und/oder einer **Auflösung** der Rückstellung als aufwandsmindernd (Verbrauch bzw. Inanspruchnahme) respektive ertragswirksam (Auflösung) erfasst. Die Berücksichtigung von ggf. vorhandenen Zinseffekten ist gesondert vorzunehmen.

BEISPIEL Zum Bilanzstichtag wird festgestellt, dass der Erfüllungsbetrag einer Entfernungsverpflichtung zu niedrig angesetzt wurde. Der Unterschiedsbetrag zum nunmehr geschätzten Erfüllungsbetrag ist der Rückstellung aufwandswirksam zuzuführen. Wieder ist zu buchen: sonstiger betrieblicher Aufwand an sonstige Rückstellungen.

Sofern eine Rückstellung unzulässigerweise nicht angesetzt wurde, ist diese schnellstmöglich, d. h. im letzten noch nicht festgestellten Jahresabschluss, gewinnmindernd anzusetzen.[46] In Abhängigkeit von der Wesentlichkeit des Fehlers ist die Beurteilung etwaiger Rechtsfolgen

42 Vgl. Beck HdR/*Petersen/Zwirner*, A 230 Rz. 69; Syst. Praxiskommentar Bilanzrecht/*Petersen/Zwirner*, § 240 HGB Rz. 56 f.

43 Vgl. *Hoffmann/Lüdenbach*, § 252 HGB Rz. 73 ff.

44 Vgl. Syst. Praxiskommentar Bilanzrecht/*Petersen/Künkele/Zwirner*, § 249 HGB Rz. 22.

45 Zuführungen können aber auch bei Ansammlungs- und Verteilungsrückstellungen gegeben sein, wobei es sich hier mehr um Sachverhalte des Ansatzes als der Bewertung handelt.

46 Vgl. Beck Bil-Komm/*Schubert*, § 249 HGB Rz. 34.

(z. B. Nichtigkeit des Jahresabschlusses) zu überprüfen.[47] Eine **Unterlassung** des Rückstellungsansatzes liegt dann aber nicht vor, wenn der Bilanzierende zum Abschlussstichtag von der Verursachung der Verpflichtung noch keine Kenntnis hatte; in solchen Fällen ist regelmäßig von wertbegründenden Ereignissen auszugehen.

Die **Inanspruchnahme** der Rückstellung zum Zeitpunkt des Anfalls der Aufwendungen (durch unmittelbare Begleichung oder kreditorische Erfassung) ist über dasselbe Konto vorzunehmen, über das die Rückstellung gebildet worden ist. Sofern die Rückstellung in der zutreffenden Höhe gebildet worden ist, muss die Inanspruchnahme der Rückstellung gegen das Aufwandskonto gebucht werden. Im Ergebnis darf sich im Jahr der Inanspruchnahme nur ein etwaiger Mehr- oder Minderaufwand (wenn die Rückstellung in zu geringer oder zu großer Höhe gebildet wurde) aufwands- oder ertragswirksam auswirken.

BEISPIEL Zum 31.12.t1 bucht die Herkules GmbH eine Rückstellung für die Aufwendungen im Zusammenhang mit der Erstellung und Prüfung des Jahresabschlusses ein. Dies geschieht, mangels Wissen über die genaue Zuordnung, gegen den sonstigen betrieblichen Aufwand. Die Herkules GmbH rechnet mit Aufwand i. H. von 20.000 EUR.

Buchungssätze (ohne Berücksichtigung von Steuern):

sonstige betriebliche Aufwendungen	20.000 EUR
an	
sonstige Rückstellungen	20.000 EUR

In t2 fallen 15.000 EUR Personalaufwand für die Bilanzbuchhalter an, die den Jahresabschluss erstellen. Die Kosten der Prüfung belaufen sich auf 10.000 EUR. Es wird gebucht:

Personalaufwand	15.000 EUR
sonstige betriebliche Aufwendungen	10.000 EUR
an	
Bank	25.000 EUR

Ungeachtet der Verteilung des Gesamtaufwands auf Personalaufwand und sonstigen betrieblichen Aufwand wird die Rückstellung gegen das Aufwandskonto in Anspruch genommen, gegen das sie gebildet wurde.

sonstige Rückstellungen	20.000 EUR
an	
sonstige betriebliche Aufwendungen	20.000 EUR

Für den Fall, dass das aufgespaltene Konto hierdurch negativ wird, hat eine entsprechende Korrektur zu erfolgen.

Entfällt zum Bilanzstichtag die **Ungewissheit einer Verpflichtung,** ist die gebildete Rückstellung erfolgsneutral in die Verbindlichkeiten **umzugliedern.**[48] Etwaige Bewertungsanpassungen sind hierbei unter den sonstigen betrieblichen Erträgen bzw. dem Aufwandsposten, über den die Rückstellung gebildet wurde, zu erfassen.

47 Ebenso Bertram/Kessler/Müller/*Bertram*, § 249 HGB Rz. 18.
48 Vgl. *Hoffmann/Lüdenbach*, § 249 HGB Rz. 12.

BEISPIEL Zum 31.12.t1 ist eine Rückstellung für Beratungsleistungen i.H. von 12.000 EUR gebildet worden. Im Januar t2 erreicht die Rechnung der ABC Beratungen GmbH über Beratungsleistungen des Geschäftsjahrs t1 die Beispiel AG. Die Kosten für die Beratung betragen wie geplant 12.000 EUR. Wie in der Praxis üblich, bucht die Kreditorenbuchhaltung der Beispiel AG den Rechnungsbetrag als Verbindlichkeit ein.

Buchungssätze (ohne Berücksichtigung von Steuern):

sonstige betriebliche Aufwendungen	12.000 EUR
an	
Verbindlichkeiten aus Lieferungen und Leistungen	12.000 EUR
sonstige Rückstellungen	12.000 EUR
an	
sonstige betriebliche Aufwendungen	12.000 EUR

Durch die zweite Buchung wird die ansonsten das Ergebnis verfälschende erste Buchung korrigiert. Die Rückstellung wird aufgelöst und der erfasste Aufwand, welcher der Periode t2 zugerechnet wurde, storniert.

Abwandlung: Der Rechnungsbetrag beläuft sich auf 11.000 EUR.

Buchungssätze (ohne Berücksichtigung von Steuern):

sonstige betriebliche Aufwendungen	11.000 EUR
an	
Verbindlichkeiten aus Lieferungen und Leistungen	11.000 EUR
sonstige Rückstellungen	12.000 EUR
an	
sonstige betriebliche Aufwendungen	11.000 EUR
sonstige betriebliche Erträge	1.000 EUR

Der niedrigere Rechnungsbetrag führt zu einem erhöhten Ergebnis, indem 1.000 EUR als sonstiger betrieblicher Ertrag gebucht werden.

Die **Auflösung** einer Rückstellung darf erst dann vorgenommen werden, wenn die Rückstellung nicht mehr oder nicht in der vorgesehenen Höhe benötigt wird, weil die Gründe für die Rückstellungsbildung weggefallen sind.[49] Die gesetzliche Regelung des § 249 Abs. 2 Satz 2 HGB folgt dabei dem handelsrechtlichen Vorsichtsprinzip. Eine Auflösung der Rückstellung kommt demnach in Betracht, wenn mit ihrer Inanspruchnahme zum Bilanzstichtag nicht mehr zu rechnen ist. Dies kann bspw. auf eine andere rechtliche Einschätzung oder neue Informationen zurückzuführen sein.[50]

In der Vergangenheit angesetzte Rückstellungen sind zu jedem Bilanzstichtag erneut auf die Erfüllung der jeweiligen Ansatzkriterien hin zu untersuchen. Sofern sich die zuvor geschätzte

49 Vgl. *Roser*, WPg 2015 S. 693, 703 f.

50 Vgl. Beck Bil-Komm/*Schubert*, § 249 HGB Rz. 37. Vgl. auch HdJ/*Wüstemann, J./Rost*, Abt. III 5 Rz. 59 ff.

Höhe durch **neuere Kenntnisse im Zeitablauf** geändert hat, kann ebenso eine Teilauflösung erforderlich sein.[51] Ebenso wie bei der Bildung sind auch mit Blick auf die Auflösung von Rückstellungen wertaufhellende Tatsachen bis zum Zeitpunkt der Bilanzerstellung zu berücksichtigen, nicht aber wertbegründende Tatsachen.

Die Auflösung einer Rückstellung war bis zum Inkrafttreten des BilRUG unter den **sonstigen betrieblichen Erträgen** zu zeigen (Buchung: Rückstellung an sonstige betriebliche Erträge). Zudem waren die Beträge als **periodenfremde** Erträge nach § 277 Abs. 4 Satz 3 HGB a. F. im Anhang anzugeben, sofern sie nicht von untergeordneter Bedeutung waren. Mit der Einführung des BilRUG wurde der bisherige § 277 Abs. 4 Satz 3 i. V. mit Satz 2 HGB a. F. in den neuen § 285 Nr. 31 HGB verschoben.[52] **Inhaltlich unverändert muss im Anhang** auch weiterhin über periodenfremde Erträge und Aufwendungen **berichtet werden,** sofern die Beträge nicht von untergeordneter Bedeutung sind (siehe Kap. 4.3).[53] In der Praxis findet sich in Einzelfällen auch die Saldierung von Rückstellungsauflösungen mit Zuführungen der Periode. Dies kann im Einzelfall und unter Wesentlichkeitsaspekten vertretbar sein. Häufig erfolgt eine saldierte Behandlung bspw. im Zusammenhang mit der Bildung von Pensionsrückstellungen bzw. Folgebewertungen. Steuerrückstellungen sind über die GuV-Position „Steuern vom Einkommen und Ertrag“ aufzulösen. Insbesondere die Auflösung von Steuerrückstellungen über die GuV-Position „Steuern vom Einkommen und Ertrag“ ist in der Praxis von Bedeutung, um eine versehentliche Versteuerung der sonstigen betrieblichen Erträge, soweit diese auf aufgelöste Steuerrückstellungen entfallen sollten, zu vermeiden.

PRAXISTIPP

Grundsätzlich hat die Auflösung von in Vorperioden gebildeten Rückstellungen, die zum Bilanzstichtag nicht mehr dem Grunde bzw. der Höhe nach gerechtfertigt sind, unter den sonstigen betrieblichen Erträgen zu erfolgen. Zudem handelt es sich um einen periodenfremden Effekt i. S. von § 285 Nr. 31 HGB.

Neben der auf Nominalwerten basierenden Bewertung sind zu jedem Bilanzstichtag etwaige vorhandene **Zinseffekte**[54] zu berücksichtigen (siehe Kap. 3.3). Diese sind gesondert nach § 277 Abs. 5 Satz 1 HGB in der GuV unter den Zinserträgen bzw. Zinsaufwendungen auszuweisen.[55]

1.5 Grundlagen der steuerbilanziellen Behandlung von Rückstellungen

1.5.1 Zusammenhang zwischen Handels- und Steuerbilanz

Grundsätzlich gelten aufgrund des sog. **Maßgeblichkeitsprinzips**[56] die Regelungen des Handelsrechts auch für die Steuerbilanz. Dies gilt jedoch nur, solange keine steuerlichen Sondervorschriften der handelsrechtlichen Norm entgegenstehen. In diesen Fällen gehen in der StB die steuerlichen Bilanzierungs- und Bewertungsvorschriften den handelsrechtlichen vor.[57] Zur grundsätz-

51 Vgl. HdR-E/*Mayer-Wegelin*, § 249 HGB Rz. 254.

52 Vgl. *Zwirner* in: Zwirner, BilRUG, S. 469.

53 Vgl. *Boecker/Zwirner* in: Zwirner, BilRUG, S. 515 ff.

54 Vgl. § 253 Abs. 2 Satz 1 HGB.

55 Vgl. Syst. Praxiskommentar Bilanzrecht/*de la Paix*, § 277 HGB Rz. 41 f.

56 Vgl. § 5 Abs. 1 Satz 1 EStG. Vgl. auch weiterführend *Schumann*, EStB 2014 S. 441 ff. Ebenso *Weber-Grellet* in: Schmidt, § 5 EStG Rz. 350 ff.

57 Siehe Handbuch Bilanzrecht/*Herrfurth/Zwirner*, C.IX. Rz. 1.

lichen Geltung des Maßgeblichkeitsprinzips – auch in der Zeit nach Inkrafttreten des BilMoG – hat sich im Jahr 2019 der BFH geäußert und die Gültigkeit des Maßgeblichkeitsprinzips betont, gleichwohl aber auf den bestehenden steuerlichen Bewertungsvorbehalt hingewiesen.[58] Im Übrigen gilt der vom Großen Senat des BFH aufgestellte Grundsatz, dass ein handelsrechtliches Passivierungswahlrecht und ein handelsrechtliches Passivierungsverbot in der Steuerbilanz zu einem Passivierungsverbot führen.[59] Das zusammenfassende Schaubild verdeutlicht die vorstehenden Ausführungen:

Abb. 2: Darstellung des grundsätzlichen Zusammenhangs zwischen Handels- und Steuerbilanz bezüglich Passivposten

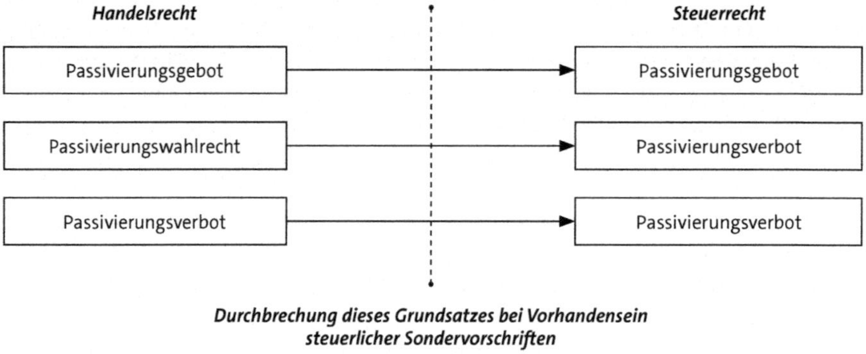

© Künkele/Vodermeier/Zwirner

Für die Rückstellungen, wie sie in § 249 HGB beschrieben sind, gilt ein Passivierungsgebot, weswegen diese grds. auch in der Steuerbilanz zu bilden wären. Hinsichtlich der **Drohverlustrückstellungen**[60] wird dieser Grundsatz allerdings durch § 5 Abs. 4a EStG durchbrochen: Für die **Steuerbilanz** gilt demnach ein **Passivierungsverbot** für Rückstellungen für drohende Verluste aus schwebenden Geschäften.[61]

BEISPIEL Im Rahmen eines Sukzessivlieferungsvertrags mit einem Hopfenbauern hat sich ein Brauereiunternehmen die Lieferung von einer bestimmten Menge Hopfen gesichert. Der vereinbarte Preis liegt weit über dem aktuellen Marktpreis von Hopfen, sodass ein Verlust aus der Bierproduktion droht, da der Brauereibetreiber die höheren Preise nicht auf die Kunden abwälzen kann. Es ist eine Drohverlustrückstellung zu bilden.

Buchungssatz:

sonstige betriebliche Aufwendungen	an	Drohverlustrückstellung

Steuerrechtlich darf diese Rückstellung nicht gebildet werden. Bis zur Zahlung des Preises für die einzelnen Lieferungen bleibt der Verlust steuerlich unberücksichtigt.

58 Vgl. BFH v. 20.11.2019, XI R 46/17, DStR 2020 S. 378 ff.

59 Vgl. BFH v. 3.2.1969, GrS 2/68, BStBl. II 1969 S. 291. Siehe hierzu mit umfassender Kritik und m. w. N. *Kessler*, S. 50 ff. Dieser aufgestellte Grundsatz wurde auch nochmal durch das BMF v. 12.3.2010, IV C 6 – S 2133/09/10001, BStBl. I 2010 S. 239, betont.

60 Vgl. § 249 Abs. 1 Satz 1 Alt. 2 HGB.

61 Vgl. *Weber-Grellet* in: Schmidt, § 5 EStG Rz. 450.

Ist handelsrechtlich ein Wahlrecht normiert und erteilt das Steuerrecht für denselben Sachverhalt auch ein Wahlrecht, so können die Wahlrechte in Handels- und Steuerbilanz unterschiedlich ausgeübt werden.[62] So kann bspw. das handels- und steuerrechtliche Wahlrecht für die **Passivierung von Pensionsrückstellungen für Altzusagen** in der einen Bilanz genutzt werden, während in der anderen darauf verzichtet wird.[63]

Die soeben erläuterten Grundsätze gelten auch für die **Bewertung,** sodass gilt: Die steuerrechtliche Rückstellungsbewertung hat stets der handelsrechtlichen Bewertung zu folgen, wenn das Steuerrecht keine eigenständige Bewertungsvorschrift vorsieht (zu den steuerrechtlichen Bewertungsvorschriften siehe Kap. 3.4).

1.5.2 Bedeutung der BFH-Rechtsprechung

Der BFH entscheidet in oberster Instanz über Streitigkeiten hinsichtlich des Ansatzes und der Bewertung von Rückstellungen in der Steuerbilanz. Damit legt das oberste Finanzgericht jedoch **mangels steuerrechtlicher Sondernormen** vorrangig Handelsrecht aus.[64] Dies liegt in der Maßgeblichkeit der handelsrechtlichen Rückstellungsbilanzierung für die Steuerbilanz begründet.

Die Mehrheit der später folgenden Grundsätze zur Rückstellungsbilanzierung, insb. zum Ansatz, entstammt Urteilen des BFH und deren Abhandlung in der Literatur.[65] Dies belegt die ungebrochene Bedeutung der höchstrichterlichen Rechtsprechung auch für die **handelsbilanzielle Behandlung** von Rückstellungssachverhalten.

Durch die mit dem BilMoG einhergehende **Abschaffung der Umkehrmaßgeblichkeit**[66] entfaltet die BFH-Rechtsprechung keine (unmittelbare) Wirkung mehr auf die Handelsbilanz. Gleichwohl bleibt es im Fall fehlender steuerlicher Sondernormen bei der mittelbaren Auslegung von Handelsrecht durch den BFH. Diese Auslegung muss zudem den handelsrechtlichen GoB gerecht werden. Ergeht eine Rechtsprechung aus steuerlicher Sicht und ist hiervon grds. ein Sachverhalt betroffen, der sowohl nach Handelsrecht als auch nach Steuerrecht den Ansatz oder die Bewertung einer Rückstellung bedingt, kann diese Rechtsprechung, die zu den GoB ergeht, auch handelsrechtliche Bedeutung entfalten. Daher kommt der steuerlichen Rechtsprechung nach wie vor eine Bedeutung für die handelsrechtliche Rückstellungsbilanzierung zu.

Mit Urteil vom 20.11.2019 – XI R 46/17 hat der BFH eindeutig festgelegt, dass auch nach Inkrafttreten des BilMoG weiterhin regelmäßig eine **Bindung der steuerbilanziellen Werte an den gewählten handelsrechtlichen Bilanzansatz** bestehen bleibt und der Maßgeblichkeitsgrundsatz in formeller Hinsicht durch das BilMoG nicht aufgehoben wurde. Grundsätzlich folgt die Bewertung von Wirtschaftsgütern in der Steuerbilanz damit den handelsrechtlichen Vorschriften, soweit dem nicht steuerrechtliche Vorschriften entgegenstehen. Kurzum: Der handelsrechtliche Wert einer Rückstellung bildet stets die **Bewertungsobergrenze,** wenngleich die steuerlichen Vorschriften isoliert betrachtet sogar einen höheren Wertansatz der Rückstellung erlauben wür-

62 Vgl. BMF v. 12.3.2010, IV C 6 – S 2133/09/10001, BStBl. I 2010 S. 240. Siehe hierzu auch *Künkele/Zwirner,* DStR 2010 S. 2263, 2263 ff.

63 Vgl. BMF v. 12.3.2010, IV C 6 – S 2133/09/10001, BStBl. I 2010 S. 240.

64 Vgl. bspw. mit Bezug auf das Apothekerurteil und die damalige Auslegung der GoB für Drohverlustrückstellungen (mangels fehlenden Passivierungsverbots für derartige Posten) *Kessler/Scholz-Görlach,* PiR 2007 S. 304, 305.

65 Zur Bilanzrechtsprechung siehe ausführlich *Moxter,* Bilanzrechtsprechung, S. 1 ff.

66 Hierunter ist die überholte Maßgeblichkeit der Steuer- für die Handelsbilanz zu verstehen.

den. Aus dem Wortlaut des § 6 Abs. 1 Nr. 3a EStG, wonach Rückstellungen „höchstens insbesondere" mit den Beträgen nach den dort in den Buchstaben a bis f enthaltenen Grundsätzen anzusetzen sind, folgt nach Auffassung des BFH, dass die sich ergebenden Rückstellungsbeträge den handelsbilanziellen Wertansatz nicht überschreiten dürfen. Der Handelsbilanzwert bildet damit nach Auffassung des BFH für eine Rückstellung auch nach dem Inkrafttreten des BilMoG ggü. einem höheren steuerrechtlichen Rückstellungswert die Obergrenze.

PRAXISTIPP

Für die Praxis bedeutet das vorstehende BFH-Urteil u. a., dass etwaige steuerliche Folgen der Rückstellungsbewertung bereits auf Ebene der Handelsbilanz bedacht und analysiert werden müssen.

1.5.3 Überblick über die steuerlichen Normen der Rückstellungsbilanzierung

Die vom Handelsrecht losgelösten, steuerbilanziellen Normen zu Ansatz und Bewertung von Rückstellungen finden sich in den §§ 3, 5, 6 und 6a EStG. Demnach sind **steuerbilanziell** – einschränkend ggü. dem HGB – für Rückstellungen u. a. die nachstehenden Normen **zu beachten:**

- kein Ansatz von Rückstellungen für Verpflichtungen, die nur zu erfüllen sind, soweit künftige Einnahmen oder Gewinne anfallen[67] (siehe Kap. 2.1.4.2),
- Rückstellungen wegen Verletzung fremder Patent-, Urheber- oder ähnlicher Schutzrechte[68] (siehe Kap. 2.1.4.3),
- Rückstellungen für Jubiläumszusagen[69] (siehe Kap. 2.1.4.4),
- kein Ansatz von Drohverlustrückstellungen[70] (siehe Kap. 2.2.7),
- kein Ansatz von Rückstellungen für künftige Anschaffungs- oder Herstellungskosten eines Wirtschaftsguts[71] (siehe Kap. 2.1.4.5),
- Rückstellungen im Zusammenhang mit Kernbrennstoffen[72] (siehe Kap. 2.1.4.6),
- Rückstellungen im Zusammenhang mit Kernkraftwerken (siehe Kap. 2.1.4.7),
- Rückstellungen für die steuerliche Verrechnungspreisdokumentation (siehe Kap. 2.1.4.8),
- stichtagsbezogene Anpassung des Ansammlungszeitraums bei Ansammlungsrückstellungen (siehe Kap. 2.1.4.9),
- Rückstellungen im Zusammenhang mit der (freiwilligen) Jahresabschlussprüfung (siehe Kap. 2.1.4.10),
- Drohverlustrückstellungen bei Bewertungseinheiten (siehe Kap. 2.1.4.11) sowie
- Pensionsrückstellungen[73] (siehe Kap. 5.3.2).

Unterschiede in Handels- und Steuerbilanz ergeben sich ferner hinsichtlich der Behandlung von Rückstellungen für **nicht abziehbare Betriebsausgaben** i. S. des § 4 EStG. Wird eine solche Rück-

67 Vgl. § 5 Abs. 2a EStG.
68 Vgl. § 5 Abs. 3 EStG.
69 Vgl. § 5 Abs. 4 EStG.
70 Vgl. § 5 Abs. 4a EStG.
71 Vgl. § 5 Abs. 4b Satz 1 EStG.
72 Vgl. § 5 Abs. 4b Satz 2 EStG.
73 Vgl. § 6a EStG.

stellung in der Handelsbilanz gebildet, ist der so erfasste Aufwand für Zwecke der Ermittlung der steuerlichen Bemessungsgrundlage wieder zu korrigieren. Als Beispiele nicht abziehbarer Betriebsausgaben sind zu nennen:

- von einer Behörde oder einem Gericht der BRD oder der EU festgesetzte Geldbußen, Ordnungsgelder und Verwarnungsgelder,[74]
- Zinsen auf hinterzogene Steuern nach § 235 AO,[75]
- Zuwendungen von Vorteilen, die eine rechtswidrige Handlung darstellen, die den Tatbestand eines Strafgesetzes oder eines Gesetzes verwirklicht, das die Ahndung mit einem Bußgeld zulässt („Schmiergeld"),[76]
- Gewerbesteuer und darauf entfallende Nebenleistungen.[77]

PRAXISTIPP

Der Ansatz von Rückstellungen ist für die Steuerbilanz wesentlich restriktiver geregelt als für die Handelsbilanz.

Hierbei sind insb. die steuerlichen Vorschriften nach §§ 4 bis 6a EStG zu beachten.

Im Ergebnis sind **in der Steuerbilanz** Rückstellungen anzusetzen für:

- ungewisse Verbindlichkeiten (inklusive Pensionsrückstellungen unter Beachtung der Einschränkung nach § 6a EStG),
- im Geschäftsjahr unterlassene Instandhaltungsaufwendungen, die in den ersten drei Monaten des folgenden Geschäftsjahres nachgeholt werden,
- im Geschäftsjahr unterlassene Aufwendungen für Abraumbeseitigung, die im folgenden Geschäftsjahr nachgeholt werden,
- Gewährleistungen ohne rechtliche Verpflichtungen.

Hinsichtlich der **steuerbilanziellen Bewertung** sind die gesonderten Regelungen der §§ 6 Abs. 1 Nr. 3a, 6a EStG zu beachten:

- Normen zur Bilanzierung von Rückstellungen, die nicht Pensionsrückstellungen sind:
  - Ermittlung von Pauschalrückstellungen mithilfe von Erfahrungswerten,[78]
  - Bewertung von Sachleistungsverpflichtungen mit den Einzelkosten und angemessenen Teilen der notwendigen Gemeinkosten (siehe Kap. 3.4.1),
  - Saldierung mit bestimmten künftigen Vorteilen (siehe Kap. 3.5),[79]
  - Bewertung von Verpflichtungen zur Rücknahme von vor Inkrafttreten gesetzlicher Regelungen in Verkehr gebrachten Produkten,[80]

74 Vgl. § 4 Abs. 5 Nr. 8 EStG.
75 Vgl. § 4 Abs. 5 Nr. 8a EStG.
76 Vgl. § 4 Abs. 5 Nr. 10 EStG; Beck'sches Bilanzrechtslexikon, Buchst. N, nicht abziehbare Betriebsausgaben, Rz. 24 ff.
77 Vgl. § 4 Abs. 5b EStG.
78 Vgl. § 6 Abs. 1 Nr. 3a Buchst. a EStG.
79 Vgl. § 6 Abs. 1 Nr. 3a Buchst. c EStG.
80 Vgl. § 6 Abs. 1 Nr. 3a Buchst. d Satz 2 EStG.

  - Diskontierungszins von 5,5 % für unverzinsliche Rückstellungen mit einer Laufzeit von mehr als zwölf Monaten (siehe Kap. 3.4.2),[81]
  - Abzinsungszeitraum bei Sachleistungsverpflichtungen (siehe Kap. 3.4.2),[82]
  - Stichtagsprinzip bei der Bewertung (siehe Kap. 3.4.3).[83]
- Norm zur Bilanzierung von Pensionsrückstellungen:
  - Teilwertbewertung bei der Ermittlung der Pensionsrückstellungen (siehe Kap. 5.9.6).[84]

Hinsichtlich der Bewertung von Rückstellungen für steuerliche Zwecke hat der BFH klargestellt, dass der eigens im Steuerrecht vorgesehene Bewertungsvorbehalt (§ 6 Abs. 1 Nr. 3a EStG) zu beachten ist, wonach Rückstellungen höchstens mit dem handelsrechtlichen Wert anzusetzen sind, auch wenn dieser im Einzelfall geringer sein kann als ein isoliert betrachteter steuerlicher Höchstwert.[85]

PRAXISTIPP

Wegen der unterschiedlichen Ansatz- und Bewertungsregelungen in Handels- und Steuerbilanz ist für die Handelsbilanz die korrekte Abbildung latenter Steuern zu beachten!

81 Vgl. § 6 Abs. 1 Nr. 3a Buchst. e i. V. mit Nr. 3 Satz 2 EStG.
82 Vgl. § 6 Abs. 1 Nr. 3a Buchst. e i. V. mit Nr. 3 Satz 2 EStG.
83 Vgl. § 6 Abs. 1 Nr. 3a Buchst. f EStG.
84 Vgl. § 6a Abs. 3 EStG.
85 Vgl. BFH v. 20.11.2019, XI R 46/17, DStR 2020 S. 378 ff.

2 Ansatz nach den Rückstellungsarten des § 249 HGB

2.1 Rückstellungen für ungewisse Verbindlichkeiten

2.1.1 Überblick über die Passivierungsvoraussetzungen

Entsprechend der **abschließenden Aufzählung** der anzusetzenden Rückstellungen nach § 249 Abs. 1 HGB ist im Folgenden auf die drei unterschiedlichen **Rückstellungsarten** (Verbindlichkeitsrückstellungen, Drohverlustrückstellungen sowie Aufwandsrückstellungen) einzugehen. Hinsichtlich des bilanziellen Ausweises ist zu beachten, dass die Steuerrückstellungen sowie die Pensionsrückstellungen als Teilmenge der Rückstellungen für ungewisse Verbindlichkeiten gesondert auszuweisen sind. Alle übrigen Rückstellungen sind dem Posten „sonstige Rückstellungen" zu subsumieren.

Rückstellungen für ungewisse Verbindlichkeiten sind dadurch gekennzeichnet,[86] dass

1. eine sichere oder zumindest wahrscheinliche Verpflichtung (siehe Kap. 2.1.2.1)
2. im Außenverhältnis (ggü. Dritten) vorliegt (siehe Kap. 2.1.2.2),
3. die rechtlich oder wirtschaftlich verursacht (siehe Kap. 2.1.2.3),
4. betrieblich veranlasst (siehe Kap. 2.1.2.4) und
5. mit deren tatsächlicher Inanspruchnahme (hinreichend sicher) zu rechnen ist (siehe Kap. 2.1.2.5), und
6. es sich nicht um Aufwendungen für künftig aktivierungspflichtige Anschaffungs- oder Herstellungskosten handelt (siehe Kap. 2.1.2.6) sowie
7. kein Passivierungsverbot (siehe Kap. 2.1.2.7) vorliegt.

Die **zentralen Tatbestandsmerkmale** von Rückstellungen für ungewisse Verbindlichkeiten (Verbindlichkeitsrückstellungen) sind einerseits der vorliegende **Schuldcharakter,** der rechtlicher und/oder wirtschaftlicher Natur sein kann und ggü. Dritten **(Außenverpflichtung)** gilt, und andererseits die **Ungewissheit** über Bestehen bzw. Entstehen der Verbindlichkeit und/oder deren Höhe und/oder deren Fälligkeit.[87]

2.1.2 Ansatzkriterien im Einzelnen

2.1.2.1 Wahrscheinlichkeitserfordernis

Die **handelsrechtliche Bilanzierung** ist vom **Vorsichtsprinzip** geprägt. Eine Rückstellung ist dann anzusetzen, wenn die Verpflichtung hinreichend sicher besteht bzw. mit der Inanspruchnahme ernsthaft zu rechnen ist.[88] Für das Bestehen der Verpflichtung müssen überwiegende Gründe sprechen. Dies ist im **Regelfall** bei einer mehr als **50%igen Wahrscheinlichkeit** zu bejahen.[89] Allerdings kann dies auch bei einer weniger als 50%igen Wahrscheinlichkeitseinschätzung be-

86 Vgl. zu den einzelnen charakteristischen Merkmalen von Verbindlichkeitsrückstellungen Beck Bil-Komm/*Schubert*, § 249 HGB Rz. 48 ff.; HdR-E/*Mayer-Wegelin*, § 249 HGB Rz. 32 ff.; Baetge/Kirsch/Thiele/*Hommel*, § 249 HGB Rz. 71 ff., sowie verkürzt R 5.7 Abs. 2 EStR.

87 Vgl. WPH Edition, Kap. F Rz. 566; Anzinger/Oser/Schlotter, § 249 HGB Rz. 60 ff. Vgl. zu den Arten der Ungewissheit Anzinger/Oser/Schlotter, § 249 HGB Rz. 76 ff.; HdJ/*Wüstemann, J./Rost*, Abt. III 5 Rz. 26 ff.

88 Vgl. umfassend HdR-E/*Mayer-Wegelin*, § 249 HGB Rz. 53 ff. Vgl. ebenso HdJ/*Wüstemann, J./Rost*, Abt. III 5 Rz. 92 ff.

89 Vgl. zur 51-%-Regel *Hoffmann/Lüdenbach*, § 249 HGB Rz. 46 m.w.N.

reits gegeben sein.[90] Hierbei ist auf den jeweiligen Einzelfall Bezug zu nehmen, für den es zu beurteilen gilt, ob bspw. ein potenzieller Erwerber bei einem Erwerb des Unternehmens für die mit Unsicherheit behaftete Verpflichtung eine stille Last bei der Kaufpreisfindung in Form eines entsprechenden Abschlags berücksichtigen würde.[91] Außerdem muss der Gläubiger seinen Anspruch kennen.

Die **vernünftige kaufmännische Beurteilung** schließt einerseits die Beachtung des Vorsichtsprinzips ein und gestattet es andererseits nicht, Rückstellungen außerhalb einer wirtschaftlich vertretbaren Begründung anzusetzen.[92] Umgekehrt verstößt eine alleinige Orientierung an statistischen Wahrscheinlichkeiten (z. B. Ansatz der Rückstellung erst ab einer überwiegenden Wahrscheinlichkeit von mehr als 50 %) gegen das handelsrechtliche Vorsichtsprinzip.[93]

PRAXISTIPP

Die Wahrscheinlichkeit der Inanspruchnahme muss in jedem Einzelfall gesondert geprüft werden. Statistische Wahrscheinlichkeiten können hier allenfalls wichtige Anhaltspunkte geben. Aufgrund der mit dem Ansatz einhergehenden Schätzungen wird der Ansatz von Rückstellungen regelmäßig für Zwecke der Bilanzpolitik genutzt.[94] Eine solche Bilanzpolitik ist allein in den handelsrechtlich zulässigen Grenzen und i. R. des hiermit verbundenen Ermessensspielraums möglich.

Der BFH hat mit seinem Urteil vom 16.12.2014 – VIII R 45/12 seine Rechtsprechung hinsichtlich des Wahrscheinlichkeitserfordernisses als Voraussetzung der Rückstellungsbildung modifiziert.[95] Es bleibt zwar beim zweistufigen Verfahren der Prüfung der Wahrscheinlichkeit. Hinsichtlich des Wahrscheinlichkeitserfordernisses unterscheidet der BFH jedoch zwischen der Wahrscheinlichkeit des Bestehens einer Verbindlichkeit und der Wahrscheinlichkeit der Inanspruchnahme der Verbindlichkeit. Im Zusammenhang mit der Bildung einer Rückstellung für eine drohende Schadensersatzforderung prüft der BFH zudem die Prozessaussichten, sodass dieser eine **differenzierte Wahrscheinlichkeitsprognose** anwendet.[96] Es müssen mehr Gründe dafür als dagegen sprechen, dass aufgrund einer gerichtlich geltend gemachten Schadensersatzforderung eine Inanspruchnahme überwiegend wahrscheinlich ist. Eine bloße ggf. anwaltlich angedrohte Schadensersatzforderung reicht für die Bildung einer Rückstellung nicht aus.[97]

Allein die **drohende Möglichkeit** einer künftigen Inanspruchnahme des Bilanzierenden reicht für den Ansatz einer Rückstellung nicht aus.[98]

90 Vgl. *Moxter,* DStR 2004 S. 1057, 1058, der eine vorsichtige Bilanzierung erst bei einer Berücksichtigung von Verpflichtungen mit unter 50%iger Eintrittswahrscheinlichkeit sieht.

91 Vgl. *Moxter,* DStR 2004 S. 1057, 1057.

92 Vgl. WPH Edition, Kap. F Rz. 573.

93 Vgl. zur Scheinobjektivität Beck Bil-Komm/*Schubert,* § 249 HGB Rz. 51; *Hoffmann/Lüdenbach,* § 249 HGB Rz. 46 m. w. N.

94 Vgl. *Fink/Kunath,* DB 2010 S. 2345, 2346; Syst. Praxiskommentar Bilanzrecht/*Petersen/Künkele/Zwirner,* § 249 HGB Rz. 9.

95 Vgl. BFH v. 16.12.2014, VIII R 45/12, BStBl. II 2015 S. 759.

96 Vgl. *Günkel,* BB 2015 S. 2091, 2091 ff.; *Prinz,* WPg 2015 S. 1223, 1223 ff.; *Rätke,* StuB 2015 S. 658, 658 ff.; *Hennrichs,* BB 2015 S. 1841, 1841.

97 Vgl. FG Baden-Württemberg v. 19.3.2015, 13 K 540/13, rkr. *Abele,* BB 2015 S. 1393, 1393.

98 So auch Beck Bil-Komm/*Schubert,* § 249 HGB Rz. 50; HdR-E/*Mayer-Wegelin,* § 249 HGB Rz. 53; *Hoffmann/Lüdenbach,* § 249 HGB Rz. 46.

2.1.2.2 Außenverpflichtung

Der Ansatz der Rückstellung setzt eine zum Bilanzstichtag bestehende sichere oder zumindest wahrscheinliche **Außenverpflichtung** voraus.[99] Diese Ansatzvoraussetzung dient der Erfüllung des Objektivierungsprinzips, denn bloße Innenverpflichtungen liegen zu stark im Ermessen des Kaufmanns.[100] Tatbestandsmerkmal der Außenverpflichtung ist, dass es sich nicht um eine sich vom Bilanzierenden selbst auferlegte Verpflichtung handelt, sondern Ansprüche von **fremden Dritten** geltend gemacht werden (können). Eine nur interne betriebswirtschaftliche Verpflichtung oder eigenbetriebliches Interesse[101] rechtfertigen keine Schuldrückstellung. Neben den direkten Ansprüchen der fremden Dritten sind ebenso unselbstständige Nebenpflichten bzw. Nebenleistungen zu berücksichtigen (siehe bspw. zu Abrechnungskosten Kap. 6.2, Stichwort Abbruchverpflichtung).[102] Auch wenn es sich hierbei um interne Aufwendungen handelt, sind diese dann im Rückstellungsansatz zu berücksichtigen, wenn die internen Aufwendungen notwendig sind, um die externe Verpflichtung begleichen zu können.[103]

Bei der Beurteilung der vorliegenden Außenverpflichtung kommt es nicht auf die **Einklagbarkeit** der Verpflichtung an.[104] Neben rechtlich bedingten Verpflichtungen sind auch faktische Leistungsverpflichtungen (siehe Kap. 2.1.2.3) zu berücksichtigen.

PRAXISTIPP

Die Außenverpflichtung kann sowohl rechtlich bedingt als auch wirtschaftlich – durch eine faktische Leistungsverpflichtung – gegeben sein.

Abgrenzungsschwierigkeiten ergeben sich **ggü. den Aufwandsrückstellungen** (diese bedürfen keiner Außenverpflichtung zur Begründung der Rückstellung), wenn sich faktische Verpflichtung und eigenbetriebliches Interesse decken. In der überwiegenden Zahl der Fälle wird dann keine eindeutige Grenzziehung möglich sein. Zu fragen ist, welcher Kategorie der Aufwand eher zuzuordnen ist, also welcher Umstand sich für den Aufwandsanfall verantwortlich zeichnet: die faktische Verpflichtung oder das eigenbetriebliche Interesse?[105] Handelsrechtlich besteht vom Grundsatz ein Ansatzverbot für Aufwandsrückstellungen. Umso wichtiger ist die Entscheidung in Abgrenzungsfällen. Dies gilt z. B. im Fall der **Restrukturierungsrückstellung,** welche grds. anzusetzen ist, wenn bestimmte Voraussetzungen erfüllt sind, wie z. B. der Grad der Verbindlichkeit der Restrukturierungsmaßnahme. Die Verbindlichkeit der Maßnahme manifestiert sich in deren Beschlussfassung und v. a. in der betriebsinternen Kommunikation. Die Maßnahme erfolgt oftmals aus streng eigenbetrieblichem Interesse und ist dennoch unter bestimmten Voraussetzungen anzusetzen.

99 Vgl. Anzinger/Oser/Schlotter, § 249 HGB Rz. 60 ff.

100 Vgl. *Moxter,* DStR 2004 S. 1057, 1057.

101 Vgl. BFH v. 22.1.2020, XI R 2/19, DStR 2020 S. 1298 ff. Vgl. zu dem vorstehenden Urteil auch *Hommel/Stein/Ummenhofer,* WPg 2021 S. 80 ff.

102 Vgl. HdR-E/*Mayer-Wegelin,* § 249 HGB Rz. 36. Vgl. zu den Nebenpflichten und unselbstständigen Nebenleistungen Anzinger/Oser/Schlotter, § 249 HGB Rz. 67 f.

103 Beck Bil-Komm/*Schubert,* § 249 HGB Rz. 52 f.

104 Vgl. zu faktischen Verpflichtungen Anzinger/Oser/Schlotter, § 249 HGB Rz. 73 f.

105 Vgl. *Lüdenbach/Hoffmann,* BB 2005 S. 2344, 2347.

2.1.2.3 Rechtliches Entstehen oder wirtschaftliche Verursachung

Zum Bilanzstichtag muss die Verpflichtung **rechtlich entstanden oder wirtschaftlich verursacht** sein.

Eine Verpflichtung ist dann **rechtlich entstanden,** wenn alle Tatbestandsmerkmale erfüllt sind, die es dem Gläubiger ermöglichen, die Verpflichtung ggü. dem Bilanzierenden geltend zu machen.[106] Die **wirtschaftliche Verursachung** ist nicht durch formale Kriterien eindeutig bestimmbar, sondern unter Betrachtung des jeweiligen Einzelfalls zu beurteilen.[107]

Die Einschätzung der Verursachung nimmt unmittelbar Bezug auf den **Zeitpunkt,** zu dem die Verpflichtung als hinreichend verursacht anzusehen ist.[108] In diesem Zusammenhang ist das Vorsichtsprinzip bzw. Imparitätsprinzip zu beachten, das i.V. mit dem Vollständigkeitsgrundsatz eine vollständige Erfassung der zum Bilanzstichtag bestehenden Risiken fordert.

Sofern die **Zeitpunkte** der rechtlichen Verursachung und der wirtschaftlichen Verursachung **auseinanderfallen,** ist auf den früheren der beiden Zeitpunkte Bezug zu nehmen.[109] Folgende drei Fälle sind hierbei zu unterscheiden:[110]

Fall 1: Die wirtschaftliche Verursachung liegt vor der rechtlichen Entstehung:

Die Rückstellung ist zum Zeitpunkt der wirtschaftlichen Verursachung anzusetzen, weil das zum Bilanzstichtag vorhandene Vermögen mit der Verpflichtung belastet ist und daher eine Aufwandserfassung erfolgen muss.

Fall 2: Die wirtschaftliche Verursachung und die rechtliche Entstehung fallen auf denselben Zeitpunkt:

Der Rückstellungsansatz hat zum gegebenen Zeitpunkt zu erfolgen.

Fall 3: Die wirtschaftliche Verursachung liegt nach der rechtlichen Entstehung:

Die Rückstellung ist bereits zum Zeitpunkt der rechtlichen Entstehung anzusetzen.

BEISPIEL Gilt eine Verpflichtung im Dezember als wirtschaftlich verursacht, erfolgt hingegen eine rechtliche Konkretisierung erst im neuen Geschäftsjahr, ist dennoch bereits zum Bilanzstichtag (31.12.) eine Rückstellung dem Grunde nach anzusetzen.

PRAXISTIPP

Fallen die Zeitpunkte von wirtschaftlicher Verursachung und rechtlichem Entstehen der Außenverpflichtung zeitlich auseinander, ist für den Rückstellungsansatz auf den früheren der beiden Zeitpunkte Bezug zu nehmen.

Sofern zum Bilanzstichtag noch keine rechtliche Verursachung gegeben ist, stellt die vorliegende **wirtschaftliche Verursachung** das den Rückstellungsansatz konkretisierende Tatbestandsmerkmal dar. Hiervon ist dann auszugehen, wenn die wirtschaftlich wesentlichen Tatbestandsmerk-

106 Vgl. *Strahl,* kösdi 2014 S. 18965, 18968.

107 Vgl. Anzinger/Oser/Schlotter, § 249 HGB Rz. 85 ff. Zu den unterschiedlichen Interpretationen der wirtschaftlichen Verursachung vgl. auch Bertram/Kessler/Müller/*Bertram,* § 249 HGB Rz. 38 f.

108 Vgl. ausführlich zum Passivierungszeitpunkt Baetge/Kirsch/Thiele/*Hommel,* § 249 HGB Rz. 23–32 ff.

109 Anderer Ansicht *Hoffmann/Lüdenbach,* § 249 HGB Rz. 25 f.

110 Vgl. Anzinger/Oser/Schlotter, § 249 HGB Rz. 85 ff.

male der Verpflichtung erfüllt sind[111] und allein unwesentliche Tatbestandsmerkmale für das rechtliche Entstehen der Verpflichtung verantwortlich sind.[112]

Eine Auffassung konkretisiert die wirtschaftliche Verursachung mithilfe des Realisationsprinzips. Diese maßgeblich durch *Moxter* geprägte Ansicht fand bisweilen Eingang in die BFH-Rechtsprechung.[113] Nach der ***Moxter'schen* Alimentationsthese** sind Aufwendungen den Perioden zuzuordnen, in denen die „zugehörigen" Erträge angefallen sind. Umgemünzt auf den Sachverhalt der Rückstellungen bedeutet dies: Rückstellungen sind dann zu bilanzieren, wenn die künftigen Ausgaben im Zusammenhang mit bereits realisierten Erträgen stehen.[114] Eine solche Betrachtungsweise kann aber dazu führen, dass rechtlich bereits vollständig entstandene Verpflichtungen keine Beachtung in der Bilanz finden, wenn sie nicht mit der Realisierung von Erträgen in Verbindung standen.[115] Dieses Manko wird durch die ergänzende Beachtung des Kriteriums der rechtlichen Verursachung gelöst. In diesem Zusammenhang wird im Schrifttum darauf hingewiesen, dass für rechtliche Verpflichtungen zunächst zu vermuten ist, dass diese (auch) wirtschaftlich verursacht und daher aufgrund des Realisationsprinzips zu passivieren sind. Dabei kann die Vermutung durch den Abgleich mit objektivierten Kriterien entkräftet werden, sodass kein (ernsthafter) Zweifel daran bestehen kann, dass die künftigen Aufwendungen durch künftige Erträge alimentiert werden.[116] Das heißt: Künftiger Aufwand ist zu erfassen, sofern er bereits mit realisierten Erträgen in Verbindung steht. Künftiger Aufwand ist nicht zu erfassen, soweit er künftigen Erträgen zuzuordnen ist.

Für den Ansatz einer Rückstellung ist es gem. dem **Vollständigkeitsgebot** und dem **Grundsatz der periodengerechten Zurechnung** der im abgelaufenen Geschäftsjahr wirtschaftlich verursachten Aufwendungen unerheblich, welcher der beiden Zeitpunkte, d. h. die rechtliche Verpflichtung oder die wirtschaftliche Verursachung, vor dem jeweils anderen Zeitpunkt liegt. Eindeutig ist bei einer gegebenen wirtschaftlichen Verursachung die Pflicht zum Ansatz der Rückstellung zu bejahen; eine später folgende rechtliche Verpflichtung wirkt allenfalls konkretisierend. In dem Fall, dass vor dem Bilanzstichtag eine rechtliche Verpflichtung besteht, die wirtschaftliche Verursachung allerdings erst im folgenden Geschäftsjahr eintritt, ist eine Rückstellungspflicht zum Stichtag ebenso zu bejahen.[117]

Sofern das Entstehen der Rückstellung bzw. deren Verursachung nicht zu einem einzelnen Zeitpunkt erfolgt, sondern sich über einen längeren Zeitraum (und damit über mehrere Bilanzstichtage) erstreckt, ist der Erfüllungsbetrag der Verpflichtung im Rahmen sog. **Ansammlungsrückstellungen** jährlich anteilig („pro rata temporis") zuzuführen. Die dem Grunde nach bestehende Verpflichtung ist demnach über mehrere Perioden hinweg zuzuführen. Hierbei ist auf die jeweilige Bewertung der Rückstellung zu achten. Mit Blick auf die zutreffende Aufwandserfassung im Zusammenhang mit Verteilungsrückstellungen kommen grds. (und nach Auffas-

111 Vgl. BFH v. 27.6.2001, I R 45/97, DB 2001 S. 1698 f.

112 Vgl. Beck Bil-Komm/*Schubert*, § 249 HGB Rz. 73; Beck HdR/*Scheffler*, B 233 Rz. 127; *Döllerer*, DStR 1987 S. 67, 67.

113 Siehe *Moxter*, Bilanzrechtsprechung, S. 116 ff.

114 Vgl. *Moxter*, DStR 2004 S. 1098, 1101. Siehe ausführlich zur Kritik *Hoffmann/Lüdenbach*, § 249 HGB Rz. 28 ff.

115 Vgl. *Kessler*, S. 108.

116 Vgl. *Euler/Hommel*, BB 2014 S. 2475, 2476. Die Aufwands-Ertrags-Verknüpfung ist selbst wieder im Gefüge der GoB zu verstehen, d. h., Einschränkungen durch andere GoB sind zu beachten. Siehe hierzu ausführlich seinen Standpunkt verteidigend *Moxter*, DStR 2004 S. 1098, 1098 ff.

117 Vgl. BFH v. 27.6.2001, DB 2001 S. 1698 f. Eine zum Bilanzstichtag rechtlich entstandene Verpflichtung ist unabhängig von der Zuordnung künftiger Erträge zu bilanzieren. Vgl. ausführlich Beck Bil-Komm/*Schubert*, § 249 HGB Rz. 66.

sung des IDW[118]) zwei mögliche Bewertungsverfahren infrage, um den notwendigen Erfüllungsbetrag über die gesamte Erfüllungsperiode zu verteilen: einerseits das **Gleichverteilungsverfahren,** andererseits das **Barwertverfahren.**[119]

Bei einer **zwischenzeitlichen Verlängerung** des ursprünglichen **Verteilungszeitraums** der betreffenden Rückstellung ist die bereits erfolgte Dotierung um den Betrag aufzulösen, der bei einem bereits zu Beginn der Rückstellungsbildung bestehenden verlängerten Ansammlungszeitraum noch nicht zugeführt worden wäre **(retrospektive Anpassung).**[120]

BEISPIEL ▸ Die Back GmbH hat zum 1.1.t1 einen Mietvertrag über eine Immobilie abgeschlossen, aus dem sich zum 31.12.t14 eine erwartete Rückzahlungsverpflichtung (unter Berücksichtigung aller relevanten Preis- und Kostensteigerungen) i. H. von 300.000 EUR ergibt. Die Backfiliale soll 15 Jahre betrieben werden. Die wirtschaftlichen Vorteile fallen jährlich gleichmäßig verteilt an.

Zum 31.12.t1 setzt die Back GmbH in ihrem handelsrechtlichen Jahresabschluss eine Rückstellung i. H. von 9.915 EUR an (Zuführungsbetrag 300.000 EUR / 15 Jahre, abgezinst bei 14 Jahren Restlaufzeit zum 31.12.t1, Zinssatz 5,14 %). Bei einem angenommenen Zinssatz von 5,00 % für eine Restlaufzeit von zwölf Jahren zum 31.12.t3 setzt die Back GmbH zutreffend eine Rückstellung i. H. von 33.410 EUR an. Im Jahr t4 verändert die Back GmbH ihr Geschäftsmodell und sie schließt die Filiale. Die Räume können bis zum Ende der Mietlaufzeit weder anders genutzt noch untervermietet werden. Da zum 31.12.t4 keine künftigen wirtschaftlichen Vorteile mehr anfallen, ist die Rückstellung nominal mit 300.000 EUR anzusetzen. Dieser Betrag ist entsprechend der verbleibenden Restlaufzeit bis zum Erfüllungszeitpunkt um elf Jahre mit dem laufzeitadäquaten Zinssatz abzuzinsen. Bei einem angenommenen Zinssatz von 4,90 % ergibt sich zum 31.12.t4 ein Bilanzansatz i. H. von 177.252 EUR und ein Aufwand (= Zuführungsbetrag) i. H. von 143.842 EUR. Dieser teilt sich auf in einen Zinsaufwand i. H. von 2.040 EUR und einen operativen Aufwand i. H. von 141.802 EUR. Der Zinsaufwand bestimmt sich aus dem Vergleich des zum 31.12.t4 abgezinsten Betrags (33.410 EUR; nominal 60.000 EUR) und des zum 31.12.t5 mit einem Zinssatz von 4,90 % und einer Restlaufzeit von elf Jahren abgezinsten Nominalbetrags über 60.000 EUR i. H. von 35.450 EUR.

Abzugrenzen von den Ansammlungsrückstellungen sind die **Verteilungsrückstellungen.** Hierbei handelt es sich um Rückstellungen, die bereits wirtschaftlich und/oder rechtlich vollumfänglich verursacht sind, aber bei denen eine ratierliche Zuführung gleichwohl möglich ist (bspw. **Entfernungsverpflichtungen**).[121]

BEISPIEL ▸ A schließt zum 1.1.t1 mit B einen Mietvertrag über die Anmietung eines Bürogebäudes über die befristete Laufzeit von zehn Jahren. Darin wird festgelegt, dass alle Mietereinbauten zum Ablauf des Mietvertrags entfernt werden müssen.

A lässt in t1 einen Fahrstuhl in die Büroeinheit einbauen. Zum Bilanzstichtag (31.12.t1) ist mit voraussichtlichen Kosten i. H. von 10.000 EUR für die Entfernung zu rechnen. A hat dafür jedes Jahr 1.000 EUR (10.000 EUR / zehn Jahre) zurückzustellen.

Für die handelsbilanzielle Bewertung gilt: Künftige Preis- und Kostensteigerungen sind zu beachten. Ist am Bilanzstichtag des 31.12.t2 mit Entfernungskosten i. H. von 12.000 EUR zu rechnen, sind diese zu berücksichtigen. Der nominelle Zuführungsbetrag in t2 beträgt somit 1.222,22 EUR (11.000 EUR [ausstehender Erfüllungsbetrag] / neun Jahre). Die Rückstellung hat demnach zum 31.12.t2 einen Wert von 2.222,22 EUR (1.000 EUR aus t2 + 1.222,22 EUR als Zuführung).

Außerdem ist die Rückstellung gem. § 253 Abs. 2 HGB abzuzinsen.

---

118 Vgl. IDW RS HFA 34, IDW FN 2013 S. 53, 56.

119 Vgl. zu den Unterschieden zwischen den beiden Verfahren und den entsprechenden Auswirkungen auf die GuV bereits *Zwirner,* BB 2012 S. 1655, 1655.

120 Vgl. BFH v. 2.7.2014, I R 4/12, BStBl. II 2014 S. 979.

121 Siehe *Hoffmann/Lüdenbach,* § 249 HGB Rz. 33. Nicht ganz so eindeutig, jedoch auch zwischen Ansammlungs- und Verteilungsrückstellungen unterscheidend Beck Bil-Komm/*Schubert,* § 249 HGB Rz. 35.

Bei einer Änderung des voraussichtlichen Nominalbetrags einer **Verteilungsrückstellung**, wie bspw. einer Rückbauverpflichtung, ist der Rückstellungsansatz entsprechend anzupassen. Im **Fall** einer **Verlängerung** des **Verteilungszeitraums** steht der damit einhergehenden Verringerung des Rückstellungsansatzes das Auflösungsverbot des § 249 Abs. 2 Satz 2 HGB nicht entgegen, da es sich auf die Bilanzierung dem Grunde nach und nicht auf die Bilanzierung der Höhe nach bezieht. Im **Fall** einer **Verkürzung** des **Verteilungszeitraums** ist die Rückstellung sofort um den nicht anteilig angesammelten, aber wirtschaftlich bereits verursachten Betrag zu erhöhen.[122]

BEISPIEL

Fall 1: Verlängerung des Verteilungszeitraums

A schließt zum 1.1.t1 mit B einen Mietvertrag über die Anmietung eines Bürogebäudes über die befristete Laufzeit von zehn Jahren. Darin wird festgelegt, dass alle Mietereinbauten zum Ablauf des Mietvertrags entfernt werden müssen. Zum Bilanzstichtag (31.12.t1) ist mit voraussichtlichen Kosten i. H. von 10.000 EUR für die Entfernung zu rechnen. A hat dafür jedes Jahr 1.000 EUR (10.000 EUR/zehn Jahre) zurückzustellen.

Zum Bilanzstichtag (31.12.t5) wird der Mietvertrag von A über die Anmietung des Bürogebäudes um fünf Jahre verlängert, sodass die Vertragslaufzeit des Mietvertrags 15 Jahre beträgt. A hat den bis dahin angesammelten bzw. auf die ursprüngliche Vertragslaufzeit hin ausgerichteten Rückstellungsbetrag unter Berücksichtigung der am jeweiligen Stichtag zu ermittelnden Kosten für den Rückbau des Fahrstuhls entsprechend der neuen Vertragslaufzeit anteilig aufzulösen. Da A bis zum Bilanzstichtag (31.12.t5) für den Rückbau des Fahrstuhls in dem Bürogebäude 5.000 EUR zurückgestellt hat und sich der Nominalbetrag der Rückstellung unter Berücksichtigung der neuen Vertragslaufzeit zum Bilanzstichtag (31.12.t5) auf 3.333,33 EUR verringert, ist auf die bestehende Rückstellung eine (Teil-)Auflösung i. H. von 1.666,67 EUR vorzunehmen.

Fall 2: Verkürzung des Verteilungszeitraums

A schließt zum 1.1.t1 mit B einen Mietvertrag über die Anmietung eines Bürogebäudes über die befristete Laufzeit von zehn Jahren. Darin wird festgelegt, dass alle Mietereinbauten zum Ablauf des Mietvertrags entfernt werden müssen. Zum Bilanzstichtag (31.12.t1) ist mit voraussichtlichen Kosten i. H. von 10.000 EUR für die Entfernung zu rechnen. A hat dafür jedes Jahr 1.000 EUR (10.000 EUR/zehn Jahre) zurückzustellen.

Zum Bilanzstichtag (31.12.t5) vereinbaren die beiden Vertragspartner A und B, dass die Vertragslaufzeit des Mietvertrags über die Anmietung des Bürogebäudes um vier Jahre verkürzt wird. Folglich beträgt die Laufzeit des Mietvertrags sechs Jahre, sodass der Mietvertrag zum Bilanzstichtag (31.12.t6) ausläuft. A hat bis zum Bilanzstichtag (31.12.t5) für den Rückbau des Fahrstuhls in dem Bürogebäude 5.000 EUR zurückgestellt. Aufgrund der verkürzten Vertragslaufzeit des Mietvertrags erhöht sich zum Bilanzstichtag (31.12.t5) der Nominalbetrag der Rückstellung auf 8.333,33 EUR. Infolgedessen ist die bestehende Rückstellung sofort um den nicht anteilig angesammelten, aber wirtschaftlich bereits verursachten Betrag i. H. von 3.333,33 EUR zu erhöhen.

Bisher wurde im Schrifttum vereinzelt die Meinung vertreten, dass sich bei Ausübung einer Verlängerungsoption bei dem Bilanzierenden (auch) die Frage stellen kann, ob der bis dahin angesammelte bzw. der auf die ursprüngliche Vertragslaufzeit hin ausgerichtete Nominalbetrag der Rückstellung für die Rückbauverpflichtung unter Berücksichtigung der am jeweiligen Abschlussstichtag zu ermittelnden Kosten beibehalten werden kann. In diesem Fall wäre dann der bisherige Rückstellungsansatz (der Höhe nach) beizubehalten und der verbleibende Restbetrag der Rückbauverpflichtung auf die „neue" Vertragslaufzeit zu verteilen.[123] Durch die **Überarbei-**

122 Vgl. IDW RS HFA 34, IDW Life 2015 S. 380, 380; vgl. *Oser/Wirtz*, StuB 2016 S. 1, 3 f.
123 Vgl. *Hoffmann/Lüdenbach*, § 249 HGB Rz. 67.

tung des IDW RS HFA 34, Tz. 20, IDW FN 2015 S. 380, wurde diese Möglichkeit aufgegeben und die **Pflicht zur (Teil-)Auflösung** der bestehenden Rückstellung eingeführt.[124]

Die **rechtlichen Verpflichtungen** sind zu unterteilen in öffentlich-rechtliche Verpflichtungen sowie privatrechtliche (insb. zivilrechtliche, d. h. bürgerlich-rechtliche) Verpflichtungen.

Öffentlich-rechtliche Verpflichtungen beruhen auf allgemeinen gesetzlichen Pflichten (z. B. im Zusammenhang mit der Rechnungslegung oder steuerlichen Pflichten) oder auf speziellen Verwaltungsakten (bspw. im Zusammenhang mit § 118 AO) mit oder ohne sanktionsbelegte Auflagen. Im Fokus des Rückstellungsansatzes steht das Verhältnis zwischen Kaufmann und Staat bzw. öffentlicher Verwaltung.[125]

Beispiele für öffentlich-rechtliche Verpflichtungen sind (siehe hierzu auch Kap. 6.2, Stichwort Öffentlich-rechtliche Verpflichtung m. w. N.):

- Steuerzahlungen,
- gesetzliche Verpflichtung zur Erstellung, Prüfung und Offenlegung des Jahresabschlusses sowie Pflicht zur Buchführung,
- Verpflichtung zur Erstellung der Steuererklärungen,
- Aufbewahrungspflichten,
- Einhaltung des Datenschutzes,
- Kosten der Betriebsprüfung,
- Altlastensanierung und Entsorgungsverpflichtungen,
- Rekultivierungsverpflichtung sowie weitere Umweltschutzverpflichtungen.

Nach Ansicht der Finanzverwaltung ist eine öffentlich-rechtliche Verpflichtung dann **hinreichend konkretisiert,** wenn das Gesetz dem Bilanzierenden eindeutige Pflichten auferlegt, die Erfüllung der Pflichten innerhalb eines bestimmten Zeitraums fordert und die Nichterfüllung sanktionsbewehrt ist.[126] Regelmäßig ist bei einer sanktionsbewehrten öffentlich-rechtlichen Verpflichtung die erforderliche Konkretisierung als erfüllt anzusehen.[127] Zumindest für die Handelsbilanz ist u. E. in Übereinstimmung mit *Bertram* die Verpflichtung bereits dann hinreichend konkretisiert, wenn „[...] eine Rechtsnorm existiert, aus der dem Bilanzierenden Aufwendungen zur Umsetzung dieser rechtlichen Vorgaben erwachsen [...]"[128] Dies sollte auch für die Steuerbilanz gelten,[129] wird aber von der Finanzverwaltung verkannt.

Grundsätzlich üben sowohl **öffentlich-rechtliche** als auch **privatrechtliche Verpflichtungen** wie Erneuerungs-, Rückbau- oder Abbruchverpflichtungen ebenso wie Umweltschutzverpflichtungen (auch) eine große Ausstrahlwirkung auf die Besteuerungspraxis aus. In der jüngeren Vergangenheit wurde vom BFH hinsichtlich des Ansatzes von Rückstellungen in diesem Rückstellungsseg-

124 Vgl. *Oser/Wirtz,* StuB 2016 S. 1, 3 f.

125 Vgl. ausführlich Baetge/Kirsch/Thiele/*Hommel,* § 249 HGB Rz. 98 ff.; Anzinger/Oser/Schlotter, § 249 HGB Rz. 111 ff.; HdR-E/*Mayer-Wegelin,* § 249 HGB Rz. 35, und HdR-E/*Mayer-Wegelin/Kessler/Höfer,* § 249 HGB Rz. 93 ff. (im Zusammenhang mit Umweltschutzverpflichtungen); ebenso hierzu *Hoffmann/Lüdenbach,* § 249 HGB Rz. 56 ff.

126 Vgl. R 5.7 Abs. 4 EStR.

127 Vgl. umfassend *Petersen,* WPg 2019 S. 1079, 1081 ff.

128 Bertram/Kessler/Müller/*Bertram,* § 249 HGB Rz. 29.

129 Andernfalls würde ein Sonderrecht für öffentlich-rechtliche Lasten geschaffen, welches nicht durch § 29 Abs. 1 Satz 1 HGB gestützt wird – vgl. *Kessler,* S. 95.

ment ein Urteil gesprochen, das von besonderer Bedeutung ist. Im **Grundsatzurteil** des **BFH vom 17.10.2013 – IV R 7/11** wird der Ansatz einer öffentlich-rechtlichen Anpassungsrückstellung bei einem Luftfahrtunternehmen abgelehnt. Der BFH verweist in seinem Urteil auf die mangelnde rechtliche/wirtschaftliche Außenverpflichtung des betreffenden Unternehmens zum Bilanzstichtag, da die gesetzliche/behördliche Anpassungsfrist für die durchzuführende Maßnahme nach dem Bilanzstichtag liegt. Der BFH bergründet seine Entscheidung im ersten Leitsatz wie folgt: „Eine öffentlich-rechtliche Verpflichtung, die lediglich darauf gerichtet ist, die objektive Nutzbarkeit eines Wirtschaftsguts in Zeiträumen nach Ablauf des Bilanzstichtags zu ermöglichen, ist in den bis dahin abgeschlossenen Rechnungsperioden wirtschaftlich noch nicht verursacht."[130] Insofern wird deutlich, dass dem **Außenverpflichtungscharakter** einer zu passivierenden Rückstellung auch in der **Besteuerungspraxis** eine hohe Bedeutung zukommt.[131] Das vorstehende Beispiel kann auf die regelmäßige Verpflichtung von TÜV-Prüfungen übertragen bzw. hieran verdeutlicht werden. Eine TÜV-Überprüfung (von Fahrzeugen, Aufzügen, Geräten etc.) ist nicht notwendig, weil der zu überprüfende Gegenstand in der Vergangenheit genutzt wurde, sondern weil er in der Zukunft weiter genutzt werden soll. Damit fehlt es an der für die Rückstellungsbildung notwendigen in der Vergangenheit liegenden wirtschaftlichen Verursachung.

Rückstellungen für Jahresabschlussprüfungen dürfen nur in den Fällen gebildet werden, in denen eine Außenverpflichtung vorliegt. Nach der Rechtsprechung des BFH liegt eine Außenverpflichtung in Bezug auf eine Jahresabschlussprüfung vor, sofern ein Unternehmen durch gesetzliche Vorschriften zur Durchführung einer Jahresabschlussprüfung verpflichtet ist. Ist ein Unternehmen nicht nach gesetzlichen Vorschriften, sondern nur gesellschaftsvertraglich zur Durchführung einer Jahresabschlussprüfung verpflichtet, fehlt es der Verpflichtung am Charakter einer Außenverpflichtung, sodass der Ansatz einer Rückstellung nicht in Betracht kommt.[132]

Bisher konnten Gesellschaften sowohl im Handels- als auch im Steuerrecht Verbindlichkeitsrückstellungen bilden, bspw. für die zu erwartenden Aufwendungen zur Durchführung und Offenlegung einer freiwilligen Jahresabschlussprüfung. Der BFH hat in seinem **Urteil vom 5.6.2014 – IV R 26/11** entschieden, dass fortan keine Rückstellungen mehr für die Durchführung und Offenlegung freiwilliger Jahresabschlussprüfungen in der **Steuerbilanz** gebildet werden dürfen, wenn eine Gesellschaft zu dieser bspw. „nur" aufgrund ihres Gesellschaftsvertrags verpflichtet ist. Begründet wird das Urteil des BFH damit, dass in diesen Fällen die zu erwartenden Aufwendungen ausschließlich reine Selbst- und Innenverpflichtungen darstellen, die trotz ihrer Einklagbarkeit keine rückstellungsfähige Außenverpflichtung begründen können[133] (siehe zur Außenverpflichtung Kap. 2.1.2.2). Somit darf in der Steuerbilanz keine Rückstellung angesetzt werden.[134]

Handelsrechtlich wird hingegen eine gegenteilige Meinung durch das IDW[135] vertreten. Nach Ansicht des IDW ist auch in den Fällen, in denen eine freiwillige Jahresabschlussprüfung durchgeführt werden soll, der Ansatz einer Rückstellung geboten. Begründet wird dies damit, dass die Gesellschafter aufgrund des zugrunde liegenden Gesellschaftsvertrags die Jahresabschlussprü-

130 BFH v. 17.10.2013, IV R 7/11, BStBl. II 2014 S. 302.
131 Vgl. hierzu *Prinz*, DB 2015 S. 147, 149 ff.
132 Vgl. BFH v. 5.6.2014, IV R 26/11, BStBl. II 2014 S. 886.
133 Vgl. BFH v. 5.6.2014, IV R 26/11, BStBl. II 2014 S. 886.
134 Vgl. *Weber-Grellet* in: Schmidt, § 5 EStG Rz. 550.
135 IDW RH HFA 1.009, IDW FN 8/2010 S. 354 ff.

fung gerichtlich einklagen können und insoweit im Verhältnis zur Gesellschaft ebenfalls als **fremde Dritte** zu verstehen sind, sodass eine Außenverpflichtung vorliegt. Somit darf in der Handelsbilanz eine Rückstellung angesetzt werden.[136]

BEISPIEL ► Die Alpha GmbH ist nach § 267 HGB (sowie nach § 141 AO) als kleine Kapitalgesellschaft zu qualifizieren. Für kleine Kapitalgesellschaften entfällt nach §§ 316 ff. HGB die Pflicht zur Prüfung. Im Gesellschaftsvertrag der Alpha GmbH ist jedoch die Durchführung einer Jahresabschlussprüfung vorgesehen. Die Alpha GmbH entscheidet sich daher dafür, eine freiwillige Jahresabschlussprüfung zum Abschlussstichtag 31.12. von dem Abschlussprüfer Herrn Stark durchführen zu lassen. Für die Durchführung der freiwilligen Jahresabschlussprüfung zum Abschlussstichtag 31.12. erwägt die Alpha GmbH den Ansatz einer Rückstellung.

Steuerrechtliche Beurteilung:

Steuerrechtlich scheidet der Ansatz einer Rückstellung für die Durchführung einer freiwilligen Jahresabschlussprüfung aus. Das lässt sich damit begründen, dass die Alpha GmbH nicht nach gesetzlichen Vorschriften dazu verpflichtet ist, zum Abschlussstichtag 31.12. eine Jahresabschlussprüfung durchführen zu lassen. Somit fehlt es der Verpflichtung am Charakter einer Außenverpflichtung, sodass der Ansatz einer Rückstellung nicht in Betracht kommt.

Handelsrechtliche Beurteilung:

Handelsrechtlich ist hingegen der Ansatz einer Rückstellung für die Durchführung einer freiwilligen Jahresabschlussprüfung zum Abschlussstichtag 31.12. geboten. Das lässt sich damit begründen, dass die Gesellschafter der Alpha GmbH aufgrund des zugrunde liegenden Gesellschaftsvertrags die Jahresabschlussprüfung gerichtlich einklagen können und insoweit im Verhältnis zur Gesellschaft ebenfalls als fremde Dritte zu verstehen sind, sodass eine Außenverpflichtung vorliegt. Somit darf in der Handelsbilanz eine Rückstellung angesetzt werden.

Rückstellungen für **Umweltschutzverpflichtungen** stellen einen typischen Anwendungsfall der Rückstellungen für ungewisse Verbindlichkeiten dar. Gesonderter Regelungen hinsichtlich des Ansatzes bedarf es daher nicht.[137] Beispiele für den Ansatz einer Rückstellung im Zusammenhang mit Umweltschutzverpflichtungen sind:[138]

- die Beseitigung von Altlasten,
- Anpassungsverpflichtungen,
- Abfallbeseitigung,
- Entsorgungs- und Rücknahmeverpflichtungen,
- Rekultivierungsverpflichtungen sowie
- die Pflicht zur Wiederaufforstung.

Privatrechtliche Verpflichtungen basieren u. a. auf dem Verhältnis zwischen dem Kaufmann und anderen Personen des Zivilrechts. Für den Ansatz einer Rückstellung kommt es nicht darauf an, ob der Dritte seinen Anspruch bereits geltend gemacht hat,[139] sondern darauf, dass mit einer Geltendmachung ernsthaft gerechnet werden muss. Beispiele für zivilrechtliche Verpflichtungen sind (siehe auch Kap. 6.2, Stichwort Privatrechtliche Verpflichtung m. w. N.):

136 Vgl. *Zeidler/Schmatz*, BBK 2015 S. 281, 281 ff.

137 So auch HdR-E/*Mayer-Wegelin/Kessler/Höfer*, § 249 HGB Rz. 92.

138 Vgl. umfassend HdR-E/*Mayer-Wegelin/Kessler/Höfer*, § 249 HGB Rz. 98 ff.

139 Vgl. m. w. N. *Kessler*, S. 90.

- Haftungsansprüche,
- Ansprüche aus Vertragsverhältnissen und
- Schadensersatzverpflichtungen.

Neben einer rechtlichen Verursachung ist eine etwaige wirtschaftliche Verursachung aus **faktischen Leistungs- bzw. Verpflichtungszwängen** heraus zu prüfen.[140] Faktische Verpflichtungen beruhen nicht auf rechtlichen Ansprüchen, sondern auf Zwängen, denen sich der Bilanzierende aus tatsächlichen oder wirtschaftlichen Gründen nicht entziehen kann (siehe Kap. 2.1.3).[141] Beispiele für faktische Leistungszwänge sind:[142]

- freiwillige, aber übliche Kulanzleistungen,
- noch nicht vorgeschriebene Umweltschutzmaßnahmen, die aufgrund des öffentlichen Drucks durchgeführt werden müssen,
- Aufwendungen für geplante Betriebsänderungen sowie
- Verpflichtungen aus nichtigen Verträgen, die durchgeführt werden.

Sofern es sich um **faktische Verpflichtungen** handelt, ist nicht auf den Zeitpunkt der rechtlichen Entstehung abzustellen. Vielmehr ist allein der Zeitpunkt der wirtschaftlichen Verursachung[143] für den Rückstellungsansatz entscheidend.[144] Darüber hinaus muss der Wille des Kaufmanns gegeben sein, der Erwartungshaltung des/der Dritten nachzukommen und die faktische Verpflichtung zu erfüllen.[145]

Die **Passivierungsvoraussetzung der Außenverpflichtung** gilt für alle Rückstellungen mit Ausnahme der Aufwandsrückstellungen nach § 249 Abs. 1 Satz 2 HGB (siehe hierzu Kap. 2.3.1).

2.1.2.4 Betriebliche Veranlassung

Eine **betriebliche Veranlassung** ist immer dann gegeben, wenn die Aufwendungen als Betriebsausgaben anzusehen sind. Die steuerliche Anerkennung von Betriebsausgaben konkretisiert hinreichend die betriebliche Veranlassung.[146] Auch Schadensersatzverpflichtungen aus strafbaren Handlungen können damit Betriebsschulden sein. Für den Ansatz einer Rückstellung ist neben der betrieblichen Veranlassung auch entscheidend, dass diese nicht allein auf eigenbetriebliche Interessen zurückzuführen ist.[147]

Abgrenzungsschwierigkeiten ergeben sich regelmäßig dann, wenn keine klare Zurechnung zur **betrieblichen** oder **privaten Sphäre** (insb. im Zusammenhang mit PersG) getroffen werden

140 Vgl. HdR-E/*Mayer-Wegelin*, § 249 HGB Rz. 38 ff.

141 Vgl. Beck Bil-Komm/*Schubert*, § 249 HGB Rz. 31; *Hoffmann/Lüdenbach*, § 249 HGB Rz. 14; *Kessler*, S. 96 f. In diesem Zusammenhang führt Beck HdR/*Scheffler*, B 233 Rz. 104, aus, dass es sich hierbei regelmäßig um Verpflichtungen handelt, die „ein ordentlicher Kaufmann auch ohne rechtliche Verpflichtung als Schuld empfindet und die er aus sittlichen oder geschäftlichen Erwägungen oder nach Treu und Glauben oder entsprechend bisheriger Übung erfüllen wird".

142 Vgl. auch *Hoffmann/Lüdenbach*, § 249 HGB Rz. 14 ff.

143 Ein Zusammenhang mit bereits realisierten Erträgen muss gegeben sein – vgl. *Lüdenbach/Hoffmann*, BB 2005 S. 2344, 2348.

144 Vgl. Beck Bil-Komm/*Schubert*, § 249 HGB Rz. 69.

145 Vgl. *Lüdenbach/Hoffmann*, BB 2005 S. 2344, 2347.

146 Vgl. Syst. Praxiskommentar Bilanzrecht/*Petersen/Künkele/Zwirner*, § 249 HGB Rz. 70 ff.

147 Vgl. BFH v. 22.1.2020, XI R 2/19, DStR 2020 S. 1298 ff. Vgl. weiterführend *Hommel/Stein/Ummenhofer*, WPg 2021 S. 80 ff.

kann. Sofern in einem Verbund mehrerer Unternehmen zum Bilanzstichtag eine Verpflichtung (unter Erfüllung der weiteren Ansatzkriterien) zu berücksichtigen ist, erfolgt der Ansatz auf Ebene des Unternehmens, bei dem diese wirtschaftlich (d. h. in diesem Fall betrieblich) verursacht worden ist.

PRAXISTIPP

Eine Rückstellung ist allein dann anzusetzen, wenn es sich um eine betriebliche Veranlassung auf der Ebene des Bilanzierenden handelt.

2.1.2.5 Tatsächliche Inanspruchnahme (Ungewissheit)

Die Unsicherheit hinsichtlich der tatsächlichen Inanspruchnahme kann sich im Einzelfall auf verschiedene Aspekte beziehen. Zum einen kann es unsicher sein, **ob** die **Verpflichtung** überhaupt **eintritt** – und, wenn ja, in welcher **Höhe** –, zum anderen, **ob** sie überhaupt **ggü. dem Bilanzierenden geltend gemacht** wird **(Bestehen).**

BEISPIEL Im Zusammenhang mit der Beurteilung des Ansatzes einer Rückstellung für eine Gewährleistungsverpflichtung ist zum einen unsicher, ob die Verpflichtung dem Grunde nach besteht (tritt der Gewährleistungsfall ein?). Zum anderen ist – auch bei einer gegebenen rechtlichen Verpflichtung – unsicher, ob der Bilanzierende tatsächlich aufgrund der Gewährleistung in Anspruch genommen wird (wird ein Anspruch geltend gemacht?).

Der Ansatz der Rückstellung setzt voraus, dass die Inanspruchnahme **hinreichend sicher** ist bzw. mit ihr **ernsthaft gerechnet** wird. Diese Konkretisierung lässt sich nicht mathematisch-statistisch messen (siehe Kap. 2.1.2.1). Bestehende Zweifel über einen etwaigen Zeitpunkt, zu dem der Anspruch geltend gemacht wird, sind für den Rückstellungsansatz unerheblich.

Sofern der Bilanzierende davon ausgehen kann, dass der **Anspruchsberechtigte** die Grundlage eines etwaigen Anspruchs nicht kennt und auch in absehbarer Zukunft nicht kennen wird, kann regelmäßig nicht ernsthaft mit der tatsächlichen Inanspruchnahme gerechnet werden. Ein Rückstellungsansatz scheidet demnach aus. Solange der Bilanzierende mit Sicherheit davon ausgehen kann, dass seine Verpflichtung unentdeckt bleibt (Mängel, Untreue, Beratungsfehler etc.), darf keine Rückstellung angesetzt werden.

Zudem rechtfertigt nicht jede Möglichkeit des Bestehens einer Verpflichtung den Ansatz einer Rückstellung. Vielmehr müssen zum Bilanzstichtag **nachvollziehbare Gründe** vorliegen.[148]

PRAXISTIPP

Unsicherheit über die Inanspruchnahme kann der Höhe oder dem Bestehen der Verpflichtung nach gegeben sein. Der Ansatz einer Rückstellung ist dann geboten, wenn mit der Inanspruchnahme ernsthaft gerechnet werden kann.

2.1.2.6 Keine aktivierungspflichtigen Aufwendungen

Bei den in der Rückstellung erfassten Aufwendungen darf es sich nicht um **aktivierungspflichtige Anschaffungs- oder Herstellungskosten** handeln. Für diese besteht ein Rückstellungsverbot. Dies ergibt sich bereits aus dem Erfordernis der wirtschaftlichen Verursachung, wonach die Verpflichtung Ausgaben zum Inhalt haben muss, die das abgelaufene Geschäftsjahr betreffen.

148 Vgl. Beck Bil-Komm/*Schubert*, § 249 HGB Rz. 50.

In diesem Zusammenhang kommt der **Abgrenzung** sofort abzugsfähigen Aufwands von nachträglichen Anschaffungskosten oder aktivierungspflichtigen Erhaltungsaufwendungen eine besondere Bedeutung zu (dies gilt ebenso beim Ansatz von unterlassenen Instandhaltungsaufwendungen; siehe Kap. 2.3.2).

PRAXISTIPP

Sind die Aufwendungen, die zum Bilanzstichtag in Form einer Rückstellung erfasst werden sollen, im Folgejahr zu aktivieren, darf keine Rückstellung angesetzt werden.

2.1.2.7 Kein Passivierungsverbot

§ 249 Abs. 2 HGB regelt, dass für andere als in § 249 Abs. 1 HGB genannte Zwecke keine Rückstellungen gebildet werden dürfen. Damit besteht ein **Passivierungsverbot** bspw. für:

- Aufwendungen für in regelmäßigen Abständen stattfindende Generalüberholungen (ohne rechtliche Verpflichtung),
- Aufwendungen für unterlassene Instandhaltungen, die später als drei Monate nach dem Bilanzstichtag nachgeholt werden,
- unterlassene Forschungs-, Marketing- oder Werbeaufwendungen,
- künftige Verluste (außerhalb der Berücksichtigung der Verlustantizipation i. R. der Rückstellungen für drohende Verluste),
- allgemeine unternehmerische Risiken sowie
- entgangene Gewinne.

Die Formulierung des § 249 Abs. 2 Satz 1 HGB hat hierbei klarstellenden Charakter.[149]

PRAXISTIPP

Für andere als die im Gesetz explizit genannten Fälle sind keine Rückstellungen anzusetzen.

2.1.2.8 Konkurrenzverhältnis

Ergänzend zu den vorgenannten **Passivierungsvoraussetzungen** für Rückstellungen für ungewisse Verbindlichkeiten ist noch das Konkurrenzverhältnis zur Vornahme außerplanmäßiger Abschreibungen von Vermögensgegenständen zu prüfen.[150] Demnach geht eine **aktive Risikovorsorge** (d. h. die Vornahme einer außerplanmäßigen Abschreibung auf bilanzierte Vermögensgegenstände) stets der Bildung einer Rückstellung (sog. **passive Risikovorsorge**) vor. Besondere Bedeutung kommt diesem Konkurrenzverhältnis im Zusammenhang mit der Bildung von Rückstellungen für drohende Verluste zu (siehe hierzu Kap. 2.2).

BEISPIELE

Fall 1:

Die Alpha GmbH vereinbart mit dem Kunden A i. R. eines Liefervertrags den Verkauf einer Maschine. Der Kaufpreis für die Maschine beträgt 100.000 EUR. Zum Bilanzstichtag (31.12.t1) hat die Alpha GmbH unfertige Erzeugnisse i. H. der bisher angefallenen Herstellungskosten von 30.000 EUR aktiviert. Die Alpha GmbH geht zum Bilanzstichtag (31.12.t1) davon aus, dass die endgültigen Herstellungskosten für die

149 So auch Baetge/Kirsch/Thiele/*Hommel*, § 249 HGB Rz. 471. Vgl. ebenso *Hoffmann/Lüdenbach*, § 249 HGB Rz. 214.
150 Vgl. hierzu umfassend Bonner Handbuch/*Kirsch*, § 249 HGB Rz. 111 ff.

Maschine 150.000 EUR betragen werden. Somit droht der Alpha GmbH ein Verlust i.H. von 50.000 EUR. Eine aktive Risikovorsorge, d.h. die Vornahme einer außerplanmäßigen Abschreibung, geht der Bildung einer Rückstellung stets voraus. Bei den unfertigen Erzeugnissen handelt es sich um Vermögensgegenstände des Umlaufvermögens. Daher hat die Alpha GmbH nach § 253 Abs. 4 HGB zunächst eine außerplanmäßige Abschreibung i.H. von 30.000 EUR auf die aktivierten Herstellungskosten für die unfertigen Erzeugnisse vorzunehmen. Für den verbleibenden Restbetrag ist eine Drohverlustrückstellung i.H. von 20.000 EUR zu bilden. In der Handelsbilanz der Alpha GmbH ist zu buchen:

Buchungssätze:

außerplanmäßige Abschreibung	30.000 EUR
an	
Maschine	30.000 EUR
Aufwand	20.000 EUR
an	
Drohverlustrückstellung	20.000 EUR

Fall 2:

Die Alpha GmbH vereinbart mit dem Kunden A i.R. eines Kaufvertrags den Verkauf eines Grundstücks, das zum Betriebsvermögen der Alpha GmbH gehört. Der Kaufpreis für das Grundstück beträgt 1.000.000 EUR. Die Eintragung in das Grundbuch soll im Februar des Geschäftsjahres t2 erfolgen. Der Kaufvertrag wird erst rechtskräftig, wenn der Notar B die Beurkundung vornimmt und eine Eintragung ins Grundbuch erfolgt. Erst dann ist der Kunde A Eigentümer des Grundstücks mit allen dazugehörigen Rechten und Pflichten. Zum Bilanzstichtag (31.12.t1) hat ein vorbeifahrender Lkw mit Erdöl einen Unfall in der unmittelbaren Umgebung des Grundstücks der Alpha GmbH. In der Folge wird das Grundstück von den zuständigen Behörden für verseucht erklärt. Daher ist zum Bilanzstichtag (31.12.t1) absehbar, dass das Grundstück nicht mehr verkauft werden kann. Das Grundstück hat einen Buchwert i.H. von 800.000 EUR.

Eine aktive Risikovorsorge, d.h. die Vornahme einer außerplanmäßigen Abschreibung, geht der Bildung einer Rückstellung stets voraus. Bei dem Grundstück der Alpha GmbH handelt es sich um einen Vermögensgegenstand des Anlagevermögens. Daher hat die Alpha GmbH nach § 253 Abs. 3 HGB aufgrund einer voraussichtlich dauernden Wertminderung zunächst eine außerplanmäßige Abschreibung auf das Grundstück i.H. von 800.000 EUR vorzunehmen. Für den verbleibenden Restbetrag ist eine Drohverlustrückstellung i.H. von 200.000 EUR zu bilden. In der Handelsbilanz der Alpha GmbH ist zu buchen:

Buchungssätze:

außerplanmäßige Abschreibung	800.000 EUR
an	
Grundstück	800.000 EUR
Aufwand	200.000 EUR
an	
Drohverlustrückstellung	200.000 EUR

PRAXISTIPP

Eine aktive Risikovorsorge ist vorrangig ggü. der Bildung einer Rückstellung zu Zwecken der passiven Risikovorsorge vorzunehmen.

2.1.3 Rückstellungen für Gewährleistungen, die ohne rechtliche Verpflichtung erbracht werden

Ausdrücklich durch § 249 Abs. 1 Satz 2 Nr. 2 HGB gefordert, sind Rückstellungen auch für Gewährleistungen ohne rechtliche Verpflichtung zu bilden. Der Rückstellungsansatz muss gleichwohl durch eine wahrscheinliche Außenverpflichtung begründet werden. Eine solche ist gegeben, wenn der Kaufmann einer **faktischen Verpflichtung** unterliegt.

Eine faktische Verpflichtung ist regelmäßig dann gegeben, wenn:

1. der Gewährleistungsaufwand im Zusammenhang mit einer vorausgegangenen **erbrachten Lieferung/Leistung des Bilanzierenden** steht;
2. es sich um einen **Mangel** handelt, der weder auf einen natürlichen Verschleiß noch auf eine falsche Behandlung zurückzuführen ist, sondern der dem Bilanzierenden anzulasten ist;
3. der Bilanzierende eine **Zusage** zur Behebung des Mangels (ohne rechtliche Verpflichtung) gemacht hat bzw. die Vorgehensweise des Kaufmanns in der Vergangenheit eine entsprechende **Kulanzleistung** erwarten lässt.

Nicht auf rechtlicher Grundlage gemachte Zusagen über Kulanzleistungen sind dann als Rückstellungen für Gewährleistungen ohne rechtliche Verpflichtung anzusetzen, wenn sie über das gesetzliche oder vertraglich vereinbarte Maß hinausgehen und aufgrund der **betrieblichen Praxis** regelmäßig erbracht werden. Ein faktischer Leistungszwang muss gegeben sein. Hierbei ist auf die tatsächlichen Verhältnisse der letzten Geschäftsjahre Bezug zu nehmen.[151]

BEISPIELE

Fall 1:

Ein Hersteller von Industrieanlagen hat in den letzten zehn Jahren seiner Geschäftstätigkeit bei seinen Kunden auch nach dem Ablauf der gesetzlichen Gewährleistungsfrist kostenlose Reparaturen für ein weiteres Jahr durchgeführt. Eine Verpflichtung zur Erbringung dieser Leistung bestand zu keiner Zeit. Dennoch erwarten die Kunden aufgrund der ständigen Übung eine solche Leistung. Das Unternehmen hat deswegen eine Rückstellung für Gewährleistungen ohne rechtliche Verpflichtung zu bilden.

Fall 2:

Ein Automobilhersteller wirbt seit Jahren mit einer siebenjährigen Garantiezeit. Die Garantiezeit des Automobilherstellers geht deutlich über die gesetzlich vorgeschriebene Garantiezeit von zwei Jahren hinaus, sodass die rechtliche Verpflichtung zur Durchführung von kostenlosen Reparaturen zu keiner Zeit (rechtlich) bestand. Dennoch wirbt der Automobilhersteller seit Jahren mit einer siebenjährigen Garantiezeit. Daher erwarten die Kunden des Automobilherstellers, dass dieser aufgrund der ständigen Übung kostenlose Reparaturen an den Fahrzeugen auch noch nach Ablauf der gesetzlichen Verpflichtung von zwei Jahren durchführen lässt. Der Automobilhersteller hat eine Rückstellung für Gewährleistungen ohne rechtliche Verpflichtung zu bilden.

Beim Ansatz von Gewährleistungsrückstellungen sind entsprechende **Nachweis- und Dokumentationsanforderungen** zu beachten. In diesem Zusammenhang ist auf Folgendes hinzuweisen: Der BFH hat zwar die Passivierung bspw. für Gewährleistungsrückstellungen, interne Kosten der Jahresabschlusserstellung oder die Begleitung einer steuerlichen Außenprüfung durch Betriebsangehörige, die i. e. S. betriebsinternen Aufwand darstellen, anerkannt.[152] Gleichwohl werden an

151 Vgl. HdR-E/*Mayer-Wegelin/Kessler/Höfer*, § 249 HGB Rz. 91.

152 Vgl. BFH v. 6.6.2012, I R 99/10, BStBl. II 2013 S. 196; BFH v. 19.7.2011, X R 26/10, BStBl. II 2012 S. 856; BFH v. 12.12.2013, X R 25/11, DStR 2014 S. 840; BFH v. 7.1.2014, X B 191/13, BFH/NV 2014 S. 695.

die Passivierung solcher Rückstellungen z.T. erhöhte Nachweis- und Dokumentationsanforderungen geknüpft.[153]

PRAXISTIPP

Insbesondere mit Blick auf die steuerliche Betriebsprüfung ist es wichtig, die „Branchenüblichkeit" bzw. die ständige Erbringung der rechtlich nicht geforderten (Kulanz-)Leistungen nachzuweisen.

Hinsichtlich der Beurteilung des faktischen Leistungszwangs sowie der weiteren Kriterien ist auf die allgemeinen Tatbestandsmerkmale für den Ansatz von Rückstellungen Bezug zu nehmen (siehe Kap. 2).

Sofern die faktische Verpflichtung, also eine wirtschaftliche Belastung, der sich der Unternehmer nicht mehr entziehen kann, gegeben ist, hat der Ansatz der Rückstellungen **auch in der Steuerbilanz** zu erfolgen.[154] Garantieverpflichtungen sind in der Steuerbilanz nach Ansicht des BFH nur dann zum Bilanzstichtag als Rückstellung zu erfassen, wenn auf Basis von Erfahrungs- und Vergangenheitsdaten hinreichend sicher von einer Inanspruchnahme ausgegangen werden kann. Wurde ein bestehender Mangel zum Bilanzstichtag noch nicht entdeckt und fehlt es insoweit an der Kenntnis des Mangels, scheidet nach Ansicht des BFH der Ansatz einer Rückstellung im Einzelfall aus.[155]

2.1.4 Steuerbilanziell abweichende Ansatzvorschriften

2.1.4.1 Grundsatz

Grundsätzlich gilt aufgrund des **Maßgeblichkeitsgrundsatzes** bei Erfüllung der genannten Ansatzkriterien (siehe Kap. 2.1.2) ein Passivierungsgebot auch in der Steuerbilanz. Der Gesetzgeber weicht allerdings in einzelnen Fällen (siehe Kap. 1.5.3) von diesem Grundsatz ab. Das handelsrechtliche Ansatzgebot findet folglich seine Grenzen in den im Folgenden erläuterten steuerrechtlich abweichenden Ansatzvorschriften. Zur grundsätzlichen Geltung des Maßgeblichkeitsprinzips – auch in der Zeit nach Inkrafttreten des BilMoG – hat sich im Jahr 2019 der BFH geäußert und die Gültigkeit des Maßgeblichkeitsprinzips betont, gleichwohl aber auf den bestehenden steuerlichen Bewertungsvorbehalt hingewiesen.[156]

2.1.4.2 Rückstellungen für erfolgsbedingte Rückzahlungsverpflichtungen

§ 5 Abs. 2a EStG verbietet die **Passivierung bedingt rückzahlbarer Darlehen/Zuwendungen** in der Steuerbilanz. Hiervon betroffen sind z. B.:

- Druckbeihilfen (siehe Kap. 6.2, Stichwort Druckbeihilfe),
- Explorationskredite (siehe Kap. 6.2, Stichwort Explorationskredit),
- Filmkredite (siehe Kap. 6.2, Stichwort Filmkredit).

Die Norm ist einzig fiskalisch motiviert und widerspricht dem GoB des **Imparitätsprinzips.**[157] Steuerrechtlich geht damit die Realisierung eines Ertrags aus der Zuwendung/dem Darlehen

153 Vgl. hierzu *Strahl*, kösdi 2014 S. 18965, 18961 ff.

154 Vgl. BFH v. 6.4.1965, I 23/63U, BStBl. III 1965 S. 383; R 5.7 Abs. 12 EStR.

155 Vgl. BFH v. 28.8.2018, X B 48/18, BFH/NV 2019 S. 113 ff.

156 Vgl. BFH v. 20.11.2019, XI R 46/17, DStR 2020 S. 378 ff.

157 Siehe kurz zum Imparitätsprinzip Syst. Praxiskommentar Bilanzrecht/*Brösel*, § 252 HGB Rz. 43.

einher, welcher der Besteuerung unterliegt. Handelsrechtlich wird demgegenüber, sofern ernsthaft mit dem Eintritt der schuldbegründenden Bedingung gerechnet wird,[158] eine Rückstellung bilanziert.[159]

BEISPIEL Die Druckfrisch Verlags GmbH veröffentlicht Werke zu Spezialthemen des Rechnungs- und Finanzwesens. Um das Risiko eines neuen Werks zu minimieren, vereinbart sie mit den Autoren eine Druckbeihilfe. Demnach sollen die Autoren vor Druck des Werks ein bedingt rückzahlbares Darlehen i.H. von 10.000 EUR an den Verlag leisten. Der Verlag hat die Beihilfe zurückzuzahlen, wenn mindestens 2.000 Exemplare verkauft wurden.

In der Handelsbilanz ist beim Verlag zu buchen:

Bank	10.000 EUR
an	
sonstige betriebliche Erträge	10.000 EUR

Der Verlag rechnet mit dem Erreichen der Absatzschwelle. Dies schlägt sich in der folgenden Buchung nieder:

sonstige betriebliche Aufwendungen	10.000 EUR
an	
sonstige Rückstellungen	10.000 EUR

Die letzte Buchung ist in der Steuerbilanz aufgrund des § 5 Abs. 2a EStG zu korrigieren. Damit einher geht, bei einem angenommenen Steuersatz von 30 %, eine steuerliche Belastung i.H. von 3.000 EUR.

Die abweichende Normierung in beiden Regelwerken kann die Bilanzierung aktiver latenter Steuern in der Handelsbilanz erforderlich machen.

2.1.4.3 Rückstellungen für Verpflichtungen aus der Verletzung von Patent-, Urheber- oder ähnlichen Rechten

Durch § 5 Abs. 3 Satz 1 EStG ergibt sich zunächst keine Einschränkung ggü. dem Handelsrecht,[160] wenn gefordert wird, dass „Rückstellungen wegen Verletzung fremder **Patent-, Urheber- oder ähnlicher Schutzrechte** [...] erst gebildet werden [dürfen], wenn

1. der Rechtsinhaber Ansprüche wegen der Rechtsverletzung geltend gemacht hat oder
2. mit einer Inanspruchnahme wegen der Rechtsverletzung ernsthaft zu rechnen ist“[161].

Schutzrechte, die von der Norm erfasst werden, sind neben Patentrechten (siehe Kap. 6.2, Stichwort Patentrechtsverletzung) und den Urheberrechten (siehe Kap. 6.2, Stichwort Urheberrechtsverletzung) u. a.:[162]

---

158 Vgl. Anzinger/Oser/Schlotter, § 246 HGB Rz. 171. Siehe auch *Küting*, DStR 1996 S. 313, 313.

159 Vgl. auch WPH Edition, Kap. F Rz. 692 mit Verweis auf IDW St/HFA 1/1984.

160 Vgl. allgemein Lademann/*Neumann-Tomm*, § 5 EStG Rz. 1986. Dabei ist zu beachten, dass die Beweislast hinsichtlich einer fehlenden Wahrscheinlichkeit der Inanspruchnahme bei der Finanzverwaltung liegt; vgl. Frotscher/Geurts/*Watrin*, § 5 EStG Rz. 458.

161 Hervorhebungen durch d. Verf.

162 Vgl. auch *Weber-Grellet* in: Schmidt, § 5 EStG Rz. 398.

- Gebrauchsmusterrechte,
- Geschmacksmusterrechte,
- Halbleiterschutzrechte,
- Markenrechte,
- Sortenschutzrechte,
- ausschließliche Nutzungsrechte.

Eine Durchbrechung der Maßgeblichkeit ergibt sich durch § 5 Abs. 3 Satz 2 EStG, wonach die nach § 5 Abs. 3 Satz 1 EStG gebildete Rückstellung im dritten auf das Geschäftsjahr der Bildung folgenden Wirtschaftsjahr aufzulösen ist **(Auflösungsgebot).**[163] Eine Auflösung in der Handelsbilanz ist demgegenüber erst dann geboten, wenn der Rechtsanspruch des Verletzten zivilrechtlich verjährt ist (siehe bspw. zu Patentrechtsverletzungen Kap. 6.2, Stichwort Patentrechtsverletzung).

Auch bei einer fortlaufenden Verletzung der in Rede stehenden Rechtsgüter bemisst sich die Frist zur Auflösung nach Maßgabe der **erstmaligen Verletzung,**[164] denn es handelt sich um ein und dasselbe Schutzgut, auf dessen Ansatz die Norm abzielt.[165]

BEISPIEL ► Die Verletzer AG nutzt illegal ein patentiertes Produktionsverfahren zur Herstellung ihrer gewerblich vertriebenen Waren. Mit der illegalen Nutzung des Patents wurde im Mai t1 begonnen. In den Jahren t2 und t3 wurden der Rückstellung weitere Beträge zugeführt. Die Produktion dauert zum 31.12.t4 (Bilanzstichtag) noch an.

Obwohl die Rechtsverletzung weiterhin vorgenommen wird, ist die Rückstellung für Ansprüche aus Patentrechtsverletzungen bereits zum 31.12.t4 gewinnerhöhend aufzulösen. Diese Auflösung muss insgesamt, d. h. unter Einschluss der Zuführungsbeträge aus den Jahren t2 und t3, vorgenommen werden.

Wird ein zivilrechtlich nicht verjährter Anspruch aus Verletzung eines Schutzrechts geltend gemacht, nachdem die Rückstellung hierfür bereits aufgelöst wurde, so ist die Rückstellung **erneut zu bilden.** Das Auflösungsgebot steht dem nicht entgegen.

2.1.4.4 Rückstellungen für Jubiläumszusagen

§ 5 Abs. 4 EStG schränkt den Ansatz für Rückstellungen im Zusammenhang mit **Jubiläumszusagen** (siehe hierzu auch Kap. 6.2, Stichwort Dienstjubiläumszuwendung) auf die Fälle ein, in denen:

- das Dienstverhältnis zum Bilanzstichtag mindestens zehn Jahre bestanden hat,
- das Dienstjubiläum das Bestehen eines Dienstverhältnisses von mindestens 15 Jahren voraussetzt,
- die Zusage schriftlich erteilt wurde und
- der Zuwendungsberechtigte seinen Anspruch nach dem 31.12.1992 erwarb.[166]

163 Auch diese Norm ist fiskalpolitisch begründet; vgl. auch *Kessler,* S. 61, der diese Norm als „[...] unvereinbar mit den allgemeinen Besteuerungsgrundsätzen" ansieht.

164 Vgl. BFH v. 9.2.2006, IV R 33/05, BStBl. II 2006 S. 517.

165 Vgl. Lademann/*Neumann-Tomm,* § 5 EStG Rz. 2005.

166 Siehe abermals kritisierend *Kessler,* S. 61.

Diese Restriktionen sind auf Dienstjubiläen anzuwenden, **nicht** jedoch auf **Firmenjubiläen.**[167] Für diese gelten die allgemeinen (handelsrechtlichen) Ansatzkriterien ohne Einschränkung.

PRAXISTIPP

Um unangenehme steuerliche Folgen zu vermeiden, sollte der Bilanzierende die steuerliche Sondervorschrift des § 5 Abs. 4 EStG uneingeschränkt und zweifelsfrei erfüllen.

Wirtschaftlich betrachtet wird die Jubiläumszuwendung über die einzelnen Dienstjahre erdient. Dementsprechend ist die Rückstellung bis zum Zeitpunkt des Jubiläums **ratierlich anzusammeln.**[168] Aufgrund des Ansatzverbots in den ersten zehn Jahren des Dienstverhältnisses kommt es deswegen beim erstmaligen Ansatz zu einer hohen Einmalzuführung i. H. des versicherungsmathematischen Barwerts des in den ersten zehn Jahren erdienten Anteils der Jubiläumszuwendung.[169] Diese darf aber nicht eine ggf. vor dem **31.12.1992** erdiente Anwartschaft beinhalten, weil bis zum genannten Datum noch ein Passivierungsverbot für derartige Rückstellungen bestand.[170]

Bei der Bestimmung der **Dauer der Betriebszugehörigkeit** (mindestens zehn Jahre) und der Zeit zwischen Diensteintritt und Jubiläum (mindestens 15 Jahre) sind entgegen anderslautenden Jubiläumszusagen keine Vordienstzeiten bei anderen Arbeitgebern einzubeziehen. Dies gilt nur dann nicht, wenn die **Vordienstzeiten** bei einem mit dem jetzigen Arbeitgeber organschaftlich oder konzernmäßig verbundenen Arbeitgeber geleistet wurden.[171]

Die Erfüllung des **Schriftformerfordernisses** wird in R 6a Abs. 7 EStR erläutert. Nach Auffassung des BMF gelten diese mit Blick auf die Pensionszusagen gemachten Ausführungen für Jubiläumszusagen entsprechend (siehe hierzu Kap. 5.3.2.2).[172]

Für die Rechtmäßigkeit des steuerbilanziellen Ansatzes ist es **ohne Bedeutung,** ob die Zusage rechtsverbindlich, unwiderruflich und vorbehaltlos erteilt wird.[173] Das BMF fordert bei einer widerruflichen Zusage aber eine besonders sorgsame Prüfung, „ob die Entstehung der Verbindlichkeit nach der bisherigen betrieblichen Übung oder nach den objektiv erkennbaren Tatsachen am zu beurteilenden Bilanzstichtag wahrscheinlich [...] ist“[174]. Insofern besteht jedoch keine Abweichung ggü. dem handelsbilanziellen Vorgehen. Auch dort wird die Wahrscheinlichkeit der Inanspruchnahme gefordert (siehe Kap. 2.1.2.1).

2.1.4.5 Rückstellungen für künftige Anschaffungs- oder Herstellungskosten eines Wirtschaftsguts

§ 5 Abs. 4b Satz 1 EStG beinhaltet eine **Klarstellung,** die auch handelsrechtlich gilt. Es gilt ein grundsätzliches Passivierungsverbot für künftige Anschaffungs- oder Herstellungskosten. Es kann deswegen auf die entsprechenden Ausführungen verwiesen werden (siehe allgemein

167 Vgl. *Hoffmann/Lüdenbach,* § 249 HGB Rz. 217.

168 Vgl. Frotscher/Geurts/*Watrin,* § 5 EStG Rz. 458; *Kessler,* S. 315.

169 Anderer Ansicht Frotscher/Geurts/*Watrin,* § 5 EStG Rz. 458, der auch das Gegenwartswertverfahren als legitim erachtet.

170 Vgl. Lademann/*Neumann-Tomm,* § 5 EStG Rz. 2027.

171 Vgl. Frotscher/Geurts/*Watrin,* § 5 EStG Rz. 458.

172 Vgl. BMF v. 8.12.2008, IV C 6 – S 2137/07/10002, BStBl. I 2008 S. 1013.

173 Vgl. BFH v. 18.1.2007, IV R 42/04, BStBl. II 2007 S. 956.

174 BMF v. 8.12.2008, IV C 6 – S 2137/07/10002, BStBl. I 2008 S. 1013.

Kap. 2.1.2.6 sowie Kap. 6.2, Stichwort Anschaffungs- und Herstellungskosten, mit dem Hinweis auf eine Ausnahme von diesem Grundsatz).[175]

2.1.4.6 Rückstellungen im Zusammenhang mit Kernbrennstoffen

Im Zuge der Neueinfügung des **§ 5 Abs. 4b EStG** wurde auch das bis dato nur als Verwaltungsmeinung vertretene Passivierungsverbot für Aufwendungen für die schadlose Verwertung radioaktiver Reststoffe sowie ausgebauter oder abgebauter radioaktiver Anlagenteile, die im Zusammenhang mit der Bearbeitung oder Verarbeitung von Kernbrennstoffen gewonnen worden sind und keine radioaktiven Abfälle darstellen,[176] kodifiziert.

Kongruenz mit § 5 Abs. 4b Satz 1 EStG besteht bei solchen **Aufwendungen, die ohnehin aktivierungspflichtig** und damit nicht passivierungsfähig sind. So zu kategorisieren sind bspw. Kosten der Wiederaufbereitung radioaktiver Reststoffe, die der Fertigung „neuer" Brennelemente dienen. Die Norm schränkt somit nur den Ansatz von Rückstellungen für **sofort abzugsfähige Aufwendungen** ein. Diese dürfen nur dann angesetzt werden, wenn sie im Zusammenhang mit der Entsorgung radioaktiver Abfälle stehen und nicht der Wiederaufbereitung von Anlagenteilen dienen. Der typische Fall der Beseitigung radioaktiven Abfalls erfährt hingegen keine Einschränkung.[177]

2.1.4.7 Rückstellungen im Zusammenhang mit Kernkraftwerken

Da es keine handelsrechtlichen Vorschriften gibt, nach denen die Bilanzierung von Rückstellungen für die Stilllegung von Kernkraftwerken vorgenommen werden kann, orientiert sich die handelsrechtliche Bilanzierung an den konkreten steuerlichen Vorschriften. Nach § 6 Abs. 1 Nr. 3a Buchst. d EStG sind Rückstellungen für die **Stilllegung von Kernkraftwerken** zu passivieren, sofern die in Kap. 2.1.1 genannten Passivierungsvoraussetzungen erfüllt sind. Demnach handelt es sich entweder um rechtlich entstandene oder um wirtschaftlich verursachte Verpflichtungen, die ggü. **fremden Dritten** bestehen (Außenverpflichtung) und die eine hinreichend konkretisierte Eintrittswahrscheinlichkeit aufweisen.

Bei Rückstellungen für die Stilllegung von Kernkraftwerken handelt es sich um öffentlich-rechtliche Verpflichtungen, die den **Umweltschutzverpflichtungen** zuzuordnen sind. Daraus folgt, dass eine hinreichend konkretisierte Eintrittswahrscheinlichkeit daran geknüpft ist, dass eine gesetzliche Vorschrift inhaltlich ein bestimmtes Handeln innerhalb eines definierten Zeitraums vorschreibt, dessen Missachtung Sanktionen für den Bilanzierenden nach sich zieht (zur Bewertung von Rückstellungen für die Stilllegung von Kernkraftwerken siehe Kap. 3.4.4).

2.1.4.8 Rückstellungen für die steuerliche Verrechnungspreisdokumentation

Die Bildung von Rückstellungen für die **steuerliche Verrechnungspreisdokumentation** betrifft Sachverhalte, bei denen ein Steuerpflichtiger grenzüberschreitende Geschäftsbeziehungen zu nahestehenden Personen (i. S. des § 1 Abs. 2 AStG) pflegt. In diesen Fällen unterliegen die im Rahmen dieser Geschäftsbeziehungen getätigten Geschäftsvorfälle hinsichtlich der Verrechnungspreisdokumentation besonderen Aufzeichnungspflichten.

175 Siehe auch *Weber-Grellet* in: Schmidt, § 5 EStG Rz. 369.

176 Vgl. § 5 Abs. 4b Satz 2 EStG.

177 Siehe ausführlich Lademann/*Neumann-Tomm*, § 5 EStG Rz. 2097 ff., sowie *Küting/Kessler*, DStR 1998 S. 1937, 1942.

Die Aufzeichnungspflichten sind in § 90 Abs. 3 AO kodifiziert. Demnach ist ein Steuerpflichtiger dazu verpflichtet, bei internationalen Geschäftsbeziehungen mit nahestehenden Personen Aufzeichnungen über die Art und den Inhalt dieser Geschäftsbeziehungen zu erstellen. Die Aufzeichnungspflicht bezieht sich sowohl auf die wirtschaftlichen als auch auf die rechtlichen Grundlagen für eine den **Grundsatz des Fremdvergleichs** beachtende Vereinbarung von Preisen und anderen Geschäftsbeziehungen mit nahestehenden Personen.

Steuerlich dürfen Rückstellungen gebildet werden, sofern diese die Passivierungsvoraussetzungen (siehe Kap. 2.1.1) erfüllen. Die nach § 90 Abs. 3 AO geforderte Verrechnungspreisdokumentation stellt für einen Steuerpflichtigen eine **öffentlich-rechtlich begründete Verpflichtung** dar, sofern diese inhaltlich hinreichend bestimmt, zeitlich konkretisiert sowie sanktionsbewehrt ist. In diesen Fällen ist der Ansatz von Rückstellungen für die Erstellung der Verrechnungspreisdokumentation (dem Grunde nach) zulässig. Eine dementsprechend notwendige Konkretisierung ist für die Dokumentation gewöhnlicher Geschäftsvorfälle regelmäßig und für die Dokumentation außergewöhnlicher Geschäftsvorfälle stets gegeben.[178]

2.1.4.9 Ansammlungsrückstellungen: stichtagsbezogene Anpassung des Ansammlungszeitraums

Ansammlungsrückstellungen zeichnen sich dadurch aus, dass ihr Entstehen bzw. ihre Verursachung nicht zu einem bestimmten Zeitpunkt erfolgt, sondern sich über einen längeren Zeitraum, d. h. über mehrere Jahre hinweg, erstreckt. Während dieses Zeitraums ist der Erfüllungsbetrag der betreffenden Verpflichtung ratierlich anzusammeln (siehe hierzu Kap. 2.1.2.3).

Eine **Abbruchverpflichtung** stellt bspw. eine Ansammlungsverpflichtung dar. Für diese ist sowohl nach Handels- als auch nach Steuerrecht eine Rückstellung zu bilden. Unterschiede zwischen Handels- und Steuerrecht bestehen hinsichtlich der Bemessung des Erfüllungsbetrags am Bilanzstichtag (Preis- und Kostenverhältnisse) sowie der Abzinsung.[179] Dem vereinbarten Ansammlungszeitraum kommt eine besondere Bedeutung zu. Dies gilt sowohl für den Ansatz (dem Grunde nach) als auch für die Bewertung (der Höhe nach) einer Ansammlungsrückstellung.

In diesem Zusammenhang sind besonders die Fälle interessant, in denen eine Rückstellung für eine Abbruchverpflichtung zum Bilanzstichtag bereits vollständig in der Handels- bzw. Steuerbilanz passiviert ist, sich jedoch der vertraglich vereinbarte **Ansammlungszeitraum** bzw. das Nutzungsverhältnis **verlängert.** Hierbei stellt sich die Frage, ob der gewählte Wertansatz der Rückstellung in der Handels- und Steuerbilanz beizubehalten oder (zeitanteilig) aufzulösen ist. Steuerlich ist im Zusammenhang mit der Beantwortung dieser Frage auf das BFH-Urteil vom 2.7.2014 – I R 46/12 Bezug zu nehmen. Der BFH hat in seinem Urteil entschieden, dass Rückstellungen für Abbruchverpflichtungen, die in der Steuerbilanz bereits vollständig passiviert sind, aufgrund des bilanzrechtlichen Stichtagsprinzips anteilig aufzulösen sind. Begründet wird die Entscheidung des BFH damit, dass, sofern sich der Ansammlungszeitraum einer Abbruchverpflichtung verlängert und (auch) der vertraglich vereinbarte Zeitpunkt der Erfüllung der Verpflichtung hinausgeschoben wird, der in diesem verlängerten Nutzungszeitraum unterhaltene

178 Vgl. hierzu ausführlich *Baumhoff/Liebchen/Kluge*, IStR 2012 S. 821, 821 ff.

179 Vgl. *Oser*, StuB 2014 S. 855, 855.

laufende Betrieb des Nutzenden im wirtschaftlichen Sinne für das Entstehen der Abbruchverpflichtung ursächlich sei.[180]

Handelsrechtlich dürfen Rückstellungen nach § 249 HGB nur in den Fällen aufgelöst werden, in denen der Grund für ihre Bildung entfällt. Das Auflösungsverbot zielt jedoch vordergründig auf den Ansatz einer Rückstellung (dem Grunde nach) und nicht etwa auf ihre Bewertung (der Höhe nach) ab. Das IDW hat hinsichtlich der Bewertung von Rückstellungen (der Höhe nach) eine Überarbeitung des **IDW RS HFA 34** im Jahr 2015 vorgenommen, um die Verlautbarung an die Rechtsprechung des BFH anzupassen. Nach den Regelungen des IDW RS HFA 34 wurde das bisherige Wahlrecht, das sich bei einer **Verlängerung des Verteilungszeitraums** bei einer Verteilungsrückstellung ergab, aufgehoben.[181] Nach der bisherigen Regelung wurde dem Bilanzierenden das Wahlrecht eingeräumt, den Rückstellungsansatz (der Höhe nach) entweder in der Periode (anteilig) aufzulösen, in der sich der Verteilungszeitraum verlängert hat, oder den Rückstellungsansatz (der Höhe nach) beizubehalten und den (Rest-)Betrag der Verpflichtung über den verlängerten Verteilungszeitraum zu verteilen. Künftig wird das Wahlrecht aufgehoben, sodass der Bilanzierende in den Fällen, in denen sich der Verteilungszeitraum einer Verteilungsrückstellung verlängert, dazu verpflichtet ist, den Rückstellungsansatz (der Höhe nach) (teil-)aufzulösen.[182]

BEISPIEL: VERLÄNGERUNG DES VERTEILUNGSZEITRAUMS ▶ A schließt zum 1.1.t1 mit B einen Mietvertrag über die Anmietung eines Bürogebäudes über die befristete Laufzeit von zehn Jahren. Darin wird festgelegt, dass alle Mietereinbauten zum Ablauf des Mietvertrags entfernt werden müssen. Zum Bilanzstichtag (31.12.t1) ist mit voraussichtlichen Kosten i. H. von 10.000 EUR für die Entfernung zu rechnen. A hat dafür jedes Jahr 1.000 EUR (10.000 EUR / zehn Jahre) zurückzustellen.

Zum Bilanzstichtag (31.12.t5) wird der Mietvertrag von A über die Anmietung des Bürogebäudes um fünf Jahre verlängert, sodass die Vertragslaufzeit des Mietvertrags 15 Jahre beträgt. A hat den bis dahin angesammelten bzw. auf die ursprüngliche Vertragslaufzeit hin ausgerichteten Rückstellungsbetrag unter Berücksichtigung der am jeweiligen Stichtag zu ermittelnden Kosten für den Rückbau des Fahrstuhls entsprechend der neuen Vertragslaufzeit anteilig aufzulösen. Da A bis zum Bilanzstichtag (31.12.t5) für den Rückbau des Fahrstuhls in dem Bürogebäude 5.000 EUR zurückgestellt hat und sich der Nominalbetrag der Rückstellung unter Berücksichtigung der neuen Vertragslaufzeit zum Bilanzstichtag (31.12.t5) auf 3.333,33 EUR verringert, ist auf die bestehende Rückstellung eine (Teil-)Auflösung i. H. von 1.666,67 EUR vorzunehmen.

2.1.4.10 Rückstellungen im Zusammenhang mit der (freiwilligen) Jahresabschlussprüfung

Für Unternehmen besteht eine (gesetzliche) Verpflichtung zur Erstellung einer Bilanz, zur Durchführung einer Jahresabschlussprüfung sowie zur Abgabe einer Steuererklärung. Die hiermit verbundenen Aufwendungen sind wirtschaftlich dem Geschäftsjahr zuzuordnen, in dem die betreffende Bilanz erstellt, eine Jahresabschlussprüfung durchgeführt sowie eine Steuererklärung abgegeben wird. Sowohl in der Handels- als auch in der Steuerbilanz sind hierfür **Verbindlichkeitsrückstellungen** zu bilden, bspw. für die zu erwartenden Aufwendungen einer gesetzlich vorgeschriebenen Jahresabschlussprüfung durch einen Abschlussprüfer und Veröffentlichung

180 Die Entscheidung steht überdies im Einklang mit der bisherigen Rechtsprechung des BFH. Der BFH hat bereits in seinem Urteil v. 19.2.1975 entschieden, dass der Rückstellungsaufwand ausgehend von den Preisverhältnissen des jeweiligen Bilanzstichtags (Stichtagsprinzip) den Wirtschaftsjahren bis zur Erfüllung der Verpflichtung zuzuordnen ist und damit auch den Gewinn in den Folgeperioden (anteilig) belastet. BFH v. 19.2.1975, I R 28/73, BStBl. II 1975 S. 480.

181 Vgl. *Oser/Wirtz*, StuB 2016 S. 1, 3 f.

182 Vgl. IDW RS HFA 34, IDW Life 2015 S. 380, 380.

des Jahresabschlusses im Bundesanzeiger oder für die zu erwartenden Aufwendungen zur Erstellung einer betrieblichen Steuererklärung.

Bisher konnten Gesellschaften sowohl im Handels- als auch im Steuerrecht Verbindlichkeitsrückstellungen bilden, bspw. für die zu erwartenden Aufwendungen zur Durchführung und Offenlegung einer **freiwilligen Jahresabschlussprüfung.** Der **BFH** hat in seinem Urteil vom 5.6.2014 – IV R 26/11 entschieden, dass fortan keine Rückstellungen mehr für die Durchführung und Offenlegung freiwilliger Jahresabschlussprüfungen in der Steuerbilanz gebildet werden dürfen, wenn eine Gesellschaft dazu bspw. „nur" aufgrund ihres Gesellschaftsvertrags verpflichtet ist. Begründet wird das Urteil des BFH damit, dass in diesen Fällen die zu erwartenden Aufwendungen ausschließlich reine Selbst- und Innenverpflichtungen darstellen, die trotz ihrer Einklagbarkeit keine rückstellungsfähige Außenverpflichtung begründen können[183] (siehe zur Außenverpflichtung Kap. 2.1.2.2). Somit darf in der Steuerbilanz keine Rückstellung angesetzt werden.

Handelsrechtlich wird hingegen eine gegenteilige Meinung durch das IDW[184] vertreten. Nach Ansicht des IDW ist auch in den Fällen, in denen eine freiwillige Jahresabschlussprüfung durchgeführt werden soll, der **Ansatz einer Rückstellung geboten.** Begründet wird dies damit, dass die Gesellschafter aufgrund des zugrunde liegenden Gesellschaftsvertrags die Jahresabschlussprüfung gerichtlich einklagen können und insoweit im Verhältnis zur Gesellschaft ebenfalls als **fremde Dritte** zu verstehen sind, sodass eine Außenverpflichtung vorliegt. Somit darf in der Handelsbilanz eine Rückstellung angesetzt werden.[185] Gleiches dürfte zudem in den Fällen gelten, in denen sich eine Pflicht zur Prüfung des Jahresabschlusses aus Vereinbarungen mit Banken ergibt (z. B. im Zusammenhang mit Kreditvereinbarungen).

HINWEIS

Das Urteil des BFH im Zusammenhang mit der Bildung von Rückstellungen für die Durchführung von freiwilligen Jahresabschlussprüfungen geht über den dem Urteil zugrunde liegenden Sachverhalt einer Personengesellschaft hinaus, da dieses auf Gesellschaften aller Rechtsformen übertragbar ist und somit eine große Ausstrahlwirkung in der Steuerpraxis entfaltet.

BEISPIEL ▸ Die Alpha GmbH ist nach § 267 HGB (sowie nach § 141 AO) als kleine Kapitalgesellschaft zu qualifizieren. Für kleine Kapitalgesellschaften entfällt nach §§ 316 ff. HGB die Pflicht zur Prüfung. Im Gesellschaftsvertrag der Alpha GmbH ist jedoch die Durchführung einer Jahresabschlussprüfung vorgesehen. Die Alpha GmbH entscheidet sich daher dafür, eine freiwillige Jahresabschlussprüfung zum Abschlussstichtag 31.12. von dem Abschlussprüfer Herrn Stark durchführen zu lassen. Für die Durchführung der freiwilligen Jahresabschlussprüfung zum Abschlussstichtag 31.12. erwägt die Alpha GmbH den Ansatz einer Rückstellung.

Steuerrechtliche Beurteilung:

Steuerrechtlich scheidet der Ansatz einer Rückstellung für die Durchführung einer freiwilligen Jahresabschlussprüfung aus. Das lässt sich damit begründen, dass die Alpha GmbH nicht nach gesetzlichen Vorschriften dazu verpflichtet ist, zum Abschlussstichtag 31.12. eine Jahresabschlussprüfung durchführen zu lassen. Somit fehlt es der Verpflichtung am Charakter einer Außenverpflichtung, sodass der Ansatz einer Rückstellung nicht in Betracht kommt.

Handelsrechtliche Beurteilung:

Handelsrechtlich ist hingegen der Ansatz einer Rückstellung für die Durchführung einer freiwilligen Jahresabschlussprüfung zum Abschlussstichtag 31.12. geboten. Das lässt sich damit begründen, dass die

183 Vgl. BFH v. 5.6.2014, IV R 26/11, BStBl. II 2014 S. 886.

184 IDW RH HFA 1.009, IDW FN 8/2010 S. 354 ff.

185 Vgl. *Zeidler/Schmatz*, BBK 2015 S. 281, 281 ff.

Gesellschafter der Alpha GmbH aufgrund des zugrunde liegenden Gesellschaftsvertrags die Jahresabschlussprüfung gerichtlich einklagen können und insoweit im Verhältnis zur Gesellschaft ebenfalls als fremde Dritte zu verstehen sind, sodass eine Außenverpflichtung vorliegt. Somit darf in der Handelsbilanz eine Rückstellung angesetzt werden.

2.1.4.11 Steuerliche Besonderheiten der Drohverlustrückstellung bei Bewertungseinheiten

Die Bildung von **Bewertungseinheiten** wird handelsrechtlich in § 254 HGB geregelt. Demnach bilden Vermögensgegenstände, Schulden, schwebende Geschäfte oder mit hoher Wahrscheinlichkeit erwartete Transaktionen, die mit Finanzinstrumenten zusammengefasst werden, um gegenläufige Wertänderungen oder Zahlungsströme aus vergleichbaren Risiken auszugleichen, eine Bewertungseinheit i.S. des § 254 HGB. Eine Bewertungseinheit besteht somit bspw. aus einem Vermögensgegenstand (dem sog. **Grundgeschäft**) und einem Finanzinstrument (dem sog. **Sicherungsgeschäft**). Zwischen dem Grundgeschäft und dem Sicherungsgeschäft besteht ein wirtschaftlicher Zusammenhang, der eine kompensierende Wirkung entfaltet.[186]

Die Effektivität einer solchen Bewertungseinheit beeinflusst unmittelbar ihre bilanzielle Abbildung.[187] Während für den **effektiven Teil** die handelsrechtlichen Vorschriften des § 249 Abs. 1 HGB, § 252 Abs. 1 Nr. 3 HGB, § 252 Abs. 1 Nr. 4 HGB, § 253 Abs. 1 Satz 1 HGB und § 256a HGB nicht anzuwenden sind, unterliegt der **ineffektive Teil** den allgemeinen Bilanzierungs- und Bewertungsvorschriften des HGB, sodass es zu einem Ausweis von Verlusten kommen kann. Ein etwaiger Gewinn aus einer Überkompensation darf allerdings aufgrund des außerhalb der Bewertungseinheit geltenden Realisationsprinzips nicht erfasst werden.[188]

- Ein **positiver Saldo** (Überhang der positiven Wertänderungen über die negativen Wertänderungen) darf aufgrund des Realisationsprinzips des § 252 Abs. 1 Nr. 4 Halbsatz 2 HGB nicht erfolgswirksam erfasst werden (ausgenommen von dieser Regelung ist nach § 256a Satz 2 HGB allein ein positiver Überhang aus Vermögensgegenständen und Schulden in fremder Währung mit einer Restlaufzeit am Abschlussstichtag von höchstens einem Jahr).
- Ein **negativer Saldo** (Überhang der negativen Wertänderungen über die positiven Wertänderungen) ist entsprechend den Regeln des Imparitätsprinzips im Regelfall aufwandswirksam zu erfassen. Im Fall einer aus einer antizipativen Bewertungseinheit resultierenden negativen Ineffektivität ist für den Betrag des Überhangs eine Rückstellung nach § 249 Abs. 1 Satz 1 HGB zu bilanzieren.

Die Ergebnisse der in der handelsrechtlichen Rechnungslegung zur **Absicherung finanzwirtschaftlicher Risiken** gebildeten Bewertungseinheiten sind auch für die steuerliche Gewinnermittlung maßgebend. Da § 254 HGB lediglich die bisherige Praxis festschreibt, resultieren daraus keine steuerlichen Konsequenzen.[189]

Mit Blick auf die steuerliche Behandlung von Bewertungseinheiten stellen sich – trotz der vermeintlich eindeutigen Regelung in § 5 Abs. 1a Satz 2 EStG – insb. die folgenden beiden Fragen:

186 Vgl. *Drewes*, DB 2012 S. 241, 241.

187 Vgl. Syst. Praxiskommentar Bilanzrecht/*Zepp/Sopp*, § 254 HGB Rz. 25 ff.; vgl. ausführlich zur bilanziellen Behandlung von Bewertungseinheiten bspw. *Jonas*, S. 59 ff.

188 Vgl. *Zwirner/Boecker*, BB 2012 S. 2935, 2935.

189 Vgl. BT-Drucks. 16/10067 S. 59. Vgl. hinsichtlich der steuerlichen Folgen der Regelungen *Zwirner/Boecker*, BB 2012 S. 2935, 2935 ff. m. w. N.

1. Werden alle handelsrechtlich gebildeten Bewertungseinheiten auch für steuerliche Zwecke beibehalten?
2. Entfalten auch antizipative Bewertungseinheiten eine Wirkung für das Steuerrecht?

Die zu konstatierende Unsicherheit ist insb. auf die abweichende Formulierung zwischen den handelsrechtlichen (§ 254 HGB) und den steuerrechtlichen (§ 5 Abs. 1a Satz 2 EStG) Regelungen zurückzuführen.

Nach § 5 Abs. 1a Satz 2 EStG werden steuerlich nur **Bewertungseinheiten** erfasst, die auch in der handelsrechtlichen Rechnungslegung zur Absicherung finanzwirtschaftlicher Risiken gebildet wurden. Hieraus resultieren auf den ersten Blick zwei Voraussetzungen für eine steuerrechtliche Berücksichtigung der Bewertungseinheiten. Zum einen muss die Sicherungsbeziehung auch in der Handelsbilanz als Bewertungseinheit abgebildet und behandelt werden, zum anderen darf sich die Absicherung nur auf finanzwirtschaftliche Risiken beziehen.

Mit nicht rechtskräftigem Urteil vom 7.9.2023 entschied das FG Düsseldorf, dass in der Steuerbilanz für Streitjahre **vor dem Inkrafttreten des BilMoG** für sog. Macro-Hedges keine (Drohverlust-)Rückstellung für Bewertungseinheiten nach § 5 Abs. 1a EStG gebildet werden darf.[190] Beim BFH ist das Verfahren unter dem Aktenzeichen XI R 32/23 noch anhängig.[191]

Unstrittig ist festzuhalten, dass die Handhabung in der Handelsbilanz für die steuerliche Behandlung des Sachverhalts maßgebend ist – der Gesetzeswortlaut lässt keine andere Einschätzung zu.[192] Insoweit wird im Fachschrifttum auch von einer **strengen formellen Maßgeblichkeit** gesprochen.[193] Dieses Ergebnis liefert einen ersten Anhaltspunkt zur Beantwortung der ersten Frage: Grundsätzlich werden alle handelsrechtlich gebildeten Bewertungseinheiten auch für steuerliche Zwecke beibehalten.

Darüber hinaus ist die **Bedeutung der Begrifflichkeit** „finanzwirtschaftlicher Risiken" zu beachten. Hieraus könnte auf den ersten Blick geschlussfolgert werden, dass u. U. nur ein Teilbereich der handelsrechtlich gebildeten Bewertungseinheiten von § 5 Abs. 1a Satz 2 EStG erfasst wird. Dies ist jedoch nicht der Fall. So wurde bereits in der Regierungsbegründung zum BilMoG auf die enge Verknüpfung zwischen § 254 HGB und § 5 Abs. 1a Satz 2 EStG hingewiesen.[194] Darüber hinaus qualifizierte der Referentenentwurf des BilMoG § 5 Abs. 1a Satz 2 EStG (explizit) als steuerliches „Pendant"[195] zu § 254 HGB und ging somit vom Gleichklang der beiden Vorschriften aus.[196] Schließlich führte auch die Gesetzesbegründung zur Einführung von § 5 Abs. 1a Satz 2 EStG seinerzeit aus, dass diese Regelung „einer weiteren Differenzierung von Handels- und Steuerrecht entgegen[wirkt]"[197].

190 Vgl. FG Düsseldorf v. 7.9.2023, 7 K 634/18 F, BeckRS 2023, 29659.

191 Vgl. *Oser/Wirtz*, StuB 2024 S. 9.

192 „Die Ergebnisse der in der handelsrechtlichen Rechnungslegung [...] gebildeten Bewertungseinheiten sind auch für die steuerliche Gewinnermittlung maßgeblich" (§ 5 Abs. 1a Satz 2 EStG).

193 Vgl. *Schiffers/Strahl/Fuhrmann/Veit* in: Korn u. a., Einkommensteuergesetz, § 5 EStG Rz. 450.

194 Vgl. BT-Drucks. 344/08 S. 124 ff.

195 Referentenentwurf zum BilMoG v. 8.11.2007, S. 119 (abrufbar unter https://go.nwb.de/4kfnn).

196 Vgl. *Herzig/Briesemeister*, Ubg 2009 S. 157, 158.

197 Vgl. BT-Drucks. 16/634 S. 10. § 5 Abs. 1a Satz 2 EStG wurde durch das Gesetz zur Eindämmung missbräuchlicher Steuergestaltungen vom 28.4.2006 neu in das EStG aufgenommen.

Deswegen kann unter **Würdigung der Gesamtumstände** nach der hier vertretenen Auffassung nichts anderes gelten, als dass alle für handelsrechtliche Zwecke nach § 254 HGB gebildeten Bewertungseinheiten auch bei der steuerlichen Gewinnermittlung erfasst werden.[198] Dies hat auch das **OFD Münster** bestätigt.[199] Der sprachlichen Abweichung zwischen handelsrechtlichem und steuerlichem Gesetzeswortlaut – die zugegebenermaßen unglücklich ist – kommt somit keinerlei Bedeutung zu. Dies gilt nicht zuletzt vor dem Hintergrund, dass der Begriff der finanzwirtschaftlichen Risiken ohnehin im Schrifttum uneinheitlich und nicht überschneidungsfrei, sondern eher je nach Perspektive des Betrachters verwendet wird.[200] Allein deswegen verbietet sich bei der Interpretation von § 5 Abs. 1a Satz 2 EStG die Heranziehung dieser sprachlichen Differenzierung als Unterscheidungs- bzw. Entscheidungsmerkmal. Allerdings entschied das FG Düsseldorf mit nicht rechtskräftigem Urteil vom 7.9.2023, dass in der Steuerbilanz für Streitjahre vor dem Inkrafttreten des BilMoG für sog. Macro-Hedges keine (Drohverlust-)Rückstellung für Bewertungseinheiten nach § 5 Abs. 1a EStG gebildet werden darf.[201] Beim BFH ist das Verfahren unter dem Aktenzeichen XI R 32/23 noch anhängig[202] (siehe auch oben). Insofern ist in der Praxis durchaus eine differenzierte Betrachtung geboten.

Zusätzlich ist vor diesem Hintergrund auf § 5 Abs. 4a Satz 2 EStG hinzuweisen, der ausnahmsweise die Übernahme einer handelsrechtlich gebildeten Drohverlustrückstellung im Zusammenhang mit Bewertungseinheiten auch **für steuerliche Zwecke zulässt** – damit erstreckt sich die konkrete Maßgeblichkeit des § 5 Abs. 1a Satz 2 EStG auch auf etwaige Drohverlustrückstellungen.[203] Sofern allerdings in Ausübung des Wahlrechts des § 254 HGB auf die Bildung einer Bewertungseinheit in der Handelsbilanz verzichtet wird, gilt für in diesem Zusammenhang nach § 249 Abs. 1 Satz 1 HGB gebildete Drohverlustrückstellungen das allgemeine steuerliche Passivierungsverbot in § 5 Abs. 4a Satz 1 EStG.

PRAXISTIPP

§ 5 Abs. 4a Satz 2 EStG greift nur im Zusammenhang mit § 5 Abs. 1a Satz 2 EStG. Damit entsteht bei Nichtbildung einer Bewertungseinheit in der Handelsbilanz ggf. handelsrechtlich ein höherer Aufwand, sofern eine Drohverlustrückstellung zu bilden ist. Diese Rückstellung und damit der Aufwand sind in diesem Fall steuerlich nicht anerkannt, sodass sich eine höhere Steuerbelastung ergibt.

Grundsätzlich basiert die Bilanzierung von Bewertungseinheiten auf dem Vorhandensein eines Grund- und eines Sicherungsgeschäfts, deren vergleichbare Risiken durch den Kompensationseffekt neutralisiert werden.[204] Bei einer **antizipativen Bewertungseinheit** kommt allerdings mangels rechtsgeschäftlicher Vereinbarung (noch) keine bilanzielle Abbildung eines Grundgeschäfts in Betracht. Allein die Aussicht, dass der Abschluss mit hoher Wahrscheinlichkeit zu erwarten ist, bewirkt keine Bilanzierungsfähigkeit. Sofern alle Voraussetzungen für die Bildung

198 Vgl. *Schiffers/Strahl/Fuhrmann/Veit* in: Korn u. a., Einkommensteuergesetz, § 5 EStG Rz. 452.1; Beck Bil-Komm/*Justenhoven/Usinger,* § 254 HGB Rz. 4; *Herzig/Briesemeister,* Ubg 2009 S. 157, 158.

199 Vgl. zu dieser Ansicht auch OFD Münster, 4.9.2012 – Kurzinfo ESt Nr. 17/2012, StuB 2012 S. 763, 763 f. Dort führt das OFD Münster explizit aus, dass ausgehend von den nach § 254 Abs. 1 HGB gebildeten Bewertungseinheiten kein steuerlicher Korrekturbedarf besteht.

200 Vgl. *Herzig/Briesemeister,* Ubg 2009 S. 157, 158. Häufig werden zu den finanzwirtschaftlichen Risiken neben Preisrisiken (denen wiederum v. a. Zinsänderungs-, Währungs- und Rohstoffpreisrisiken subsumiert werden) auch Ausfallrisiken und Liquiditätsrisiken gezählt. Vgl. hierzu auch HHR/*Hick,* § 5 EStG Rz. 1722.

201 Vgl. FG Düsseldorf v. 7.9.2023, 7 K 634/18 F, BeckRS 2023, 29659.

202 Vgl. *Oser/Wirtz,* StuB 2024 S. 9.

203 Vgl. HHR/*Rade,* § 5 EStG Rz. 2065 ff.

204 Vgl. *Zwirner/Boecker,* BB 2012 S. 2935, 2936 f.

eines antizipativen Hedge erfüllt sind, werden deshalb für Zwecke der bilanziellen Behandlung das Gegenüberstehen von Grundgeschäft und Sicherungsgeschäft sowie der Ausgleich aller gegenläufigen Wert- oder Zahlungsstromänderungen so lange in einer Nebenrechnung simuliert, bis die erwartete Transaktion, d.h. der Abschluss des Grundgeschäfts, tatsächlich erfolgt.[205] Zu diesem Zeitpunkt werden die bisher außerbilanziell festgehaltenen Wertänderungen in der Rechnungslegung – entweder als Bestandteil der Anschaffungskosten des Grundgeschäfts (etwa wenn der Bezug von Waren gegen Währungsrisiken abgesichert wurde) oder in der GuV (bspw. bei der Währungsabsicherung im Zusammenhang mit künftigen Umsatzerlösen oder Zinsen) – erfasst.[206]

Die Frage nach der Wirkung, die antizipative Bewertungseinheiten für die **steuerliche Gewinnermittlung** entfalten, lässt sich ebenfalls aus dem Gesetz selbst sowie anhand entsprechender Gesetzesmaterialien beantworten. Zunächst formuliert § 5 Abs. 1a Satz 2 EStG wörtlich, dass die Ergebnisse der in der handelsrechtlichen Rechnungslegung gebildeten Bewertungseinheiten auch für die steuerliche Gewinnermittlung maßgeblich sind. Diese Formulierung umfasst alle nach § 254 HGB bilanzierten Bewertungseinheiten (sog. strenge formelle Maßgeblichkeit). Der Wille des Gesetzgebers, antizipative Bewertungseinheiten hiervon auszuschließen, ist daraus nicht ableitbar. Wäre dies beabsichtigt gewesen, hätte die steuerrechtliche Formulierung entsprechend ausgestaltet werden müssen, dies ist nicht erfolgt.[207] Deswegen greift § 5 Abs. 1a Satz 2 EStG auch für antizipative Bewertungseinheiten, d. h., auch diese werden steuerlich nachvollzogen.[208]

Die Beantwortung der Frage, inwieweit die Bezugnahme auf finanzwirtschaftliche Risiken in § 5 Abs. 1a Satz 2 EStG bei der steuerlichen Berücksichtigung von antizipativen Bewertungseinheiten eine Rolle spielt, ergibt sich aus den oben gemachten Ausführungen. Die **sprachliche Differenzierung** zwischen dem handelsrechtlichen und dem steuerrechtlichen Gesetzeswortlaut hat **keine inhaltlichen Auswirkungen.** Außerdem ist festzuhalten, dass auch antizipative Bewertungseinheiten zur Absicherung von Währungs-, Zins- oder Preisrisiken des – noch nicht abgeschlossenen – Grundgeschäfts eingesetzt werden. Diese Risiken werden regelmäßig zu den finanzwirtschaftlichen Risiken gerechnet.[209]

PRAXISTIPP

Auch die handelsrechtlich gebildeten antizipativen Bewertungseinheiten werden steuerlich nachvollzogen.

In der **Betriebsprüfungspraxis** zeigen sich zuletzt zwei Anknüpfungspunkte der Finanzverwaltung. Zum einen ist bei ineffektiven Bewertungseinheiten der Nachweis gefordert, dass Sicherungsgeschäfte nicht allein zur Generierung steuerlicher Verluste abgeschlossen werden. Dies erfordert einen Bezug zum Grundgeschäft in der Entscheidung über den Abschluss eines Sicherungsgeschäftes, d. h., der Sicherungszusammenhang muss nachvollziehbar sein. Darüber hinaus sollte dargestellt werden können, dass in der Vergangenheit „erfolgreich" Sicherungsgeschäfte abgeschlossen wurden, es also handelsrechtlich tatsächlich zur Situation der Aufrechnung reali-

205 Vgl. *Patek*, DB 2010 S. 1077, 1080; *Scharpf* in: Küting/Pfitzer/Weber, S. 223.

206 Vgl. *Zwirner/Boecker*, BB 2012 S. 2935, 2936.

207 Vgl. *Herzig/Briesemeister*, Ubg 2009 S. 157, 159.

208 Vgl. *Herzig/Briesemeister*, Ubg 2009 S. 157, 158. Vgl. auch Hinweis OFD Münster, 4.9.2012, Kurzinfo ESt Nr. 17/2012, StuB 2012 S. 763, 763 f.; *Zwirner/Boecker*, BB 2012 S. 2935, 2936.

209 Vgl. *Herzig/Briesemeister*, Ubg 2009 S. 157, 158.

sierter Verluste mit unrealisierten Gewinnen kam. Sicherungsgeschäfte sind folglich streng akzessorisch zu ihrem Grundgeschäft.

2.2 Rückstellungen für drohende Verluste aus schwebenden Geschäften

2.2.1 Zielsetzung und Begrifflichkeiten

Schwebende Geschäfte i.S. des § 249 Abs. 1 HGB sind „verpflichtende Verträge, die auf einen Leistungsaustausch gerichtet sind und aus Sicht jedes Vertragspartners einen Anspruch und eine Verpflichtung begründen (gegenseitige Verträge, die auf einen wirtschaftlichen Austausch gerichtet sind)“[210].

Schwebende Geschäfte finden grds. keinen Eingang in die Bilanz (**Grundsatz der Nichtbilanzierung** schwebender Geschäfte).[211] Bei Vorliegen eines schwebenden Geschäfts (bspw. eine zum Bilanzstichtag vorliegende Bestellung, langfristige Verträge über Mietverhältnisse, Lieferzusagen) ist regelmäßig davon auszugehen, dass sich bei Erfüllung des Geschäfts Leistung und Gegenleistung ausgleichen **(Vermutung der Ausgeglichenheit).**[212]

Mangels einer zum Bilanzstichtag noch nicht erfolgten Realisation scheidet der Ansatz eines Vermögensgegenstands oder einer Schuld auf Grundlage eines schwebenden Geschäfts aus. Das **Imparitätsprinzip** erfordert indes die Berücksichtigung unrealisierter Verluste zum Bilanzstichtag.[213] Dieser Ausfluss des Vorsichtsprinzips ist dafür verantwortlich, dass für drohende Verluste aus schwebenden Geschäften zum Bilanzstichtag – zwecks zutreffender und periodengerechter Aufwandserfassung – eine **Rückstellungspflicht** besteht. Hier liegt eine **Ausnahme vom Grundsatz der Nichtbilanzierung schwebender Geschäfte** vor.[214] Ein drohender Verlust ist dabei unter Rückgriff auf das **bilanzrechtliche Synallagma**[215] zu bestimmen, wonach nur der Verpflichtungsüberschuss berücksichtigt werden darf, welcher nicht i. R. der Saldierung von Leistung und Gegenleistung des Austauschverhältnisses kompensiert wird (siehe Kap. 2.2.3). Der **drohende Verlust** ist dann – unter Beachtung der entsprechenden Bewertungsregeln (siehe Kap. 3) – als Rückstellung anzusetzen.[216] **Steuerrechtlich** hingegen ist der Ansatz von Drohverlustrückstellungen nicht anerkannt.[217]

Drohverlustrückstellungen sind handelsrechtlich nur dann **ansatzpflichtig,** wenn aus einem zum Bilanzstichtag bestehenden, aber noch schwebenden Geschäft hinreichend sicher Verluste zu

210 IDW RS HFA 4, IDW FN 2010 S. 298, 298. Vgl. weiterführend Anzinger/Oser/Schlotter, § 249 HGB Rz. 282; Beck HdR/*Scheffler,* B 233 Rz. 313 ff.; Baetge/Kirsch/Thiele/*Hommel,* § 249 HGB Rz. 303 f.; HdJ/*Wüstemann, J./Rost,* Abt. III 5 Rz. 88 ff.; HdR-E/*Mayer-Wegelin,* § 249 HGB Rz. 61 ff.

211 Vgl. Beck Bil-Komm/*Schubert,* § 249 HGB Rz. 85; Anzinger/Oser/Schlotter, § 249 HGB Rz. 282; HdJ/*Wüstemann, J./Rost,* Abt. III 5 Rz. 92.

212 Vgl. Beck Bil-Komm/*Schubert,* § 249 HGB Rz. 87; HdJ/*Wüstemann, J./Rost,* Abt. III 5 Rz. 92.

213 Vgl. Baetge/Kirsch/Thiele/*Hommel,* § 249 HGB Rz. 306; Anzinger/Oser/Schlotter, § 249 HGB Rz. 282.

214 Vgl. Beck Bil-Komm/*Schubert,* § 249 HGB Rz. 85.

215 Siehe *Kessler,* S. 229. Der Begriff Synallagma bezeichnet dabei das Austauschverhältnis von Leistung und Gegenleistung beim Vertrag. Das bilanzrechtliche Synallagma hat dabei i. S. einer wirtschaftlichen Betrachtungsweise alle Ansprüche und Verpflichtungen zu umfassen, also auch Nebenleistungspflichten und -ansprüche.

216 Vgl. Beck Bil-Komm/*Schubert,* § 249 HGB Rz. 97 f. mit Verweis auf BFH v. 23.6.1997, GrS 2/93, BStBl. II 1997 S. 738. Die gesetzliche Normierung erfolgt in § 249 Abs. 1 Satz 1 HGB.

217 Vgl. § 5 Abs. 4a EStG.

erwarten sind. Für den Ansatz von Drohverlustrückstellungen sind damit zwei Begrifflichkeiten abzugrenzen: „schwebend“ und „Geschäft“.

PRAXISTIPP

Der Ansatz einer Drohverlustrückstellung setzt zunächst das Vorliegen eines **schwebenden Geschäfts** voraus. Aus diesem Geschäft muss zudem ein **Verpflichtungsüberschuss** für den Bilanzierenden resultieren.

Die Verpflichtung, die aus einem **„Geschäft“** resultiert, muss hierbei auf einen Vertrag zurückzuführen sein, der den Bilanzierenden in seiner dispositiven Entscheidungsfreiheit in der Weise bindet, dass er die Vertragserfüllung – auch unter Inkaufnahme von Verlusten – nicht verhindern kann. Der drohende Verlust ist somit als **Verpflichtungsüberschuss** seitens des Bilanzierenden zu sehen.[218]

Ein derartiger Verpflichtungsüberschuss kann allein bei zweiseitig oder mehrseitig bindenden **Verträgen** gegeben sein, weswegen einseitige Vereinbarungen (z. B. Verpflichtungen aus Gerichtsurteilen) bei der Beurteilung von Drohverlustrückstellungen nicht zu beachten sind.[219] Sofern einseitige Vereinbarungen vorliegen, sind die Tatbestandsmerkmale des Vorliegens einer Verbindlichkeitsrückstellung (siehe Kap. 2.1) zu prüfen.

Da das Vorliegen eines schwebenden Geschäfts den Ansatz einer Verbindlichkeitsrückstellung nicht zwangsläufig ausschließt,[220] ist zu jedem Bilanzstichtag zu prüfen, ob für das schwebende Geschäft statt des Ansatzes einer Drohverlustrückstellung nicht eher der Ansatz einer Verbindlichkeitsrückstellung (siehe Kap. 2.1) erfolgen muss (siehe zu dem entsprechenden **Konkurrenzverhältnis** Kap. 2.2.4).

Ein Geschäft ist dann als **schwebend** anzusehen, wenn eine der beiden Vertragsparteien ihrer Verpflichtung noch nicht nachgekommen ist. Hierbei kann es sich aus Sicht des Bilanzierenden um eine Sach- oder Dienstleistungsverpflichtung handeln.[221]

Gegenstand eines schwebenden Geschäfts kann sowohl ein **einmaliger Leistungsaustausch** (z. B. einmaliger Beschaffungsvorgang, Kaufverträge, Werk[lieferungs]verträge, Dienstleistungsvertrag) als auch ein **Dauerschuldverhältnis** (z. B. Arbeitsverträge, Miet- oder Pachtverhältnis, Leasingverträge, Kreditverträge) sein. Auch Sukzessivlieferungsverträge (z. B. über Strom, Gas, Wasser) stellen Dauerschuldverhältnisse dar (siehe auch m. w. N. Kap. 6.2, Stichwort Dauerschuldverhältnis).[222]

Während ein einmaliger Leistungsaustausch regelmäßig einem bestimmten Zeitpunkt zuzurechnen ist, zeichnen sich Dauerschuldverhältnisse durch einen **Zeitraumbezug** aus. Hierbei ist der Umfang der zu berücksichtigenden Verpflichtung unmittelbar von dem jeweiligen Zeitraum abhängig.

Unabhängig von der Fragestellung, ob im zu beurteilenden Fall ein einmaliger Leistungsaustausch oder ein Dauerschuldverhältnis vorliegt, kann sich die Leistungsverpflichtung aus einem **Beschaffungsgeschäft** oder einem **Absatzgeschäft** ergeben.

218 Vgl. *Moxter*, DStR 1998 S. 509, 512; HdR-E/*Mayer-Wegelin*, § 249 HGB Rz. 66.
219 Vgl. *Kessler*, S. 204 f.
220 Vgl. *Moxter*, DStR 1998 S. 509, 513; *Naumann*, BB 1998 S. 527, 527; BFH v. 16.9.1970, I R 184/67, BStBl. II 1971 S. 85.
221 Vgl. Beck Bil-Komm/*Schubert*, § 249 HGB Rz. 88.
222 Vgl. HdR-E/*Kessler*, § 249 HGB Rz. 116.

Grundsätzlich sind damit folgende **Ausprägungen** der schwebenden Geschäfte respektive der mit diesen im Zusammenhang stehenden Drohverlustrückstellungen zu unterscheiden.[223]

Abb. 3: Systematisierung der schwebenden Geschäfte mit Kapitelverweis

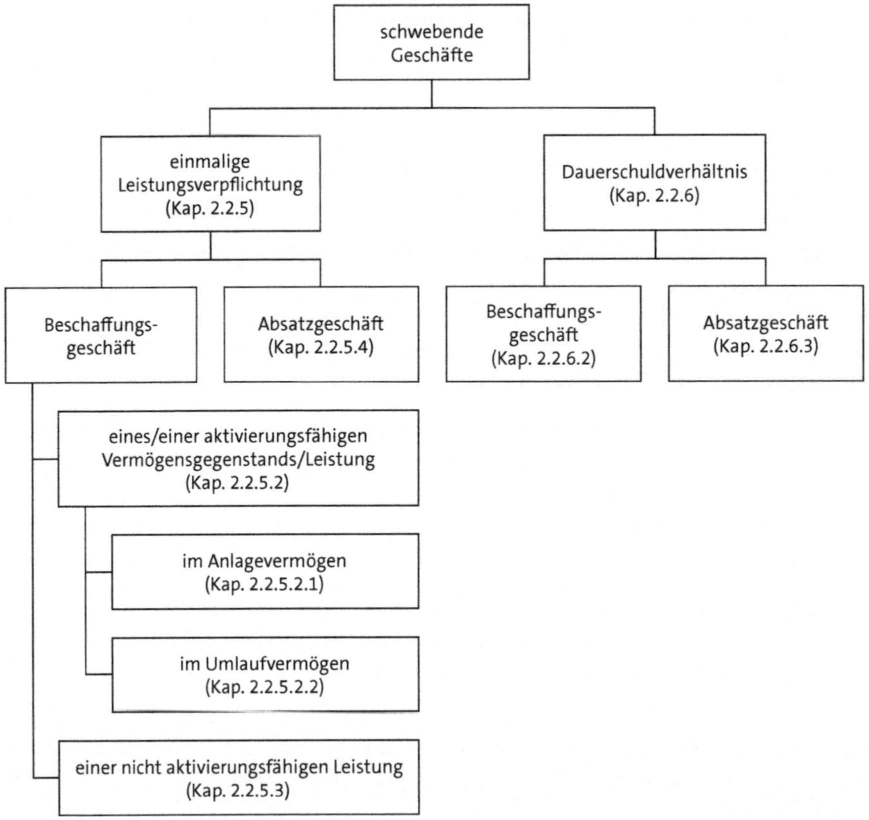

Gesondert wird neben den vorgenannten Arten von schwebenden Geschäften vielfach auch der Bereich der **Finanzinstrumente** angeführt.[224] In der Praxis kommen individualvertragliche Devisentermingeschäfte ebenso in Betracht wie Optionen und Futures. Sofern aus den Geschäften (unter Berücksichtigung der Regelungen zur Erfassung von Bewertungseinheiten nach § 254 HGB) ein Verpflichtungsüberschuss resultiert, ist der Ansatz einer Drohverlustrückstellung für diese Geschäfte geboten (siehe zu Einzelfällen Kap. 6.2, Stichwörter Absatzgeschäft, Bewertungseinheit, Call-Option, Financial Futures, Optionsgeschäft, Put-Option, Termingeschäft, Währungsswap, Warentermingeschäft, Zinsoption, Zinsswap).

223 Vgl. auch Beck Bil-Komm/*Schubert*, § 249 HGB Rz. 88; Anzinger/Oser/Schlotter, § 249 HGB Rz. 140 ff.; ebenso *Hoffmann/Lüdenbach*, § 249 HGB Rz. 151 ff.

224 Vgl. zu Devisentermingeschäften Beck Bil-Komm/*Schubert*, § 249 HGB Rz. 130; vgl. zu Stock-Options *Hoffmann/Lüdenbach*, § 249 HGB Rz. 112.

Aus **Beginn und Ende des schwebenden Geschäfts** ergeben sich unmittelbare Auswirkungen auf Beginn und Ende der korrespondierenden Rückstellungspflicht für den Fall drohender Verluste.

2.2.2 Beginn und Ende der Rückstellungspflicht

Entscheidend für den Ansatz einer Drohverlustrückstellung ist der eingetretene Schwebezustand **(Beginn).** Erst wenn zum Bilanzstichtag ein schwebendes Geschäft vorliegt, das sich noch nicht (vollständig) bilanziell niedergeschlagen hat, ist der Ansatz einer Drohverlustrückstellung zu prüfen. Hierbei ist regelmäßig auf einen zum Bilanzstichtag bestehenden Vertrag, zumindest einen bindenden Vorvertrag, abzustellen.[225]

Eine unverbindliche Absichtserklärung („**Letter of Intent**" bzw. „**Memorandum of Understanding**") ist im Einzelfall nicht ausreichend.[226] Die rechtliche Bindung und die sich daraus ergebende wirtschaftliche Belastung, der sich der Bilanzierende nicht mehr entziehen kann, sind im Einzelfall abzuschätzen.[227]

Spätestens mit der **Annahme eines Vertragsangebots** beginnt der Schwebezustand.[228]

Neben eine rechtliche Sichtweise tritt eine **wirtschaftliche Betrachtungsweise.** Kann sich der Bilanzierende zwar aus einem rechtlichen (Vor-)Vertragsverhältnis lösen, unterliegt er aber wirtschaftlichen Zwängen (z.B. Kundenbindung), den Vertrag auch verlustbringend zu erfüllen, begründet dies den Ansatz einer Drohverlustrückstellung. Nichts anderes gilt, wenn der Bilanzierende das Geschäft bewusst und in Kenntnis des auf ihn zukommenden Verlusts eingegangen ist.[229]

Der **Zeitpunkt des Beginns** der Rückstellungspflicht bestimmt sich damit primär nach rechtlichen Aspekten unter weitergehender Berücksichtigung wirtschaftlicher Zwänge.

Für den Fall, dass der Abschluss eines Vertrags **rechtlichen Vorbehalten** (z.B. Gremienvorbehalt) unterliegt, ist der Vertrag zum Bilanzstichtag noch nicht rechtswirksam geschlossen. Damit liegt kein schwebendes Geschäft vor, weil Anspruch und Verpflichtung bis dahin nicht rechtlich entstanden sind. Allerdings ist darauf Bezug zu nehmen, ob die rechtlich aufschiebende Bedingung im Bereich des Bilanzierenden liegt. Dominiert (faktisch) ein Zustimmungszwang (aus rechtlichen und/oder wirtschaftlichen Gründen), ist im Einzelfall trotz fehlender rechtlicher Vertragskonkretisierung von einem schwebenden Geschäft auszugehen.[230]

Das **Ende der Rückstellungspflicht** tritt dann ein, wenn der Schwebezustand beendet ist, d.h., dass die vertragsgemäß vereinbarten Lieferungen und Leistungen im Wesentlichen erbracht wurden. Das Ende des Schwebezustands bestimmt sich hierbei nicht nach rechtlicher, sondern nach wirtschaftlicher Betrachtungsweise.[231] Hierbei stehen noch ausstehende unwesentliche

225 Vgl. *Hoffmann/Lüdenbach,* § 249 HGB Rz. 153f.

226 In diesem Sinne auch IDW RS HFA 4, IDW FN 2010 S. 298, 299. Weiterführend HdJ/*Wüstemann, J./Rost,* Abt. III 5 Rz. 90.

227 Vgl. Beck HdR/*Scheffler,* B 233 Rz. 316.

228 Vgl. weiterführend zum Beginn des Schwebezustands Baetge/Kirsch/Thiele/*Hommel,* § 249 HGB Rz. 314f.

229 Vgl. Anzinger/Oser/Schlotter, § 249 HGB Rz. 85ff.; Beck Bil-Komm/*Schubert,* § 249 HGB Rz. 54ff.; Baetge/Kirsch/Thiele/*Hommel,* § 249 HGB Rz. 339f.

230 Vgl. IDW RS HFA 4, IDW FN 2010 S. 298, 299.

231 Vgl. BFH v. 23.6.1997, GrS 2/93, BStBl. II 1997 S. 737 m.w.N.; vgl. Baetge/Kirsch/Thiele/*Hommel,* § 249 HGB Rz. 323.

Nebenpflichten der wirtschaftlichen Erfüllung des schwebenden Geschäfts und damit der Auflösung des Schwebezustands nicht mehr entgegen.[232]

Sofern ein **Teil des schwebenden Geschäfts** zum Bilanzstichtag erfüllt worden ist, ist der Ansatz einer Drohverlustrückstellung für den ausstehenden Teil zu prüfen.

2.2.3 Ansatzkriterium: drohender Verlust

Grundsätzlich richtet sich der Ansatz von Drohverlustrückstellungen **nach den für die Verbindlichkeitsrückstellungen gültigen Kriterien** (siehe Kap. 2.1). Die einzelnen Tatbestandsmerkmale sind indes mit Blick auf die Verlustantizipation entsprechend zu konkretisieren.

PRAXISTIPP

Die allgemeinen Ansatzkriterien für Rückstellungen für ungewisse Verbindlichkeiten (siehe Kap. 2.1) sind auch bei der Bilanzierung von Drohverlustrückstellungen zu beachten.

Ein drohender Verlust ist dann anzunehmen, wenn der Wert der **Leistungsverpflichtung** des Bilanzierenden zum Bilanzstichtag den Wert der Gegenleistung übersteigt. Hieraus ergibt sich aus Sicht des Bilanzierenden zum Bilanzstichtag ein **Verpflichtungsüberschuss,** der den Ansatz einer Drohverlustrückstellung begründet. Ein rechtlicher oder faktischer Leistungszwang muss gegeben sein.[233]

Der Ansatz einer Drohverlustrückstellung setzt voraus, dass das Eintreten des Verlusts hinreichend wahrscheinlich ist (der Verlust „droht"). Hierfür müssen **konkrete Anzeichen** vorliegen; eine bloße Möglichkeit des Verlusteintritts ist nicht ausreichend.[234]

Die **Objektivierung** des zu erwartenden Verlusts muss zum Bilanzstichtag (spätestens im Wertaufhellungszeitraum bis zur Bilanzerstellung) hinreichend wahrscheinlich sein. Dies ist immer dann anzunehmen, wenn die zuverlässig schätzbaren Aufwendungen, die seitens des Bilanzierenden zu erbringen sind, über der entsprechenden Gegenleistung liegen.

Der Umfang der Rückstellung ist in dem zum Bilanzstichtag zu ermittelnden **Verpflichtungsüberschuss** zu sehen. Hierbei müssen die mit dem schwebenden Geschäft in Verbindung stehenden Leistungen und Gegenleistungen analysiert und bewertet werden. Der sich nach Saldierung und Kompensation[235] der einzelnen gegenläufigen Effekte ergebende Differenzbetrag stellt den Ausgangspunkt der Rückstellungsbewertung dar.[236]

232 Vgl. HdJ/*Wüstemann, J./Rost,* Abt. III 5 Rz. 91.

233 Vgl. *Baetge/Kirsch/Thiele,* S. 425 f.

234 Vgl. Beck Bil-Komm/*Schubert,* § 249 HGB Rz. 50. In diesem Zusammenhang ist auch das Urteil des OLG Frankfurt a. M. v. 12.11.2013, 5 U 14/13, zu verstehen. Hier wurde der Frage nachgegangen, ob die Deutsche Bank verpflichtet ist, eine Rückstellung wegen etwaiger Schadensersatzansprüche bezüglich einer Interviewäußerung ihres damaligen Vorstandsvorsitzenden in die Jahresbilanz 2011 einzustellen. Nach Ansicht des OLG Frankfurt a. M. ist das nicht der Fall. Begründet wird dies vom OLG Frankfurt a. M. u. a. damit, dass bei der Aufstellung bzw. dem Beschluss des Jahresabschlusses 2011 keine überwiegende Wahrscheinlichkeit für eine Schadensersatzverpflichtung in bestimmter Höhe für die Deutsche Bank bestand. Vgl. OLG Frankfurt a. M. v. 12.11.2013, 5 U 14/13, n. rkr., AG 2014 S. 95, 95 ff.

235 Vgl. zum Saldierungsbereich IDW RS HFA 4, IDW FN 2010 S. 298, 301 f.; Beck Bil-Komm/*Schubert,* § 249 HGB Rz. 102 f.; Baetge/Kirsch/Thiele/*Hommel,* § 249 HGB Rz. 332 ff.; *Kessler/Scholz-Görlach,* PiR 2007 S. 304, 304 ff.

236 Siehe zur Bewertung von Drohverlustrückstellungen auch IDW RS HFA 4, IDW FN 2010 S. 298, 302 f.

2.2.4 Abgrenzungsnotwendigkeiten und Konkurrenzen

Der Ansatz einer Drohverlustrückstellung stellt unter Berücksichtigung der handelsrechtlichen Regelungen ein **Ansatzgebot** dar. Demnach müssen die weiteren Vorschriften des Handelsrechts, die zur Berücksichtigung von unrealisierten Verlusten zum Bilanzstichtag dienen (können), betrachtet werden.

Ein **Konkurrenzverhältnis**[237] im Zusammenhang mit der Beurteilung des Ansatzes einer Drohverlustrückstellung kann sich ergeben ggü.:

- dem Ansatz einer Rückstellung für ungewisse Verbindlichkeiten oder
- der Vornahme außerplanmäßiger Abschreibungen.

Sofern zum Bilanzstichtag ein Erfüllungsrückstand vorliegt, ist vorrangig eine **Rückstellung für ungewisse Verbindlichkeiten** anzusetzen.[238] Während die Drohverlustrückstellung im Zusammenhang mit künftigen Verlusten steht, die sich aus der Realisierung schwebender Geschäfte in der Zukunft ergeben, bildet eine Verbindlichkeitsrückstellung einen bereits zum Bilanzstichtag bestehenden **Erfüllungsrückstand** ab, der seine Verursachung in der Vergangenheit hat. Vorrangig ist daher in solchen Fällen eine Verbindlichkeitsrückstellung (die zudem entgegen der Drohverlustrückstellung steuerlich anerkannt ist) zu bilden.[239]

Abb. 4: Abgrenzung von Erfüllungsrückstand und Drohverlust[240]

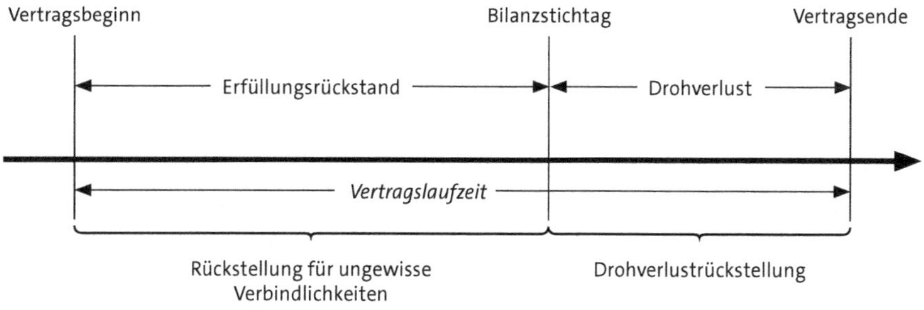

Sofern der zu beurteilende Sachverhalt zeitliche Aspekte sowohl mit Bezug auf die Vergangenheit als auch mit Blick in die Zukunft aufweist, ist der insgesamt zum Bilanzstichtag zu berück-

237 Vgl. Beck Bil-Komm/*Schubert*, § 249 HGB Rz. 106 ff.

238 Vgl. *Moxter*, DStR 1998 S. 509, 514; *Eckstein/Fuhrmann*, DB 1998 S. 529, 530; *Naumann*, BB 1998 S. 527, 528.

239 Vgl. IDW RS HFA 4, IDW FN 2010 S. 298, 300. In diesem Zusammenhang ist auf Folgendes hinzuweisen: Steuerlich ist die Bildung einer Rückstellung wegen Erfüllungsrückstand anerkannt. Gleichwohl geht aus dem Urteil des BFH v. 27.2.2014, III R 14/11, hervor, dass der Ansatz einer solchen Rückstellung u. a. voraussetzt, dass der Steuerpflichtige zum Ausgleich des Erfüllungsrückstands rechtlich verpflichtet ist. Das Urteil wurde in Bezug auf die Rechtspflicht zur Nachbetreuung von Versicherungsverträgen gesprochen und entspricht auch der bisherigen Rechtsprechung des BFH. So geht aus dem Urteil des BFH v. 19.7.2011, X R 26/10, BStBl. II 2012 S. 856, hervor, dass eine Rückstellung wegen Erfüllungsrückstand zu bilden ist, wenn ein Versicherungsvertreter die Abschlussprovision nicht nur für die Vermittlung der Versicherung, sondern auch für die weitere Betreuung des Versicherungsvertrags erhält. Demnach setzt ein Erfüllungsrückstand voraus, dass der Steuerpflichtige zur Betreuung der Versicherungen rechtlich verpflichtet ist. Leistungen, die ohne Rechtspflicht von dem Steuerpflichtigen erbracht werden, sind hingegen für den Ansatz / die Bemessung einer Rückstellung ohne jegliche Bedeutung. Vgl. BFH v. 27.2.2014, III R 14/11, DStR 2014 S. 1593, 1593 ff.

240 Modifiziert entnommen aus Bertram/Kessler/Müller/*Bertram*, § 249 HGB Rz. 134.

sichtigende Verlust durch den Ansatz einer Verbindlichkeitsrückstellung einerseits und den Ansatz einer Drohverlustrückstellung andererseits zu berücksichtigen. Hierbei ist zu beachten, dass eine zutreffende **Aufteilung** des insgesamt zu erwartenden Aufwands erfolgt.

Im Zusammenhang mit Absatzgeschäften ist auf die Vornahme einer **außerplanmäßigen Abschreibung** auf die zum Absatz vorgesehenen (un- oder teilfertigen) Erzeugnisse zu achten.[241] Die Verlustantizipation zum Bilanzstichtag kann grds. durch die Bildung einer Drohverlustrückstellung bei gleichbleibender Vorratsbewertung oder durch eine Anpassung der Vorratsbewertung mittels einer außerplanmäßigen Abschreibung erfolgen. Entgegen dem Ansatz einer Drohverlustrückstellung ist die Vornahme einer Teilwertabschreibung auch steuerlich (bei Vorliegen einer voraussichtlich dauernden Wertminderung) anerkannt. Im Ergebnis ist die Teilwertabschreibung der Drohverlustrückstellung vorzuziehen.[242]

PRAXISTIPP

Eine aktive Risikovorsorge (außerplanmäßige Abschreibung) ist ggü. einer passiven Risikovorsorge (Drohverlustrückstellung) vorrangig vorzunehmen.

Im Einzelfall ist die **Höhe des** zu berücksichtigenden **Aufwands** zu ermitteln und auf eine Drohverlustrückstellung sowie außerplanmäßige Abschreibungen **aufzuteilen.** Dies ist immer dann der Fall, wenn die Differenz der zum Bilanzstichtag vorhandenen Anschaffungs- oder Herstellungskosten des im Zusammenhang mit dem verlustbringenden schwebenden Geschäft stehenden Vermögensgegenstands zum niedrigeren Wert des Vermögensgegenstands nicht ausreicht, um den erwarteten Verlust zu decken. Für den die Anschaffungs- oder Herstellungskosten (voraussichtlich) übersteigenden Betrag ist dann – nach Vornahme einer vollständigen außerplanmäßigen Abschreibung des Vermögensgegenstands – eine Drohverlustrückstellung anzusetzen (siehe Kap. 6.2, Stichwort Drohende Verluste).[243]

Sofern bei einem Vertragsabschluss über Rechte (bspw. im Zusammenhang mit Übertragungsrechten für Sportereignisse o. Ä.) vor dem Bilanzstichtag **noch keine Auszahlung** erfolgt ist, umfasst die zu bildende Rückstellung für drohende Verluste aus schwebenden Geschäften den Saldo zwischen allen greifbaren Erträgen und dem Wert der eigenen Verpflichtungen i. S. von Aufwendungen. Auch für den Fall, dass bereits Auszahlungen geleistet und als aktiver Rechnungsabgrenzungsposten bilanziert wurden, ist der erwartete negative Erfolgsbeitrag zum Bilanzstichtag durch die Passivierung einer Drohverlustrückstellung zu antizipieren. Eine „außerplanmäßige Abschreibung" des Rechnungsabgrenzungspostens kommt nicht in Betracht (siehe Kap. 2.2.5.2.3).[244]

241 Siehe IDW RS HFA 4, IDW FN 2010 S. 298, 300 f. Im Einzelfall ist zwischen Vermögensgegenständen zu unterscheiden, die unmittelbar Gegenstand des schwebenden Absatzgeschäfts sind, und Vermögensgegenständen, die nur mittelbar Gegenstand des schwebenden Absatzgeschäfts sind. Siehe allgemein zum Konkurrenzverhältnis HdJ/*Wüstemann, J/ Rost,* Abt. III 5 Rz. 100 ff.

242 So auch IDW RS HFA 4, IDW FN 2010 S. 298, 301; Bertram/Kessler/Müller/*Bertram,* § 249 HGB Rz. 136 ff.

243 Vgl. Beck Bil-Komm/*Schubert,* § 249 HGB Rz. 108.

244 Vgl. *Brösel/Zwirner,* MW 2004 S. 21, 25.

2.2.5 Drohverlustrückstellungen bei einmaligem Leistungsaustausch

2.2.5.1 Überblick

Drohverlustrückstellungen bei einmaligem Leistungsaustausch können sich ergeben im Zusammenhang mit (siehe Kap. 2.2.1):

- **Beschaffungsgeschäften** über **aktivierungsfähige** Vermögensgegenstände oder Leistungen im Anlage- oder Umlaufvermögen,
- **Beschaffungsgeschäften** über **nicht aktivierungsfähige** Leistungen sowie
- **Absatzgeschäften.**

Im Zusammenhang mit der Beurteilung des Ansatzes einer Drohverlustrückstellung ist stets auf die **Aktivierungskriterien** des HGB Bezug zu nehmen, um zu beurteilen, ob es sich bei der „beschafften" Leistung um einen aktivierungsfähigen Vermögensgegenstand handelt oder nicht.

Die Verpflichtung zum Ansatz einer Drohverlustrückstellung ergibt sich grds. aus dem **Vergleich des vereinbarten Leistungsentgelts und der zum Betrachtungszeitpunkt relevanten Marktpreise.** Es ist zu untersuchen, zu welchen Konditionen aus Sicht des Bilanzstichtags bei einer Neuverhandlung des Geschäfts die Leistungen zu bewerten wären.

Im Einzelnen ergibt sich der Ansatz einer Drohverlustrückstellung aus der zum Bilanzstichtag **nicht (mehr/weiter) gegebenen Ausgeglichenheit** der Geschäfte. Insofern können einzelne Sachverhalte im Zeitablauf in die Ansatzverpflichtung einer Drohverlustrückstellung „reinwachsen".

2.2.5.2 Beschaffungsvorgänge über aktivierungsfähige Vermögensgegenstände/Leistungen

Bei zum Bilanzstichtag schwebenden Beschaffungsgeschäften über bilanzierungsfähige Vermögensgegenstände sind Rückstellungen für bis zum Abschlussstichtag eingetretene Wertminderungen anzusetzen. Hierbei sind die aus den **ungünstigen Beschaffungsverträgen** zu erwartenden Verluste zu passivieren.[245]

2.2.5.2.1 ... im Anlagevermögen

Bei **Beschaffungsgeschäften** über **aktivierungsfähige Vermögensgegenstände des Anlagevermögens** ist eine Drohverlustrückstellung anzusetzen für die Differenz zwischen der vertraglich vereinbarten Zahlungsverpflichtung und dem zum Bilanzstichtag anzusetzenden Wert des Vermögensgegenstands für den Fall, dass dieser bereits geliefert worden wäre.[246] Demnach muss (mit Ausnahme von Finanzanlagen) eine zum Bilanzstichtag festzustellende Wertminderung voraussichtlich dauerhaft sein. Nur wenn die Wiederbeschaffungskosten nachhaltig gesunken sind, ist eine Drohverlustrückstellung geboten.[247]

BEISPIEL ▸ Die Pluto AG bestellt eine neue Maschine zum Kaufpreis von 100.000 EUR. Die Maschine wird im März t2 geliefert. Zum 31.12.t1 ist der Wert (= Kaufpreis bei Neubestellung) der Maschine wegen technischer Neuerungen nachhaltig auf 80.000 EUR gesunken. Zum 31.12.t1 ist eine Drohverlustrückstellung i. H. von 20.000 EUR anzusetzen.

245 Vgl. WPH Edition, Kap. F Rz. 633.
246 Siehe *Kessler*, S. 359 f.
247 Vgl. auch Beck HdR/*Scheffler*, B 233 Rz. 341 f.

In t2 ist die Maschine mit 80.000 EUR anzusetzen. Dies geschieht durch einen Ansatz von 100.000 EUR und eine Abschreibung von 20.000 EUR. Die Drohverlustrückstellung ist in derselben Periode aufzulösen.

Buchungssatz in t1:

sonstige betriebliche Aufwendungen	20.000 EUR
an	
Drohverlustrückstellung	20.000 EUR

Buchungssatz in t2:

Maschine	100.000 EUR
an	
Verbindlichkeiten	100.000 EUR
Abschreibungen	20.000 EUR
an	
Maschinen	20.000 EUR
Drohverlustrückstellungen	20.000 EUR
an	
sonstige betriebliche Aufwendungen	20.000 EUR

Eine **voraussichtlich nur vorübergehende Wertminderung** erlaubt keinen Ansatz einer Drohverlustrückstellung bei Beschaffungsvorgängen im Anlagevermögen, weil § 253 Abs. 3 Satz 3 HGB zu beachten ist.[248]

Für den Fall des **Erwerbs von Finanzanlagen** ist eine Drohverlustrückstellung dann zu bilden, wenn nach dem Zeitpunkt der vertraglichen Vereinbarung und dem Zeitpunkt der rechtlichen Übertragung Tatsachen aufgetreten sind, die eine Wertminderung der Anteile bedingen.[249]

2.2.5.2.2 ... im Umlaufvermögen

Bei **Beschaffungsvorgängen im Umlaufvermögen** sind zum Bilanzstichtag der vereinbarte Kaufpreis und die gesunkenen Wiederbeschaffungskosten zu vergleichen.

BEISPIEL Unternehmer U erwirbt in t1 Waren im Wert von 80.000 EUR. Die Lieferung der Ware erfolgt in t2. Ende des Jahres t1 stellt U fest, dass er die gleiche Ware nun zu einem Kaufpreis von 60.000 EUR beziehen könnte.

In t1 ist aufwandswirksam eine Rückstellung i. H. von 20.000 EUR zu bilden. Bei der Lieferung der Ware in t2 erfolgt der Ansatz zu den gesunkenen Beschaffungskosten von 60.000 EUR, die Rückstellung wird aufgelöst.

248 Siehe hierzu Syst. Praxiskommentar Bilanzrecht/*Brösel/Freichel/Wasmuth*, § 253 HGB Rz. 96 ff.

249 Vgl. Syst. Praxiskommentar Bilanzrecht/*Brösel/Freichel/Wasmuth*, § 253 HGB Rz. 100.

Handelsrechtliche Buchungen in t1:

sonstige betriebliche Aufwendungen	20.000 EUR
an	
sonstige Rückstellungen	20.000 EUR

Handelsrechtliche Buchungen in t2:

Waren	60.000 EUR
sonstige Rückstellungen	20.000 EUR
an	
Bank	80.000 EUR

In t1 wird die Abschreibung der Waren über die Bildung einer Rückstellung antizipiert.

Steuerrechtliche Buchungen in t1:
keine Buchung

Steuerrechtliche Buchungen in t2:

Waren	80.000 EUR
an	
Bank	80.000 EUR
Abschreibungen	20.000 EUR
an	
Waren	20.000 EUR

In der Steuerbilanz wird der notwendige Aufwand der Teilwertabschreibung erst in t2 vorgenommen. Im Ergebnis erfolgt die Aufwandserfassung später als nach handelsrechtlicher Bilanzierung.

Neben der Beschaffungssicht ist **auch auf den Absatzmarkt** Bezug zu nehmen, wenn die bezogenen Waren (z. B. Handelswaren) weiterveräußert werden. Sofern die Waren zu einem höheren Preis weiterveräußert werden können, ist auf diesen Preis abzustellen.

BEISPIEL Die Pluto AG bestellt 100.000 aufblasbare Schlauchboote in Fernost. Die Verträge werden im Sommer t1 abgeschlossen, als gerade Schlauchbootmangel an den beliebten Ferienstränden herrscht. Es wird ein Kaufpreis von 10 EUR je Schlauchboot vereinbart. Die Schlauchboote sollen im April t2 geliefert werden. Ende t1 bricht der Schlauchboot-Markt zusammen. Die Wiederbeschaffungskosten für Schlauchboote sinken auf 5 EUR je Schlauchboot. Der ursprünglich geplante Verkaufspreis sinkt von 22 EUR auf

a) 12 EUR je Schlauchboot.

b) 8 EUR je Schlauchboot.

Im Fall a darf die Pluto AG keine Drohverlustrückstellung ansetzen. Der Wiederverkaufspreis liegt über dem Einkaufspreis.

Im Fall b muss die Pluto AG eine Drohverlustrückstellung von 200.000 EUR ([10 EUR – 8 EUR] x 100.000) ansetzen.

Der Ansatz einer Drohverlustrückstellung für **Beschaffungsvorgänge im Umlaufvermögen** setzt voraus, dass zum Bilanzstichtag von keiner nennenswerten Markterholung auszugehen ist. Hierbei ist für die Bemessung der Höhe der Rückstellung auch auf den Wertaufhellungszeitraum bis zum Zeitpunkt der Bilanzaufstellung Bezug zu nehmen.

Sofern die bezogenen Vorräte Eingang in den weiteren Produktionsprozess finden, ist auf einen etwaigen Verlust aus der Produktion/Veräußerung des **Endprodukts** infolge der gesunkenen Wiederbeschaffungskosten der Erzeugnisse abzustellen. Mindern gesunkene Preise zum Bilanzstichtag lediglich die endgültige Gewinnmarge und ergibt sich weiterhin ein positiver Ergebnisbeitrag aus dem Endprodukt, scheidet der Ansatz einer Rückstellung aus.

PRAXISTIPP

Für Beschaffungsvorgänge im Umlaufvermögen ist eine Drohverlustrückstellung nur dann anzusetzen, wenn aus der Veräußerung bzw. Weiterverarbeitung der Erzeugnisse am Absatzmarkt letztlich ein Verlust entsteht. „Lediglich" die Minderung der Gewinnmarge aufgrund der erhöhten Beschaffungskosten begründet keinen Ansatz einer Drohverlustrückstellung.

Die Ausführungen in Kap. 2.2.5.2 gelten gleichermaßen für den Bezug von **aktivierungsfähigen Leistungen.**

2.2.5.2.3 ... bei Rechnungsabgrenzungsposten

Sofern i. R. eines Vertragsabschlusses – bspw. über Rechte – bereits Auszahlungen geleistet und als aktiver Rechnungsabgrenzungsposten bilanziert wurden, ist ein **erwarteter negativer Erfolgsbeitrag** zum Bilanzstichtag durch die Passivierung einer Drohverlustrückstellung zu antizipieren. Eine „außerplanmäßige Abschreibung" des Rechnungsabgrenzungspostens kommt nicht in Betracht (vgl. auch Kap. 2.2.4).[250]

BEISPIEL ▸ Für die Live-Übertragung eines zweiwöchigen Hallentennisturniers hat der Fernsehsender A (Geschäftsjahr = Kalenderjahr) die Rechte erworben. Vertraglich vereinbart ist eine Zahlung von 1.000.000 EUR, die noch im Dezember zu leisten ist. Das Tennisturnier findet im Januar statt. Bilanziell wurde diesem Sachverhalt durch Bildung eines aktiven Rechnungsabgrenzungspostens nachgekommen.

Buchungssatz:

aktiver Rechnungsabgrenzungsposten	1.000.000 EUR
an	
Bank	1.000.000 EUR

Ende Dezember verletzen sich zwei Teilnehmer, die weitläufig als Werbeträger bekannt sind und als Titelfavoriten gehandelt wurden. Beide müssen ihre Teilnahme absagen.

Für diesen Fall hat der Kleidungshersteller und Ausrüster der beiden Spieler sich ggü. dem Fernsehsender abgesichert: Die sonst zu zeigenden Werbespots werden aus den Werbeblöcken entfernt und es besteht kein Vergütungsanspruch des Senders. Dem Fernsehsender droht ein Verlust aus der Übertragung.

Ende Dezember ist keine Abschreibung des Rechnungsabgrenzungspostens vorzunehmen. Stattdessen muss eine Drohverlustrückstellung in der Höhe gebildet werden, in der die Aufwendungen für die Übertragung die voraussichtlichen Werbeeinnahmen übersteigen. Die infolge des Wegfalls der Vergütung gesunkenen Werbeeinnahmen werden zum Bilanzstichtag auf 800.000 EUR geschätzt.

250 Vgl. *Brösel/Zwirner*, MW 2004 S. 21, 25.

Buchungssatz:

sonstige betriebliche Aufwendungen	200.000 EUR
an	
Drohverlustrückstellung	200.000 EUR

Im nächsten Jahr sind der aktive Rechnungsabgrenzungsposten und die Drohverlustrückstellung auszubuchen:

Buchungssatz:

sonstige betriebliche Aufwendungen	1.000.000 EUR
an	
aktiver Rechnungsabgrenzungsposten	1.000.000 EUR
Drohverlustrückstellung	200.000 EUR
an	
sonstige betriebliche Aufwendungen	200.000 EUR

2.2.5.2.4 Zusammenfassung der Ansatzregeln

Grundsätzlich sind für den Ansatz der Drohverlustrückstellungen im Zusammenhang mit Beschaffungsgeschäften die handelsrechtlichen Bewertungsvorgaben zu beachten. Da es sich bei Drohverlustrückstellungen um ansatzpflichtige Rückstellungen handelt, ergibt sich die Ansatzpflicht aus den allgemeinen Bewertungsnormen des HGB (insb. § 253 Abs. 3 und 4 HGB). Aus diesen abgeleitet ergeben sich folgende **Grundsätze für die Ansatzpflicht von Drohverlustrückstellungen im Zusammenhang mit Beschaffungsvorgängen:**

1. Ansatz bei einer voraussichtlich dauernden Wertminderung im Zusammenhang mit Vermögensgegenständen des Anlagevermögens (außer Finanzanlagen),
2. Ansatz bei einer Wertminderung (zum Bilanzstichtag bzw. im Wertaufhellungszeitraum) im Zusammenhang mit Finanzanlagen und
3. Ansatz bei einer Wertminderung (zum Bilanzstichtag bzw. im Wertaufhellungszeitraum) im Zusammenhang mit Vermögensgegenständen des Umlaufvermögens unter Beachtung der entsprechenden Vergleichsmaßstäbe.

Die Ausführungen in Kap. 2.2.5.2 gelten gleichermaßen für den Bezug von **aktivierungsfähigen Leistungen.**

PRAXISTIPP

Drohverlustrückstellungen bei Beschaffungsvorgängen, die zu aktivierungsfähigen Vermögensgegenständen führen, sind regelmäßig dann zu berücksichtigen, wenn sich zwischen dem Zeitpunkt des Beginns des Schwebezustands des Rechtsgeschäfts und dessen Erfüllung die wirtschaftlichen Parameter zuungunsten des Bilanzierenden verändert haben.

2.2.5.3 Beschaffungsvorgänge über nicht aktivierungsfähige Leistungen

Bei der Frage nach dem Ansatz einer Drohverlustrückstellung im Zusammenhang mit nicht aktivierungsfähigen Leistungen stellt sich zunächst die Problematik der **Bewertung der Ausgeglichenheit.**

Grundsätzlich ist bei **Abschluss des Vertrags** von der Ausgeglichenheit des Geschäfts auszugehen. Allerdings kann sich der Ansatz einer Drohverlustrückstellung dann ergeben, wenn:

- die Leistung zum Bilanzstichtag zu einem günstigeren Preis bei gleichem Nutzen zu erhalten wäre oder
- die Leistung nicht mehr benötigt wird und sich aus Sicht des Bilanzstichtags damit als Fehlmaßnahme herausstellt.[251]

BEISPIEL Die Neptun GmbH gibt im Jahr t1 ein rechtliches Gutachten in Auftrag, dass im Jahr t2 erstellt werden soll. Es geht um die Beurteilung der Erschließungsmöglichkeiten neuer strategischer Absatzmärkte. Zum 31.12.t1 beschließt die Geschäftsführung der Neptun GmbH, keine strategische Weiterentwicklung in den kommenden zwölf Jahren zu verfolgen. Das Gutachten verliert völlig seinen Wert.

Da das Gutachten erst in der Zukunft erstellt wird, der wirtschaftliche Wert der Leistung für die Gesellschaft zwischenzeitlich aber wertlos geworden ist, muss eine Drohverlustrückstellung gebildet werden. Der Ansatz einer Verbindlichkeitsrückstellung scheidet aus, weil mit den Arbeiten zum 31.12.t1 noch gar nicht begonnen wurde.

Mit Blick auf den Ansatz einer Drohverlustrückstellung für Beschaffungsgeschäfte im Zusammenhang mit nicht aktivierungsfähigen Leistungen ist stets auf den **wirtschaftlichen Wert der Leistung** Bezug zu nehmen.[252] Regelmäßig kommt der Ansatz einer Rückstellung nur in Betracht bei „vollends fehlender oder nicht nennenswerter Nutzungs- und Verwertungsmöglichkeit“[253] der Leistung im Unternehmen.

PRAXISTIPP

In der Praxis stellt der Ansatz von Drohverlustrückstellungen für in Auftrag gegebene Leistungen, die nicht aktivierungsfähig sind, eine Ausnahme dar.

2.2.5.4 Absatzgeschäfte

Die Voraussetzungen für den Ansatz einer Drohverlustrückstellung für **Absatzgeschäfte** sind dann erfüllt, wenn der Bilanzierende zum Bilanzstichtag künftige Aufwendungen[254] für in der Zukunft zu erfüllende Geschäfte ermittelt, die durch die entsprechenden Erlöse nicht mehr gedeckt werden.[255]

Ein typischer **Anwendungsfall** für drohende Verluste bei Absatzgeschäften ist in einer im Zeitablauf von der Entwicklung überholten wirtschaftlichen Rahmensituation zuungunsten des Bilanzierenden zu sehen. Dies ist regelmäßig dann der Fall, wenn die noch zu erbringenden Leistungen (bewertet zu den entsprechenden Kosten unter Einbezug zu erwartender Preis- und

251 Vgl. Beck Bil-Komm/*Schubert*, § 249 HGB Rz. 114.

252 So auch IDW RS HFA 4, IDW FN 2010 S. 298, 302.

253 WPH Edition, Kap. F Rz. 634.

254 Die entsprechende Bewertung der Rückstellung hat auf Grundlage der Vollkosten ohne Berücksichtigung der allgemeinen Verwaltungs- und Vertriebskosten zu erfolgen. Vgl. WPH Edition, Kap. F Rz. 635. Zum Umfang der zu berücksichtigenden Aufwendungen siehe Kap. 3.2.4.

255 Vgl. BFH v. 19.3.1998, IV R 1/93, DB 1998 S. 126; Beck HdR/*Scheffler*, B 233 Rz. 321.

Kostensteigerungen) unerwartet gestiegen sind, sich diese Kostensteigerung allerdings nicht auf den – bereits im Vorfeld vereinbarten – Verkaufspreis umlegen lässt. Ein weiteres **Beispiel** kann in der bewussten Inkaufnahme von Verlusten aus Absatzgeschäften gesehen werden, um eine Wettbewerbsposition zu halten oder auszubauen.

BEISPIEL ▸ Ein Beispielsachverhalt für mögliche Drohverlustrückstellungen bei Absatzgeschäften ist die Produktion von Fischkonserven. Während der Fischpreis meist nach der Fangquote laufend angepasst wird, bestehen mit den Großabnehmern der Konserven – bspw. Supermärkten – regelmäßig Verträge, die nur halbjährlich angepasst werden. Sofern die Fischpreise steigen, ohne dass die Absatzkonditionen angepasst werden, kann sich die Notwendigkeit der Bildung von Drohverlustrückstellungen ergeben, da der Konservenhersteller die gestiegenen Einkaufspreise nicht weitergeben kann.

Ebenso können **Absatzvereinbarungen,** die einen flexiblen Verkaufspreis vorsehen, dazu führen, dass diese bei gesunkenen Absatzpreisen und/oder gestiegenen Einstandspreisen nur noch unter Realisation von Verlusten erfüllt werden können.

Sofern sich **Wechselkurse** zuungunsten des Bilanzierenden entwickelt haben und aus geschlossenen Geschäften künftige Verluste zu erwarten sind, müssen diese – soweit sie hinreichend sicher bestimmt und wahrscheinlich sind – durch Bildung einer Drohverlustrückstellung zum Bilanzstichtag berücksichtigt werden.

Die genannten **Beispiele für den Ansatz von Drohverlustrückstellungen** bei Absatzgeschäften sind nachfolgend zusammenfassend dargestellt:

- bewusste Inkaufnahme von Verlusten aus wirtschaftlichen, wettbewerbsorientierten Gründen,
- Fehlkalkulationen,
- Anlaufkosten,
- technische Schwierigkeiten,
- unerwartete nachträgliche Preissteigerungen, die nicht weiterbelastet werden können,
- gesunkene Absatzpreise bei flexiblen Vereinbarungen sowie
- Wechselkursänderungen.

2.2.6 Drohverlustrückstellungen bei Dauerschuldverhältnissen

2.2.6.1 Überblick

Drohverlustrückstellungen bei **Dauerschuldverhältnissen** können sich ergeben im Zusammenhang mit (vgl. auch Kap. 2.2.1):

- **Beschaffungsgeschäften** sowie
- **Absatzgeschäften.**

Grundsätzlich gelten für den Ansatz von Drohverlustrückstellungen in diesen Fällen die allgemeinen Grundsätze (siehe Kap. 2.2) sowie die besonderen Regelungen im Zusammenhang mit der Betrachtung einmaliger Leistungsbeziehungen (siehe Kap. 2.2.5).

Das typische Merkmal von Dauerschuldverhältnissen ist der **Zeitraumbezug.** Entgegen einem auf einen einmaligen Leistungsaustausch gerichteten Geschäft erstreckt sich das Erfüllungsgeschäft im Zusammenhang mit Dauerschuldverhältnissen regelmäßig über einen längeren

Zeitraum. Hieraus resultiert, dass zum jeweiligen Bilanzstichtag stets auf den verbleibenden Zeitraum der gegenseitigen Vertragsbeziehungen abzustellen ist. Gegenstand der Drohverlustrückstellung ist damit nur der künftige Leistungsaustausch.[256]

Der zum Bilanzstichtag noch nicht erfüllte Teil des schwebenden Geschäfts[257] ist Gegenstand der Bewertung zum Bilanzstichtag (sog. **Restwertbetrachtung**).[258] Der abgewickelte Teil ist nicht Gegenstand der Bewertung zum Stichtag.

PRAXISTIPP

Die Höhe des Verpflichtungsüberschusses ist ausgehend vom Bilanzstichtag bis zum Ende des Dauerschuldverhältnisses zu ermitteln. Ist diese Restlaufzeit länger als ein Jahr, muss zwingend eine Abzinsung vorgenommen werden (siehe Kap. 3.3).

2.2.6.2 Dauerschuldverhältnisse bei Beschaffungsgeschäften

Im Zusammenhang mit **Dauerschuldverhältnissen** müssen die seitens des Bilanzierenden regelmäßig gegen Entgelt beschafften Leistungen zum Bilanzstichtag bewertet und mit einem sachgerechten Vergleichsmaßstab verglichen werden.

Eine Drohverlustrückstellung ist dann anzusetzen, wenn die **beschaffungsmarktorientierte Bewertung** (basierend auf den vertraglich vereinbarten Kosten) über einem marktüblichen Preis für die gleiche Leistung liegt.[259]

Beispiele für eine Drohverlustrückstellung bei Beschaffungsgeschäften im Zusammenhang mit Dauerschuldverhältnissen sind Leasingverträge oder Mietverträge, die in der Vergangenheit abgeschlossen wurden und deren Konditionen zum Bilanzstichtag marktunüblich, d. h. aus Sicht des Bilanzierenden überhöht, sind. Dies gilt auch für den Fall einer vertraglichen Beziehung zu einem verbundenen Unternehmen. Die Drohverlustrückstellung würde im Fall des Einbezugs beider Unternehmen in einen Konzernabschluss i. R. der Schuldenkonsolidierung eliminiert werden.[260]

BEISPIEL Die Merkur GmbH hat in t1 einen Mietvertrag mit 20-jähriger Laufzeit (bis 31.12.t20) über ihr Bürogebäude abgeschlossen. Die Bürofläche beträgt 2.240 m². Pro Quadratmeter hat die Merkur GmbH 10 EUR monatlich vereinbart. Der Mietzins wurde für die komplette Laufzeit als konstant festgelegt. In t13 wird der Bau einer neuen Autobahn neben dem Bürogebäude begonnen. Der markt-/ortsübliche Mietzins sinkt ab t14 auf 8 EUR je Quadratmeter.

Zum 31.12.t13 hat die Merkur GmbH eine Rückstellung für die Mietdauer von t14 bis t20, also sieben Jahre, in folgender Höhe (nominal) anzusetzen:

7 Jahre × 12 Monate × 2.240 m^2 × 2 EUR = 376.320 EUR

Die Rückstellung ist entsprechend ihrer Laufzeit abzuzinsen (siehe Kap. 3.3).

Grundsätzlich ist auch der Ansatz von Drohverlustrückstellungen im Zusammenhang mit **Arbeitsverhältnissen** denkbar. Allerdings wird bei solchen Geschäften regelmäßig die Ausgeglichenheit zwischen Leistung und Gegenleistung vermutet. Da „der Wert der Arbeitsleistung über-

256 Vgl. IDW RS HFA 4, IDW FN 2010 S. 298, 300; vgl. auch Beck Bil-Komm/*Schubert*, § 249 HGB Rz. 119.

257 Der Schwebezustand bezieht sich explizit nur auf den noch ausstehenden, künftigen Leistungsaustausch nach dem Bilanzstichtag und den sich daraus ergebenden Verpflichtungsüberschuss.

258 Vgl. Baetge/Kirsch/Thiele/*Hommel*, § 249 HGB Rz. 391; Anzinger/Oser/Schlotter, § 249 HGB Rz. 142.

259 Im Ergebnis so auch Beck Bil-Komm/*Schubert*, § 249 HGB Rz. 114.

260 Siehe Syst. Praxiskommentar Bilanzrecht/*Busch*, § 303 HGB Rz. 18.

wiegend nicht hinreichend objektiv bestimmt werden kann, scheidet die Bildung von Drohverlustrückstellungen [...] regelmäßig aus".[261] Etwas anderes gilt dann, wenn im Zusammenhang mit Abfindungs- bzw. Freistellungsvereinbarungen dem zu zahlenden Entgelt keine Gegenleistung gegenübersteht.

Die Beurteilung der Ansatzpflicht einer Drohverlustrückstellung im Zusammenhang mit Beschaffungsgeschäften in Form eines Dauerschuldverhältnisses erfordert stets den **Vergleich zwischen Leistung und Gegenleistung.** Hierbei muss zudem ein Vergleich zwischen den vermeidbaren Aufwendungen sowie den nicht vermeidbaren Aufwendungen erfolgen. Im Einzelfall muss ein Vergleich zwischen dem Verlust bei sofortiger Beendigung des Beschaffungsgeschäfts (unter Einbezug aller möglicherweise vereinbarten Strafen) und einer Fortführung des belastenden Vertrags erfolgen.

Hierbei sind neben dem bestehenden Dauerschuldverhältnis auch weitere Rechtspositionen (bspw. **Betreiberpflicht**) in die Beurteilung einzubeziehen. Die Beurteilung und Bewertung von Drohverlustrückstellungen im Zusammenhang mit **unrentierlichen Verträgen** ist hierbei auf den geringsten, nicht vermeidbaren Verlust begrenzt.[262]

BEISPIEL ▸ Die Back GmbH hat in der Vergangenheit ein Ladenlokal angemietet (langfristiges Mietverhältnis als Dauerschuldverhältnis) und sich verpflichtet, über die gesamte Mietzeit an diesem Standort ein Backgeschäft unter ihrem Namen zu betreiben (Betreiberpflicht). Bei Abschluss des Mietvertrags wurde über die vertraglich vereinbarte Gesamtmietdauer ein Totalgewinn erwartet. Aufgrund veränderter Marktbedingungen decken die Umsätze aus dem Backgeschäft nicht weiter die Mietaufwendungen sowie die weiteren Aufwendungen, weswegen über die Restmietzeit ein Verlust erwartet wird. Zum 31.12.t1 beträgt die Restlaufzeit der Mieträume noch 64 Monate. Der monatliche Mietzins beträgt 10.000 EUR. Der Schadensersatzanspruch bei Nichterfüllung der Betreiberpflicht durch vorzeitige Schließung der Filiale wird auf 180.000 EUR geschätzt. Der negative Deckungsbeitrag aus der Filiale über die kommenden 64 Monate wird auf 8.000 EUR monatlich (bereits unter Berücksichtigung erwarteter Preis- und Kostensteigerungen) geschätzt. Für die Back GmbH ist es unter wirtschaftlichen Gesichtspunkten günstiger, die Filiale defizitär fortzuführen. Da es ihr aufgrund der Betreiberpflicht und des bestehenden Backsortiments nicht möglich ist, das Entstehen negativer Deckungsbeiträge in den kommenden Monaten (bis zum vertraglichen Auslaufen der Mietzeit) zu vermeiden, ist eine Drohverlustrückstellung zum 31.12.t1 i. H. von 512.000 EUR (= 64 Monate × 8.000 EUR) anzusetzen. Der Bilanzansatz hat zudem unter Berücksichtigung der Abzinsung nach § 253 Abs. 2 HGB zu erfolgen.

2.2.6.3 Dauerschuldverhältnisse bei Absatzgeschäften

Im Zusammenhang mit Dauerschuldverhältnissen müssen die seitens des Bilanzierenden zu erbringenden Leistungen zum Bilanzstichtag bewertet und mit einem **sachgerechten Vergleichsmaßstab** verglichen werden. Die Verpflichtung ist hierbei mit dem Geldwert der noch zu erbringenden Leistungen anzusetzen.[263]

Eine Drohverlustrückstellung ist dann anzusetzen, wenn die absatzmarktorientierte Bewertung (basierend auf dem vertraglich vereinbarten **Absatzpreis**) unter einem marktüblichen Preis für die gleiche Leistung liegt. Die vom Bilanzierenden zu erbringende Leistung ist mit den entspre-

261 Bonner Handbuch/*Kirsch*, § 249 HGB Rz. 278 m. w. N.

262 Vgl. grundlegend zum Ansatz von Drohverlustrückstellungen im Zusammenhang mit der Fortführung unrentierlicher Verträge *Zwirner*, StuB 2011 S. 891, 891 ff. m. w. N.

263 Vgl. HdR-E/*Kessler*, § 249 HGB Rz. 190.

chenden Aufwendungen zu bewerten, die für die Leistungserbringung anfallen. Für entgangene Gewinne scheidet der Ansatz einer Drohverlustrückstellung aus.[264]

Beispiele für eine Drohverlustrückstellung bei Absatzgeschäften im Zusammenhang mit Dauerschuldverhältnissen können Leasingverträge oder Mietverträge sein, die in der Vergangenheit abgeschlossen wurden und deren Konditionen zum Bilanzstichtag marktunüblich, d.h. aus Sicht des Bilanzierenden zu niedrig, sind.

2.2.7 Steuerbilanzielles Ansatzverbot

Rein fiskalpolitisch motiviert und das handelsrechtliche Vorsichtsprinzip mit Füßen tretend, verbietet § 5 Abs. 4a EStG die Bildung von Drohverlustrückstellungen in der Steuerbilanz.[265] Durch die **spiegelbildliche Buchung** der handelsbilanziellen Buchung ist der Rückstellungsansatz in der Steuerbilanz zu revidieren (Drohverlustrückstellung an sonstige betriebliche Aufwendungen).

Wegen der steuerrechtlichen Nichtanerkennung besteht das **Erfordernis der Abgrenzung** der Drohverlustrückstellungen von außerplanmäßigen Abschreibungen sowie Rückstellungen für ungewisse Verbindlichkeiten (siehe Kap. 2.2.4).

Nicht gelten soll das Ansatzverbot für negative Ergebnisse gebildeter **Bewertungseinheiten.**[266] Hierin ist eine Ausnahme vom Bilanzierungsverbot zu sehen. § 5 Abs. 4a Satz 2 EStG erlaubt entgegen dem Grundsatz des § 5 Abs. 4a Satz 1 EStG die Bildung einer Rückstellung für drohende Verluste für (den ungesicherten Teil von) Bewertungseinheiten.[267]

BEISPIEL Die Schlaubi GmbH & Co. KG verkauft im Dezember t1 Maschinen zu einem Preis von 1,2 Mio. USD. Das vereinbarte Zahlungsziel ist der 5.3.t2. Der Bilanzstichtag der Schlaubi GmbH & Co. KG ist der 28.2.t2. Der Wechselkurs zum Veräußerungszeitpunkt sei 1,2 USD/EUR. Um sich gegen Wechselkursschwankungen abzusichern, schließt das Unternehmen Futures i.H. von 1 Mio. USD ab.

Zum Bilanzstichtag sei der Wechselkurs 1,3 USD. Der drohende Verlust beträgt:

(0,2 Mio. USD / 1,2) – (0,2 Mio. USD / 1,3) = 12.821 EUR

In Höhe der 12.821 EUR darf auch in der Steuerbilanz eine Drohverlustrückstellung gebildet werden.

2.3 Rückstellungen für im Geschäftsjahr unterlassene Aufwendungen

2.3.1 Überblick

§ 249 Abs. 1 Satz 2 Nr. 1 HGB fordert den **Ansatz von Rückstellungen** für:

1. im Geschäftsjahr unterlassene Aufwendungen für Instandhaltung, die im folgenden Geschäftsjahr innerhalb von drei Monaten, und
2. für Abraumbeseitigung, die im folgenden Geschäftsjahr nachgeholt werden.

---

264 Vgl. Baetge/Kirsch/Thiele/*Hommel*, § 249 HGB Rz. 379.

265 Dabei handelt es sich um eine partielle Abkehr vom Vermögensvergleich hin zu einer Einnahmenüberschussrechnung, die nicht systemkonform ist; siehe anschaulich *Hoffmann*, StuB 2010 S. 561, 562. Anderer Ansicht *Weber-Grellet* in: Schmidt, § 5 EStG Rz. 450.

266 Vgl. § 5 Abs. 4a i.V. mit Abs. 1a Satz 2 EStG.

267 Vgl. zur Bildung von Bewertungseinheiten weiterführend bspw. *Petersen/Zwirner/Künkele*, BilMoG in Beispielen, S. 175 ff.; Syst. Praxiskommentar Bilanzrecht/*Zepp/Sopp*, § 254 HGB Rz. 1 ff.; *Zwirner/Boecker*, BB 2012 S. 2935, 2937 f.

Die Rückstellungen für unterlassene Instandhaltungen sowie Abraumbeseitigung dienen der periodengerechten Erfassung von Aufwendungen. Es handelt sich um Innenverpflichtungen des Bilanzierenden (im Gegensatz zu Verbindlichkeitsrückstellungen), für die der Gesetzgeber den Ansatz von **Aufwandsrückstellungen** verpflichtend vorsieht.

Diese **Aufwandsrückstellungen** sind durch das BilMoG als einzig zulässige Rückstellungen ohne Außenverpflichtungscharakter verblieben.[268] Die nach alter Rechtsfassung mögliche Bildung von Rückstellungen für „[...] ihrer Eigenart nach genau umschriebene, dem Geschäftsjahr oder einem früheren Geschäftsjahr zuzuordnende Aufwendungen [...]" ist durch das BilMoG entfallen.

Charakterisierendes Merkmal der Aufwandsrückstellungen ist die Tatsache, dass der Bilanzierende keine Verpflichtung ggü. einem fremden Dritten eingegangen ist. Sofern eine derartige Verpflichtung besteht (z. B. Verpflichtung zur Instandhaltung eines gemieteten Vermögensgegenstands), liegt eine Verbindlichkeitsrückstellung vor.[269]

Der **Ansatz der Aufwandsrückstellungen** erfolgt gleichermaßen in Handelsbilanz und Steuerbilanz. Über den Grundsatz der Maßgeblichkeit[270] wirken die handelsrechtlichen Passivierungsgebote auf die steuerliche Gewinnermittlung durch. Einschränkende steuerliche Ansatzgebote bestehen nicht.[271]

PRAXISTIPP

Die bilanzierenden Unternehmen haben seit BilMoG nicht mehr die Möglichkeit, Aufwandsrückstellungen nach § 249 Abs. 2 HGB a. F. zu bilden. Es ist daher zu empfehlen, die Sachverhalte, die bisher zu einer gewünschten Aufwandsrückstellung geführt haben, daraufhin zu untersuchen, ob durch neue oder geänderte vertragliche Gestaltungen eine **Verbindlichkeitsrückstellung ausgelöst** werden kann. Vorstellbar wäre es z. B., für Maßnahmen der regelmäßigen Generalüberholung Verträge mit Dienstleistern abzuschließen, die das bilanzierende Unternehmen in die vertragliche Pflicht versetzen, die Generalüberholung durchzuführen.

2.3.2 Unterlassene Instandhaltungsaufwendungen

Der **Begriff** „Instandhaltung" umfasst im Wesentlichen die Instandsetzung, Reparatur, Wartung und Inspektion von Vermögensgegenständen des Anlagevermögens, im Einzelfall auch von immateriellen Vermögensgegenständen.[272]

Unterlassene Instandhaltungsaufwendungen sind allein dann rückstellungspflichtig, wenn die einzelnen Maßnahmen nicht **zu aktivierungspflichtigen Aufwendungen** führen (bspw. nachträgliche Anschaffungs- und Herstellkosten, aktivierungspflichtiger Erhaltungsaufwand).[273]

268 Zur kritischen Würdigung der Änderungen bezüglich der vorher möglichen Aufwandsrückstellungen durch das BilMoG siehe *Petersen/Zwirner/Künkele*, Bilanzanalyse und Bilanzpolitik nach BilMoG, S. 395 f.; *Kunath* in: Fink/Schultze/Winkeljohann, S. 155 f.

269 So auch Anzinger/Oser/Schlotter, § 249 HGB Rz. 321 m. w. N.

270 Vgl. § 5 Abs. 1 EStG.

271 Vgl. zu Auswirkungen aus der Anwendung der Übergangsregelungen des EGHGB im Zusammenhang mit in der Vergangenheit gebildeten Aufwandsrückstellungen Handbuch Bilanzrecht/*Zwirner/Künkele*, C.I. Rz. 35 ff. Vor der Reformierung des HGB sah das Handelsrecht weitere Möglichkeiten des Ansatzes von Aufwandsrückstellungen vor, die steuerlich nicht anerkannt waren.

272 Vgl. Anzinger/Oser/Schlotter, § 249 HGB Rz. 322.

273 Vgl. m. w. N. auch Bonner Handbuch/*Kirsch*, § 249 HGB Rz. 308 ff.

An den Ansatz von Aufwandsrückstellungen für unterlassene Instandhaltung sind drei **Voraussetzungen** geknüpft:[274]

1. Die Instandhaltungsaufwendungen sind **zum Bilanzstichtag unterlassen** worden, d.h., sie waren wirtschaftlich bereits vor oder spätestens zum Bilanzstichtag geboten.

BEISPIEL Eine Maschine ist im November t1 ausgefallen und muss für den weiteren Betrieb gewartet werden. Der Bilanzierende hat die notwendigen Ersatzteile nicht rechtzeitig bekommen, sodass die Instandhaltung erst im nächsten Jahr erfolgen kann. Zum 31.12.t1 ist grds. (unter den sonstigen Voraussetzungen) eine Rückstellung anzusetzen.

2. Der unterlassene Aufwand muss sich auf das abgelaufene Geschäftsjahr beziehen. Damit kann kein unterlassener Ansatz einer Rückstellung vom Vorjahr nachgeholt werden **(Nachholverbot).**

BEISPIEL Im Jahr t1 wurde keine Rückstellung für unterlassene Instandhaltung gebildet, obwohl eine Instandhaltung bereits zum 31.12.t1 geboten war. Da die Ergebnissituation in t2 sehr gut ist, will der Bilanzierende im Frühjahr t3 (binnen der ersten drei Monate) die Instandhaltung vornehmen. Zum 31.12.t2 ist keine Rückstellung anzusetzen, weil die Verursachung der unterlassenen Instandhaltung nicht im abgelaufenen Geschäftsjahr, sondern bereits im Vorjahr zu sehen ist.

3. Die Aufwendungen müssen **in den ersten drei Monaten** des auf den Bilanzstichtag folgenden Geschäftsjahres nachgeholt werden. Eine Nachholung liegt nur dann vor, wenn die Arbeiten bis zum Ablauf der drei Monate tatsächlich abgeschlossen werden. Bei der Beurteilung der Möglichkeit des Abschlusses der Arbeiten bis zum Ablauf der Dreimonatsfrist sind alle Ereignisse und Erkenntnisse nach dem Bilanzstichtag bis zur Aufstellung der Bilanz zu berücksichtigen. Demnach scheidet ein Rückstellungsansatz dann aus, wenn zum Zeitpunkt der Bilanzaufstellung die Nachholung der Instandhaltungsaufwendungen bis zum Abschluss der Dreimonatsfrist nicht mehr möglich erscheint.[275]

BEISPIEL Im Jahr t1 haben sich durch ein Unwetter Schäden an dem Fabrikgebäude ergeben, die dringend repariert werden müssen. Aufgrund des schlechten Wetters kann mit den Arbeiten erst im Februar t2 begonnen werden. Sie werden im April t2 abgeschlossen. Der Ansatz einer Rückstellung ist nicht möglich.

Unterlassene Instandhaltungsaufwendungen sind allein dann rückstellungspflichtig, wenn die einzelnen Maßnahmen **nicht zu aktivierungspflichtigen Aufwendungen** führen (bspw. nachträgliche Anschaffungs- oder Herstellungskosten). Vor diesem Hintergrund erlangt die Abgrenzung nachträglicher Herstellungskosten (aktivierungspflichtig) von Erhaltungsaufwand (nicht aktivierungspflichtig und somit rückstellungsfähig) besondere Bedeutung.[276]

Nachträgliche Herstellungskosten liegen dann vor, wenn die Aufwendungen zu einer Erweiterung oder einer wesentlichen Verbesserung des Vermögensgegenstands über seinen ursprünglichen Zustand hinaus führen.[277] Dieses Kriterium ist immer dann zu bejahen, wenn die kostenverursachende Maßnahme eine Substanzmehrung oder eine wesentliche Gebrauchswerterhöhung hervorruft. So sind als nachträgliche Herstellungskosten zu kategorisieren und damit keine Grundlage von Rückstellungen für unterlassene Instandhaltungen:

274 Vgl. Beck Bil-Komm/*Schubert,* § 249 HGB Rz. 141 ff. Vgl. zu den Tatbestandsmerkmalen auch Baetge/Kirsch/Thiele/*Hommel,* § 249 HGB Rz. 421 ff.; Anzinger/Oser/Schlotter, § 249 HGB Rz. 321 ff.

275 Vgl. HdR-E/*Mayer-Wegelin/Kessler/Höfer,* § 249 HGB Rz. 81.

276 Zur Abgrenzung siehe auch Syst. Praxiskommentar Bilanzrecht/*Richter/Künkele/Zwirner,* § 255 HGB Rz. 213.

277 Vgl. § 255 Abs. 2 Satz 1 HGB.

- erstmaliger Einbau eines Fahrstuhls in ein Gebäude,[278]
- Anbau oder Aufstockung eines bestehenden Gebäudes um ein weiteres Geschoss,
- Ausbau des Dachgeschosses, wenn hierdurch zusätzlich nutzbare Fläche entsteht,[279]
- Erweiterung der Kapazität,[280]
- Installation einer Alarmanlage,[281]
- Einbau einer Sonnenmarkise,[282]
- Kosten, die zu einer Steigerung des Wohnstandards führen,[283]
- Kosten, die zu einer erhöhten Ausbringungsmenge einer Maschine führen.[284]

Demgegenüber ist immer dann von **Erhaltungsaufwand** auszugehen, wenn unselbstständige Teile eines Vermögensgegenstands ersetzt werden, ohne dabei dessen Funktion zu verändern.[285] Hierunter fallen bspw. der Ersatz eines verschlissenen Teils einer Maschine oder die Modernisierung einer „in die Jahre" gekommenen Fassade.

BEISPIEL

Fall A: Bei der Minokles GmbH fällt kurz vor Weihnachten t1 eine wichtige Maschine wegen des Defekts eines Ersatzteils aus. In der Folge kann die Arbeit in dem Werk nicht fortgesetzt werden. Da die Betriebsferien in wenigen Tagen beginnen, entscheidet sich das Unternehmen, die Maschine erst im Januar des Folgejahres reparieren zu lassen. Die Reparatur der Maschine führt zu Erhaltungsaufwand.

Fall B: Grundsätzlich ist von dem in Fall A genannten Sachverhalt auszugehen. Auf Anfrage im Dezember t1 äußert sich der externe Wartungsmechaniker zu der geplanten Reparatur. Nach seiner Auskunft sei es möglich, ein neuartiges Ersatzteil einzubauen, mit dessen Hilfe die Maschine schneller betrieben werden könnte. Die Reparatur der Maschine führt zu nachträglichen Herstellungskosten.

Wird von einem dem Kalenderjahr gleich lautenden Geschäftsjahr ausgegangen, muss im Fall A für die unterlassene Instandhaltung eine Rückstellung gebildet werden. Im Fall B hingegen darf keine Buchung einer Rückstellung vorgenommen werden. Das Ersatzteil führt nämlich zu einer wesentlichen Verbesserung des Vermögensgegenstands „Maschine". Demnach stellen diese Aufwendungen im nächsten Geschäftsjahr aktivierungspflichtige nachträgliche Herstellungskosten dar.

Eine von der handelsbilanziellen Behandlung abweichende Sondernorm sieht das Steuerrecht in § 6 Abs. 1 Nr. 1a EStG vor, wonach sog. **anschaffungsnahe Aufwendungen** zu den Herstellungskosten eines **Gebäudes** zählen. Damit scheiden auch solche Aufwendungen als Grundlage einer etwaigen **steuerrechtlichen (!)** Rückstellungsbildung aus.[286] Mit anschaffungsnahen Aufwendungen meint der Gesetzgeber „Aufwendungen für Instandsetzungs- und Modernisierungsmaßnahmen, die innerhalb von **drei Jahren** nach der Anschaffung des Gebäudes durchgeführt werden, wenn die Aufwendungen ohne die Umsatzsteuer **15 Prozent** der Anschaffungskosten des Gebäudes übersteigen [...]"[287].

278 Vgl. Anzinger/Oser/Schlotter, § 255 HGB Rz. 280 m. w. N.
279 Vgl. BMF v. 18.7.2003, IV C 3 – S 2211 – 94/03, BStBl. I 2003 S. 388.
280 Vgl. BFH v. 10.6.1992, I R 9/91, BStBl. II 1993 S. 41 ff.
281 Vgl. BFH v. 16.2.1993, IX R 85/88, BStBl. II 1993 S. 544 ff.
282 Vgl. BFH v. 29.8.1989, IX R 176/84, BStBl. II 1990 S. 430 ff.
283 Siehe BMF v. 18.7.2003, IV C 3 – S 2211 – 94/03, BStBl. I 2003 S. 387.
284 Siehe Syst. Praxiskommentar Bilanzrecht/*Richter/Künkele/Zwirner*, § 255 HGB Rz. 202.
285 Vgl. BFH v. 13.9.1984, IV R101/82, BStBl. II 1985 S. 50.
286 Vgl. Syst. Praxiskommentar Bilanzrecht/*Richter/Künkele/Zwirner*, § 255 HGB Rz. 215.
287 Vgl. § 6 Abs. 1 Nr. 1a EStG, Anm. durch d. Verf.

Abgrenzungsprobleme im Zusammenhang mit der Bildung von Aufwandsrückstellungen können sich ergeben, wenn der Vermögensgegenstand, für den die Rückstellung für im Geschäftsjahr unterlassene Instandhaltung zu bilden ist, zum Bilanzstichtag einen niedrigeren Wert aufweist. Sofern dieser Wert durch die Vornahme der Instandhaltungsmaßnahmen im Folgejahr wieder erhöht wird, ist keine Abschreibung vorzunehmen, sondern eine Rückstellung zu bilden.[288]

BEISPIEL ▸ Das Dach der Lagerhalle wurde durch einen Sturm im Dezember t1 zerstört. Das Dach soll sofort repariert werden. Aufgrund schlechter Witterungsbedingungen kann das Leck jedoch nicht mehr im Jahr t1 behoben werden.

Die Lagerhalle ist durch den Dachschaden nicht dauerhaft in ihrem Wert gemindert, denn der ursprüngliche Zustand kann durch die Reparatur im neuen Jahr wiederhergestellt werden. Eine Abschreibung scheidet aus.

Stattdessen zwingt § 249 Abs. 1 Satz 2 Nr. 1 HGB zur Bildung einer Rückstellung, wenn die Reparatur bis spätestens zum 31.3. des Folgejahres erfolgt.

PRAXISTIPP

Die Bildung einer Rückstellung für unterlassene Instandhaltung hat Vorrang vor der Vornahme einer außerplanmäßigen Abschreibung, wenn die Instandhaltungsmaßnahmen zu einer Wertaufholung des Vermögensgegenstands führen.

2.3.3 Unterlassene Aufwendungen für Abraumbeseitigung

Als Abraum wird das Material bezeichnet, das die Rohstoffe überlagert und abgetragen werden muss, um die Rohstoffe fördern zu können. Sofern im abgelaufenen Geschäftsjahr keine Aufwendungen für eine wirtschaftlich entstandene **Abraumbeseitigung** angefallen sind, müssen diese i. R. einer Aufwandsrückstellung zum Bilanzstichtag erfasst werden, sofern die Abraumbeseitigung im folgenden Geschäftsjahr nachgeholt wird. Die öffentlich-rechtliche Verpflichtung zur Abraumbeseitigung kommt i. d. R. bei der Gewinnung von Bodenschätzen (z. B. Braunkohle oder Kies) i. R. des Tagebaus vor.[289]

Der Ansatz einer Aufwandsrückstellung kommt nur dann in Betracht, wenn zum Bilanzstichtag keine (öffentlich-)rechtliche Verpflichtung besteht. Liegt eine (öffentlich-)rechtliche Verpflichtung vor, sind die Aufwendungen i. R. einer **Verbindlichkeitsrückstellung** zu erfassen.

Eine **Nachholung** von in früheren Jahren verursachten Abraumbeseitigungsaufwendungen ist nicht zulässig (Nachholverbot). Voraussetzung für die Bildung einer Rückstellung für unterlassene Instandhaltung ist, dass sich der Aufwand auf das abgelaufene Geschäftsjahr bezieht.[290]

Steuerrechtlich ist die Rückstellung ebenso anzusetzen wie handelsrechtlich.[291]

288 Anderer Ansicht Beck Bil-Komm/*Schubert*, § 249 HGB Rz. 136, wonach eine außerplanmäßige Abschreibung bzw. Teilwertabschreibung zulässig ist, wenn eine dauerhafte Wertminderung vorliegt.

289 Vgl. Bonner Handbuch/*Kirsch*, § 249 HGB Rz. 316 ff. m. w. N.

290 Syst. Praxiskommentar Bilanzrecht/*Petersen/Künkele/Zwirner*, § 249 HGB Rz. 186.

291 Vgl. R 5.7 Abs. 11 EStR.

3 Bewertungsgrundsätze

3.1 Überblick

Die Bewertung von Rückstellungen ist gesondert in § 253 Abs. 1 Satz 2 HGB geregelt. Rückstellungen sind demnach mit ihrem nach vernünftiger kaufmännischer Beurteilung notwendigen **Erfüllungsbetrag** anzusetzen. Hierbei sind Preis- und Kostensteigerungen zu berücksichtigen und langfristige Rückstellungen nach § 253 Abs. 2 HGB abzuzinsen. Zu beachten ist, dass die Bewertung von Rückstellungen zum Erfüllungsbetrag eine – in Abhängigkeit vom der Rückstellungsbildung zugrunde liegenden Sachverhalt – aufwendige Ermittlung darstellt. In diesem Zusammenhang diskutiert **IDW RS HFA 34** zahlreiche Besonderheiten, die bei der **Bewertung von Verbindlichkeitsrückstellungen** zu beachten sind.[292]

§ 253 Abs. 1 Satz 2 HGB fordert die Bemessung der „[...] Rückstellungen in Höhe des nach vernünftiger kaufmännischer Beurteilung notwendigen **Erfüllungsbetrages** [...]"[293]. Die „vernünftige kaufmännische Beurteilung" schränkt die Rückstellungsbewertung derart ein, dass eine **willkürliche Bewertung** der Rückstellung durch den Kaufmann **ausgeschlossen** ist.[294] Die Rückstellung soll objektiv, d. h. weder bewusst zu hoch noch bewusst zu niedrig, angesetzt werden.[295] Das grds. für die Passivseite geltende **Höchstwertprinzip**[296] wird folglich durch den Wunsch eines „objektiven Werts" – also eines den tatsächlichen Verhältnissen entsprechenden Werts[297] – **eingeschränkt.**[298] Mit der Verwendung des Begriffs „Erfüllungsbetrag" ist ausdrücklich die Einbeziehung von Preis- und Kostensteigerungen bei Ermittlung dieses Werts beabsichtigt (vgl. auch hinsichtlich Preis- und Kostenminderungen Kap. 3.2.3).

Die **Einbeziehung von Preis- und Kostensteigerungen** in die handelsrechtliche Rückstellungsbewertung ergibt sich auch aus § 6 Abs. 1 Nr. 3a Buchst. f EStG. Hier heißt es, dass für steuerliche Zwecke Preis- und Kostensteigerungen nicht zu berücksichtigen, sondern die Wertverhältnisse am Bilanzstichtag maßgebend sind. Durch die Durchbrechung des Maßgeblichkeitsprinzips wird nochmals verdeutlicht, dass handelsrechtlich künftige Preis- und Kostensteigerungen mit einzubeziehen sind.

Als **steuerliche Bewertungsobergrenze** für Rückstellungen gilt nach R 6.11 Abs. 3 EStR – mit Ausnahme von Pensionsrückstellungen – höchstens der handelsrechtlich zulässige Wert.[299] Diese steuerliche Regelung ist insb. für langfristige Erfüllungsverpflichtungen mit einer Laufzeit von mehr als zwölf Monaten von Bedeutung. Handelsrechtlich kann sich hier ein niedriger Rückstellungsbetrag ergeben, da eine Abzinsung auf den Zeitpunkt des voraussichtlichen Endes des Erfüllungszeitraums durchzuführen ist. Steuerlich ist hingegen der voraussichtliche Beginn des Erfüllungszeitraums maßgeblich. Damit gilt bei der steuerlichen Rückstellungsbewertung trotz

292 Vgl. zudem zur Bewertung nach IDW RS HFA 34 bereits *Zwirner,* BB 2012 S. 1655, 1655 ff.

293 Hervorhebungen durch d. Verf.

294 Dies allgemein formulierend *Eifler,* S. 67. Ähnlich auch Syst. Praxiskommentar Bilanzrecht/*Brösel/Freichel/Wasmuth,* § 253 HGB Rz. 137 f.

295 Vgl. Syst. Praxiskommentar Bilanzrecht/*Brösel/Freichel/Wasmuth,* § 253 HGB Rz. 138; HdJ/*Wüstemann, J./Rost,* Abt. III 5 Rz. 63.

296 Als ein Teil des Imparitätsprinzips.

297 Vgl. auch WPH Edition, Kap. F Rz. 574.

298 Vgl. zu diesem Grundsatz § 264 Abs. 2 Satz 1 HGB.

299 Vgl. *Künkele/Zwirner,* DStR 2013 S. 1199, 1199 ff.; vgl. *Marx,* StuB 2017 S. 449, 450.

eigenständiger steuerlicher Bewertungsvorschriften die Maßgeblichkeit der Handelsbilanz. Auch wenn der handelsrechtliche Wert geringer ist als der isoliert steuerlich ermittelte Wert, darf für Zwecke der Steuerbilanz nur der geringere handelsrechtliche Wert angesetzt werden. Dies hat auch der BFH bestätigt. Mit Urteil vom 20.11.2019 – XI R 46/17 hat der BFH eindeutig festgelegt, dass – auch nach Inkrafttreten des BilMoG – weiterhin regelmäßig eine Bindung der steuerbilanziellen Werte an den gewählten handelsrechtlichen Bilanzansatz bestehen bleibt und der Maßgeblichkeitsgrundsatz in formeller Hinsicht durch das BilMoG nicht aufgehoben wurde. Grundsätzlich folgt die Bewertung von Wirtschaftsgütern in der Steuerbilanz damit den handelsrechtlichen Vorschriften, soweit dem nicht steuerrechtliche Vorschriften entgegenstehen. Kurzum: Der handelsrechtliche Wert einer Rückstellung bildet stets die Bewertungsobergrenze, wenngleich die steuerlichen Vorschriften isoliert betrachtet sogar einen höheren Wertansatz der Rückstellung erlauben würden.

PRAXISTIPP

Für die Beurteilung des höchstens zulässigen steuerlichen Werts muss stets ein Vergleich der Rückstellung hinsichtlich ihrer Bewertung nach Handelsrecht und nach Steuerrecht erfolgen. Ist der handelsrechtliche Wert geringer als der steuerliche Wert, darf höchstens der handelsrechtliche Wert in der Steuerbilanz angesetzt werden.

Der **Einschätzung der (Rest-)Laufzeiten** für langfristige Rückstellungen kommt eine besondere Bedeutung zu, weil für eine sachgerechte Abzinsung nach § 253 Abs. 2 HGB die Aufstellung eines Zahlungsplans notwendig ist, um die entsprechenden unterschiedlichen Laufzeiten bei der Abzinsung mit dem jeweils anzuwendenden Zinssatz zu berücksichtigen.[300] Weitere Besonderheiten bei der Abzinsung von Verbindlichkeiten ergeben sich im Zusammenhang mit nicht ganzjährigen Restlaufzeiten, Restlaufzeiten von mehr als 50 Jahren sowie Fremdwährungsverpflichtungen.[301]

Darüber hinaus sieht das HGB ein **Abzinsungsgebot** für Rückstellungen vor. Dieses gilt grds. für alle Rückstellungen mit einer Restlaufzeit von über einem Jahr. Für Rückstellungen mit Restlaufzeiten unter einem Jahr gilt diesbezüglich ein faktisches Wahlrecht (siehe Kap. 3.3). Auf Besonderheiten bei der Abzinsung von Pensionsrückstellungen wird gesondert eingegangen (siehe Kap. 5.9.5).

Die **Zugangsbewertung der Rückstellung** kann zum Nominalbetrag (Bruttomethode) oder zum abgezinsten Betrag (Nettomethode) erfolgen. Der Gesetzestext macht hierzu keine klaren Vorgaben. Bei Anwendung der Bruttomethode ist der Abzinsungseffekt gesondert als Zinsertrag zu erfassen.[302] Bei Anwendung der Nettomethode (für die sich auch IDW RS HFA 34 ausspricht) kommt es zu keiner gesonderten Berücksichtigung des Abzinsungseffekts zum Zeitpunkt der erstmaligen Erfassung der Rückstellung.[303]

300 Der bilanzpolitische Spielraum wird durch das BilMoG diesbezüglich nur vordergründig eingeschränkt; vgl. *Petersen/Zwirner/Künkele*, StuB 2009 S. 794, 800. Vgl. zur Ermittlung der bewertungsrelevanten Restlaufzeit auch IDW RS HFA 34, IDW FN 2013 S. 53, 53 ff.

301 Vgl. dazu IDW RS HFA 34 sowie *Zwirner*, BB 2012 S. 1655, 1655 ff.

302 Vgl. *Brösel/Mindermann* in: Petersen/Zwirner, BilMoG, S. 497.

303 Vgl. zu beiden Methoden sowie gleichzeitig zur Tendenz der Nettomethode *Petersen/Zwirner/Künkele*, BilMoG in Beispielen, S. 221.

Rückstellungen können zudem als **Einzel- oder Sammel- bzw. Pauschalrückstellungen** gebildet werden. Kombinationen beider Rückstellungsarten sind auch möglich.[304] Während die **Einzelrückstellung** auf dem Grundsatz der Einzelbewertung beruht, ist die **Sammel- oder Pauschalrückstellung** das Ergebnis praxisorientierter Bilanzierung i.S. des Grundsatzes der Wirtschaftlichkeit.[305] Das Erfordernis zur Bildung von Pauschalrückstellungen wird insb. bei Garantierückstellungen deutlich, bei denen eine Vielzahl gleichartiger Geschäfte zu berücksichtigen ist, während bei solchen Sachverhalten die Ermittlung und Bewertung von Einzelrückstellungen zu zeit- und kostenintensiv wäre.[306] Bei **Garantieverpflichtungen** ist für den Einzelfall oftmals auch keine hinreichende Wahrscheinlichkeit des Entstehens gegeben, während bezogen auf die statistische Gesamtheit der Eintritt von Garantiefällen so gut wie sicher sein kann. Daher ist die Bildung von Sammelrückstellungen auch unter Vorsichtsaspekten geboten. Hierbei werden z.B. auf der Grundlage von Erfahrungswerten mit gleichartigen Produkten Pauschalrückstellungen für die im abgelaufenen Geschäftsjahr am Markt abgesetzten Produkte gebildet. Darüber hinaus sind Pauschalrückstellungen für Wechselobligos (vgl. Kap. 6.2, Stichwort Wechselobligo), Bürgschaftsverpflichtungen (vgl. Kap. 6.2, Stichwort Bürgschaft) sowie für Bergschäden (vgl. Kap. 6.2, Stichwort Bergschaden) zulässig.[307]

Tab. 4: Darstellung von Einzel- und Pauschalrückstellungen

Methoden der Rückstellungsmitteilung		
Bildung von Einzelrückstellungen	**Bildung von Pauschalrückstellungen**	**Bildung von Einzel- und Pauschalrückstellungen**
Für eindeutig abgrenzbare Einzelrisiken in Bezug auf einen konkreten Sachverhalt	Für eine Vielzahl von Einzelrisiken; Zusammenfassung gewährleistet eine mit hoher Wahrscheinlichkeit zutreffende Bewertung	Kombination aus Rückstellungsbildung für konkret bekannte Einzelrisiken und latent vorhandene Risiken
Zum Beispiel Rückstellung im Zusammenhang mit einem laufenden Prozess	Zum Beispiel Rückstellung im Zusammenhang mit Garantiezusagen	Zum Beispiel Rückstellung im Zusammenhang mit Gewährleistungszusagen für zum Bilanzstichtag eingegangene Reklamationen und/oder Reklamationen, die erfahrungsgemäß erst zu einem späteren Zeitpunkt nach dem Bilanzstichtag eingehen

BEISPIEL ZUR BILDUNG VON GARANTIERÜCKSTELLUNGEN ▸ Für ein Massenprodukt für Endkonsumenten mit einem Preis von 100 EUR gilt eine Garantiefrist von zwei Jahren.[308] Die abgesetzte Stückzahl beträgt in der Periode t = 0 (erstmalige Produktion): 5.000, in t = 1: 7.000 und in t = 2: 8.000. Im ersten Jahr nach Verkauf wird bei 2 % der Produkte und im zweiten Jahr bei weiteren 1,5 % der Produkte mit Reklamatio-

304 Vgl. WPH Edition, Kap. F Rz. 575.

305 Vgl. Syst. Praxiskommentar Bilanzrecht/*Brösel*, § 252 HGB Rz. 4.

306 Vgl. BFH v. 22.11.1988, VIII R 62/85, BStBl. II 1989 S. 359.

307 Vgl. HdJ/*Wüstemann, J./Rost*, Abt. III 5 Rz. 74.

308 Vgl. zu diesem Beispiel Syst. Praxiskommentar Bilanzrecht/*Petersen/Künkele/Zwirner*, § 249 HGB Rz. 34.

nen gerechnet, wobei angenommen wird, dass dem Kunden der volle Kaufpreis zu erstatten ist. Dementsprechend betragen unter Vernachlässigung der Abzinsung die Garantierückstellungen R_t zu den Bilanzstichtagen am Ende der Perioden t = 0, 1 und 2:

R_0 = 5.000 × 100 × 0,02 + 5.000 × 100 × 0,015 = 17.500 EUR

R_1 = 5.000 × 100 × 0,015 + 7.000 × 100 × 0,02 + 7.000 × 100 × 0,015 = 32.000 EUR

R_2 = 7.000 × 100 × 0,015 + 8.000 × 100 × 0,02 + 8.000 × 100 × 0,015 = 38.500 EUR

BEISPIEL ZUR BILDUNG VON GEWÄHRLEISTUNGSRÜCKSTELLUNGEN ► Ein Unternehmen bildet Rückstellungen für mögliche Inanspruchnahmen aus der gesetzlichen Gewährleistungsfrist von zwei Jahren (vgl. § 438 Abs. 1 Nr. 3 BGB).[309] Dabei hat es die folgenden Daten zur Verfügung (mit dem Abwicklungsjahr 0 ist der Eintritt des Gewährleistungsfalls im Jahr der Produktion gemeint):

Jahr	Umsatzerlöse (GE)	Gewährleistungsaufwand im Abwicklungsjahr			Summe (GE)
		0	1	2	
t1	2.000	92	68	40	200
t2	1.500	83	52	15	150
t3	1.500	67	50		117
t4	4.000	200			200

Aus Erfahrung weiß der Rechnungswesen-Leiter, dass der Gewährleistungsaufwand für die Produktion eines Jahres rd. 10 % des Umsatzes beträgt (für die Produktion des Jahres t1 fielen 200 GE Gewährleistungsaufwand an, während der Umsatz 2.000 GE betrug [= 10 %], für die Produktion aus t2 fielen 150 GE bei einem Umsatz von 1.500 GE an [= 10 %]). Zum 31.12.t4 ist nun der Erfüllungsbetrag für die möglichen Gewährleistungsaufwendungen zu schätzen.

Für die Produktion aus t3 ergibt sich auf Basis des Erfahrungswerts eine Rückstellung i. H. von 33 GE ([0,1 × 1.500] – [67 + 50]). Dieser Betrag bezieht sich auf die Inanspruchnahmen im Jahr t5. Aufgrund der Kurzfristigkeit dieser erwarteten Inanspruchnahmen kann eine Abzinsung unterbleiben.

Für die Produktion des Jahres t4 müssen die erwarteten Gewährleistungsaufwendungen auf die Jahre t5 und t6 verteilt werden. Bezüglich dieser Verteilung kann abermals auf die Erfahrung der Vergangenheit zurückgegriffen werden. Danach betragen die Gewährleistungsaufwendungen im Abwicklungsjahr 1 durchschnittlich rd. 70 % der nach dem Abwicklungsjahr 0 verbleibenden, geschätzten Gesamtaufwendungen ([68 / (200 – 92) + 52 / (150 – 83)] / 2); der Restbetrag von 30 % der verbleibenden, geschätzten Gesamtaufwendungen fällt sodann erfahrungsgemäß im Abwicklungsjahr 2 an.

Auf Basis dieser Erfahrungswerte ergeben sich für die Produktion des Jahres t4:

- für das Abwicklungsjahr 1 (= t5) geschätzte Aufwendungen i. H. von 140 GE (= 0,7 × 200),
- für das Abwicklungsjahr 2 (= t6) hingegen Aufwendungen i. H. von 60 GE (= 0,3 × 200).

Der Erfüllungsbetrag der Rückstellung beträgt in Summe 233 GE (33 GE [Produktion t3, Gewährleistung t5] + 140 GE [Produktion t4, Gewährleistung t5] + 60 GE [Produktion t4, Gewährleistung t6]). Dabei sind die geschätzten Aufwendungen des Jahres t6 abzuzinsen. Wird von einem gleichmäßigen Anfall der Aufwendungen ausgegangen, ist es sachgerecht, die Abzinsung über die mittlere Laufzeit dieser Aufwendungen (1,5 Jahre) vorzunehmen: $60 / 1{,}03825^{1{,}5} \approx 57$ GE (bei Anwendung des linearen interpolierten Zinses für eine Restlaufzeit von 1,5 Jahren). Der Wertansatz zum 31.12.t4 beträgt dann 230 GE (= 33 GE + 140 GE + 57 GE).

Pauschal- bzw. Sammelrückstellungen sind über die Geschäftsjahre fortzuschreiben, d. h., Zuführungen und Auflösungen sind für den Gesamtposten zum Bilanzstichtag zu erfassen. Bei Einzelrückstellungen sind hingegen unterjährige Verbräuche sowie individuelle Auflösungen und Zu-

309 Vgl. zu diesem Beispiel *Liebscher/Zwirner*, BC 2011 S. 195, 195 f.

führungen vorzunehmen. Diese Wertveränderungen sind im sog. Rückstellungsspiegel gesondert aufzuführen.

Eine (fortbestehende) abgezinste Rückstellung ist zu den folgenden Abschlussstichtagen **unter Beachtung der verbleibenden Restlaufzeit** aufzuzinsen. Der entsprechende Zinsaufwand ist nach § 277 Abs. 5 HGB gesondert zu erfassen.[310]

3.2 Notwendiger Erfüllungsbetrag

3.2.1 Begriff und Wesen

§ 253 Abs. 1 Satz 2 HGB fordert die Bemessung der „[...] Rückstellungen in Höhe des nach vernünftiger kaufmännischer Beurteilung notwendigen **Erfüllungsbetrags** [...]"[311]. Die „vernünftige kaufmännische Beurteilung" schränkt die Rückstellungsbewertung derart ein, dass eine **willkürliche Bewertung** der Rückstellung durch den Kaufmann **ausgeschlossen** ist.[312] Die Rückstellung soll objektiv, d. h. weder bewusst zu hoch noch bewusst zu niedrig, angesetzt werden.[313] Das grds. für die Passivseite geltende **Höchstwertprinzip**[314] wird folglich durch den Wunsch eines „objektiven Werts" – also eines den tatsächlichen Verhältnissen entsprechenden Werts[315] – **eingeschränkt.**[316] Mit der Verwendung des Begriffs „Erfüllungsbetrag" ist ausdrücklich die Einbeziehung von Preis- und Kostensteigerungen bei Ermittlung dieses Werts beabsichtigt (vgl. auch hinsichtlich Preis- und Kostenminderungen Kap. 3.2.3).

Als **Erfüllungsbetrag** ist der voraussichtlich aufzubringende Betrag zur Begleichung der Schuld im Erfüllungszeitpunkt zu verstehen.[317] Bei Geldleistungsverpflichtungen ist dies der entsprechende Geldbetrag, bei Sachleistungsverpflichtungen sind die im genannten Erfüllungszeitpunkt voraussichtlich anfallenden Aufwendungen maßgeblich.[318]

Bei der Bewertung von **Sach- und Dienstleistungsverpflichtungen** umfasst der Erfüllungsbetrag die voraussichtlichen Vollkosten, d. h. Einzel- und notwendige Gemeinkosten.[319] Sofern der zur Erfüllung einer Sachleistungsverpflichtung notwendige Vermögensgegenstand erst noch beschafft werden muss, ist die Rückstellung mit dem für die Herstellung bzw. Beschaffung des Vermögensgegenstands erforderlichen Betrag anzusetzen und bei entsprechender Restlaufzeit abzuzinsen. Für den Fall, dass sich der Gegenstand, den der Bilanzierende zum Erfüllungszeitpunkt zu liefern hat, bereits in seinem Besitz befindet und zur Erfüllung der Sachleistungsverpflichtung zur Verfügung steht, entspricht der Buchwert der Sachleistungsverpflichtung dem

310 Vgl. Syst. Praxiskommentar Bilanzrecht/*de la Paix*, § 277 HGB Rz. 22 f.

311 Hervorhebungen durch d. Verf.

312 Dies allgemein formulierend *Eifler*, S. 67. Ähnlich auch Syst. Praxiskommentar Bilanzrecht/*Brösel/Freichel/Wasmuth*, § 253 HGB Rz. 137.

313 Vgl. Anzinger/Oser/Schlotter, § 253 Rz. 199; Syst. Praxiskommentar Bilanzrecht/*Brösel/Freichel/Wasmuth*, § 253 HGB Rz. 138; HdJ/*Wüstemann, J./Rost*, Abt. III 5 Rz. 63. Beck Bil-Komm/*Schubert*, § 253 HGB Rz. 135.

314 Als ein Teil des Imparitätsprinzips.

315 Vgl. auch WPH Edition, Kap. F Rz. 574.

316 Vgl. zu diesem Grundsatz § 264 Abs. 2 Satz 1 HGB.

317 Vgl. Bertram/Kessler/Müller/*Bertram/Kessler*, § 253 HGB Rz. 33; *Engel-Ciric*, BRZ 2009 S. 362, 364; *Zülch/Hoffmann*, StuB 2009 S. 369, 370.

318 Vgl. BT-Drucks. 16/10067 S. 52.

319 Vgl. IDW RS HFA 34, IDW FN 2013 S. 53, 56.

Buchwert des aktivierten Vermögensgegenstands, zzgl. etwaiger weiterer Transaktionskosten. Eine Abzinsung kommt in diesen Fällen nicht in Betracht.[320]

Mit der Bemessung der Rückstellung nach Maßgabe des Erfüllungsbetrags werden auch künftige **Preis- und Kostensteigerungen,** die bis zum Erfüllungszeitpunkt anfallen, mit berücksichtigt (siehe hierzu sowie zu Preis- und Kostenminderungen Kap. 3.2.3).[321]

Aufgrund der fehlenden Möglichkeit einer Voraussage der genauen Höhe der Verpflichtung zum Bilanzstichtag ist der Erfüllungsbetrag zu schätzen. Daraus resultieren, wenngleich durch das Objektivierungserfordernis begrenzt, **Ermessensspielräume.**[322]

PRAXISTIPP

Dem Bilanzierenden bieten sich bei der Rückstellungsbewertung **Ermessensspielräume,** die **bilanzpolitisch** genutzt werden können. Dabei muss jedoch beachtet werden, dass die Wertfindung insb. mit Blick auf Jahresabschluss- und Außenprüfungen nachvollziehbar ist und auf einer fundierten Datengrundlage beruht. Das heißt, dass alle vorliegenden Informationen in die Rückstellungsbewertung einfließen müssen.

3.2.2 Schätzung des notwendigen Erfüllungsbetrags

Das Gesetz verlangt, dass bei der **Schätzung des Wertansatzes** eine vernünftige kaufmännische Beurteilung vorgenommen wird. Dies bedeutet, dass der durch die Schätzung gewonnene Wert innerhalb einer plausiblen Bandbreite möglicher Inanspruchnahmen aus der Verpflichtung liegen muss. Die Bandbreite ist unter Berücksichtigung sämtlicher bei der Abschlussaufstellung verfügbarer Informationen über die tatsächlichen Verhältnisse am Abschlussstichtag, d. h. **unter Berücksichtigung wertaufhellender Ereignisse,** zu bestimmen. Die Bandbreite darf weder zu pessimistisch noch besonders optimistisch abgegrenzt werden; vielmehr sind mögliche Be- oder Entlastungen ausgewogen zu berücksichtigen. Im Rahmen dieser Bandbreite ist sodann unter Berücksichtigung des Vorsichtsprinzips der konkret anzusetzende Wert zu bestimmen. Hierbei ist das handelsrechtliche Vorsichtsprinzip nicht so auszulegen, dass der Rückstellungsansatz stets mit dem höchstmöglichen Wert („Worst Case") zu erfolgen hat. Vielmehr ist der Rückstellungsansatz bestmöglich unter Berücksichtigung etwaiger Wahrscheinlichkeitserwartungen zu schätzen.

Das „Schätzproblem", das zwangsweise mit der Rückstellungsbewertung einhergeht, wurde schon unterschiedlich im Schrifttum abgehandelt. Hierbei haben sich **verschiedene Lösungsansätze** ergeben.

Die vielerorts diskutierten **mathematisch-statistischen Verfahren** haben zweifelsfrei den Vorteil, nachprüfbare Ergebnisse zu liefern.[323] Zu kritisieren ist jedoch stets die damit verbundene „Scheinobjektivierung", da die Schätzungsungenauigkeiten nur auf eine andere Ebene verlagert werden. Beispielsweise wird bereits die Frage einer zutreffenden Wahrscheinlichkeitsverteilung meist nur mittels Näherungslösungen beantwortet werden können.

320 Vgl. IDW RS HFA 34, IDW FN 2013 S. 53, 56 f.; *Zwirner/Busch/Boecker,* KoR 2010 S. 664, 664 f.

321 Vgl. *Ortmann-Babel/Bolik,* SteuK 2009 S. 51, 51. Vgl. auch die Regierungsbegründung zum BilMoG, BT-Drucks. 16/10067 S. 52, die jedoch nur Preis- und Kostensteigerungen thematisiert.

322 Vgl. *Hoffmann/Lüdenbach,* § 249 HGB Rz. 47.

323 Zu einem Vorschlag zur Objektivierung der Rückstellungsbewertung *Baetge/Kirsch/Thiele,* S. 438 f.

Hoffmann/Lüdenbach empfehlen in diesem Zusammenhang eine vereinfachende **„Praktikerlösung“**.[324] Danach soll zunächst ein Intervall möglicher Aufwandshöhen festgelegt und daraus der Mittelwert gebildet werden. Dabei werden Wahrscheinlichkeiten außer Acht gelassen. Als Vorteil führen die Autoren korrekterweise an, dass der mögliche Schätzfehler bei einem solchen Vorgehen maximal 50 % betragen könne.

BEISPIEL Ein Unternehmen rechnet i.H. der folgenden Wahrscheinlichkeiten mit der Inanspruchnahme aus Gewährleistungsverpflichtungen:

Aufwand	=	0 EUR	15 %
Aufwand	=	100.000 EUR	20 %
Aufwand	=	200.000 EUR	35 %
Aufwand	=	500.000 EUR	30 %

Nach der vorgenannten „Praktikerlösung“ ergäbe sich ein Rückstellungswert von 250.000 EUR (0 EUR + [500.000 EUR / 2]).

Unter dem Gesichtspunkt des **Vorsichtsprinzips** scheint eine solche Lösung jedoch nicht in allen Fällen sachgerecht zu sein. Hierzu sei in Abwandlung des vorherigen Beispiels Folgendes ausgeführt:

BEISPIEL Der Gewährleistungsaufwand wird nunmehr wie folgt geschätzt:

Aufwand	=	0 EUR	30 %
Aufwand	=	400.000 EUR	70 %

Nach der soeben umschriebenen „Praktikerlösung“ würde sich ein Wert von 200.000 EUR (0 EUR + [400.000 EUR / 2]) ergeben, wobei der Erwartungswert bei 280.000 EUR liegt. Eine Rückstellung i.H. von 200.000 EUR scheidet mit Blick auf das Vorsichtsprinzip aus.

Oftmals stehen zur Beurteilung der Rückstellungshöhe unterschiedliche Beträge und deren **Eintrittswahrscheinlichkeiten** zur Verfügung, die geschätzt worden sind. Zur Ermittlung der Rückstellungshöhe ist dabei auf den Einzelfall abzustellen.[325] Je nach Verteilung der Wahrscheinlichkeiten ist nicht unbedingt der Wert mit der höchsten Wahrscheinlichkeit maßgebend. Es ist i.R. der gebotenen vernünftigen kaufmännischen Beurteilung vielmehr erforderlich, sowohl die Differenzen zwischen den einzelnen Beträgen als auch die zwischen den einzelnen Wahrscheinlichkeiten zu betrachten. Ist die Differenz zwischen der höchsten und der nächstkleineren Wahrscheinlichkeit nur geringfügig, ist unter Beachtung des Vorsichtsprinzips der höhere der Beträge zu berücksichtigen.[326] Mittelwerte können als Orientierung zum Wertansatz dienen, jedoch resultieren hieraus keine ausreichend begründbaren Wertansätze – auch nicht bei der Annahme einer Normalverteilung. Der Wertansatz ist so zu wählen, dass die Vermögensbelastung zum Erfüllungszeitpunkt mit hoher Wahrscheinlichkeit nicht den passivierten Betrag überschreitet.

324 Siehe *Hoffmann/Lüdenbach*, § 253 HGB Rz. 62.

325 Vgl. hierzu auch *Hoffmann/Lüdenbach*, § 253 HGB Rz. 62, die in diesem Zusammenhang von einer erforderlichen „Praktikerlösung“ sprechen.

326 Vgl. Beck Bil-Komm/*Schubert*, § 253 HGB Rz. 131.

PRAXISTIPP

Die Bewertung von Rückstellungen ist einzelfallabhängig vorzunehmen. Der Gesetzgeber verweist in diesem Zusammenhang auf die vernünftige kaufmännische Beurteilung; der Kaufmann sollte dabei dem Objektivierungserfordernis zumindest insofern gerecht werden, als die Bewertung nicht auf bilanzpolitische Ziele auszurichten ist, sondern sich vielmehr am Vorsichtsprinzip orientieren sollte.

BEISPIEL ▶ C strebt aufgrund einer Patentrechtsverletzung durch U eine Unterlassungsklage gegen U an und verklagt U darüber hinaus auf Schadensersatz. U rechnet im Hinblick auf den Prozess mit einer Niederlage und ermittelt für die Höhe des Schadensersatzes folgende Wahrscheinlichkeiten:

- Schadensersatz = 0 EUR ca. 8 %,
- Schadensersatz = 50.000 EUR ca. 15 %,
- Schadensersatz = 100.000 EUR ca. 23 %,
- Schadensersatz = 200.000 EUR ca. 22 %,
- Schadensersatz = 250.000 EUR ca. 22 %,
- Schadensersatz = 300.000 EUR ca. 10 %.

Die Gerichtskosten belaufen sich höchstwahrscheinlich auf 20.000 EUR. Da U davon ausgeht, den Prozess zu verlieren, muss er voraussichtlich auch die Gerichtskosten zahlen und eine entsprechende Rückstellung hierfür bilden. Aufgrund der kaufmännischen Beurteilung unter Beachtung des Vorsichtsprinzips sollte U zusätzlich Rückstellungen i. H. von 20.000 EUR bilden.

Zwar ist der Unterschied in den Wahrscheinlichkeiten zwischen 100.000 EUR, 200.000 EUR und 250.000 EUR nur gering (maximal 1 %), aufgrund der starken Abweichung in der Höhe der Beträge wären jedoch eher 200.000 EUR oder 250.000 EUR als 100.000 EUR zurückzustellen. Da die Belastung von 200.000 EUR und die von 250.000 EUR gleiche Wahrscheinlichkeiten aufweisen, sind unter Beachtung des Vorsichtsprinzips 250.000 EUR in der Bilanz zurückzustellen. Dieser Betrag wird mit einer Wahrscheinlichkeit von 90 % nicht überschritten. Zusammen mit den Gerichtskosten ergeben sich somit Rückstellungen aus Prozessrisiken i. H. von 270.000 EUR.

Abwandlung 1

U ermittelt für die Höhe des Schadensersatzes folgende Wahrscheinlichkeiten:

- Schadensersatz = 50.000 EUR ca. 80 %,
- Schadensersatz = 200.000 EUR ca. 20 %.

Zwar ist die Wahrscheinlichkeit, mit nur 50.000 EUR in Anspruch genommen zu werden, signifikant höher als die mögliche Inanspruchnahme i. H. von 200.000 EUR. Da diese mit 20 % jedoch nicht unwesentlich ist und den vierfachen Betrag ausmacht, wäre hier ein Wert zwischen den beiden Beträgen anzusetzen. Der Erwartungswert beträgt 80.000 EUR. Aus Gründen der Vorsicht wäre in diesem Fall mindestens eine Rückstellung i. H. von 80.000 EUR zu passivieren. Unter Berücksichtigung der Gerichtskosten erscheint folglich eine Rückstellung von 100.000 EUR vertretbar. Dieser Betrag wird lediglich mit einer Wahrscheinlichkeit von 20 % überschritten.

Abwandlung 2

U ermittelt für die Höhe des Schadensersatzes folgende Wahrscheinlichkeiten:

- Schadensersatz = 50.000 EUR ca. 50 %,
- Schadensersatz = 200.000 EUR ca. 50 %.

Da hier die Wahrscheinlichkeiten gleich hoch sind, spricht unter Rückgriff auf das Vorsichtsprinzip nichts dagegen, eine Rückstellung i. H. von 200.000 EUR (zzgl. 20.000 EUR für die Gerichtskosten) zu bilden. Dieser Betrag wird laut Schätzung mit einer Wahrscheinlichkeit von 100 % nicht überschritten.

Abwandlung 3

U ermittelt für die Höhe des Schadensersatzes folgende Wahrscheinlichkeiten:

- Schadensersatz = 100.000 EUR ca. 25 %,
- Schadensersatz = 200.000 EUR ca. 25 %,
- Schadensersatz = 300.000 EUR ca. 25 %,
- Schadensersatz = 400.000 EUR ca. 25 %.

Aufgrund der hohen Bandbreite der gleichverteilten Eintrittswahrscheinlichkeiten könnte eine Rückstellung i. H. von 400.000 EUR eine zu vorsichtige Bewertung darstellen. 200.000 EUR erscheinen in diesem Fall als zu optimistisch. Rückstellungen i. H. von 300.000 EUR sind vor dem Hintergrund vertretbar, dass die Inanspruchnahme maximal ein Drittel höher als der Rückstellungsbetrag ausfallen kann. Dieser Betrag wird aber mit einer Wahrscheinlichkeit von 25 % überschritten. Auch hier sind die Gerichtskosten zusätzlich zu berücksichtigen.

Der Versuch einer **Objektivierung des Rückstellungswerts** unter Beachtung des Vorsichtsprinzips wird auch von *Leffson* und *Baetge/Kirsch/Thiele* unternommen.[327] Dem Vorgehen liegt die Annahme zugrunde, dass ein Erwartungswert nicht dem Vorsichtsprinzip ausreichend Rechnung trägt,[328] sondern um eine **Vorsichtskomponente** zu ergänzen ist.[329] Es wird ein Intervall gesucht, in dem der tatsächlich eintretende Wert zu einer vorgegebenen Wahrscheinlichkeit liegt (bspw. 95 %). Der nach den Autoren zutreffende Wert liegt dann genau an der oberen Grenze des Intervalls.

BEISPIEL ► Es wird erneut das Beispiel von S. 73 aufgegriffen:

Aufwand	=	0 EUR	15 %
Aufwand	=	100.000 EUR	20 %
Aufwand	=	200.000 EUR	35 %
Aufwand	=	500.000 EUR	30 %

x	W(X=x)	W(X≤x)	E(x)
0	0,15	0,15	0
100.000	0,20	0,35	20.000
200.000	0,35	0,70	70.000
500.000	0,30	1,00	150.000
			Σ = 240.000

W = Wahrscheinlichkeit; x = Verpflichtungshöhe; E = Erwartungswert; X = tatsächliche Verpflichtungshöhe

Der gesuchte Wert, der zu 95 % nicht überstiegen wird, ist durch lineare Interpolation zu ermitteln:[330]

200.000 EUR + ([500.000 EUR – 200.000 EUR] / [1,00 – 0,70]) × (0,95 – 0,7) = 450.000 EUR

Der vorsichtige Wert würde hier 450.000 EUR betragen.

Ein Problem eines solchen Vorgehens ist die Suche nach der Wahrscheinlichkeitsfunktion. Eine solche kann sich aus **historischen Daten** ergeben, wobei diese auf ihre Anwendbarkeit überprüft

327 Siehe *Leffson*, S. 477 ff.

328 Vgl. *Leffson*, S. 478 f., der den Erwartungswert als risikoneutral bezeichnet.

329 Vgl. *Baetge/Kirsch/Thiele*, S. 439.

330 Wir nehmen im Beispiel an, dass die Wahrscheinlichkeitsfunktion eine solche Interpolation zulässt, weil der Verlauf zwischen den einzelnen Schätzpunkten ein linearer ist.

werden müssen. Beispielsweise können neue Produktionsverfahren die historischen Daten für Gewährleistungsverpflichtungen überflüssig machen. Negativ beeinflussend wirkt auch eine mit sinkendem Informationsgrad immer mehr zunehmende Bandbreite möglicher Verpflichtungshöhen.

Neben die mathematisch-statistische Ermittlung des Rückstellungswerts tritt die **einzelfallabhängige Ermittlung.**[331] Hier ist mit Blick auf das Vorsichtsprinzip und das Objektivierungserfordernis eine zweckgerechte Lösung zu suchen. Dabei sind grds. ebenfalls die Eintrittswahrscheinlichkeiten zu beachten. Jedoch ist weder der wahrscheinlichste Einzelwert noch der Erwartungswert stets der maßgebliche Wert; vielmehr ist in jedem Einzelfall eine Abwägung vorzunehmen.

BEISPIEL Abwandlung zum vorherigen Beispiel:

Aufwand	=	0 EUR	11 %
Aufwand	=	100.000 EUR	20 %
Aufwand	=	200.000 EUR	36 %
Aufwand	=	500.000 EUR	33 %

Der wahrscheinlichste Wert für den Aufwand ist in diesem Beispiel ein Betrag i. H. von 200.000 EUR. Der Erwartungswert beträgt 257.000 EUR. Mit Blick auf das Beispiel wird deutlich, dass einem Aufwand i. H. von 200.000 EUR sowie einem Aufwand i. H. von 500.000 EUR in etwa eine gleich hohe Wahrscheinlichkeit zugrunde gelegt wird. Da zwischen beiden Beträgen eine große Differenz besteht, ist die Rückstellung unter Verweis auf das Vorsichtsprinzip in diesem Fall mit 500.000 EUR anzusetzen.[332] Denn ein anderer Ansatz der Rückstellung wäre zwar realistisch, aber eben nicht vorsichtig.

Es bleibt festzuhalten, dass mathematisch-statistische Verfahren nur bei einer **hinreichend großen Anzahl** zugrunde liegender Geschäfte „vernünftige" Ergebnisse liefern (Gesetz der großen Zahl). Im Übrigen muss eine einzelfallabhängige Schätzung der Rückstellungshöhe vorgenommen werden.

PRAXISTIPP

Mathematisch-statistische Verfahren kommen nur bei ausreichend fundierter Datengrundlage zur Anwendung. Dann allerdings führen sie zu einer objektiven Darstellung, die gleichsam einer intersubjektiven Nachprüfbarkeit (bspw. durch den Abschlussprüfer) dient. Bei Pauschalrückstellungen für Sachverhalte, bei denen das **Gesetz der großen Zahl** gilt, kann eine Rückstellung auch mittels Erwartungswert bestimmt werden.[333]

Für spezielle Einzelfälle, bspw. für Verpflichtungen aus Kartellverstößen oder Schadensersatzfälle,[334] ist nur eine Einzelfallbetrachtung möglich.

Wertaufhellende Tatsachen, d. h. Tatsachen, die nach dem Bilanzstichtag bekannt, aber schon davor begründet wurden, sind auch im Zusammenhang mit der Schätzung des Erfüllungsbetrags zu beachten. So können bspw. die historischen Daten für die Rückstellungsbewertung durch nach dem Bilanzstichtag bekannt gewordene Tatsachen verändert werden.

331 Siehe z. B. Syst. Praxiskommentar Bilanzrecht/*Brösel/Freichel/Wasmuth*, § 253 HGB Rz. 144.
332 Vgl. hierzu Beck Bil-Komm/*Schubert*, § 253 HGB Rz. 136.
333 So auch *Hoffmann/Lüdenbach*, § 253 HGB Rz. 59; *Kessler*, S. 417.
334 Vgl. *Hoffmann/Lüdenbach*, § 253 HGB Rz. 60.

Bestehen bei ungewissen Verbindlichkeiten **Ersatzansprüche** ggü. Dritten, z.B. aus Bürgschaften, gesamtschuldnerischer Haftung o.Ä., sind diese erst zu aktivieren, sobald diese rechtlich entstanden sind und den Charakter eines Vermögensgegenstands aufweisen. Nur wenn diese Ansprüche direkt und ohne Einrede bei einem eventuellen Ausfall geltend gemacht werden können und in unmittelbarem Zusammenhang mit dem Sachverhalt stehen, für den eine Rückstellung zu bilden wäre, dürfen noch nicht aktivierte Ansprüche mit den Rückstellungen verrechnet werden.[335] Hierbei muss die bedingte Wahrscheinlichkeit, dass der **Erstattungsanspruch** bei Eintritt der Verpflichtung besteht, mit nahe 100% angenommen werden können.

Eine Verrechnung des Erfüllungsbetrags mit etwaigen **Ersatzansprüchen** ist grds. verboten **(sog. Saldierungsverbot)**[336]. Die Ansprüche sind zu aktivieren, sofern sie wirtschaftlich und rechtlich entstanden sind.[337] Eine Aufrechnung ist allerdings vorzunehmen, wenn die in Rede stehenden Ansprüche im „[...] unmittelbaren Zusammenhang mit der drohenden Inanspruchnahme stehen, in rechtlich verbindlicher Weise der Entstehung oder Erfüllung der Verbindlichkeit nachfolgen und vollwertig sind, weil sie vom Rückgriffsschuldner nicht bestritten werden und dessen Bonität nicht zweifelhaft ist“[338], und die Voraussetzungen für den Ansatz einer Forderung (noch) nicht vorliegen.

Diese sog. **Nettobilanzierung** bei nicht aktivierbaren Ansprüchen kommt bei Gesamtschuldverhältnissen in Betracht.[339] Die Nettobilanzierung ist nur unter bestimmten, engen Voraussetzungen zulässig, was vom IDW zum Anlass genommen wurde, Stellung zu Zweifelsfragen zur Nettobilanzierung zu beziehen.[340] Insofern besteht Einklang mit der steuerbilanziellen Bewertung.[341]

Beispielsfälle zur Nettobilanzierung:[342]

1. Unternehmen A erklärt ggü. Unternehmen B einen Schuldbeitritt mit Erfüllungsübernahme im Innenverhältnis für Gewährleistungsverpflichtungen von B in voller Höhe von 100.000 EUR.

   B ist nach dem Innenverhältnis nicht mehr zur Leistung verpflichtet. Daher ist keine Rückstellung mehr zu bilden, denn es droht keine Inanspruchnahme mehr.

2. Unternehmen A und B haften gesamtschuldnerisch als Mitbürgen (§ 769 BGB) für die Verbindlichkeit von C i.H. von 40.000 EUR. A und B haben im Innenverhältnis keine besondere Aufteilung geregelt, sodass A und B zu gleichen Teilen verpflichtet sind (§ 426 BGB) und ihnen jeweils bei alleiniger Inanspruchnahme ein Ausgleichsanspruch von 20.000 EUR ggü. dem Mitbürgen zusteht. (Der Anspruch ggü. C wird an dieser Stelle nicht weiter betrachtet.)

   Bei drohender Inanspruchnahme aus der Bürgschaft haben A und B jeweils eine Rückstellung i. H. von 20.000 EUR zu bilden.

335 Vgl. Beck Bil-Komm/*Schubert*, § 253 HGB Rz. 139.

336 Siehe Syst. Praxiskommentar Bilanzrecht/*Tanski*, § 246 HGB Rz. 84 f.

337 Vgl. Beck Bil-Komm/*Schubert*, § 253 HGB Rz. 139.

338 Beck Bil-Komm/*Schubert*, § 253 HGB Rz. 139. Ähnlich auch *Schubert*, WPg 2008 S. 505, 509.

339 Vgl. IDW RS HFA 34 Rz. 32.

340 Vgl. FAB: Zweifelsfragen zur Nettobilanzierung unter den Voraussetzungen des IDW RS HFA 34, IDW Life 2023 S. 1026 f.

341 Vgl. § 6 Abs. 1 Nr. 3a Buchst. c EStG.

342 Vgl. FAB: Zweifelsfragen zur Nettobilanzierung unter den Voraussetzungen des IDW RS HFA 34, IDW Life 2023 S. 1026.

3. Die Organgesellschaft G ist steuerrechtlich Haftungsschuldner für die Steuerschulden des Organträgers T i. H. von 70.000 EUR. Die Haftungsschuld stellt eine Gesamtschuld dar. Zwischen G und T existiert keine Vereinbarung zur Aufteilung der Steuerschuld im Innenverhältnis für den Fall, dass G in Anspruch genommen wird. Da T der originäre Steuerschuldner ist, wird angenommen, dass G im Falle der Zahlung einen Erstattungsanspruch in voller Höhe der gezahlten Steuerschuld ggü. T hat, obwohl § 426 BGB bei Gesamtschuldnerverhältnissen grds. eine gleichmäßige Verteilung vorsieht.

   Mangels Leistungsverpflichtung von G im Innenverhältnis ist keine Rückstellung zu bilden.

4. Unternehmen A hat eine Rückstellung i. H. von 80.000 EUR für einen verursachten Schaden gebildet. Der Schaden ist zwar versichert, jedoch wurde der Schaden bislang nicht vom Versicherer anerkannt. A nimmt an, mindestens 40.000 EUR von der Versicherung zu erhalten. Zudem hält A eine weitere Zahlung von 10.000 EUR für sehr wahrscheinlich, während zusätzliche 5.000 EUR als eher unwahrscheinlich gelten.

   Die Rückstellung ist mit dem nach vernünftiger kaufmännischer Beurteilung notwendigen Erfüllungsbetrag anzusetzen. Dieser Schätzungswert muss sich innerhalb einer plausiblen Bandbreite möglicher Belastungen aus der Verpflichtung bewegen. Bei der Bestimmung der Bandbreite sind alle verfügbaren Informationen zum Bilanzstichtag zu berücksichtigen. Die Schätzung darf weder übermäßig pessimistisch noch optimistisch erfolgen; mögliche Be- oder Entlastungen sind ausgewogen einzubeziehen. Der konkrete Rückstellungsbetrag ergibt sich unter Wahrung des Vorsichtsprinzips aus dieser Bandbreite. Im vorliegenden Fall ergibt sich eine Rückstellung i. H. von 30.000 EUR (= 80.000 EUR – 40.000 EUR – 10.000 EUR).

5. Unternehmen C haftet gesamtschuldnerisch als Mitbürge gemeinsam mit Unternehmen D für die Verbindlichkeit von Unternehmen E i. H. von 40.000 EUR (§ 769 BGB). Zwischen C und D ist im Innenverhältnis keine besondere Aufteilung vereinbart, sodass beide Parteien zu gleichen Teilen haften (§ 426 BGB). Im Falle einer alleinigen Inanspruchnahme steht dem betroffenen Bürgen ein Ausgleichsanspruch von 20.000 EUR ggü. dem Mitbürgen zu. Es wird davon ausgegangen, dass E seine Verbindlichkeit nicht erfüllen können wird.

   C hat die erforderliche Rückstellung nach vernünftiger kaufmännischer Beurteilung zu schätzen. Falls C davon ausgeht, dass D den Ausgleichsanspruch vollständig begleichen kann, ist eine Rückstellung i. H. von 20.000 EUR zu bilden. Andernfalls muss C bei der Bildung der Rückstellung berücksichtigen, ob und in welchem Umfang D in der Lage ist, seinen Anteil aus der Bürgschaft zu tragen.

In der Vergangenheit angesetzte Rückstellungen sind zu jedem Bilanzstichtag erneut auf die Erfüllung der jeweiligen Ansatzkriterien hin zu untersuchen. Sofern sich die zuvor geschätzte Höhe durch **neuere Kenntnisse im Zeitablauf** geändert hat, kann eine Teilauflösung erforderlich sein.[343] Ebenso wie bei der Bildung sind auch mit Blick auf die Auflösung von Rückstellungen wertaufhellende Tatsachen bis zum Zeitpunkt der Bilanzerstellung zu berücksichtigen, nicht aber wertbegründende Tatsachen.

Der Ansatz des Erfüllungsbetrags beruht auf einer Schätzung. Sofern sich diese Schätzung aufgrund einer neuen Informationslage und/oder neuer Erkenntnisse ändert, gilt es, eine **Anpassung der Schätzung** vorzunehmen, die der Rückstellungsbilanzierung zugrunde liegt. Im konkre-

343 Vgl. HdR-E/*Mayer-Wegelin*, § 249 HGB Rz. 254.

ten Sachverhalt kann die betreffende Schätzung des Erfüllungsbetrags entweder zu hoch oder zu niedrig ausgefallen sein.

Sofern die **Schätzung** des Erfüllungsbetrags i. R. der Rückstellungsbilanzierung **zu hoch** ausgefallen ist und/oder nach § 249 Abs. 2 Satz 2 HGB der Grund für die Rückstellungsbilanzierung entfallen ist, ist die betreffende Rückstellung aufzulösen. Die Auflösung einer Rückstellung ist in diesem Fall unter den **sonstigen betrieblichen Erträgen** zu zeigen. Zudem sind die Beträge als **periodenfremde** Erträge nach § 285 Nr. 31 HGB im Anhang anzugeben, sofern dies nicht von untergeordneter Bedeutung ist.[344] In der Praxis findet sich in Einzelfällen auch die Saldierung von Rückstellungsauflösungen mit Zuführungen der Periode. Dies kann im Einzelfall und unter Wesentlichkeitsaspekten vertretbar sein. Häufig erfolgt eine saldierte Behandlung bspw. im Zusammenhang mit der Bildung von Pensionsrückstellungen bzw. Folgebewertungen.

Sofern die **Schätzung** des Erfüllungsbetrags **zu niedrig** ausgefallen ist, ist die betreffende Rückstellung zu erhöhen. Die Erhöhung einer Rückstellung ist stets über die originäre Aufwandsposition vorzunehmen. Das heißt, dass die Erhöhung einer Rückstellung (Rückstellung für Urlaub) über die ursächliche Aufwandsposition (Personalaufwand) in der GuV abgebildet wird.

PRAXISTIPP

Grundsätzlich hat die Auflösung von in Vorperioden gebildeten Rückstellungen, die zum Bilanzstichtag nicht mehr dem Grunde bzw. der Höhe nach gerechtfertigt sind, unter den sonstigen betrieblichen Erträgen zu erfolgen. Zudem handelt es sich um einen periodenfremden Effekt i. S. von § 285 Nr. 31 HGB.

Eine Besonderheit hinsichtlich der Bilanzierung besteht bei **Verteilungsrückstellungen.** Hierbei handelt es sich um Rückstellungen, die bereits wirtschaftlich und/oder rechtlich vollumfänglich verursacht sind, aber bei denen eine ratierliche Zuführung gleichwohl möglich ist (bspw. **Entfernungsverpflichtungen**).[345]

BEISPIEL ▸ A schließt zum 1.1.t1 mit B einen Mietvertrag über die Anmietung eines Bürogebäudes über die befristete Laufzeit von zehn Jahren. Darin wird festgelegt, dass alle Mietereinbauten zum Ablauf des Mietvertrags entfernt werden müssen.

A lässt in t1 einen Fahrstuhl in die Büroeinheit einbauen. Zum Bilanzstichtag (31.12.t1) ist mit voraussichtlichen Kosten i. H. von 10.000 EUR für die Entfernung zu rechnen. A hat dafür jedes Jahr 1.000 EUR (10.000 EUR / zehn Jahre) zurückzustellen.

Für die handelsbilanzielle Bewertung gilt: Künftige Preis- und Kostensteigerungen sind zu beachten. Ist am Bilanzstichtag des 31.12.t2 mit Entfernungskosten i. H. von 12.000 EUR zu rechnen, sind diese zu berücksichtigen. Der nominelle Zuführungsbetrag in t2 beträgt somit 1.222,22 EUR (11.000 EUR [ausstehender Erfüllungsbetrag] / neun Jahre). Die Rückstellung hat demnach zum 31.12.t2 einen Wert von 2.222,22 EUR (1.000 EUR aus t2 + 1.222,22 EUR als Zuführung).

Außerdem ist die Rückstellung gem. § 253 Abs. 2 HGB abzuzinsen.

Bei einer **Änderung des voraussichtlichen Nominalbetrags** einer Verteilungsrückstellung, wie bspw. einer Rückbauverpflichtung, ist der Rückstellungsansatz entsprechend anzupassen.

Im Fall einer **Verlängerung des Verteilungszeitraums** steht der damit einhergehenden Verringerung des Rückstellungsansatzes das Auflösungsverbot des § 249 Abs. 2 Satz 2 HGB nicht ent-

344 Vgl. *Boecker/Zwirner* in: Zwirner, BilRUG, S. 518.

345 Siehe *Hoffmann/Lüdenbach*, § 249 HGB Rz. 33 ff. Nicht ganz so eindeutig, jedoch auch zwischen Ansammlungs- und Verteilungsrückstellungen unterscheidend, Beck Bil-Komm/*Schubert*, § 249 HGB Rz. 70.

gegen, da es sich auf die Bilanzierung dem Grunde nach und nicht auf die Bilanzierung der Höhe nach bezieht.

BEISPIEL **Fall 1:** Verlängerung des Verteilungszeitraums

A schließt zum 1.1.t1 mit B einen Mietvertrag über die Anmietung eines Bürogebäudes über die befristete Laufzeit von zehn Jahren. Darin wird festgelegt, dass alle Mietereinbauten zum Ablauf des Mietvertrags entfernt werden müssen. Zum Bilanzstichtag (31.12.t1) ist mit voraussichtlichen Kosten i.H. von 10.000 EUR für die Entfernung zu rechnen. A hat dafür jedes Jahr 1.000 EUR (10.000 EUR/zehn Jahre) zurückzustellen.

Zum Bilanzstichtag (31.12.t5) wird der Mietvertrag von A über die Anmietung des Bürogebäudes um fünf Jahre verlängert, sodass die Vertragslaufzeit des Mietvertrags 15 Jahre beträgt. A hat den bis dahin angesammelten bzw. auf die ursprüngliche Vertragslaufzeit hin ausgerichteten Rückstellungsbetrag unter Berücksichtigung der am jeweiligen Stichtag zu ermittelnden Kosten für den Rückbau des Fahrstuhls entsprechend der neuen Vertragslaufzeit anteilig aufzulösen. Da A bis zum Bilanzstichtag (31.12.t5) für den Rückbau des Fahrstuhls in dem Bürogebäude 5.000 EUR zurückgestellt hat und sich der Nominalbetrag der Rückstellung unter Berücksichtigung der neuen Vertragslaufzeit zum Bilanzstichtag (31.12.t5) auf 3.333,33 EUR verringert, ist auf die bestehende Rückstellung eine (Teil-)Auflösung i.H. von 1.666,67 EUR vorzunehmen.

Im Fall einer **Verkürzung des Verteilungszeitraums** ist die Rückstellung sofort um den nicht anteilig angesammelten, aber wirtschaftlich bereits verursachten Betrag zu erhöhen.[346]

BEISPIEL **Fall 2: Verkürzung des Verteilungszeitraums**

A schließt zum 1.1.t1 mit B einen Mietvertrag über die Anmietung eines Bürogebäudes über die befristete Laufzeit von zehn Jahren. Darin wird festgelegt, dass alle Mietereinbauten zum Ablauf des Mietvertrags entfernt werden müssen. Zum Bilanzstichtag (31.12.t1) ist mit voraussichtlichen Kosten i.H. von 10.000 EUR für die Entfernung zu rechnen. A hat dafür jedes Jahr 1.000 EUR (10.000 EUR/zehn Jahre) zurückzustellen.

Zum Bilanzstichtag (31.12.t5) vereinbaren die beiden Vertragspartner A und B, dass die Vertragslaufzeit des Mietvertrags über die Anmietung des Bürogebäudes um vier Jahre verkürzt wird. Folglich beträgt die Laufzeit des Mietvertrags sechs Jahre, sodass der Mietvertrag zum Bilanzstichtag (31.12.t6) ausläuft. A hat bis zum Bilanzstichtag (31.12.t5) für den Rückbau des Fahrstuhls in dem Bürogebäude 5.000 EUR zurückgestellt. Aufgrund der verkürzten Vertragslaufzeit des Mietvertrags erhöht sich zum Bilanzstichtag (31.12.t5) der Nominalbetrag der Rückstellung auf 8.333,33 EUR. Infolgedessen ist die bestehende Rückstellung sofort um den nicht anteilig angesammelten, aber wirtschaftlich bereits verursachten Betrag i.H. von 3.333,33 EUR zu erhöhen.

3.2.3 Preis- und Kostenentwicklungen

Da **ermessensfreie Prognosen** i.R. der Bewertung von Rückstellungen **nahezu unmöglich** sind, besteht ein Objektivierungserfordernis.[347] Der Hinweis auf die „vernünftige kaufmännische Beurteilung" zieht nach sich, dass es bei der Bewertung von Rückstellungen weder zu bewussten Über- noch zu bewussten Unterdotierungen kommen darf. Unabhängig davon besteht bei der Bewertung von Rückstellungen ein erheblicher bilanzpolitischer Spielraum.[348] Hierbei ist nach dem Vorsichtsprinzip ein Wertansatz zu wählen, den die tatsächliche Vermögensbelastung mit hoher Wahrscheinlichkeit nicht überschreitet.

346 Vgl. IDW RS HFA 34, IDW Life 2015 S. 380, 380; vgl. *Oser/Wirtz*, StuB 2016 S. 1, 3 f.

347 Vgl. *Brösel/Mindermann* in: Petersen/Zwirner, BilMoG, S. 415.

348 Vgl. HdR-E/*Pfirmann/Lorson/Hell/Metz*, § 253 HGB Rz. 91.

Mit dem Verweis auf den Erfüllungsbetrag werden auch künftige Preis- und Kostensteigerungen in die Bewertung der Rückstellungen einbezogen. In diesem Zusammenhang ist auf Folgendes hinzuweisen: Im Schrifttum wird hinsichtlich der Ermittlung des Erfüllungsbetrags einer Verpflichtung regelmäßig die Berücksichtigung von Preis- und Kosten**steigerungen** genannt, die Berücksichtigung künftiger Preis- und Kosten**minderungen** bleibt indes unerwähnt. Fraglich bleibt insofern, ob auch künftige Minderaufwendungen zur Erfüllung der Verpflichtung in die Bewertung einfließen müssen.

Der Verweis auf den Erfüllungsbetrag impliziert, dass künftige (absehbare) **Preis- und Kostensteigerungen** bei der Bewertung der Rückstellungen zu berücksichtigen sind, weil für die Ermittlung des Rückstellungsbetrags die **Preis- und Kostenverhältnisse** zum voraussichtlichen Erfüllungszeitpunkt relevant sind.[349] Steuerrechtlich bleiben Preis- und Kostensteigerungen nach § 6 Abs. 1 Nr. 3a Buchst. f EStG unberücksichtigt, was zur Bildung aktiver latenter Steuern führen kann.[350] Gemäß § 341e Abs. 1 Satz 3 HGB sind zukünftige Kosten- und Preissteigerungen bei versicherungstechnischen Rückstellungen hingegen nicht zu berücksichtigen. Ebenso dürfen solche Rückstellungen in Abweichung zu den nachfolgenden Erläuterungen nicht abgezinst werden.

Der Gesetzgeber stellt klar, dass – unter Wahrung des Stichtagsprinzips – künftige Preis- und Kostensteigerungen bei der Rückstellungsbewertung zu berücksichtigen sind.[351] Bezüglich der Beurteilung künftiger Preis- und Kostensteigerungen dürfen stichtagsbezogen allerdings nur Erkenntnisse Eingang in die Bewertung finden, die auf **begründeten Erwartungen** basieren. Das bedeutet zum einen, dass voraussehbare Preis- und Kostensteigerungen berücksichtigt werden müssen, soweit sie zum jeweiligen Stichtag hinreichend objektivierbar sind. Zum anderen impliziert die Begrifflichkeit „notwendig", dass die Kosten – und auch nur diese Kosten – Eingang in die Rückstellungsbewertung finden, die tatsächlich erforderlich sind, um die entsprechende Verpflichtung zu erfüllen.[352]

Bei der Ermittlung der vorhersehbaren Preis- und Kostenänderungen sind primär **unternehmens- sowie branchenspezifische Daten** zugrunde zu legen. Nur in den Fällen, in denen keine derartigen Daten vorliegen und diese auch nicht mit vertretbarem Aufwand beschafft werden können, kann i. R. der Schätzung künftiger Preis- und Kostensteigerungen auf die allgemeine Inflationsentwicklung und die Prognosen der Europäischen Zentralbank (EZB) Bezug genommen werden.[353]

Für den Eintritt von berücksichtigungswürdigen Preis- und Kostensteigerungen müssen „ausreichend objektive Hinweise"[354] bzw. „hinreichend sichere Erwartungen"[355] gegeben sein. Im Hinblick auf zukünftige Preis- und Kostenentwicklungen ist aus **Objektivierungsgründen** gegen sachgerechte Trendfortschreibungen nichts einzuwenden.[356] Analog zur Zinsermittlung ist dies-

349 Vgl. BR-Drucks. 344/08 S. 112; *Theile*, S. 76; *Petersen/Zwirner*, KoR 2009 S. 1, 13; *Roth/Wittmann*, Stbg 2008 S. 74, 74; vgl. *Marx*, StuB 2017 S. 449, 452. Zur kontroversen Diskussion bezüglich der Berücksichtigung von Preis- und Kostensteigerungen vgl. *Küting/Cassel/Metz*, DB 2008 S. 2317, 2317.

350 Vgl. Syst. Praxiskommentar Bilanzrecht/*Petersen/Zwirner/Busch*, § 274 Rz. 50 f.

351 Vgl. IDW RS HFA 34, IDW FN 2013 S. 53, 54.

352 Vgl. IDW RS HFA 34, IDW FN 2013 S. 53, 57; *Petersen/Zwirner/Künkele*, BilMoG in Beispielen, S. 113.

353 Vgl. IDW RS HFA 34, IDW FN 2013 S. 53, 57.

354 BR-Drucks. 344/08 S. 112.

355 *Schulze-Osterloh*, DStR 2008 S. 63, 70.

356 Vgl. *Theile/Stahnke*, DB 2008 S. 1757, 1758 f.

bezüglich anzuraten, die Entwicklung der vergangenen sieben Geschäftsjahre zu betrachten. Die Berücksichtigung noch nicht eingetretener externer Ereignisse – „wie z. B. unbekannte Technologien oder Gesetzesänderungen, die noch nicht quasisicher sind"[357] – verbietet sich jedoch im Hinblick auf den Objektivierungsgedanken.

Absehbare Preis- und Kostenminderungen werden hingegen von der gesetzlichen Regelung – und auch i. S. des Vorsichtsprinzips – nicht erfasst.[358] Unter Berücksichtigung des **Höchstwertprinzips** als Ausfluss des primären Zwecks des Gläubigerschutzes handelsrechtlicher Bilanzierung sind diese also nicht zu berücksichtigen, sofern zuvor berücksichtigte Preis- und Kostensteigerungen nicht der Grund für die Bildung der Rückstellung waren. Dies gilt auch, wenn dadurch die **Darstellung der VFE-Lage** beeinträchtigt wird.[359]

BEISPIEL ▸ Bei mehrperiodiger Fertigung können zum Stichtag absehbare Preis- und Kostensteigerungen zu Drohverlustrückstellungen aus schwebenden Geschäften führen. Stellt sich am darauffolgenden Stichtag (und bei weiterhin andauernder Fertigung im Hinblick auf den in Rede stehenden Sachverhalt) heraus, dass die Kostensteigerungen doch nicht eintreten werden oder gar mit Kostenminderungen zu rechnen ist, sind die hierfür gebildeten Rückstellungen wieder aufzulösen, weil der Grund für die Rückstellungen (die erwarteten Kostensteigerungen) entfallen ist. Zukünftige Kostenminderungen sind in diesem Fall keine Frage der Bewertung, sondern wirken sich auf den Ansatz von Rückstellungen aus.

PRAXISTIPP

Im Unterschied zu absehbaren Preis- und Kostenminderungen sind absehbare Preis- und Kostensteigerungen bei der Bewertung der Rückstellungen zu berücksichtigen.

Mit Blick auf das Vorsichtsprinzip ist eine **differenzierte Behandlung** angebracht: **Preis- und Kostensteigerungen** müssen bereits dann in die Bewertung einfließen, wenn ausreichend objektive Hinweise für sie vorliegen.[360] Dagegen müssen **Preis- und Kostenminderungen** dann Eingang in die handelsrechtliche Bewertung finden, wenn diese bereits verbindlich vereinbart wurden.[361]

PRAXISTIPP

Zweifelsfragen sind unter Zugrundelegung der GoB – und hier insb. mit Blick auf das Vorsichtsprinzip – zu lösen.

Im Zusammenhang mit der Berücksichtigung künftiger Preis- und Kostensteigerungen stellt sich die Frage, was unter **„objektiven Hinweisen"** zu verstehen ist. Dabei muss es sich um Hinweise handeln, die durch sachverständige Dritte nachvollziehbar sind und als hinreichend sicher beur-

357 *Theile/Stahnke,* DB 2008 S. 1757, 1759.

358 Vgl. *Brösel/Mindermann* in: Petersen/Zwirner, BilMoG, S. 414 f.; a. A. IDW RS HFA 34, IDW FN 2013 S. 53, 57.

359 *Meyering/Gröne* weisen ebenfalls darauf hin, dass für die Berücksichtigung künftiger Preis- und Kostensenkungen i. R. der deutschen Rechnungslegung grds. kein Platz ist. Begründet wird dies von den Autoren damit, dass der Ermittlung der Ausschüttungsbemessungsgrundlage im Zusammenhang mit der Auskehrung unsicherer Vermögensmehrungen im Handelsrecht „klare" Grenzen gesetzt sind. Dies wird sowohl durch das Vorsichtsprinzip als auch durch das Realisationsprinzip belegt. Gleichwohl weisen *Meyering/Gröne* ebenfalls auf die Informationsfunktion eines Abschlusses hin. Vor dem Hintergrund der Informationsfunktion scheint es im Interesse der Bilanzadressaten zu sein, (auch) künftige Preis- und Kostensenkungen bei der Rückstellungsbilanzierung zu berücksichtigen, sofern für diese ausreichend objektive Hinweise vorliegen und diese zur Beurteilung der VFE-Lage einer Gesellschaft wesentlich sind. Die Berücksichtigung kann allerdings nur außerbilanziell, d. h. durch eine zusätzliche Angabe im Anhang, vorgenommen werden. Vgl. hierzu ausführlich *Meyering/Gröne,* BFuP 2014 S. 459, 459 ff.

360 Vgl. BT-Drucks. 16/10067 S. 52.

361 Auf eine hohe Wahrscheinlichkeit aufgrund von unternehmensexternen und hinreichend objektiven Hinweisen abstellend Beck Bil-Komm/*Schubert,* § 253 HGB Rz. 141; unter der Voraussetzung der Quasisicherheit für eine Berücksichtigung geringerer Aufwendungen *Gelhausen/Fey/Kämpfer,* Buchst. I Rz. 20. Ebenfalls für eine Ausweitung auf Minderaufwendungen *Kunath* in: Fink/Schultze/Winkeljohann, S. 158; *Baetge/Kirsch/Thiele,* S. 435 f.

teilt werden.[362] Dem Objektivierungserfordernis muss dabei ein hohes Gewicht eingeräumt werden, um die Ermessensspielräume einzuschränken.[363] Diesem Anspruch werden zweifelsfrei **rechtlich bereits verbindliche Vereinbarungen** gerecht.[364] Noch nicht eingetretene externe Ereignisse sind mit ins Kalkül einzubeziehen, wenn ihr Eintreten „quasi sicher“[365] ist, d.h., dass ihr Eintreten nicht von sachverständigen Dritten bezweifelt wird (bspw. ein bereits besprochener Gesetzentwurf, dem alle Fraktionen bereits öffentlich Zuspruch erteilt haben).

BEISPIEL

Fall 1: Das Parlament hat zum Bilanzstichtag bereits ein Gesetz beschlossen, welches die Erhöhungen der Sozialversicherungsbeiträge um 20% im nächsten Jahr zur Folge hat. Die Ratifizierung des Gesetzes durch den Bundespräsidenten steht noch aus.

Fall 2: Die Gewerkschaft fordert seit Längerem Lohnsteigerungen von 10%. Bis jetzt fanden keine weiteren Verhandlungen statt. Der Ausgang der Tarifverhandlungen ist zum Bilanzstichtag ungewiss.

Der **Fall 1** begründet eine Erhöhung des Rückstellungswerts. Im **Fall 2** ist hingegen keine „Quasisicherheit“ der Preis- und Kostensteigerungen erkennbar, weswegen eine Erhöhung des Rückstellungswerts unterbleiben muss.

Zulässig ist auch, die künftigen Preis- und Kostensteigerungen anhand historischer Daten in die Zukunft fortzuschreiben **(Trendfortschreibung).**[366] Dabei kann die Fortschreibung auf Basis einer Extrapolation bestimmter Durchschnittswerte oder durch Regressionsanalysen vorgenommen werden. Trendfortschreibungen bieten sich bspw. an für:[367]

- Inflations-/Deflationsraten,
- Löhne/Gehälter,
- Materialkosten,
- bestimmte Rohstoffpreise.

PRAXISTIPP

Die Trendfortschreibung setzt voraus, dass ausreichend große Zeitreihen verfügbar sind und es keine Anzeichen wesentlicher Änderungen der Gegebenheiten in der Zukunft gibt.

BEISPIEL Für die Berechnung einer Drohverlustrückstellung betrachtet ein Unternehmen die Entwicklung der Preise eines Rohstoffs. Dabei kommen die Mitarbeiter zu dem Ergebnis, dass die Kosten für den Rohstoff in den letzten zehn Jahren um durchschnittlich 5% p.a. gestiegen sind. Im Jahr des Bilanzstichtags allerdings stiegen die Kosten um 20% aufgrund einer sprunghaft gestiegenen Nachfrage.

Die Berechnung einer möglichen Drohverlustrückstellung mit einer jährlichen Steigerungsrate von 5% gilt hier als überholt und ist nicht als Berechnungsgrundlage zu wählen. Auch der Zehn-Jahres-Durchschnitt unter Beachtung der letztjährigen Steigerung i.H. von 20% kann nur angewandt werden, wenn die letzte Preissteigerung nicht als nachhaltig anzusehen ist. Wird die Preissteigerung vom vernünftig beurteilenden Kaufmann als nachhaltig eingeschätzt, ist auch für die Zukunft von diesen Preisverhältnissen (nicht Preissteigerungen!) auszugehen. Für diese Einschätzung sind alle in einem angemessenen Kosten-Nutzen-Verhältnis erwerbbaren Informationen zu verwerten (insb. eine Expertenprognose usw.).

362 Ähnlich auch *Gelhausen/Fey/Kämpfer*, Buchst. I Rz. 18.

363 Vgl. *Wüstemann/Koch*, BB 2010 S. 1075, 1078.

364 Vgl. *Zülch/Hoffmann*, StuB 2009 S. 369, 370.

365 *Theile/Stahnke*, DB 2008 S. 1757, 1759.

366 Vgl. auch IDW RS HFA 4, IDW FN 2013 S. 61, 61 f.

367 Dies gilt nur, solange keine „Trendbrüche“ zu erwarten sind.

Für **Geldleistungsverpflichtungen** sind mögliche Trendfortschreibungen restriktiver auszulegen. Eine unternehmensspezifische Fortschreibung muss in solchen Fällen unterbleiben.[368] Dennoch sollten künftige Preissteigerungen beachtet werden. Dies sollte auf Basis veröffentlichter **Inflationsprognosen** geschehen.[369] In diesem Zusammenhang schlagen *Zülch/Hoffmann* die Berechnung des arithmetischen Mittels aus der Vielzahl veröffentlichter Inflationsprognosen in Deutschland vor.[370] Unseres Erachtens kann diesem Vorschlag gefolgt werden.

PRAXISTIPP

Bei der Ermittlung der Inflationsprognosen für Zwecke der Trendfortschreibung von Rückstellungen für Geldleistungsverpflichtungen kann auf die veröffentlichten Daten deutscher Wirtschaftsforschungsinstitute zurückgegriffen werden. Hierbei empfiehlt es sich, aufgrund der Abweichung der einzelnen Prognosen einen Mittelwert zu bilden.[371]

Bei kurzfristigen Rückstellungen wird die Berechnung künftiger Preis- und Kostensteigerungen regelmäßig aufgrund des **Grundsatzes der Wesentlichkeit** entfallen.[372] Auch bei langfristigen Verpflichtungen fordern Stimmen im Schrifttum, aufgrund der **fehlenden Objektivierung** langfristiger Trends auf die Einbeziehung von Preis- und Kostensteigerungen zu verzichten.[373] Insbesondere mit Blick auf die gesetzlich geforderte Abzinsung würde sich dadurch aber, unter Verstoß gegen die Schutzfunktion des handelsrechtlichen Jahresabschlusses, ein zu geringer Bilanzwert ergeben. Durch die gesetzliche Normierung beider Parameter (Abzinsung und Kostensteigerungen) erübrigt sich eine weitergehende Diskussion.

Die zuvor gemachten Ausführungen über Preis- und Kostensteigerungen gelten nicht für **versicherungstechnische Rückstellungen.** Diese sind nach den Wertverhältnissen am Bilanzstichtag zu bewerten.[374]

Für **Drohverlustrückstellungen** gilt, dass zukünftige Kosten- und Preisänderungen, die auf singulären Ereignissen nach dem Abschlussstichtag basieren, bei der Ermittlung des drohenden Verlusts nicht berücksichtigt werden dürfen.[375] Einzubeziehen sind nach IDW RS HFA 4 Preis- und Kostenänderungen (sowohl positiv als **auch negativ**)[376] bei begründeten Erwartungen, die sich bspw. aus der Vergangenheit ergeben. Auf dieser Grundlage werden Erträge und Aufwendungen gegenübergestellt und ein Überhang an Aufwendungen als Drohverlustrückstellung ausgewiesen.

368 *Zülch/Hoffmann,* StuB 2009 S. 369, 371: „[...] da für Inflationserwartungen objektivere Daten vorliegen".

369 Vgl. *Fink/Kunath,* DB 2010 S. 2345, 2347.

370 Vgl. *Zülch/Hoffmann,* StuB 2009 S. 369, 371.

371 Es könnte auch ein gewichtetes Mittel in Betracht kommen, indem neuere Veröffentlichungen aufgrund einer verbesserten Informationslage höher gewichtet werden, wohingegen frühere Prognosen weniger stark ins Gewicht fallen. Eine solche Berechnung wird jedoch selten in einem angemessenen Kosten-Nutzen-Verhältnis stehen.

372 So auch *Fink/Kunath,* DB 2010 S. 2345, 2347.

373 Vgl. z. B. *Kessler,* S. 493, der einen Verzicht auf die Abzinsung von Rückstellungen mit einer Laufzeit über fünf Jahre vorschlägt.

374 Vgl. § 341e Abs. 1 Satz 3 HGB.

375 Vgl. IDW RS HFA 4, IDW FN 2010 S. 298, 303; *Gelhausen/Fey/Kämpfer,* Buchst. I Rz. 72.

376 Vgl. Beck Bil-Komm/*Schubert,* § 253 HGB Rz. 173.

3.2.4 Einzubeziehende Kosten

Sachleistungsverpflichtungen sind mit den **Vollkosten** zu bewerten.[377] Hierzu zählen die direkt der Verpflichtung zurechenbaren Einzelkosten sowie die notwendigen Gemeinkosten (siehe auch zu den steuerrechtlichen Vorgaben Kap. 3.4.1). Nicht notwendig und damit auch nicht rückstellungsfähig sind die Wahlrechtsbestandteile der Herstellungskosten nach § 255 Abs. 2 HGB:[378]

- Kosten der allgemeinen Verwaltung,
- Aufwendungen für freiwillige soziale Leistungen,
- Kosten der betrieblichen Altersvorsorge.

BEISPIEL 1 Unternehmen U verkauft Waschmaschinen, die selbst produziert werden. Aufgrund von Sachmängeln werden erfahrungsgemäß 10 % der jährlich 1.000 umgesetzten Waschmaschinen ausgetauscht. Je Waschmaschine fallen folgende Aufwendungen an:

- Einzelkosten: 250 EUR
- Material- und Fertigungsgemeinkosten sowie Abschreibungen: 125 EUR
- Allgemeine Verwaltungskosten: 25 EUR

Die allgemeinen Verwaltungskosten dürfen sich nicht im Rückstellungsansatz wiederfinden. Hingegen sind die anderen Einzel- und Gemeinkosten i. H. von 375 EUR pro Waschmaschine einzubeziehen.

Unter Beachtung des voraussichtlichen Rücklaufs an Waschmaschinen von 100 Stück ergibt sich ein Erfüllungsbetrag i. H. von 37.500 EUR.

BEISPIEL 2 Die Handel GmbH ist eine große Kapitalgesellschaft i. S. des § 267 HGB, deren Geschäftstätigkeit im Handel mit verschiedenen Rohstoffen (z. B. Erzen, Mineralien) besteht. Als Tochterunternehmen der weltweit operierenden Konzern AG wird die Handel GmbH in den IFRS-Konzernabschluss mit einbezogen. Zur Ausnutzung günstiger Einkaufskonditionen erwirbt die Konzern AG die Rohstoffe in großen Mengen und überträgt diese im Wege einer Sachleihe unentgeltlich auf ihre Tochtergesellschaften und damit auch auf die Handel GmbH. Die Handel GmbH kann ihrerseits die erhaltenen Rohstoffe auf Verlangen an die Konzern AG zurückübertragen. Ein bestimmter Rückgabetermin wurde nicht vereinbart. Sollten im Zeitpunkt der Rückforderung der Konzern AG nicht mehr ausreichend Rohstoffe bei der Handel GmbH vorhanden sein, muss diese zur Erfüllung der Verpflichtung die fehlenden Rohstoffe auf dem Weltmarkt einkaufen. Am 31.12.t0 überträgt die Konzern AG der Handel GmbH Rohstoffe im Wert von 1.200.000 EUR. Darüber hinaus gelten folgende Annahmen:

Variante 1: Der Wert der Rohstoffe ist zum 31.12.t1 auf 1.176.000 EUR gesunken.

Variante 2: Der Wert der Rohstoffe ist zum 31.12.t1 auf 1.245.000 EUR gestiegen.

Die Handel GmbH erstellt einen HGB-Einzelabschluss und wird darüber hinaus von der Konzern AG zur Erstellung eines Abschlusses nach IFRS verpflichtet. Der für die Steuerabgrenzung relevante Steuersatz der Handel GmbH liegt bei 30 %. Die weitere Betrachtung nach HGB und IFRS hat sowohl zum Zugangszeitpunkt (31.12.t0) als auch zum 31.12.t1 zu erfolgen (Folgestichtag).

Hinsichtlich der Zugangsbewertung ist im vorliegenden Sachverhalt stets der beizulegende Zeitwert der Rohstoffe relevant. Zunächst werden die Rohstoffe an die Handel GmbH übertragen und dort mit dem beizulegenden Wert im Umlaufvermögen aktiviert. In gleicher Höhe passiviert die Handel GmbH die Sachleistungsverpflichtung als Verbindlichkeit. Da im Zugangszeitpunkt keine anderen Informationen vorliegen, verkörpert der zu diesem Tag geltende Wert (1.200.000 EUR) den Erfüllungsbetrag der Verpflichtung.

---

377 Vgl. Bertram/Kessler/Müller/*Bertram/Kessler*, § 253 HGB Rz. 46; *Hoffmann/Lüdenbach*, § 253 HGB Rz. 64; IDW RS HFA 34, IDW FN 2013 S. 53, 56.

378 Vgl. *Kunath* in: Fink/Schultze/Winkeljohann, S. 159; IDW RS HFA 34, IDW FN 2013 S. 53, 56.

Buchungssatz zum 31.12.t0:

Waren	1.200.000 EUR	an	Verbindlichkeiten aus LuL	1.200.000 EUR

Für die Folgebewertung ist hingegen eine Differenzierung erforderlich, ob die erforderlichen Rohstoffe im Zeitpunkt der Bewertung vorhanden sind oder von der Handel GmbH erst noch beschafft werden müssen. Damit stellen sich im vorliegenden Sachverhalt hinsichtlich der bilanziellen Abbildung vier unterschiedliche Fallkonstellationen zur Beurteilung:

- Die zurückzugebenden Rohstoffe sind noch bei der Handel GmbH vorhanden, der Wert der Rohstoffe ist allerdings gem. Variante 1 im Zeitablauf gesunken (im Folgenden **Fall 1**).
- Die zurückzugebenden Rohstoffe sind noch bei der Handel GmbH vorhanden, der Wert der Rohstoffe ist allerdings gem. Variante 2 im Zeitablauf gestiegen (im Folgenden **Fall 2**).
- Die zurückzugebenden Rohstoffe sind nicht mehr bei der Handel GmbH vorhanden und müssen zur Rückgabe wiederbeschafft werden, der Wert der Rohstoffe ist allerdings gem. Variante 1 im Zeitablauf gesunken (im Folgenden **Fall 3**).
- Die zurückzugebenden Rohstoffe sind nicht mehr bei der Handel GmbH vorhanden und müssen zur Rückgabe wiederbeschafft werden, der Wert der Rohstoffe ist allerdings gem. Variante 2 im Zeitablauf gestiegen (im Folgenden **Fall 4**).

Sofern die Rohstoffe zur Verpflichtungserfüllung noch mengenmäßig in ausreichender Zahl zur Verfügung stehen, wirken sich Wertänderungen des Rohstoffpreises nicht auf die (Folge-)Bewertung der Sachleistungsverpflichtung aus. Falls die Rohstoffe mengenmäßig nicht mehr vorliegen, hat eine imparitätische Bewertung der Sachleistungsverpflichtung zu erfolgen, die – unter Berücksichtigung des Anschaffungskostenprinzips sowie des Höchstpreisprinzips – zu einer Aufwertung (Ausweis eines Aufwands) führen kann. In Abhängigkeit von der weiteren Preisentwicklung kann diese Aufwertung in der Folgezeit ggf. wieder reduziert werden, jedoch nicht unter den ursprünglichen Zugangswert der Verpflichtung.

Die folgenden Fallkonstellationen verdeutlichen die sich für die Folgebewertung ergebenden Bewertungskonsequenzen. Hierbei ist zwischen der Bewertung der Rohstoffe auf der Aktivseite (soweit noch vorhanden) sowie der Bewertung der Sachleistungsverpflichtung zu unterscheiden.

Fall 1: Rohstoffpreis gesunken (1.176.000 EUR), Rohstoff vorhanden

Auf der Aktivseite hat eine Abschreibung der Rohstoffe auf den niedrigeren Wert zu erfolgen.

Buchungssatz am 31.12.t1:

Abschreibungen	24.000 EUR	an	Waren	24.000 EUR

Die Veränderung der Wiederbeschaffungskosten wirkt sich nicht auf den Wert der Sachleistungsverpflichtung aus, d. h., diese bleibt unverändert bei einem Wert von 1.200.000 EUR. Die Realisierung eines Gewinns aus gesunkenen Wiederbeschaffungskosten kann erst im Zeitpunkt der Rückgabe der Rohstoffe nach den dann herrschenden Wertverhältnissen erfolgen.

Buchungssatz bei Gewinnrealisierung (und unverändertem Preisrückgang) im Zeitpunkt der Rückgabe:

Verbindlichkeiten ggü. verb. Unternehmen	1.200.000 EUR	an	Waren	1.176.000 EUR
		an	sonstige betriebliche Erträge	24.000 EUR

Fall 2: Rohstoffpreis gestiegen (1.245.000 EUR), Rohstoff vorhanden:

Auf der Aktivseite bleibt der Wertansatz der Rohstoffe unverändert (Anschaffungskostenprinzip). Die Veränderung der Wiederbeschaffungskosten wirkt sich aufgrund des Vorhandenseins der zur Erfüllung notwendigen Vermögensgegenstände nicht auf den Wert der Sachleistungsverpflichtung aus, d.h., diese bleibt unverändert bei 1.200.000 EUR.

Im Zeitpunkt der Rückgabe der Rohstoffe werden die Waren sowie die Verbindlichkeit mit dem ursprünglichen Wert ausgebucht. Es kommt zu keiner Erfolgswirkung aus der Rückgabe.

Buchungssatz bei Rückgabe der Rohstoffe und unverändertem Preisanstieg:

Verbindlichkeiten ggü. verb. Unternehmen	1.200.000 EUR	an	Waren	1.200.000 EUR

Fall 3: Rohstoffpreis gesunken (1.176.000 EUR), Rohstoff nicht vorhanden:

Auf der Aktivseite werden die Rohstoffe nicht mehr ausgewiesen, da sie von der Handel GmbH veräußert wurden. Eine Abwertung der Sachleistungsverpflichtung kommt nur in Betracht, wenn diese im Vergleich zum Zugangswert bereits aufgewertet worden war (z.B. von 1.200.000 EUR auf 1.221.000 EUR zum 30.6.t1).

Im Beispielsfall darf die passivierte Schuld nie einen Wert von 1.200.000 EUR unterschreiten (Höchstwert-/Vorsichtsprinzip). Eine Anpassung der Schuld im Vergleich zum Zugangszeitpunkt kann folglich nur dann eintreten, wenn der Rohstoffpreis an einem davorliegenden Bilanzstichtag vorübergehend gestiegen ist.

Buchungssatz am 30.6.t1:

sonstige betriebliche Aufwendungen	21.000 EUR	an	Verbindlichkeiten ggü. verb. Unternehmen	21.000 EUR

Buchungssatz am 31.12.t1:

Verbindlichkeiten ggü. verb. Unternehmen	21.000 EUR	an	sonstige betriebliche Erträge	21.000 EUR

Fall 4: Rohstoffpreis gestiegen (1.245.000 EUR), Rohstoff nicht vorhanden:

Auf der Aktivseite werden die Rohstoffe nicht mehr ausgewiesen, da sie von der Handel GmbH veräußert wurden. Die gestiegenen Wiederbeschaffungskosten der Rohstoffe machen aufgrund des geltenden Höchstwert- bzw. Vorsichtsprinzips eine Anpassung der passivierten Sachleistungsverpflichtung erforderlich.

Buchungssatz am 31.12.t1:

sonstige betriebliche Aufwendungen	45.000 EUR	an	Verbindlichkeiten ggü. verb. Unternehmen	45.000 EUR

Ein **Ansatzverbot** gilt, allgemeiner formuliert, für all die Kostenkomponenten, die **nicht i.R. der Erfüllung der Verpflichtung anfallen,** also nicht notwendig sind. Mit anderen Worten: Fallen die Kosten ungeachtet der Erfüllung der Verpflichtung an, sind sie nicht mit in die Berechnung des Rückstellungswerts einzubeziehen.

Ebenfalls nicht in den Rückstellungswert mit einzubeziehen sind **Leerkosten.**[379] Diese Kosten der Unterbeschäftigung könnten ohne Auswirkung auf die Erfüllungshandlung reduziert werden und sind demnach nicht Bestandteil einer Schuld.[380]

379 Siehe hierzu Syst. Praxiskommentar Bilanzrecht/*Richter/Künkele/Zwirner,* § 255 HGB Rz. 156.
380 Vgl. Bertram/Kessler/Müller/*Bertram,* § 249 HGB Rz. 172.

3.3 Abzinsungsgebot

Handelsrechtlich ist eine **Abzinsungspflicht** grds. bei sämtlichen langfristigen Rückstellungen vorgesehen. Das HGB unterscheidet dabei nicht zwischen verzinslichen Verpflichtungen, d. h. Verpflichtungen, die selbst einer gesetzlichen Verzinsung unterliegen (z. B. Steuernachzahlungen, Prozesskosten), und nicht verzinslichen Verpflichtungen. Somit sind auch verzinsliche Verpflichtungen grds. mit dem nach HGB geforderten laufzeitadäquaten Zinssatz abzuzinsen.[381] Nach IDW RS HFA 34 (Tz. 35) kann eine gesonderte Abzinsung der Verpflichtungen allerdings erfolgen, wenn der vertraglich vereinbarte oder gesetzlich vorgeschriebene Zinssatz der Verpflichtung nur unwesentlich von dem relevanten laufzeitadäquaten Zinssatz abweicht. Im Ergebnis sind solche Verpflichtungen zum Bilanzstichtag dann mit ihrem Nominalbetrag anzusetzen.[382]

Gemäß § 253 Abs. 2 Satz 1 HGB sind Rückstellungen mit einer **Restlaufzeit**[383] **von mehr als einem Jahr** entsprechend ihrer Restlaufzeit abzuzinsen. Das so kodifizierte Abzinsungsgebot gilt für alle langfristigen Rückstellungen, also unabhängig davon, ob es sich um eine Geld- oder Sachleistungsverpflichtung oder um eine Verpflichtung in EUR oder in Fremdwährung handelt.[384] Es ist unerheblich, ob die voraussichtliche Verpflichtung einen Zinsanteil enthält oder nicht.[385] Von der Norm ebenfalls erfasst sind Drohverlustrückstellungen.[386]

PRAXISTIPP

Rückstellungen mit einer Restlaufzeit von mehr als einem Jahr sind abzuzinsen, auch wenn in der Verpflichtung kein Zinsanteil enthalten ist.

Die Restlaufzeit einer Rückstellung bestimmt sich grds. aus dem **Zeitraum** zwischen dem betrachteten Abschlussstichtag und dem voraussichtlichen Erfüllungszeitpunkt der Verpflichtung. Im Zusammenhang mit Verträgen, denen eine bestimmte, bindende **(Mindest-)Laufzeit** zugrunde liegt, ist grds. auf diese (Mindest-)Laufzeit Bezug zu nehmen. Dies gilt auch in den Fällen, in denen eine **Verlängerungsoption** besteht. Nur dann, wenn die Verlängerungsoption zum Bilanzstichtag bereits ausgeübt wurde, d. h. rechtlich vereinbart worden ist, oder andere rechtliche und/oder tatsächliche Gegebenheiten die Ausübung der Option wahrscheinlich erscheinen lassen, ist diese bei der Beurteilung der Rückstellung zum Bilanzstichtag zu berücksichtigen.

Im Einzelfall ist es nicht möglich, den genauen **Erfüllungszeitpunkt** einer Verpflichtung hinreichend sicher zu bestimmen, weil die Erfüllung der Verpflichtung nicht zu einem bestimmten Zeitpunkt, sondern über einen bestimmten Zeitraum erfüllt wird. In diesen Fällen ist im Hinblick auf eine zutreffende Bewertung zum Bilanzstichtag die Rückstellung in mehrere Teilrückstellungen, sog. „Jahresscheiben“, aufzuteilen (vgl. IDW RS HFA 34, Tz. 39). Die einzelnen „Jahresscheiben“ sind dann jeweils entsprechend ihrer Laufzeit abzuzinsen. Hinsichtlich der Frage der Inanspruchnahme der jeweiligen Rückstellung ist es zulässig, vereinfachende Annahmen hinsichtlich des Zeitpunkts zu treffen. Alternativ kann für die gesamte Verpflichtung ein mittlerer Erfüllungszeitpunkt ermittelt werden.

381 Vgl. IDW RS HFA 34, IDW FN 2013 S. 53, 58.

382 Vgl. IDW RS HFA 34, IDW FN 2013 S. 53, 58.

383 Als Restlaufzeit ist die Zeit bis zur voraussichtlichen Erfüllung gemeint.

384 Vgl. Beck Bil-Komm/*Schubert*, § 253 HGB Rz. 180.

385 Vgl. Syst. Praxiskommentar Bilanzrecht/*Brösel/Freichel/Wasmuth*, § 253 HGB Rz. 146.

386 Siehe auch IDW RS HFA 4, IDW FN 2010 S. 298, 303.

Im Hinblick auf die **Abzinsung von Rückstellungen** mit nicht ganzjähriger Restlaufzeit macht das HGB keine Angaben. Nach IDW RS HFA 34 (Tz.42) sind bei der Bestimmung des Abzinsungssatzes allerdings drei Möglichkeiten denkbar:

- lineare Interpolation ausgehend von dem Zinssatz für die nächstlängere bzw. nächstkürzere Restlaufzeit,
- Verwendung des Zinssatzes für die Restlaufzeit, die am nächsten am erwarteten Erfüllungszeitpunkt liegt,
- Verwendung des Zinssatzes für die nächstkürzere ganzjährige Restlaufzeit, im Fall einer normalen Zinsstrukturkurve.

Nach § 253 Abs. 2 HGB sind Rückstellungen mit einer Restlaufzeit von mehr als einem Jahr mit dem ihrer Restlaufzeit entsprechenden durchschnittlichen Marktzinssatz der vergangenen sieben Geschäftsjahre abzuzinsen **(Abzinsungsgebot).** Wie schon die Ermittlung der Preis- und Kostensteigerungen zum Stichtag erfolgen muss, sind auch die zum jeweiligen Stichtag geltenden Zinssätze der Abzinsung der Rückstellungen zugrunde zu legen. Nach dem Stichtag erfolgte Veränderungen des Zinsniveaus sind wertbegründende Ereignisse des Folgejahres.[387]

Grundsätzlich müssen die relevanten Bewertungsparameter hierbei für jede Rückstellung gesondert festgelegt werden **(Einzelbewertungsgrundsatz).** Es ist indes nicht zuletzt aus Gründen der Praktikabilität möglich, typisierte Bewertungsannahmen festzulegen, bspw. bei der Bewertung sog. Pauschalrückstellungen. Die anzuwendenden **Abzinsungssätze** werden von der **Deutschen Bundesbank** nach Maßgabe der Rückstellungsabzinsungsverordnung ermittelt und monatlich bekannt gegeben.[388]

Die **Abzinsungspflicht** für Rückstellungen bezieht sich allein auf Rückstellungen, die zum Bilanzstichtag eine **Restlaufzeit von mehr als einem Jahr** haben.

Rückstellungen mit einer **Restlaufzeit unter einem Jahr** sind nicht zwingend abzuzinsen, wobei die (Rest-)Laufzeit immer ausgehend vom erstmaligen bilanziellen Ansatz zu ermitteln ist.[389] Die h.M. geht von einem **Abzinsungswahlrecht** für Rückstellungen mit einer Restlaufzeit unter einem Jahr aus.[390]

Das vorstehende Wahlrecht wird in seiner Anwendbarkeit jedoch durch den Stetigkeitsgrundsatz eingeschränkt.[391]

PRAXISTIPP

Das faktische Abzinsungswahlrecht für Rückstellungen mit einer Restlaufzeit unter einem Jahr kann bilanzpolitisch genutzt werden. Hierbei ist jedoch die Bindung durch den Stetigkeitsgrundsatz zu beachten.

387 Vgl. IDW RS HFA 34, IDW FN 2013 S. 53, 54.

388 Vgl. IDW RS HFA 34, IDW FN 2013 S. 53, 59.

389 Vgl. *Hoffmann/Lüdenbach,* § 253 HGB Rz. 113 ff.; vgl. IDW RS HFA 34, IDW FN 2013 S. 53, 59.

390 So z. B. IDW RS HFA 4, IDW FN 2010 S. 298, 303; Bertram/Kessler/Müller/*Bertram/Kessler,* § 253 HGB Rz. 129; *Gelhausen/Fey/Kämpfer,* Buchst. I Rz. 45; HdR-E/*Pfirmann/Lorson/Hell/Metz,* § 253 HGB Rz. 113.

391 Vgl. § 252 Abs. 1 Nr. 6 HGB.

BEISPIEL[392] Zum 31.12.t0 liegt eine Rückstellung vor, die am 31.12.t5 fällig ist. Die Restlaufzeit beträgt damit fünf Jahre.

Zum 31.12.t0 muss der Bilanzierende unter der Annahme einer fünfjährigen Restlaufzeit die Rückstellung abzinsen. Er hat dafür den Zinssatz einer Restlaufzeit für fünf Jahre zu wählen und als Exponent bei der Abzinsung die tatsächliche Restlaufzeit zu wählen: fünf Jahre.

Zum 31.12.t4 hat der Bilanzierende allerdings die Möglichkeit, die Abzinsung zu unterlassen. Er könnte dann die Rückstellung mit dem Nominalbetrag ansetzen. Damit muss jedoch ein vergleichsweise hoher Aufzinsungsaufwand gebucht werden.

PRAXISTIPP

Das faktische Abzinsungswahlrecht für das letzte Jahr vor Fälligkeit einer langfristigen Verpflichtung führt bei Nichtanwendung zu erhöhten Aufzinsungsbeträgen bei der letztmaligen zinsbedingten Zuführung.

BEISPIEL Im Jahr t0 ist eine Rückstellung zu bilden, welche unter Berücksichtigung der Preis- und Kostensteigerungen voraussichtlich im Jahr t5 zu einem Abfluss i. H. von vermutlich 10.000 EUR führen wird. In den Jahren t0 bis t4 ergeben sich keine Hinweise auf die Berücksichtigung einer abweichenden Preis- und Kostensteigerung, weshalb der geschätzte Nominalbetrag i. H. von 10.000 EUR durchgehend der Bewertung zugrunde gelegt wird. Die Entwicklung der Rückstellung ergibt sich somit wie folgt:

Jahr	Zinssatz für die Restlaufzeit [in %]	Diskontierungsfaktor	Wertansatz zum Jahresende [in EUR]
t0	2,74	0,8736	8.736
t1	2,54	0,9045	9.045
t2	2,34	0,9330	9.330
t3	2,16	0,9582	9.582
t4	2,02	0,9804	9.804
t5	–	1,0000	10.000

Buchungssatz per 31.12.t5 (Aufzinsungseffekt des Jahres t5 [10.000 EUR – 9.804 EUR]):

Zinsaufwand	196 EUR	an	Rückstellungen	196 EUR

Im Jahr t6 wird die Inanspruchnahme der Rückstellung gebucht. Zinseffekte sind nicht weiter zu berücksichtigen, da die zum 31.12.t5 angesetzte Rückstellung als kurzfristige Rückstellung bereits mit ihrem Nominalbetrag angesetzt wurde und keine Abzinsung berücksichtigt worden ist.

Unterstellt man einen Zinssatz von 2,20 % bei einer einjährigen Laufzeit und rechnet der Bilanzierende mit einer Inanspruchnahme der Rückstellung zum 30.8.t6, ergibt sich der mögliche Wertansatz zum 31.12.t5 in folgender Höhe (aus Vereinfachungsgründen werden die Werte des vorherigen Beispiels ansonsten beibehalten):

$10.000\,EUR / (1{,}022)^{8/12} = 9.856\,EUR$

Buchungssatz per 31.12.t5 (Aufzinsungseffekt des Jahres t5 [abgezinster Barwert per 31.12.t5 i. H. von 9.856 EUR – Buchwert per 31.12.t4 i. H. von 9.804 EUR]):

Zinsaufwand	52 EUR	an	Rückstellungen	52 EUR

Hierbei ist darauf hinzuweisen, dass der Zinsaufwand des Jahres t5 geringer ausgewiesen wird, weil die Rückstellung nicht wie ursprünglich geplant zum 31.12.t5 mit dem Nominalwert, sondern mit dem Barwert (trotz kurzfristiger Laufzeit) angesetzt wird. Da der Bilanzierende zuvor die Abzinsung der Rück-

392 In Anlehnung an *Zwirner/Busch*, BC 2010 S. 410, 411.

stellung nur bis zum 31.12.t5 und nicht bis zum 30.8.t6 vorgenommen hat, ergibt sich der geringere Zinsaufwand in t5. Über den Bewertungswechsel müsste der Bilanzierende berichten. Der Effekt ließe sich damit in

- einen regulären Zinsaufwand aus der ursprünglichen Aufzinsung i.H. von 196 EUR und
- einen ergebnispositiven Abzinsungseffekt i.H. von 144 EUR

aufteilen.

Im Ergebnis erfolgt die Bewertungsanpassung der Rückstellung durch Berücksichtigung des geringeren Zinsaufwands i.H. von 52 EUR. Der Effekt der Bewertungsänderung beträgt 144 EUR und entspricht dem in t6 letztmals zu erfassenden Zinsaufwand.

Im Jahr t6 ergäbe sich dann ein letztmaliger Zinsaufwand aus der Aufzinsung i.H. von 144 EUR (10.000 EUR – 9.856 EUR):

Zinsaufwand	144 EUR	an	Rückstellungen	144 EUR

Im August t6 wird die Rückstellung in Anspruch genommen und mit ihrem Nominalbetrag i.H. von 10.000 EUR ausgebucht.

Als **relevanter Zinssatz** für die jeweilige Rückstellung gilt gem. § 253 Abs. 2 Satz 1 HGB der laufzeitadäquate Marktzinssatz. Dieser wird als Durchschnittswert der letzten sieben Jahre von der Deutschen Bundesbank nach § 253 Abs. 2 Satz 4 HGB ermittelt und monatlich von dieser veröffentlicht. Die Zinssätze werden dabei für Laufzeiten von maximal 50 Jahren bis auf die zweite Nachkommastelle vorgegeben. Bei Rückstellungen mit Laufzeiten von mehr als 50 Jahren, z.B. für Rekultivierungen bei langlebigen Rohstoffvorkommen oder bei Atommüll(zwischen)lagern, werden derzeit noch keine verbindlichen Zinssätze vorgegeben.[393] Diese wären dann jährlich an den aktuellen Zinssatz für Laufzeiten von 50 Jahren anzupassen. Eine solche retrospektive Ermittlung des relevanten Zinssatzes soll der Eliminierung kurzfristiger Zufallseffekte dienen.[394] In diesem Zusammenhang ist auf Folgendes hinzuweisen: Für die Bewertung von sonstigen Rückstellungen ist auch weiterhin der durchschnittliche Zinssatz von sieben Jahren zu verwenden, wobei der anzuwendende Zinssatz von dem Zinssatz, der der Bewertung von Pensionsrückstellungen zugrunde zu legen ist, abweicht (siehe zur Laufzeit des durchschnittlichen Zinssatzes bei Pensionsrückstellungen Kap. 5.13.2).

Die Zinssätze werden monatlich von der **Deutschen Bundesbank** auf Basis der **RückAbzinsV** berechnet und auf den Internetseiten der Institution bekannt gegeben.[395] Diese Zinssätze sollen die Renditeerwartungen der Marktteilnehmer an Industrieanleihen widerspiegeln, weshalb die Zerobond-Euro-Zinsswapkurve, welche auf Euro-Festzins-Swapsätzen beruht, über die gesamte Laufzeit um einen einheitlichen Aufschlag erhöht wird. Die so zu berechnenden Daten werden/wurden für die **letzten sieben Jahre** ermittelt. Daraus wird dann der laufzeitentsprechende **Durchschnittszins** berechnet. Damit sollen kurzfristige Zinseffekte vermieden und die Zinsstruktur geglättet werden.[396] **Abweichend** von dem Durchschnittszinssatz über die letzten sieben Jahre hat der Gesetzgeber allein für **Pensionsrückstellungen** einen **Betrachtungszeitraum von zehn Jahren** vorgesehen.

393 Vgl. BMJ v. 25.11.2009, BGBl. I 2009 Nr. 75.

394 Vgl. *Prinz*, BBK 2008 S. 237, 237.

395 Dies dient auch einer Objektivierung der Rückstellungsbewertung; vgl. *Hoffmann/Lüdenbach*, § 253 HGB Rz. 121.

396 Da jedoch eine Normierung für den Nenner der Berechnung (den Abzinsungsfaktor) vorliegt, wohingegen der Zähler keiner vergleichbaren Normierung unterliegt, kommt es de facto zu einer steigenden Volatilität des Rückstellungswerts in der Bilanz – siehe insb. *Wüstemann/Koch*, BB 2010 S. 1075, 1075 ff.

PRAXISTIPP

Die von der Bundesbank veröffentlichten Zinssätze sind auf der Internetseite https://www.bundesbank.de einsehbar.

Bei der Berechnung findet das **unternehmensindividuelle Ausfallrisiko,** das sich sonst in höheren Kapitalbeschaffungskosten ausdrückt, **keine Berücksichtigung.** Andernfalls würde die sinkende Bonität eines Unternehmens zu höheren Abzinsungssätzen und damit zu geringeren Rückstellungsbilanzwerten und höheren Erträgen aus der Abzinsung führen. Dies würde im Widerspruch zum Höchstwertprinzip stehen.[397]

Der von der Bundesbank bekannt gegebene Zinssatz muss in der Form verwendet werden, wie er veröffentlicht worden ist. Das heißt, **Rundungen** des auf zwei Nachkommastellen angegebenen Zinssatzes sind **nicht zulässig.**[398]

Die Abzinsung hat entsprechend der (Rest-)Laufzeit der Rückstellungen zu erfolgen, d.h., eine Rückstellung, die zum 31.12.2024 gebildet und wahrscheinlich zum 31.12.2026 verbraucht wird, ist mit dem veröffentlichten Zinssatz für eine Laufzeit von zwei Jahren abzuzinsen. Aufgrund des **Stichtagsprinzips** sind die aktuell veröffentlichten Zinssätze zum Bilanzstichtag maßgeblich.[399] Für den 31.12.2024 sind das die folgenden:

Tab. 5: Abzinsungssätze zum 31.12.2024 laut Deutscher Bundesbank[400]

Restlaufzeit in Jahren	1	2	3	4	5	6	7	8	9	10
Zinssatz [in %]	1,50	1,48	1,48	1,51	1,54	1,59	1,63	1,68	1,73	1,79
Restlaufzeit in Jahren	11	12	13	14	15	16	17	18	19	20
Zinssatz [in %]	1,83	1,87	1,91	1,94	1,96	1,97	1,97	1,98	1,98	1,98
Restlaufzeit in Jahren	21	22	23	24	25	26	27	28	29	30
Zinssatz [in %]	1,97	1,96	1,94	1,93	1,93	1,91	1,89	1,88	1,86	1,85
Restlaufzeit in Jahren	31	32	33	34	35	36	37	38	39	40
Zinssatz [in %]	1,84	1,82	1,81	1,79	1,78	1,77	1,76	1,75	1,74	1,73
Restlaufzeit in Jahren	41	42	43	44	45	46	47	48	49	50
Zinssatz [in %]	1,71	1,70	1,69	1,68	1,67	1,66	1,65	1,64	1,63	1,62

397 Vgl. BT-Drucks. 16/10067 S. 54 f.

398 Gleicher Ansicht Syst. Praxiskommentar Bilanzrecht/*Brösel/Freichel/Wasmuth*, § 253 HGB Rz. 149.

399 Vgl. grds. auch Syst. Praxiskommentar Bilanzrecht/*Brösel/Freichel/Wasmuth*, § 253 HGB Rz. 146 f.

400 Vgl. https://www.bundesbank.de.

BEISPIEL Das Unternehmen X hat für seinen in 2024 geschlossenen Tagebau noch Rekultivierungsmaßnahmen durchzuführen. Diese plant es über drei Jahre zu verteilen. Insgesamt werden Ausgaben i.H. von 3.000.000 EUR erwartet. Es wird davon ausgegangen, dass die Ausgaben jeweils zum Jahresende getätigt werden. Das Unternehmen erwartet jährliche Preis- und Kostensteigerungen i.H. von 2%.

Stichtag	Teilbeträge [in EUR]	(Teil-)Erfüllungsbeträge [in EUR]	Relevanter Zinssatz [in %]	Abgezinster Betrag [in EUR]
31.12.2024	1.000.000	1.000.000	–	1.000.000
31.12.2025	1.000.000	1.020.000	0,44	1.015.532
31.12.2026	1.000.000	1.040.400	0,47	1.030.689
			Buchwert	3.046.221

Durch Multiplikation der einzelnen Teilbeträge in den jeweiligen Geschäftsjahren mit dem Preissteigerungsfaktor $1{,}02^{\text{Restlaufzeit}}$ ergibt sich der jeweilige (Teil-)Erfüllungsbetrag, der mit dem relevanten Zinssatz entsprechend seiner Restlaufzeit abgezinst wird. Im Beispiel wird der abgezinste Erfüllungsbetrag des in 2023 fälligen Teils wie folgt ermittelt:

1.000.000 EUR × 1,02^2 / (1 + 0,0047)^2 = 1.030.689 EUR

Weist eine Verpflichtung zum Abschlussstichtag eine voraussichtliche **Restlaufzeit von mehr als 50 Jahren** aus, ist es aus Wesentlichkeitsgründen zulässig, bei der Bewertung den Zinssatz für 50-jährige Restlaufzeiten zugrunde zu legen.[401] Die Abzinsung ist dann zu jedem Bilanzstichtag mit dem dann gültigen Zinssatz vorzunehmen und der Rückstellungswert anzupassen.[402]

Die Abzinsung von Rückstellungen für Verpflichtungen in **fremder Währung** kann ebenso auf Grundlage der Abzinsungssätze der **Deutschen Bundesbank** für die entsprechenden Laufzeiten erfolgen. Dies lässt sich damit begründen, dass die restlaufzeitenentsprechenden Zinssätze für die Bewertung nach §253 Abs.2 Satz1 und 2 HGB auf Grundlage einer Null-Kupon-Euro-Zinsswapkurve (i.S. der §§1 und 2 RückAbzinsV) ermittelt werden. Im Einzelfall kann es jedoch sachgerecht sein, einen währungskongruenten Abzinsungszinssatz zu verwenden. Gleichwohl besteht für die Verwendung landesspezifischer, **währungskongruenter Zinssätze** keine Pflicht. Wird zur Abzinsung ein solcher Zinssatz verwendet, ist dieser entsprechend §253 Abs.2 Satz1 HGB als restlaufzeitenentsprechender durchschnittlicher Marktzinssatz der letzten sieben Jahre zu bestimmen; die Verwendung eines nicht geglätteten Stichtagszinssatzes kommt nicht in Betracht.[403]

Die von der Bundesbank bekannt gegebenen Zinssätze sind grds. auch für **Fremdwährungsverpflichtungen** anzuwenden. „Etwas anderes gilt, wenn die Anwendung des durch die Deutsche Bundesbank ermittelten Abzinsungszinssatzes zu einer den tatsächlichen Verhältnissen nicht entsprechenden Darstellung der VFE-Lage führt. In diesem Fall ist der Abzinsungszinssatz nach den Vorgaben des §253 Abs.2 Satz1 HGB selbst zu ermitteln oder von privaten Anbietern zu beziehen."[404]

Grundsätzlich ist bei Verpflichtungen, die über einen **längeren Zeitraum** (d.h. über mehrere Jahre) erfüllt werden, jeder einzelne Erfüllungs-(Teil-)Betrag entsprechend seiner jeweiligen Rest-

401 Vgl. IDW RS HFA 34, IDW FN 2013 S.53, 59.

402 Vgl. Syst. Praxiskommentar Bilanzrecht/*Brösel/Freichel/Wasmuth*, §253 HGB Rz.147; *Gelhausen/Fey/Kämpfer*, Buchst.I Rz.57.

403 Vgl. IDW RS HFA 34, IDW FN 2013 S.53, 59f.

404 BT-Drucks. 16/10067 S.54.

laufzeit abzuzinsen. Bei strenger Anwendung wäre dann jeder einzelne Erfüllungsteil tag- oder monatsgenau zu prognostizieren und abzuzinsen. Vor dem Hintergrund der unsicheren Datenlage und des nicht zu verachtenden Aufwands, der damit verbunden ist, kann von diesem Grundsatz insoweit abgewichen werden, als die Erfüllungsbeträge für die einzelnen Geschäftsjahre zusammengefasst und abgezinst werden.[405] Keinesfalls darf jedoch bei mittel- und langfristigen Verpflichtungen eine Restlaufzeit nur **bis zum Beginn der Erfüllungsverpflichtung** der Abzinsung zugrunde gelegt werden, wie es für Sachleistungsverpflichtungen im Steuerrecht gefordert wird (siehe Kap. 3.4.2).

PRAXISTIPP

Die Abzinsung der Rückstellungen kann auch vereinfachend unter der Annahme vorgenommen werden, dass die einzelnen Teilerfüllungsbeträge eines Geschäftsjahres „gebündelt" zum Geschäftsjahresanfang bzw. zum Geschäftsjahresende anfallen. Wird allerdings für Zwecke der Steuerbilanz eine tag- oder monatsgenaue Rückstellungsfälligkeit bestimmt, sollte diese auch im handelsrechtlichen Jahresabschluss genutzt werden.[406] Dabei muss die Methode gewählt werden, die am ehesten den tatsächlichen Verhältnissen entspricht.

Bei mehrjährigen Erfüllungszeiträumen ist es auch möglich, die **durchschnittliche Kapitalbindungsdauer** für die Bestimmung des Zinssatzes heranzuziehen. Dafür ist der gewichtete Durchschnitt der einzelnen (Teil-)Erfüllungsbeträge zu berechnen.[407] Dieses Konzept kann auch dahingehend erweitert werden, dass nicht die Teilerfüllungsbeträge in nomineller, sondern in abgezinster Höhe Grundlage für die Bestimmung des gewichteten Mittels sind (**Duration;** siehe auch bezüglich Pensionsrückstellungen Kap. 5.9.5). Die Bestimmung der Restlaufzeit mittels der Berechnung der durchschnittlichen Kapitalbindungsdauer dürfte i. d. R. ausreichend sein.[408]

BEISPIEL In t1 ermittelt die Maulwurf AG die Rückstellungen für die Wiederauffüllung und Rekultivierung eines ausgehobenen Tagebaus. Es wird angenommen, dass sich die gesamten Kosten der Verpflichtung wie folgt verteilen:

t2	35 %
t3	40 %
t4	15 %
t5	10 %

Die mittlere Kapitalbindungsdauer beträgt sodann (0,35 + 2 × 0,4 + 3 × 0,15 + 4 × 0,1 =) 2.

Für die einheitliche Abzinsung des (gesamten) Erfüllungsbetrags ist der Zinssatz für eine Restlaufzeit von zwei Jahren anzuwenden (Stand 31.12.2018: 0,88 %).

Im Fall längerer Erfüllungszeiträume bestehen erhöhte Anforderungen an die **Dokumentation** der Rückstellungsbilanzierung. So sind allein schon für Zwecke der Jahresabschlussprüfung die **Schätzungen,** welche Erfüllungsbeträge in welches Geschäftsjahr fallen, detailliert festzuhalten. Das entsprechende Berechnungsschema zum 31.12.t1 könnte das folgende Format besitzen:

405 Dies entspricht dann der Annahme, dass die jeweiligen Erfüllungsbeträge eines jeden Jahres jeweils genau zum Ende bzw. genau zum Anfang des Geschäftsjahres anfallen würden.

406 Vgl. *Zwirner/Busch,* BC 2010 S. 410, 411.

407 Vgl. Bertram/Kessler/Müller/*Bertram/Kessler,* § 253 HGB Rz. 136 f.

408 Vgl. Bertram/Kessler/Müller/*Bertram/Kessler,* § 253 HGB Rz. 136 f.

Tab. 6: Dokumentation der Rückstellungsbewertung bei mehrjährigen Erfüllungszeiträumen

Jahr	t1	t2	t3	t4	t5
abzuzinsende Jahre	0	1	2	3	4
Betrag [in EUR]	100.000	67.000	32.000	14.000	2.000
Zinssatz [in %]	–	0,44	0,47	0,54	0,64
Barwert für das jeweilige Jahr [in EUR]	100.000	66.706	31.701,31	13.776	1.950
Barwert kumuliert [in EUR]	100.000	166.706	198.407	212.183	214.133

Des Weiteren sind die **Grundlagen für diese Schätzungen** zu dokumentieren und aufzubewahren. Aus den Aufzeichnungen muss ersichtlich werden, wie die Erfüllungsbeträge der einzelnen Geschäftsjahre ermittelt wurden. Hierbei sind die wesentlichen Kostentreiber zu identifizieren, um daraus angemessene Verrechnungsschlüssel abzuleiten (siehe z. B. die Ausführungen zu den Aufbewahrungsaufwendungen, Kap. 6.2, Stichwort Aufbewahrung von Geschäftsunterlagen).

PRAXISTIPP

Da die Auswirkungen der Abzinsung maßgeblich von der Laufzeit der Rückstellungen determiniert werden, sollten die bilanzierenden Unternehmen ein verstärktes Augenmerk auf die Bestimmung der Laufzeiten legen.

Fällt eine Verpflichtung (einmalig) unterjährig an, stellt sich die Frage, welcher Zinssatz zu wählen ist. Nach h. M. besteht hier für den Bilanzierenden ein **Wahlrecht,** den niedrigeren Zinssatz für eine geringere Restlaufzeit oder den höheren Zinssatz für eine längere Restlaufzeit zu wählen oder zwischen den beiden vorgenannten Zinssätzen zu interpolieren.[409] Eingeschränkt wird dieses Wahlrecht durch das **Stetigkeitsprinzip,** wonach die einmal gewählte Methode grds. beizubehalten ist. Dies gilt nicht für notwendige Anpassungen der Bewertungsparameter.

BEISPIEL ▸ Ein Unternehmen hat zum 31.12.t1 eine Rückstellung zu buchen, deren Restlaufzeit 3,5 Jahre beträgt. Der Erfüllungsbetrag beläuft sich undiskontiert auf 250.000 EUR. Zum 31.12.t1 stehen folgende Zinssätze zur Verfügung:

Restlaufzeit in Jahren	Zinssatz
3	0,98 %
4	1,11 %

Bei linearer Interpolation ergibt sich ein Zinssatz von (0,98 % + 1,11 %) × 0,5 = 1,045 %. Bei den verschiedenen Alternativen ergeben sich die folgenden Bilanzwerte:

409 Vgl. *Fink/Kunath,* DB 2010 S. 2345, 2348; *Zülch/Hoffmann,* StuB 2009 S. 371, 372 f., welche dies mit dem Grundsatz der Wesentlichkeit begründen.

Restlaufzeit in Jahren	Zinssatz	Bilanzwert[410]
3	0,98 %	242.791,74 EUR
3,5	1,045 %	241.067,19 EUR
4	1,11 %	239.295,97 EUR

Alle drei Möglichkeiten entsprechen nicht dem „wahren Wert", sondern stellen vereinfachende Lösungsmöglichkeiten dar.[411] Bei der Interpolation linearer Art wird insb. vernachlässigt, dass die Zinsstrukturkurve keinen linearen Verlauf aufweist. Dennoch gilt der so gefundene Wert als gute Näherungslösung, die den beiden anderen vorzuziehen ist.[412]

Grundsätzlich kann die Erfassung von Rückstellungen nach der **Bruttomethode** oder der **Nettomethode** vorgenommen werden. Im Ergebnis führen beide Methoden zu demselben Jahresergebnis, aber zu unterschiedlichen **EBIT-Größen.** Dies lässt sich damit begründen, dass die Zinseffekte in der GuV bei beiden Methoden unterschiedlich berücksichtigt werden.

Unter Anwendung der **Bruttomethode** gilt hinsichtlich der erstmaligen Erfassung von Rückstellungen, dass diese in nomineller Höhe als Aufwand – unter Berücksichtigung (künftiger) Preis- und Kostensteigerungen – zu erfassen sind. Die Abzinsungseffekte sind gesondert als Zinsertrag im Jahr der Bildung zu erfassen. Nur so kann sichergestellt werden, dass sich im Zeitablauf die Effekte aus der Abzinsung der Rückstellungen und der in den folgenden Jahren vorzunehmenden Aufzinsung ausgleichen (siehe zum Ausweis der entsprechenden Abzinsungserträge und Aufzinsungsaufwendungen Kap. 4.2.2).[413]

Allerdings ist auch die Erfassung des abgezinsten Betrags als Aufwand nach der **Nettomethode** möglich.[414] Dann stehen der geringeren Aufwandserfassung in den Folgejahren die Aufzinsungseffekte gegenüber. Aufgrund der abgezinsten Aufwandserfassung bei Anwendung der Nettomethode ist hier das EBIT höher.[415] Das IDW spricht sich hinsichtlich der erstmaligen Erfassung einer Rückstellung für die Verwendung der Nettomethode aus. Das heißt, dass der Ansatz einer Rückstellung ohne Buchung eines Zinsertrags i. H. des nach kaufmännischer Beurteilung notwendigen Erfüllungsbetrags zu erfolgen hat. Die Aufzinsung des Erfüllungsbetrags erfolgt in den Folgeperioden zulasten des Finanzergebnisses.[416]

PRAXISTIPP

Zur Erreichung einer höheren EBIT-Größe ist bei der Einbuchung der Rückstellung die **Nettomethode** zu empfehlen. Zudem wird mit der Anwendung der Nettomethode der Vorgabe des **IDW** entsprochen.[417]

---

410 Der Bilanzwert ergibt sich durch Abzinsung mit dem angegebenen Zinssatz unter Beachtung einer Restlaufzeit von 3,5 Jahren.

411 *Fink/Kunath,* DB 2010 S. 2345, 2348, beschreiben diese Verfahren als die im Hinblick auf Kosten-Nutzen-Erwägungen einzig anwendbaren Verfahren.

412 Vgl. auch *Zwirner/Busch,* BC 2010 S. 410, 411.

413 Vgl. *Gelhausen/Fey/Kämpfer,* Buchst. I Rz. 61.

414 Vgl. *Hoffmann/Lüdenbach,* § 253 HGB Rz. 129, welche die Nettomethode als die einzig zulässige Methode anführen. Auch das IDW favorisiert diese Methode; vgl. IDW RS HFA 4, IDW FN 2010 S. 298, 303.

415 Vgl. auch *Weigl/Weber/Costa,* BB 2009 S. 1062, 1064.

416 Vgl. IDW RS HFA 34, IDW FN 2013 S. 53, 55.

417 Vgl. IDW RS HFA 34, IDW FN 2013 S. 53, 56. Die IFRS schreiben in IAS 37.45 gar die Nettomethode für Fälle einer wesentlichen Wirkung des Zinseffekts vor.

BEISPIEL Die Beispiel OHG schätzt zum 31.12.t1 eine ungewisse Verbindlichkeit aus der Beseitigung produktionsbedingter Kontaminationsschäden auf 400.000 EUR. Die Produktion an dem betroffenen Standort wurde zwischenzeitlich eingestellt. Die Gesellschaft rechnet damit, dass die ungewisse Verbindlichkeit in vier Jahren – zum 31.12.t5 – fällig wird. Zum 31.12.t1 beträgt der anzuwendende Marktzinssatz bei einer vierjährigen Laufzeit 3,26 %. Kosten- und Preissteigerungen sind nach Ansicht des Unternehmens nicht zu berücksichtigen.

Buchungsmethodik Bruttomethode:

sonstige betriebliche Aufwendungen	400.000 EUR
an	
sonstige Rückstellungen	400.000 EUR
sonstige Rückstellungen	48.171 EUR
an	
sonstige Zinsen und ähnliche Erträge	48.171 EUR

Der Effekt auf das Jahresergebnis beträgt –400.000 + 48.171 = –351.829 EUR.

Der Effekt auf das EBIT beträgt –400.000 EUR.

Buchungsmethodik Nettomethode:

sonstige betriebliche Aufwendungen	351.829 EUR
an	
sonstige Rückstellungen	351.829 EUR

Der Effekt auf das Jahresergebnis beträgt –351.829 EUR.

Der Effekt auf das EBIT beträgt –351.829 EUR. Gegenüber der Bruttomethode wird das EBIT um 48.171 EUR höher ausgewiesen.

Die erstmalige Bildung einer Rückstellung und auch Erhöhungen und Auflösungen des Erfüllungsbetrags einer Verpflichtung sind im operativen Ergebnis zu zeigen. **Erträge aus der Ab- bzw. die Aufwendungen aus der Aufzinsung** sind nach § 277 Abs. 5 Satz 1 HGB im Finanzergebnis als sonstige Zinsen und ähnliche Erträge bzw. als Zinsen und ähnliche Aufwendungen zu zeigen. Im Rückstellungsspiegel sollten die Auf- und Abzinsungsbeträge gesondert gezeigt werden.[418]

PRAXISTIPP

Um den Bilanzadressaten mit nützlichen Informationen zu versorgen und dem Grundsatz der Klarheit zu entsprechen, sollten die Auf- und Abzinsungsbeträge im Rückstellungsspiegel gesondert gezeigt werden (siehe Kap. 4.3).

3.4 Steuerbilanziell abweichende Bewertungsgrundsätze

3.4.1 Rückstellungsumfang bei Sachleistungsverpflichtungen

Während der Erfüllungsbetrag von Geldleistungsverpflichtungen bereits durch den (geschätzten) Geldbetrag bestimmt wird, der wahrscheinlich aufzuwenden sein wird, ergibt sich bei Sachleis-

418 Vgl. IDW RS HFA 34, IDW FN 2013 S. 53, 60.

tungsverpflichtungen der Erfüllungsbetrag aus den Aufwendungen, die das Unternehmen zur Lieferung einer Sache, Herstellung eines Werks usw. aufwenden muss.[419] **Sachleistungsverpflichtungen** sind bspw.:

- Garantie- und Gewährleistungsverpflichtungen,
- Abbruchverpflichtungen,
- Rekultivierungsverpflichtungen,
- Pflicht zur Erstellung und Prüfung eines Jahresabschlusses,
- Instandhaltungsverpflichtungen.

§ 6 Abs. 1 Nr. 3a Buchst. b EStG postuliert die Begrenzung des Umfangs der Rückstellungen für **Sachleistungsverpflichtungen** auf **Einzelkosten und den angemessenen Teil der notwendigen Gemeinkosten.** Fraglich ist, was unter den Begriffen „angemessen" und „notwendig" zu verstehen ist. Der Gesetzgeber hat hierfür keine Erklärung geliefert.[420]

Bezüglich der **Angemessenheit** gilt nichts anderes als für die handelsrechtlichen Herstellungskosten.[421] Demnach dürfen nur aufwandsgleiche Kosten berücksichtigt werden, also bspw. keine:[422]

- neutralen Aufwendungen (Aufwand, dem keine Kosten gegenüberstehen),
- Leerkosten (Kosten der Unterbeschäftigung),
- kalkulatorischen Kosten (kalkulatorische Miete bspw.).

Als **notwendig** sollen die Kosten der Verpflichtungserfüllung dann gesehen werden, wenn für diese eine Aktivierungspflicht i. R. der Herstellung besteht[423] und diese im Zusammenhang mit der Erfüllung der Sachleistungsverpflichtung gesehen werden können. Ansatzpflichtig i. R. der Rückstellungsbewertung wären dann bspw.:

- Kosten
  - der Lagerhaltung,
  - der Fertigungsmaterialprüfung,
  - der Räume,
- Transportkosten,
- Löhne.

Vom Ansatz ausgeschlossen wären hingegen die **handelsrechtlichen Wahlrechtsbestandteile des Herstellungskostenumfangs,**[424] wie Kosten der allgemeinen Verwaltung, Aufwendungen für soziale Einrichtungen, für betriebliche Altersvorsorge, Fremdkapitalzinsen usw.[425] Ferner sollen Abschreibungen sich nicht im Rückstellungsansatz niederschlagen, weil diese auch ohne die

419 Vgl. hierzu *Künkele/Zwirner*, StuB 2013 S. 439, 439 ff.
420 Vgl. *Günkel/Fenzl*, DStR 1999 S. 649, 654.
421 Siehe hierzu ausführlich Syst. Praxiskommentar Bilanzrecht/*Richter/Künkele/Zwirner*, § 255 HGB Rz. 158 ff.
422 Vgl. auch *Günkel/Fenzl*, DStR 1999 S. 649, 654.
423 So Frotscher/Geurts/*Frotscher*, § 5 EStG Rz. 384.
424 Siehe § 255 HGB.
425 Vgl. Frotscher/Geurts/*Frotscher*, § 5 EStG Rz. 384 f.

konkrete Verpflichtung entstanden wären.[426] Dies ist u. E. unzutreffend und kann nicht gefordert werden. Es wird in der Praxis durchaus Fälle geben, in denen die Wertminderung des Anlagevermögens durch die Erfüllungsverpflichtung hervorgerufen wird.

Eine abweichende Handhabung der Einbeziehung von Kostenbestandteilen in Handels- und Steuerbilanz ist nicht zu sehen. Zwar ist das Kriterium der Angemessenheit nicht für den handelsrechtlichen Rückstellungsansatz kodifiziert, gleichwohl wird es nach h. M. als **Restriktion** beachtet (siehe Kap. 3.2.4).

3.4.2 Abzinsung

Im Zusammenhang mit der Abzinsung von Sachleistungsverpflichtungen ist auf Folgendes hinzuweisen: Steuerrechtlich ist nach § 6 Abs. 1 Nr. 3a Buchst. e Satz 2 EStG bezüglich der **Abzinsung einer Sachleistungsverpflichtung** die Restlaufzeit bis zum **Beginn der Erfüllung** der Verpflichtung zu wählen. Handelsrechtlich ist bei der Abzinsung einer Sachleistungsverpflichtung entweder die Abzinsung der einzelnen Tranchen oder die Abzinsung einer Sachleistungsverpflichtung mit (gewichteter) mittlerer Laufzeit der Zahlungsreihe vorzunehmen. Demnach ist der steuerliche Abzinsungszeitraum c. p. kürzer als der korrespondierende handelsrechtliche Zeitraum.

BEISPIEL ▶ Zum Bilanzstichtag 31.12.t1 besteht eine Sachleistungsverpflichtung i. H. von 200.000 EUR. Die Erfüllung der Sachleistungsverpflichtung soll ab dem 1.1.t3 gleichmäßig über fünf Jahre erfolgen. Es wird ein Steuersatz i. H. von 30 % unterstellt.

Die Zinssätze sollen als gegeben angenommen werden.

Der steuerbilanzielle Wertansatz zum 31.12.t1 beträgt: 200.000 EUR / 1,055 = 189.573 EUR (Abzinsung für ein Jahr, da Beginn der Verpflichtung ab 1.1.t3). Der handelsrechtliche Wertansatz beträgt zum Bilanzstichtag 31.12.t1: 200.000 EUR / 1,0234^3 = 186.592 EUR. Folglich entsteht ein Unterschiedsbetrag i. H. von 2.981 EUR. Die passiven latenten Steuern auf den Unterschiedsbetrag belaufen sich auf: 2.981 EUR × 30 % = 894 EUR.

Im Rahmen der Einkommensteuer-Änderungsrichtlinien 2012 wurde – mit Ausnahme der Pensionsrückstellungen – festgelegt, dass der steuerliche Wertansatz den handelsrechtlichen Wertansatz nicht überschreiten darf. Somit entsteht faktisch eine **Deckelung des steuerlichen Rückstellungsansatzes.** Aus der steuerlichen Regelung folgt unmittelbar, dass neben einer zutreffenden Ermittlung des steuerlichen Wertansatzes für Rückstellungen auch der korrespondierende handelsrechtliche Wertansatz ermittelt werden muss, um den Abgleich beider Wertansätze durchzuführen und somit der Vorgabe der steuerlichen Richtlinie zu entsprechen.[427]

Bezogen auf das obige Beispiel folgt daraus, dass korrespondierend zur Handelsbilanz (auch) in der Steuerbilanz ein Wertansatz für die Rückstellung i. H. von 186.592 EUR anzusetzen ist, da der isolierte steuerliche Wertansatz für die Sachleistungsverpflichtung den handelsrechtlichen Wertansatz für die Sachleistungsverpflichtung übersteigt. Infolgedessen ermittelt sich ein Unterschiedsbetrag zwischen handels- und steuerrechtlichem Wertansatz i. H. von 0 EUR, sodass auch keine latenten passiven Steuern entstehen. Der **BFH** hat mit Urteil vom 20.11.2019 – XI R 46/17 eindeutig festgelegt, dass auch nach Inkrafttreten des BilMoG weiterhin regelmäßig eine Bindung der steuerbilanziellen Werte an den gewählten handelsrechtlichen Bilanzansatz bestehen bleibt und der Maßgeblichkeitsgrundsatz in formeller Hinsicht durch das BilMoG nicht auf-

426 Vgl. Frotscher/Geurts/*Frotscher*, § 5 EStG Rz. 384 f.
427 Vgl. *Künkele/Zwirner*, DStR 2013 S. 1199, 1199 ff.

gehoben wurde. Grundsätzlich folgt die Bewertung von Wirtschaftsgütern in der Steuerbilanz damit den handelsrechtlichen Vorschriften, soweit dem nicht steuerrechtliche Vorschriften entgegenstehen. Kurzum: Der **handelsrechtliche Wert einer Rückstellung bildet stets die Bewertungsobergrenze,** wenngleich die steuerlichen Vorschriften isoliert betrachtet sogar einen höheren Wertansatz der Rückstellung erlauben würden.

BEISPIEL Es besteht eine Sachleistungsverpflichtung zum 31.12.t1. Diese Sachleistungsverpflichtung ist allerdings nicht zu einem bestimmten Zeitpunkt, sondern über mehrere Geschäftsjahre zu erfüllen. Annahmegemäß teilt sich die gesamte Sachleistungsverpflichtung in unterschiedliche Tranchen (Teilrückstellungen) auf, wobei jeder einzelnen Tranche eine gesonderte Restlaufzeit zuzuordnen ist. Vereinfachend wird unterstellt, dass die Inanspruchnahme der Tranchen zum jeweiligen Jahresende erfolgt. Zudem darf innerhalb der Restlaufzeit eine (zahlungsgewichtete) durchschnittliche Restlaufzeit verwendet werden. Ab dem Geschäftsjahr t1 wird mit jährlichen Kosten- und Preissteigerungen i.H. von 3,0% gerechnet.

Die Zinssätze sollen als gegeben angenommen werden.

In der Handelsbilanz ergibt sich zum Bilanzstichtag 31.12.t1 für die Sachleistungsverpflichtung folgender Wertansatz:

Jahr	t1	t2	t3	t4	t5	
Tranche [in EUR]	40.000	41.200	42.436	43.709	45.020	
Zinssatz [in %]	2,02	2,16	2,34	2,54	2,74	
Barwertfaktor	0,9802	0,9582	0,9330	0,9045	0,8736	
Summe	39.208	39.478	39.593	39.535	34.329	197.143

Der steuerbilanzielle Wertansatz zum 31.12.t1 beträgt: 200.000 EUR / 1,055 = 189.573 EUR (Abzinsung für ein Jahr, da Beginn der Verpflichtung ab 1.1.t3). In der Steuerbilanz wird ein Wert i.H. von 189.573 EUR angesetzt, da dieser unterhalb des handelsrechtlichen Wertansatzes liegt.

PRAXISTIPP

Die Berücksichtigung von Preis- und Kostensteigerungen i.R. der Ermittlung des handelsrechtlichen Wertansatzes kann zu einer Erhöhung des steuerlichen Wertansatzes für Sachleistungsverpflichtungen führen. Der steuerliche Wertansatz bestimmt sich aus dem geringeren Wert des handelsrechtlich ermittelten Rückstellungsansatzes sowie des nach steuerlichen Vorgaben ermittelten Werts.

Unterschiede zwischen Handels- und Steuerbilanz ergeben sich hinsichtlich des **Abzinsungszeitraums bei Sachleistungsverpflichtungen.** Steuerlich ist auf den **Beginn der Erfüllung** der Verpflichtung abzustellen.[428] Bei Verpflichtungen, die nicht in einem einzigen Zeitpunkt bzw. einem einzigen Jahr erfüllt werden, sind dann selbst die Ausgaben späterer Jahre mit dem Zinssatz der ersten Ausgaben zur Verpflichtungserfüllung abzuzinsen. Handelsrechtlich hingegen sind die einzelnen Verpflichtungsbestandteile grds. entsprechend ihrer jeweiligen Restlaufzeit abzuzinsen. Dieser Grundsatz kann jedoch aus Vereinfachungsgründen und mit Blick auf den Wesentlichkeitsgrundsatz eingeschränkt angewandt werden (siehe Kap. 3.3).

Entgegen der handelsrechtlichen Bewertung sind **Rückstellungen** für Verpflichtungen, die **verzinslich** sind, **nicht abzuzinsen.**[429] Als Zins sind nicht nur Kapitalleistungen anzusehen, sondern

428 Vgl. § 6 Abs. 1 Nr. 3a Buchst. e Satz 2 EStG.

429 Vgl. § 6 Abs. 1 Nr. 3a Buchst. e i.V. mit § 6 Abs. 1 Nr. 3 Satz 2 EStG.

u. a. auch die unentgeltliche Überlassung eines Wirtschaftsguts.[430] Voraussetzung hierfür ist, dass diese Leistungen als Entgelt für die Überlassung von Kapital oder einer Sache erbracht werden. Hierzu muss jedoch der Frage nachgegangen werden, ob es sich um eine verzinsliche oder unverzinsliche Verpflichtung handelt. Zur Beantwortung der Frage, ob es sich um eine verzinsliche oder unverzinsliche Verpflichtung handelt, kann auch auf die Faustformel reduziert werden: „Eine Verpflichtung, die jederzeit zu ihrem Barwert abgelöst werden könnte, ist verzinslich."

Als Sachverhalte, die als **unverzinsliche** Rückstellungen gelten, sind u. a. **Rückstellungen für verzinsliche Steuerschulden** zu nennen.[431] Dabei kann aus Vereinfachungsgründen auch dann von einer Abzinsung dieser Rückstellungen abgesehen werden, wenn möglicherweise Zinsen gar nicht festgesetzt werden.[432]

Für nicht verzinsliche Rückstellungen mit einer Restlaufzeit größer als zwölf Monate gilt entsprechend ein Abzinsungsgebot. Hierfür ist jedoch nicht der von der Bundesbank bekannt gegebene Zinssatz anzuwenden, sondern **steuerlich einheitlich ein Zinssatz von 5,5 %** zugrunde zu legen.[433] Die Erträge und Aufwendungen aus der Ab- und Aufzinsung von Rückstellungen sind dabei für die Zinsschrankenregelung des § 4h EStG irrelevant.[434]

Das BMF fordert für die Abzinsung von Rückstellungen **eine taggenaue Ermittlung der Restlaufzeit.**[435] Diese Forderung kann mit Blick auf den Schätzcharakter von Rückstellungen in den seltensten Fällen erfüllt werden. Die in der Praxis verbreitete Ermittlung der Restlaufzeit nach Monaten oder nach Jahren[436] ist deswegen nicht zu beanstanden und auch für die handelsrechtliche Bewertung ausreichend (siehe Kap. 3.3).

3.4.3 Preis- und Kostensteigerungen sowie Preis- und Kostensenkungen

§ 6 Abs. 1 Nr. 3a Buchst. f EStG verbietet die Berücksichtigung künftiger **Preis- und Kostensteigerungen** ebenso wie die Berücksichtigung künftiger Preis- und Kostensenkungen i. R. der Rückstellungsbewertung.[437] Im Zusammenhang mit der Berücksichtigung künftiger **Preis- und Kostensenkungen** ist darauf hinzuweisen, dass es hierzu bisher kein einheitliches Meinungsbild im Schrifttum gibt. Zudem wurde die zuvor als „eindeutige Regelung" beschriebene steuerliche Nichtberücksichtigung künftiger Preis- und Kostenentwicklungen durch zwei inhaltsgleiche Verfügungen der Oberfinanzdirektionen Münster sowie Rheinland ausgehebelt bzw. relativiert.[438] Inhaltlich wird i. R. der beiden Verfügungen darauf abgestellt, dass der steuerliche Wertansatz von Rückstellungen nur in den Fällen maßgeblich ist, in denen dieser nicht höher ist als der handelsrechtliche Wertansatz. Dies beschränkt den steuerbilanziellen Wert nach oben. Diese Sichtweise hat auch der BFH bestätigt, indem er auf die grundsätzliche Geltung des Maßgeblich-

430 Vgl. BMF v. 26.5.2005, IV B 2 – S 2175 – 7/05, BStBl. I 2005 S. 701.

431 Vgl. § 233a AO.

432 Vgl. BMF v. 26.5.2005, IV B 2 – S 2175 – 7/05, BStBl. I 2005 S. 703.

433 Vgl. § 6 Abs. 1 Nr. 3a Buchst. e EStG.

434 Vgl. BMF v. 4.7.2008, IV C 7 – S 2742–a/07/10001, BStBl. I 2008 S. 720.

435 Vgl. BMF v. 26.5.2005, IV B 2 – S 2175 – 7/05, BStBl. I 2005 S. 702.

436 Vgl. *Zwirner/Busch*, BC 2010 S. 410, 410.

437 Vgl. *Meyering/Gröne*, BFuP 2014 S. 459, 464.

438 Vgl. OFD Münster, Verfügung v. 13.7.2012 – S 2170a-234 – St 12-33, DStR 2012 S. 1606, 1606; OFD Rheinland, Verfügung v. 13.7.2012 – S 2133-2011/0003 – St 141, DB 2012 S. 1779, 1779.

keitsprinzips, gleichwohl aber auf den bestehenden steuerlichen Bewertungsvorbehalt hingewiesen hat.[439]

Im Wesentlichen resultiert für die Bilanzierenden hieraus ein **zweistufiger Prüfungsansatz.** So muss von dem Bilanzierenden in einem ersten Schritt für die betreffende Rückstellung zunächst ein Wertansatz nach den steuerlichen Vorschriften ermittelt werden. In einem sich daran anschließenden zweiten Schritt muss dann der Wertansatz nach den handelsrechtlichen Vorschriften ermittelt werden. Anschließend hat der Bilanzierende die beiden zuvor ermittelten Wertansätze miteinander zu vergleichen und den niedrigeren Wertansatz in die Steuerbilanz zu übernehmen. Im Ergebnis erlangt die Frage nach der handelsrechtlichen Berücksichtigung von **Preis- und Kostensenkungen** daher auch steuerliche Bedeutung.

Für den steuerbilanziellen Ansatz der Höhe nach müssen die Wertverhältnisse zum Bilanzstichtag als Grundlage genommen werden. Die historische Entwicklung der Pensionsbemessungsgrößen ist für die steuerliche Rückstellungsbemessung ohne Bedeutung.[440] Aufgrund dieses Bewertungsunterschieds kann sich c.p. die Notwendigkeit der Bilanzierung **aktiver latenter Steuern** ergeben.[441] Dadurch werden die Effekte aus der höheren Rückstellungsbilanzierung in der Handelsbilanz auf die Eigenkapitalquote und den Verschuldungsgrad z.T. kompensiert.

Die **Unterschiede** zwischen **handels- und steuerrechtlichem Wertansatz** zeigt das folgende stark vereinfachte Beispiel.

BEISPIEL ▶ Das Unternehmen U hat zum 1.1.t1 einen Mietvertrag über eine Produktionshalle geschlossen. Der Mietvertrag ist befristet auf den 31.12.t5. Für seine Produktion baut U eine Gebäudevorrichtung in der Produktionshalle ein, deren Entfernung unter den Preisverhältnissen vom 1.1.t1 50.000 EUR kosten würde. Das Unternehmen rechnet allerdings mit jährlichen Preissteigerungen von 2,5 %, sodass der notwendige Erfüllungsbetrag auf 56.570 EUR geschätzt wird (50.000 EUR × $1{,}025^5$). Die Rückstellung ist über fünf Jahre linear anzusammeln und abzuzinsen.

Die Zinssätze sollen als gegeben angenommen werden.

Es ergeben sich Unterschiede im Wertansatz in Handels- und Steuerbilanz.

Handelsbilanzieller Wertansatz:

Jahr	Angesammelter Erfüllungsbetrag [in EUR][442]	Zinssatz für Restlaufzeit [in %]	Bilanzwert [in EUR][443]
t1	11.314	3,26	9.951
t2	22.628	3,07	20.666
t3	33.942	2,90	32.056
t4	45.256	2,80	44.023
t5	56.570	0	56.570

439 Vgl. BFH v. 20.11.2019, XI R 46/17, DStR 2020 S. 378 ff.

440 Vgl. *Heubeck*, S. 19.

441 Vgl. Syst. Praxiskommentar Bilanzrecht/*Brösel/Freichel/Wasmuth*, § 253 HGB Rz. 139; Handbuch Bilanzrecht/*Herrfurth*, C.VIII. Rz. 44.

442 Ergibt sich durch Division des notwendigen Erfüllungsbetrags durch die Anzahl der Geschäftsjahre, in denen die Ansammlung stattfindet.

443 Bilanzwert in EUR = angesammelter Erfüllungsbetrag in EUR / (1 + Zinssatz)^Restlaufzeit in Jahren.

Steuerbilanzieller Wertansatz:

Jahr	Angesammelter Erfüllungsbetrag [in EUR]	Zinssatz für Restlaufzeit [in %]	Bilanzwert [in EUR]
t1	10.000	5,5	8.072
t2	20.000	5,5	17.032
t3	30.000	5,5	26.954
t4	40.000	5,5	37.915
t5	50.000	0	50.000

Unterschiede zwischen handels- und steuerrechtlichem Wertansatz sowie Darstellung latenter Steuern:[444]

Jahr	HB-Wert [in EUR]	StB-Wert [in EUR]	Unterschiedsbetrag [in EUR]	Aktive latente Steuer [in EUR]
t1	9.951	8.072	1.879	564
t2	20.666	17.032	3.634	1.090
t3	32.056	26.954	5.102	1.531
t4	44.023	37.915	6.108	1.832
t5	56.570	50.000	6.570	1.971

Die Nichtberücksichtigung von Preis- und Kostensteigerungen sowie der größere Zinssatz bei der steuerbilanziellen Bewertung der Rückstellung führen zu einer konstanten Unterdotierung ggü. dem handelsrechtlichen Wertansatz. Daraus kann die Notwendigkeit der Bilanzierung aktiver latenter Steuern folgen. Zum 31.12.t1 ergeben sich aufgrund der Wertdifferenz aktive latente Steuern i.H. von 564 EUR. Zum 31.12.t1 ist in der Handelsbilanz zu buchen (bei Anwendung der Nettomethode und der Aktivierung latenter Steuern):

Buchungssätze:

sonstige betriebliche Aufwendungen	9.951 EUR
an	
sonstige Rückstellungen	9.951 EUR
aktive latente Steuern	564 EUR
an	
latenter Steuerertrag	564 EUR

Die negative Erfolgswirkung der Einbuchung der Rückstellung wird somit in geringerem Maß durch die Bildung aktiver latenter Steuern kompensiert.

Die aktiven latenten Steuern werden im Jahr der Erfüllungsverpflichtung aufgelöst (latenter Steueraufwand an aktive latente Steuern).

3.4.4 Verteilung der Stilllegungsaufwendungen bei Atomkraftwerken

Durch § 6 Abs. 1 Nr. 3a Buchst. d Satz 3 EStG werden die Aufwendungen für die **Verpflichtung zur Stilllegung eines Atomkraftwerks** über den Zeitraum der individuellen Nutzung des Kernkraft-

444 Es wird ein Steuersatz von 30 % angenommen.

werks, d.h. bis zum Stilllegungszeitpunkt des Kernkraftwerks bzw., falls kein solcher feststeht, über 25 Jahre, angesammelt. Über diesen Zeitraum ist der Erfüllungsbetrag ratierlich anzusammeln. Zudem sind die Aufwendungen mit einem Zinssatz von 5,5 % abzuzinsen. Eine solche klare Regelung lässt das Handelsrecht vermissen. Daher richtet sich die handelsrechtliche Bilanzierung von Rückstellungen für die Stilllegung von Kernkraftwerken nach den steuerlichen Regelungen. Der praktische Anwendungsbereich wird aufgrund der bekannten/geplanten Stilllegungszeitpunkte in Deutschland auf ausländische Kraftwerke beschränkt sein.[445]

Meyering/Gröne führen im Zusammenhang mit der Bilanzierung von Rückstellungen für die Stilllegung von Kernkraftwerken aus, dass diese in der Bilanzierungspraxis keineswegs unumstritten sind. Sie sehen die Bilanzierung solcher Rückstellungen dennoch als „unverzichtbaren" Bestandteil einer periodengerechten handels- und steuerrechtlichen Gewinnermittlung an. Gleichwohl weisen *Meyering/Gröne* (explizit) darauf hin, dass derartige **Rückstellungen im Insolvenzfall wertlos** sein können. Um in einem solchen Fall der Belastung der öffentlichen Hand entgegenzuwirken, schlagen sie vor, dass der Gesetzgeber eine Insolvenzsicherung dieser Rückstellungen gesetzlich vorschreiben sollte. Dies könnte in Analogie zu anerkannten Regelungen bei Pensionsrückstellungen in Form einer Verrechnung mit dem Planvermögen erfolgen.[446]

3.5 Steuerliche Bewertungsobergrenze

Die **steuerliche Bewertungsobergrenze** für den Rückstellungsansatz wird in § 6 Abs. 1 Nr. 3a EStG geregelt. Im Rahmen der einkommensteuerlichen Vorschrift wird damit (explizit) geregelt, dass der steuerlich **zulässige Höchstbetrag** für Rückstellungen einerseits entsprechend den handelsrechtlichen GoB, andererseits nach steuerlichen Grundsätzen zu ermitteln ist. Steuerlich sind Rückstellungen nach folgenden Grundsätzen anzusetzen:

- Erfahrungen aus der Vergangenheit,
- Rückstellungen für Sachleistungsverpflichtungen mit den Einzelkosten sowie den angemessenen Teilen der notwendigen Gemeinkosten,
- künftige Vorteile, die mit der jeweiligen Verpflichtung verbunden sein werden, sind wertmindernd zu berücksichtigen,
- unter bestimmten Voraussetzungen sind Ansammlungsrückstellungen zu bilden,
- ein abweichendes Abzinsungsgebot ist zu beachten und
- die Wert- und Preisverhältnisse am Abschlussstichtag sind maßgeblich.

PRAXISTIPP

Für die Beurteilung des höchstens zulässigen steuerlichen Werts muss stets ein Vergleich der Rückstellung hinsichtlich ihrer Bewertung nach Handelsrecht und nach Steuerrecht erfolgen. Ist der handelsrechtliche Wert geringer als der steuerliche Wert, darf höchstens der handelsrechtliche Wert in der Steuerbilanz angesetzt werden.

Die Forderung des Gesetzgebers, dass die Bewertung von Rückstellungen (der Höhe nach) auf Grundlage von **Erfahrungen aus der Vergangenheit** erfolgen soll, soll insb. dazu führen, dass der in der Steuerbilanz angesetzte Rückstellungswert nicht zu hoch ausgewiesen wird.

445 Vgl. hierzu ausführlich *Meyering/Gröne*, DB 2014 S. 1385, 1385 ff.

446 Vgl. *Meyering/Gröne*, DB 2014 S. 1385, 1390.

Eine **Sachleistungsverpflichtung** ist mit ihren Einzelkosten zzgl. angemessener Gemeinkosten zu bewerten. Gleichwohl gilt es bei der Ermittlung des steuerlichen Wertansatzes für Sachleistungsverpflichtungen zu berücksichtigen, dass für diesen die jeweiligen Wert- und Preisverhältnisse am Abschlussstichtag zugrunde zu legen sind.[447] Künftige Preis- und Kostenänderungen dürfen bei der Ermittlung des steuerlichen Wertansatzes für (Sachleistungs-)Verpflichtungen nicht berücksichtigt werden. Unterschiedliche Wertansätze zwischen Handels- und Steuerbilanz gehen im Wesentlichen auf unterschiedliche Interpretationen des Stichtagsprinzips zurück. Gleichwohl kann seit der Einführung des IDW RS HFA 34 das Entstehen von passiven latenten Steuern verhindert werden, da in der Steuerbilanz der handelsrechtliche Wert grds. den zulässigen Höchstwert darstellt (eine Ausnahme davon stellen Pensionsrückstellungen dar, vgl. R 6.11 Abs. 3 EStR).

Analog zu den handelsrechtlichen Vorschriften zur Bewertung von Rückstellungen findet sich auch bei den steuerlichen Vorschriften zur Rückstellungsbewertung ein **Abzinsungsgebot.** Das Abzinsungsgebot bezieht sich grds. auf Rückstellungen mit einer Laufzeit von mehr als zwölf Monaten. Ausgenommen von dieser Regelung sind Verpflichtungen, deren Laufzeit geringer als zwölf Monate ist, sowie Verbindlichkeiten, die verzinslich sind oder auf einer Anzahlung oder Vorauszahlung beruhen. Gleichwohl besteht eine Besonderheit beim steuerlichen Abzinsungsgebot im Vergleich zur handelsrechtlichen Regelung darin, dass Rückstellungen grds. mit einem festen und unveränderbaren Zinssatz von 5,50 % abzuzinsen sind, während nach der handelsrechtlichen Vorschrift die Zinssätze der Deutschen Bundesbank für die Rückstellungsbewertung maßgeblich sind. Hieraus folgt unmittelbar, dass, sofern der für die handelsrechtliche Rückstellungsbewertung herangezogene Zinssatz größer (kleiner) als der steuerliche Zinssatz ist, es in der Steuerbilanz zu einer Überbewertung (Unterbewertung) der Rückstellung im Vergleich zum handelsrechtlichen Wertansatz kommen kann.

PRAXISTIPP

Aufgrund der steuerlichen Abzinsung mit einem Zinssatz von 5,5 % im Vergleich zu einer handelsrechtlichen Abzinsung mit dem jeweiligen laufzeitäquivalenten Zinssatz ergeben sich regelmäßig Bewertungsunterschiede zwischen Handels- und Steuerbilanz, die zur Abgrenzung latenter Steuern führen.

Hinsichtlich der steuerlichen Bewertungsobergrenze ist zu beachten, dass die steuerlichen Regelungen des § 6 Abs. 1 Nr. 3a EStG allein eine Höchstwertgrenze fixieren. Dies bedeutet, dass das Steuerrecht allein den **Höchstwert eigenständig definiert.** Sofern der handelsrechtliche Wert einer Rückstellung damit unterhalb des steuerlich zulässigen Höchstwertansatzes verbleibt, ist dieser Wert auch steuerlich anzusetzen, selbst wenn nach einer isolierten steuerlichen Sichtweise ein höherer Wertansatz denkbar respektive zulässig wäre. Zur grundsätzlichen Geltung des Maßgeblichkeitsprinzips – auch in der Zeit nach Inkrafttreten des BilMoG – hat sich im Jahr 2019 der BFH geäußert und die Gültigkeit des Maßgeblichkeitsprinzips betont, gleichwohl aber auf den bestehenden steuerlichen Bewertungsvorbehalt hingewiesen.[448] Demnach gehen die steuerlichen Abzinsungsvorschriften ebenso wie die Nichtberücksichtigung von Preis- und Kostensteigerungen im Steuerrecht der handelsrechtlichen Behandlung vor. Ist der handelsrechtliche Wert insgesamt höher als der nach den steuerrechtlichen Grundsätzen ermittelte Wert, ist steuerlich der niedrigere Wert anzusetzen.

447 Vgl. *Künkele/Zwirner,* StuB 2013 S. 439, 439 ff.

448 Vgl. BFH v. 20.11.2019, XI R 46/17, DStR 2020 S. 378 ff.

PRAXISTIPP

In der Praxis ist hinsichtlich der maximal möglichen Bewertung einer Rückstellung für die Bewertung in der Steuerbilanz zu beachten, dass etwaige Bewertungsentscheidungen (insb. zu der Frage nach Preis- und Kostensteigerungen) bereits in der Handelsbilanz getroffen werden müssen.

Hinsichtlich des **Beibehaltungswahlrechts nach Art. 67 Abs. 1 Satz 2 EGHGB** ist zu beachten, dass dieses **auch steuerliche Wirkung** entfaltet. Art. 67 Abs. 1 Satz 2 EGHGB begründet lediglich ein Rechtsanwendungswahlrecht, welches sich nicht auf den Wertansatz selbst, sondern auf das für den Wertansatz maßgebliche Recht bezieht. Damit unterscheidet sich das Beibehaltungswahlrecht von den materiellen Ansatz- und Bewertungswahlrechten. Sowohl bei Ausüben als auch bei Nichtausüben des Beibehaltungswahlrechts kommt es zu einem GoB-konformen Wertansatz, der über den Grundsatz der Maßgeblichkeit für die Steuerbilanz einschlägig ist.[449] Ob der handelsrechtliche Wertansatz letztendlich in die Steuerbilanz übernommen werden muss, richtet sich allerdings nach den obenstehenden Ausführungen zum Höchstwertansatz.

Bezogen auf die **Gegenrechnung des wirtschaftlichen Vorteils** ist allein auf die Vorteile abzustellen, die dem Bilanzierenden durch einen fremden Dritten gewährt werden. Bei der Rückstellungsbemessung sind nur solche Vorteile gegenzurechnen, die aus einem Außenverhältnis zu Dritten, wie z. B. Kunden und anderen Vertragspartnern, resultieren.[450]

BEISPIEL ▶ Werden vom Unternehmen i. R. einer Restrukturierung Mitarbeiter entlassen, ist eine Rückstellung für die in diesem Zusammenhang zugesagten Entlassungsabfindungen zu bilden. Der durch die Entlassung von Mitarbeitern künftig ersparte Aufwand stellt keinen künftigen Vorteil i. S. des § 6 Abs. 1 Nr. 3a Buchst. c EStG dar, der die Rückstellung mindern bzw. ganz entfallen lassen könnte.

3.6 Vorschriften zum Übergang auf den Rechtsstand nach BilMoG

3.6.1 Überblick

Die Übergangsvorschriften zum BilMoG wurden vom Gesetzgeber im EGHGB geregelt. Diese Normen bestimmen, wie die Umstellungseffekte im Zeitpunkt des Inkrafttretens des BilMoG zu behandeln sind. Art. 66 und 67 EGHGB stellen die zentralen Übergangsvorschriften dar. **Art. 67 EGHGB** befasst sich mit der Umstellung einzelner Bilanzposten und Posten der GuV. **Art. 66 EGHGB** regelt die übrigen Umstellungseffekte, im Schwerpunkt die zeitliche Anwendung.[451] Da die Übergangsvorschriften auf das BilMoG zum 1.1.2010 eine Übergangszeit von bis zu 15 Jahren vorsehen, d. h. **längstens bis zum 31.12.2024,** sind die **Übergangsvorschriften** weiterhin relevant.

PRAXISTIPP

Bei einem kalenderjahrgleichen Geschäftsjahr sind die Übergangsvorschriften des EGHGB damit letztmals in den Jahresabschlüssen des kalenderjahrgleichen Geschäftsjahrs 2024 zu beachten. Dies gilt im Besonderen für den in Art. 67 Abs. 1 EGHGB vorgesehenen Zuführungszeitraum für die nach dem BilMoG neu zu bewertenden Pensionsrückstellungen.

Art. 67 Abs. 7 EGHGB a. F. schreibt vor, dass die Effekte aus der Umstellung auf das BilMoG grds. erfolgswirksam zu erfassen sind **(Grundsatz der erfolgswirksamen Umstellung).** Eine erfolgsneu-

449 Vgl. BFH v. 9.3.2023, IV R 24/19, DStR 2023 S. 988.

450 Vgl. FG Baden-Württemberg v. 12.9.2017, 6 K 1472/16, DStRE 2019 S. 22.

451 Vgl. ausführlich zum Übergang auf BilMoG *Petersen/Zwirner/Künkele,* Beilage 4 zu DB 17/2010 S. 1, 1 ff.

trale Behandlung ist nur zulässig bzw. erforderlich, soweit dies in den Übergangsvorschriften des EGHGB ausdrücklich geregelt ist. Niederschlagen sollten sich die **erfolgswirksamen Anpassungen** an das neue Recht im **außerordentlichen Ergebnis** als „außerordentlicher Aufwand" oder „außerordentlicher Ertrag".[452] Grundsätzlich muss dies sofort im Umstellungszeitpunkt in voller Höhe geschehen. Entgegen dieser grundsätzlichen Behandlung sieht das EGHGB **eine Reihe von Ausnahmen** vor. Hierzu zählen die Beibehaltung überdotierter Rückstellungen (siehe Kap. 3.6.2.1 bzw. im Speziellen für Pensionsrückstellungen Kap. 3.6.3.1), die Beibehaltung nicht mehr zulässiger Aufwandsrückstellungen (siehe Kap. 3.6.2.2) sowie das Verteilungswahlrecht bei unterdotierten Pensionsrückstellungen (siehe Kap. 3.6.3.2). Das folgende Schaubild soll Sie durch die folgenden Ausführungen leiten:

Abb. 5: Überblick über die Behandlung der unterschiedlichen Umstellungseffekte

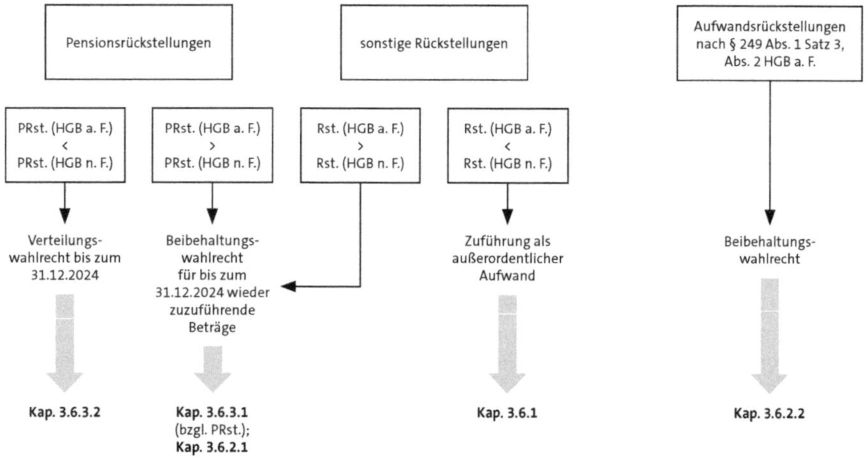

© Künkele/Vodermeier/Zwirner

Die Neuregelungen sind nach Art. 66 Abs. 4 und Abs. 5 EGHGB **erstmals ab dem Jahr 2010** anzuwenden. Hierbei sind die sich zum 1.1.2010 aus der Neubewertung ergebenden Effekte grds. erfolgswirksam zu erfassen. Dies hat im außerordentlichen Ergebnis zu erfolgen. Dies gilt insb. für unterdotierte Rückstellungen.[453] Zu beachten ist der durch das BilRUG ab dem Jahr 2016 geänderte Ausweis von Zuführungsbeträgen zu unterdotierten Rückstellungen nach Art. 75 Abs. 5 EGHGB.

BEISPIEL Aufgrund des hohen Wettbewerbsdrucks in der U-Boot-Industrie sowie der enormen Kapazitätsauslastung werden die für Oktober 2010 geplanten **Instandhaltungsmaßnahmen** der Maschinen der Lokopolus AG nicht durchgeführt, sondern auf spätestens März 2011 verschoben. Zum 31.12.2010 schätzt die Lokopolus AG die Kosten hierfür auf 400.000 EUR. Wegen der angespannten Wirtschaftssituation wird bis dahin mit Kostensteigerungen i. H. von 3 % gerechnet.

452 Ab dem Jahr 2016 entfällt der Ausweis dieser Beträge im außerordentlichen Ergebnis. Nach Art. 75 Abs. 5 EGHGB sind nach dem BilRUG die Anpassungsbeträge nach Art. 67 Abs. 1 und 2 EGHGB im Zusammenhang mit den Pensionsrückstellungen im sonstigen betrieblichen Aufwand bzw. Ertrag auszuweisen. Siehe zu den Änderungen hinsichtlich des außerordentlichen Ergebnisses auch Kap. 3.6.3.4.

453 Vgl. IDW RS HFA 28, IDW FN 2009 S. 642, 652.

Im Dezember 2009 wird eine Rückstellung aufgrund eines **Rechtsprozesses** gebildet. Die Prozessdauer wird auf drei Jahre, die anfallenden Kosten auf 150.000 EUR geschätzt. Der laufzeitadäquate durchschnittliche Marktzinssatz beträgt annahmegemäß 4,3 %.

Der Abschluss der Lokopolus AG zum 31.12.2009 enthält eine **Prozesskostenrückstellung,** die mit einem Wert von 150.000 EUR passiviert wurde. Im Umstellungsabschluss der Lokopolus AG zum 1.1.2010 muss diese Rückstellung an die neuen Regelungen zur Rückstellungsbewertung angepasst werden. Die Rückstellung für die voraussichtlich anfallenden Prozesskosten hat eine wahrscheinliche Laufzeit von mehr als einem Jahr und ist deshalb mit einem fristenkongruenten **Diskontierungszinssatz abzuzinsen.** Damit beträgt der Barwert des Erfüllungsbetrags 132.202 EUR (= 150.000 / $1{,}043^2$). In Abhängigkeit von der verfolgten bilanzpolitischen Zielsetzung kann die Lokopolus AG den Ertrag aus der Abzinsung der Rückstellung ergebnisneutral erfassen oder die Rückstellung zum früheren Wert stehen lassen.[454] Steuerrechtlich ist gem. § 6 Abs. 1 Nr. 3a Buchst. e EStG zur Abzinsung ein Zinssatz von 5,5 % zu verwenden. Damit ist ein Betrag von 127.742 EUR (= 150.000 / $1{,}055^2$) anzusetzen. Daraus ergibt sich eine Differenz zwischen Handels- und Steuerrecht – sei es bei Ansatz der Rückstellung im handelsrechtlichen Abschluss zum diskontierten Wert oder zum undiskontierten Wert. Auf die Differenz sind aktive latente Steuern (vorbehaltlich des Wahlrechts des § 274 Abs. 1 Satz 2 HGB bei anschließender Gesamtdifferenzenbetrachtung) abzugrenzen.

Hinsichtlich der nicht wie geplant im Oktober 2010 durchgeführten **Instandhaltungsmaßnahmen** ist zum 31.12.2010 eine Rückstellung nach § 249 Abs. 1 Satz 2 Nr. 1 HGB zu bilden, da die Instandhaltung im folgenden Geschäftsjahr innerhalb der ersten drei Monate erfolgt. Die geschätzten Kostensteigerungen von 3 % sind objektiv nachvollziehbar und daher bei der Bewertung der Rückstellung einzubeziehen. Die Rückstellung ist folglich mit einem Wert von 412.000 EUR anzusetzen.

Im steuerrechtlichen Abschluss hingegen dürfen künftige Preis- und Kostensteigerungen nach § 6 Abs. 1 Nr. 3a Buchst. f EStG nicht berücksichtigt werden. Maßgebend für die Bewertung sind die Verhältnisse zum Bilanzstichtag. Damit ist zum 31.12.2010 in der Steuerbilanz eine Bewertung zu 400.000 EUR vorzunehmen. Daraus ergibt sich eine Differenz zwischen Handels- und Steuerrecht i. H. von 12.000 EUR, auf die bei einem angenommenen Ertragsteuersatz von 30 % aktive latente Steuern i. H. von 3.600 EUR (= 12.000 EUR × 0,3 [vorbehaltlich des Wahlrechts des § 274 Abs. 1 Satz 2 HGB bei anschließender Gesamtdifferenzenbetrachtung]) abzugrenzen sind.

In der Folgezeit ist die Prozesskostenrückstellung im handelsrechtlichen Abschluss sowie in der Steuerbilanz mit den einschlägigen Zinssätzen aufzuzinsen. Weitere Preis- und Kostensteigerungen sind handelsbilanziell zudem zu berücksichtigen.

BEISPIEL ▸ Die Umstellungs-OHG stellt ihren Jahresabschluss zum 1.1.2010 auf das BilMoG um. Die entsprechenden Effekte sind nach Art. 67 Abs. 7 EGHGB a. F. im **außerordentlichen Ergebnis** zu erfassen. Folgerichtig erfasst die Umstellungs-OHG dort folgende Sachverhalte:

- die Effekte aus der Neubewertung von Rückstellungen aufgrund der Abzinsung **(außerordentlicher Ertrag),** wobei vom Beibehaltungswahlrecht kein Gebrauch gemacht wird;
- die Neubewertung der Rückstellungen aufgrund künftiger Preis- und Kostensteigerungen **(außerordentlicher Aufwand);**
- mindestens 1/15 des positiven Differenzbetrags zwischen den Pensionsrückstellungen zum 31.12.2009 (nach HGB a. F.) und den Pensionsrückstellungen zum 1.1.2010 (nach HGB n. F.);
- die Auflösungsbeträge von in 2009 gebildeten Aufwandsrückstellungen nach § 249 Abs. 1 Satz 3 und Abs. 2 HGB.

454 Vgl. Art. 67 Abs. 1 EGHGB.

3.6.2 Beibehaltungswahlrechte für sonstige Rückstellungen

3.6.2.1 Beibehaltung überdotierter Rückstellungen

Nach Art. 67 Abs. 1 Satz 2 EGHGB können überdotierte Rückstellungen beibehalten werden (siehe auch Kap. 3.6.3.1). Ist der Buchwert zum Umstellungszeitpunkt größer als der nach BilMoG ermittelte Wert, so darf Ersterer beibehalten werden **(Beibehaltungswahlrecht)**, wenn der sonst aufzulösende Betrag bis zum **31.12.2024** wieder zuzuführen wäre. In diesem Fall ist über den Betrag der Überdeckung im Anhang zu berichten.[455] Soll der Betrag der Überdotierung aufgelöst werden, erfolgt dies zugunsten der Gewinnrücklagen (siehe weiter Kap. 3.6.3.1).[456]

BEISPIEL Die Penelopes GmbH hat zum 31.12.2009 eine Rückstellung für ungewisse Verbindlichkeiten mit 4 Mio. EUR bewertet. Preis- und Kostensteigerungen sind nicht zu erwarten. Der Betrag ist zum **31.12.2029 fällig.** Zum 1.1.2010 muss die Penelopes GmbH die angesetzte Rückstellung abzinsen. Es ergibt sich zum 1.1.2010 – bei einem unterstellten Zinssatz von 5,37 % – ein abgezinster Barwert der Verpflichtung i. H. von 1.521.988 EUR. Zum **31.12.2024** beträgt der rechnerische Barwert der Verpflichtung bei einem unterstellten Zinssatz von 4,43 % 3.220.576 EUR. Auf die Zeit zwischen dem 31.12.2024 und dem 31.12.2029 entfällt voraussichtlich ein Zinsanteil von 779.424 EUR.

Wenn die Penelopes GmbH die überdotierte Rückstellung beibehalten möchte, muss sie den Betrag von 779.424 EUR als außerordentlichen Ertrag erfolgswirksam erfassen, da dieser die „15-Jahre-Grenze" übersteigt. Den Restbetrag von 3.220.576 EUR kann sie in der BilMoG-Eröffnungsbilanz zum 1.1.2010 stehen lassen. Dieser Betrag ist gesondert im Anhang anzugeben.

Auswirkungen auf latente Steuern: Bei einem höheren Wertansatz in der Handelsbilanz als in der Steuerbilanz sind auf die Differenz unter Ausnutzung des Aktivierungswahlrechts aktive latente Steuern anzusetzen.

BEISPIEL Die Rückstellungen der Oranius AG werden zum 31.12.2009 mit einem Betrag von 2.150.000 EUR bewertet. Bei Anwendung der durch das BilMoG geänderten Vorschriften zur Rückstellungsbewertung zum 1.1.2010 ergibt sich ein anzusetzender Betrag von 1.750.000 EUR.

Da die Rückstellung der Oranius AG **überdotiert** ist, besteht die Möglichkeit, diese erfolgsneutral aufzulösen. Entscheidet sich die Oranius AG für die erfolgsneutrale Auflösung, so ist der aus einer Auflösung resultierende Betrag (400.000 EUR) in die Gewinnrücklagen einzustellen. Die Auflösung nur eines Teilbetrags ist nicht möglich.

Auswirkungen auf latente Steuern: Auf die Differenz zwischen Wertansatz in der Handelsbilanz und der Steuerbilanz sind latente Steuern abzugrenzen.

PRAXISTIPP

Mit der Entscheidung für die Ausübung des Beibehaltungswahlrechts wird die angestrebte Bilanzpolitik i. R. der BilMoG-Umstellung u. U. noch Jahre nach dem Übergang für den Bilanzadressaten sichtbar. Die Entscheidung muss deshalb bedacht und in Abstimmung mit der in der Zukunft gewünschten Ergebnisentwicklung getroffen werden.

Zu beachten ist, dass ein i. d. S. **beibehaltener Rückstellungsbuchwert** sowie etwaige Teilbeträge **nicht zu späterer Zeit aufgezinst** werden. Dies würde dem Sinn des Art. 67 Abs. 1 Satz 2 EGHGB zuwiderlaufen, der gerade in der Erleichterung der Bilanzierung zu sehen ist. Zudem wäre dann keine Kongruenz mehr mit der Übergangserleichterung (dem Verzicht auf die Abzinsung) gegeben.[457] Insofern gilt weiterhin das „alte Recht"; die Fortführung des „Altwerts" bestimmt sich nach dem HGB a. F.

455 Vgl. Art. 67 Abs. 1 Satz 4 EGHGB.

456 Vgl. Art. 67 Abs. 1 Satz 3 EGHGB.

457 Siehe auch Handbuch Bilanzrecht/*Zwirner/Künkele*, C.I. Rz. 36; *Petersen/Zwirner/Künkele*, Beilage 4 zu DB 2010 S. 1, 15.

Wird das Beibehaltungswahlrecht jedoch nicht ausgeübt, ist der Unterschiedsbetrag zum BilMoG-Wert gegen die Gewinnrücklagen auszubuchen.[458] Der HFA des IDW hat festgestellt, dass der Art. 67 Abs. 1 Satz 2 EGHGB auch die Interpretation zulässt, dass es legitim ist, den **gesamten Überdeckungsbetrag** im Umstellungszeitpunkt erfolgsneutral gegen die Gewinnrücklagen auszubuchen.[459] Dies schließt auch den Betrag mit ein, der nicht bis zum 31.12.2024 zugeführt werden müsste. Im Umkehrschluss besteht für diesen Teilbetrag ein Wahlrecht, diesen erfolgsneutral gegen die Gewinnrücklagen oder erfolgswirksam gegen die außerordentlichen Erträge auszubuchen.

BEISPIEL ▸ Die Schätzmeister GmbH weist zum 1.1.2010 einen Überdeckungsbetrag von 50.000 EUR aus. Sie schätzt, dass bis zum 31.12.2024 30.000 EUR zugeführt werden müssen.

Der Unterschiedsbetrag, der bis zum 31.12.2024 wieder zugeführt werden müsste (30.000 EUR), kann im Bilanzansatz beibehalten werden oder gegen die Gewinnrücklagen ausgebucht werden. Der nicht bis zum 31.12.2024 zugeführte Betrag kann sowohl erfolgswirksam gegen den außerordentlichen Ertrag als auch gegen die Gewinnrücklagen ausgebucht werden.

Hinsichtlich des **Beibehaltungswahlrechts nach Art. 67 Abs. 1 Satz 2 EGHGB** ist zu beachten, dass dieses **keine steuerliche Wirkung** entfaltet.[460] Insofern führt auch die spätere Auflösung eines zunächst handelsrechtlich beibehaltenen Werts zu keinen steuerlichen Folgen.

3.6.2.2 Beibehaltungswahlrecht für Aufwandsrückstellungen nach § 249 Abs. 1 Satz 3 und Abs. 2 HGB a. F.

Durch das BilMoG wird das Wahlrecht zur Bildung von Rückstellungen nach § 249 Abs. 2 HGB a. F. für ihrer Eigenart nach genau umschriebene, dem Geschäftsjahr oder einem früheren Geschäftsjahr zuzuordnende Aufwendungen, die am Abschlussstichtag wahrscheinlich oder sicher, aber hinsichtlich ihrer Höhe oder des Zeitpunkts des Eintritts unbestimmt sind, aufgehoben (ein analoges Verbot besteht nunmehr für Aufwandsrückstellungen i. S. des § 249 Abs. 1 Satz 3 HGB a. F.). Gleiches gilt für Rückstellungen für unterlassene Instandhaltungsmaßnahmen, die erst nach Ablauf des Dreimonatszeitraums im Folgejahr durchgeführt werden (§ 249 Abs. 1 Satz 3 HGB a. F.). **Aufwandsrückstellungen** dürfen **nur noch für** folgende Zwecke gebildet werden:

- unterlassene Instandhaltungsmaßnahmen, die in den ersten drei Monaten des folgenden Geschäftsjahrs, und
- Abraumbeseitigungen, die im folgenden Geschäftsjahr

nachgeholt werden.

Die früheren Regelungen in § 249 HGB a. F. sind letztmals für Geschäftsjahre vor dem 1.1.2010 anzuwenden.[461] Hinsichtlich der Aufwandsrückstellungen, die bereits in Jahresabschlüssen für das vor dem 1.1.2010 beginnende Geschäftsjahr enthalten waren, besteht das Wahlrecht, diese zum Übergangszeitpunkt unter Anwendung der für sie geltenden Vorschriften beizubehalten **(Beibehaltungswahlrecht)** oder unmittelbar erfolgsneutral in die Gewinnrücklagen einzustellen. Der Bilanzierende kann von dem Beibehaltungswahlrecht auch teilweise Gebrauch machen. Eine Ausnahme vom Beibehaltungswahlrecht gilt jedoch für die Beträge, die den Aufwandsrückstel-

458 Vgl. Art. 67 Abs. 1 Satz 3 EGHGB.
459 Vgl. IDW RS HFA 28, IDW FN 2010 S. 451, 451. Siehe hierzu auch *Zwirner*, BB 2010 S. 2747, 2747 f.
460 Vgl. FG Münster v. 27.6.2019, 8 K 2873/17, Rev. eingelegt (BFH, IV R 24/19), DStRE 2019 S. 1433.
461 Vgl. Art. 66 Abs. 5 EGHGB.

lungen **im letzten vor dem 1.1.2010 beginnenden Geschäftsjahr** zugeführt wurden. Gemäß Art. 67 Abs. 3 Satz 2 EGHGB sind diese von der unmittelbaren Verrechnung mit den Gewinnrücklagen ausgeschlossen; möglich ist dann nur eine erfolgswirksame Auflösung. Sofern der Bilanzierende bei der Umstellung Aufwandsrückstellungen beibehält, gelten für deren Bewertung die „alten" Regelungen. Eine Abzinsung ist hierbei ebenso wenig zu berücksichtigen wie Preis- und Kostensteigerungen.[462] Trotz **Weitergeltung der alten Vorschriften** ist jedoch eine ggf. erforderliche Erhöhung der Aufwandsrückstellungen ausgeschlossen. Die Ausübung des Beibehaltungs- oder Auflösungswahlrechts kann der Bilanzierende hierbei auch teilweise, d. h. für einzelne Rückstellungen, ausüben.[463] Gemäß Art. 67 Abs. 1 Satz 2 EGHGB bezieht sich das Beibehaltungswahlrecht für überdotierte Rückstellungen auf sämtliche Rückstellungen. Sofern der Differenzbetrag bis zum 31.12.2024 wieder zugeführt wird, kann – unter Berücksichtigung der entsprechenden Anhangangabe zum Stand der Überdeckung – eine Auflösung unterbleiben. Dies gilt allerdings nur für den bis zum 31.12.2024 voraussichtlich wieder zugeführten Betrag. Ein darüber hinausgehender Betrag ist zum Umstellungszeitpunkt erfolgswirksam als außerordentlicher Ertrag zu erfassen. Ab dem Jahr 2016 hat der Ausweis solcher Erträge nach Art. 75 Abs. 5 EGHGB unter den sonstigen betrieblichen Erträgen zu erfolgen.

BEISPIEL Die Krusikos AG hat für Zwecke der Generalüberholung einer Maschine in drei Jahren (2011) mit Kosten von 2.400.000 EUR bereits im Abschluss zum 31.12.2008 eine Rückstellung i. H. von 800.000 EUR gebildet. Zum 31.12.2009 erfolgt erneut eine Zuführung i. H. von 800.000 EUR.

Im Übergangszeitpunkt 1.1.2010 hat die Krusikos AG das Wahlrecht, die Rückstellung unter Anwendung der bisher geltenden Vorschriften beizubehalten oder diese aufzulösen. Bevorzugt die Krusikos AG die Auflösung der Rückstellung zum 1.1.2010, so ist der Betrag unmittelbar in die **Gewinnrücklagen** einzustellen. Zu beachten ist jedoch, dass Beträge, die im Jahr 2009 zugeführt wurden, nicht erfolgsneutral zugunsten der Gewinnrücklagen aufgelöst werden dürfen. Folglich tangiert lediglich ein Betrag i. H. von 800.000 EUR (aus dem Jahr 2008) nicht die **GuV.**

Auswirkungen auf latente Steuern: Wurde bei der Bildung der Rückstellung das Aktivierungswahlrecht für latente Steuern genutzt (in der Steuerbilanz ist die Bildung dieser Aufwandsrückstellung nicht erlaubt), so sind die latenten Steuern analog zur Vorgehensweise bei der Rückstellungsauflösung erfolgsneutral bzw. -wirksam aufzulösen. Wurden keine aktiven latenten Steuern angesetzt, sind diese im Zusammenhang mit der Erstanwendung des § 274 HGB n. F. i. V. mit Art. 67 Abs. 6 EGHGB zunächst erfolgsneutral zu bilden, sofern vom Ansatzwahlrecht Gebrauch gemacht wird. In Abhängigkeit von der Beibehaltung bzw. Auflösung der Rückstellung sind im Folgenden die latenten Steuern beizubehalten oder aufzulösen.

BEISPIEL Für Zwecke der Generalüberholung einer im Produktionsprozess eingesetzten Maschine mit erwarteten Kosten i. H. von 900.000 EUR zum 31.12.2012 hat die Poseidon AG eine Rückstellung gebildet. Die Generalüberholung ist alle fünf Jahre vorgesehen und erfolgte letztmals im Geschäftsjahr 2007. Zum 31.12.2009 beträgt die Rückstellung 480.000 EUR (davon 160.000 EUR in 2009 zugeführt).

Zum Zeitpunkt der Umstellung auf die neuen Regelungen kann die Gesellschaft die Rückstellungen **beibehalten oder erfolgswirksam** (Zuführungsbetrag aus 2009) **sowie erfolgsneutral** (Zuführungsbetrag aus 2008) **auflösen.** Im Fall der Auflösung werden 160.000 EUR als außerordentlicher Ertrag und 320.000 EUR zugunsten der Gewinnrücklagen aufgelöst. Bei Beibehaltung der in den Vorjahren gebildeten Rückstellungen hat die Gesellschaft i. H. von 144.000 EUR, bei einem unterstellten Steuersatz von 30 %, aktive latente Steuern (unter Beachtung des Aktivierungswahlrechts nach § 274 Abs. 1 HGB) abzugrenzen.

462 Vgl. IDW RS HFA 28, IDW FN 2009 S. 642, 645.
463 Vgl. IDW RS HFA 28, IDW FN 2009 S. 642, 645.

BEISPIEL Die Anschaffungskosten einer Maschine für Abluftreinigung betragen bei der Zeus AG 600.000 EUR. Im Abstand von zwei Jahren fällt erfahrungsgemäß eine Reparatur größeren Umfangs mit einem Aufwand von rd. 30.000 EUR an. Die betriebsgewöhnliche Nutzungsdauer der Maschine beträgt sechs Jahre. Nach dieser Zeit scheidet die Maschine aus dem Betriebsvermögen aus.

Lösung – nach alter Rechtslage:

Bei Gebäuden, maschinellen Anlagen oder sonstigen betrieblichen Wirtschaftsgütern darf für regelmäßig und für in größerem Zeitabstand anfallende Großreparaturen, Generalüberholungen und Instandhaltungsmaßnahmen in der Handelsbilanz eine Aufwandsrückstellung gebildet werden. Zurückgestellt werden können nur künftige Ausgaben, die als Erhaltungsaufwand und nicht als zu aktivierender Herstellungsaufwand zu behandeln sein werden. Die Zuordnung der künftigen Reparaturaufwendungen zum Geschäftsjahr oder zu einem früheren Geschäftsjahr hat in dem Verhältnis zu erfolgen, in dem diese Geschäftsjahre zu den künftigen Ausgaben beigetragen haben. In der Regel entspricht die lineare oder leistungsabhängige Aufwandsverteilung einer solchen Zuordnung. Weiterhin erfordert die Bildung einer Aufwandsrückstellung eine konkrete Abgrenzbarkeit der Rückstellung (welche Anlage, Notwendigkeit, Art und Umfang der Arbeiten). Unter Erfüllung der zuvor genannten Kriterien und einer linear erfolgenden Aufwandsverteilung ergibt sich im Beispielsfall folgendes Bild:

Wirtschaftsjahr	Lineare AfA in EUR	Rückstellung Handelsbilanz		Reparaturaufwand in EUR	Aufwand pro Wirtschaftsjahr in EUR
		Veränderung in EUR	Bestand in EUR		
01	100.000	+ 15.000	15.000	–	115.000
02	100.000	– 15.000 (+ 15.000 – 30.000)	0	30.000	115.000
03	100.000	+ 15.000	15.000	–	115.000
04	100.000	– 15.000 (+ 15.000 – 30.000)	0	30.000	115.000
05	100.000	–	0	–	100.000
06	100.000	–	0	–	100.000

Aus vorstehender Tabelle wird ersichtlich, dass die Bildung einer Aufwandsrückstellung zu einer gleichbleibenden Aufwandsverteilung beiträgt. Allein in der letzten und aufgrund des bevorstehenden Ausscheidens aus dem Betriebsvermögen reparaturfreien Periode der Jahre 05 bis 06 ergibt sich ein im Vergleich zu den vorhergehenden Perioden geringerer Aufwand.

Lösung – nach Einführung des BilMoG:

Das BilMoG bewirkt den Wegfall des möglichen Ansatzes bestimmter Aufwandsrückstellungen. Konkret erfolgt u. a. die Streichung des § 249 Abs. 2 HGB a. F., was im Beispielsfall dazu führt, dass keine Aufwandsrückstellungen für Reparaturzwecke gebildet werden dürfen. Im Vergleich zur vorherigen Gesetzeslage ergäbe sich demnach folgendes Bild:

Wirtschaftsjahr	Lineare AfA in EUR	Reparaturaufwand in EUR	Aufwand pro Wirtschaftsjahr in EUR vor BilMoG	Aufwand pro Wirtschaftsjahr in EUR nach BilMoG
01	100.000	–	115.000	100.000
02	100.000	30.000	115.000	130.000
03	100.000	–	115.000	100.000
04	100.000	30.000	115.000	130.000
05	100.000	–	100.000	100.000
06	100.000	–	100.000	100.000

Es zeigt sich, dass nach künftig geltendem Recht in den Jahresabschlüssen der Jahre 02 und 04 „Aufwandsspitzen" entstehen, da die Reparaturkosten im jeweiligen Jahr der Durchführung der Maßnahme in voller Höhe zu Buche schlagen. Demgegenüber konnte nach bislang geltendem Recht durch die Bildung von Rückstellungen eine teilweise Aufwandsglättung erreicht werden.

BEISPIEL[464] Die Ares GmbH hat im Jahr 2009 Aufwandsrückstellungen für im abgelaufenen Geschäftsjahr unterlassene Instandhaltungsmaßnahmen i. H. von 100.000 EUR angesetzt **(Rückstellung A).** Für eine erwartete Großreparatur im Jahr 2012 hat sie bis zum 31.12.2009 zudem 200.000 EUR angesammelt, von denen 100.000 EUR im Jahr 2009 zugeführt worden sind **(Rückstellung B).** Für eine zweite Maschine wurde eine Rückstellung für eine langfristige Wartung i. H. von 150.000 EUR angesammelt; der Zuführungsbetrag des Jahres 2009 beträgt hierbei 50.000 EUR **(Rückstellung C).**

Aufgrund einzelner anderer Umstellungseffekte ergibt sich für die Ares GmbH ein außerordentlicher Aufwand von rd. 50.000 EUR sowie eine Belastung der Gewinnrücklagen durch die Abgrenzung passiver latenter Steuern von rd. 115.000 EUR. Die Ares GmbH möchte die Umstellung auf das BilMoG gerne eigenkapital- und ergebnisneutral vornehmen.

Die Ares GmbH kann zur Kompensation des Ergebniseffekts im Umstellungsjahr die **Rückstellung C** auflösen:

sonstige Rückstellungen	150.000 EUR
an	
Gewinnrücklagen	100.000 EUR
außerordentlicher Ertrag	50.000 EUR

Durch die Auflösung wird der Ergebniseffekt im Umstellungsjahr nivelliert (50.000 EUR außerordentlicher Aufwand – 50.000 EUR außerordentlicher Ertrag). Der übrige Eigenkapitaleffekt wird reduziert auf eine Belastung von 15.000 EUR der Gewinnrücklagen (115.000 EUR – 100.000 EUR).

Eine Auflösung der anderen Rückstellungen um 15.000 EUR zugunsten der Gewinnrücklagen ist nicht möglich. Die Rückstellungen können jeweils nur gänzlich aufgelöst werden. Das heißt, die Auflösung der Rückstellung B würde die Gewinnrücklagen und den Jahresüberschuss zu jeweils 100.000 EUR belasten. Die Auflösung der Rückstellung A hätte eine Steigerung des Jahresergebnisses um 100.000 EUR zur Folge. Eine vollkommen eigenkapitalneutrale Umstellung ist in diesem Beispiel nicht möglich.

BEISPIEL Die Prometheus GmbH hat zum Bilanzstichtag am 31.12.2008 eine Rückstellung für unterlassene Instandhaltungen i. H. von **160.000 EUR** gebildet. Im **Jahr 2009** nimmt sie diese zu **120.000 EUR in Anspruch** und **führt** derselben Rückstellung **60.000 EUR zu,** sodass der Buchwert zum 31.12.2009 100.000 EUR beträgt (160.000 EUR – 120.000 EUR + 60.000 EUR).

Bei Auflösung der Rückstellung sind 40.000 EUR gem. Art. 67 Abs. 3 Satz 2 EGHGB erfolgsneutral aufzulösen. Dies entspricht dem Zuführungsbetrag des Jahres 2008 abzgl. der Inanspruchnahme, die auf diesen Betrag entfällt (160.000 EUR – 120.000 EUR). Der Zuführungsbetrag des Jahres 2009 i. H. von 60.000 EUR muss hingegen erfolgswirksam aufgelöst werden. Im Rahmen der BilMoG-Umstellung ergibt sich folgende **Buchung:**

Rückstellungen für unterlassene Instandhaltungen	100.000 EUR	an	Gewinnrücklagen	40.000 EUR
		an	außerordentliche Erträge	60.000 EUR

Bei der Auflösung der Rückstellungen **teilen die latenten Steuern das „Schicksal" des ihnen zugrunde liegenden Sachverhalts.** Wird ein Teilbetrag der Rückstellung erfolgswirksam auf-

464 Modifiziert entnommen aus *Petersen/Zwirner/Künkele,* BilMoG in Beispielen, S. 108 ff. Latente Steuern werden im Beispiel vernachlässigt.

gelöst, so sind auch die latenten Steuern auf diesen Betrag erfolgswirksam aufzulösen. Dies gilt vice versa auch für die erfolgsneutrale Behandlung.

BEISPIEL ▸ Zum 31.12.2008 weist ein Unternehmen eine Aufwandsrückstellung i.S. des § 249 Abs. 2 HGB a.F. i.H. von 30.000 EUR aus. Im Jahr 2009 wird dieser Rückstellung nochmal ein Betrag von 30.000 EUR zugeführt. Zum Umstellungszeitpunkt (1.1.2010) entschließt sich das Unternehmen, diese Aufwandsrückstellung aufzulösen. Der kumulierte Ertragsteuersatz sei 30 %. Zu buchen ist:

sonstige Rückstellungen	30.000 EUR
an	
Gewinnrücklagen	30.000 EUR
Gewinnrücklagen	9.000 EUR
an	
aktive latente Steuern	9.000 EUR
sonstige Rückstellungen	30.000 EUR
an	
außerordentlicher Ertrag	30.000 EUR
latenter Steueraufwand	9.000 EUR
an	
aktive latente Steuern	9.000 EUR

Die erste Buchung betrifft den Zuführungsbetrag aus dem Jahr 2008. Dieser ist gem. Art. 67 Abs. 3 Satz 2 EGHGB erfolgsneutral in die Gewinnrücklagen einzustellen. Die Behandlung der aktiven latenten Steuern hat der erfolgsneutralen Auflösung zu folgen.

Ein anderes Bild ergibt sich für den Zuführungsbetrag aus dem Vorjahr. Dieser wird erfolgswirksam aufgelöst. Gleichsam ist die entsprechende aktive latente Steuer mit GuV-Wirkung zu buchen.

Wurden bei der erstmaligen Einbuchung der Aufwandsrückstellung keine **aktiven latenten Steuern** gebildet, so sind diese – sofern das Ansatzwahlrecht des § 274 Abs. 1 Satz 2 HGB genutzt wird – bei der Umstellung auf das BilMoG anzusetzen. Bei der Passivierung passiver latenter Steuern, ohne Ausweis aktiver latenter Steuern, müssen die aktiven latenten Steuern jedoch verpflichtend in Abzug gebracht werden.

BEISPIEL ▸ Die Poseidon AG hat für Zwecke der Generalüberholung einer Maschine mit Austausch von Verschleißteilen in drei Jahren (2011) mit Kosten von 1.200.000 EUR bereits im Abschluss zum 31.12.2008 eine Rückstellung i.H. von 400.000 EUR nach **§ 249 Abs. 2 HGB a.F.** gebildet. Zum 31.12.2009 erfolgt erneut eine Zuführung i.H. von 400.000 EUR. Der Wert der Rückstellung beträgt zum 31.12.2009 demnach 800.000 EUR. In der Steuerbilanz erfolgt kein Ansatz einer Rückstellung, da die Bildung von Aufwandsrückstellungen i.S. des § 249 Abs. 2 HGB nicht erlaubt ist. Der kumulierte Ertragsteuersatz beträgt 30 %.

Im Übergangszeitpunkt am 1.1.2010 hat die Poseidon AG nun das **Wahlrecht,** die Rückstellung unter Anwendung der bisher geltenden Vorschriften beizubehalten oder diese unter Beachtung des Art. 67 Abs. 3 EGHGB aufzulösen. Angenommen, die Poseidon AG bevorzugt die Auflösung der Rückstellung zum 1.1.2010, gilt Folgendes:

Ein Teilbetrag von 400.000 EUR ist erfolgsneutral zugunsten der Gewinnrücklagen aufzulösen. Der Teilbetrag i. H. von 400.000 EUR, der erst im Geschäftsjahr 2009 zugeführt wurde, ist über die außerordentlichen Erträge ergebniserhöhend aufzulösen.

Buchungssätze zum 1.1.2010:

sonstige Rückstellungen	400.000 EUR	an	andere Gewinnrücklagen	400.000 EUR
sonstige Rückstellungen	400.000 EUR	an	außerordentliche Erträge	400.000 EUR

Wurden bei der Bildung der Aufwandsrückstellungen aktive latente Steuern abgegrenzt, sind auch diese z. T. erfolgsneutral und z. T. ergebniswirksam aufzulösen:

Buchungssätze zum 1.1.2010:

andere Gewinnrücklagen	120.000 EUR	an	aktive latente Steuern	120.000 EUR
latenter Steueraufwand	120.000 EUR	an	aktive latente Steuern	120.000 EUR

Entscheidet sich die Poseidon AG für die Beibehaltung der Aufwandsrückstellungen, kommt es im Zeitpunkt der Auflösung bzw. Inanspruchnahme (unterstellt wird das Geschäftsjahr 2011) zu folgenden Buchungen:

Buchungssätze bei Auflösung im Geschäftsjahr 2011:

sonstige Rückstellungen	800.000 EUR	an	andere Gewinnrücklagen	800.000 EUR
latenter Steueraufwand	240.000 EUR	an	aktive latente Steuern	240.000 EUR

Buchungssätze bei Inanspruchnahme im Geschäftsjahr 2011:

sonstiger betrieblicher Aufwand	800.000 EUR	an	Kasse/Bank	800.000 EUR
sonstige Rückstellungen	800.000 EUR	an	sonstiger betrieblicher Aufwand	800.000 EUR
latenter Steueraufwand	240.000 EUR	an	aktive latente Steuern	240.000 EUR

Sofern der Bilanzierende bei der Umstellung Aufwandsrückstellungen **beibehält,** gelten für deren Bewertung die „alten" Regelungen. Eine Abzinsung ist hierbei ebenso wenig zu berücksichtigen wie Preis- und Kostensteigerungen.[465] Trotz **Weitergeltung der alten Vorschriften** ist jedoch eine ggf. erforderliche Erhöhung der Aufwandsrückstellungen ausgeschlossen.

BEISPIEL Die Krokolus GmbH hat in den Jahren 2008 und 2009 Aufwandsrückstellungen für die Generalüberholung einer Maschine i. H. von jeweils 40.000 EUR gebildet. Die Generalüberholung ist alle fünf Jahre vorgesehen und erfolgte letztmals im Jahr 2007.

Wenn die Krokolus GmbH zum Umstellungszeitpunkt (1.1.2010) die bisher dotierte Rückstellung beibehält, ist keine Ansammlung weiterer Rückstellungsbeträge zulässig. Das bedeutet, dass der verbleibende Betrag i. H. von 120.000 EUR (Gesamtkosten der Generalüberholung: 200.000 EUR) erst bei Durchführung der Generalüberholung aufwandswirksam erfasst wird. Eine **ratierliche Erfassung** über die Jahre 2010 bis 2012 ist nicht mehr möglich. Aus der Beibehaltung der Rückstellungen folgt, dass die Bewertung wei-

465 Vgl. IDW RS HFA 28, IDW FN 2009 S. 642, 645.

terhin nach § 253 Abs. 1 Satz 2 HGB a. F. zu erfolgen hat. Daher kommt weder eine Abzinsung der Rückstellungen noch eine Berücksichtigung von künftigen Preis- und Kostensteigerungen in Betracht.

Auswirkungen auf latente Steuern: Wurden bei Bildung der Rückstellung keine aktiven latenten Steuern angesetzt, sind diese im Zusammenhang mit der Erstanwendung des § 274 HGB n. F. i. V. mit Art. 67 Abs. 6 EGHGB erfolgsneutral zu bilden, sofern vom Ansatzwahlrecht Gebrauch gemacht wird. In Abhängigkeit von der Beibehaltung bzw. Auflösung der Rückstellung sind im Folgenden die latenten Steuern beizubehalten oder aufzulösen.

BEISPIEL ▸ Die Hikopolidis GmbH hat in den Jahren 2008 und 2009 Aufwandsrückstellungen für die routinemäßige Wartung ihrer Maschinen i. H. von jeweils 50.000 EUR gebildet. Zum Umstellungszeitpunkt (1.1.2010) behält sie die angesetzten Rückstellungen bei. Aus der Beibehaltung der Rückstellungen folgt, dass die Bewertung weiterhin nach § 253 Abs. 1 Satz 2 HGB a. F. zu erfolgen hat. Daher kommt weder eine Abzinsung der Rückstellungen noch eine Berücksichtigung von künftigen Preis- und Kostensteigerungen in Betracht.

3.6.3 Übergangsvorschriften bei der Bilanzierung von Pensionsrückstellungen

3.6.3.1 Beibehaltung überdotierter Pensionsrückstellungen

Gemäß Art. 67 Abs. 1 Satz 2 EGHGB besteht für sämtliche Rückstellungen, deren Wertansatz aufgrund der geänderten Bewertung gemindert werden müsste, ein **Beibehaltungswahlrecht,** soweit der **Differenzbetrag bis spätestens zum 31.12.2024 wieder zugeführt werden müsste.** Das Wahlrecht umfasst nur den Teilbetrag einer aufzulösenden Rückstellung, der bis zum 31.12.2024 wieder zugeführt werden müsste. Im Fall der Beibehaltung eines solchen Teilbetrags sind darüber hinausgehende Beträge erfolgswirksam aufzulösen.[466] Die Beurteilung, ob ein Rückstellungsbetrag beibehalten werden darf, hat zu jedem Bilanzstichtag zu erfolgen.[467] Wird festgestellt, dass der beibehaltene Wert bis zum 31.12.2024 nicht erreicht wird, hat eine erfolgswirksame Auflösung zu erfolgen.[468] Die Beurteilung hat auf Basis des Einzelbewertungsgrundsatzes zu erfolgen. Bei der Beurteilung, ob und inwieweit der Differenzbetrag bis spätestens zum 31.12.2024 wieder zugeführt werden müsste, ist nicht allein auf bereits bestehende Verpflichtungen abzustellen, da Art. 67 Abs. 1 Satz 2 EGHGB die Berücksichtigung künftiger Versorgungszusagen nicht ausschließt. Wird von dem Beibehaltungswahlrecht bei überdotierten Rückstellungen kein Gebrauch gemacht, so sind die aus der Auflösung resultierenden Beträge nach Art. 67 Abs. 1 Satz 3 EGHGB unmittelbar in die Gewinnrücklagen einzustellen. Dies gilt auch für die Teilbeträge, die voraussichtlich bis zum 31.12.2024 nicht wieder zugeführt werden müssen. Diese Teilbeträge können jedoch auch alternativ erfolgswirksam erfasst werden.[469]

Führen die Neuregelungen bezüglich der Rückstellungsbewertung zu einem **niedrigeren Wertansatz**[470] (Pensionsrückstellungen nach altem Rechtsstand sind überdotiert), so kann die Wertkorrektur unterbleiben, wenn der Auflösungsbetrag bis zum 31.12.2024 wieder zugeführt werden müsste **(Beibehaltungswahlrecht).**[471] Ob bis zum benannten Stichtag die etwaigen Auflösungsbeträge wieder zugeführt werden müssten, ist auf Basis einer Gesamtbetrachtung aller

---

466 Vgl. IDW RS HFA 28, IDW FN 2009 S. 642, 648.

467 Vgl. IDW RS HFA 28, IDW FN 2009 S. 642, 648.

468 Vgl. IDW RS HFA 28, IDW FN 2009 S. 642, 648.

469 Vgl. IDW RS HFA 28, IDW FN 2010 S. 451, 451.

470 Pensionsrückstellung (zum Umstellungszeitpunkt nach neuem Rechtsstand) – Pensionsrückstellung (zum Umstellungszeitpunkt nach altem Rechtsstand) < 0.

471 Vgl. Art. 67 Abs. 1 Satz 2 EGHGB.

Altersvorsorge- und ähnlicher Verpflichtungen zu prognostizieren.[472] Auch erwartete Zuführungen aus noch nicht bestehenden Verpflichtungen sind hierbei mit einzubeziehen.[473] Für solche Beträge, die voraussichtlich nicht bis zum 31.12.2024 wieder zugeführt werden müssen, gilt das Wahlrecht nicht. Diese sind sofort auszubuchen. Ansonsten gilt das benannte Beibehaltungswahlrecht.

BEISPIEL Die Harmonia AG hat in der Vergangenheit, letztmals zum 31.12.2009, ihre Pensionsrückstellungen mit 4% abgezinst. Aufgrund der Neubewertung der Pensionsrückstellungen zum 1.1.2010 ergibt sich für die Harmonia AG eine Überdotierung der Rückstellungen von 10.000.000 EUR. Auf Grundlage der versicherungsmathematischen Annahmen sowie der voraussichtlichen künftigen Zusagen wird ein Zuführungsbetrag von 1.500.000 EUR p.a. in den kommenden Jahren erwartet. In diesem Fall muss keine Auflösung der Rückstellung erfolgen.

BEISPIEL Die Uranus AG hat ihre Pensionsrückstellungen bisher mit einem Zinssatz von 4% abgezinst. Zum 1.1.2010 beträgt der anzuwendende Zinssatz 5,24%. Aus der Neubewertung der Rückstellungen, die zum 31.12.2009 einen Buchwert von 8.300.000 EUR haben, ergibt sich ein Überdotierungseffekt i.H. von 2.100.000 EUR, von dem ein Betrag von 1.500.000 EUR voraussichtlich bis zum 31.12.2024 wieder zugeführt werden muss. Die Uranus AG kann diesen Anteil der Überdotierung beibehalten. Darüber hinaus muss sie den Anteil von 600.000 EUR erfolgswirksam als außerordentlichen Ertrag zum 1.1.2010 erfassen.

Auswirkungen auf latente Steuern: Wurde bei der Bildung der Rückstellung das Aktivierungswahlrecht für latente Steuern genutzt, so sind die latenten Steuern analog zur Vorgehensweise bei der Rückstellungsauflösung erfolgswirksam aufzulösen. Wurden keine aktiven latenten Steuern angesetzt, sind diese im Zusammenhang mit der Erstanwendung des § 274 HGB n.F. i.V. mit Art. 67 Abs. 6 EGHGB zunächst erfolgsneutral zu bilden, sofern vom Ansatzwahlrecht Gebrauch gemacht wird. In Abhängigkeit von der Beibehaltung bzw. Auflösung der Rückstellung sind im Folgenden die latenten Steuern beizubehalten oder erfolgswirksam aufzulösen.

BEISPIEL Die Krokolus GmbH verfolgt seit Längerem bereits eine sehr konservative Bilanzpolitik. Aus diesem Grund hat sie ihre Pensionsrückstellungen in der Vergangenheit mit einem Zinssatz von 4% abgezinst. Zum 1.1.2010 beträgt der anzuwendende Zinssatz 5,24%. Zudem erfolgt die Bewertung in Übereinstimmung mit § 253 HGB. Aus der Neubewertung der Rückstellungen, die zum 31.12.2009 einen Buchwert von 4,15 Mio. EUR haben, ergibt sich ein **Überdotierungseffekt** von 1,55 Mio. EUR, von dem ein Betrag von 1,25 Mio. EUR voraussichtlich bis zum 31.12.2024 wieder zugeführt werden muss. Die Krokolus GmbH kann diesen Anteil der Überdotierung beibehalten. Darüber hinaus muss sie den übersteigenden Anteil von 0,3 Mio. EUR erfolgswirksam als außerordentlichen Ertrag[474] zum 1.1.2010 erfassen, wenn die Krokolus GmbH das Beibehaltungswahlrecht ausübt.

Zum Umstellungszeitpunkt ist neben dem beibehaltenen (überdotierten) Wert auch der BilMoG-Wert festzuhalten. In den **Folgeperioden** muss dieser dann in einer Nebenrechnung fortgeführt werden. Erst wenn der fortgeführte Beibehaltungswert überstiegen wird, muss der nach dem HGB n.F. ermittelte Wert angesetzt werden. Bei der Fortführung ist zu beachten: **Zuführungen** zu den Pensionsrückstellungen sind nach dem **neuen Rechtsstand** zu bewerten und dem BilMoG-Wert zuzurechnen. **Pensionszahlungen** hingegen betreffen i.d.R. die vor dem Umstellungszeitpunkt angesammelten Pensionsrückstellungen und sind deshalb **vom beibehaltenen Wert zu subtrahieren.**

472 Vgl. IDW RS HFA 28, IDW FN 2009 S. 642, 649.
473 Vgl. IDW RS HFA 28, IDW FN 2009 S. 642, 649.
474 Vgl. Art. 67 Abs. 7 EGHGB a.F.

Abb. 6: Idealtypische Entwicklung der zu vergleichenden Werte

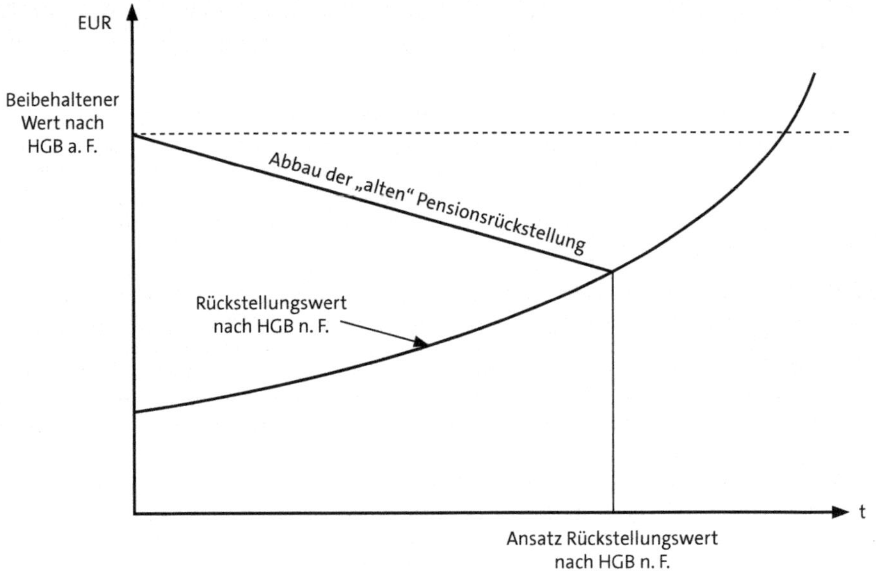

© Künkele/Vodermeier/Zwirner

BEISPIEL Zum **31.12.2009** berechnet die Poseidon AG ihre Pensionsrückstellungen mittels des steuerlichen Teilwertverfahrens. Hierbei ergibt sich ein Rückstellungswert von **1.000.000 EUR** (= Wert zum 1.1.2010). Im Geschäftsjahr 2010 löst die Gesellschaft sich vom Teilwertverfahren für den handelsrechtlichen Wertansatz und wählt das Anwartschaftsbarwertverfahren. Unter dem geänderten Verfahren und den neuen Bewertungsparametern ergibt sich ein Wert von **800.000 EUR** zum **1.1.2010.**

Im Jahr 2010 werden, bewertet zum Rechtsstand nach BilMoG, **Zuführungen i. H. von 100.000 EUR** fällig. Im gleichen Zeitraum werden **Pensionsleistungen i. H. von 50.000 EUR** getätigt.

Folglich reduziert sich der fortgeschriebene **Altwert** auf **950.000 EUR** (Zahlungen betreffen beibehaltenen Wert), während der **Wert nach Rechtsstand BilMoG** auf **900.000 EUR** anwächst. Im Ergebnis ist weiterhin der fortgeführte Altwert zu bilanzieren, denn der BilMoG-Wert unterschreitet (noch) den Altwert. Der bilanzierte Altwert beträgt nun aber 950.000 EUR. Dementsprechend ist zu buchen:

Pensionsrückstellungen	50.000 EUR	an	Bank	50.000 EUR

Der Personalaufwand des Jahres 2010 (100.000 EUR) wird hingegen nicht gebucht.

Bei Überschreiten des fortgeführten Altwerts durch den BilMoG-Wert ist nur der Betrag zu buchen, um den der BilMoG-Wert den Altwert übersteigt. Dieser ist entsprechend dem **Verhältnis** im Zuführungsbetrag **zwischen Personalaufwand und Zinsaufwand** aufzuteilen.

BEISPIEL **Abwandlung des obigen Beispiels**

Entgegen den ursprünglichen Annahmen ist der **Zuführungsbetrag** in 2010 **150.000 EUR.** Er lässt sich zu 50.000 EUR auf die Aufzinsung und zu 100.000 EUR auf die Erdienung von Anwartschaften zurückführen. Die **Pensionszahlungen** betragen **80.000 EUR.**

Zum 31.12.2010 beträgt der fortgeführte Altwert **920.000 EUR.** Der BilMoG-Wert beträgt zum gleichen Zeitpunkt **950.000 EUR.** Da der BilMoG-Wert den fortgeführten Altwert nun übersteigt, muss er auch bilanziell aufgeführt sein. Die Zuführung von **30.000 EUR** ggü. dem Altwert muss anteilig auf den Zinsaufwand ([50.000 EUR / 150.000 EUR] × 30.000 EUR) und den Personalaufwand ([100.000 EUR / 150.000 EUR] × 30.000 EUR) aufgeteilt werden. Gebucht wird:

Pensionsrückstellungen	80.000 EUR
an	
Bank	80.000 EUR
Personalaufwand	100.000 EUR
Zinsaufwand	50.000 EUR
an	
Pensionsrückstellungen	150.000 EUR

Wird von dem Wahlrecht der Beibehaltung einer überdotierten Rückstellung Gebrauch gemacht, ist im **Anhang** der Betrag anzugeben, zu dem die Pensionsrückstellungen überdotiert sind (Überdeckungsbetrag).[475] Dies dient einer transparenten Darstellung ggü. den Abschlussadressaten.[476]

Nutzt der Bilanzierende dieses **Wahlrecht nicht,** so ist der Differenzbetrag erfolgsneutral in die Gewinnrücklagen einzustellen (siehe auch die Stellungnahme des IDW, Kap. 3.6.2.1).[477]

BEISPIEL Die Pensionsrückstellungen der Aridomeis AG werden im handelsrechtlichen Abschluss zum 31.12.2009 mit einem Betrag von 4.300.000 EUR bewertet. Dieser Wert wurde mithilfe des steuerlichen Teilwertverfahrens ermittelt und entspricht dem in der Steuerbilanz angesetzten Betrag. Bei Anwendung der durch das BilMoG geänderten Vorschriften zur Rückstellungsbewertung zum 1.1.2010 ergibt sich ein anzusetzender Betrag von 3.700.000 EUR. Der kumulierte Ertragsteuersatz beträgt 30 %.

Da die Pensionsrückstellungen der Aridomeis AG überdotiert sind, ergibt sich die Möglichkeit, den überschüssigen Betrag (600.000 EUR) aufzulösen und in die Gewinnrücklagen einzustellen. In diesem Fall unterscheiden sich die Wertansätze in Handels- und Steuerbilanz, weswegen in der Handelsbilanz passive latente Steuern i. H. von 180.000 EUR (600.000 EUR × 0,3) abgegrenzt werden müssen. Gemäß Art. 67 Abs. 6 EGHGB erfolgt auch die Bildung der latenten Steuern erfolgsneutral.

3.6.3.2 Verteilungswahlrecht bei unterdotierten Pensionsrückstellungen

Die Anwendung der geänderten Vorschriften ist erstmals für **Geschäftsjahre, die nach dem 31.12.2009 beginnen,** verpflichtend.[478] In diesem Zusammenhang sehen die Regelungen des EGHGB verschiedene Möglichkeiten der Zuführung des Anpassungsbetrags vor.[479] Dieser kann zum Umstellungszeitpunkt einmalig erfolgswirksam zugeführt oder in Raten über bis zu 15 Jahre erfolgswirksam erfasst werden. Der Ansammlungszeitraum endet damit in dem (kalendergleichen) **Geschäftsjahr, das zum 31.12.2024 endet.** Der **Differenzbetrag** ist einmalig im Übergangs-

475 Vgl. Art. 67 Abs. 1 Satz 4 EGHGB.
476 Vgl. Handbuch Bilanzrecht/*Zwirner/Künkele*, C.I. Rz. 33.
477 Vgl. Art. 67 Abs. 1 Satz 3 EGHGB.
478 Vgl. Art. 66 Abs. 3 EGHGB.
479 Vgl. Art. 67 Abs. 1 und 2 EGHGB.

zeitpunkt zu ermitteln. Auch eine etwaige Überdotierung kann beibehalten werden, wenn mit einer Zuführung des Betrags in den kommenden 15 Jahren zu rechnen ist. Die entsprechenden Beträge einer bestehenden Unter- bzw. Überdotierung sind zum jeweiligen Bilanzstichtag im Anhang anzugeben. Nach Art. 67 Abs. 7 EGHGB a. F. hat der Ausweis der **jährlichen Zuführungsbeträge** bis einschließlich des Jahres 2015 als außerordentlicher Aufwand zu erfolgen. Durch den Wegfall des außerordentlichen Ergebnisses infolge des BilRUG hat der Ausweis der Anpassungsbeträge nach Art. 75 Abs. 5 EGHGB künftig unter den sonstigen betrieblichen Aufwendungen zu erfolgen.[480]

Wird durch die Neuregelungen ein **höherer Wertansatz**[481] der Pensionsrückstellungen berechnet (unterdotierte Pensionsrückstellung), ist der Bilanzierende verpflichtet, die Differenz bis zum 31.12.2024 zuzuführen. Die Differenz zwischen dem Rückstellungsbetrag nach altem und dem nach neuem Recht ist einmalig im Zeitpunkt der erstmaligen Anwendung des BilMoG zu berechnen. Dies wird bei einem Geschäftsjahr 1.1. bis 31.12. der 1.1.2010 sein.[482] Der jährliche Zuführungsbetrag muss dabei **mindestens 1/15** der Differenz zum Umstellungszeitpunkt betragen. Es steht dem Bilanzierenden jedoch frei, die Zuführung schon vor dem 31.12.2024 abzuschließen. Dabei kann jährlich der Zuführungsbetrag frei bestimmt werden, solange er mindestens 1/15 der Differenz beträgt und nicht zu einer Überdotierung der Pensionsrückstellung führt. Dieses Verteilungswahlrecht gilt allerdings nicht für Altersteilzeit- oder Jubiläumsverpflichtungen. Der Gesetzgeber bezieht sich in Art. 67 Abs. 1 Satz 1 EGHGB ausschließlich auf „laufende Pensionen oder Anwartschaften auf Pensionen".

PRAXISTIPP

Bei einer Unterdotierung der Pensionsrückstellungen bieten sich dem Bilanzierenden vielfältige bilanzpolitische Möglichkeiten. Er kann frei wählen, wann er die Zuführung abschließen will (jedoch spätestens zum 31.12.2024) und wie hoch der jährliche Zuführungsbetrag (jedoch mindestens 1/15) und damit die Belastung für das Jahresergebnis sein sollen.[483]

480 Vgl. *Zwirner* in: Zwirner, BilRUG, § 275 HGB, S. 466.

481 Pensionsrückstellung (zum Umstellungszeitpunkt nach neuem Rechtsstand) – Pensionsrückstellung (zum Umstellungszeitpunkt nach altem Rechtsstand) > 0.

482 Vgl. IDW RS HFA 28, IDW FN 2009 S. 642, 649.

483 Vgl. *Petersen/Zwirner/Künkele*, Beilage 4 zu DB 2010 S. 1, 16.

Abb. 7: Verteilungswahlrecht bei unterdotierten Rückstellungen

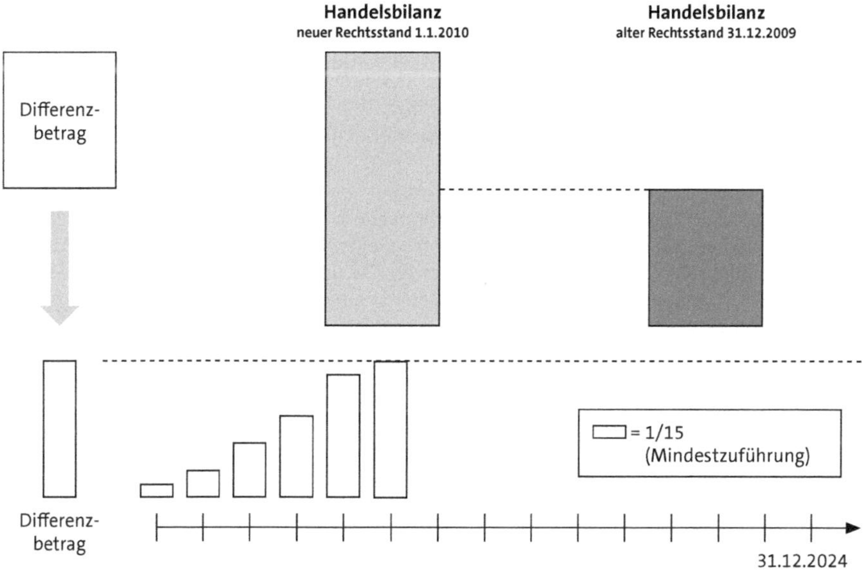

BEISPIEL Die A AG weist zum 31.12.2009 Pensionsrückstellungen i.H. von 3,0 Mio. EUR aus. Aus der Neubewertung nach den Regelungen des BilMoG entsteht eine Anpassung der Rückstellung (Erhöhung) um 50%. Dieser Betrag wurde zum 1.1.2010 ermittelt. Das Unternehmen hat nunmehr folgende Möglichkeiten:

- Zuführung des gesamten Betrags von 1,5 Mio. EUR über die GuV im Jahr 2010 (konservative Bilanzpolitik)
- Erfolgswirksame Zuführung von 0,1 Mio. EUR p.a. in den Jahren 2010 bis 2024 (progressive Bilanzpolitik)
- Erfolgswirksame Zuführung höherer Beträge als 0,1 Mio. EUR p.a. ab dem Jahr 2010 (in nicht zwingend jeweils gleicher Höhe)

Zusätzlich ergibt sich für das Jahr 2010 ein planmäßiger Zuführungsbetrag, der sich unter Anwendung des gesetzlich vorgegebenen Zinssatzes sowie unter Berücksichtigung der weiteren bewertungsrelevanten Annahmen errechnet, i.H. von 0,2 Mio. EUR. Von dem genannten Zuführungsbetrag entfallen 0,138 Mio. EUR auf den Zinsanteil. Das Unternehmen entscheidet sich, den Anpassungsbetrag gleichmäßig über die nächsten 15 Jahre zuzuführen. In der GuV ergibt sich für 2010 damit folgender Ausweis:

- Pensionsaufwand: 62 TEUR
- Zinsaufwand: 138 TEUR (§ 277 Abs. 5 HGB)
- Außerordentlicher Aufwand (bis 31.12.2015): 100 TEUR (Art. 67 Abs. 7 EGHGB a. F.); ab 1.1.2016 sonstiger betrieblicher Aufwand (Art. 75 Abs. 5 EGHGB)

Ergebnis: Aus der Bewertung der Pensionsrückstellungen weist die A AG für das Jahr 2010 einen Aufwand von 300 TEUR aus. Gleichzeitig erfolgt der Bilanzansatz der Pensionsrückstellungen zum 31.12.2010 (ohne Berücksichtigung eventueller Pensionszahlungen) mit 3,3 Mio. EUR.

Durch die ausdrückliche Beschränkung des Art. 67 Abs. 1 Satz 1 EGHGB auf laufende Pensionen sowie Anwartschaften gilt das **Verteilungswahlrecht nicht für pensionsähnliche Verpflichtungen.** Auch sind alle anderen Rückstellungen von der Anwendung des Verteilungswahlrechts ausgenommen. Eine durch die BilMoG-Umstellung hervorgerufene Höherbewertung ist in diesen Fällen als außerordentlicher Aufwand zu erfassen und dem Rückstellungswert zuzurechnen.[484] Ab dem Jahr 2016 hat der Ausweis solcher Beträge, die bei Anwendung des Verteilungswahlrechts zugeführt werden, unter den sonstigen betrieblichen Aufwendungen nach Art. 75 Abs. 5 EGHGB zu erfolgen.

BEISPIEL ▸ Die Groß und Zügig AG hat mit einigen Mitarbeitern Altersteilzeitvereinbarungen getroffen. Für die Abzinsung dieser Verpflichtungen wendet die AG wegen der Umstellung auf das BilMoG nunmehr die von der Bundesbank veröffentlichten Zinssätze an. Da diese niedriger als die bisher angewandten Zinssätze ausfallen, sind die Rückstellungen für Altersteilzeitverpflichtungen der Groß und Zügig AG um 50.000 EUR höher zu bilanzieren.

Der Zuführungsbetrag von 50.000 EUR darf nicht über 15 Jahre verteilt werden. Stattdessen ist dieser Betrag im Ganzen als außerordentlicher Aufwand zu erfassen:

außerordentlicher Aufwand	50.000 EUR
an	
Rückstellungen für Altersteilzeitverpflichtungen	50.000 EUR

Der Unterschiedsbetrag aus der Umstellung auf das BilMoG ist **einmalig** zu ermitteln. Wird der Unterschiedsbetrag nicht zum Beginn, sondern zum Ende des Geschäftsjahres ermittelt, muss vom **Differenzbetrag** (zwischen dem Stand zum Ende des Geschäftsjahres und dem Stand zum Beginn des Geschäftsjahres nach altem Rechtsstand) der Zuführungsbetrag subtrahiert werden.[485] Der Unterschiedsbetrag ist dabei für alle Rückstellungen für Pensionen und ähnliche Verpflichtungen, d. h. für den Gesamtbestand, zu berechnen.

BEISPIEL ▸ Die Tau AG ermittelt den erforderlichen Anpassungsbetrag zu den Pensionsrückstellungen auf den Abschlussstichtag 31.12.2010. Der Erfüllungsbetrag der Pensionsrückstellungen beträgt unter Anwendung der Regelungen des § 253 Abs. 1 Satz 2 i. V. mit Abs. 2 HGB 3.550.000 EUR. Die Pensionsrückstellungen weisen zum 31.12.2009 einen Wert von 3.050.000 EUR auf. Der reguläre, nach den Regelungen des § 253 Abs. 1 Satz 2 i. V. mit Abs. 2 HGB ermittelte Zuführungsbetrag für das Jahr 2010 beträgt 160.000 EUR.

Die Rückstellung ist folglich zum 1.1.2010 um 340.000 EUR unterdotiert ([3.550.000 EUR – 160.000 EUR] – 3.050.000 EUR). Der jährliche Zuführungsbetrag beträgt demnach mindestens 22.667 EUR.

Mit der Zuführung der Pensionsrückstellungen sind gleichzeitig aktive latente Steuern (unter Ausnutzung des Ansatzwahlrechts) zu aktivieren.

Ist beim bilanzierenden Unternehmen **Deckungsvermögen** i. S. des § 246 Abs. 2 Satz 2 HGB (siehe Kap. 5.6) vorhanden, ist dieser Umstand nach Ansicht des IDW auch bei der **Ermittlung des Unterschiedsbetrags** zu beachten. Das Verteilungswahlrecht gilt nur für den saldierten Zuführungsbetrag. Demnach ist der Unterschiedsbetrag zwischen den Pensionsrückstellungen nach altem Rechtsstand und nach neuem Rechtsstand um den Betrag der Höherbewertung wegen der Zeitwertbewertung zu kürzen.[486]

484 Vgl. Handbuch Bilanzrecht/*Zwirner/Künkele*, C.I. Rz. 32.
485 Vgl. IDW RS HFA 28, IDW FN 2009 S. 642, 649.
486 Vgl. IDW RS HFA 28, IDW FN 2009 S. 642, 649.

BEISPIEL ▸ Die Gamma AG ermittelt zum Umstellungszeitpunkt den erforderlichen Zuführungsbetrag zu den Rückstellungen. Der Erfüllungsbetrag der Pensionsrückstellungen beträgt unter Anwendung der Regelungen des § 253 Abs. 1 Satz 2 i. V. mit Abs. 2 HGB 1.800.000 EUR. Das bedeutet, dass die bisherigen Pensionsrückstellungen i. H. von 1.000.000 EUR zum 1.1.2010 um 800.000 EUR unterdotiert sind.

Die zu verrechnenden Vermögensgegenstände nach § 246 Abs. 2 HGB weisen zum 31.12.2009 einen Buchwert von 1.200.000 EUR auf. Der entsprechende Zeitwert beträgt 1.400.000 EUR. In dieser Höhe hat der Wertansatz zum 1.1.2010 zu erfolgen. Die entsprechende Höherbewertung beträgt 200.000 EUR.

Der zu verteilende Unterschiedsbetrag beträgt im vorliegenden Fall 600.000 EUR (800.000 EUR – 200.000 EUR). Dieser Betrag ist innerhalb von 15 Jahren aufwandswirksam als außerordentlicher Aufwand zuzuführen. Der „Mindestzuführungsbetrag" beträgt 40.000 EUR (600.000 EUR / 15).

Die jährlichen Zuführungsbeträge sind in der GuV als **außerordentliche Aufwendungen** auszuweisen.[487] Dies liegt in der Ursache der Aufwendungen begründet: Sie sind weder durch eine Erhöhung noch durch die Abgabe einer neuen Pensionszusage entstanden, sondern begründen sich einzig aus einer geänderten Bewertung aufgrund einer Gesetzesreform.

Bei Anwendung des Verteilungswahlrechts muss die Angabepflicht des Art. 67 Abs. 2 EGHGB beachtet werden. Der **Betrag der Unterdeckung** der Rückstellungen für laufende Pensionen, Anwartschaften auf Pensionen und ähnliche Verpflichtungen muss i. d. S. im Anhang respektive Konzernanhang angegeben werden.

BEISPIEL ▸ Eine mögliche Berichterstattung über den Betrag der Unterdeckung könnte i. S. einer **transparenten Informationspolitik** auch über die Behandlung der Zuführungsbeträge berichten:

„Aus der BilMoG-Umstellung ergibt sich bei uns ein Anpassungsbetrag i. H. von 100.000 EUR, den wir über zehn Jahre in jährlich gleichbleibenden Beträgen zuführen werden. Die erste Zuführung wurde zum 31.12.2010 über den außerordentlichen Aufwand vorgenommen. Damit beträgt die Unterdeckung der Pensionsrückstellungen zum 31.12.2010 noch 90.000 EUR."

PRAXISTIPP

Das Anpassungspotenzial i. R. des BilMoG sollte i. R. einer mehrperiodischen Unternehmensplanung vor dem Hintergrund der vom Unternehmen verfolgten Bilanzpolitik analysiert werden. Entsprechend der verfolgten Strategie sollte eine gezielte Nutzung der Übergangsregelungen erfolgen.

487 Vgl. Art. 67 Abs. 7 EGHGB a. F.

3.6.3.3 Zusammenfassung und Würdigung

Das folgende Schaubild fasst die Aussagen zu den Übergangsvorschriften mit Bezug zu den Pensionsrückstellungen zusammen:

Abb. 8: Übergangsvorschriften des BilMoG mit Bezug auf die Pensionsrückstellungen

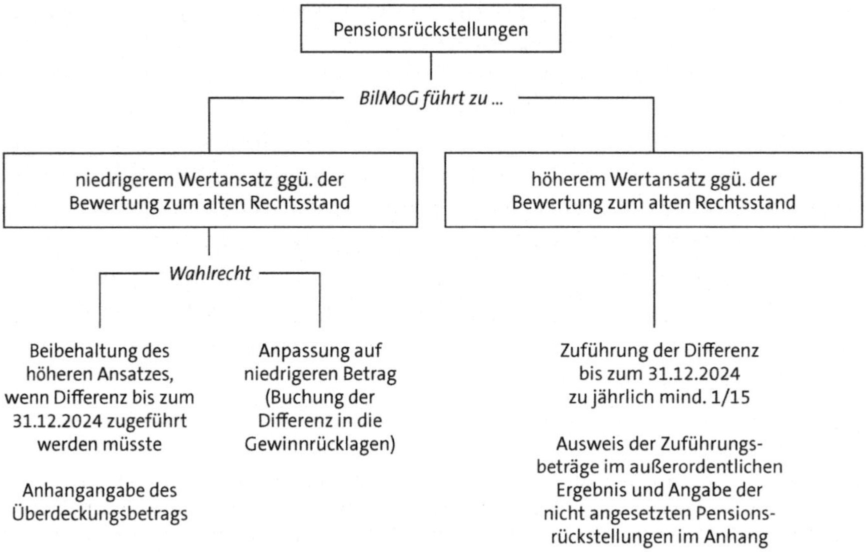

Im Regelfall werden die **Rückstellungen für Pensionen und ähnliche Verpflichtungen in ihrem Wert zunehmen.**[488] Diesbezüglich haben *Basedow/Heim* bereits Modellrechnungen angestellt, die eine signifikante Steigerung der Rückstellungen im Umstellungszeitpunkt erwarten lassen.[489] Auf Grundlage eines

- erwarteten Rententrends von 2 % p. a.,
- eines Gehaltstrends von 2,5 % p. a.,
- eines Rechnungszinses von 5,3 %

wurden die Wertunterschiede bei Ermittlung der handelsrechtlichen Rückstellung nach dem Anwartschaftsbarwertverfahren („projected unit credit method") zum steuerlichen Teilwert nach § 6a EStG ermittelt. Das Ergebnis lautete wie folgt:[490]

488 Vgl. IDW RS HFA 28, IDW FN 2009 S. 642, 649.

489 Siehe *Basedow/Heim*, S. 17 f.

490 Vgl. *Basedow/Heim*, S. 17 f.

Abb. 9: Mögliche Auswirkungen des BilMoG auf den Wert der Pensionsrückstellungen

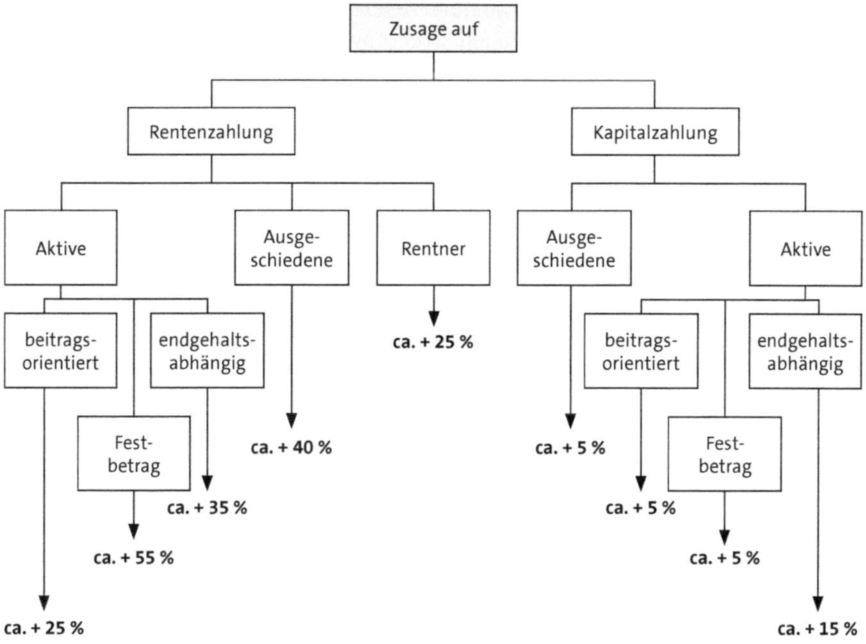

© Künkele/Vodermeier/Zwirner

Wegen des im Regelfall höheren Werts der Pensionsrückstellungen nach HGB i.d.F. nach BilMoG kommt dem **Beibehaltungswahlrecht** an dieser Stelle **keine besondere Bedeutung** zu. Anders verhält es sich jedoch beim **Verteilungswahlrecht** für unterdotierte Pensionsrückstellungen. Hier wird dem Bilanzierenden ein **nicht zu verachtendes bilanzpolitisches Instrument** in die Hände gelegt. Der Bilanzierende muss bei Beibehaltung der unterdotierten Werte zum 1.1.2010 künftig jährlich mindestens 1/15 des Unterschiedsbetrags zuführen, kann aber auch deutlich mehr zuführen.

Mit dem **Wegfall des außerordentlichen Ergebnisses** in der GuV im Zuge des **BilRUG** hat der Gesetzgeber den Ausweis der noch aus der BilMoG-Umstellung nach Art. 67 EGHGB resultierenden Anpassungsbeträge neu geregelt. Seitdem sind diese Beträge im sonstigen betrieblichen Ertrag oder im sonstigen betrieblichen Aufwand zu zeigen. Der Wegfall des außerordentlichen Ergebnisses verändert den Ergebnisausweis und kann sich z.B. auf daran anknüpfende Kennzahlen und Vergütungsregelungen auswirken.[491]

Einen **Sonderfall** im Zusammenhang mit dem Wegfall des außerordentlichen Ergebnisses stellt der Ausweis von sog. BilMoG-Anpassungsbeträgen, bezogen auf nach wie vor nicht verteilte Unterschiedsbeträge zu den **Pensionsrückstellungen,** die ihren Ursprung in der BilMoG-Umstellung zum 1.1.2010 haben, dar. Bei der gesonderten Übergangsvorschrift in Art. 75 Abs. 5 EGHGB

491 Vgl. *Kolb/Roß*, WPg 2015 S. 869, 876.

handelt es sich insoweit um eine Folgeänderung zur Änderung der Regelungen des § 275 und § 277 Abs. 4 HGB a. F. über außerordentliche Posten. Die übergangsweise nach Art. 67 Abs. 7 EGHGB a. F. als außerordentliche Posten auszuweisenden Aufwendungen und Erträge aus einer geänderten Bewertung laufender Pensionen oder Anwartschaften oder vergleichbarer Übergangsvorschriften sind nicht mehr unter den außerordentlichen Posten, sondern als gesonderte Posten innerhalb der **sonstigen betrieblichen Aufwendungen oder Erträge** auszuweisen. Dafür wird eine Bezeichnung der Posten gewählt, die auf das EGHGB verweist und so eine eindeutige Zuordnung ermöglicht.

3.6.3.4 Geänderter Ausweis der BilMoG-Zuführungsbeträge durch BilRUG

Durch den **Wegfall der außerordentlichen Posten in der Gewinn- und Verlustrechnung** sind damit ab 2016 die noch weiter zu berücksichtigenden Unterschiedsbeträge aus Art. 67 Abs. 1 und 2 EGHGB innerhalb der sonstigen betrieblichen Aufwendungen bzw. sonstigen betrieblichen Erträge auszuweisen (Art. 75 Abs. 5 EGHGB). Seither sieht der Gesetzgeber vor, dass Aufwendungen aus der Anwendung des Art. 67 Abs. 1 und Abs. 2 EGHGB in der Gewinn- und Verlustrechnung innerhalb der sonstigen betrieblichen Aufwendungen als „Aufwendungen nach Artikel 67 Absatz 1 und 2 EGHGB" und Erträge hieraus innerhalb der sonstigen betrieblichen Erträge als „Erträge nach Artikel 67 Absatz 1 und 2 EGHGB" gesondert anzugeben sind. Dieser Berichtspflicht kann sowohl mit einem **Davon-Vermerk** als auch mit einer Untergliederung des Postens Rechnung getragen werden.[492] Hierbei sollte im Anhang auf den veränderten Ausweis hingewiesen werden, um die Vergleichbarkeit mit dem Vorjahr zu ermöglichen. Hinsichtlich des in Art. 75 Abs. 5 EGHGB geforderten gesonderten Ausweises der Beträge im Zusammenhang mit Art. 67 Abs. 1 und Abs. 2 EGHGB dürfte auch eine Aufgliederung im Anhang ausreichend sein.[493]

BEISPIEL Die Iota AG hat in der Vergangenheit hohe Pensionszusagen an ihre Mitarbeiter gemacht. Im Zusammenhang mit der Erstanwendung des BilMoG ergab sich damals ein Unterschiedsbetrag von 3 Mio. EUR, für den die Iota AG von der Verteilungsmöglichkeit nach Art. 67 Abs. 1 EGHGB Gebrauch gemacht hat. Demnach hat sie in den Jahresabschlüssen 2010 bis 2015 jeweils einen Betrag von 200 TEUR im außerordentlichen Ergebnis ausgewiesen. Im Jahresabschluss 2016 ist der Betrag von 200 TEUR nunmehr im sonstigen betrieblichen Aufwand auszuweisen. Demzufolge ändern sich Kennzahlen und Reportingstrukturen der Iota AG, und die Vergleichbarkeit zum Vorjahr ist nicht mehr gegeben. Im Anhang zum Jahresabschluss 2016 weist die Iota AG auf den veränderten Ausweis hin.

Am Beispiel der ab 2016 neuen Verortung der bislang im außerordentlichen Aufwand ausgewiesenen Unterschiedsbeträge (1/15-Regelung nach Art. 67 Abs. 1 EGHGB) im sonstigen betrieblichen Aufwand werden die **Auswirkungen auf einzelne Kennzahlen** der GuV deutlich. Demnach wird das EBIT, das in der Vergangenheit regelmäßig vor dem außerordentlichen Ergebnis angegeben wurde, durch den nunmehr erhöhten sonstigen betrieblichen Aufwand gemindert.[494] Diese Veränderung trifft eine Vielzahl von mittelständischen Unternehmen, da in zahlreichen Fällen nach wie vor noch nicht verteilte Anpassungsbeträge über den entsprechenden außerordentlichen Aufwandsposten zugeführt werden. Immerhin galt die in Art. 67 Abs. 1 EGHGB genannte Übergangsvorschrift bis zum Jahr 2024.

492 Vgl. Russ/Janssen/Götze/*Hanke*, BilRUG-Kommentar, § 275 HGB Rz. 62.

493 Vgl. *Theile*, Bilanzrichtlinie-Umsetzungsgesetz (BilRUG), 2015, S. 105. Eher kritisch hierzu Russ/Janssen/Götze/*Hanke*, BilRUG-Kommentar, § 275 HGB Rz. 62; vgl. auch *Zwirner* in: Zwirner, BilRUG, § 275 HGB, S. 465 f.

494 Vgl. *Zwirner*, BC 2015 S. 338, 338 f.; vgl. auch *Zwirner* in: Zwirner, BilRUG, § 275 HGB, S. 465 f.

BEISPIEL Die Iota AG hat – bezogen auf ihre Pensionsrückstellungen und in Anwendung von Art. 67 Abs. 1 EGHGB – in der Vergangenheit (vor BilRUG) jeweils einen Betrag von 200 TEUR im außerordentlichen Ergebnis ausgewiesen. Im Jahresabschluss 2016 ist der Betrag von 200 TEUR nunmehr im sonstigen betrieblichen Aufwand auszuweisen.[495]

Vor BilRUG		Nach BilRUG	
(...)		(...)	
sonstige betriebliche Aufwendungen	–100	sonstige betriebliche Aufwendungen	–125
EBIT	200	EBIT	175
Zinsaufwand	–50	Zinsaufwand	–50
außerordentliches Ergebnis	–25	außerordentliches Ergebnis	
Jahresüberschuss	125	Jahresüberschuss	125

Damit führt der Ausweis der verbleibenden BilMoG-Anpassungsbeträge (und hierbei dürfte es sich regelmäßig um Aufwendungen nach Art. 67 Abs. 1 EGHGB handeln) zu einer **Belastung des operativen Ergebnisses** des Unternehmens. Nun mag dies zwar durch einen gesonderten Davon-Vermerk oder eine Anhangberichterstattung näher erläutert werden. Für den externen Jahresabschlussleser und damit gleichsam für die Bilanzanalyse wird die Differenzierung zwischen operativen Ergebnisbeiträgen und nicht operativen Ergebnisbeiträgen jedoch erschwert.

Im Zusammenhang mit dem **Wegfall der Möglichkeit,** ab 2016 noch ausstehende BilMoG-Anpassungsbeträge im außerordentlichen Aufwand zu erfassen, hat es sich angeboten, im Einzelfall darüber nachzudenken, ob die verbleibenden, noch nicht verteilten Beträge vollständig (oder zumindest zu weiten Teilen) noch im Geschäftsjahr und damit im Jahresabschluss 2015 zugeführt werden sollen. In diesem Jahresabschluss hätten die noch nicht berücksichtigten BilMoG-Unterschiedsbeträge letztmals als außerordentliche Sachverhalte erfasst werden können. So hätten künftige Ergebnisbelastungen, die zulasten des „normalen" Ergebnisses und bspw. des EBIT oder EBITDA (da die noch nicht verteilten BilMoG-Anpassungsbeträge ab 2016 im sonstigen betrieblichen Aufwand zu erfassen sind) abzubilden sind, vermieden werden können.[496]

BEISPIEL Die Kappa GmbH hat zum 1.1.2010 einen Unterschiedsbetrag aus der Neubewertung ihrer Pensionsrückstellungen nach BilMoG i. H. von 6,0 Mio. EUR ermittelt. Sie hat in der Vergangenheit von dem Verteilungswahlrecht nach Art. 67 Abs. 1 Satz 1 EGHGB Gebrauch gemacht und in den Jahresabschlüssen für die (kalendergleichen) Geschäftsjahre 2010 bis 2014 jeweils 1/15 des Anpassungsbetrags, d. h. 400.000 EUR, als außerordentlichen Aufwand (Art. 67 Abs. 7 EGHGB a. F.) erfasst. Ab 2016 ist der Ausweis der verbleibenden BilMoG-Anpassungsbeträge im außerordentlichen Aufwand nach der Neufassung von § 275 HGB nicht mehr möglich. Die Kappa GmbH kann aber, um künftig eine Belastung des EBIT (Ausweis der Anpassungsbeträge ab 2016 im sonstigen betrieblichen Aufwand) zu vermeiden, im Jahresabschluss 2015 den gesamten verbleibenden Anpassungsbetrag i. H. von 4,0 Mio. EUR als außerordentlichen Aufwand erfassen. Die Kappa GmbH kann alternativ auch nur einen höheren Anteil als den Mindestbetrag von 400.000 EUR im Jahresabschluss 2015 als außerordentlichen Aufwand erfassen. Auch hierdurch wird das Ergebnis der Folgejahre (ab 2016) entlastet.

495 Vgl. *Kirsch*, DStR 2015 S. 664, 665 f.

496 Vgl. *Zwirner*, BC 2015 S. 338, 338 f.; *Zwirner* in: Zwirner, BilRUG, § 275 HGB, S. 466.

4 Ausweis- und Angabepflichten

4.1 Bilanzieller Ausweis von Rückstellungen

In der Bilanz sind die Rückstellungen auf der **Passivseite** auszuweisen. Hierbei ist das gesetzliche (Mindest-)Gliederungsschema des § 266 HGB zu beachten, das unter dem Buchstaben B. auf der Passivseite den gesonderten Ausweis fordert von:

1. Rückstellungen für Pensionen und ähnliche Verpflichtungen (siehe Kap. 5),
2. Steuerrückstellungen (siehe Kap. 6.2, Stichwort Steuerrückstellung),
3. sonstigen Rückstellungen.

Es steht dem Bilanzierenden frei, unter Verweis auf § 265 HGB, aus Gründen der Übersichtlichkeit bzw. zur besseren Darstellung der Vermögenslage, die Gliederung zu erweitern.[497]

Das **Gliederungsschema** des § 266 HGB stimmt nicht mit der Gliederung nach Rückstellungsarten gem. § 249 HGB überein. Die meisten Rückstellungssachverhalte sind den sonstigen Rückstellungen zuzurechnen (siehe Kap. 1.3).

4.2 Ausweis in der GuV

4.2.1 Grundsätzliches

Nach § 253 Abs. 2 HGB sind Rückstellungen mit einer Restlaufzeit von mehr als einem Jahr mit dem ihrer Restlaufzeit entsprechenden durchschnittlichen Marktzinssatz der vergangenen Geschäftsjahre abzuzinsen **(Abzinsungsgebot).** Die anzuwendenden Abzinsungssätze werden von der Deutschen Bundesbank nach Maßgabe einer Rechtsverordnung ermittelt und monatlich bekannt gegeben (siehe Kap. 3.3). Im Umkehrschluss gilt damit, dass Rückstellungen mit einer Restlaufzeit **von weniger als einem Jahr** nicht abgezinst werden müssen. Vielmehr besteht ein **faktisches Wahlrecht** (siehe Kap. 3.3). Abweichend von der grds. restlaufzeitadäquaten Abzinsung der Rückstellungen nach § 253 Abs. 2 Satz 1 HGB dürfen Rückstellungen für laufende Pensionen oder Anwartschaften auf Pensionen pauschal mit dem bei einer angenommenen Restlaufzeit von 15 Jahren geltenden durchschnittlichen Marktzinssatz abgezinst werden (siehe Kap. 5.13).[498]

Die erstmalige Bildung einer Rückstellung sowie Erhöhungen auf Auflösungen des Erfüllungsbetrags einer Verpflichtung sind grds. im operativen Ergebnis zu erfassen, es sei denn, sie sind dem außerordentlichen[499] oder dem Steuerergebnis zuzurechnen. Dies gilt ebenso für die jeweiligen „Jahresscheiben“ von Verteilungsrückstellungen. Erträge und Aufwendungen aus der Auf- und Abzinsung sind im Finanzergebnis **gesondert** unter den sonstigen Zinsen und ähnlichen Erträgen[500] bzw. den Zinsen und ähnlichen Aufwendungen[501] auszuweisen.[502] Um den geson-

497 Siehe hierzu allgemein Syst. Praxiskommentar Bilanzrecht/*Wittmann*, § 265 HGB Rz. 25.

498 Vgl. § 253 Abs. 2 Satz 2 HGB.

499 Durch das BilRUG ist das außerordentliche Ergebnis entfallen. Siehe zu der Behandlung nach BilRUG auch Kap. 3.6.3.4.

500 Vgl. § 275 Abs. 2 Nr. 11, Abs. 3 Nr. 10 HGB.

501 Vgl. § 275 Abs. 2 Nr. 13, Abs. 3 Nr. 12 HGB.

502 Vgl. IDW RS HFA 34, IDW FN 2013 S. 53, 60.

derten Ausweis unter den jeweiligen Posten zu erreichen, bietet es sich an, die Ab- und Aufzinsungseffekte durch einen **Davon-Vermerk** darzustellen (siehe Kap. 4.2.2).

Soweit **Änderungen des Erfüllungsbetrags** auf eine Ausweitung oder Verringerung des Verpflichtungsumfangs, eine Verlängerung oder Verkürzung des Ansammlungszeitraums bei Verteilungsrückstellungen oder eine Veränderung der angenommenen künftigen Preis- und Kostensteigerungen zurückzuführen sind, sind die korrespondierenden Erfolgswirkungen innerhalb des operativen Ergebnisses auszuweisen, es sei denn, sie sind dem außerordentlichen[503] oder dem Steuerergebnis zuzurechnen.[504]

Soweit die Änderungen des Erfüllungsbetrags nicht dem außerordentlichen[505] oder dem Steuerergebnis zuzurechnen sind, dürfen Erfolge aus **Änderungen des Abzinsungszinssatzes** zwischen zwei aufeinanderfolgenden Abschlussstichtagen sowie Zinseffekte einer geänderten Schätzung der Restlaufzeit einheitlich im operativen oder im Finanzergebnis ausgewiesen werden.[506]

§ 277 Abs. 5 Satz 1 HGB sieht einen **gesonderten Ausweis** der Erträge aus der Abzinsung in der Gewinn- und Verlustrechnung in dem Posten „sonstige Zinsen und ähnliche Erträge" sowie der Aufwendungen (aus der Aufzinsung) in dem Posten „Zinsen und ähnliche Aufwendungen" vor. Im Fall ihres Ausweises im **Finanzergebnis** sind hiervon auch Erfolge aus Änderungen des Abzinsungszinssatzes erfasst. Der gesonderte Ausweis darf in Form eines Davon-Vermerks, durch eine Aufgliederung der Vorspalte oder – im Hinblick auf die Klarheit und Übersichtlichkeit der Darstellung der Gewinn- und Verlustrechnung – durch die Angaben im Anhang erfolgen. Der Sonderausweis betrifft ausschließlich Auf- und Abzinsungserfolge aus der Rückstellungsbewertung nach § 253 Abs. 2 HGB, nicht sonstige Auf- und Abzinsungserfolge, bspw. aus der Bewertung langfristiger unverzinslicher oder unterverzinslicher Forderungen.[507]

Auch **Aufwendungen und Erträge aus der Auf- und Abzinsung von Altersversorgungsverpflichtungen** und aus dem zu **saldierenden Deckungsvermögen** sind zu verrechnen (siehe näher hierzu Kap. 5.6). Der Ausweis hat im Finanzergebnis zu erfolgen. Liegt netto ein Aufwand vor, ist dieser unter „Zinsen und ähnliche Aufwendungen" auszuweisen; liegt netto betrachtet ein Ertrag vor, ist dieser unter „sonstige Zinsen und ähnliche Erträge" auszuweisen. Im Finanzergebnis sind auch Erfolgswirkungen aus der **Änderung des Diskontierungszinssatzes** (siehe Kap. 4.2.2) sowie Erfolgswirkungen aus der **Zeitwertbewertung des Deckungsvermögens** darzustellen.

Bei der **Bildung** von oder der **Zuführung** zu Rückstellungen ist der Aufwand in dem Posten auszuweisen, in dem er auch bei sofortiger Erfüllung der Verpflichtung ausgewiesen worden wäre. Sind mehrere Aufwandsarten betroffen und kann nicht deutlich gesagt werden, in welchem Umfang die einzelnen Posten angesprochen werden, ist der gesamte Aufwand den sonstigen betrieblichen Aufwendungen[508] zuzuordnen. Selbiges gilt dann, wenn der Charakter des Aufwands dem Bilanzierenden nicht bekannt ist (siehe hierzu auch Kap. 1.4).

503 Durch das BilRUG ist das außerordentliche Ergebnis entfallen. Siehe zu der Behandlung des außerordentlichen Ergebnisses nach BilRUG Kap. 3.6.3.4.

504 Vgl. IDW RS HFA 34, IDW FN 2013 S. 53, 60.

505 Durch das BilRUG ist das außerordentliche Ergebnis entfallen. Siehe zu der Behandlung des außerordentlichen Ergebnisses nach BilRUG Kap. 3.6.3.4.

506 Vgl. IDW RS HFA 34, IDW FN 2013 S. 53, 60.

507 Vgl. IDW RS HFA 34, IDW FN 2013 S. 53, 60.

508 Vgl. § 275 Abs. 2 Nr. 8, Abs. 3 Nr. 7 HGB.

Die **Inanspruchnahme** der Rückstellung ist über das gleiche Aufwandskonto vorzunehmen, über das auch die Bildung der Rückstellung erfolgte (siehe Kap. 1.4).

BEISPIEL ▸ Die Orakel AG hat eine Rückstellung für ungewisse Gewährleistungsverpflichtungen gebildet (Buchung: sonstige betriebliche Aufwendungen an Rückstellungen für Gewährleistungsverpflichtungen). Sobald die Ausgaben für diese Verpflichtungen tatsächlich anfallen, ist die Rückstellung über die Buchung „Rückstellungen für Gewährleistungsverpflichtungen an sonstige betriebliche Aufwendungen" in Anspruch zu nehmen.

Die **Auflösung** der Rückstellung geschieht durch Buchung gegen das Konto „sonstige betriebliche Erträge"[509] (siehe zur Auflösung auch Kap. 1.4).

4.2.2 Ausweis der Ab- und Aufzinsungseffekte

In § 277 Abs. 5 HGB wird der Ausweis der Abzinsungsbeträge normiert. Danach sind die Erträge aus der Abzinsung von Rückstellungen **gesondert** im **Finanzergebnis** unter **„sonstige Zinsen und ähnliche Erträge"**[510] auszuweisen. Zwar bezieht sich die Norm lediglich auf die Abzinsung, eine Beschränkung auf derartige Beträge ist allerdings nicht sachgerecht. Der Zweck der Norm liegt nämlich im Ausweis eines von Zinseffekten bereinigten operativen Ergebnisses.[511] Daraus erschließt sich, dass auch die mit der Aufzinsung korrespondierenden Aufwendungen ins Finanzergebnis, nämlich unter **„Zinsen und ähnliche Aufwendungen"**[512], fallen.[513]

BEISPIEL ▸ Für das folgende Beispiel wird durchgängig ein Zinssatz von 5 % unterstellt:

Eine Rückstellung mit einem Nominalbetrag von 25.000 EUR und einer Laufzeit von fünf Jahren wurde zum Bilanzstichtag netto mit 19.588 EUR angesetzt (25.000 EUR / $1{,}05^5$).

Im Folgejahr ergibt sich bedingt durch die Verringerung der Laufzeit ein Zinsaufwand von 979 EUR (19.588 EUR × 0,05). Dieser ist unter „Zinsen und ähnliche Aufwendungen" auszuweisen und rückstellungserhöhend zu buchen, sodass der Bilanzwert zum Stichtag 20.567 EUR (979 EUR + 19.588 EUR) beträgt.

Aufgrund der gesetzlichen Forderung nach einer gesonderten Angabe der Auf- und Abzinsungsbeträge bietet es sich an, unter den jeweiligen GuV-Posten einen **Davon-Vermerk** oder einen entsprechenden **Vorspaltenausweis** zu setzen.[514] Nur wenn eine solche Darstellung unwesentlich für die Darstellung eines den tatsächlichen Verhältnissen entsprechenden Bildes der VFE-Lage ist, kann auch eine entsprechende Aufgliederung im Anhang ausreichend sein; dies stellt jedoch die Ausnahme dar.[515]

509 Vgl. § 275 Abs. 2 Nr. 4, Abs. 3 Nr. 6 HGB.
510 Vgl. § 275 Abs. 2 Nr. 11 HGB; § 275 Abs. 3 Nr. 10.
511 Gleicher Ansicht Syst. Praxiskommentar Bilanzrecht/*de la Paix*, § 277 HGB Rz. 22; a. A. Hoffmann/Lüdenbach, § 277 HGB Rz. 61.
512 Vgl. § 275 Abs. 2 Nr. 13 HGB; § 275 Abs. 3 Nr. 12 HGB.
513 Vgl. IDW RS HFA 34, IDW FN 2013 S. 53, 60.
514 Vgl. IDW RS HFA 34, IDW FN 2013 S. 53, 60.
515 Vgl. *Petersen/Zwirner*, BB 2010 S. 1651, 1653. Nicht so streng Beck Bil-Komm/*Kliem/Müller*, § 277 HGB Rz. 26.

Möglicher Ausweis der Auf- und Abzinsungsbeträge bei Anwendung des GKV:

GuV zum 31.12.t1

1.	Umsatzerlöse		1.000.000 EUR
...			
11.	sonstige Zinsen und ähnliche Erträge		25.000 EUR
	davon aus der Abzinsung von Rückstellungen	8.600 EUR	
...			
13.	Zinsen und ähnliche Aufwendungen		–73.000 EUR
	davon aus der Aufzinsung von Rückstellungen	–46.000 EUR	
...			
20.	Jahresüberschuss		...

Im Finanzergebnis sind ebenso die **Effekte aus einer Änderung des Diskontierungszinssatzes** zu zeigen. Ist der Diskontierungszins im Berichtsjahr ggü. dem Vorjahr gesunken, dann muss der Zuführungsbetrag, der auf die Zinsänderung zurückzuführen ist, unter dem Posten „Zinsen und ähnliche Aufwendungen" und dort **unter dem Davon-Vermerk** für die Aufzinsungsbeträge ausgewiesen werden. Ein separater Davon-Vermerk für die Effekte aus der Zinssatzänderung ist nicht geboten.[516] Spiegelbildlich können Minderungen aufgrund von Zinssteigerungen unter dem entsprechenden Davon-Vermerk des Postens „sonstige Zinsen und ähnliche Erträge" ausgewiesen werden.

BEISPIEL Zum 31.12.t1 wird erstmals eine Rückstellung angesetzt, die Ende t7 fällig wird. Der Nominalbetrag beträgt 50.000 EUR. Der Diskontierungszinssatz zum 31.12.t1 beträgt 4,48 %, sodass ein Wert von 38.439 EUR zum Ansatz gelangt.

Zum 31.12.t2 sei der Diskontierungszins 4,36 %. Der abgezinste Erfüllungsbetrag hat nun einen Wert von 40.392 EUR.

Die Entwicklung des Bilanzwerts wird durch die zwei „Stellschrauben" Laufzeit und Zinssatz determiniert. Im Beispiel ergibt sich ein **laufzeitinduzierter Anpassungseffekt** von 1.722 EUR ([50.000 EUR / $1{,}0448^5$] – [50.000 EUR / $1{,}0448^6$]) sowie ein **Anpassungseffekt aufgrund der Änderung des Diskontierungszinssatzes** von 231 EUR ([50.000 EUR / $1{,}0436^5$] – [50.000 EUR / $1{,}0448^5$]).

Beide Effekte sind summiert, also mit einem Wert von 1.953 EUR (1.722 EUR + 231 EUR), gesondert unter dem Zinsaufwand auszuweisen („... davon aus der Aufzinsung von Rückstellungen ..."). Eine weitere Unterteilung in laufzeit- und zinssatzinduzierte Anpassungen ist nicht erforderlich.

Die zwei grds. möglichen Methoden der **Einbuchung einer Rückstellung,** die Netto- und die Bruttomethode, werden an anderer Stelle behandelt (siehe Kap. 3.3). Die Wahl der Methode hat unmittelbaren Einfluss auf Erfolgskennzahlen wie das EBIT, welches bei der erstmaligen Erfassung der Rückstellung mittels Nettomethode höher ist.

516 Vgl. auch IDW RS HFA 30, IDW Life 2017 S. 102, 113.

BEISPIEL Die Herakles AG hat umfassende Pensionszusagen an ihre Mitarbeiter gemacht. In der Vergangenheit belief sich der jährliche Zuführungsbetrag auf rd. 200.000 EUR. In diesem Betrag war ein Zinsanteil von 100.000 EUR enthalten. Die Herakles AG hat – der üblichen Bilanzierungspraxis folgend – den gesamten Zuführungsbetrag im Personalaufwand gezeigt und in den letzten Jahren konstant ein EBIT von 500.000 EUR p.a. erzielt. Mit dem Geschäftsführer der Gesellschaft besteht eine erfolgsabhängige Vergütungsvereinbarung, die auf das EBIT Bezug nimmt. Allein aufgrund der geänderten Berücksichtigung des Zinsanteils ab dem Jahr t1 weist die Gesellschaft ein um rd. 100.000 EUR höheres EBIT, also 600.000 EUR, aus.

Bei der Methodenwahl ist zu beachten, dass diese den Bilanzierenden auch bei der **Fortführung** der Rückstellung bindet. Dies betrifft insb. die sog. Ansammlungs- bzw. Verteilungsrückstellungen (siehe Kap. 2.1.2.3).

BEISPIEL Die Ariane GmbH & Co. KG hat ihr Bürogebäude gemietet. Zur Einrichtung ihrer Arbeitsplätze hat die Ariane GmbH & Co. KG zahlreiche Mietereinbauten vorgenommen. Der Mietvertrag sieht vor, dass diese Einbauten bei Auszug zu entfernen sind. Der Mietvertrag beginnt am 1.1.t1 und sieht eine Laufzeit von fünf Jahren vor. Die Kosten des Rückbaus werden mit 100.000 EUR geschätzt. Für die Abzinsung der Rückstellung für die Rückbauverpflichtung wird ein konstanter Zinssatz von 5 % unterstellt.

Die Rückstellung wird über die gesamte Laufzeit des Mietvertrags zu 20.000 EUR je Geschäftsjahr (nominal) angesammelt. Die Ariane GmbH & Co. KG entscheidet sich für die Bruttomethode, sodass sie den Zuführungsbetrag i. H. des Nominalbetrags als sonstige betriebliche Aufwendungen bucht und die Zinseffekte unsaldiert zeigt.

Bilanzstichtag	Sonstige betriebliche Aufwendungen	Zinsaufwand	Zinsertrag	Rückstellungszuführung	Rückstellung zum Bilanzstichtag (Barwert)
31.12.t1	20.000,00	–	3.545,95	16.454,05	16.454,05
31.12.t2	20.000,00	822,70	2.723,25	18.099,45	34.553,50
31.12.t3	20.000,00	1.727,67	1.859,41	19.868,26	54.421,76
31.12.t4	20.000,00	2.721,09	952,38	21.768,71	76.190,47
31.12.t5	20.000,00	3.809,52	–	23.809,52	99.999,99
Summenzeile	100.000,00	≈ 9.081	≈ 9.081	≈ 100.000	–

Bei Anwendung der Bruttomethode muss die Ariane GmbH & Co. KG die einzelnen Zuführungsbeträge in nomineller Höhe als sonstige betriebliche Aufwendungen buchen. Korrespondierend ergibt sich ein Zinsertrag aus der Abzinsung des jeweiligen Zuführungsbetrags. Der Zinsaufwand ergibt sich durch Aufzinsung des Bilanzwerts des Vorjahrs (z. B. für t2: 16.454 EUR × 0,05 = 822,70 EUR).

4.2.3 Ausweis von Erfolgseffekten im Zusammenhang mit Pensionsrückstellungen

Bei der **Saldierung** von Deckungsvermögen mit Pensionsrückstellungen sind auch die entsprechenden Zinsaufwendungen und -erträge aus den beiden Bilanzpositionen zu verrechnen (siehe näher hierzu Kap. 5.6). Nur die daraus resultierende Saldogröße ist unter „sonstige Zinsen und ähnliche Erträge" bzw. „Zinsen und ähnliche Aufwendungen" auszuweisen.

BEISPIEL Die Polomerus GmbH hat mit langjährigen Mitarbeitern Altersversorgungsvereinbarungen getroffen. Zur Erfüllung dieser Vereinbarungen unterhält die Polomerus GmbH ein Treuhandkonto, das insolvenzsicher und vor dem Zugriff anderer Gläubiger geschützt angelegt worden ist und allein zur Absicherung der Altersversorgungsverpflichtungen dient.

Zum 31.12.t2 (31.12.t1) weisen die einzelnen Positionen folgende Werte auf, die die Polomerus GmbH durch Erstellung versicherungsmathematischer Gutachten unter Berücksichtigung der einschlägigen Regelungen sowie aufgrund der Bestätigungen ihrer Bank erhalten hat:

- Verpflichtung der Altersversorgungsvereinbarungen laut Gutachten 3,84 Mio. EUR (Vorjahr: 3,06 Mio. EUR),
- beizulegender Zeitwert des Treuhandvermögens 1,75 Mio. EUR (Vorjahr: 1,05 Mio. EUR).

Von der gesamten Veränderung der Pensionsrückstellungen i. H. von 0,78 Mio. EUR entfällt ein Anteil von 0,10 Mio. EUR auf den Zinseffekt. Der beizulegende Zeitwert des Treuhandvermögens hat sich infolge von Einzahlung und Zinserträgen erhöht. Auf die Zinserträge entfällt ein Betrag von 0,3 Mio. EUR, auf die Einzahlungen in das Treuhandvermögen entfällt ein Betrag von 0,4 Mio. EUR. In der GuV des Jahres t2 sind der Zinsaufwand aus der Aufzinsung der Pensionsverpflichtungen (0,10 Mio. EUR) sowie der Zinsertrag aus dem Treuhandvermögen (0,3 Mio. EUR) zu saldieren. Im Ergebnis wird ein Zinsaufwand von 0,2 Mio. EUR ausgewiesen.

4.2.4 Sonderfall: außerordentliche Effekte aus der BilMoG-Umstellung

Die Effekte aus der **Umstellung** auf das BilMoG zum 1.1.2010 sind, abgesehen von einer **Vielzahl von Ausnahmen** (siehe Kap. 3.6), im **außerordentlichen Ergebnis** als außerordentlicher Aufwand oder als außerordentlicher Ertrag auszuweisen.[517]

BEISPIEL Die Poseidon AG hat für Zwecke der Generalüberholung einer Maschine mit Austausch von Verschleißteilen in drei Jahren (t4) mit Kosten von 1.200.000 EUR bereits im Abschluss zum 31.12.t1 eine Rückstellung i. H. von 400.000 EUR nach § 249 Abs. 2 HGB a. F. gebildet. Zum 31.12.t2 erfolgt erneut eine Zuführung i. H. von 400.000 EUR. Der Wert der Rückstellung beträgt zum 31.12.t2 demnach 800.000 EUR. In der Steuerbilanz erfolgt kein Ansatz einer Rückstellung, da die Bildung von Aufwandsrückstellungen i. S. des § 249 Abs. 2 HGB nicht erlaubt ist. Der kumulierte Ertragsteuersatz beträgt 30 %.

Im Übergangszeitpunkt am 1.1.t3 hat die Poseidon AG nun das Wahlrecht, die Rückstellung unter Anwendung der bisher geltenden Vorschriften beizubehalten oder diese unter Beachtung des Art. 67 Abs. 3 EGHGB aufzulösen. Angenommen, die Poseidon AG bevorzugt die Auflösung der Rückstellung zum 1.1.t3, gilt Folgendes:

Ein Teilbetrag von 400.000 EUR ist erfolgsneutral zugunsten der Gewinnrücklagen aufzulösen. Der Teilbetrag i. H. von 400.000 EUR, der erst im Geschäftsjahr t2 zugeführt wurde, ist über die außerordentlichen Erträge ergebniserhöhend aufzulösen.

Buchungssätze zum 1.1.t3:

sonstige Rückstellungen	400.000 EUR	an	andere Gewinnrücklagen	400.000 EUR
sonstige Rückstellungen	400.000 EUR	an	außerordentliche Erträge	400.000 EUR

Wurden bei der Bildung der Aufwandsrückstellungen aktive latente Steuern abgegrenzt, sind auch diese z. T. erfolgsneutral und z. T. ergebniswirksam aufzulösen.

Buchungssätze zum 1.1.t3:

andere Gewinnrücklagen	120.000 EUR	an	aktive latente Steuern	120.000 EUR
latenter Steueraufwand	120.000 EUR	an	aktive latente Steuern	120.000 EUR

Entscheidet sich die Poseidon AG für die Beibehaltung der Aufwandsrückstellungen, kommt es im Zeitpunkt der Auflösung bzw. Inanspruchnahme (unterstellt wird das Geschäftsjahr t4) zu folgenden Buchungen:

517 Durch das BilRUG ist das außerordentliche Ergebnis entfallen. Siehe zu der Behandlung nach BilRUG für Bilanzstichtage, die nach dem 31.12.2015 beginnen, die Erläuterungen in Kap. 3.6.3.4.

Buchungssätze bei Auflösung im Geschäftsjahr t4:

sonstige Rückstellungen	800.000 EUR	an	andere Gewinnrücklagen	800.000 EUR
latenter Steueraufwand	240.000 EUR	an	aktive latente Steuern	240.000 EUR

Buchungssätze bei Inanspruchnahme im Geschäftsjahr t4:

sonstige betriebliche Aufwendungen	800.000 EUR	an	Kasse/Bank	800.000 EUR
sonstige Rückstellungen	800.000 EUR	an	sonstige betriebliche Aufwendungen	800.000 EUR
latenter Steueraufwand	240.000 EUR	an	aktive latente Steuern	240.000 EUR

An die Stelle des Ausweises eines außerordentlichen Ergebnisses in der GuV tritt die **Angabepflicht zu den außergewöhnlichen Sachverhalten** im Anhang hinsichtlich Art und Betrag (§ 285 Nr. 31 HGB). Außergewöhnlich sind Beträge entweder ihrer Größenordnung oder ihrer Bedeutung nach. Mit dem Wegfall des außerordentlichen Ergebnisses in der GuV hat der Gesetzgeber den Ausweis der noch aus der BilMoG-Umstellung nach Art. 67 EGHGB resultierenden Anpassungsbeträge (v. a. des über bis zu 15 Jahre zuzuführenden Anpassungsbetrags zu den Pensionsrückstellungen) neu geregelt. Diese Beträge sind nunmehr im sonstigen betrieblichen Ertrag oder im sonstigen betrieblichen Aufwand zu zeigen. Der Wegfall des außerordentlichen Ergebnisses verändert den Ergebnisausweis und kann sich z. B. auf daran anknüpfende Kennzahlen und Vergütungsregelungen auswirken.[518]

PRAXISTIPP

Verbleibende Zuführungsbeträge in den Pensionsrückstellungen, die auf einen zum Zeitpunkt der BilMoG-Umstellung entfallenden Unterschiedsbetrag zurückzuführen sind, sind seit dem kalenderjahrgleichen Geschäftsjahr 2016 im sonstigen betrieblichen Aufwand auszuweisen.

Neben dem Wegfall des Ausweises außerordentlicher Ergebnisbeiträge in der GuV ist seit Inkrafttreten des BilRUG – unter Bezugnahme auf die supranationalen Vorgaben – der **Ausweis außergewöhnlicher Aufwendungen und Erträge** im Anhang erforderlich. Die entsprechende Berichtspflicht findet sich in § 285 Nr. 31 HGB.[519] Demnach kommt es nicht nur zu einer Verlagerung der Berichtspflicht in den Anhang, sondern auch zu einer Ausweitung. Nach der hier vertretenen Auffassung geht der Begriff „außergewöhnlich" damit über den zuvor abgegrenzten Begriff „außerordentlich" hinaus.

So umfasst der Begriff **„außergewöhnlich"** der Art und dem Umfang nach **nicht gewöhnliche Sachverhalte.**[520] Diese können sich – auch nach Aufgabe der Unterscheidung zwischen gewöhnlicher und nicht gewöhnlicher Geschäftstätigkeit (siehe dazu § 277 Abs. 1 HGB) – auf die **Geschäftstätigkeit des Unternehmens** beziehen. Nach alter Rechtslage haben sich außerordentliche Sachverhalte gerade dadurch ausgezeichnet, dass sie außerhalb der „normalen" Geschäftstätigkeit angefallen sind. Nunmehr kommt es auf diese Differenzierung gerade nicht mehr an. Viel-

518 Vgl. *Kolb/Roß*, WPg 2015 S. 869, 876.

519 Vgl. *Boecker/Zwirner* in: Zwirner, BilRUG, S. 518 ff.

520 Vgl. *Kolb/Roß*, WPg 2015 S. 869, 869 f.

mehr fordert § 285 Nr. 31 HGB die Angabe der Beträge, wenn sie von außergewöhnlicher Größenordnung (Umfang) oder Bedeutung (Art) sind.[521]

4.3 Angabepflichten im Anhang

Die §§ 284 und 285 HGB sehen bestimmte **Angabepflichten im Anhang** vor. Die Grundlagen von Ansatz und Bewertung müssen nach § 284 Abs. 2 Nr. 1 HGB angegeben werden. Demnach besteht sowohl für Kapitalgesellschaften als auch für Personengesellschaften i. S. des § 264a Abs. 1 HGB die Pflicht zur Erläuterung der angewandten Bilanzierungs- und Bewertungsmethoden; danach sind bei wesentlichen Rückstellungen im Anhang insb. anzugeben:[522]

- die angewandten Schätzverfahren,
- bei einer Restlaufzeit von einem Jahr oder weniger die Ausübung des Abzinsungswahlrechts,
- die der Ermittlung des Aufzinsungsaufwands zugrunde gelegten Annahmen,
- bei einer Bewertung von Pauschalrückstellungen unter Anwendung der Gruppenbewertung von Schulden gem. § 240 Abs. 4 HGB die Bewertungsparameter,
- ob Erfolge aus Änderungen des Abzinsungszinssatzes oder Zinseffekte einer geänderten Schätzung der Restlaufzeit im operativen oder im Finanzergebnis ausgewiesen werden.

PRAXISTIPP

Um die Vorschrift des § 284 Abs. 2 Nr. 1 HGB zu erfüllen, müssen kurz allgemeine Angaben zu Ansatz und Bewertung gemacht werden.[523] In Bezug auf die Rückstellungen zielt dies auf Aussagen über die Ansatzkriterien sowie über Preis- und Kostensteigerungen und die Abzinsung. Zahlenangaben oder detaillierte Erklärungen über das Vorgehen bei der Berechnung der Rückstellungen müssen an dieser Stelle nicht gemacht werden.

BEISPIEL Die Beispiel AG berichtet in ihrem Anhang unter dem Punkt „Allgemeine Bilanzierungs- und Bewertungsgrundsätze" wie folgt:

Altersversorgungs- und ähnliche Verpflichtungen

Die Beispiel AG bewertet die Verpflichtungen aus Pensionszusagen mit ihrem Erfüllungsbetrag. Die Bewertung erfolgt mit dem versicherungsmathematischen Anwartschaftsbarwertverfahren und unter Berücksichtigung künftiger Gehalts- und Rentensteigerungen sowie unter Zugrundelegung biometrischer Wahrscheinlichkeiten. Die Abzinsung derartiger Verpflichtungen erfolgt pauschal mit dem von der Deutschen Bundesbank veröffentlichten Zinssatz für eine Restlaufzeit von 15 Jahren.

Die Beispiel AG bildet zudem Rückstellungen für Pensionen, die über einen mittelbaren Durchführungsweg erbracht werden, soweit das jeweilige Vermögen der Versorgungseinrichtung nicht die Pensionszusage deckt.

Übrige Rückstellungen

In den übrigen Rückstellungen sind individuelle Vorsorgen für alle erkennbaren Risiken aus ungewissen Verbindlichkeiten sowie für drohende Verluste aus schwebenden Geschäften gebildet. Bei der Bewertung dieser Rückstellungen wurden erwartete Preis- und Kostensteigerungen berücksichtigt. Rückstellungen mit einer Restlaufzeit von über einem Jahr wurden mit dem laufzeitadäquaten durchschnittlichen Marktzinssatz der vergangenen sieben Geschäftsjahre, der von der Deutschen Bundesbank ermittelt und bekannt gegeben wird, abgezinst.

521 Vgl. *Boecker/Zwirner* in: Zwirner, BilRUG, S. 518 ff.

522 Vgl. IDW RS HFA 34, IDW FN 2013 S. 53, 61.

523 Siehe hierzu auch *Zwirner* in: Zwirner, BilRUG, S. 495.

Zudem fordert § 285 Nr. 12 HGB die gesonderte Erläuterung der in der Bilanz als **sonstige Rückstellungen** ausgewiesenen Beträge, wenn sie einen nicht unerheblichen Umfang aufweisen. Diese Pflicht gilt jedoch nicht für **kleine KapG und diesen gleichgestellte PersHG.**[524] Solche Gesellschaften können die „nicht unerheblichen" sonstigen Rückstellungen erläutern, müssen dies aber nicht.

PRAXISTIPP

Wahlrechte bei der Berichterstattung im Anhang sollten ganzheitlich auf die Informationspolitik des berichtenden Unternehmens zugeschnitten sein.

Was erheblich und unerheblich ist, muss nach dem **Gesamtbild** aus Bilanz und GuV entschieden werden. Insbesondere ist auf das zahlenmäßige Verhältnis der bestimmten sonstigen Rückstellungen zu den übrigen sonstigen Rückstellungen sowie auf das Verhältnis zum Jahresergebnis und Eigenkapital abzustellen.[525]

Die Erläuterungspflichten erstrecken sich sodann auf **Art, Grund und Zweck** der Rückstellung, wobei eine verbale Beschreibung ausreichend ist.[526]

Eine **Erläuterung** einzelner Rückstellungen im Anhang ist unter Abwägung der **Wesentlichkeitsgrenzen** vorzunehmen.[527] Insgesamt muss die Erläuterung sicherstellen, dass sich der Bilanzadressat ein zutreffendes Bild der VFE-Lage verschaffen kann.

Es bietet sich an, die Entwicklung der Rückstellungen in Form eines **Rückstellungsspiegels** darzustellen. Hierbei sind der Stand zum Ende des vorangegangenen Geschäftsjahrs, die Inanspruchnahme (auch: Verbrauch), die Zuführung, die Auflösung sowie die Effekte aus der Auf- und Abzinsung gesondert zu erfassen. Die Darstellung in Form eines Rückstellungsspiegels ist gesetzlich nicht erforderlich, bietet sich allerdings an.[528]

524 Zu den Größenkriterien siehe Syst. Praxiskommentar Bilanzrecht/*Lentz*, § 267 HGB Rz. 1 ff.

525 Vgl. Syst. Praxiskommentar Bilanzrecht/*Prechtl/Zieglmaier*, § 285 HGB Rz. 121.

526 Vgl. Syst. Praxiskommentar Bilanzrecht/*Prechtl/Zieglmaier*, § 285 HGB Rz. 122.

527 Vgl. Beck HdR/*Scheffler*, B 233 Rz. 92.

528 Dies im Hinblick auf die Auseinanderhaltung befürwortend Syst. Praxiskommentar Bilanzrecht/*de la Paix*, § 277 HGB Rz. 24.

Abb. 10: Beispielhafter Aufbau eines Rückstellungsspiegels

	Buchwert zu Beginn des Geschäftsjahres in EUR	Zuführung in EUR	Auflösung in EUR	Aufzinsung in EUR	Abzinsung in EUR	Verbrauch/ Inanspruchnahme in EUR	Buchwert am Ende des Geschäftsjahres
Rückstellungen Gruppe A (z. B. für Prozesskosten)	146.000	25.000	–	4.000	- 800	–	174.200
Rückstellungen Gruppe B (z. B. für Garantieleistungen)	378.306	6.418	- 9.563	8.608	- 345	- 7.243	376.181
Rückstellungen Gruppe C (z. B. für alle übrigen)	38.636	4.560	- 3.104	–	–	- 21.929	18.163
Summe	562.942	35.978	- 12.667	12.608	- 1.145	- 29.172	568.544

Es ist zu beachten, dass es bei langfristigen Rückstellungen mit ratierlichen oder unregelmäßigen Zuführungsbeträgen zum Ausweis **sowohl** von **Zinsaufwand als auch** von **Zinsertrag** aus der Auf- bzw. Abzinsung im gleichen Jahr kommt: Aufzinsung des zum 1.1. bilanzierten Betrags und Abzinsung des Zuführungsbetrags bei Anwendung der **Bruttomethode.** Im Gegensatz dazu beinhaltet der Rückstellungsspiegel bei der **Nettomethode** regelmäßig **nur eine Aufzinsungsspalte,** weil auch bei Zuführungen nur der Barwert der Verpflichtung als Aufwand erfasst wird.

BEISPIEL In Fortführung des Beispiels aus Kap. 3.4.3, S. 102, zeigt sich der Rückstellungsspiegel zum 31.12.t2 wie folgt:

Alle Angaben in EUR	Buchwert zu Beginn des Geschäftsjahres	Zuführungen	Auflösung	Aufzinsung	Abzinsung	Verbrauch/ Inanspruchnahme	Buchwert am Ende des Geschäftsjahres
Rückstellungen für Abbruchverpflichtungen	9.951	11.314	–	381	–981	–	20.666
...							
Gesamt							

In dem vorliegenden Beispiel wird davon ausgegangen, dass der Zuführungsbetrag brutto (also 11.314 EUR) in der Zuführungsspalte anzugeben ist. Der entsprechende Abzinsungsbetrag 11.314 EUR × (1 – [1 / 1,0307^3]) = 981 EUR wird als Ertrag erfasst und wird rückstellungsmindernd in der Spalte „Abzinsung" geführt.

Der diskontierte Vorjahresbetrag i. H. von 9.951 EUR muss „um eine Periode aufgezinst" werden, um dem näher rückenden Erfüllungstermin Rechnung zu tragen. Dabei ist der Zinssatz zugrunde zu legen, der im Vorjahr zur Abzinsung genutzt wurde:

9.951 EUR × 0,0326 = 324 EUR

Der restliche Aufzinsungsbetrag i. H. von 57 EUR (381 EUR – 324 EUR) erklärt sich durch die Änderung des Zinssatzes von 3,26 % auf 3,07 % für die restliche Laufzeit des Erfüllungsbetrags aus Periode 1:

11.314 EUR × (1,0307^{-3} – 1,0326^{-3}) = 57 EUR

Erträge aus der **Auflösung** von Rückstellungen sind **periodenfremde Erträge** und als solche gem. § 277 Abs. 4 Satz 3 i. V. mit Satz 2 HGB erläuterungspflichtig, soweit die Beträge nicht von untergeordneter Bedeutung sind. Die Berichtspflicht erstreckt sich auf **Betrag** und **Art** der Erträge. Was den Betrag betrifft, so geht die h. M. davon aus, dass Erläuterungen der Größenordnungen wie „zum großen Teil" oder „überwiegend" ausreichend sind.[529] Der Erläuterungspflicht bezüglich der Art des periodenfremden Ertrags wird bereits dann Genüge getan, wenn erwähnt wird, dass die Erträge aus der Auflösung von Rückstellungen stammen. Eine Einzelaufgliederung oder Einzelnennung der betroffenen Rückstellungsarten ist nicht erforderlich.

BEISPIEL Beispiel für eine Anhangangabe nach § 277 Abs. 4 Satz 3 i. V. mit Satz 2 HGB:

„In den sonstigen betrieblichen Erträgen sind periodenfremde Erträge i. H. von 12 Mio. EUR enthalten. Diese entfallen fast ausschließlich auf die Auflösung von Rückstellungen."

Wird im Zuge der BilMoG-Umstellung vom Beibehaltungswahlrecht nach Art. 67 Abs. 1 Satz 2 EGHGB Gebrauch gemacht, ist im (Konzern-)Anhang der **Betrag der Überdeckung** der Rückstellung anzugeben (siehe Kap. 3.6.3.1).

Bezüglich der **Angabepflichten** im Zusammenhang mit **Pensionsverpflichtungen** wird verwiesen auf Kap. 5.11. Die Berichtspflicht erstreckt sich auf:

529 Vgl. ADS, § 277 HGB Rz. 85.

- Parameter der Bewertung (Berechnungsverfahren, Zinssätze etc.) (siehe Kap. 5.11.1),[530]
- Angaben bei der Verrechnung von Deckungsvermögen mit Pensions- und ähnlichen Verpflichtungen (siehe Kap. 5.11.2),[531]
- Angabe des Betrags der Unterdeckung bei Nichtpassivierung von Verpflichtungen aus Altzusagen (siehe Kap. 5.3.1.2),[532]
- Unterdeckungsbetrag bei Inanspruchnahme des Verteilungswahlrechts nach Art. 67 Abs. 1 Satz 1 EGHGB (siehe Kap. 3.6.3.2),[533]
- Unterschiedsbetrag nach § 253 Abs. 6 HGB (siehe Kap. 5.13.4.1),
- ggf. mit der Bilanzierung von Rückstellungen für Pensionen und ähnliche Verpflichtungen korrespondierende Angaben (siehe Kap. 5.11.1).

4.4 Aufzeichnungspflichten, Dokumentationserfordernisse und Prüfungshinweise

Der Bilanzierende muss den Ansatz der Rückstellungen ausreichend nachweisen und dokumentieren. Für die **Nachweise und die Dokumentation** gelten die allgemeinen Aufbewahrungsfristen des § 257 Abs. 1 Nr. 4 HGB. Damit sind die Unterlagen acht Jahre (bis zum 31.12.2024 Aufbewahrungsfrist von zehn Jahren) aufzubewahren[534]. Die Reduzierung der Aufbewahrungsfrist für Buchungsbelege von zehn auf acht Jahre durch das Vierte Bürokratieentlastungsgesetz muss bei der Ermittlung der Rückstellung für die Aufbewahrung von Geschäftsunterlagen berücksichtigt werden, sodass ggf. Anpassungen notwendig sind. Im Zusammenhang mit der jährlich vorzunehmenden Inventur hat auch eine Bestandsaufnahme der Risiken (Risikoinventur) zu erfolgen.[535] Hinsichtlich der einzelnen Bestandsnachweise ist zwischen den Angaben des Unternehmens sowie den externen Belegen zu unterscheiden.

Der Bilanzierende muss im Einzelfall neben dem Grund, der Wahrscheinlichkeit der Inanspruchnahme etc. für angesetzte Rückstellungen auch nachweisen, unter welchen Voraussetzungen der Ansatz einer Rückstellung im Jahresabschluss unterblieben ist. Damit erstreckt sich die **Aufzeichnungspflicht** nicht allein auf die angesetzten Rückstellungen, sondern ebenfalls auf die Sachverhalte, für die keine Rückstellung angesetzt worden ist.

PRAXISHINWEIS

Die **Dokumentationserfordernisse** des Bilanzierenden beziehen sich nicht allein auf die im Jahresabschluss ausgewiesenen Rückstellungen, sondern auch auf die Sachverhalte, bei denen auf den Ansatz einer Rückstellung verzichtet worden ist.

530 Vgl. § 285 Nr. 24 HGB.

531 Vgl. § 285 Nr. 25 HGB.

532 Vgl. § 285 Nr. 25 HGB.

533 Vgl. Syst. Praxiskommentar Bilanzrecht/*Prechtl/Zieglmaier*, § 285 HGB Rz. 277.

534 Durch das Vierte Bürokratieentlastungsgesetz wurden die Aufbewahrungsfristen für Buchungsbelege von zehn auf acht Jahre verkürzt. Das Vierte Bürokratieentlastungsgesetz (Bürokratieentlastungsgesetz IV – BEG IV) wurde am 29.10.2024 im Bundesgesetzblatt verkündet. Die Neuregelungen gelten somit ab dem Jahr 2025.

535 Vgl. zur Inventur der Risiken im Zusammenhang mit dem Ansatz der Rückstellungen auch Anzinger/Oser/Schlotter, § 240 HGB Rz. 40.

Der **Umfang der Aufzeichnungspflicht** erstreckt sich nicht nur auf den Ansatz der Rückstellung. Vielmehr ist ebenso deren Entwicklung, d. h. ihre Inanspruchnahme (Verbrauch) bzw. Auflösung, zu dokumentieren. Neben den ansatzbedingenden Unterlagen sind zudem die Nachweise über die Bewertung aufzubewahren.

Die Führung der Rückstellung dem Grunde nach und im zeitlichen Ablauf erfolgt regelmäßig durch den **Rückstellungsspiegel,** in dem der Bestand zum Beginn des Geschäftsjahres auf den Bestand zum Bilanzstichtag übergeleitet wird (siehe Kap. 4.3).

Besondere Bedeutung kommt den Aufzeichnungspflichten insb. dann zu, wenn der Bilanzierende über den Nachweis von Inanspruchnahmen der Vergangenheit den Ansatz einer Rückstellung nachweisen muss. Dies kann bspw. im Zusammenhang mit der Beurteilung einer **faktischen Verpflichtung** aufgrund betrieblicher Praxis erforderlich sein.

Darüber hinaus sind die zum Bilanzstichtag angesetzten Rückstellungen zu Zwecken der Jahresabschlussprüfung ausreichend zu dokumentieren und nachzuweisen.

Mit Blick auf die einzelnen Rückstellungsarten stellen sich die erforderlichen Nachweise unterschiedlich dar. In der Praxis kommen regelmäßig folgende **interne und externe Nachweise** in Betracht:

- Pensionszusagen,
- Pensionsgutachten eines Aktuars unter Abgleich der Grunddaten,
- Aktuarsgutachten über Altersteilzeitverpflichtungen,
- Beurteilungen der rechtlichen Vertreter des Unternehmens über bestehende Rechtsstreitigkeiten, Prozessrisiken etc.,
- Beurteilungen der steuerlichen Berater über ausstehende Honorare, steuerliche Risiken, ausstehende Steuerbescheide etc.,
- Berichte der steuerlichen Betriebsprüfung,
- Einzelnachweise über ausstehende Rechnungen,
- Nachweise aus den einzelnen Fachabteilungen,
- Tantiemezusagen und Tantiemenachweise im Zusammenhang mit erfolgsabhängigen Vergütungen,
- Unterlagen der Personalabteilung sowie ggf. versicherungsmathematische Gutachten (bspw. wegen Urlaubs- und Jubiläumsrückstellungen),
- Urlaubslisten im Zusammenhang mit den Urlaubsrückstellungen,
- Angaben zu unterlassenen Instandhaltungen,
- Angaben zu langfristigen und nicht ausgeglichenen Vertragsverhältnissen,
- Beurteilung noch anfallender Aufwendungen zur Auftragsabwicklung im Zusammenhang mit schwebenden Geschäften,
- Aufstellung aller schwebenden Geschäfte aus dem Beschaffungs- und Absatzbereich,
- Übersicht über die in der Vergangenheit aufgrund faktischer Verpflichtungen erbrachten Leistungen sowie
- Auftragsbestandslisten.

Der Ansatz der Rückstellungen ist in der Praxis regelmäßig über den Einsatz entsprechender **Checklisten** zu prüfen. Aus der Gesamtbeurteilung der wirtschaftlichen Tätigkeit und unter Beachtung der Entwicklung in der Vergangenheit sowie der im abgelaufenen Geschäftsjahr im Besonderen zu berücksichtigenden Geschäftsvorfälle ist zum Bilanzstichtag die Vollständigkeit der angesetzten Risiken sicherzustellen.

Im Folgenden wird das **Muster einer Rückstellungscheckliste,** die i. R. der Abschlussprüfung verwendet werden kann, dargestellt. Hierbei ist darauf hinzuweisen, dass die Checkliste keinen Anspruch auf Vollständigkeit erhebt und stets an die unternehmensindividuellen Verhältnisse angepasst werden muss.

Abb. 11: Beispielhafter Aufbau einer Rückstellungscheckliste

	Sachverhalt	**N/A**	**ja**	**nein**	**Erläuterungen/Nachweise/ Abweichungen Steuerbilanz**
I.	**Pensionsrückstellungen**				
1.	**Pensionsverpflichtungen**				
1.1.	Anwartschaften				
1.2.	laufende Renten				
1.3.	Anpassungen				
1.4.	Zusatzleistungen				
II.	**Steuerrückstellungen**				
1.	**Betriebliche Ertragsteuern (z. B. KSt, GewSt)**				
1.1.	laufende Steuern des Geschäftsjahres				
1.2.	Nachzahlungen für Vorjahre infolge von Änderungen bei der Veranlagung				
1.3.	Nachzahlungen für Vorjahre infolge steuerlicher Außenprüfung				
2.	**Sonstige Steuern**				
2.1.	USt				
2.2.	Verkehrssteuern (VersSt, Biersteuer etc.)				
III.	**Sonstige Rückstellungen**				
1.	**Arbeitnehmeransprüche**				
1.1.	Abfindungen				
1.2.	Gehälter				
1.3.	13./14. Monatsgehalt				
1.4.	Jubiläumszuwendungen				
1.5.	Prämien				
1.6.	Reisekosten				

	Sachverhalt	N/A	ja	nein	Erläuterungen/Nachweise/ Abweichungen Steuerbilanz
1.7.	Sondervergütungen, Stock-Options				
1.8.	Sozialplan				
1.9.	Tantiemen				
1.10.	Überstundenvergütungen				
1.11.	Urlaubsgeld				
1.12.	Urlaub				
1.13.	Vorruhestandsvergütungen				
1.14.	Weihnachtsgratifikationen				
1.15.	Erfindervergütungen				
1.16.	Altersteilzeit				
1.17.	Schwerbehindertenpflichtplätze				
1.18.	Aufsichtsratsvergütungen				
2.	**Unterlassene Instandhaltung**				
2.1.	gem. § 249 Abs. 1 Satz 2 Nr. 1 HGB				
3.	**Jahresabschlusskosten**				
3.1.	Erstellung				
3.2.	Prüfung				
3.3.	Buchung laufender Geschäftsvorfälle				
4.	**Rechts- und Beratungskosten**				
4.1.	Anwaltshonorare				
4.2.	Bußgeld				
4.3.	Gebühren				
4.4.	Gerichtskosten				
4.5.	Säumniszuschläge				
4.6.	Strafen				
4.7.	Steuerberater				
4.8.	Technischer Berater				
4.9.	Wirtschaftsberater				
5.	**Beiträge**				
5.1.	Berufsgenossenschaft				
6.	**Eingangsabgaben, Abfertigungsgebühren, Einfuhrumsatzsteuer, Frachten, Zoll**				

	Sachverhalt	N/A	ja	nein	Erläuterungen/Nachweise/ Abweichungen Steuerbilanz
7.	**Pensionssicherungsverein**				
7.1.	laufende Beiträge				
7.2.	künftige Beiträge				
8.	**Prozesskosten**				
8.1.	gegnerische Ansprüche				
8.2.	gegnerische Kosten				
8.3.	Anwaltskosten				
8.4.	Gerichtskosten				
8.5.	interne Kosten				
9.	**Ausstehende Rechnungen für Lieferungen und Leistungen, die empfangen wurden, aber noch nicht berechnet sind**				
9.1.	Bauleistungen				
9.2.	Honorare				
9.3.	Maklergebühren				
9.4.	Sonstige (z. B. Werbung)				
10.	**Gewährleistungsverpflichtungen, Nachlässe etc.**				
10.1.	geltend gemachte Ansprüche				
10.2.	latente Ansprüche mit Rechtspflicht				
10.3.	Kulanzverpflichtungen (einzeln und pauschal)				
10.4.	Leergutrücknahme und vereinnahmte Pfandgelder				
10.5.	Bonus				
10.6.	Nachlässe				
10.7.	Nachlieferungen				
a)	kostenlose				
b)	verbilligte				
10.8.	Rückgabe				
10.9.	Skonti				
11.	**Drohende Verluste aus schwebenden Geschäften**				
11.1.	aus Einkaufverpflichtungen				
11.2.	aus Dienstverträgen				

	Sachverhalt	N/A	ja	nein	Erläuterungen/Nachweise/ Abweichungen Steuerbilanz
11.3.	aus Leasingverträgen				
11.4.	aus Mietverträgen (z. B. Entfernungs- und Rückbauverpflichtungen, Substanzerhaltungspflichten)				
11.5.	aus Verkaufsverträgen				
11.6.	aus Werkverträgen				
11.7.	aus Devisentermingeschäften, Bewertungseinheiten, Options-, Swapgeschäfte				
12.	**Drohende Verluste aus Inanspruchnahme von Bürgschaften, Garantien, Wechselobligo und ähnlichen Haftungsverhältnissen (z. B. Patronatserklärungen)**				
13.	**Geschäftsverlegung**				
13.1.	Kosten der Verlegung				
14.	**Handelsvertretungsansprüche**				
14.1.	Ausgleichsanspruch nach § 89b HGB				
a)	entstandene Ansprüche				
b)	künftige Ansprüche				
14.2.	laufende Provisionen				
14.3.	Sonderprovisionen				
14.4.	Spesen				
15.	**Lizenzgebühren**				
15.1.	Einmallizenzen				
15.2.	laufende Lizenzen				
16.	**Patente**				
16.1.	Erwerbskosten				
16.2.	Verletzungen				
17.	**Raumkosten**				
17.1.	Ablösungen				
17.2.	Ersatzleistungen				
17.3.	Heizkosten				
17.4.	Miete				
17.5.	Mietnebenkosten				
17.6.	Stromkosten				

	Sachverhalt	N/A	ja	nein	Erläuterungen/Nachweise/ Abweichungen Steuerbilanz
17.7.	Wasserkosten				
18.	**Rekultivierungsverpflichtungen, Altlastensanierung, Entsorgung**				
18.1.	gesetzliche Verpflichtungen				
18.2.	vertragliche Verpflichtungen				
19.	**Schadensersatzverpflichtungen**				
19.1.	geltend gemachte Ansprüche				
19.2.	drohende Ansprüche				
20.	**Stille Gesellschaft, partiarische Darlehen**				
20.1.	Gewinnanteil				
20.2.	Bonus				
21.	**Unterstützungskasse**				
21.1.	Zuweisung für laufende Unterstützung				
21.2.	sonstige Zuweisungen				
22.	**Verlustausgleichsverpflichtungen**				
22.1.	Verlustübernahmeverpflichtungen				
22.2.	Nachschussverpflichtungen				
23.	**Versicherungen**				
23.1.	Prämienerhöhungen				
23.2.	Prämienrückstände				
23.3.	Sonderprämien				
24.	**Werbekosten**				
24.1.	Ausstellungskosten				
24.2.	Messekosten				
24.3.	Werbezuschüsse				
25.	**Zinsen**				
25.1.	Aussetzungszinsen				
25.2.	Bankzinsen				
25.3.	Darlehenszinsen				
25.4.	Kreditzinsen				
25.5.	Stundungszinsen				
25.6.	Avalprovisionen				
25.7.	Zinsen auf Steuernachforderungen				

	Sachverhalt	N/A	ja	nein	Erläuterungen/Nachweise/ Abweichungen Steuerbilanz
26.	**Zuschüsse**				
26.1.	Baukostenzuschüsse				
26.2.	Ertragszuschüsse				
26.3.	Werbezuschüsse				
27.	**Sonstige Rückstellungen**				
27.1.	Aufbewahrung von Geschäftsunterlagen				
27.2.	Kosten des Datenzugriffs durch die FinVerw				
27.3.	Rückstellung für Offenlegung Jahresabschluss				
27.4.	Rückstellung für Betriebsprüfung				
28.	**Sonstiges (unternehmensspezifisch)**				
28.1.	...				
28.2.	...				
28.3.	...				

Die einzelnen **Prüfungshandlungen** sind durch Gespräche mit den verantwortlichen Fachabteilungen zu ergänzen. Zudem muss die seitens des Bilanzierenden abzugebende Vollständigkeitserklärung sicherstellen, dass der Prüfer über alle Risiken und deren erwartete Realisation informiert worden ist.

Die **Durchsicht einzelner Konten** (z. B. geleistete Steuerzahlungen für Vorjahre, Instandhaltung Folgejahr sowie die Durchsicht des Kontos „Rechts- und Beratungskosten") kann Hinweise auf die Vollständigkeit der angesetzten Rückstellungen liefern.

Abgrenzungsprüfungen („Cut-off-Prüfungen") stellen mit Blick auf als Aufwand des Folgejahrs erfasste Sachverhalte zudem sicher, dass eine periodengerechte Abgrenzung der einzelnen Aufwendungen zu den betrachteten Geschäftsjahren erfolgt.

Im Zuge der **Prüfung des vollständigen Ansatzes der Rückstellungen** ist im Besonderen auf das IKS Bezug zu nehmen. Hierbei sind die Organisationsanweisungen und ihre Befolgung mit Blick auf den Ansatz von Rückstellungen zu überprüfen.

4.5 Sanktionen und Rechtsfolgen

Für eine **Verletzung der Ansatzregelungen** des § 249 HGB sind keine gesonderten Sanktionsvorschriften im HGB enthalten. Vielmehr gelten die allgemeinen Regelungen der §§ 331 ff. HGB.[536]

536 Vgl. Handbuch Bilanzrecht/*Petersen/Zwirner/Busch*, B.I. Rz. 1 ff.

Strafrechtliche Konsequenzen können sich nach § 331 HGB ebenso ergeben wie Bußgelder nach §§ 334 ff. HGB.[537]

Ein **falscher Rückstellungsansatz** kann zu einem fehlerhaften Abschluss führen und im Einzelfall zur **Nichtigkeit des Jahresabschlusses** i. S. des § 256 AktG. Dies gilt sowohl für das Unterlassen von ansatzpflichtigen Rückstellungen (Überbewertung des ausgewiesenen Reinvermögens) als auch für den wesentlich zu hohen Ansatz von Rückstellungen entgegen den handelsrechtlichen Vorschriften (Unterbewertung des ausgewiesenen Reinvermögens). Das OLG Jena hat im Falle der Überbewertung eine Abweichung bis zu 1 % der Bilanzsumme als unwesentlich angesehen.[538] Hinsichtlich des Jahresüberschusses wird eine Überbewertung nicht mehr als bedeutungslos angesehen, wenn sie mehr als 10 % des Jahresüberschusses ausmacht.[539]

Unabhängig von den Sanktionsvorschriften des HGB kann ein fehlerhafter Ansatz von Rückstellungen zu **Auswirkungen auf das Testat** führen. Neben Testatseinschränkungen kann auch eine Versagung des Bestätigungsvermerks geboten sein.[540]

537 Vgl. Baetge/Kirsch/Thiele/*Hommel*, § 249 HGB Rz. 479; Beck Bil-Komm/*Schubert*, § 249 HGB Rz. 393.

538 Vgl. OLG Jena v. 21.4.2021, 2 U 112/15 mit Verweis auf OLG Frankfurt v. 12.11.2013, 5 U 14/113; OLG Frankfurt v. 18.3.2008, 5 U 171.

539 Vgl. OLG Jena v. 21.4.2021, 2 U 112/15 mit Verweis auf Brandenburgisches OLG v. 30.4.1997, 7 U 174/96.

540 Vgl. Beck Bil-Komm/*Schubert*, § 249 HGB Rz. 393.

5 Rückstellungen für Pensionen und ähnliche Verpflichtungen

5.1 Vorbemerkungen

Rückstellungen für Pensionen und ähnliche Verpflichtungen sind eine **Unterart der Rückstellungen für ungewisse Verbindlichkeiten.** In der Bilanz sind sie nach § 266 Abs. 3 HGB als eigenständiger Posten auszuweisen.

Nach § 285 Nr. 24 HGB sind gesonderte **Angabepflichten im Anhang** zu beachten (siehe Kap. 5.11.1).

Der Bundesrat hat am 26.2.2016 dem vom Deutschen Bundestag beschlossenen **Gesetz zur Umsetzung der Wohnimmobilienkreditrichtlinie und zur Änderung handelsrechtlicher Vorschriften** zugestimmt.[541] Die Änderungen des HGB traten am 17.3.2016 in Kraft.[542] In Art. 7 und 8 des vorgenannten Gesetzes finden sich die Anpassungen des HGB zu § 253 HGB sowie zu Art. 75 EGHGB. Bestandteil des Gesetzes ist u. a. die Änderung des Durchschnittszeitraums zur Ermittlung des für die Bewertung von Rückstellungen für Altersversorgungsverpflichtungen maßgeblichen Zinssatzes durch die Deutsche Bundesbank. Für die handelsrechtliche Bewertung von Rückstellungen für Altersversorgungsverpflichtungen wird der Betrachtungszeitraum zur Durchschnittsbildung des relevanten Zinssatzes für Bewertungsstichtage, die ab dem 1.1.2016 beginnen, von sieben auf zehn Jahre ausgeweitet.[543]

Angesichts des gestiegenen Zinsniveaus liegt im Jahr 2024 der für die Bewertung von Pensionsrückstellungen maßgebliche Zehn-Jahres-Durchschnittszinssatz (§ 253 Abs. 2 Satz 1 HGB) erstmals unterhalb des Sieben-Jahres-Durchschnittszinssatzes. Die mit der Einführung der Abzinsung mit dem Zehn-Jahres-Durchschnittszinssatz verfolgte Zielsetzung (vgl. dazu BT-Drucks. 18/7584 S. 148 f.) erscheint insoweit zwar hinfällig; der FAB[544] stellt jedoch klar, dass eine **Abweichung von der ausdrücklichen gesetzlichen Regelung** zur Bewertung von Pensionsrückstellungen mit dem **Zehn-Jahres-Durchschnittszins trotz Umkehr der Zinsverhältnisse nicht zulässig** ist.

Wegen des gesetzlichen Wortlauts wird auch weiterhin trotz des umgekehrten Vorzeichens der **Unterschiedsbetrag** aus der Bewertung mit dem Sieben- und dem Zehn-Jahres-Durchschnittszinssatz zu ermitteln und im Anhang oder unter der Bilanz anzugeben sein (§ 253 Abs. 6 Satz 1 und 3 HGB). Infolge der Umkehrung des Zinsverhältnisses ist der **Unterschiedsbetrag als negativer Betrag** anzugeben.

Gleichwohl entfällt insoweit die **Ausschüttungssperre** des § 253 Abs. 6 Satz 2 HGB. Eine „negative" Ausschüttungssperre sei damit jedoch nicht verbunden. Es kommt insoweit auch nicht zu einer Aufrechnung oder Verrechnung mit ausschüttungsgesperrten Sachverhalten nach § 268 Abs. 8 HGB.

541 Vgl. BR-Drucks. 84/16 v. 26.2.2016.

542 Vgl. BGBl. I 2016 S. 396.

543 Vgl. zu den Hintergründen und Auswirkungen der Gesetzesänderung auf die Bewertung von Rückstellungen für Altersversorgungsverpflichtungen ausführlich Kap. 5.13; vgl. auch *Zwirner*, StuB 2017 S. 218, 218 ff.

544 Vgl. Sitzungsberichterstattung des FAB über die 274. FAB-Sitzung am 22.11.2023, IDW Life 2023 S. 1173 f.

5.2 Begriff der Pensionsverpflichtung und der ähnlichen Verpflichtung

5.2.1 Begriff der Pensionsverpflichtung

Pensionsverpflichtungen sind Verpflichtungen zur Zahlung laufender Pensionen oder zur Leistung einmaliger Zahlungen, die auf einer Versorgungszusage des Arbeitgebers ggü. dem Arbeitnehmer beruhen. § 1 Abs. 1 Satz 1 BetrAVG i. V. mit § 17 Abs. 1 Satz 2 BetrAVG definiert Pensionsverpflichtungen als Verpflichtungen aufgrund einer aus Anlass einer Tätigkeit für ein Unternehmen zugesagten Leistung der Alters-, Invaliditäts- oder Hinterbliebenenversorgung. Dabei kann es sich um unmittelbare oder mittelbare Versorgungszusagen handeln.[545] Diese können ggü. Arbeitnehmern, Organmitgliedern (Geschäftsführer oder Vorstand einer KapG), Gesellschaftern oder Externen (wie z. B. Beratern) bestehen, denen aufgrund ihrer Tätigkeit eine entsprechende Zusage gemacht wurde. Demnach muss für die Bilanzierung von Pensionsverpflichtungen kein Angestelltenverhältnis vorliegen, sofern aufgrund eines Dienstverhältnisses oder bei bestehender Leistungsbeziehung zwischen einem Unternehmen und dem externen Berater eine Verpflichtung zugesagt wurde.[546] Die Zusagen kommen i. d. R. durch eine Einzelzusage, d. h. durch einen Einzelvertrag zwischen Arbeitgeber und Arbeitnehmer, oder durch eine Gesamtzusage, die z. B. auf einer Betriebsvereinbarung oder einem Tarifvertrag beruht, zustande. Pensionsverpflichtungen können in Geld- oder Sachleistungen bestehen.

Pensionszahlungen werden meist ab einem bestimmten **auslösenden Ereignis,** wie Invalidität, Erwerbsunfähigkeit, Krankheit oder Erreichen eines festgelegten Alters, geleistet. Pensionsverpflichtungen im herkömmlichen Sinn sind daher Altersrenten, Witwen-/Witwerrenten, Waisenrenten, Invaliditätsrenten, Übergangsgelder oder Sterbegelder. Sie können befristet, aber auch lebenslänglich zu leisten sein. Die Zahlungen können auch über den Tod des Bezugsberechtigten hinaus erfolgen, z. B. zugunsten von dessen Rechtsnachfolgern (wie Witwen und Waisen). Die Pensionszahlungen müssen stets der Versorgung des Begünstigten dienen. Dies bedeutet, dass der Pensionsberechtigte keine Gegenleistung in Form seiner Arbeitsleistung mehr erbringt. In der Regel steht der Empfänger dann nicht mehr in einem Arbeitsverhältnis mit dem Arbeitgeber und bezieht keine Lohn- oder Gehaltszahlungen mehr.[547]

Die Verpflichtungen bestehen **i. d. R. ggü. Arbeitnehmern.** Sie können aber ebenso anlässlich eines Dienstverhältnisses ggü. einem Organmitglied (wie Geschäftsführer oder Vorstand einer KapG) oder dem Gesellschafter-Geschäftsführer einer PersG bestehen. Ferner können die Verpflichtungen auch ggü. sonstigen Personen bestehen, die mit dem bilanzierenden Unternehmen in einer Leistungsbeziehung stehen, wenn den Personen für ihre Tätigkeit eine Leistung der Altersversorgung zugesagt wurde (z. B. Berater).

Anwartschaften auf Pensionszahlungen stellen ebenfalls Pensionsverpflichtungen dar. Die Verpflichtung zur Leistung ist aufschiebend bedingt, solange das auslösende Ereignis nicht eingetreten ist. Der Anspruch des Arbeitnehmers wird mit Eintritt des auslösenden Ereignisses fällig. Eine Rückstellung ist zu bilden, wenn mit dem **Eintritt der Bedingungen** zu rechnen ist.[548]

545 Vgl. auch *Wolz/Oldewurtel*, BBK 2010 S. 815, 816 f.

546 Vgl. IDW RS HFA 30, IDW Life 2017 S. 102, 104; vgl. Handbuch Bilanzrecht/*Zwirner/Lindmayr*, C.III. Rz. 2 f.

547 Vgl. Handbuch Bilanzrecht/*Zwirner/Lindmayr*, C.III. Rz. 2 f.

548 Vgl. IDW RS HFA 30, IDW Life 2017 S. 102, 104.

Unter der Voraussetzung, dass ein Bilanzierender Beamte beschäftigt, muss dieser in seinem Jahresabschluss **Rückstellungen für Beihilfen** aufgrund von Ansprüchen auf Krankheitskostenerstattung bilden. Beihilfen, die Beamten für künftige Krankheitskosten während ihres Ruhestands gewährt werden, stellen analog zu Pensionsverpflichtungen eine Gegenleistung für die bereits vor dem Ruhestand erbrachte Arbeitsleistung dar. Infolgedessen erwächst die Leistung aus dem Arbeitsverhältnis selbst und nicht aus seiner Beendigung. Somit setzen sich die zu passivierenden Pensionsverpflichtungen ggü. Beamten einerseits aus den Auszahlungen der Pensionen (selbst) und andererseits aus den mit den Pensionen vergleichbaren Beihilfen zusammen. Beide Verpflichtungen sind unter dem Posten „Rückstellungen für Pensionen und ähnliche Verpflichtungen" im Jahresabschluss auszuweisen.[549] Aus der gemeinsamen wirtschaftlichen Betrachtung beider Verpflichtungen folgt, dass diese gemeinsam Art. 67 Abs. 1 EGHGB zu subsumieren sind, sodass der Bilanzierende von dem Verteilungswahlrecht Gebrauch machen kann. Bei Inanspruchnahme des Verteilungswahlrechts ist nach Art. 67 Abs. 2 EGHGB eine Anhangangabe über die in der Bilanz nicht ausgewiesenen Rückstellungen aus diesen Beihilfen erforderlich.

Die Pensionsverpflichtung kommt durch die **Einzel-** oder **Gesamtzusage** zur Erbringung von Versorgungsleistungen zustande. Dies ist gleichzeitig der **Zeitpunkt der Entstehung** der Pensionsverpflichtung. Selbst wenn der Begünstigte seinen Willen nicht ausdrücklich erklärt, unterstellt § 151 BGB die Annahme durch den Begünstigten.

5.2.2 Begriff der ähnlichen Verpflichtung

Art. 28 Abs. 1 Satz 2 EGHGB fasst unter ungewisse Verbindlichkeiten auch die ähnlichen Verpflichtungen. Allerdings ist dieser **Begriff,** der im Gesetz nicht näher definiert wird, eng auszulegen, weil ansonsten die Passivierungspflicht nach § 249 HGB über Art. 28 Abs. 1 Satz 2 EGHGB ausgehebelt werden würde.[550] Da die Verpflichtung pensionsähnlich sein muss, handelt es sich um Verpflichtungen, die mit dem Arbeitsverhältnis des Arbeitnehmers in Verbindung stehen und ebenfalls durch ein bestimmtes Ereignis, wie bspw. das Ausscheiden aus dem Arbeitsverhältnis, ausgelöst werden. Auf der anderen Seite darf die Verpflichtung nicht den Charakter einer Pensionsverpflichtung aufweisen.[551]

In der Literatur wird die Frage diskutiert, ob **Vorruhestandsgelder** unter die pensionsähnlichen Verpflichtungen fallen. Da diese Bezüge anstatt einer Leistung aufgrund des Eintritts in den „normalen" Ruhestand gewährt werden, kommt die Literatur zu der übereinstimmenden Meinung, dass Vorruhestandsgelder den pensionsähnlichen Verpflichtungen zuzuordnen sind.[552]

Auch sog. **Übergangsbezüge** oder **Übergangsgelder** sind als ähnliche Verpflichtungen anzusehen. Sie werden oft gewährt, wenn der Arbeitnehmer kurz vor Erreichen des Rentenalters aus dem Arbeitsverhältnis ausscheidet. Dies gilt allerdings nicht für den Fall, dass die Bezüge bereits eine Pensionsverpflichtung darstellen, weil sie automatisch durch ein Ereignis wie Tod, Erreichen

549 Vgl. *Zwirner,* WPg 2012 S. 198, 198 f.

550 Vgl. hierzu auch Beck Bil-Komm/*Grottel/Johannleweling,* § 249 HGB Rz. 182 und 185, wonach es in der Praxis keine Beispiele für unmittelbare oder mittelbare ähnliche Verpflichtungen gibt.

551 Vgl. IDW RS HFA 30, IDW Life 2017 S. 102, 103.

552 Vgl. HdR-E/*Höfer,* § 249 HGB Rz. 608; vgl. auch Beck HdR/*Scheffler,* B 233 Rz. 182 ff.

einer Altersgrenze oder Berufsunfähigkeit ausgelöst werden. In diesen Fällen liegt trotz der Bezeichnung „Übergangsbezug" oder „Übergangsgeld" eine Pensionsverpflichtung vor.

PRAXISTIPP

Vorruhestandsgelder, Übergangsbezüge und Übergangsgelder sind i. d. R. pensionsähnliche Verpflichtungen.

Kosten der **betrieblichen Altersversorgung** sind bei der Bewertung von Pensionsverpflichtungen zu berücksichtigen und stellen keine eigenen ähnlichen Verpflichtungen dar. Gleiches gilt für **Treuezahlungen, Abfindungen, Jubiläumsgelder** und **Beiträge zum Pensionssicherungsverein.**[553] Für sie gilt demnach auch nicht das Passivierungswahlrecht nach Art. 28 Abs. 1 Satz 2 EGHGB. Diese Sachverhalte sind sonstige ungewisse Verbindlichkeiten und nach § 249 Abs. 1 Satz 1 HGB passivierungspflichtig.

PRAXISTIPP

Kosten der betrieblichen Altersversorgung, Treuezahlungen, Abfindungen, Jubiläumsgelder und Beiträge zum Pensionssicherungsverein sind keine pensionsähnlichen Verpflichtungen.

Auch für den Erfüllungsrückstand i. R. von **Altersteilzeitmodellen** hat die Passivierung einer Rückstellung für ungewisse Verbindlichkeiten zu erfolgen.[554] Nach IDW RS HFA 3 ist hiervon das sog. Blockmodell betroffen. Der Arbeitnehmer ist dabei in der ersten Phase des Beschäftigungszeitraums (Beschäftigungsphase) im ursprünglichen Umfang, d. h. voll, beschäftigt. In der zweiten Phase (Freistellungsphase) ist der Arbeitnehmer vollständig von seiner Arbeitspflicht freigestellt. Das Arbeitsentgelt wird hingegen gleichmäßig über den gesamten Altersteilzeitraum verteilt. Der Arbeitnehmer baut damit in der Beschäftigungsphase i. H. des nicht entlohnten Anteils der Arbeitsleistung einen Erfüllungsrückstand auf. Der Ausweis der Rückstellungen für Altersteilzeit hat allerdings nicht unter den Rückstellungen für Pensionen und ähnliche Verpflichtungen, sondern **unter den sonstigen Rückstellungen** zu erfolgen.[555] Neben dem Erfüllungsrückstand für die erbrachte Arbeitsleistung sind zudem die Verpflichtungen aus den sog. Aufstockungsbeträgen zurückzustellen. Die beiden Bestandteile der Altersteilzeitrückstellung werden hierbei in den versicherungsmathematischen Gutachten regelmäßig gesondert bewertet. Eine Besonderheit im Zusammenhang mit Altersteilzeitrückstellungen ergibt sich aus der Anwendung von § 246 Abs. 2 HGB. Darüber hinaus äußert sich die im Jahr 2013 aktualisierte IDW-Stellungnahme zur Bilanzierung von Verpflichtungen aus Altersteilzeitregelungen zu Fragen der Klassifizierung der Aufstockungsleistungen nach ihrem wirtschaftlichen Gehalt (ratierlicher Aufwand als Entlohnungsbestandteil versus sofortige Aufwandserfassung), zum Zeitpunkt und zur Höhe der zum jeweiligen Bilanzstichtag zu erfassenden Beträge, zur Behandlung von Erstattungsbeträgen der Bundesagentur für Arbeit sowie zur Bilanzierung von Erfüllungsrückständen im Fall des Blockmodells.

Hinsichtlich bereits laufender Altersteilzeitarbeitsverträge dürfen jedoch keine Rückstellungen für den sog. **Nachteilsausgleich** gem. § 5 Abs. 7 Tarifvertrag zur Regelung der Altersteilzeitarbeit – TV ATZ gebildet werden.[556]

553 Vgl. Beck HdR/*Scheffler*, B 233 Rz. 186.
554 Vgl. *Hoffmann/Lüdenbach*, § 249 HGB Rz. 92.
555 Vgl. dazu IDW RS HFA 3, IDW FN 2013 S. 309, 314, sowie bereits *Zwirner*, StuB 2012 S. 731, 735.
556 Vgl. BFH v. 27.9.2017, I R 53/15, DStR 2018 S. 337, sowie BMF v. 22.10.2018, IV C 6 – S 2175/07/10002, BStBl. I 2018 S. 1112.

PRAXISTIPP

Rückstellungen für den Erfüllungsrückstand aus Altersteilzeitmodellen sind den sonstigen Rückstellungen und nicht den Pensionsrückstellungen zuzuordnen.

Grundsätzlich gelten die **Bewertungsvorschriften** des § 253 HGB (auch) für Rückstellungen für Altersteilzeitverpflichtungen. Das heißt, dass Altersteilzeitverpflichtungen entsprechend ihrer Laufzeit zu diskontieren und unter Berücksichtigung von künftigen Preis- und Kostensteigerungen stichtagsbezogen zu bewerten sind. Während diese Vorgaben zur Bewertung eindeutig – und vergleichbar mit der Behandlung der Pensionsverpflichtungen – sind, ist in Bezug auf die Saldierungsvorschriften des § 246 Abs. 2 HGB auf die Besonderheiten bei der Bilanzierung von Altersteilzeitverpflichtungen hinzuweisen.[557]

Die Vorschriften des § 246 Abs. 2 HGB sehen vor, dass Vermögensgegenstände, die ausschließlich zur Erfüllung von Altersversorgungsverpflichtungen oder vergleichbaren langfristigen Verpflichtungen dienen und insolvenzsicher – d. h. dem Zugriff der Gläubiger entzogen – sind, mit den entsprechenden Verpflichtungen zu saldieren sind (sog. **Deckungsvermögen**).

Die Rückstellung für Altersteilzeitverpflichtungen setzt sich aus **zwei Komponenten** zusammen (Aufstockungsbeträge und Erfüllungsrückstand), die – trotz des gemeinsamen bilanziellen Ausweises – gesondert zu bewerten sind. Diese gesonderte Betrachtung der Bestandteile der Altersteilzeitverpflichtungen ist auch für die Frage der Saldierung nach § 246 Abs. 2 HGB relevant. Für den Fall, dass allein der Erfüllungsrückstand durch Vermögensgegenstände i. S. des § 246 Abs. 2 HGB abgesichert ist, allerdings nicht die Aufstockungsbeträge, dürfen Letztere nicht Gegenstand der Verrechnung sein. Demnach finden die Regelungen nach § 246 Abs. 2 HGB keine Anwendung auf die Aufstockungsbeträge aus Altersteilzeitverpflichtungen.[558]

BEISPIEL ▸ Die Sun & Fun GmbH hat für den Erfüllungsrückstand aus der Altersteilzeit eine Rückstellung i. H. von 240 TEUR gebildet. Dieser Betrag setzt sich aus den Rückstellungen für Aufstockungsbeträge i. H. von 40 TEUR sowie dem Erfüllungsrückstand aus der „originären" Altersteilzeit i. H. von 200 TEUR zusammen.

Das Unternehmen ist verpflichtet, für den Erfüllungsrückstand i. H. von 200 TEUR ein Deckungsvermögen einzurichten. Dieses erfüllt die Voraussetzungen des § 246 Abs. 2 Satz 2 HGB. Das Deckungsvermögen hat zum 31.12.t1 einen Zeitwert i. H. von 220 TEUR. Die Bilanz gestaltet sich dann wie folgt:

Bilanz zum 31.12.t1

Aktiva			Passiva
...		...	
...		Rückstellungen für Pensionen und ähnliche Verpflichtungen	40 TEUR
Aktiver Unterschiedsbetrag aus der Vermögensverrechnung	20 TEUR	...	

Die Sun & Fun GmbH weist aus der Verrechnung des saldierungspflichtigen Teils der Altersteilzeitverpflichtung (Erfüllungsrückstand) mit dem Deckungsvermögen einen auf der Aktivseite auszuweisenden Unterschiedsbetrag aus und zeigt die Rückstellung für die Aufstockungsbeträge.

557 Vgl. *Zwirner*, BB 2011 S. 619, 619 f.
558 Vgl. *Zwirner*, BB 2011 S. 619, 619 f.

Die **Zweckexklusivität des Deckungsvermögens**[559] – bspw. Beschränkung des Zugriffs auf das für die Begleichung des Erfüllungsrückstands notwendige Vermögen – mit Blick auf den abgesicherten Erfüllungsrückstand führt dazu, dass nur dieser Betrag in die Saldierung des § 246 Abs. 2 HGB einzubeziehen ist. Sofern das Unternehmen seine Verpflichtung in dieser Weise absichert, kann es über den den Erfüllungsrückstand übersteigenden Teil des Vermögens frei verfügen. Problematisch erweist sich in diesem Zusammenhang die Aufteilung des Vermögens, sofern das Vermögen insgesamt grds. die Voraussetzungen des § 246 Abs. 2 HGB erfüllt, aber die Zugriffsbeschränkung nur bis zur Höhe des abzusichernden Erfüllungsrückstands greift. In diesem Fall ist zwar das Vermögen mit einem Zeitwert anzusetzen, eine Saldierung ist allerdings nur eingeschränkt vorzunehmen.[560]

BEISPIEL Die Sun & Fun GmbH hat für den Erfüllungsrückstand aus der Altersteilzeit eine Rückstellung i. H. von 240 TEUR gebildet. Dieser Betrag setzt sich aus den Rückstellungen für Aufstockungsbeträge i. H. von 40 TEUR und dem Erfüllungsrückstand aus der „originären" Altersteilzeit i. H. von 200 TEUR zusammen. Zur Erfüllung ihrer Altersteilzeitverpflichtungen hat die Gesellschaft das Deckungsvermögen auf einen Treuhänder übertragen, hat indes vertraglich vereinbart, dass diese Mittel nur zur Begleichung der Verpflichtungen aus den Erfüllungsrückständen, nicht indes zur Erfüllung der Verpflichtungen aus den Aufstockungsbeträgen verwendet werden dürfen. Zum 31.12.t1 weist das Vermögen einen Zeitwert von 300 TEUR aus. Die Sun & Fun GmbH hat nun diesen Betrag in einem Umfang von 200 TEUR mit dem Anteil der Altersteilzeitrückstellung aus dem Erfüllungsrückstand zu saldieren. Der verbleibende Teil (100 TEUR) bleibt – zum Zeitwert bewertet, aber nicht mit den Aufstockungsbeträgen saldiert – als aktiver Unterschiedsbetrag aus der Vermögensverrechnung auf der Aktivseite stehen.

Im Zusammenhang mit der bilanziellen Beurteilung von Altersteilzeitverpflichtungen ist demnach zwischen der Bewertungsfolge des § 246 Abs. 2 HGB und der Saldierung zu differenzieren. Während das für die Altersteilzeitverpflichtungen reservierte Vermögen vollständig zum beizulegenden Zeitwert zu bewerten ist, ist die Saldierung allein auf den Erfüllungsrückstand der Altersteilzeitverpflichtung beschränkt.

Mit IDW RS HFA 3[561] liegt eine **Stellungnahme zur handelsrechtlichen Bilanzierung von Altersteilzeitregelungen** vor. Die Stellungnahme sieht vor, dass bei Abschluss von Altersteilzeitvereinbarungen die Rückstellung für die Aufstockungsbeträge sukzessive über den Leistungszeitraum, d. h. die gesamte Arbeitszeit des Arbeitnehmers, angesammelt werden kann.[562]

PRAXISTIPP

IDW RS HFA 3 erlaubt eine **ratierliche Erfassung der Aufstockungsbeträge** als laufendes Entgelt für den Fall, dass die Altersteilzeitvereinbarung als Gegenleistung für die vom Arbeitnehmer über seine Gesamtlebensarbeitszeit zu erbringende Tätigkeit anzusehen ist.

5.2.3 Unmittelbare und mittelbare Pensionsverpflichtungen

Art. 28 EGHGB erfordert eine **Unterscheidung** zwischen unmittelbaren und mittelbaren Pensionsverpflichtungen. Diese Unterscheidung ist maßgeblich für den Verpflichtungsgrad der Passivierung.

559 Vgl. IDW RS HFA 30, IDW Life 2017 S. 102, 104.

560 In diesem Sinne auch *Gelhausen/Fey/Kämpfer*, S. 32; *Zwirner*, BB 2011 S. 619, 620.

561 Vgl. IDW RS HFA 3, IDW FN 2013 S. 309, 309 ff.

562 Vgl. weiterführend *Zwirner*, StuB 2012 S. 731, 731 ff.

PRAXISTIPP

Nach Art. 28 EGHGB besteht für unmittelbare Pensionsverpflichtungen eine Passivierungspflicht und für mittelbare Pensionsverpflichtungen ein Passivierungswahlrecht.

Bei einer **unmittelbaren Verpflichtung** verpflichtet sich das bilanzierende Unternehmen durch das Eingehen einer Altersversorgungszusage, bei Eintritt des Versorgungsfalls die Leistung ggü. dem Begünstigten **selbst** zu erbringen. Es kommt nicht zur Zwischenschaltung eines anderen Rechtsträgers (z. B. einer Pensionskasse) zwischen dem Unternehmen und dem Versorgungsberechtigten. Die Einschaltung eines Dritten lediglich zur Abwicklung der Pensionszahlung ändert nichts am Charakter der unmittelbaren Verpflichtung. Unmittelbare Verpflichtungen können auf einer Einzelzusage oder einer Gesamtzusage beruhen (siehe Kap. 5.2.1).[563]

Bei einer **mittelbaren Verpflichtung** erfolgt die Erfüllung der Versorgungsverpflichtung ggü. dem Berechtigten nicht direkt durch das bilanzierende Unternehmen, sondern durch Zwischenschaltung einer externen Versorgungseinrichtung.[564] Das Unternehmen besorgt also die Leistung an den Begünstigten durch Einschaltung eines Dritten. Das Unternehmen dotiert die eingeschaltete Versorgungseinrichtung, welche wiederum primär zur Leistung an den Berechtigten verpflichtet ist. Als Versorgungseinrichtungen kommen üblicherweise in Betracht:

- Unterstützungskassen (§ 1b Abs. 4 BetrAVG),
- Pensionskassen (§ 1b Abs. 3 BetrAVG),
- Pensionsfonds (§ 1b Abs. 3 BetrAVG),
- Direktversicherungen (§ 1b Abs. 2 BetrAVG) und
- Versorgungskassen.

Die Versorgungseinrichtungen unterscheiden sich hinsichtlich der Art der Finanzierung der Versorgungsleistungen. Diese kann durch Aufbau eines Kapitalstocks erfolgen oder im Wege der Umlagefinanzierung. Weiter unterscheiden sie sich in der ertrag- und lohnsteuerlichen Behandlung der Beiträge und Zuwendungen. Ein wesentlicher Unterschied liegt auch in der Frage, ob die Berechtigten einen Rechtsanspruch gegen die Versorgungseinrichtung erwerben.

Eine **Unterstützungskasse** ist eine rechtlich selbstständige Versorgungseinrichtung, die sich aus Zuwendungen eines oder mehrerer Trägerunternehmen sowie den Erträgen aus der Vermögensanlage finanziert. Die Unterstützungskasse gewährt den Versorgungsberechtigten ihrer Trägerunternehmen Versorgungsleistungen, ohne dass hierauf ein Rechtsanspruch bestehen muss. Die Dotierung erfolgt i. d. R. allein durch den Arbeitgeber. Entsteht bei der Unterstützungskasse ein Fehlbetrag, kann es zu einer Einstandspflicht des Arbeitgebers kommen (sog. Subsidiärhaftung).[565]

Pensionskassen sind rechtlich selbstständige Lebensversicherungsunternehmen, deren Zweck die Absicherung wegfallenden Erwerbseinkommens wegen Alter, Invalidität oder Tod ist.[566] Sie finanzieren sich über Beiträge der Arbeitgeber und ggf. der Versorgungsberechtigten. Die Berechtigten haben einen eigenen Rechtsanspruch gegen die Pensionskasse.

563 Vgl. Handbuch Bilanzrecht/*Zwirner/Lindmayr*, C.III. Rz. 10.

564 Vgl. *Hoffmann/Lüdenbach*, § 249 HGB Rz. 128.

565 Vgl. Syst. Praxiskommentar Bilanzrecht/*Petersen/Künkele/Zwirner*, § 249 HGB Rz. 222.

566 Vgl. § 232 Versicherungsaufsichtsgesetz – VAG.

Ein **Pensionsfonds** ist eine rechtsfähige Versorgungseinrichtung, die im Wege des Kapitaldeckungsverfahrens Leistungen der betrieblichen Altersversorgung für einen Arbeitgeber zugunsten von Versorgungsberechtigten erbringt, wobei diesen ein eigener Rechtsanspruch auf Leistungen gegen den Fonds eingeräumt wird (§ 236 Abs. 1 Satz 1 VAG). Der Fonds wird über Beitragszahlungen des Arbeitgebers und der Versorgungsberechtigten finanziert.[567]

Eine **Direktversicherung** bezeichnet eine Lebensversicherung, die ein Arbeitgeber auf das Leben eines Versorgungsberechtigten abschließt und bei der dieser oder dessen Hinterbliebene hinsichtlich der Leistungen bezugsberechtigt sind. Der Arbeitgeber ist Versicherungsnehmer und Beitragszahler. Er hat durch Entrichtung der Versicherungsprämien die Erfüllung der Pensionsleistungen zu gewährleisten. Im Versorgungsfall werden die Leistungen direkt von der Lebensversicherung an den Begünstigten gewährt.

PRAXISTIPP

Von der Direktversicherung ist die **Rückdeckungsversicherung** zu unterscheiden. Hier ist das bilanzierende Unternehmen Empfänger der Leistungen der Versicherung. Das bilanzierende Unternehmen kann über eine Rückdeckungsversicherung seine eigene Leistungsverpflichtung ggü. dem Versorgungsberechtigten finanzieren (siehe auch zur Saldierung mit Altersversorgungsverpflichtungen Kap. 5.6).

Versorgungskassen sind Träger der tarifvertraglich geregelten betrieblichen Altersversorgung der Beschäftigten im öffentlichen Dienst (z. B. die Versorgungsanstalt des Bundes und der Länder als Zusatzversorgungskasse). Sie ähneln in der Funktionsweise den Pensionskassen, stellen jedoch i. d. R. Körperschaften des öffentlichen Rechts dar. Wird eine Zusatzversorgungskasse zwischengeschaltet, liegt eine mittelbare Pensionsverpflichtung vor. Die Beamtenversorgung über die Beamtenversorgungskasse stellt hingegen nach IDW RS HFA 23 eine unmittelbare Altersversorgungsverpflichtung dar.[568]

Auch die subsidiäre Einstandspflicht des bilanzierenden Unternehmens nach § 1 Abs. 1 Satz 3 Betriebsrentengesetz – BetrAVG gehört zu den mittelbaren Pensionsverpflichtungen.[569] Die **Subsidiärhaftung** entsteht, wenn das Vermögen der externen Versorgungseinrichtung nicht ausreicht, um die Verpflichtung ggü. dem Begünstigten zu erfüllen. Der Begünstigte hat dann einen unmittelbaren Anspruch ggü. dem die mittelbare Zusage erklärenden Unternehmen. Gegenüber den zwischengeschalteten Versorgungseinrichtungen bestehen keine rückstellungsfähigen (Pensions-)Verpflichtungen. Das Unternehmen kann jedoch aufgrund ausstehender Beitrags- und Prämienzahlungen eine Verbindlichkeit ggü. den Versorgungseinrichtungen haben. Werden vom Arbeitgeber geschuldete Versorgungszusagen durch die Versorgungseinrichtung gekürzt, ist aufgrund der Einstandspflicht eine Rückstellung zu bilden, es sei denn, durch zusätzliche verpflichtend zu erbringende Beträge kann das geschuldete Leistungsniveau hergestellt werden.[570]

5.2.4 Alt- und Neuzusagen

Für das Vorliegen einer Passivierungspflicht oder eines Passivierungswahlrechts ist neben der Unterscheidung zwischen unmittelbaren und mittelbaren Pensionsverpflichtungen die Tren-

567 Vgl. Syst. Praxiskommentar Bilanzrecht/*Petersen/Künkele/Zwirner*, § 249 HGB Rz. 224.

568 Vgl. IDW RS HFA 23, IDW FN 2009 S. 316, 317.

569 Vgl. HdR-E/*Höfer*, § 249 HGB Rz. 791.

570 Vgl. IDW FAB, IDW Life 2020 S. 823, 825.

nung in Alt- und Neuzusagen maßgebend. Wurde die Zusage vor dem 1.1.1987 erteilt, liegt eine **Altzusage** vor, für die ein **Passivierungswahlrecht** gilt. Zusagen nach dem 31.12.1986 sind **Neuzusagen,** für die eine **Passivierungspflicht** gilt, wenn es sich um unmittelbare Neuzusagen handelt. Bei Warte- und Vorschaltzeiten ist auf deren Beginn abzustellen.[571]

Nach dem Stichtag des 31.12.1986 erfolgte Änderungen i.S. von **Erhöhungen** oder **Verbesserungen** stellen keine Neuzusagen dar, sondern sind der Altzusage zuzurechnen.[572] Dies kann sich z.B. aus einer Beförderung ergeben. Gleiches gilt auch bei einer **Änderung des Durchführungswegs.** Eine solche Änderung des Durchführungswegs liegt bspw. dann vor, wenn das bilanzierende Unternehmen sich entscheidet, die betriebliche Altersversorgung mittels Einschaltung einer Unterstützungskasse (mittelbare Zusage) aufzugeben und die Zusage direkt zu übernehmen (unmittelbare Zusage). Arbeitsrechtlich liegen in solchen Fällen keine Neuzusagen vor. An diese Sichtweise lehnt sich die Bilanzierung an. Erfolgte damit in obigem Beispiel die mittelbare Zusage vor dem 1.1.1987 und die Änderung des Durchführungswegs nach dem 31.12.1986, bleibt es auch nach dieser Änderung bei einer Altzusage.[573]

PRAXISTIPP

Wird bei einer Altzusage nach dem 31.12.1986 der Durchführungsweg geändert, bleibt es bei einer Altzusage, für die ein Passivierungswahlrecht gilt.

Die **Abgrenzung zwischen Alt- und Neuzusagen** erlangt besondere Bedeutung, wenn Versorgungszusagen von einem auf ein anderes Unternehmen übergehen. Hierbei treffen zwei Sichtweisen aufeinander. Aus Sicht des Berechtigten hat sich die Zusage nicht geändert. Trotz Übernahme der Verpflichtung durch ein anderes Unternehmen liegt aus Sicht des Berechtigten unverändert eine Alt- oder Neuzusage vor, je nachdem, ob die Zusage vor dem 1.1.1987 oder nach dem 31.12.1986 erfolgte. Aus Sicht des „neuen" Verpflichteten liegt eine Neuzusage vor. Art. 28 Abs. 1 Satz 1 EGHGB stellt auf den Blickwinkel des Berechtigten ab. Im Grundsatz gilt damit, dass Pensionszusagen ihre Klassifikation in Alt- oder Neuzusage allein aufgrund der Übernahme der Verpflichtung durch ein anderes Unternehmen nicht ändern. Im Zusammenhang mit der Übernahme von Pensionsverpflichtungen sind jedoch verschiedene Fälle zu unterscheiden.

PRAXISTIPP

Die Übernahme von Pensionsverpflichtungen ist hinsichtlich der Einstufung als Alt- oder Neuzusage differenziert zu betrachten.

Für die Übernahme von Pensionsverpflichtungen i.R. der **Gesamtrechtsnachfolge** (z.B. Verschmelzung) gilt, dass sich die Einstufung in Alt- oder Neuzusage nicht ändert.[574]

BEISPIEL Die X GmbH ist ggü. ihren Arbeitnehmern Versorgungsverpflichtungen mit Zusage vor dem 1.1.1987 eingegangen. Die X GmbH wird im Jahr t1 auf die Y AG verschmolzen. Im Zuge der Verschmelzung gehen die Pensionszusagen auf die Y AG über. Obwohl die Pensionsverpflichtungen aus Sicht der Y AG neu sind, behalten die Verpflichtungen den Charakter einer Altzusage. Es bleibt damit bei einem Passivierungswahlrecht.

571 Vgl. HdR-E/*Höfer*, § 249 HGB Rz. 645.

572 Vgl. Anzinger/Oser/Schlotter, § 249 HGB Rz. 234.

573 Vgl. Anzinger/Oser/Schlotter, § 249 HGB Rz. 234.

574 Vgl. Beck Bil-Komm/*Grottel/Johannleweling*, § 249 HGB Rz. 189.

Auch im Fall der gesetzlichen Verpflichtung zur Übernahme von Versorgungszusagen nach **§ 613a BGB** gilt, dass sich die Einordnung der Zusagen in Alt- oder Neuzusagen durch die Übernahme nicht ändert.[575] Beim Betriebsübergang nach § 613a BGB tritt das übernehmende Unternehmen in die Rechte und Pflichten aus dem Arbeitsverhältnis ein und somit auch in die Altersversorgungsverpflichtungen.[576] Sind jedoch die übernommenen Pensionsverpflichtungen Bestandteil des Kaufpreises, also Entgelt für erworbene Vermögensgegenstände, kann es im Fall von übernommenen, dem Passivierungswahlrecht unterliegenden Altzusagen nicht beim Passivierungswahlrecht bleiben. Dies gilt v. a. bei der Einzelrechtsnachfolge. In diesen Fällen muss es zu einer Passivierung der Altzusagen in der Höhe kommen, in der die übernommenen Verpflichtungen Entgeltbestandteil sind. Nach der Übernahme der Altzusage sind allerdings neue Zuführungen zu den Pensionsrückstellungen nicht verpflichtend zu passivieren.[577]

Die gesetzliche Übernahmepflicht nach § 613a BGB umfasst nicht **Verpflichtungen aus laufenden Renten.** In diesen Fällen bleibt der bisherige Betriebsinhaber Verpflichteter. Für den übernehmenden Rechtsträger besteht kein Anlass zur Passivierung. Damit bleibt auch die Einstufung in Alt- oder Neuzusagen unverändert. Wurde jedoch im Innenverhältnis zwischen Veräußerer und Übernehmendem vereinbart, dass der Übernehmende den Verpflichtungen des Veräußerers beitritt **(Schuldbeitritt),** dann hat der Übernehmende aus dieser Vereinbarung eine Verpflichtung zu passivieren.[578]

Im Rahmen der **Einzelrechtsnachfolge** (z. B. Betriebsveräußerung oder Rechtsgeschäfte, wie Kauf, Einbringung oder Vermächtnis) gehen nach § 613a BGB die Arbeitsverhältnisse und damit die Pensionsverpflichtungen der bestehenden Arbeitnehmer über, nicht jedoch die laufenden Pensionen der ausgeschiedenen Arbeitnehmer. Letztere können nur bei einem Schuldbeitritt übergehen. Die Bewertung erfolgt erfolgsneutral zu Anschaffungskosten. An den folgenden Bilanzstichtagen erfolgt die Bewertung wieder unter steuerlichem Ansatz und Bewertungsvorbehalten, was zu steuerlichen Ergebniseffekten führt.

Bei der **Gesamtrechtsnachfolge** hingegen gehen alle Pensionsverpflichtungen (laufende Pensionen und Anwartschaften) auf den Rechtsnachfolger über. Im Rahmen der Gesamtrechtsnachfolge erfolgt die Bewertung im Übergangszeitpunkt nach § 6a EStG (keine Erfolgsrealisierung).

Beim **Schuldbeitritt** hat der Übernehmer die volle Verpflichtung anzusetzen und nach § 253 HGB zu bewerten sowie als Pensionsrückstellung auszuweisen. Für den Übertragenden kommt allenfalls noch die Passivierung einer Restverpflichtung infrage.[579]

Kommt es nicht zum Schuldbeitritt ggü. den Pensionsberechtigten, sondern lediglich zur **Erfüllungsübernahme** im Innenverhältnis, hat eine Bruttodarstellung in der Bilanz des Übertragenden zu erfolgen: Passivierung der Pensionsverpflichtung ggü. den Berechtigten und Aktivierung eines Freistellungsanspruchs gegen den Übernehmenden.

Das übernehmende Unternehmen hat die Verpflichtungen, die mittels **Schuldübernahme** im Zusammenhang mit einem Betriebsübergang nach § 613a BGB übernommen wurden, als Rückstellungen für Altersversorgungsverpflichtungen zu bilanzieren. Bei der Übernahme von Ver-

575 Vgl. HdJ/*Heger/Weppler,* Abt. III 7 Rz. 35.

576 Vgl. IDW RS HFA 30, IDW Life 2017 S. 102, 115.

577 Vgl. Beck Bil-Komm/*Grottel/Johannleweling,* § 249 HGB Rz. 190.

578 Vgl. Beck Bil-Komm/*Grottel/Johannleweling,* § 249 HGB Rz. 273.

579 Vgl. IDW RS HFA 30, IDW Life 2017 S. 102, 115.

pflichtungen ist ein Verzicht auf die Passivierung von sog. Altzusagen nach Art. 28 Abs. 1 Satz 1 EGHGB nicht möglich. Das übertragende Unternehmen wird – regelmäßig i. R. eines entgeltlichen Rechtsgeschäfts – von den Verpflichtungen freigestellt und hat diese auszubuchen. Eine gesamtschuldnerische Haftung des übertragenden und des übernehmenden Unternehmens nach § 613a BGB führt zu keiner Angabepflicht nach § 251 HGB, da dieser für gesetzlich normierte Haftungsverpflichtungen nicht gilt. Allerdings ist im Einzelfall eine Angabe nach § 285 Nr. 3a HGB zu machen, sofern der Betrag für die Beurteilung der Finanzlage wesentlich ist. Sofern mit einer Inanspruchnahme aus der gesamtschuldnerischen Mithaftung wegen Ausfall des Mithaftenden für dessen Teil zu rechnen ist, ist eine Rückstellung zu bilden.[580]

Durch einen **Schuldbeitritt mit Erfüllungsübernahme im Innenverhältnis** wird eine gesamtschuldnerische Haftung der beiden Unternehmen begründet. Bei der vom übernehmenden Unternehmen eingegangenen Freistellungsverpflichtung handelt es sich um Altersversorgungsverpflichtungen, die auch als solche unter Beachtung der entsprechenden handelsrechtlichen Bewertungsvorschriften anzusetzen sind. Eine Rückstellung darf nicht mit Verweis auf Art. 28 Abs. 1 EGHGB unterbleiben. Beim übertragenden Unternehmen sind die Pensionsverpflichtungen so weit auszubuchen, wie keine Inanspruchnahme aus der gesamtschuldnerischen Haftung droht. Sofern das Unternehmen für den Freistellungsanspruch Ausgaben aufgewandt hat, die den bislang bilanzierten Rückstellungsansatz übersteigen – bspw. weil Verpflichtungen in Ausübung des Wahlrechts nach Art. 28 Abs. 1 EGHGB nicht passiviert worden waren –, ist der überschießende Betrag unmittelbar aufwandswirksam zu erfassen. Im Innenverhältnis hat jedes Unternehmen den Restbetrag, der den im Innenverhältnis bestimmten Teil der Verpflichtung übersteigt, nach §§ 251, 268 Abs. 7 HGB im Anhang (oder, wenn kein Anhang erstellt wird, unter der Bilanz) anzugeben.[581]

Die **Freistellungsverpflichtung** ist bei dem freistellenden Unternehmen als Rückstellung zu passivieren. Die Bewertung hat sich hierbei nach den allgemeinen Grundsätzen zu richten. Zwar wird sich die Bewertung der Freistellungsverpflichtung an dem Wert der auszugleichenden Verpflichtung orientieren, es kann aber zu Abweichungen kommen. Beim freistellenden Unternehmen wird die Verpflichtung daher regelmäßig höher anzusetzen sein als ein vergleichbarer Ansatz für eine nach den Vorschriften für Altersversorgungsverpflichtungen zu bewertende Rückstellung. Beim freigestellten Unternehmen bleibt es beim Ansatz und Ausweis der kompletten Verpflichtung für Altersversorgungsverpflichtungen auf der Passivseite und auf Basis der Vorschriften nach § 253 Abs. 2 HGB. Die Höhe des zu aktivierenden Freistellungsanspruchs ist begrenzt auf den Buchwert der bilanzierten Verpflichtung. Soweit die Ausgaben für die Erlangung des Freistellungsanspruchs diesen Betrag übersteigen, sind sie als Aufwand zu erfassen.[582]

Weder im Zugangszeitpunkt noch an einem Folgeabschlussstichtag darf es aus der Übernahme einer Verpflichtung gegen Entgelt zu einem **Erwerbsgewinn** kommen. Soweit das Unternehmen für die von ihm übernommene Verpflichtung ein Entgelt erhält, das den zu bilanzierenden Erfüllungsbetrag der Verpflichtung übersteigt, ist dieser Betrag erfolgsneutral einzubuchen.[583]

580 Vgl. IDW RS HFA 30, IDW Life 2017 S. 102, 115; vgl. *Zwirner*, StuB 2017 S. 218, 223; vgl. zur Neufassung des IDW RS HFA 30 auch *Zwirner/Lindmayr*, DB 2017 S. 743, 743, sowie *Zwirner/Lindmayr*, BETRIEBSWIRTSCHAFT Wissen 2017 S. 112, 112.

581 Vgl. IDW RS HFA 30, IDW Life 2017 S. 102, 115 f.; vgl. *Zwirner*, StuB 2017 S. 218, 223 f.

582 Vgl. IDW RS HFA 30, IDW Life 2017 S. 102, 116; vgl. *Zwirner*, StuB 2017 S. 218, 224.

583 Vgl. IDW RS HFA 30, IDW Life 2017 S. 102, 116.

Zu einer Änderung des Charakters der Zusage kommt es in jedem Fall dann, wenn das übernehmende Unternehmen den Arbeitnehmern nach der Betriebsübernahme eine Pensionszusage macht, die der Zusage des bisherigen Arbeitgebers genau entspricht, die bisherige Pensionsverpflichtung jedoch nicht übernommen wurde. In diesen Fällen liegt eine neue Zusage vor, die der alten Zusage nachgebildet wurde. Diese Konstellation führt jedoch stets zu einer **Neuzusage.**

5.3 Ansatz von unmittelbaren Pensionsverpflichtungen in Handels- und Steuerbilanz

5.3.1 Bilanzierung in der Handelsbilanz

5.3.1.1 Passivierungspflicht für Neuzusagen

Unmittelbare Pensionsverpflichtungen aus **Neuzusagen** sind nach § 249 Abs. 1 Satz 1 HGB i.V. mit Art. 28 Abs. 1 Satz 1 EGHGB verpflichtend als Rückstellungen für ungewisse Verbindlichkeiten zu passivieren. Durch die Rückstellung wird der Erfüllungsrückstand des Arbeitsgebers aus dem Arbeitsverhältnis abgebildet. Unsicherheit besteht hinsichtlich der Höhe und des Entstehens der Verpflichtung. Gleiches gilt bei einer faktischen Verpflichtung, der sich der Bilanzierende auch ohne rechtliche Verpflichtung nicht entziehen kann.[584]

Die **Verpflichtung zur Passivierung** nach § 249 Abs. 1 Satz 1 HGB kann sich aus der unmittelbaren Zusage (rechtliche Verpflichtung) oder einem faktischen Leistungszwang ergeben, weil sich das Unternehmen auch ohne rechtliche Verpflichtung der Leistung nicht entziehen kann. Vor Eintritt des Versorgungsfalls begründet eine Altersversorgungszusage eine aufschiebend bedingte Schuld **(Anwartschaft),** die ein Rückstellungserfordernis auslöst, wenn mit dem Eintritt der Bedingungen zu rechnen ist.

Die Möglichkeit, dass das Arbeitsverhältnis **gekündigt** wird oder dass das Unternehmen die Zusage **widerruft,** entbindet nicht von der Verpflichtung zur Passivierung von Pensionsrückstellungen. Die Widerrufbarkeit ist arbeitsrechtlich weitestgehend eingeschränkt. Auch bedingte **Widerrufsvorbehalte,** die an nicht voraussehbare künftige Entwicklungen oder Ereignisse geknüpft sind, lassen die Passivierungspflicht unberührt. Erst wenn sich die Umstände, die einen Widerruf ermöglichen, konkretisieren, entfällt die Rückstellungspflicht. Die Pensionszusage darf jedoch nicht lediglich unverbindlich in Aussicht gestellt sein oder von einem künftigen ungewissen Ereignis abhängen, dessen Eintritt vom Unternehmen bestimmt werden kann.[585]

BEISPIEL ▸ Die Pluto AG macht ggü. Abteilungsleitern unmittelbare direkte Pensionszusagen. Allerdings sind die Zusagen an die Bedingung geknüpft, dass die Abteilungsleiter die Beförderung zum Prokuristen erreichen. Da die Pluto AG bestimmen kann, ob ihre Abteilungsleiter zum Prokuristen befördert werden oder nicht, dürfen zunächst keine Pensionsrückstellungen gebildet werden. Erst ab der Eintragung der Prokura im Handelsregister kommt es zur Passivierungspflicht.

Die Einhaltung bestimmter **Formvorschriften** ist für die handelsrechtliche Passivierungspflicht unbeachtlich. Sowohl schriftliche als auch mündliche Neuzusagen lösen eine Passivierungspflicht aus. Damit ist das steuerrechtliche Schriftformerfordernis handelsrechtlich ohne Bedeutung. Das Handelsrecht will die arbeitsrechtliche Verpflichtung abbilden. Arbeitsrechtlich be-

584 Vgl. IDW RS HFA 30, IDW Life 2017 S. 102, 104.
585 Vgl. IDW RS HFA 30, IDW Life 2017 S. 102, 104.

steht eine Verpflichtung unabhängig davon, ob die Zusage schriftlich oder mündlich erfolgt oder ob sie sich aus den betriebsüblichen Gegebenheiten ergibt.

Sogenannte **Vorschaltzeiten** haben keinen Einfluss auf die Passivierungspflicht. Unter Vorschaltzeiten sind i.d.R. einzelvertragliche Klauseln zu verstehen, die vorsehen, dass der Arbeitnehmer erst ab einer bestimmten Dienstzeit in den Genuss der betrieblichen Altersversorgung kommt. Der Arbeitnehmer erwirbt ab Beginn des Dienstverhältnisses eine Anwartschaft auf die Versorgung. Damit kommt es ab Beginn des Arbeitsverhältnisses, nicht erst ab Ablauf der Vorschaltzeit, zur Passivierungspflicht.[586]

Genauso unbeachtlich für die Verpflichtung zur Passivierung sind **Wartezeiten** und **Verfallsklauseln** bei aktiven Arbeitnehmern. Wartezeiten bezeichnen Zeiten, während derer Versorgungsleistungen ausgeschlossen sind. Fällt der Versorgungsfall in diesen Zeitraum, hat der Berechtigte keinen Versorgungsanspruch. Verfallsklauseln führen zum Wegfall des Pensionsanspruchs beim Eintritt vertraglich geregelter Voraussetzungen.

Die allgemeinen Vorgaben des HGB zur **Inventur** sind auch im Hinblick auf die Altersversorgungsverpflichtungen zu beachten, um ihre vollständige Erfassung zu gewährleisten. Das **Inventar** umfasst nach § 240 Abs. 1 HGB auch die Schulden und damit auch die Pensionsrückstellungen. Das Inventar ist nach § 240 Abs. 2 HGB grds. zum Ende eines jeden Geschäftsjahres durch eine körperliche Aufnahme aufzustellen. Einer körperlichen Bestandsaufnahme bedarf es nach § 241 Abs. 2 HGB nicht, wenn der Bestand durch ein anderes, den GoB entsprechendes Verfahren festgestellt werden kann. Das Inventar dient der Bemessung der Pensionsrückstellung dem Grunde und der Höhe nach.[587]

Das Inventar muss sämtliche rechtlichen Grundlagen der Pensionsverpflichtungen enthalten. Darunter fallen z. B. Einzel- und Gesamtzusagen, Tarifverträge, Arbeitsverträge, Aufhebungsvereinbarungen und Betriebsvereinbarungen. Neben den schriftlichen Altersversorgungsvereinbarungen sollten Protokolle über mündliche Altersversorgungsvereinbarungen ebenfalls archiviert werden. Zum Inventar zählen auch die personellen Grundlagen der Pensionsverpflichtungen.[588] Dabei ist neben der Anzahl der Bezugsberechtigten für jede Person ein **Stammdatensatz** anzulegen, der die wesentlichen persönlichen Daten wie Geburtsdatum, Geschlecht, Diensteintritt, Zusagedatum, Altersgrenze und Höhe der Pension enthält.[589]

5.3.1.2 Passivierungswahlrecht für Altzusagen

Art. 28 Abs. 1 Satz 1 EGHGB lautet:

„Für eine laufende Pension oder eine Anwartschaft auf eine Pension aufgrund einer unmittelbaren Zusage braucht eine Rückstellung nach § 249 Abs. 1 Satz 1 des HGB nicht gebildet zu werden, wenn der Pensionsberechtigte seinen Rechtsanspruch vor dem 01.01.1987 erworben hat oder sich ein vor diesem Zeitpunkt erworbener Rechtsanspruch nach dem 31.01.1986 erhöht.“

Für **unmittelbare Pensionsverpflichtungen** aus **Altzusagen** – Pensionszusagen, die vor dem 1.1.1987 erteilt wurden – gilt nach Art. 28 Abs. 1 Satz 1 EGHGB ein Passivierungswahlrecht. Dies

586 Vgl. IDW RS HFA 30, IDW Life 2017 S. 102, 104.

587 Vgl. *Hoffmann/Lüdenbach*, § 249 HGB Rz. 121 f.

588 Vgl. Beck HdR/*Petersen/Zwirner*, A 230 Rz. 65.

589 Vgl. Beck Bil-Komm/*Grottel/Johannleweling*, § 249 HGB Rz. 198.

stellt eine Ausnahme vom Grundsatz der Passivierungspflicht von Rückstellungen für ungewisse Verbindlichkeiten dar, unter welche die Pensionsrückstellungen fallen.

Auf der anderen Seite gilt für alle nach dem 31.12.1986 erteilten Pensionszusagen die **Passivierungspflicht.** Es wird dann von sog. Neuzusagen gesprochen. Hinsichtlich der Abgrenzung zwischen Alt- und Neuzusagen wird auf Kap. 5.2.4 verwiesen.

Art. 28 Abs. 1 Satz 1 EGHGB nimmt jedoch nicht nur die ursprüngliche Pensionsrückstellung von der Passivierung aus. Auch für die **spätere Erhöhung** bedarf es keiner Rückstellungsbildung.[590] Dies ist konsequent, weil jede einzelne Zusage eine Schuld darstellt. Auch spätere Erhöhungen zählen zu diesem einzelnen Schuldposten. Es wäre daher nicht sinnvoll, spätere Erhöhungen anders zu behandeln als die ursprüngliche Verpflichtung.

Hat ein Unternehmen für Altzusagen keine Pensionsrückstellungen gebildet, besteht also keine Verpflichtung, diese nachzuholen. Auf der anderen Seite besteht aber kein **Nachholverbot.** Ein Unternehmen kann jederzeit ganz oder teilweise Pensionsrückstellungen für Versorgungszusagen vor dem 1.1.1987 bilden. Auch können zurückgestellte Teilbeträge von Altzusagen jederzeit erhöht werden.

Dies gilt nicht für die Steuerbilanz. Hier ergibt sich das **Nachholverbot aus § 6a Abs. 4 Satz 1 EStG.** Eine Pensionsrückstellung darf in einem Wirtschaftsjahr höchstens um den Unterschied zwischen dem Teilwert der Pensionsverpflichtung am Schluss des Wirtschaftsjahres und am Schluss des vorangegangenen Wirtschaftsjahres erhöht werden. Da das EStG auf die Differenz der Teilwerte und nicht der Bilanzansätze abstellt, kann die jährliche Zuführung nie unterlassene Zuführungsbeträge aus Vorjahren umfassen. Das steuerliche Nachholverbot endet, wenn das Dienstverhältnis endet oder der Versorgungsfall eintritt. Dies bestimmt § 6a Abs. 4 Satz 5 EStG, wonach am Schluss des Wirtschaftsjahres, in dem das Dienstverhältnis des Pensionsberechtigten unter Aufrechterhaltung seiner Pensionsanwartschaft endet oder der Versorgungsfall eintritt, die Pensionsrückstellung stets bis zur Höhe des Teilwerts der Pensionsverpflichtung gebildet werden darf. Mit dem BMF-Schreiben IV C 6 – S 2133/09/10001 vom 12.3.2010 wurde die Begrenzung des steuerlichen Ansatzes von Pensionsrückstellungen nach oben aufgeweicht. Nunmehr sind die Regelungen in R 6a Abs. 20 Satz 2 bis 4 EStR a. F., wonach der handelsrechtliche Ansatz der Pensionsrückstellungen die steuerliche Bewertungsobergrenze ist, nicht weiter anzuwenden.[591] Dies wurde durch die Einkommensteuer-Änderungsrichtlinien 2012[592] endgültig bestätigt. Die Sätze 2 bis 4 der Richtlinie 6a Abs. 20 EStR wurden gestrichen.

Allerdings dürfen einmal gebildete Pensionsrückstellungen für Altzusagen nicht beliebig aufgelöst werden, denn die Voraussetzungen für die **Auflösung** von Rückstellungen und damit auch für Pensionsrückstellungen sind in § 249 Abs. 2 Satz 2 HGB klar geregelt. Danach ist eine Auflösung der Rückstellung nur möglich, wenn der Grund für die Bildung der Rückstellung entfallen ist. Genau dies ist jedoch bei einer noch bestehenden Altzusage nicht der Fall.

590 Vgl. HdJ/*Heger/Weppler*, Abt. III 7 Rz. 34 ff.

591 Vgl. BMF v. 12.3.2010, IV C 6 – S 2133/09/10001, BStBl. I 2010 S. 239.

592 Vgl. BStBl. I 2013 S. 276 ff.

PRAXISTIPP

Mit dem **Passivierungswahlrecht** für Altzusagen kann **einmalig Bilanzpolitik** betrieben werden. So können jederzeit für bisher nicht als Rückstellung abgegrenzte Altzusagen aufwandswirksam Pensionsrückstellungen gebildet werden. Dies ist auch in Teilbeträgen möglich. Das Jahresergebnis kann auf diese Weise beeinflusst werden. Einmal gebildete Pensionsrückstellungen für Altzusagen können jedoch nicht beliebig ergebniserhöhend aufgelöst werden. Eine Auflösung ist nur möglich, wenn der Grund für die Bildung der Rückstellung wegfällt.

Flankiert wird das Passivierungswahlrecht von der nach Art. 28 Abs. 2 EGHGB geforderten **Anhangangabe:**

„Bei Anwendung des Absatzes 1 müssen Kapitalgesellschaften die in der Bilanz nicht ausgewiesenen Rückstellungen für laufende Pensionen, Anwartschaften auf Pensionen und ähnliche Verpflichtungen jeweils im Anhang und im Konzernanhang in einem Betrag angeben."

Dem Adressaten des Jahresabschlusses bleibt also die künftige Belastung des Unternehmens auch bei Ausübung des Passivierungswahlrechts nicht verschlossen. Mit der Anhangangabe soll eine unterlassene Passivierung, was die Informationsfunktion des handelsrechtlichen Jahresabschlusses betrifft, revidiert werden. Dies gilt allerdings nur für **KapG** und ihnen nach § 264a **HGB gleichgestellte PersHG.** Andere Rechtsformen sind von der Angabepflicht nicht betroffen. Hier erhält der Jahresabschlussleser keine Informationen über die künftige Belastung des Unternehmens, wenn das Passivierungswahlrecht ausgeübt wird. Dies gilt auch für **kleine KapG** und ihnen gleichgestellte PersHG, die Pensionsrückstellungen in der Bilanz nicht gesondert darstellen müssen. Denn trotz Angabe der nicht passivierten Altzusagen fehlt dem Adressaten des Jahresabschlusses dann die Information über den Gesamtbetrag der Pensionsverpflichtungen.

5.3.1.3 Zuführung und Auflösung von Pensionsrückstellungen

Der jährliche **Zuführungsbetrag** einer Pensionsrückstellung ergibt sich aus der Differenz zwischen dem versicherungsmathematischen Barwert zum Ende des Geschäftsjahres und dem versicherungsmathematischen Barwert zum Ende des vorangegangenen Geschäftsjahres. Aufgrund unterschiedlicher Bewertung kann der handelsrechtliche Zuführungsbetrag vom steuerrechtlichen Zuführungsbetrag abweichen.

Bei der erstmaligen Zuführung zu Pensionsrückstellungen besteht in der Steuerbilanz nach § 6a Abs. 4 EStG ein **Verteilungswahlrecht.** Steuerlich darf der Zuführungsbetrag über drei Wirtschaftsjahre verteilt werden **(Drittelungsmethode).** Die Übernahme dieses Wahlrechts in die Handelsbilanz führt dazu, dass Pensionsrückstellungen nicht im nötigen Umfang passiviert werden. Es kommt also zu einem Verstoß gegen die Passivierungspflicht von Rückstellungen für ungewisse Verbindlichkeiten.

In der Steuerbilanz werden die jährlichen Zuführungen außerdem durch das **Nachholverbot** eingeschränkt (siehe Kap. 5.3.1.2). Dieses gilt i.d.R. nur für Altzusagen. Für Neuzusagen wäre ein Nachholverbot nur denkbar, wenn die Pensionsrückstellung in der Handelsbilanz niedriger wäre als die zulässige Höhe der Pensionsrückstellung nach § 6a EStG. Eingeschränkt wird das steuerliche Nachholverbot durch das BMF-Schreiben IV C 6 – S 2133/09/10001 vom 12.3.2010 in Rz. 9 ff.[593]

593 Vgl. BMF v. 12.3.2010, IV C 6 – S 2133/09/10001, BStBl. I 2010 S. 240.

Der Ausweis des Zuführungsbetrags in der **GuV** hat unter „soziale Abgaben und Aufwendungen für Altersversorgung und für Unterstützung, davon für Altersversorgung" zu erfolgen.[594] Aus Vereinfachungsgründen ist es auch zulässig, unter diesem GuV-Posten den Saldo der Zuführungen und Auflösungen aller Pensionsrückstellungen im Geschäftsjahr zu zeigen. Abweichend hierzu enthält der Zuführungsbetrag i. d. R. einen Zinsanteil und einen Prämienanteil. Während der Prämienanteil wie beschrieben unter „soziale Abgaben und Aufwendungen für Altersversorgung und für Unterstützung, davon für Altersversorgung" zu erfassen ist, muss der Zinsanteil unter „Zinsen und ähnliche Aufwendungen" ausgewiesen werden.[595]

Nach § 249 Abs. 2 Satz 2 HGB dürfen Pensionsrückstellungen nur aufgelöst werden, wenn der Grund für ihre Bildung entfallen ist. Eine **Auflösung** ist damit nur geboten, wenn die Pensionsverpflichtung nicht mehr besteht. Dies gilt sowohl für verpflichtend passivierte Neuzusagen als auch für auf freiwilliger Basis gebildete Rückstellungen für Altzusagen. Von der planmäßigen Auflösung, besser als Inanspruchnahme bezeichnet, zu unterscheiden ist die außerplanmäßige Auflösung. In der Regel führt der Eintritt des Versorgungsfalls zur Inanspruchnahme der Pensionsrückstellung. Zur außerplanmäßigen Auflösung kommt es dann, wenn die Versorgungsverpflichtung insgesamt oder teilweise entfällt. Dies ist z. B. dann der Fall, wenn der Pensionsberechtigte stirbt oder aus dem Unternehmen ausscheidet. Eine teilweise außerplanmäßige Auflösung der Pensionsrückstellung kommt ebenfalls infrage. Dieser Umstand kann z. B. auf einer Änderung der Pensionsordnung beruhen. Denkbar ist jedoch auch, dass der Versorgungsberechtigte verstirbt und seine Hinterbliebenen eine reduzierte Rente erhalten. Die außerplanmäßige Auflösung hat stets in voller Höhe eine ergebniserhöhende Wirkung in der GuV und wird unter den sonstigen betrieblichen Erträgen ausgewiesen.

Der **Wechsel des Durchführungswegs** von einer unmittelbaren zu einer mittelbaren Pensionszusage führt nur dann zu einer ergebniswirksamen Auflösung der Rückstellung für die unmittelbare Pensionszusage, wenn sich das verpflichtete Unternehmen vollständig seiner unmittelbaren Verpflichtung entledigt hat. Dies ist z. B. dann der Fall, wenn die unmittelbare Pensionsverpflichtung in voller Höhe durch Zahlung eines Einmalbetrags auf einen zwischengeschalteten Versorgungsträger übertragen wird. Liegt jedoch zum Bilanzstichtag der Umstellung eine Unterdeckung vor, darf die Pensionsrückstellung für die unmittelbare Pensionszusage mit Hinweis auf das Passivierungswahlrecht nach Art. 28 Abs. 1 Satz 2 EGHGB nicht aufgelöst werden. Zum Folgeabschlussstichtag ist die Rückstellung zu reduzieren, wenn sich der Betrag der Unterdeckung reduziert hat. Ist der Betrag der Unterdeckung an Folgeabschlussstichtagen gestiegen, kann in dieser Höhe das Passivierungswahlrecht nach Art. 28 Abs. 1 Satz 2 EGHGB in Anspruch genommen, jedoch keine Pensionsrückstellung gebildet und der Betrag der Unterdeckung im Anhang angegeben werden. Werden bestimmte Leistungsbestandteile nicht oder nur unter Vorbehalt vom Versorgungsträger übernommen, darf diese Pensionsrückstellung nicht ausgebucht werden.[596]

Besonderheiten ergeben sich im Zusammenhang mit der **Auflösung freiwillig passivierter Altzusagen.** Dies gilt in erster Linie dann, wenn die Pensionsrückstellung für Altzusagen nicht in voller Höhe angesetzt wurde. In solchen Fällen besteht ein Fehlbetrag. Eine Auflösung ist erst

594 Vgl. § 275 Abs. 2 Nr. 6 Buchst. b HGB.
595 Vgl. *Brösel/Mindermann* in: Petersen/Zwirner, BilMoG, S. 497.
596 Vgl. IDW FAB, IDW Life 2020 S. 823, 823 f.

dann möglich, wenn der Fehlbetrag abgebaut wurde. Dennoch gilt auch in diesen Fällen, dass ein Auflösungswahlrecht nicht besteht. Einmal gebildete Pensionsrückstellungen dürfen nicht freiwillig wieder aufgelöst werden.[597]

BEISPIEL Aufgrund einer Altzusage beträgt der versicherungsmathematische Barwert zum 31.12.t1 100.000 EUR. Die Neptun GmbH hat bei Altzusagen die Pensionsrückstellungen i.H. von 75% passiviert. Zum 31.12.t1 beläuft sich demnach die Pensionsrückstellung auf 75.000 EUR. Aufgrund einer Änderung der Betriebsvereinbarung wurden die alten Pensionszusagen in t2 um 30% reduziert. Ansonsten seien keine Änderungen des versicherungsmathematischen Barwerts unterstellt. Es kommt zu einer Verminderung des versicherungsmathematischen Barwerts von 100.000 EUR auf 70.000 EUR. Die Neptun GmbH darf nun eine Auflösung der Pensionsrückstellung um 5.000 EUR von 75.000 EUR auf 70.000 EUR vornehmen. Nicht zulässig wäre eine Auflösung der Pensionsrückstellung um 22.500 EUR von 75.000 EUR auf 52.500 EUR (75% von 70.000 EUR).

Mit Eintritt des Versorgungsfalls kommt es zur **Inanspruchnahme** der Pensionsrückstellung (planmäßige Auflösung). Die Pensionszahlungen sind aufwandswirksam zu erfassen. Eine Aufwandsminderung stellt die jährliche Inanspruchnahme (Verbrauch) der Pensionsrückstellung dar. Dabei kommt die sog. **versicherungsmathematische Methode** zur Anwendung. Unter Anwendung dieser Methode ergibt sich der Auflösungsbetrag als Differenz zwischen dem versicherungsmathematischen Barwert am Ende des Geschäftsjahres und dem versicherungsmathematischen Barwert zum Ende des vorangegangenen Geschäftsjahres.

Handels- und steuerrechtlich **nicht mehr zulässig** ist die **buchhalterische Auflösungsmethode.** Nach dieser Methode werden die laufenden Pensionszahlungen ergebnisneutral gegen die Pensionsrückstellung gebucht. Ist die Pensionsrückstellung aufgebraucht, erhöhen die Pensionszahlungen in voller Höhe den Personalaufwand. Im Vergleich zur versicherungsmathematischen Methode käme es zu einer schnelleren Inanspruchnahme der Pensionsrückstellung. Dies ist auch der Grund, warum diese Methode als nicht mehr zulässig angesehen wird. Die Anwendung der buchhalterischen Auflösungsmethode führt zu einem Verstoß gegen das Auflösungsverbot nach § 249 Abs. 2 Satz 2 HGB.

BEISPIEL Für eine Pensionszusage beläuft sich der versicherungsmathematische Barwert zum 31.12.t1 auf 135.000 EUR. Zum 31.12.t2 beträgt der versicherungsmathematische Barwert 128.000 EUR. Die laufenden Pensionszahlungen im Jahr t2 betragen 15.000 EUR. Die Pensionszahlungen wirken sich voll ergebnismindernd aus. Die Inanspruchnahme der Pensionsrückstellung i.H. von 7.000 EUR reduziert den Aufwand. Damit kommt es nach der **versicherungsmathematischen Methode** insgesamt zu einer Ergebnisbelastung i.H. von 8.000 EUR (15.000 EUR – 7.000 EUR).

Nach der **buchhalterischen Methode** wird das Jahresergebnis nicht gemindert. Die Pensionszahlungen werden in voller Höhe gegen die Pensionsrückstellung gebucht. Diese beträgt nach der buchhalterischen Methode zum 31.12.t2 120.000 EUR (135.000 EUR – 15.000 EUR).

5.3.2 Bilanzierung in der Steuerbilanz

5.3.2.1 Bedeutung des Maßgeblichkeitsprinzips für die steuerrechtliche Bilanzierung

Die **steuerliche Bilanzierung von Pensionsrückstellungen** ist umfassend geregelt. Die gesetzliche Regelung des § 6a EStG wird ergänzt durch die EStR und EStH zu § 6a EStG. Darüber hinaus hat sich die Finanzverwaltung in zahlreichen BMF-Schreiben zur Bilanzierung von Pensionsrückstel-

597 Vgl. Anzinger/Oser/Schlotter, § 249 Rz. 239.

lungen geäußert. In diesem Zusammenhang sind auch zahlreiche Urteile der FG und des BFH ergangen.[598]

Die steuerliche **Bewertung** von Pensionsrückstellungen ist in **§ 6a EStG** geregelt, der aktuell wie folgt lautet (Fassung aufgrund des Gesetzes zur Umsetzung der EU-Mobilitäts-Richtlinie vom 21.12.2015 (BGBl. I S. 2553), in Kraft getreten am 1.1.2018):

„(1) Für eine Pensionsverpflichtung darf eine Rückstellung (Pensionsrückstellung) nur gebildet werden, wenn und soweit

1. *der Pensionsberechtigte einen Rechtsanspruch auf einmalige oder laufende Pensionsleistungen hat,*
2. *die Pensionszusage keine Pensionsleistungen in Abhängigkeit von künftigen gewinnabhängigen Bezügen vorsieht und keinen Vorbehalt enthält, dass die Pensionsanwartschaft oder die Pensionsleistung gemindert oder entzogen werden kann, oder ein solcher Vorbehalt sich nur auf Tatbestände erstreckt, bei deren Vorliegen nach allgemeinen Rechtsgrundsätzen unter Beachtung billigen Ermessens eine Minderung oder ein Entzug der Pensionsanwartschaft oder der Pensionsleistung zulässig ist, und*
3. *die Pensionszusage schriftlich erteilt ist; die Pensionszusage muss eindeutige Angaben zu Art, Form, Voraussetzungen und Höhe der in Aussicht gestellten künftigen Leistungen enthalten.*

(2) Eine Pensionsrückstellung darf erstmals gebildet werden

1. *vor Eintritt des Versorgungsfalls für das Wirtschaftsjahr, in dem die Pensionszusage erteilt wird, frühestens jedoch für das Wirtschaftsjahr, bis zu dessen Mitte der Pensionsberechtigte bei*
   a) *erstmals nach dem 31. Dezember 2017 zugesagten Pensionsleistungen das 23. Lebensjahr vollendet,*
   b) *erstmals nach dem 31. Dezember 2008 und vor dem 1. Januar 2018 zugesagten Pensionsleistungen das 27. Lebensjahr vollendet,*
   c) *erstmals nach dem 31. Dezember 2000 und vor dem 1. Januar 2009 zugesagten Pensionsleistungen das 28. Lebensjahr vollendet,*
   d) *erstmals vor dem 1. Januar 2001 zugesagten Pensionsleistungen das 30. Lebensjahr vollendet*

oder bei nach dem 31. Dezember 2000 vereinbarten Entgeltumwandlungen im Sinne von § 1 Absatz 2 des Betriebsrentengesetzes für das Wirtschaftsjahr, in dessen Verlauf die Pensionsanwartschaft gemäß den Vorschriften des Betriebsrentengesetzes unverfallbar wird,

2. *nach Eintritt des Versorgungsfalls für das Wirtschaftsjahr, in dem der Versorgungsfall eintritt.*

(3) [1]Eine Pensionsrückstellung darf höchstens mit dem Teilwert der Pensionsverpflichtung angesetzt werden. [2]Als Teilwert einer Pensionsverpflichtung gilt

1. *[1]vor Beendigung des Dienstverhältnisses des Pensionsberechtigten der Barwert der künftigen Pensionsleistungen am Schluss des Wirtschaftsjahres abzüglich des sich auf denselben Zeitpunkt ergebenden Barwerts betragsmäßig gleich bleibender Jahresbeträge, bei einer Entgeltum-*

598 Siehe hierzu bspw. FG Rheinland-Pfalz v. 7.12.2016, 1 K 1912/14, DStRE 2018 S. 577, 577 ff.; vgl. Handbuch Bilanzrecht/ *Zwirner/Lindmayr*, C.III. Rz. 128.

wandlung im Sinne von § 1 Absatz 2 des Betriebsrentengesetzes mindestens jedoch der Barwert der gemäß den Vorschriften des Betriebsrentengesetzes unverfallbaren künftigen Pensionsleistungen am Schluss des Wirtschaftsjahres. [2]Die Jahresbeträge sind so zu bemessen, dass am Beginn des Wirtschaftsjahres, in dem das Dienstverhältnis begonnen hat, ihr Barwert gleich dem Barwert der künftigen Pensionsleistungen ist; die künftigen Pensionsleistungen sind dabei mit dem Betrag anzusetzen, der sich nach den Verhältnissen am Bilanzstichtag ergibt. [3]Es sind die Jahresbeträge zugrunde zu legen, die vom Beginn des Wirtschaftsjahres, in dem das Dienstverhältnis begonnen hat, bis zu dem in der Pensionszusage vorgesehenen Zeitpunkt des Eintritts des Versorgungsfalls rechnungsmäßig aufzubringen sind. [4]Erhöhungen oder Verminderungen der Pensionsleistungen nach dem Schluss des Wirtschaftsjahres, die hinsichtlich des Zeitpunktes ihres Wirksamwerdens oder ihres Umfangs ungewiss sind, sind bei der Berechnung des Barwerts der künftigen Pensionsleistungen und der Jahresbeträge erst zu berücksichtigen, wenn sie eingetreten sind. [5]Wird die Pensionszusage erst nach dem Beginn des Dienstverhältnisses erteilt, so ist die Zwischenzeit für die Berechnung der Jahresbeträge nur insoweit als Wartezeit zu behandeln, als sie in der Pensionszusage als solche bestimmt ist. [6]Hat das Dienstverhältnis schon vor der Vollendung des nach Absatz 2 Nummer 1 maßgebenden Lebensjahres des Pensionsberechtigten bestanden, gilt es als zu Beginn des Wirtschaftsjahres begonnen, bis zu dessen Mitte der Pensionsberechtigte das nach Absatz 2 Nummer 1 maßgebende Lebensjahr vollendet; bei nach dem 31. Dezember 2000 vereinbarten Entgeltumwandlungen im Sinne von § 1 Absatz 2 des Betriebsrentengesetzes gilt für davor liegende Wirtschaftsjahre als Teilwert der Barwert der gemäß den Vorschriften des Betriebsrentengesetzes unverfallbaren künftigen Pensionsleistungen am Schluss des Wirtschaftsjahres;

2. *nach Beendigung des Dienstverhältnisses des Pensionsberechtigten unter Aufrechterhaltung seiner Pensionsanwartschaft oder nach Eintritt des Versorgungsfalls der Barwert der künftigen Pensionsleistungen am Schluss des Wirtschaftsjahres; Nummer 1 Satz 4 gilt sinngemäß.*

[3]Bei der Berechnung des Teilwerts der Pensionsverpflichtung sind ein Rechnungszinsfuß von 6 Prozent und die anerkannten Regeln der Versicherungsmathematik anzuwenden.

(4) [1]Eine Pensionsrückstellung darf in einem Wirtschaftsjahr höchstens um den Unterschied zwischen dem Teilwert der Pensionsverpflichtung am Schluss des Wirtschaftsjahres und am Schluss des vorangegangenen Wirtschaftsjahres erhöht werden. [2]Soweit der Unterschiedsbetrag auf der erstmaligen Anwendung neuer oder geänderter biometrischer Rechnungsgrundlagen beruht, kann er nur auf mindestens drei Wirtschaftsjahre gleichmäßig verteilt der Pensionsrückstellung zugeführt werden; Entsprechendes gilt beim Wechsel auf andere biometrische Rechnungsgrundlagen. [3]In dem Wirtschaftsjahr, in dem mit der Bildung einer Pensionsrückstellung frühestens begonnen werden darf (Erstjahr), darf die Rückstellung bis zur Höhe des Teilwerts der Pensionsverpflichtung am Schluss des Wirtschaftsjahres gebildet werden; diese Rückstellung kann auf das Erstjahr und die beiden folgenden Wirtschaftsjahre gleichmäßig verteilt werden. [4]Erhöht sich in einem Wirtschaftsjahr gegenüber dem vorangegangenen Wirtschaftsjahr der Barwert der künftigen Pensionsleistungen um mehr als 25 Prozent, so kann die für dieses Wirtschaftsjahr zulässige Erhöhung der Pensionsrückstellung auf dieses Wirtschaftsjahr und die beiden folgenden Wirtschaftsjahre gleichmäßig verteilt werden. [5]Am Schluss des Wirtschaftsjahres, in dem das Dienstverhältnis des Pensionsberechtigten unter Aufrechterhaltung seiner Pensionsanwartschaft endet oder der Versorgungsfall eintritt, darf die Pensionsrückstellung stets bis zur Höhe des Teilwerts der Pensionsverpflichtung gebildet werden; die für dieses Wirtschaftsjahr zulässige Erhöhung der Pensionsrückstellung kann

auf dieses Wirtschaftsjahr und die beiden folgenden Wirtschaftsjahre gleichmäßig verteilt werden. [6]Satz 2 gilt in den Fällen der Sätze 3 bis 5 entsprechend.

(5) Die Absätze 3 und 4 gelten entsprechend, wenn der Pensionsberechtigte zu dem Pensionsverpflichteten in einem anderen Rechtsverhältnis als einem Dienstverhältnis steht."

Der § 6a EStG regelt die Passivierung von Rückstellungen für unmittelbare Pensionszusagen. Mittelbare Pensionszusagen werden von § 6a EStG nicht erfasst. Dabei sieht der § 6a EStG ein **Passivierungswahlrecht** für Pensionsrückstellungen vor, wenn die Voraussetzungen dafür erfüllt sind. Eine Unterscheidung zwischen Alt- und Neuzusagen nimmt § 6a EStG nicht vor.

Bei **Neuzusagen** wird dieses Wahlrecht vom Grundsatz der Maßgeblichkeit der Handels- für die Steuerbilanz nach § 5 Abs. 1 Satz 1 EStG verdrängt. Unmittelbare Pensionsverpflichtungen aus Neuzusagen sind nach § 249 Abs. 1 Satz 1 HGB i. V. mit Art. 28 Abs. 1 Satz 1 EGHGB verpflichtend als Rückstellungen für ungewisse Verbindlichkeiten in der Handelsbilanz zu passivieren. Damit besteht die Verpflichtung, die in der Handelsbilanz passivierte Pensionsrückstellung in die Steuerbilanz zu übernehmen. Dies gilt allerdings nur, wenn die Voraussetzungen des § 6a EStG erfüllt werden.

In der Steuerbilanz besteht für **Altzusagen** wie auch für Neuzusagen ein Passivierungswahlrecht. Auch in der Handelsbilanz sind Altzusagen nach Art. 28 Abs. 1 Satz 1 EGHGB nicht verpflichtend als Pensionsrückstellungen zu berücksichtigen. Somit treffen ein handelsrechtliches und ein steuerrechtliches Wahlrecht aufeinander. Das bilanzierende Unternehmen übte mit seiner Entscheidung über das handelsrechtliche Wahlrecht bislang gleichzeitig eine Entscheidung bezüglich des steuerrechtlichen Wahlrechts aus. Nach dem BilMoG kann das Wahlrecht zur Passivierung von Pensionsrückstellungen für Altzusagen in der Steuerbilanz unabhängig von der Handelsbilanz ausgeübt werden.[599] Dies bestätigt das BMF-Schreiben IV C 6 – S 2133/09/10001 vom 12.3.2010 in Rz. 11.[600] Für Altzusagen besteht nun die Möglichkeit einer **eigenständigen Steuerbilanzpolitik.**[601] Eine Passivierung der Altzusage nur in der Steuerbilanz, nicht aber in der Handelsbilanz ist insoweit möglich und zulässig.

PRAXISTIPP

Für **unmittelbare Pensionszusagen** gilt:

Neuzusage: handelsrechtliche Passivierungspflicht und steuerrechtliche Passivierungspflicht.

Altzusage: handelsrechtliches Passivierungswahlrecht und steuerrechtliches Passivierungswahlrecht.

Aufgrund des **Maßgeblichkeitsgrundsatzes** ergaben sich für die steuerrechtliche Zuführung zu Pensionsrückstellungen nach R 6a Abs. 20 EStR a. F. bislang folgende Auswirkungen: Die Höhe der Pensionsrückstellung in der StB darf nach dem Grundsatz der Maßgeblichkeit den zulässigen Ansatz in der Handelsbilanz nicht überschreiten. Überschreitet die steuerliche Zuführung in einem Wirtschaftsjahr die in der Handelsbilanz vorgenommene Zuführung, ist sie – bei inhaltlich unverändert gebliebener Versorgungsverpflichtung – nur zu berücksichtigen, soweit in der Steuerbilanz keine höhere Rückstellung ausgewiesen wird als die in der Handelsbilanz berücksichtigte Rückstellung. Ist in der Handelsbilanz für eine Pensionsverpflichtung zulässigerweise eine

599 Siehe zu den Konsequenzen einer eigenständigen Steuerbilanzpolitik *Künkele/Zwirner*, DStR 2010 S. 2263, 2269.

600 Vgl. BMF v. 12.3.2010, IV C 6 – S 2133/09/10001, BStBl. I 2010 S. 240.

601 Vgl. *Künkele/Zwirner*, BC 2010 S. 212, 217; Handbuch Bilanzrecht/*Herrfurth/Zwirner*, C.IX. Rz. 35; *Künkele/Zwirner*, StuB 2013 S. 439, 444; *Zwirner/Künkele*, Beilage zu StuB 7/2012 S. 1, 4 ff.

Rückstellung gebildet worden, die niedriger ist als der Teilwert nach § 6a EStG, ist in der Steuerbilanz wegen des **Nachholverbots** der Unterschiedsbetrag in dem Wirtschaftsjahr nachzuholen, in dem das Dienstverhältnis unter Aufrechterhaltung der Pensionsanwartschaft endet oder in dem der Versorgungsfall eintritt. Dieser Grundsatz wurde durch das BMF-Schreiben IV C 6 – S 2133/09/10001 vom 12.3.2010 in Rz. 10 aufgehoben. Der handelsrechtliche Wertansatz stellt nicht mehr die steuerliche Bewertungsobergrenze dar.[602] Dies wurde durch die Einkommensteuer-Änderungsrichtlinien 2012 (veröffentlicht im BStBl. I 2013 S. 276 ff.) endgültig bestätigt. Die Sätze 2 bis 4 der R 6a Abs. 20 EStR wurden gestrichen. Somit ist denkbar, dass der steuerliche Wertansatz im Gegensatz zu anderen Rückstellungen für Pensionsrückstellungen den handelsrechtlichen Wertansatz übersteigt.[603]

Durch das **AIFM-StAnpG** wurden die korrespondierenden Vorschriften des **§ 4f EStG (Veräußerer)** und **§ 5 Abs. 7 EStG (Übernehmer)** eingeführt. Diese Vorschriften regeln den Fall, dass Verpflichtungen übertragen werden, welche Ansatzverboten, -beschränkungen oder Bewertungsvorbehalten unterliegen.[604] Diese Beschränkungen können durch Schuldübernahme überwunden werden, was dazu führt, dass die Passivierungsbegrenzungen beim Übernehmer nicht zu beachten sind. Darunter fallen insb. Bewertungsvorbehalte nach § 6a EStG. § 4f EStG regelt die **Aufwandsverteilung beim Veräußerer** und § 5 Abs. 7 EStG die **Ertragsverteilung beim Übernehmer.**

Entsteht beim **Veräußerer** durch die Übertragung einer Verpflichtung, die Ansatz- und Bewertungsvorbehalten unterliegt, eine **Betriebsausgabe,** so darf diese nicht sofort in voller Höhe zum Abzug gebracht werden, sondern ist **über 15 Jahre zu verteilen.** War die Verpflichtung jedoch passiviert (Hauptanwendungsfall dürfte § 6a EStG sein) und ist sie im Zuge der Übertragung gewinnerhöhend aufzulösen, so darf in dieser Höhe eine Betriebsausgabe sofort zum Abzug gebracht werden, lediglich der überschießende Teil ist zu verteilen.

Entsteht korrespondierend ein **Ertrag** beim **Übernehmenden,** so darf dieser durch Bildung einer **steuerfreien Rücklage** gestreckt werden, die über 15 Jahre (Jahr der Übernahme und die folgenden 14 Wirtschaftsjahre) zu verteilen ist. Die Regelungen gelten für die Verpflichtungsübernahme, die Erfüllungsübernahme und den Schuldbeitritt. Eine Aufwandsverteilung darf dann unterbleiben, wenn die Schuldübernahme i. R. einer Veräußerung oder Aufgabe des ganzen Betriebs oder des gesamten Mitunternehmeranteils erfolgt.

5.3.2.2 Voraussetzungen für die steuerrechtliche Passivierung

Insgesamt sind **fünf Voraussetzungen** für den steuerlich zulässigen Ansatz der Pensionsrückstellungen zu beachten.

Die **erste Voraussetzung** für den steuerrechtlichen Ansatz der Pensionsrückstellungen ist das Vorliegen eines **Rechtsanspruchs auf einmalige oder laufende Pensionsleistungen** nach § 6a Abs. 1 Nr. 1 EStG.

Der Pensionsberechtigte muss nach § 6a Abs. 1 Nr. 1 EStG einen **einklagbaren arbeitsrechtlichen Anspruch** auf die Pensionsleistungen haben. Ob eine rechtsverbindliche Pensionsverpflichtung

602 Vgl. BMF v. 12.3.2010, IV C 6 – S 2133/09/10001, BStBl. I 2010 S. 240.

603 Vgl. R 6.11 Abs. 3 EStR; siehe zur Maßgeblichkeit des niedrigeren Handelsbilanzwerts bei der Bewertung von Rückstellungen auch FG Rheinland-Pfalz v. 7.12.2016, I K 1912/14, DStRE 2018 S. 577, 577 ff.; siehe dazu auch *Marx*, StuB 2017 S. 449, 449 ff.; vgl. Handbuch Bilanzrecht/*Zwirner/Lindmayr*, C.III. Rz. 128.

604 Vgl. *Weber-Grellet* in: Schmidt, § 4f EStG Rz. 1.

vorliegt, ist nach arbeitsrechtlichen Grundsätzen zu beurteilen. Dies setzt bei einer **Einzelzusage** grds. eine vertragliche Vereinbarung voraus; erforderlich ist deshalb neben der Pensionszusage des Unternehmers das Einverständnis des Berechtigten. Beruht der Pensionsanspruch jedoch auf einer Gesamtzusage, d. h. auf einer Pensionsordnung, Betriebsvereinbarung, einem Tarifvertrag oder einer Besoldungsordnung, ist eine besondere Verpflichtungserklärung ggü. dem einzelnen Berechtigten nicht erforderlich.[605]

Für eine Passivierung muss der **Rechtsanspruch zum Bilanzstichtag** vorliegen. Besteht die rechtsverbindliche Zusage erst im folgenden Wirtschaftsjahr, ist eine Passivierung erst im folgenden Wirtschaftsjahr zulässig. Auch zivilrechtlich wirksame Rückdatierungen entfalten für die Steuerbilanz keine Wirkung.

Mittelbare Pensionszusagen sind oftmals mit einer subsidiären Einstandspflicht des bilanzierenden Unternehmens nach § 1 Abs. 1 Satz 3 BetrAVG verbunden. Die **Subsidiärhaftung** entsteht, wenn das Vermögen der externen Versorgungseinrichtung nicht ausreicht, um die Verpflichtung ggü. dem Begünstigten zu erfüllen. Allein die Subsidiärhaftung rechtfertigt aus steuerrechtlicher Sicht noch nicht die Bildung einer Pensionsrückstellung nach § 6a EStG. Erst wenn aus der sekundären Verpflichtung eine primäre Verpflichtung wird, darf nach § 6a EStG eine Pensionsrückstellung gebildet werden. So gilt bspw., dass die Verpflichtung des Arbeitgebers, wegen des nicht ausreichenden Vermögens einer Unterstützungskasse für den Ausfall von Versorgungsleistungen ggü. seinen Arbeitnehmern einzustehen, die Voraussetzungen für eine Pensionsrückstellung nicht erfüllt.[606]

PRAXISTIPP

Die Subsidiärhaftung bei mittelbaren Pensionszusagen rechtfertigt nicht den Ansatz von Pensionsrückstellungen in der Steuerbilanz.

Die **zweite Voraussetzung** für den steuerrechtlichen Ansatz der Pensionsrückstellungen ist das Vorliegen keiner schädlichen Vorbehalte nach § 6a Abs. 1 Nr. 2 EStG.

Die Pensionszusage darf mit keinem Vorbehalt versehen sein, der zum Verlust oder zur Minderung der Anwartschaft oder Pensionsleistung führt **(schädlicher Vorbehalt).** Deshalb können Verpflichtungen, die nach dem freien Belieben des Unternehmens aufgehoben werden können, keine Rückstellung rechtfertigen. Von freiem Belieben ist auszugehen, wenn der Arbeitgeber die Pensionszusage nach seinen eigenen Interessen, ohne Berücksichtigung der Interessen des Pensionsberechtigten, widerrufen kann. Auch ein schädlicher Vorbehalt, dessen arbeitsrechtliche Anerkennung zweifelhaft ist, gilt als steuerschädlich.[607] Nach R 6a Abs. 3 EStR sprechen Formulierungen in der Pensionszusage wie „freiwillig und ohne Rechtsanspruch", „jederzeitiger Widerruf vorbehalten", „ein Rechtsanspruch auf die Leistungen besteht nicht" oder „die Leistungen sind unverbindlich" für einen schädlichen Vorbehalt. Ein schädlicher Vorbehalt liegt dann nicht vor, wenn besondere Umstände eine andere Auslegung rechtfertigen. Darunter ist jedoch nicht zu verstehen, dass das Unternehmen in der Vergangenheit tatsächlich Pensionszahlungen geleistet oder eine Rückdeckungsversicherung abgeschlossen hat. Liegt ein schädlicher Vorbehalt vor, darf eine Rückstellung erst gebildet werden, wenn der Arbeitnehmer in den Ruhestand tritt.

605 Vgl. R 6a Abs. 2 EStR.

606 Vgl. H 6a Abs. 1 „Einstandspflicht" EStH.

607 Vgl. BFH v. 6.12.2022, IV R 21/19, NZG 2023 S. 1384.

Derselbe **Vorbehalt** liegt vor, wenn sich eine Abfindungsklausel nicht dahin auslegen lassen kann, dass die für die Berechnung der Abfindungshöhe anzuwendende Sterbetafel (siehe Bewertungsparameter Kap. 5.9.4) und der maßgebende Abzinsungssatz ausreichend sicher bestimmt sind. Das „Gebot der Wertgleichheit" des Versorgungsanspruchs zur Abfindungshöhe ist hierbei unerheblich.[608] Zudem steht der Vorbehalt der einseitigen, im freien Ermessen des Arbeitgebers stehenden Ersetzung der Transformationstabelle und des Zinssatzes für die Berechnung von Pensionsverpflichtungen mit Entgeltumwandlung deren steuerlicher Rückstellungsfähigkeit auch dann entgegen, wenn diese Regelung wegen unangemessener Benachteiligung der Arbeitnehmer arbeitsrechtlich unwirksam ist.[609]

Schädliche Vorbehalte, die keine Rückstellungsbildung rechtfertigen, liegen auch dann vor, wenn Pensionsverpflichtungen auf **externe Versorgungsträger,** wie Versorgungskassen oder Unterstützungskassen, übertragen werden.[610]

Die **Inhaberklausel** stellt ebenfalls einen schädlichen Vorbehalt dar. So regelt R 6a Abs. 6 EStR, dass der Vorbehalt, dass der Pensionsanspruch erlischt, wenn das Unternehmen veräußert wird oder aus anderen Gründen ein Wechsel des Unternehmens eintritt, steuerlich schädlich ist. Entsprechendes gilt für Vorbehalte oder Vereinbarungen, nach denen die **Haftung** aus einer Pensionszusage auf das Betriebsvermögen **beschränkt** wird, es sei denn, es gilt eine gesetzliche Haftungsbeschränkung für alle Verpflichtungen gleichermaßen, wie z. B. bei KapG.

Unschädliche Vorbehalte liegen dann vor, wenn der Arbeitgeber den Widerruf der Pensionszusage bei geänderten Verhältnissen nur nach billigem Ermessen, d. h. unter verständiger Abwägung der berechtigten Interessen des Pensionsberechtigten einerseits und des Unternehmens andererseits, aussprechen kann. Das gilt i. d. R. für die Vorbehalte, die eine Anpassung der zugesagten Pensionen an nicht voraussehbare künftige Entwicklungen oder Ereignisse vorsehen, insb. bei einer wesentlichen Verschlechterung der wirtschaftlichen Lage des Unternehmens, einer wesentlichen Änderung der Sozialversicherungsverhältnisse oder der Vorschriften über die steuerliche Behandlung der Pensionsverpflichtungen oder bei einer Treupflichtverletzung des Arbeitnehmers.[611] R 6a Abs. 4 EStR formuliert sog. **Mustervorbehalte,** die als unschädlich anzusehen sind. Dabei wird zwischen allgemeinen und speziellen Vorbehalten unterschieden.

- **Allgemeiner Vorbehalt:**

  „Die Firma behält sich vor, die Leistungen zu kürzen oder einzustellen, wenn die bei Erteilung der Pensionszusage maßgebenden Verhältnisse sich nachhaltig so wesentlich geändert haben, dass der Firma die Aufrechterhaltung der zugesagten Leistungen auch unter objektiver Beachtung der Belange des Pensionsberechtigten nicht mehr zugemutet werden kann."

- **Spezielle Vorbehalte:**

  „Die Firma behält sich vor, die zugesagten Leistungen zu kürzen oder einzustellen, wenn

608 Vgl. BFH v. 23.7.2019, XI R 48/17, DStR 2019 S. 2126.

609 Vgl. FG Düsseldorf v. 29.5.2019, 15 K 736/16F, Rev. eingelegt, BFH, IV R 21/19, DStRE 2020 S. 4 ff.

610 Vgl. H 6a Abs. 3 „Externe Versorgungsträger und Übertragung auf eine Unterstützungskasse" EStH.

611 Vgl. R 6a Abs. 4 EStR.

- die wirtschaftliche Lage des Unternehmens sich nachhaltig so wesentlich verschlechtert hat, dass ihm eine Aufrechterhaltung der zugesagten Leistungen nicht mehr zugemutet werden kann, oder
- der Personenkreis, die Beiträge, die Leistungen oder das Pensionierungsalter bei der gesetzlichen Sozialversicherung oder anderen Versorgungseinrichtungen mit Rechtsanspruch sich wesentlich ändern, oder
- die rechtliche, insb. die steuerrechtliche Behandlung der Aufwendungen, die zur planmäßigen Finanzierung der Versorgungsleistungen von der Firma gemacht werden oder gemacht worden sind, sich so wesentlich ändert, dass der Firma die Aufrechterhaltung der zugesagten Leistungen nicht mehr zugemutet werden kann, oder
- der Pensionsberechtigte Handlungen begeht, die in grober Weise gegen Treu und Glauben verstoßen oder zu einer fristlosen Entlassung berechtigen würden."

Oftmals werden in Pensionszusagen **Vorbehalte** vereinbart, die eine Kürzung oder Einstellung von Pensionsleistungen vorsehen, wenn bestimmte wirtschaftliche Tatbestände eintreten. Diese Tatbestände können bspw. im Unterschreiten gewisser Umsatz-, Kapital- oder Gewinngrenzen, im Vorliegen mehrerer Verlustjahre oder in der Tatsache bestehen, dass die Pensionsleistungen einen bestimmten Prozentsatz der Lohn- und Gehaltssumme unterschreiten. Diese Vorbehalte sind nur dann unschädlich, wenn gleichzeitig festgehalten wird, dass diese Tatbestände zu einer so erheblichen und nachhaltigen Beeinträchtigung der wirtschaftlichen Lage führen, dass die Pensionsleistungen nicht mehr aufrechterhalten werden können.[612]

Die **dritte Voraussetzung** für den steuerrechtlichen Ansatz der Pensionsrückstellungen ist das Schriftformerfordernis nach § 6a Abs. 1 Nr. 3 EStG. Für die vorgeschriebene Schriftform kommt jede schriftliche Festlegung in Betracht, aus der sich der Pensionsanspruch nach Art und Höhe ergibt, z. B. Einzelvertrag, Gesamtzusage (Pensionsordnung), Betriebsvereinbarung, Tarifvertrag, Gerichtsurteil. Bei Gesamtzusagen ist eine schriftliche Bekanntmachung in geeigneter Form nachzuweisen, z. B. durch ein Protokoll über den Aushang im Betrieb.[613] Der Ansatz einer Pensionsrückstellung ist zugelassen, „wenn und soweit" die in § 6a Abs. 1 des Einkommensteuergesetzes angeführten Voraussetzungen erfüllt sind; dazu muss die schriftlich erteilte Zusage eindeutige Angaben zu Art, Form, Voraussetzungen und Höhe der in Aussicht gestellten künftigen Leistungen enthalten (Nr. 3). Fehlt es an dieser Eindeutigkeit der Zusage einer Versorgungskomponente, hindert dies eine Rückstellung für die Zusage einer anderen Versorgungskomponente (bei Teilbarkeit der zugesagten Leistungen) insoweit nicht. Sind daher die Voraussetzungen für den Bezug einer Altersrente mit Erreichen der Regelaltersgrenze eindeutig bestimmt, ist hierfür eine Pensionsrückstellung zu bilden, auch wenn die Pensionszusage keine eindeutigen Angaben zu den Voraussetzungen eines vorzeitigen Altersrentenbezugs enthält. Wenn die Pensionszusage keine eindeutigen Angaben zu den Voraussetzungen eines vorzeitigen Altersrentenbezugs enthält und von der Kapitalgesellschaft an die versorgungsbegünstigten Gesellschafter dennoch Zahlungen vor Erreichen der Regelaltersgrenze geleistet werden, sind die Zahlungen auf Grundlage der **unklaren** Vereinbarung nicht fremdüblich, was eine

612 Vgl. R 6a Abs. 5 EStR.
613 Vgl. R 6a Abs. 7 EStR.

Veranlassung durch das Gesellschaftsverhältnis indiziert und für eine verdeckte Gewinnausschüttung sprechen könnte.[614]

Beruht die Pensionsleistung auf einer **betrieblichen Übung** oder erfolgt sie aufgrund des Grundsatzes der Gleichbehandlung, darf wegen fehlender Schriftform keine Rückstellung gebildet werden. Dies gilt selbst dann, wenn arbeitsrechtlich eine unverfallbare Anwartschaft besteht. Eine schriftliche Zusage liegt jedoch dann vor, wenn der Verpflichtete eine schriftliche Erklärung mit dem erforderlichen Inhalt abgibt und der Berechtigte die Zusage mündlich annimmt.

Die **vierte Voraussetzung** für den steuerrechtlichen Ansatz der Pensionsrückstellungen ist an das Eintrittsalter des Berechtigten nach § 6a Abs. 2 EStG geknüpft.

Die Pensionsrückstellung darf für Anwartschaften erstmals in der Steuerbilanz für das Wirtschaftsjahr gebildet werden, in dem die Pensionszusage wirksam wird, frühestens jedoch für das Wirtschaftsjahr, bis zu dessen Mitte der Pensionsberechtigte, dem Pensionsleistungen erstmals nach dem 31.12.2017 zugesagt wurden, das **23. Lebensjahr** vollendet hat oder der Anspruch unverfallbar wurde.[615] Bei Pensionsleistungen, die erstmals zwischen dem 31.12.2008 und dem 1.1.2018 (dem 31.12.2000 und dem 1.1.2009) zugesagt wurden oder für die der Anspruch unverfallbar wurde, gilt eine Altersgrenze von 27 Jahren (28 Jahren). Ohne Belang ist, ob die zugesagten Versorgungsleistungen die Ableistung bestimmter Mindestdienstzeiten voraussetzen, weil solche Wartezeiten das Bestehen einer rechtsverbindlichen Pensionsverpflichtung nicht ausschließen.

Die Rückstellung kann ferner (erstmals) für das Wirtschaftsjahr gebildet werden, in dem der **Versorgungsfall eintritt** (auch bei einem Alter des Berechtigten von weniger als 23, 27 bzw. 28 Jahren), falls die Pensionszusage erst in diesem Zeitpunkt erteilt wird oder trotz Zusage die Voraussetzungen für die Bildung einer Rückstellung zunächst nicht vorgelegen haben.

Die **fünfte Voraussetzung** für den steuerrechtlichen Ansatz der Pensionsrückstellungen ist die Beachtung des geltenden Nachholverbots gem. § 6a Abs. 4 EStG (siehe Kap. 5.3.1.2). Das nur steuerrechtliche Nachholverbot besagt, dass eine Pensionsrückstellung in einem Wirtschaftsjahr höchstens um den Unterschied zwischen dem Teilwert der Pensionsverpflichtung am Schluss des Wirtschaftsjahres und am Schluss des vorangegangenen Wirtschaftsjahres erhöht werden darf.

Ist eine Rückstellung nicht gebildet worden, weil ihr die **BFH-Rechtsprechung** entgegenstand, führt die Aufgabe dieser Rechtsprechung nicht dazu, dass für die Zeit bis zur Aufgabe dieser Rechtsprechung das Nachholverbot gilt. Die Rückstellung kann spätestens in dem Jahr, in dem die Rechtsprechung aufgegeben wird, in vollem Umfang nachgeholt werden.[616]

Das Nachholverbot ist auch bei Pensionsrückstellungen anzuwenden, die in einem vorangegangenen Wirtschaftsjahr aufgrund einer zulässigen Bewertungsmethode **niedriger als möglich bewertet** worden sind.

614 Vgl. BFH v. 28.2.2024, I R 29/21, DStR 2024 S. 1287. Vgl. weiterführend *Oser/Wirtz*, StuB 2025 S. 7 f.
615 Vgl. § 1b Abs. 1 BetrAVG.
616 Vgl. H 6a Abs. 20 „Nachholverbot" EStH.

Beruht der fehlende oder fehlerhafte Ansatz einer Pensionsrückstellung auf einem **Rechtsirrtum,** ist das Nachholverbot anzuwenden. Das gilt unabhängig davon, ob nach den Umständen des jeweiligen Einzelfalls eine willkürliche Gewinnverschiebung anzunehmen ist.[617]

Für **Neuzusagen** hat das Nachholverbot nur noch eine geringe Bedeutung. Dies ist dann der Fall, wenn die handelsrechtliche Pensionsrückstellung zulässigerweise geringer angesetzt wurde als der nach § 6a EStG zulässige Betrag. Weist der Unternehmer in seiner Handelsbilanz eine – auch den Steuerbilanzansatz limitierende – niedrigere Pensionsrückstellung aus, als sich nach dem Bewertungsverfahren des § 6a EStG ergibt, ist dieser – auch bei Rechtsirrtum – an einer nachträglichen Aufstockung dieses Ansatzes in der Steuerbilanz gehindert. Das BMF-Schreiben IV C 6 – S 2133/09/10001 vom 12.3.2010 schränkt in Rz. 10 das steuerliche Nachholverbot ein. Danach soll der handelsrechtliche Wertansatz von Pensionsrückstellungen nicht mehr die steuerliche Bewertungsobergrenze sein.[618] Dies wurde durch die Einkommensteuer-Änderungsrichtlinien 2012[619] endgültig bestätigt. Die Sätze 2 bis 4 der Richtlinie 6a Abs. 20 EStR wurden gestrichen.

Verpflichtungen können entweder im Wege einer **Schuldübernahme** nach den §§ 414 ff. BGB oder durch Übernahme der mit der Verpflichtung verbundenen Lasten **(Schuldbeitritte und Erfüllungsübernahmen mit vollständiger oder teilweiser Schuldfreistellung)** übernommen werden.[620] Übernommene Verpflichtungen, die beim ursprünglich Verpflichteten bilanzsteuerlichen Ansatzverboten, -beschränkungen oder Bewertungsvorbehalten unterlegen haben, sind in der steuerlichen Gewinnermittlung vom Übernehmer oder von dessen Rechtsnachfolger nach Maßgabe des § 5 Abs. 7 EStG anzusetzen und zu bewerten. Aufseiten des Übertragenden kommt eine Verteilung des Aufwandes nach § 4f EStG nur dann in Betracht, wenn die Verpflichtung an dem der Übertragung vorangegangenen Bilanzstichtag bestand und die Verpflichtung beim Übernehmer oder bei dessen Rechtsnachfolger in den Anwendungsbereich des § 5 Abs. 7 EStG fällt.[621]

Bei der **Schuldübernahme nach §§ 414 ff. BGB** gilt für den **Verpflichtungsübernehmer** Folgendes: In vor dem 29.11.2013 endenden Wirtschaftsjahren ist die BFH-Rechtsprechung zu beachten, wonach übernommene Verpflichtungen im Wirtschaftsjahr der Übernahme mit den „Anschaffungskosten" oder dem höheren Teilwert anzusetzen sind. Auf Antrag können die Neuregelungen des § 5 Abs. 7 EStG bereits für vor dem 29.11.2013 endende Wirtschaftsjahre angewandt werden (§ 52 Abs. 9 Satz 2 EStG): Der Übernehmer hat die gleichen Bilanzierungsvorschriften zu beachten, die auch für den ursprünglich Verpflichteten am Bilanzstichtag gegolten hätten, wenn er die Verpflichtung nicht übertragen hätte. In der ersten für die Besteuerung maßgebenden Schlussbilanz nach der Übernahme sind Verpflichtungen unter Berücksichtigung der steuerlichen Ansatz- und Bewertungsvorbehalte anzusetzen.

Gewinn i. S. von § 5 Abs. 7 Satz 5 EStG ist der Unterschiedsbetrag zwischen den „Anschaffungskosten" zum Zeitpunkt der Übernahme der Verpflichtung und dem in der folgenden Schlussbilanz nach § 5 Abs. 7 EStG anzusetzenden niedrigeren Wert. Für den Gewinn, der sich aus der

617 Vgl. H 6a Abs. 20 „Nachholverbot" EStH.

618 Vgl. BMF v. 12.3.2010, IV C 6 – S 2133/09/10001, BStBl. I 2010 S. 240.

619 Vgl. BStBl. I 2013 S. 276 ff.

620 Siehe zu den Auswirkungen einer Schuldübernahme sowie einer Erfüllungsübernahme mit oder ohne Schuldbeitritt auf die Bilanzierung von Altersversorgungsverpflichtungen IDW RS HFA 30, IDW Life 2017 S. 102, 115 f.; *Zwirner,* StuB 2017 S. 218, 218 ff.

621 Vgl. BMF v. 30.11.2017, IV C 6 – S 2133/14/10001, BStBl. I 2017 S. 1619; vgl. Handbuch Bilanzrecht/*Zwirner/Lindmayr,* C.III. Rz. 129.

Anwendung von § 5 Abs. 7 EStG ergibt, kann gem. § 5 Abs. 7 Satz 5 EStG jeweils i. H. von 14/15 eine gewinnmindernde Rücklage gebildet werden, die im Jahr der Übernahme und in den folgenden 14 Wirtschaftsjahren jeweils mit mindestens 1/14 gewinnerhöhend aufzulösen ist (Auflösungszeitraum). Wenn die Pensionsansprüche eines neu angestellten Arbeitnehmers gegen den bisherigen Arbeitgeber übernommen werden und der neue Arbeitgeber als Ausgleich dafür Vermögenswerte vom bisherigen Arbeitgeber erhält, muss die Pensionsrückstellung nach § 5 Abs. 7 Satz 1 und 4 EStG so bewertet werden, wie es bisher beim früheren Arbeitgeber nach § 6a EStG erfolgt ist. Sind die als Gegenleistung erhaltenen Vermögenswerte höher als die zulässige Rückstellung nach § 6a EStG, entsteht infolge der Unterbewertung nach § 6a EStG ein „Erwerbsgewinn". Für diesen darf nach weiter Auslegung des § 5 Abs. 7 Satz 5 EStG eine gewinnmindernde, über 15 Jahre ratierlich aufzulösende Rücklage gebildet werden.[622]

Beim **ursprünglich Verpflichteten** gilt hingegen folgende steuerliche Behandlung: Ein Aufwand, der sich für den ursprünglich Verpflichteten in einem nach dem 28.11.2013 endenden Wirtschaftsjahr aus einem Übertragungsvorgang ergibt, kann gem. § 4f Abs. 1 Satz 1 grds. nur auf das Jahr der Schuldübernahme und die folgenden 14 Wirtschaftsjahre gleichmäßig verteilt als Betriebsausgabe abgezogen werden. Sind infolge der Übertragung einer Verpflichtung in der steuerlichen Gewinnermittlung des Vorjahres ausgewiesene Passivposten wie Rückstellungen, Verbindlichkeiten und steuerliche Rücklagen (z. B. nach R 6.11 Abs. 3 EStR bei niedrigeren handelsrechtlichen Bilanzansätzen) gewinnerhöhend aufzulösen, ist der sich aus dem Übertragungsvorgang ergebende Aufwand in dem Wirtschaftsjahr der Übertragung nach § 4f Abs. 1 Satz 2 Halbsatz 1 EStG i. H. der aufgelösten Passivposten als Betriebsausgabe abzugsfähig. Dabei ist immer auf die am vorangegangenen Bilanzstichtag angesetzten Passivposten abzustellen, soweit die Auflösung auf der Übertragung der Verpflichtung beruht. Der Bilanzansatz in einer im Zusammenhang mit einem Umwandlungssteuervorgang erstellten steuerlichen Schlussbilanz ist insoweit unbeachtlich. Weicht der Übertragungszeitpunkt vom Bilanzstichtag ab, kommt eine Zugrundelegung fiktiver Passivposten, die zu diesem Zeitpunkt maßgebend gewesen wären, nicht in Betracht. Der übersteigende Aufwand ist auf das Jahr der Schuldübernahme und die folgenden 14 Wirtschaftsjahre gleichmäßig zu verteilen (§ 4f Abs. 1 Satz 2 EStG).

Bei **Schuldbeitritten und Erfüllungsübernahmen mit vollständiger oder teilweiser Schuldfreistellung** besteht das bisherige Vertragsverhältnis zwischen dem Freigestellten und dem Gläubiger der Verpflichtung unverändert fort. Der Übernehmer verpflichtet sich, den bislang alleine Verpflichteten von den künftigen Leistungspflichten ganz oder teilweise freizustellen. Für die Passivierung der Freistellungsverpflichtung gelten obige Regelungen für den **Übernehmer,** sprich die gleichen Regelungen wie bei der Schuldübernahme. Eine vom Freistellungsberechtigten bislang passivierte Rückstellung ist aufgrund fehlender Wahrscheinlichkeit der Inanspruchnahme gewinnerhöhend aufzulösen. Ist die Gegenleistung für den Schuldbeitritt oder die Erfüllungsübernahme höher als die bislang passivierte Rückstellung, entsteht ein Aufwand i. S. von § 4f Abs. 2 i. V. mit Abs. 1 EStG.

622 Vgl. FG Nürnberg v. 10.8.2021, 1 K 528/20 (anhängig beim BFH unter XI R 24/21), DStRE 2023 S. 65.

5.4 Ansatz von mittelbaren Pensionsverpflichtungen in Handels- und Steuerbilanz

5.4.1 Bilanzierung in der Handelsbilanz

5.4.1.1 Passivierungswahlrecht für mittelbare Pensionszusagen

Art. 28 Abs. 1 Satz 2 EGHGB lautet:

„Für eine mittelbare Verpflichtung aus einer Zusage für eine laufende Pension oder eine Anwartschaft auf eine Pension sowie für eine ähnliche unmittelbare oder mittelbare Verpflichtung braucht eine Rückstellung in keinem Fall gebildet zu werden."

Bei einer **mittelbaren Verpflichtung** erfolgt die Erfüllung der Versorgungsverpflichtung ggü. dem Berechtigten nicht direkt durch das bilanzierende Unternehmen, sondern durch Zwischenschaltung einer externen Versorgungseinrichtung (siehe zu Begriff und Arten Kap. 5.2.3).

In Abweichung zu den Verpflichtungen aus unmittelbaren Pensionszusagen gilt für Verpflichtungen aus mittelbaren Pensionszusagen nach Art. 28 Abs. 1 Satz 2 EGHGB ein generelles **Passivierungswahlrecht.** Eine Unterscheidung zwischen Neu- und Altzusagen erfolgt ebenfalls abweichend von den unmittelbaren Pensionsverpflichtungen nicht. Das Passivierungswahlrecht kann in der Handelsbilanz ausgeübt werden, entfaltet indes keine Auswirkungen auf die Steuerbilanz.

PRAXISTIPP

Für **mittelbare Pensionsverpflichtungen** gilt:

Handelsrecht: Passivierungswahlrecht;

Steuerrecht: Passivierungsverbot (siehe Kap. 5.4.2).

Das Passivierungswahlrecht bedeutet jedoch auch, dass das Unternehmen die Möglichkeit hat, für Verpflichtungen aus mittelbaren Pensionszusagen Rückstellungen in der Handelsbilanz zu bilden. Dies wird in der Praxis jedoch nur eine **geringe Relevanz** haben, weil in der Steuerbilanz für mittelbare Pensionsverpflichtungen ein Passivierungsverbot besteht. Die Passivierung in der Handelsbilanz würde dann zu einer Abweichung von der Steuerbilanz führen, was wiederum mit der Abgrenzung aktiver latenter Steuern in der Handelsbilanz einhergehen würde. Das Passivierungswahlrecht umfasst außerdem nicht die gesamte Verpflichtung. Die Bildung einer Pensionsrückstellung kommt vielmehr nur in Betracht, wenn die Verpflichtung durch den selbstständigen Versorgungsträger nicht erfüllt werden kann, wenn das Unternehmen also seine Einstandspflicht aus der Subsidiärhaftung nach § 1 Abs. 1 Satz 3 BetrAVG trifft. In Höhe dieser Unterdeckung darf eine Rückstellung gebildet werden.

PRAXISTIPP

Der Umfang der Rückstellung für mittelbare Pensionsverpflichtungen umfasst lediglich eine mögliche Unterdeckung beim zwischengeschalteten Versorgungsträger (Subsidiärhaftung).

Im Fall einer nicht als Rückstellung passivierten Unterdeckung, wenn also das Unternehmen das Passivierungswahlrecht nicht ausgeübt hat, müssen KapG und PersG i. S. des § 264a HGB den Betrag der Unterdeckung nach Art. 28 Abs. 2 EGHGB im **Anhang** angeben. Dem Bilanzleser soll das Haftungsrisiko aus den mittelbaren Pensionszusagen ersichtlich gemacht werden. Wird das Trägerunternehmen aus seiner Haftung in Anspruch genommen, muss i. H. der Zahlungsverpflichtung eine Verbindlichkeit passiviert werden. Wurden Rückstellungen für mittelbare Pensionszusagen teilweise passiviert, ist lediglich der Restbetrag im Anhang anzugeben.

Art. 28 Abs. 2 EGHGB lautet:

„Bei Anwendung des Absatzes 1 müssen Kapitalgesellschaften die in der Bilanz nicht ausgewiesenen Rückstellungen für laufende Pensionen, Anwartschaften auf Pensionen und ähnliche Verpflichtungen jeweils im Anhang und im Konzernanhang in einem Betrag angeben."

5.4.1.2 Pensionszusagen über Unterstützungskassen

Eine **Unterstützungskasse** ist eine rechtlich selbstständige Versorgungseinrichtung, die sich aus Zuwendungen eines oder mehrerer Trägerunternehmen sowie den Erträgen aus der Vermögensanlage finanziert (siehe zu Begriff und Zweck der Unterstützungskasse Kap. 5.2.3).

Bei Zwischenschaltung einer Unterstützungskasse kann sich eine **Unterdeckung** aus der Differenz zwischen dem sog. Kassenvermögen der Unterstützungskasse und dem Wert der zugesagten Pensionsverpflichtung ergeben. Der Wert des Kassenvermögens ergibt sich aus der Gegenüberstellung der nach handelsrechtlichen Grundsätzen bewerteten Vermögensgegenstände und Schulden der Unterstützungskasse. Eine Bewertung nach anderen Grundsätzen, wie z. B. dem BewG, scheidet aus.[623] Der Betrag der zugesagten Pensionsverpflichtung ist nach den gleichen Grundsätzen zu ermitteln wie bei unmittelbaren Pensionszusagen. Es handelt sich demnach um den versicherungsmathematischen Barwert der Verpflichtung.

5.4.1.3 Pensionszusagen über Pensionskassen und Direktversicherungen

Pensionskassen sind rechtlich selbstständige Lebensversicherungsunternehmen, deren Zweck die Absicherung wegfallenden Erwerbseinkommens wegen Alter, Invalidität oder Tod ist (siehe Kap. 5.2.3).

Unter einer **Direktversicherung** wird eine Lebensversicherung verstanden, die ein Arbeitgeber auf das Leben eines Versorgungsberechtigten abschließt und bei der dieser oder dessen Hinterbliebene hinsichtlich der Leistungen bezugsberechtigt sind (siehe Kap. 5.2.3).

Bei **Pensionskassen und Direktversicherungen** ist eine Unterdeckung und damit eine Einstandspflicht nach § 1 Abs. 1 Satz 3 BetrAVG unwahrscheinlich. Der Bedarf, Pensionsrückstellungen zu passivieren, wird daher nur in Ausnahmefällen eintreten. Die zu erbringenden Beiträge sind i. d. R. risikogerecht. Pensionskassen und Direktversicherungen unterliegen einer staatlichen Aufsicht, die sie anhält, Beiträge risikoavers anzulegen.

Eine **Unterdeckung** ist jedoch denkbar, wenn die zugesagten Pensionsverpflichtungen nicht aus dem Deckungskapital der Pensionskasse bzw. der Versicherung erbracht werden können. Dies ist z. B. dann der Fall, wenn das verpflichtete Unternehmen seiner Beitragspflicht nicht nachkommt. Es kommt dann zur Subsidiärhaftung und Einstandspflicht nach § 1 Abs. 1 Satz 3 BetrAVG. Folglich kommt die Bildung einer Pensionsrückstellung in Betracht. Dabei handelt es sich um eine Verpflichtung ggü. den berechtigten Arbeitnehmern. Sind die nicht geleisteten Beiträge nachträglich zu entrichten, weil sich an den Beitragspflichten des Unternehmens nichts geändert hat (z. B. durch eine Herabsetzung der Beiträge), ist eine Verbindlichkeit ggü. der Pensionskasse

623 Vgl. HdR-E/*Höfer*, § 249 HGB Rz. 802.

bzw. der Direktversicherung zu passivieren. Werden die Beitragspflichten herabgesetzt, entfällt die Einbuchung einer Verbindlichkeit. Dennoch kommt es zur Einstandspflicht des Unternehmens, weil die Beiträge nicht mehr ausreichen werden, um den zugesagten Pensionsverpflichtungen nachzukommen. Die Passivierung einer Pensionsrückstellung käme dann infrage.[624]

5.4.1.4 Pensionszusagen über Pensionsfonds

Ein **Pensionsfonds** ist eine rechtsfähige Versorgungseinrichtung, die im Wege des Kapitaldeckungsverfahrens Leistungen der betrieblichen Altersversorgung für einen Arbeitgeber zugunsten von Versorgungsberechtigten erbringt, wobei diesen ein eigener Rechtsanspruch auf Leistungen gegen den Fonds eingeräumt wird (siehe Kap. 5.2.3).

Eine **Unterdeckung** ist, vergleichbar mit der Zwischenschaltung einer Unterstützungskasse, denkbar, wenn der Rückkaufswert bzw. Stichtagskurs der Kapitalanlage des Pensionsfonds geringer ist als die zugesagte Pensionsleistung. Auch hier gilt, dass dieser Wert der Kapitalanlage nach handelsrechtlichen Grundsätzen zu ermitteln ist. Unterschreitet der Rückkaufswert bzw. Stichtagskurs der Kapitalanlage die Pensionsverpflichtung, kommt es zur Subsidiärhaftung des verpflichteten Unternehmens. In diesen Fällen kommt die Passivierung einer Pensionsrückstellung infrage.

Ein **Kombinationsmodell** ist die Auslagerung der Pensionsverpflichtungen auf eine(n) rückgedeckte Unterstützungskasse und/oder Pensionsfonds. Geht in diesem Rahmen der bereits geleistete Teil einer Versorgungsanwartschaft (Past-Service) auf einen Pensionsfonds über, während der noch zu leistende Teil (Future-Service) gleichzeitig auf eine Unterstützungskasse übertragen wird, können die an den Pensionsfonds zur Übernahme der bestehenden Versorgungsverpflichtung oder Versorgungsanwartschaft entrichteten Leistungen nach § 4e Abs. 3 Satz 3 EStG als Betriebsausgaben nicht im Umfang der in der Steuerbilanz insgesamt aufzulösenden Pensionsrückstellung abgezogen werden, sondern nur soweit die Auflösung dieser Rückstellung auf den bereits erdienten Teil der Anwartschaft entfällt.[625]

5.4.1.5 Auflösung von Rückstellungen für mittelbare Pensionszusagen

Das Passivierungswahlrecht für die Zuführung zu Rückstellungen für **mittelbare Pensionszusagen** aus der Einstandspflicht nach § 1 Abs. 1 Satz 3 BetrAVG bedeutet auf der anderen Seite nicht, dass einmal gebildete Rückstellungen willkürlich aufgelöst werden können.[626] Auch hier gilt § 249 Abs. 2 Satz 2 HGB, wonach eine Rückstellung erst aufgelöst werden darf, wenn der Grund dafür entfallen ist. Eine Auflösung kommt also erst in Betracht, wenn die Unterdeckung nicht mehr besteht.

Der **Übergang von einer mittelbaren auf eine unmittelbare Zusage** gilt als Neuzusage, sofern nicht eine Subsidiärhaftung des Trägerunternehmens ggü. dem Begünstigten besteht. Unbeschadet des Passivierungswahlrechts für Altzusagen besteht für die übernommenen Pensionsverpflichtungen i. H. des zurechenbaren Werts der übernommenen Vermögensgegenstände eine Passivierungspflicht.

624 Vgl. HdR-E/*Höfer*, § 249 HGB Rz. 795.

625 Vgl. BFH v. 20.11.2019, XI R 52/17, DStR 2020 S. 765 ff.

626 Vgl. Beck Bil-Komm/*Grottel/Johannleweling*, § 249 HGB Rz. 252.

BEISPIEL Die Centrum AG ist ggü. ihren Arbeitnehmern mittelbare Pensionszusagen eingegangen. Die Pensionszusagen werden über einen Pensionsfonds abgewickelt. Aufgrund der Unzufriedenheit der Centrum AG mit der Anlagestrategie des Pensionsfonds möchte die AG die mittelbaren Pensionszusagen in unmittelbare Pensionszusagen umwandeln. Durch die Kündigung der Verträge mit dem Pensionsfonds wird die Centrum AG Wertpapiere des Anlagevermögens mit einem zurechenbaren Wert i.H. von 300.000 EUR von dem Pensionsfonds übernehmen. Die Centrum AG ist verpflichtet, in dieser Höhe Pensionsrückstellungen zu passivieren.

5.4.2 Bilanzierung in der Steuerbilanz

Steuerrechtlich dürfen Rückstellungen aus mittelbaren Pensionszusagen aufgrund der Einstandspflicht nach § 1 Abs. 1 Satz 3 BetrAVG nicht gebildet werden. Das handelsrechtliche Passivierungswahlrecht in Art. 28 Abs. 1 Satz 2 EGHGB wandelt sich in der Steuerbilanz zum **Passivierungsverbot.** Die steuerlichen Vorschriften in § 6a EStG zu Pensionsrückstellungen beziehen sich ausschließlich auf unmittelbare Pensionszusagen und sind auf mittelbare Pensionszusagen nicht anzuwenden.

In den §§ 4b bis 4e EStG wird der **Betriebsausgabenabzug** von Beiträgen zu Direktversicherungen, Pensionskassen, Unterstützungskassen und Pensionsfonds geregelt. Der Betriebsausgabenabzug bezieht sich auf die laufenden Beitragszahlungen. Für die laufenden Beiträge zu zwischengeschalteten Versorgungseinrichtungen kommt auf der anderen Seite handelsrechtlich keine Rückstellungsbildung infrage. Die handelsrechtliche Rückstellung bezieht sich stets nur auf eine mögliche Unterdeckung. Steuerrechtlich kommt nach § 4d Abs. 2 Satz 2 EStG eine Rückstellung für Beiträge zu einer **Unterstützungskasse** für das abgelaufene Wirtschaftsjahr infrage, wenn diese bis zum Ablauf eines Monats nach Aufstellung oder Feststellung der Bilanz des Trägerunternehmens für den Schluss eines Wirtschaftsjahres geleistet werden. Handelsrechtlich darf diese Rückstellung nicht gebildet werden, weil sie laufende Beitragszahlungen betrifft.

5.5 Anpassung von Pensionsverpflichtungen

5.5.1 Anpassungsprüfungspflicht nach § 16 BetrAVG

Nach § 16 Abs. 1 BetrAVG hat der Arbeitgeber alle drei Jahre eine **Anpassung** der **laufenden Leistungen** der betrieblichen Altersversorgung zu prüfen. Dabei sind insb. die Belange des Versorgungsempfängers und die wirtschaftliche Lage des Arbeitgebers zu berücksichtigen. Die Anpassungsprüfungspflicht dient im Wesentlichen dem Schutz der betrieblichen Altersversorgung vor Geldentwertung. Neben der gesetzlichen Anpassungsprüfungspflicht kann sich eine Anpassungspflicht auch aus den vertraglichen Regelungen der Altersvorsorge ergeben.

Die **Verpflichtung zur Anpassung** ist nach § 16 Abs. 2 BetrAVG erfüllt, wenn die Anpassung im Prüfungszeitraum nicht geringer ist als der Anstieg des Verbraucherpreisindexes für Deutschland oder der Nettolöhne vergleichbarer Arbeitnehmergruppen des Unternehmens.

Die **Anpassungsprüfungspflicht** entfällt nach § 16 Abs. 3 BetrAVG, wenn:

- der Arbeitgeber sich verpflichtet, die laufenden Leistungen jährlich um wenigstens 1 % anzupassen,

- die betriebliche Altersversorgung unter Erfüllung weiterer Bedingungen über eine Direktversicherung oder Pensionskasse durchgeführt wird oder
- eine Beitragszusage mit Mindestleistung erteilt wurde.

Eine Anpassung kann unterbleiben **(zu Recht unterbliebene Anpassung),** wenn die wirtschaftliche Lage des Arbeitgebers eine Anpassung nicht zulässt[627] und der Arbeitgeber dem Versorgungsempfänger die wirtschaftliche Lage des Unternehmens schriftlich darlegt. Bezüglich der Erbringbarkeit der Anpassungsleistungen hat die wirtschaftliche Lage des Unternehmens in der Vergangenheit „Indizwirkung" für die Zukunft.[628] Hat demnach der Arbeitgeber in den letzten Jahren Verluste erzielt, so darf auch nicht für die nächsten Perioden mit einer nennenswerten Steigerung der Pensionsansprüche gerechnet werden. Darüber hinaus sind aber auch der vorrangige Investitionsbedarf der Gesellschaft und die vorrangige Eigenkapitalverzinsung für die Kapitalüberlassung der Gesellschafter[629] zu beachten.[630] Ist eine Anpassung zu Recht unterblieben, ist der Arbeitgeber nicht verpflichtet, diese unterlassene Anpassung zum nächsten Anpassungszeitpunkt nachzuholen.

5.5.2 Bilanzierungsfragen im Zusammenhang mit der Anpassungsprüfungspflicht

Führt die Anpassungsprüfung zu einer **Erhöhung** der betrieblichen Altersvorsorge, geht diese Erhöhung in die Bewertung der Pensionsrückstellung ein. Die Erhöhung stellt keine isolierte Pensionszusage dar. Handelt es sich bei der erhöhten Zusage um eine Altzusage, für die das Passivierungswahlrecht ausgeübt wurde, geht die Erhöhung zwingend in die Bewertung ein. Das Passivierungswahlrecht kann hierbei nicht isoliert ausgeübt werden.[631]

BEISPIEL Die Phoenix AG ist ggü. ihren Arbeitnehmern vor dem 1.1.1987 Pensionszusagen eingegangen. Die Phoenix AG hat das Passivierungswahlrecht in der Form ausgeübt, dass sie diese Zusagen in vollem Umfang passiviert. Aufgrund der Anpassungsprüfungspflicht ergibt sich zum 31.12.2014 eine Erhöhung der Pensionsrückstellung um 100.000 EUR. Die Phoenix AG würde gerne diese Zuführung zur Pensionsrückstellung mit Hinweis auf das Passivierungswahlrecht für Altzusagen unterlassen. Die Phoenix AG hat diese Möglichkeit jedoch nicht. Die bestehenden Pensionsrückstellungen sind um 100.000 EUR zu erhöhen.

Zwischen den Anpassungsjahren ist eine mögliche Anpassung der Pensionsrückstellung nicht zu berücksichtigen. Nach Auffassung des IDW scheidet der Ansatz einer rechtlichen Verpflichtung für die bereits eingetretene Teuerung aus.[632] Gleiches gilt, wenn eine Anpassung zu Recht unter Hinweis auf die wirtschaftliche Lage des Unternehmens unterlassen wurde.

627 Vgl. BAG v. 23.1.2001, 3 AZR 287/00, BB 2001 S. 2325: „Der Arbeitgeber darf [...] dann von einer Anpassung der Betriebsrenten [...] absehen, wenn das Eigenkapital unter das Stammkapital der Gesellschaft sank, daraufhin die Gesellschafter durch zusätzliche Einlagen eine Kapitalrücklage bildeten, die anschließend erzielten Gewinne nicht ausgeschüttet, sondern zur Verbesserung der Eigenkapitalausstattung verwandt wurden und trotzdem das Stammkapital bis zum nächsten Anpassungsstichtag ohne die Kapitalrücklage voraussichtlich nicht wieder erreicht wird." Siehe auch BAG v. 26.4.2018, 3 AZR 686/16, DB 2018 S. 1801; BAG v. 11.11.2014, 3 AZR 116/13, DB 2015 S. 932.

628 Vgl. BAG v. 25.3.2000, 3 AZR 83/99, BB 2001 S. 1908.

629 Als angemessen gilt hier die Verzinsung mit der Umlaufrendite öffentlicher Anleihen plus einem einheitlichen Risikozuschlag von 2 %; vgl. BAG v. 23.5.2000, 3 AZR 146/99, BB 2001 S. 2172.

630 Siehe auch Bertram/Kessler/Müller/*Bertram*, § 253 HGB Rz. 92 ff.

631 Vgl. IDW HFA 3/1993, IDW FN 1994 S. 4, 4.

632 Vgl. IDW HFA 3/1993, IDW FN 1994 S. 4, 4.

Wurden Anpassungen zu Unrecht nicht vorgenommen **(rechtswidrig unterbliebene Anpassung)**, sind bei der Bewertung der Pensionsrückstellung die zukünftig erhöhten Rentenzahlungen zu berücksichtigen. Aus der zu Unrecht unterlassenen Anpassung kann sich eine Nachzahlungsverpflichtung des Unternehmens ergeben. Diese Nachzahlungsverpflichtung stellt keine Pensionsrückstellung dar, sondern ist als sonstige Rückstellung zu berücksichtigen. Ist von der unterlassenen Erhöhung eine Altzusage betroffen, kann der Ansatz der sonstigen Rückstellung nicht mit Hinweis auf das für Altzusagen einschlägige Passivierungswahlrecht unterbleiben.[633]

5.6 Saldierungen von Pensionsrückstellungen und Vermögensgegenständen (Deckungsvermögen)

Auch nach den Änderungen der handelsrechtlichen Rechnungslegung durch das BilMoG bleibt es bei dem in § 246 Abs. 2 Satz 1 HGB fixierten **Grundsatz des Saldierungsverbots** von Bilanzposten der Aktivseite und der Passivseite. § 246 Abs. 2 Satz 2 HGB schafft jedoch eine Ausnahme von diesem Grundsatz. Danach sind Vermögensgegenstände, die dem Zugriff sämtlicher Gläubiger entzogen sind und ausschließlich der Erfüllung von Schulden aus Altersversorgungsverpflichtungen bzw. vergleichbaren langfristig fälligen Verpflichtungen dienen, mit den korrespondierenden Schulden zu verrechnen.[634] Pensionsrückstellungen stellen dabei den Hauptanwendungsfall dieses **Saldierungsgebots** dar.[635]

Dem „Zugriff sämtlicher Gläubiger entzogen" bedeutet, dass im **Insolvenzfall** die Gläubiger des Bilanzierenden keinen Zugriff haben. Dies ist z. B. der Fall, wenn dem Versorgungsberechtigten im Insolvenzfall ein Aussonderungsrecht nach § 47 InsO zusteht. Gleiches gilt bei einem wirtschaftlich vergleichbaren Schutz, wie z. B. bei Treuhandmodellen. Außerdem müssen die Vermögensgegenstände im Verhältnis zu Dritten unbelastet sein. Die Vermögensgegenstände müssen jederzeit zur Verwertung zum Zwecke der Erfüllung von Altersversorgungsverpflichtungen zur Verfügung stehen. Dies ist z. B. bei betriebsnotwendigem Vermögen nicht der Fall. Weiter fordert § 246 Abs. 2 Satz 2 HGB die Zweckexklusivität des Deckungsvermögens. Dies bedeutet, dass sowohl die laufenden Erträge wie auch die Erträge aus der Realisierung stiller Reserven der Erfüllung der Verpflichtungen dienen müssen.

Als **Beispiel für zu saldierende Vermögensgegenstände** sind bei Erfüllung der übrigen Voraussetzungen für die Saldierung Ansprüche aus Rückdeckungsversicherungen zu nennen. In der Praxis werden Rückdeckungsversicherungen oftmals zur Deckung einzelner hoher Versorgungszusagen (z. B. ggü. Geschäftsführern von KapG) eingesetzt. Vor der Reform der handelsrechtlichen Rechnungslegung durch das BilMoG galt für Pensionsrückstellungen und die zugehörigen Rückdeckungsversicherungen ein striktes Saldierungsverbot. Mit der Neuregelung der Zeitwertbilanzierung der zu saldierenden Vermögensgegenstände wurde auch die in der Literatur umstrittene Frage geregelt, wie der Aktivposten für die Ansprüche aus Rückdeckungsversicherungen zu bewerten ist.

Im Zusammenhang mit der Regelung des **Saldierungsgebots** in § 246 Abs. 2 Satz 2 HGB wurde in § 253 Abs. 1 Satz 4 HGB die Zeitwertbilanzierung der zu verrechnenden Vermögensgegenstände

633 Vgl. IDW HFA 3/1993, IDW FN 1994 S. 4, 5.

634 Vgl. zu den Voraussetzungen für das Verrechnungsgebot *Gelhausen/Fey/Kämpfer*, Buchst. C Rz. 10 ff.

635 Vgl. BR-Drucks. 344/08 S. 104; vgl. auch *Petersen/Zwirner/Künkele*, BilMoG in Beispielen, S. 72.

eingeführt. Übersteigt der Zeitwert den Betrag der zugehörigen Schulden, ist der übersteigende Betrag auf der Aktivseite der Bilanz unter dem Posten E. „Aktiver Unterschiedsbetrag aus der Vermögensverrechnung" auszuweisen. Für diesen Bilanzposten gilt die Ausschüttungssperre nach § 268 Abs. 8 HGB.

BEISPIEL Ein Unternehmen verfügt über Pensionsverpflichtungen i. H. von 400.000 EUR. Das insolvenzsicher angelegte Vermögen, das ausschließlich zur Bedienung dieser Verpflichtungen besteht, weist einen Buchwert von 200.000 EUR und einen Zeitwert von 500.000 EUR auf. Der Steuersatz beträgt 30 %.

Es ergeben sich folgende Buchungen:

Personalaufwand	400.000 EUR	an	Pensionsrückstellungen	400.000 EUR
Wertpapiere	300.000 EUR	an	sonstige betriebliche Erträge	300.000 EUR
Pensionsrückstellungen	400.000 EUR	an	aktiver Unterschiedsbetrag	400.000 EUR
aktiver Unterschiedsbetrag	500.000 EUR	an	aktiver Unterschiedsbetrag	500.000 EUR
Steueraufwand	90.000 EUR	an	passive latente Steuern	90.000 EUR

Das Unternehmen hat künftig in der Bilanz den zum Zeitwert bewerteten Betrag nach Saldierung als „Aktiven Unterschiedsbetrag aus der Vermögensverrechnung" i. H. von 100.000 EUR auf der Aktivseite auszuweisen. Zudem sind passive latente Steuern i. H. von 90.000 EUR (30 % auf 300.000 EUR) anzusetzen. Aufgrund der Zeitwertbewertung des Vermögens sowie der korrespondierenden Abgrenzung latenter Steuern ist ein Betrag von 210.000 EUR (300.000 EUR – 90.000 EUR) ausschüttungsgesperrt. In den Folgeperioden hat jeweils die Bewertung der Vermögensgegenstände erfolgswirksam zu erfolgen. Die entsprechenden Gewinne sind im Zinsergebnis auszuweisen und mit den Zinsaufwendungen aus der Aufzinsung der entsprechenden Pensionsverpflichtungen zu saldieren. Im Anhang sind die in der Bilanz und Gewinn- und Verlustrechnung saldierten Beträge unsaldiert anzugeben nach § 285 Nr. 25 HGB (bzw. § 314 Abs. 1 Nr. 17 HGB).

5.7 Ansatz ähnlicher Verpflichtungen

Hinsichtlich des **Begriffs** der ähnlichen Verpflichtungen verweisen wir auf die Ausführungen unter Kap. 5.2.2. Den ähnlichen Verpflichtungen sind bspw. Vorruhestandsgelder, Übergangsgelder und Übergangsbezüge zuzuordnen. Nicht dazu zählen: Verpflichtungen aus der Insolvenzsicherung ggü. dem PSVaG, Verpflichtungen aus Direktversicherungen oder solche ggü. Pensionskassen und Unterstützungskassen.

Aus Art. 28 Abs. 1 Satz 2 EGHGB ergibt sich für ähnliche Verpflichtungen ein generelles **Passivierungswahlrecht.** Dies gilt sowohl für Alt- und Neuzusagen als auch für mittelbare und unmittelbare ähnliche Verpflichtungen. Das Wahlrecht gilt nicht für Kosten der betrieblichen Altersversorgung, Treuezahlungen, Abfindungen, Jubiläumsgelder und Beiträge zum Pensionssicherungsverein, weil diese Sachverhalte nicht als ähnliche Verpflichtung zu qualifizieren sind. Es handelt sich in diesen Fällen vielmehr um sonstige ungewisse Verbindlichkeiten, für die eine Passivierungspflicht nach § 249 Abs. 1 Satz 1 HGB gilt. Wird das Passivierungswahlrecht nicht in Anspruch genommen und eine Passivierung unterlassen, entsteht ein Fehlbetrag, der nach Art. 28 Abs. 2 EGHGB im Anhang anzugeben ist.

Trotz des Passivierungswahlrechts können einmal gebildete Rückstellungen für ähnliche Verpflichtungen nicht willkürlich aufgelöst werden. § 249 Abs. 2 Satz 2 HGB gilt auch für Rückstellungen für ähnliche Verpflichtungen. Eine **Auflösung** ist nur möglich, wenn der Grund für die Rückstellung entfallen ist.

Steuerrechtlich gilt für Rückstellungen für ähnliche Verpflichtungen ein **Passivierungsverbot.** Das handelsrechtliche Passivierungswahlrecht wird in der Steuerbilanz zum Passivierungsverbot.[636]

PRAXISTIPP

Für **pensionsähnliche Verpflichtungen** gilt:

Handelsrecht: Passivierungswahlrecht;

Steuerrecht: Passivierungsverbot.

5.8 Bilanzierung in ausgewählten Sonderfällen

5.8.1 Pensionszusagen an Gesellschafter-Geschäftsführer einer KapG

Den Ansatz von Pensionsrückstellungen aus Pensionszusagen ggü. Gesellschafter-Geschäftsführern einer KapG betreffend ergeben sich zunächst **keine handelsrechtlichen Besonderheiten.** Damit sind die obigen Ausführungen hier ebenfalls einschlägig.[637]

Allerdings haben große und mittelgroße KapG und ihnen gleichgestellte PersG bestimmte **Anhangangaben** zu beachten. So sind nach § 285 Nr. 9 Buchst. a HGB die Gesamtbezüge des aktiv tätigen Geschäftsführungsorgans im Anhang anzugeben. Die Angabe hat nicht pro Person, sondern je Personengruppe zu erfolgen. Darunter fallen Beiträge zu Direktversicherungen, Pensionskassen und Pensionsfonds,[638] nicht jedoch Aufwendungen aus der Zuführung zu Pensionsrückstellungen.[639] Nach § 285 Nr. 9 Buchst. b HGB sind für ehemalige Geschäftsführungsmitglieder die gezahlten Pensionsleistungen im Anhang anzugeben. Allerdings hat auch hier die Angabe in Summe für die gesamte Personengruppe zu erfolgen. Zusätzlich ist für ehemalige Geschäftsführungsmitglieder der Betrag der passivierten sowie der für die Verpflichtung nicht gebildeten Pensionsrückstellungen im Anhang anzugeben.

Steuerrechtlich besteht bei Pensionszusagen ggü. Gesellschafter-Geschäftsführern einer KapG die Problematik, dass unter bestimmten Umständen die Gewinnminderung aus der Bildung der zugehörigen Pensionsrückstellung als vGA anzusehen ist. Die Gewinnminderung wird dann bei Ermittlung der steuerlichen Bemessungsgrundlage nicht berücksichtigt. Die Pensionszusage wird steuerlich nicht anerkannt, wenn sie durch das Gesellschaftsverhältnis veranlasst ist, d. h., wenn sie fremden Dritten bei im Übrigen vergleichbaren Verhältnissen nicht gewährt worden wäre.[640] Dabei kann die Angemessenheit durch einen betriebsexternen oder betriebsinternen Fremdvergleich festgestellt werden. Für ihre steuerliche Anerkennung muss die Pensionszusage die Voraussetzungen Erdienbarkeit, Probezeit, Finanzierbarkeit und Angemessenheit erfüllen.

Für die **Erdienbarkeit** gilt im Fall eines beherrschenden Gesellschafters grds., dass der Erdienungszeitraum mindestens zehn Jahre betragen muss.[641] Als Erdienungszeitraum ist die Zeitspanne zwischen Zusagezeitpunkt und Pensionsbeginn zu verstehen. Zusätzlich ist zu beachten, dass als Pensionsbeginn frühestens die Vollendung des 65. Lebensjahrs des Berechtigten verein-

636 Vgl. BMF v. 13.3.1987, IV B 1 – S 2176 – 12/87, BStBl. I 1987 S. 365.
637 Vgl. Beck HdR/*Scheffler*, B 233 Rz. 300 ff.
638 Vgl. HdR-E/*Höfer*, § 249 HGB Rz. 732.
639 Vgl. Beck Bil-Komm/*Grottel*, § 285 HGB Rz. 247.
640 Vgl. BFH v. 15.10.1997, I R 42/97, BStBl. II 1999 S. 316.
641 Vgl. BFH v. 29.10.1997, I R 52/97, BStBl. II 1999 S. 318.

bart werden darf.[642] Für einen nicht beherrschenden Gesellschafter wird die Erdienbarkeit der Pensionszusage unterstellt, wenn der Beginn seiner Betriebszugehörigkeit im Zusagezeitpunkt mindestens zwölf Jahre zurückliegt und die Versorgungszusage für mindestens drei Jahre bestanden hat.[643] Mit BFH-Urteil vom 7.3.2018[644] ist die Erdienbarkeit von Pensionsansprüchen nicht zu prüfen, sofern die Altersversorgung, i.R. einer Entgeltumwandlung, durch den Gesellschafter-Geschäftsführer aus einem angemessenen Gehalt finanziert wird. Auf die Erdienbarkeit kommt es in diesem Fall nicht an, da die Gesellschaft dem Gesellschafter-Geschäftsführer nicht mehr als sein Gehalt zuwendet und dieser damit wirtschaftlich betrachtet lediglich über sein eigenes Vermögen verfügt.[645]

Weiter wird die Pensionszusage steuerlich nur anerkannt, wenn zunächst die Eignung, Befähigung und fachliche Leistung des Geschäftsführers geprüft wird. Dazu ist eine gewisse **Probezeit** erforderlich. Dieser Zeitraum kann nach Auffassung der Finanzverwaltung zwischen zwei und drei Jahre betragen.[646]

Darüber hinaus muss die Pensionszusage **finanzierbar** sein. Dabei ist auf den im Zusagezeitpunkt anzusetzenden versicherungsmathematischen Barwert abzustellen. Verschlechtert sich die finanzielle Lage der Gesellschaft, verlangt die Finanzverwaltung eine Kürzung der Pensionsleistungen.[647] Dabei darf die Gesellschaft jedoch die weitere Entwicklung der wirtschaftlichen Lage abwarten.

Außerdem muss die Pensionszusage **angemessen** sein. Sie muss damit dem Fremdvergleich mit der Vergütung standhalten, die einem fremden Geschäftsführer eingeräumt werden würde. In diesem Zusammenhang werden steuerlich nicht anerkannt: Pensionszusagen als nachträgliche Vergütung für bereits erbrachte Leistungen[648] und sog. Nur-Pensionen.[649] Nach ständiger Rechtsprechung des BFH zur sog. Überversorgung ist in der Vorwegnahme künftiger Entwicklungen eine Überversorgung zu sehen, die zur Kürzung der Pensionsrückstellung führt, und zwar typisierend dann, wenn die Versorgungsanwartschaft zusammen mit der Rentenanwartschaft aus der gesetzlichen Rentenversicherung 75 % der am Bilanzstichtag bezogenen Aktivbezüge übersteigt. Im Hinblick auf die Schwierigkeit, die letzten Aktivbezüge und die zu erwartenden Sozialversicherungsrenten zu schätzen, hat der BFH zur Prüfung einer möglichen Überversorgung auf die vom Arbeitgeber während der aktiven Tätigkeit des Begünstigten tatsächlich erbrachten Leistungen abgestellt.[650]

642 Vgl. BFH v. 23.1.1991, I R 113/88, BStBl. II 1991 S. 379.
643 Vgl. BFH v. 24.1.1996, I R 41/95, BStBl. II 1997 S. 440.
644 Vgl. BFH v. 7.3.2018, I R 89/15, BStBl. II 2019 S. 70.
645 Vgl. *Oser/Wirtz*, StuB 2019 S. 97, 102.
646 Vgl. BMF v. 14.5.1999, IV C 6 – S 2742 – 9/99, BStBl. I 1999 S. 512.
647 Vgl. BMF v. 14.5.1999, IV C 6 – S 2742 – 9/99, BStBl. I 1999 S. 513.
648 Vgl. BFH v. 3.4.1974, I R 241/71, BStBl. II 1974 S. 497.
649 Vgl. BFH v. 15.9.2004, I R 62/03, BStBl. II 2005 S. 176.
650 Vgl. FG Nürnberg v. 20.4.2021, 1 K 186/19 (unter I R 42/21 beim BFH anhängig), DStRE 2023 S. 269.

5.8.2 Pensionszusagen an Gesellschafter-Geschäftsführer einer PersG

Für den **handelsrechtlichen Jahresabschluss** ergibt sich aus Pensionszusagen an Gesellschafter-Geschäftsführer einer PersG den Ansatz von Pensionsrückstellungen betreffend keine abweichende Handhabung.[651]

Steuerrechtlich hat die Rechtsprechung ihre Auffassung zur Bilanzierung von Pensionszusagen an Gesellschafter-Geschäftsführer mehrfach geändert. In seinem Urteil vom 8.1.1975 geht der BFH davon aus, dass die Pensionszusage eine Gewinnverteilungsabrede darstellt und die PersG damit nicht zur Bildung einer Pensionsrückstellung berechtigt ist.[652] Diese Auffassung hat der BFH 1997 revidiert. In einem weiteren Urteil lässt der BFH die Passivierung von Pensionsrückstellungen auf der Gesellschaftsebene zu. Korrespondierend sei aber auf Gesellschafterebene eine Forderung zu aktivieren.[653] Im Jahr 2006 hat der BFH entschieden, dass die Aktivierung der korrespondierenden Forderung in der Sonderbilanz des betroffenen Gesellschafters zu erfolgen hat.[654] Bis dahin war nämlich nicht geklärt, ob die korrespondierende Aktivierung verteilt in den Sonderbilanzen aller Gesellschafter oder in der Sonderbilanz des betroffenen Gesellschafters erfolgen soll. Damit sind für Zwecke der steuerrechtlichen Bilanzierung die **Gesellschaftsebene** und die **Gesellschafterebene** getrennt zu betrachten.

Auf **Gesellschaftsebene** ist in der Gesamthandelsbilanz der PersG für die Pensionszusage eine Pensionsrückstellung nach Maßgabe des § 6a EStG zu passivieren. Nach Eintritt des Versorgungsfalls sind die laufenden Pensionszahlungen abziehbare Betriebsausgaben. Die Pensionsrückstellung ist entsprechend gewinnerhöhend in Anspruch zu nehmen. Entfällt die Pensionsverpflichtung, ist die Pensionsrückstellung ergebniserhöhend aufzulösen. Dieser Ertrag wird über die Gewinnverteilung allen Gesellschaftern zugerechnet.[655]

Auf **Gesellschafterebene** kommt es jetzt zur korrespondierenden Bilanzierung. Nach § 15 Abs. 1 Satz 1 Nr. 2 EStG aktiviert der begünstigte Gesellschafter in seiner Sonderbilanz eine Forderung, die der passivierten Pensionsrückstellung auf Gesellschaftsebene entspricht. Die nicht begünstigten Gesellschafter haben keine Ansprüche zu aktivieren. Die Pensionszahlungen stellen beim begünstigten Gesellschafter nach § 15 Abs. 1 Satz 1 Nr. 2 EStG Sonderbetriebseinnahmen dar. Entsprechend der gewinnerhöhenden Auflösung der Pensionsrückstellung auf Ebene der PersG wird die in der Sonderbilanz aktivierte Forderung im Versorgungsfall gewinnmindernd aufgelöst. Entfällt der Pensionsanspruch, wird die gesamte Forderung ergebnismindernd ausgebucht. Der Aufwand ist dem betroffenen Gesellschafter in voller Höhe zuzurechnen.[656] Mit seinem Urteil vom 12.12.2023 – VIII R 17/20 hält der BFH an seiner bisherigen Rechtsauffassung zur korrespondierenden Bilanzierung bei Pensionszusagen ggü. Mitunternehmern einer Personengesellschaft fest. Das Urteil erging zum Fall der Umwandlung einer Kapitalgesellschaft in eine Personengesellschaft.[657]

---

651 Siehe hierzu auch Beck HdR/*Scheffler*, B 233 Rz. 305 ff.

652 Vgl. BFH v. 8.1.1975, I R 142/72, BStBl. II 1975 S. 437.

653 Vgl. BFH v. 2.12.1997, VIII R 15/96, BFH/NV 1998 S. 781.

654 Vgl. BFH v. 30.3.2006, IV R 25/04, BStBl. II 2008 S. 171.

655 Vgl. BMF v. 29.1.2008, IV B 2 – S 2176/07/0001, BStBl. I 2008 S. 317.

656 Vgl. BMF v. 29.1.2008, IV B 2 – S 2176/07/0001, BStBl. I 2008 S. 318.

657 Vgl. BFH v. 12.12.2023, VIII R 17/20, DStR 2024 S. 806.

BEISPIEL Die Zentral KG ist ggü. ihrem Gesellschafter-Geschäftsführer X eine Pensionszusage eingegangen. Der Teilwert der Pensionsrückstellung nach § 6a EStG beläuft sich zum 31.12.t1 auf 85.000 EUR. Mit Ablauf des Wirtschaftsjahres t1 ist X als Geschäftsführer ausgeschieden. Die monatlichen Pensionsleistungen betragen 2.000 EUR. Die Pensionsrückstellung hat zum 31.12.t2 einen Teilwert nach § 6a EStG i. H. von 77.000 EUR.

Gesellschaftsebene (Zentral KG):

Die Zentral KG hat in ihrer Gesamthandelsbilanz die Pensionsrückstellung zum 31.12.t2 mit 77.000 EUR zu passivieren. Der Verbrauch der Pensionsrückstellung i. H. von 8.000 EUR ist als Ertrag zu erfassen. Der Ertrag ist den Gesellschaftern der Zentral KG nach dem Gewinnverteilungsschlüssel zuzurechnen. Die Pensionszahlungen in t2 i. H. von 24.000 EUR stellen auf Ebene der Zentral KG Betriebsausgaben dar.

Gesellschafterebene (X):

In seiner Sonderbilanz hat X zum 31.12.t2 eine Forderung aus der Pensionszusage i. H. von 77.000 EUR zu aktivieren. Im Laufe des Jahres t2 wurde der Anspruch des X um 8.000 EUR reduziert. Dieser Aufwand stellt aus Sicht des X eine Sonderbetriebsausgabe dar. Die laufenden Pensionsleistungen des Jahres t1 i. H. von 24.000 EUR sind Sonderbetriebseinnahmen des X.

Obige Ausführungen gelten grds. auch für den Fall der **GmbH & Co. KG,** wenn die Pensionszusage durch die Komplementär-GmbH erteilt wird. Allerdings wird die Gesamthandelsbilanz der GmbH & Co. KG von der steuerrechtlichen Bilanzierung nicht berührt. Die Passivierung der Pensionsrückstellung erfolgt vielmehr in der Steuerbilanz der Komplementär-GmbH. Ergebniswirksame Veränderungen der Pensionsrückstellung stellen Sonderbetriebseinnahmen bzw. Sonderbetriebsausgaben der Komplementär-GmbH i. R. der Gewinnermittlung der PersG dar.

5.8.3 Pensionssicherungsverein (PSVaG)

Für unverfallbare unmittelbare und mittelbare Versorgungsansprüche schreiben die §§ 7 bis 15 BetrAVG die Pflicht zur **Insolvenzsicherung** vor. Die Insolvenzsicherung erfolgt über den Pensionssicherungsverein (PSVaG). Nach dem BetrAVG müssen die Beiträge zum PSVaG den Schadensaufwand von aufgrund von Insolvenzen zu übernehmenden betrieblichen Altersversorgungen decken. Dieser Schadensaufwand besteht grds. aus zwei Komponenten:

- den versicherungsmathematischen Barwerten der im laufenden Kalenderjahr entstehenden Ansprüche auf Leistungen der Insolvenzsicherung und
- dem Unterschiedsbetrag der versicherungsmathematischen Barwerte der aufgrund eingetretener Insolvenzen zu sichernden unverfallbaren Anwartschaften am Ende des Kalenderjahrs und am Ende des Vorjahrs.

Der PSVaG hat in 2007 sein **Finanzierungsverfahren** modifiziert. Zuvor waren von Insolvenzen betroffene unverfallbare Anwartschaften bei der Beitragsermittlung unberücksichtigt geblieben (Rentenwertumlageverfahren). Durch eine Änderung des BetrAVG wurde das Finanzierungsverfahren auf das Verfahren der vollständigen Kapitaldeckung umgestellt. Beginnend mit dem Jahr 2007 wurden die bis dahin noch nicht finanzierten unverfallbaren Anwartschaften durch einen einmaligen Beitrag nachfinanziert. Dieser Einmalbetrag ist von den Mitgliedern des PSVaG in 15 gleichen Raten ab dem 31.3.2007 zu begleichen. Darüber hinaus besteht ab 2007 die Alternative, den Betrag durch eine einmalige Kapitalzahlung abzulösen.

Durch die **Umstellung des Finanzierungsverfahrens** wurde der bisher in der Literatur aufzufindenden Auffassung, dass für die nicht finanzierten unverfallbaren Anwartschaften die Passivierung einer sonstigen Rückstellung in Betracht kommen kann, die Grundlage entzogen. Auf der anderen Seite ist jedoch die Auffassung des HFA des IDW zu teilen, dass für den Einmalbetrag eine Verbindlichkeit zu passivieren ist, die als Rentenverpflichtung mit dem Barwert zu bewerten ist.[658] Der Ausweis erfolgt unter den sonstigen Verbindlichkeiten, davon i. R. der sozialen Sicherheit.[659]

5.8.4 Contractual Trust Agreements

Bei CTAs handelt es sich um **treuhandrechtliche Konstruktionen,** die im Wesentlichen dazu dienen, Pensionsverpflichtungen wirtschaftlich auszulagern.[660] Rechtlich bleibt, da es sich weiterhin um eine Direktzusage handelt, der Arbeitgeber Verpflichteter.[661] Ziel derartiger Konstruktionen ist die Saldierung des Deckungsvermögens (also des Vermögens, das zur Deckung der Pensionsverpflichtungen angedacht ist) mit den Pensionsverpflichtungen.[662] Damit sollen insb. bilanzpolitische Ziele erreicht werden (siehe Kap. 5.6).[663]

Damit das Handelsrecht die gewünschte Saldierung zulässt, müssen die Kriterien des § 246 Abs. 2 Satz 2 HGB erfüllt sein.[664] Das heißt, das ausgelagerte Vermögen muss **insolvenzsicher** angelegt und dem **Zugriff aller Gläubiger entzogen** sein. Darüber hinaus muss das Vermögen **ausschließlich der Erfüllung der Pensionsverpflichtungen dienen,** d. h., es muss jederzeit auch zur Begleichung dieser Schuld verwertet werden können. Dieses Kriterium sieht der Gesetzgeber bei der Auslagerung betriebsnotwendigen Anlagevermögens nicht als erfüllt an.[665]

Für Zwecke der insolvenzsicheren Auslagerung wird durch den Arbeitgeber eine **rechtlich und wirtschaftlich eigenständige Einheit gegründet.** Oft wird dafür die Rechtsform eines eingetragenen Vereins gewählt.[666] Dieser fungiert als Treuhänder, dem das Treugut (das Deckungsvermögen) vom bilanzierenden Unternehmen zur Verwaltung überlassen wird. Darüber wird zwischen dem Trägerunternehmen (Arbeitgeber) und dem Verein (Treuhänder) ein Treuhandvertrag geschlossen.

PRAXISTIPP

Der Treuhandvertrag sollte umfassende Angaben zur Verwaltung des Deckungsvermögens machen; ausdrücklich sollte die Separierung dieses Vermögens von sonstigem Vermögen festgehalten werden.[667]

Die geschlossene Treuhandvereinbarung erlischt mit der Insolvenz des Trägerunternehmens.[668] Zur Sicherung der Insolvenzfestigkeit bedarf es daher einer zusätzlichen Sicherung.

658 Damit verbunden ist die Notwendigkeit der Aufzinsung in Folgeperioden.

659 Vgl. IDW HFA, IDW FN 2007 S. 107, 108.

660 Vgl. *Küting/Keßler,* DB 2009 S. 1717, 1717.

661 Vgl. *Keßler,* S. 84; *Rößler,* BB 2010 S. 1405, 1408.

662 Siehe kritisch hierzu *Seeger,* DB 2007 S. 697, 698: „Saldieren heißt nicht hedgen".

663 Siehe ferner mit einer Auflistung von Argumenten für eine CTA-Einführung *Seeger,* DB 2007 S. 697, 698.

664 Vgl. auch *Höfer/Rhiel/Veit,* DB 2009 S. 1605, 1606.

665 Vgl. BT-Drucks. 16/12407 S. 85. Das deutsche Handelsrecht ist in dieser Hinsicht restriktiver als die internationalen Rechnungslegungsvorschriften; vgl. *Rößler,* BB 2010 S. 1405, 1410.

666 Vgl. *Küting/Keßler,* DB 2009 S. 1717, 1718, sowie zu den Gründen und Hürden in der Praxis *Rößler,* BB 2010 S. 1405, 1406.

667 Vgl. *Rößler,* BB 2010 S. 1405, 1406.

668 Vgl. §§ 115 Abs. 1, 116 Abs. 1 InsO.

Die Insolvenzfestigkeit i.S. des Gesetzes wird grds. dann zu bejahen sein, wenn der Anspruch des Trägerunternehmens auf Rückübertragung des Deckungsvermögens an den Arbeitnehmer verpfändet wird und der Arbeitnehmer damit ein Absonderungsrecht i.S. des § 50 InsO erhält **(einseitiges Treuhandmodell mit Insolvenzfestigkeit).**[669] Eine weitere Möglichkeit besteht im Abschluss einer Sicherungstreuhandabrede zwischen Arbeitgeber und Treuhänder zugunsten des Arbeitnehmers.[670] Im Insolvenzfall hätte der Arbeitnehmer dann selbst Leistungsrechte ggü. dem Treuhänder **(doppelseitige Treuhand).**[671] Der praktische Vorteil ggü. der Verpfändung liegt in der nicht erforderlichen Mitwirkungspflicht der Versorgungsberechtigten.[672]

PRAXISTIPP

Die Einrichtung von Treuhandmodellen zur wirtschaftlichen Auslagerung von Pensionsverpflichtungen bedarf einer umfassenden Rechtsberatung und erfordert eine Auseinandersetzung mit der insolvenzrechtlichen Behandlung derartiger Modelle.[673]

5.9 Bewertung

5.9.1 Allgemein

Die **handelsrechtliche Bewertung** von Pensionsrückstellungen ist in § 253 HGB geregelt:

„(1) […] ²Verbindlichkeiten sind zu ihrem Erfüllungsbetrag und Rückstellungen in Höhe des nach vernünftiger kaufmännischer Beurteilung notwendigen Erfüllungsbetrages anzusetzen. ³Soweit sich die Höhe von Altersversorgungsverpflichtungen ausschließlich nach dem beizulegenden Zeitwert von Wertpapieren im Sinn des § 266 Abs. 2 A.III.5 bestimmt, sind Rückstellungen hierfür zum beizulegenden Zeitwert dieser Wertpapiere anzusetzen, soweit er einen garantierten Mindestbetrag übersteigt. […]

(2) ¹Rückstellungen mit einer Restlaufzeit von mehr als einem Jahr sind abzuzinsen mit dem ihrer Restlaufzeit entsprechenden durchschnittlichen Marktzinssatz, der sich im Falle von Rückstellungen für Altersversorgungsverpflichtungen aus den vergangenen zehn Geschäftsjahren und im Falle sonstiger Rückstellungen aus den vergangenen sieben Geschäftsjahren ergibt. ²Abweichend von Satz 1 dürfen Rückstellungen für Altersversorgungsverpflichtungen oder vergleichbare langfristig fällige Verpflichtungen pauschal mit dem durchschnittlichen Marktzinssatz abgezinst werden, der sich bei einer angenommenen Restlaufzeit von 15 Jahren ergibt. […] ⁴Der nach den Sätzen 1 und 2 anzuwendende Abzinsungszinssatz wird von der Deutschen Bundesbank nach Maßgabe einer Rechtsverordnung ermittelt und monatlich bekannt gegeben. […]

[…]"

Abweichend von der grundsätzlichen Abzinsung der Rückstellungen nach § 253 Abs. 2 Satz 1 HGB, wonach Rückstellungen mit einer Restlaufzeit von mehr als einem Jahr mit dem ihrer Restlaufzeit entsprechenden durchschnittlichen Marktzinssatz der vergangenen zehn Geschäftsjahre

669 Siehe ausführlich *Rößler*, BB 2010 S. 1405, 1408.

670 Vgl. *Gelhausen/Fey/Kämpfer*, Buchst. C Rz. 32.

671 Siehe detailliert zu den Treuhandmodellen mit anschaulichen Abbildungen *Keßler*, S. 73 ff.

672 Vgl. *Gelhausen/Fey/Kämpfer*, Buchst. C Rz. 32.

673 Zu beachten ist, dass es an einer höchstrichterlichen Rechtsprechung zu CTAs fehlt. Es verbleiben im Einzelfall Zweifel, ob die Kriterien der Insolvenzfestigkeit erfüllt sind.

abzuzinsen sind, dürfen Rückstellungen für laufende Pensionen oder Anwartschaften auf Pensionen pauschal mit dem bei einer **angenommenen Laufzeit von 15 Jahren** geltenden durchschnittlichen Marktzinssatz abgezinst werden (§ 253 Abs. 2 Satz 2 HGB).[674] Die Anwendung dieser Vereinfachungsvorschrift steht allerdings unter dem Vorbehalt, dass der Jahresabschluss ein den tatsächlichen Verhältnissen entsprechendes Bild der Vermögens-, Finanz- und Ertragslage vermitteln muss.

Abweichungen von der Berücksichtigung einer pauschalen Restlaufzeit sind einerseits dann geboten, wenn es sich bspw. um sehr junge Pensionsberechtigte handelt und die entsprechende Restlaufzeit der Pensionsrückstellungen deutlich über 15 Jahren liegt, oder andererseits, wenn aufgrund der Altersstruktur der Pensionsberechtigten keine verbleibende durchschnittliche Restlaufzeit von 15 Jahren anzunehmen ist. Bei dieser Beurteilung kann bspw. auf die durchschnittlichen Lebenserwartungen nach den der Pensionsbewertung zugrunde gelegten Sterbetafeln Bezug genommen werden. Bei einer Altersstruktur der Pensionsberechtigten, die keine durchschnittliche Restlaufzeit der Ansprüche von 15 Jahren rechtfertigt, ist der Zinssatz für die individuelle Restlaufzeit des Kollektivs zu ermitteln. Dieser Zinssatz wird aufgrund des Verlaufs der Zinsstrukturkurve c. p. geringer sein als der Zinssatz bei einer angenommenen durchschnittlichen Restlaufzeit von 15 Jahren. Dem Vorsichtsprinzip kann nur durch Verwendung des der individuell ermittelten Restlaufzeit entsprechenden Zinssatzes Rechnung getragen werden.

Auch die Bewertung von Pensionsrückstellungen hat unter **Berücksichtigung künftiger Kosten- und Preissteigerungen** zu erfolgen. Hier sollen künftige Lohn-, Gehalts- und Rentensteigerungen, aber auch Karrieretrends sowie Fluktuations-, Sterbe- und Invaliditätswahrscheinlichkeiten Eingang in die Bewertung finden. Die Bestimmung der für die Berechnung der Pensionsrückstellung notwendigen Datengrundlagen erfolgt regelmäßig bereits auf den Daten zum 30.11. oder 31.10. des Jahres (bei einem dem Kalenderjahr entsprechenden Wirtschaftsjahr). Falls sich nach dem Zeitpunkt der Festlegung der Bewertungsparameter – hier nennt IDW RS HFA 34 einen zulässigen Zeitraum von bis zu drei Monaten vor dem Abschlussstichtag (Tz. 6) – wesentliche Veränderungen ergeben, sind die im Vorfeld gewählten Bewertungsparameter an die zum Bilanzstichtag relevanten Wertverhältnisse anzupassen. Für die Bewertung der Rückstellungen zum Stichtag sind allein die zu diesem Zeitpunkt relevanten Verhältnisse maßgebend. Wertaufhellende Ereignisse des Folgejahres sind hinsichtlich ihrer Auswirkungen bei der Bewertung der angesetzten Rückstellung zu berücksichtigen.

Der **Unterschiedsbetrag aus der Rückstellungsbewertung** vor und nach BilMoG ist einmalig zum 1.1.2010 zu ermitteln (vgl. dazu ausführlich Kap. 3.6.3). Soweit bei dem bilanzierenden Unternehmen Vermögensgegenstände vorliegen, die die Anforderungen des § 246 Abs. 2 HGB erfüllen, ermittelt sich der zuzuführende Unterschiedsbetrag aus der sich aufgrund der Neubewertung ergebenden Bewertungsdifferenz bei den Pensionsrückstellungen (neu bewerteter Betrag der Pensionsrückstellungen abzgl. des zum 31.12.2009 vorhandenen Buchwerts) abzgl. des Betrags, um den der Wertansatz des Deckungsvermögens aufgrund der verpflichtenden Zeitwertbewertung nach neuem Recht dessen letzten Buchwert übersteigt. Demnach ist der Anpassungsbetrag aus der Neubewertung der Pensionsrückstellungen um den unrealisierten Ertrag aus der Höher-

674 Mit Inkrafttreten des Gesetzes zur Umsetzung der Wohnimmobilienkreditrichtlinie und zur Änderung handelsrechtlicher Vorschriften am 17.3.2016 wurde der Betrachtungszeitraum zur Ermittlung des Zinssatzes zur Bewertung von Altersversorgungsverpflichtungen von sieben Jahren auf zehn Jahre ausgeweitet. Vgl. dazu ausführlich Kap. 5.13.

bewertung zu kürzen.[675] Für Altersteilzeitverpflichtungen gilt zwar die analoge Anwendung von § 246 Abs. 2 HGB (Zeitwertbewertung), allerdings dürfen zum 1.1.2010 entstehende Umstellungseffekte nicht über 15 Jahre verteilt werden, sondern sind mittelbar als außerordentlicher Aufwand zu erfassen.[676]

Nach § 285 Nr. 24 HGB müssen im **Anhang** das angewandte versicherungsmathematische Bewertungsverfahren sowie die grundlegenden Annahmen der Berechnung (Zinssatz, erwartete Lohn- und Gehaltssteigerungen und zugrunde gelegte Sterbetafeln) angegeben werden. Grundsätzlich ist bei der Berechnung auf die *Heubeck*-Tafeln in der jeweils geltenden Fassung zurückzugreifen (dynamische Verweisung). Pensionszusagen sind auch nach Einfügung des sog. Eindeutigkeitsgebots (§ 6a Abs. 1 Nr. 3 Halbsatz 2 EStG) anhand der allgemein geltenden Auslegungsregeln auszulegen, soweit ihr Inhalt nicht klar und eindeutig ist.[677]

PRAXISTIPP

Die Bewertung von Pensionsrückstellungen soll einer zukunftsgerichteten Bewertung Rechnung tragen. Durch die Abzinsung mit dem Marktzinssatz wird der gängigen Praxis, auch im handelsrechtlichen Jahresabschluss eine Abzinsung mit dem steuerlichen Zinssatz nach § 6a EStG von 6 % vorzunehmen, entgegengewirkt, da die 6%ige Abzinsung zu einer zu geringen Rückstellungsbewertung führt. Die Pensionsrückstellungen sollen damit eher die tatsächliche künftige Belastung der Unternehmen widerspiegeln.

Die **Anwendung der durch das BilMoG geänderten Vorschriften** ist erstmals für Geschäftsjahre, die nach dem 31.12.2009 beginnen, verpflichtend (Art. 66 Abs. 3 EGHGB). In diesem Zusammenhang sehen die Regelungen des EGHGB verschiedene Möglichkeiten der Zuführung des Anpassungsbetrags vor (Art. 67 Abs. 1 und 2 EGHGB). Dieser kann zum Umstellungszeitpunkt einmalig erfolgswirksam zugeführt werden oder in Raten über bis zu 15 Jahre erfolgswirksam erfasst werden.[678] Der Differenzbetrag ist einmalig im Übergangszeitpunkt zu ermitteln. Auch eine etwaige Überdotierung kann beibehalten werden, wenn mit einer Zuführung des Betrags in den kommenden 15 Jahren zu rechnen ist. Die entsprechenden Beträge einer bestehenden Unter- bzw. Überdotierung sind zum jeweiligen Bilanzstichtag im Anhang anzugeben. Zum 31.12.2009 betrug der Zinssatz bezogen auf 15 Jahre nach Angabe der Deutschen Bundesbank 5,25 %.

Bei der Ermittlung des **Anpassungsbetrags** sind die unrealisierten Gewinne aus der Neubewertung des Deckungsvermögens (§ 246 Abs. 2 HGB) zu berücksichtigen. Diese mindern den Anpassungsbetrag.[679]

Gemäß Art. 67 Abs. 1 Satz 2 EGHGB besteht für sämtliche Rückstellungen, deren Wertansatz aufgrund der geänderten Bewertung gemindert werden müsste, ein **Beibehaltungswahlrecht,** soweit der Differenzbetrag bis spätestens zum 31.12.2024 wieder zugeführt werden müsste. Das Wahlrecht umfasst nur den Teilbetrag einer aufzulösenden Rückstellung, der bis zum 31.12.2024 wieder zugeführt werden müsste. Im Fall der Beibehaltung eines solchen Teilbetrags sind darüber hinausgehende Beträge erfolgswirksam aufzulösen.[680] Die Beurteilung, ob ein Rückstellungsbetrag beibehalten werden darf, hat zu jedem Stichtag zu erfolgen. Wird festgestellt, dass der beibehal-

675 Vgl. IDW RS HFA 28, IDW FN 2009 S. 642, 649.

676 Vgl. *Petersen/Zwirner/Künkele,* Beilage 4 zu DB 17/2010 S. 1, 15.

677 Vgl. BFH v. 10.7.2019, XI R 47/17, DStR 2019 S. 2128.

678 Hinsichtlich der Erfassung der Unterschiedsbeträge bis zum 31.12.2024 wird auch auf die Ausführungen in Kap. 3.6.3.4 verwiesen.

679 Vgl. IDW RS HFA 28, IDW FN 2009 S. 642, 649.

680 Vgl. IDW RS HFA 28, IDW FN 2009 S. 642, 648; vgl. zudem ausführlich Kap. 3.6.2.

tene Wert bis zum 31.12.2024 nicht erreicht werden wird, hat eine erfolgswirksame Auflösung zu erfolgen.[681] Die Beurteilung hat auf Basis des Einzelbewertungsgrundsatzes zu erfolgen. Bei der Beurteilung, ob und inwieweit der Differenzbetrag bis spätestens zum 31.12.2024 wieder zugeführt werden müsste, ist nicht allein auf bereits bestehende Verpflichtungen abzustellen, da Art. 67 Abs. 1 Satz 2 EGHGB die Berücksichtigung künftiger Versorgungszusagen nicht ausschließt.

Wird von dem Beibehaltungswahlrecht bei **überdotierten Rückstellungen** kein Gebrauch gemacht, so sind die aus der Auflösung resultierenden Beträge nach Art. 67 Abs. 1 Satz 3 EGHGB unmittelbar in die Gewinnrücklagen einzustellen. Dies gilt auch für die Teilbeträge, die voraussichtlich bis zum 31.12.2024 nicht wieder zugeführt werden müssen. Diese Teilbeträge können jedoch auch alternativ erfolgswirksam erfasst werden.[682]

Sämtliche Änderungen bei der handelsrechtlichen Bewertung von Pensionsrückstellungen bleiben **ohne Auswirkung** auf die Bewertung von Pensionsrückstellungen **in der Steuerbilanz.** Die Regelungen des § 6a EStG stehen der Maßgeblichkeit der handelsrechtlichen Bewertung entgegen. Steuerlich erfolgt die Abzinsung weiterhin mit 6 %. Künftige Kosten- und Preissteigerungen gehen in die steuerliche Bewertung nicht ein.

Aufgrund der jeweils eigenständigen Bewertung der Pensionsrückstellungen in Handels- und Steuerbilanz sind zwei **getrennte versicherungsmathematische Gutachten** erforderlich.

Die umfangreichen **Wahlrechte** im Bereich der Umstellung auf das neue Bilanzrecht im Zusammenhang mit dem BilMoG bei der Bewertung von Pensionsrückstellungen werden sich noch über einen langen Zeitraum auf die Handelsbilanzen auswirken. Der Gesetzgeber räumt den Bilanzierenden hier einen 15-jährigen Anpassungszeitraum ein. Die Verteilung des Anpassungsbetrags über den 15-Jahres-Zeitraum eröffnet bilanzpolitische Möglichkeiten. So kann der gesamte Anpassungsbetrag in 2010 zugeführt werden, es ist jedoch auch eine gleichmäßige oder ungleichmäßige Verteilung möglich, wobei in jedem Jahr mindestens 1/15 zuzuführen ist. Die abweichende handelsrechtliche und steuerrechtliche Bewertung von Rückstellungen wird die Abgrenzung latenter Steuern auslösen. Im Regelfall dürften derzeit die handelsrechtlichen Pensionsrückstellungen die steuerrechtlichen Pensionsrückstellungen überschreiten, was die Abgrenzung aktiver latenter Steuern auslösen würde. Die Berücksichtigung von künftigen Lohn- und Gehaltssteigerungen räumt den Bilanzierenden Einflussmöglichkeiten auf die Bewertung der Pensionsrückstellungen ein. Nach § 285 Nr. 24 HGB ist im Anhang über die Bewertungsgrundlagen zu berichten.

5.9.2 Besondere Bewertungsvorschriften für Rückstellungen für Altersversorgungsverpflichtungen oder vergleichbare langfristig fällige Verpflichtungen

Die **Bewertung** von Rückstellungen für Altersversorgungsverpflichtungen[683] und vergleichbaren langfristig fälligen Verpflichtungen erfolgt gem. § 253 Abs. 1 Satz 2 HGB mit dem nach vernünftiger kaufmännischer Beurteilung notwendigen Erfüllungsbetrag.[684] Aufgrund ihrer Restlaufzeit sind diese Verpflichtungen abzuzinsen.

681 Vgl. IDW RS HFA 28, IDW FN 2009 S. 642, 648.

682 Vgl. IDW RS HFA 28, IDW FN 2009 S. 642, 648.

683 Siehe hierzu ausführlich *Schildbach/Stobbe/Brösel*, S. 234 ff. und S. 379 ff.

684 Vgl. *Pellens/Sellhorn/Strzyz*, DB 2008 S. 2373, 2373.

Den Rückstellungen für Altersversorgungsverpflichtungen und den vergleichbaren langfristig fälligen Verpflichtungen können neben den **Pensionsanwartschaften** auch die laufenden **Pensionszahlungen** (i.S. von Rentenverpflichtungen) zugeordnet werden.

Wenn sich die Altersversorgungsverpflichtungen nach dem beizulegenden Zeitwert von Wertpapieren i.S. des §266 Abs.2 A.III.5 HGB bestimmen, es sich also um **wertpapierbezogene Pensionszusagen** handelt, ist dieser gem. §253 Abs.1 Satz3 HGB für den Wertansatz der Rückstellungen maßgeblich, soweit der beizulegende Zeitwert einen garantierten Mindestbetrag übersteigt. Der garantierte Mindestbetrag stellt hingegen, sofern der beizulegende Zeitwert der Wertpapiere unterhalb dieses Mindestbetrags liegt, den Erfüllungsbetrag dar.[685] Ist kein garantierter Mindestbetrag vereinbart, sind Rückstellungen stets i.H. des beizulegenden Zeitwerts der referenzierten Wertpapiere anzusetzen. Sofern es sich also um wertpapiergebundene Pensionszusagen handelt, kann auf die Erstellung eines Pensionsgutachtens verzichtet werden.[686] Zur Bewertungssystematik solcher Pensionsrückstellungen vgl. die nachfolgende Abbildung.[687]

Abb. 12: Bewertungssystematik von Pensionsrückstellungen aufgrund wertpapiergebundener Zusagen

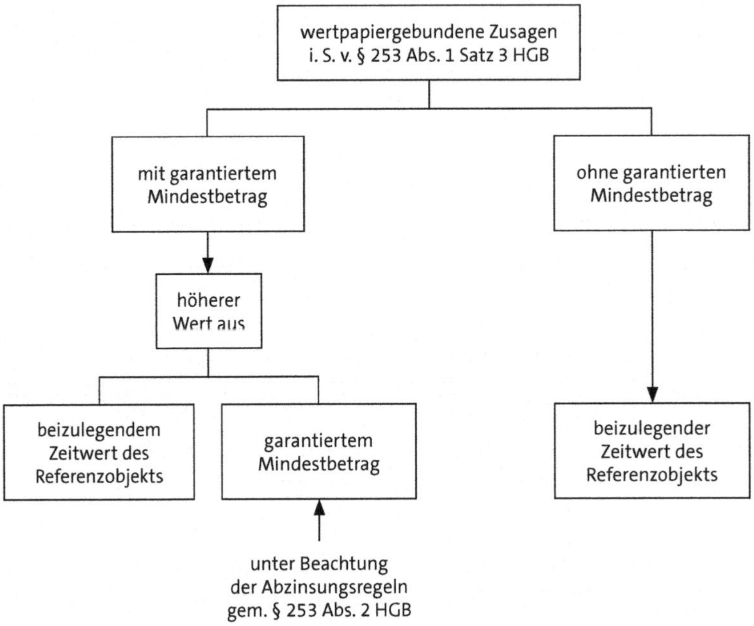

© Künkele/Vodermeier/Zwirner

Sind Altersversorgungsverpflichtungen mit Vermögensgegenständen entsprechend §246 Abs.2 Satz2 HGB unterlegt, sind diese mit den Rückstellungen für Altersversorgungsverpflichtungen zu **verrechnen.** Die betreffenden Vermögensgegenstände sind zum beizulegenden Zeitwert zu be-

685 Vgl. auch im Folgenden *Hasenburg/Hausen,* DB 2009 S.38, 40.

686 Vgl. Syst. Praxiskommentar Bilanzrecht/*Brösel/Freichel/Wasmuth,* §253 HGB Rz.152.

687 Vgl. *Hasenburg/Hausen,* DB 2009 S.38, 40.

werten und ein Überhang über die Schulden ist in einem gesonderten Posten zu aktivieren. Kleinstkapitalgesellschaften i.S. des § 267a dürfen jedoch eine Bewertung zum beizulegenden Zeitwert nur vornehmen, wenn sie von keiner speziellen Erleichterung Gebrauch machen. Soweit sie diese in Anspruch nehmen, ist das zu verrechnende Deckungsvermögen zu Anschaffungskosten zu bewerten (§ 253 Abs. 1 Satz 5 i.V. mit Satz 6 HGB).

BEISPIEL Die Pensionszusage eines Kleinstunternehmens i.H. von 90 GE wird nach § 246 Abs. 2 HGB durch einen Bestand an Wertpapieren, welcher dem Zugriff aller übrigen Gläubiger entzogen ist, gedeckt (Deckungsvermögen). Die AK der Wertpapiere belaufen sich auf 100 GE und der beizulegende Zeitwert auf 120 GE.

Nimmt das Kleinstunternehmen die Erleichterungen nicht in Anspruch, ist ein aktiver Unterschiedsbetrag aus der Vermögensverrechnung von 30 GE (= 120 GE – 90 GE) zu aktivieren. Werden die Erleichterungen genutzt, beträgt der zu aktivierende Unterschiedsbetrag hingegen nur 10 GE (= 100 GE – 90 GE). In beiden Fällen wird die Rückstellung nicht ausgewiesen.

Basieren Altersversorgungsverpflichtungen auf einer Zusage des Unternehmens vor dem 1.1.1987, handelt es sich um sog. **Altzusagen.** Für diese und für mittelbare Verpflichtungen besteht gem. Art. 28 Abs. 1 Satz 1 und 2 EGHGB ein Ansatzwahlrecht.[688]

Die Bewertung der Pensionsverpflichtungen erfolgt unter Beachtung der GoB mithilfe der Versicherungsmathematik.[689] Hierbei sind die versicherungsmathematischen Verfahren **(Berechnungsmethoden)** sowie die Annahmen bezüglich des Mengen- und des Wertgerüsts, wozu wiederum die Höhe der Leistungsverpflichtungen und der Zinssatz gehören, von Bedeutung. Unterschiede zur steuerlichen Bewertung ergeben sich insb. im Hinblick auf die Bewertungsparameter Zinssatz und Kostensteigerungen. Ein Rückgriff auf die steuerlichen Werte ist somit grds. ausgeschlossen.[690] Neben den Pensionsgutachten für steuerliche Zwecke sind solche nunmehr i.d.R. auch für handelsrechtliche Zwecke notwendig.

In der Praxis wird die Pensionsbewertung durch **Versicherungsmathematiker (Aktuare)** durchgeführt. Dies gilt umso mehr aufgrund der komplexeren Bewertungsvorschriften seit BilMoG.[691] Der Bilanzierende wird deshalb regelmäßig für Zwecke der Bewertung ein entsprechendes **Gutachten** in Auftrag geben, sofern er nicht selbst einen entsprechend qualifizierten Aktuar beschäftigt. Dem Aktuar hat der bilanzierende Kaufmann dann die relevanten Rechnungsgrundlagen, ggf. unter Rücksprache mit dem Wirtschaftsprüfer, bereitzustellen. Ein entsprechender Auftrag ist exemplarisch im folgenden Schaubild zu sehen:

688 Vgl. Syst. Praxiskommentar Bilanzrecht/*Brösel/Freichel/Wasmuth*, § 253 HGB Rz. 154.

689 Vgl. auch im Folgenden Baetge/Kirsch/Thiele/*Hommel*, § 253 HGB Rz. 533 f.; Beck Bil-Komm/*Grottel/Johannleweling*, § 249 HGB Rz. 235.

690 Vgl. *Theile*, S. 80.

691 Vgl. *Wolz/Oldewurtel*, BBK 2010 S. 815, 825.

Abb. 13: Exemplarische Darstellung eines Auftrags zur Erstellung eines Pensionsgutachtens

Bewertung unmittelbarer Versorgungszusagen nach § 253 HGB

Bitte geben Sie nach Abstimmung mit Ihrem Wirtschaftsprüfer die Vorgaben für die Bewertung an.

	Standard		Modifizierungen	
Bewertungsverfahren:	PUCM (projected unit credit method)	☐	Modifizierter Teilwert nach Engbroks nach Neuburger	 ☐ ☐
Rechnungsgrundlagen:	Richttafeln Heubeck 2018 G (ohne Änderung)	☐	Modifizierte Sterbetafeln (bitte Rücksprache halten)	☐
Rechnungszins (gem. RückAbzinsV):	Zins für 15 Jahre Restlaufzeit (gesetzl. Vereinfachungsregel)	☐	Zins gem. tatsächlicher Restlaufzeit der Verpflichtungen	☐
Fluktuation:	Standardfluktuation	☐	keine Fluktuation Fluktuation in % p. a.	☐ __
Rententrend:	1,5 % p. a. bzw. gem. den individuellen Regelungen in der Zusage	☐	Rententrend in % p. a.	__
Anwartschaftstrend/ Gehaltstrend:	bei gehaltsabhängigen Zusagen 2,0 % p. a.	☐	Anwartschaftstrend in % p. a., ggf. abweichender Gehaltstrend in % p. a.	__ __

5.9.3 Bewertungsverfahren

Für Verpflichtungen, für die **keine Gegenleistung** mehr zu erwarten ist bzw. die voll erdient sind, ist der Barwert der zu leistenden Zahlungen anzusetzen. Dies betrifft laufende Pensionsverpflichtungen und unverfallbare Anwartschaften ausgeschiedener Pensionsberechtigter.[692]

Bei noch tätigen Pensionsberechtigten ist der Anwartschaftsbarwert mithilfe eines zulässigen Verfahrens zu bestimmen. Das Handelsrecht sieht diesbezüglich **kein bestimmtes Bewertungsverfahren** vor. Jedoch stellt das IDW fest, dass das gewählte Bewertungsverfahren den folgenden Anforderungen gerecht werden muss:[693]

- Die anerkannten Regeln der Versicherungsmathematik müssen Anwendung finden.
- Die Mittel für die Pensionsleistungen sind anzusammeln; die Ansammlung hat verursachungsgerecht zu erfolgen.

Im Hinblick auf die Bewertung der Rückstellungen für Altersversorgungsverpflichtungen wird kein konkretes versicherungsmathematisches Verfahren vorgeschrieben. Grundsätzlich ist bezüglich der versicherungsmathematischen Bewertungsverfahren zwischen den **Gleichverteilungsverfahren** und den **Ansammlungsverfahren** zu unterscheiden.[694] Der ersten Gruppe sind das (steuerlich vorgeschriebene und deshalb in Deutschland weit verbreitete) Teilwertverfahren

692 Vgl. Beck Bil-Komm/*Grottel/Johannleweling*, § 249 HGB Rz. 238; IDW RS HFA 30, IDW Life 2017 S. 102, 109.

693 Vgl. IDW RS HFA 30, IDW Life 2017 S. 102, 109.

694 Vgl. Syst. Praxiskommentar Bilanzrecht/*Brösel/Freichel/Wasmuth*, § 253 HGB Rz. 156.

und das Gegenwartswertverfahren zuzuordnen, dem zweiten Begriff ist bspw. das Anwartschaftsbarwertverfahren (in anderer Terminologie: „projected unit credit method“) zu subsumieren.[695] In der Wahl des Verfahrens ist der Bilanzierende grds. frei, solange das Verfahren zu einer realitätsgetreuen Aufwandsverteilung führt.[696] Daneben gilt es, das **Stetigkeitsgebot** zu beachten, wonach das einmal gewählte Verfahren beizubehalten ist,[697] wenn nicht besondere Umstände ein anderes Verfahren erforderlich machen.

PRAXISTIPP

Für die Bewertung von Altersversorgungsverpflichtungen ist kein konkretes versicherungsmathematisches Verfahren vorgeschrieben.

Beim **Anwartschaftsbarwertverfahren** wird der Barwert der zum Bilanzstichtag erdienten Pensionsansprüche bestimmt.[698] Die jährliche Zuführung („current service cost“) ergibt sich dann aus der Verzinsung der Vorjahresrückstellung sowie der Zuführung auf Grundlage des Leistungsplans, welcher „[...] die Höhe der erdienten Rechte auf betriebliche Altersversorgung für die bereits erbrachte Arbeitsleistung festlegt“.[699]

PRAXISTIPP

Das Anwartschaftsbarwertverfahren bietet bilanzpolitische Spielräume, weil es entgegen den Gleichverteilungsverfahren keine Anforderungen an die Höhe der einzelnen Ansammlungsbeträge stellt.

Die Zuführungsbeträge steigen c. p., weil der Verpflichtungstermin immer näher rückt und damit der Abzinsungsbetrag abnimmt. Bei Ermittlung der Rückstellung sind die Pensionsleistungen zudem mit den **biometrischen Wahrscheinlichkeiten** (siehe Kap. 5.9.4 sowie Kap. 5.14) zu gewichten.[700]

BEISPIEL Zum 1.1.t3 wird dem Angestellten A eine Pensionszusage gemacht. Demnach soll er zum Renteneintritt (31.12.t7) 50.000 EUR als einmalige Kapitalzahlung zugeteilt bekommen. Der zugrunde zu legende Rechnungszins sei einheitlich 4 %.

Biometrische Risiken und Fluktuationswahrscheinlichkeiten finden keine Beachtung.

Stichtag	Versorgungsaufwand in EUR	Zinsen in EUR	Gesamtaufwand in EUR	Rückstellungsbuchwert in EUR
31.12.t3	8.548,04	–	8.548,04	8.548,04
31.12.t4	8.889,96	341,92	9.231,88	17.779,92
31.12.t5	9.245,56	711,20	9.956,76	27.736,68
31.12.t6	9.615,38	1.109,47	10.724,85	38.461,53
31.12.t7	10.000,00	1.538,46	11.538,46	49.999,98

Die Zinsen der jeweiligen Periode ergeben sich durch Multiplikation des Zinssatzes mit dem Rückstellungsbuchwert der Vorperiode. Der Versorgungsaufwand der Periode ist der erdiente Anspruch der Periode (hier jeweils 10.000 EUR), auf den Bilanzstichtag abgezinst.

695 Vgl. *Keßler*, S. 118.

696 Siehe hierzu auch WPH Edition, Kap. F Rz. 591.

697 Vgl. IDW RS HFA 30, IDW Life 2017 S. 102, 113.

698 Vgl. *Hoffmann/Lüdenbach*, § 253 HGB Rz. 92. Siehe auch *Petersen*, S. 35 ff.

699 *Keßler*, S. 119. Siehe zum Leistungsverlauf für eine Anwartschaft *Heubeck*, S. 23 ff.

700 Denn der Barwert der Anwartschaft ist die „[...] Summe der abgezinsten und entsprechend den jeweiligen Eintrittswahrscheinlichkeiten gewichteten Barwerte [...]“; *Heubeck*, S. 80.

IFRS-Bilanzierer können wegen der Anwendung des nach IAS 19 vorgeschriebenen Anwartschaftsbarwertverfahrens („projected unit credit method") auf die Berechnungsgrundlagen der IFRS-Bilanz zurückgreifen, müssen aber die handelsrechtlich abweichende Abzinsung beachten.[701]

PRAXISTIPP

Bilanzierende, die auch einen IFRS-Abschluss aufstellen, sollten die Datengrundlagen des erstellten Pensionsgutachtens auch für die handelsrechtliche Bilanzierung nutzen. Der abweichende Rechnungszins ist hierbei zu beachten. Für die steuerrechtliche Bewertung muss jedoch ein separates Pensionsgutachten erstellt werden.

Im Gegensatz zu den Ansammlungsverfahren gehen die **Gleichverteilungsverfahren stets** von einer gleichmäßigen Erdienung der Pensionsansprüche aus.[702] Eine Anwendung dieser Verfahren in der Handelsbilanz setzt voraus, dass diese Annahme konform mit den wirtschaftlichen Gegebenheiten ist. Dies ist bspw. bei einmaligen Entgeltumwandlungen nicht der Fall.[703]

Bei den **Gleichverteilungsverfahren** wird ein fiktiver Versicherungsvorgang unterstellt, bei dem die gleichbleibenden Jahresprämien (Annuitäten) zur Vergütung der Arbeitsleistung geleistet werden und einer kalkulatorischen Verzinsung unterliegen.[704] Durch die Verzinsung der Prämien wird wie bei den Ansammlungsverfahren ein **progressiver Rückstellungsverlauf** erreicht, wobei dieser aufgrund der „Konstanz der Nettoprämien"[705] weniger ausgeprägt ausfällt.[706]

Bei den Gleichverteilungsverfahren ist zwischen dem Teilwert- und dem Gegenwartswertverfahren zu unterscheiden. Die Verfahren unterscheiden sich hinsichtlich des Zeitpunkts, ab dem die Pensionsrückstellung berechnet wird,[707] und führen dann bei sonst gleichen Bewertungsparametern zu **unterschiedlichen Ergebnissen,** wenn der Zeitpunkt der Pensionszusage vom Zeitpunkt des Diensteintritts abweicht.[708]

Beim **Gegenwartswertverfahren** wird die Pensionsrückstellung ab dem Zeitpunkt der Pensionszusage berechnet. Ab diesem Zeitpunkt wird die Rückstellung jährlich um die zusätzliche (gleichbleibende) Prämie aufgestockt und der Zins auf die Vorjahresrückstellung einbezogen. Zusätzlich sind die biometrischen Wahrscheinlichkeiten für Ereignisse wie Invalidität, Krankheit oder Tod zu beachten (siehe Kap. 5.9.4).

Hingegen stellt das **Teilwertverfahren** bei der Berechnung der Zuführungsbeträge auf den Zeitpunkt des Diensteintritts ab.[709] Dennoch erfolgt die Rückstellungsbilanzierung erst im Zeitpunkt der Pensionszusage. Weichen Diensteintritt und Zeitpunkt der Pensionszusage voneinander ab, kommt es zu einer Zuführung einer Einmalrückstellung zum Zeitpunkt der Pensionszusage. Glei-

701 Vgl. BT-Drucks. 16/10067 S. 56; *Hoffmann/Lüdenbach,* § 253 HGB Rz. 102.

702 Vgl. *Baetge/Kirsch/Thiele,* S. 442.

703 Vgl. Bertram/Kessler/Müller/*Bertram,* § 253 HGB Rz. 87; IDW RS HFA 30, IDW Life 2017 S. 102, 109.

704 Vgl. HdJ/*Heger/Weppler,* Abt. III 7 Rz. 104; *Petersen,* S. 35 f.

705 *Petersen,* S. 36.

706 Vgl. *Keßler,* S. 121.

707 Siehe auch *Baetge/Kirsch/Thiele,* S. 449 f.

708 Im Umkehrschluss so auch *Coenenberg/Haller/Schultze,* S. 473 f.

709 HdR-E/*Höfer,* § 249 HGB Rz. 684.

ches gilt auch bei einer nachträglichen Erhöhung der Pensionsleistung oder bei geänderten biometrischen Daten (siehe zu den biometrischen Daten Kap. 5.9.4).[710]

Abb. 14: Rückstellungsbewertung nach dem Teilwert- und dem Gegenwartswertverfahren[711]

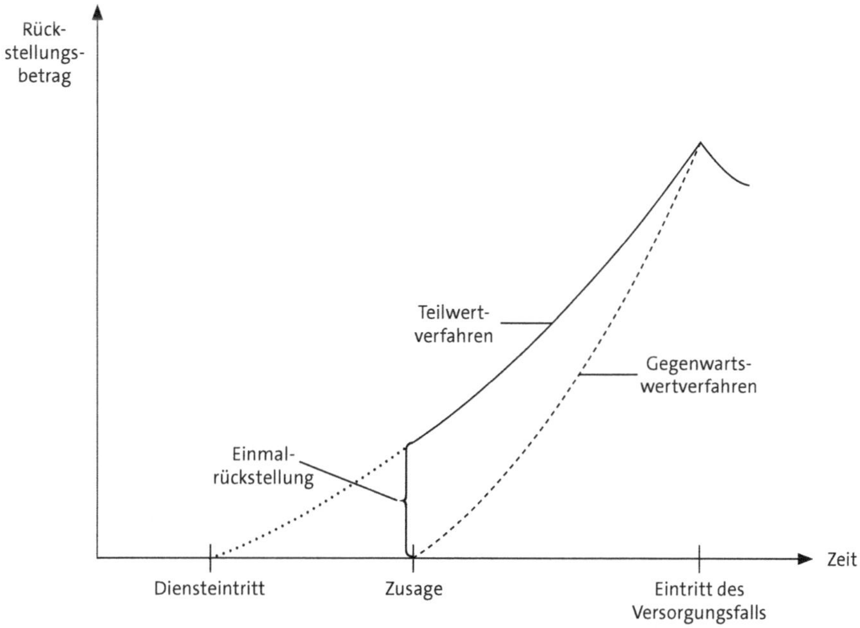

© Künkele/Vodermeier/Zwirner

BEISPIEL (WEITERFÜHRUNG DES BEISPIELS VON S. 195) ▸ Der Mitarbeiter sei zum 1.1.t1 in das Unternehmen eingetreten.

Nach dem **Gegenwartswertverfahren** ermittelt sich die Rückstellung wie folgt:

Zunächst sei auf die Formel für den Rentenendwert hingewiesen:

$R_n = r \times ([q^n - 1] / [q - 1])$

Wobei r die jährliche Annuität darstellt, die das Unternehmen als Versicherungsprämie zu leisten hat. Zudem gilt: $q = 1 + i$, wobei i den Zinssatz symbolisiert.

Durch Umstellung nach r ergibt sich bei bekanntem Rentenendwert (in unserem Fall 50.000 EUR) die Annuität:

$50.000\,\text{EUR} \times ([1{,}04 - 1] / [1{,}04^5 - 1]) = 9.231{,}36\,\text{EUR}$

Die Ansammlung der Rückstellung geschieht dann in der folgenden Weise. Hierbei gilt es zu beachten, dass für die Bemessung der Rückstellung nur der Zeitraum zwischen der Pensionszusage und dem Versorgungsfall maßgeblich ist.

710 Vgl. *Hoffmann/Lüdenbach*, § 253 HGB Rz. 97.

711 In Anlehnung an *Coenenberg/Haller/Schultze*, S. 475, sowie *Baetge/Kirsch/Thiele*, S. 449.

Stichtag	Versorgungsaufwand in EUR	Zinsen in EUR	Gesamtaufwand in EUR	Rückstellungsbuchwert in EUR
31.12.t3	9.231,36	–	9.231,36	9.231,36
31.12.t4	9.231,36	369,25	9.600,61	18.831,97
31.12.t5	9.231,36	753,28	9.984,64	28.816,61
31.12.t6	9.231,36	1.152,66	10.384,02	39.200,63
31.12.t7	9.231,36	1.568,02	10.799,38	50.000,01

Hingegen wird beim **Teilwertverfahren** auf den Zeitpunkt des Diensteintritts abgestellt. Da die Rückstellung dennoch erst ab dem Zeitpunkt der Pensionszusage bilanziert werden darf, ergibt sich eine hohe Einmalrückstellung zum 1.1.t3. Die Annuität in diesem Fall ist:

$50.000\,\text{EUR} \times ([1{,}04 - 1] / [1{,}04^7 - 1]) = 6.330{,}48\,\text{EUR}$

Zum 1.1.t3 muss zunächst für die zwei Jahre vor der Pensionszusage eine Einmalrückstellung gebildet werden. Diese beträgt 6.330,48 EUR × (1 + 1 + 0,04) = 12.914,18 EUR.

Stichtag	Versorgungsaufwand in EUR	Zinsen in EUR	Gesamtaufwand in EUR	Rückstellungsbuchwert in EUR
1.1.t3	12.660,96	253,22	12.914,18	12.914,18
31.12.t3	6.330,48	516,57	6.847,05	19.761,23
31.12.t4	6.330,48	790,45	7.120,93	26.882,16
31.12.t5	6.330,48	1.075,29	7.405,77	34.287,93
31.12.t6	6.330,48	1.371,52	7.702,00	41.989,93
31.12.t7	6.330,48	1.679,60	8.010,08	50.000,01

Festzuhalten bleibt, dass **ab dem Zeitpunkt des Eintritts des Versorgungsfalls,** ganz gleich ob ein Ansammlungs- oder ein Gleichverteilungsverfahren angewandt worden ist, die Rückstellungen für Altersversorgungsverpflichtungen o.Ä. den **gleichen Buchwert aufweisen;** nämlich den Barwert der vom Bilanzierenden zu erbringenden Leistungen.[712]

Bilanzierende sollten, sofern sie keinen IFRS-Abschluss aufstellen (siehe Kap. 5.9.3), das steuerliche **Teilwertverfahren** auch in der Handelsbilanz anwenden.[713] Abweichend zur Steuerbilanz müssen jedoch künftige Preis- und Kostensteigerungen sowie ein laufzeitadäquater Zinssatz berücksichtigt werden.[714]

PRAXISTIPP

Stellt das bilanzierende Unternehmen keinen IFRS-Abschluss auf, kann das steuerrechtliche, um notwendige Anpassungen modifizierte Teilwertverfahren auch in der Handelsbilanz angewandt werden. Es muss in diesem Fall ein Pensionsgutachten in Auftrag gegeben werden, das den steuer- und den handelsrechtlichen Wert separat ausweist.[715] Im Vergleich zum Rechtsstand vor BilMoG ergeben sich damit nicht zu verachtende Zusatzkosten,[716] da handelsrechtlich nicht mehr auf den steuerrechtlichen Wert nach § 6a EStG abgestellt werden darf.

712 Vgl. *Hoffmann/Lüdenbach,* § 253 HGB Rz. 96. Ähnlich auch *Heubeck,* S. 85.

713 Vgl. auch *Hoffmann/Lüdenbach,* § 253 HGB Rz. 102.

714 Vgl. *Hoffmann/Lüdenbach,* § 253 HGB Rz. 94 f.; *Thurnes/Hainz,* BRZ 2009 S. 212, 212: „Teilwertverfahren [...] ohne sachwidrige steuerrechtliche Einschränkungen [...]".

715 Vgl. *Zwirner,* BRZ 2010 S. 98, 99.

716 Vgl. *Thurnes/Hainz,* BRZ 2009 S. 212, 213.

Hingegen sollten IFRS-Bilanzierer das **Anwartschaftsbarwertverfahren** auch für die Handelsbilanz nutzen.[717] Aufgrund des abweichenden Zinsfußes wird jedoch eine Anpassung für Zwecke der handelsrechtlichen Rechnungslegung notwendig. Zudem muss für die Steuerbilanz ein gesonderter Rückstellungswert ermittelt werden (siehe auch Kap. 5.9.6.1). Das steuerliche **Teilwertverfahren** ist dabei losgelöst vom handelsrechtlichen Vorgehen anzuwenden. Insbesondere stellt der steuerliche Wert keinen Mindestwert für die Rückstellungsbemessung nach Handelsrecht dar.[718]

Bei sonst gleichen Parametern ergibt das **Teilwertverfahren** einen **höheren Rückstellungsbetrag** als das Anwartschaftsbarwertverfahren oder das Gegenwartswertverfahren.[719]

PRAXISTIPP

Wünscht der Bilanzierende den Ausweis eines hohen Jahresergebnisses, sollte er von der Anwendung des Teilwertverfahrens in der Handelsbilanz absehen.

Das **Gegenwartswertverfahren** war steuerrechtlich bis zum Jahr 1974 gesetzlich vorgeschrieben. Mit der steuerrechtlichen Bilanzierung zum Teilwert wurde das Verfahren obsolet. Auch für die Handelsbilanz wird dieses Verfahren, obwohl zulässig, praktischen Überlegungen nicht standhalten und ggü. dem Anwartschaftsbarwert- und dem Teilwertverfahren ohne Bedeutung bleiben.

5.9.4 Bewertungsparameter

Durch die verpflichtende Bewertung von Rückstellungen zum **Erfüllungsbetrag** sind auch künftige Preis- und Kostensteigerungen in den Wertansatz einzubeziehen (siehe hierzu auch Kap. 3.2.3). Für Rückstellungen für Altersversorgungszusagen bedeutet dies die zwingende Beachtung von **Lohn-, Gehalts- und Rententrends** bei der Rückstellungsbemessung.[720] Zwingende Voraussetzung für die Berücksichtigung von **Lohn- und Gehaltstrends**[721] ist, dass die Pensionsanwartschaft gehaltsabhängig ist (bspw. wenn das letzte bezogene Gehalt für den Altersversorgungsumfang maßgeblich ist).[722] Ist dies nicht der Fall, sind auch etwaige Lohn- und Gehaltssteigerungen zu vernachlässigen.

Lohn- und Gehaltssteigerungen sind zweifelsfrei immer dann in die Rückstellungsbemessung einzubeziehen, wenn sie auf **vertraglichen oder gesetzlichen Vorgaben** beruhen.[723] Beispielsweise kann mit dem Arbeitnehmer ein **Inflationsausgleich** vertraglich vereinbart werden. Die Höhe der voraussichtlichen Preissteigerung wirkt sich sodann auf den Erfüllungsbetrag der Altersversorgungsverpflichtung o. Ä. aus.

717 Mit der Vermutung, dass sich dieses Verfahren ggü. den anderen Verfahren durchsetzen wird: *Prinz*, BBK 2008 S. 237, 244.

718 Gleicher Ansicht Bertram/Kessler/Müller/*Bertram*, § 253 HGB Rz. 83. Auch stellt u. E. der handelsrechtliche Wert keinen Höchstwert für die Steuerbilanz im Zuge der Maßgeblichkeit dar – anders: *Höfer/Rhiel/Veit*, DB 2009 S. 1605, 1609.

719 Vgl. Beck Bil-Komm/*Grottel/Johannleweling*, § 249 HGB Rz. 240, sowie *Thurnes/Hainz*, BRZ 2009 S. 212, 213, die ausführen, dass bei sonst gleichen Parametern das Teilwertverfahren einen höheren Wert als das Anwartschaftsbarwertverfahren ergibt.

720 Vgl. IDW RS HFA 30, IDW Life 2017 S. 102, 107.

721 Die zwingende Berücksichtigung von Lohn- und Gehaltssteigerungen ist darauf zurückzuführen, dass Unternehmer sich diesen nicht entziehen können, da der Wettbewerb um Arbeitskräfte auch über das Gehalt ausgetragen wird. Zudem sind Arbeitnehmer z. T. gewerkschaftlich organisiert, was deren Machtposition bei Gehaltsverhandlungen ausbaut.

722 Vgl. *Harth* in: Kessler/Leinen/Strickmann, S. 356.

723 Vgl. Bertram/Kessler/Müller/*Bertram*, § 253 HGB Rz. 87 f.

PRAXISTIPP

Ist vertraglich ein Inflationsausgleich vereinbart, der sich an den tatsächlichen Inflationsdaten des Statistischen Bundesamts orientiert, kann für die Schätzung des Erfüllungsbetrags auch vereinfachend von einer jährlichen Preissteigerung von 2 % ausgegangen werden. Dies entspricht dem Ziel der EZB zur Schaffung von Preisstabilität.

Ist vertraglich ein entsprechender Zinssatz festgelegt, ist dieser anzuwenden.

Lohn-, Gehalts- und Rententrends sind nur dann zu berücksichtigen, wenn sie auf **„begründeten Erwartungen und hinreichend objektiven Hinweisen** beruhen“.[724] Dies ist bei Erfahrungswerten aus der Vergangenheit gegeben. Es können aber auch branchenspezifische Veröffentlichungen über Gehaltsentwicklungen etc. zur Anwendung kommen. Einzelne externe Ereignisse jedoch können keine Lohn-, Gehalts- oder Rententrends bei der Rückstellungsbemessung begründen.

Im Zusammenhang mit möglichen Rentensteigerungen ist auch die **Anpassungsprüfungspflicht** des § 16 BetrAVG zu nennen (siehe hierzu Kap. 5.5.1). Hier steht die Anpassung der Rentenbezüge jedoch unter der Bedingung einer ausreichenden Ertragslage des Unternehmens. Insbesondere in Zeiten höherer Inflationsraten ist sicherzustellen, dass bei der Bewertung der Pensionsverpflichtungen den künftigen Rentensteigerungen angemessen Rechnung getragen wird. Zwar sind die Rentenauszahlungen nur alle drei Jahre zu prüfen und anzupassen. Bei der Rückstellungsbewertung sind allerdings die künftigen Rentensteigerungen, die sich alle drei Jahre aus dem Vergleich des Verbraucherpreisindexes für Deutschland ergeben, zu berücksichtigen. Hierbei muss die Bewertung der Rückstellungen sicherstellen, dass es zu keinem sog. **„Anpassungsstau“** kommt.

Für die Festlegung der kurzfristig nach dem Abschlussstichtag zu erwartenden Anpassungen der laufenden Rentenzahlungen ist über die kurzfristigen Inflationserwartungen hinaus auch die sog. aufgelaufene Inflation (auch **„Anpassungsstau“** genannt) zu ermitteln. Hierbei handelt es sich um die seit dem letzten Anpassungsstichtag innerhalb des dreijährigen Zeitraums nach § 16 Abs. 1 BetrAVG bis zum Abschlussstichtag bereits aufgelaufene Inflationsentwicklung.[725]

In den letzten Jahren hat sich der relevante **Verbraucherpreisindex (VPI)** wie folgt entwickelt:[726]

31.12.2019	100,0
31.12.2020	99,8
31.12.2021	104,7
31.12.2022	113,2
31.12.2023	117,4
31.12.2024	120,5

Aus vorstehender Tabelle ist ersichtlich, dass die Steigerung des VPI zwischen dem 31.12.2020 und dem 31.12.2023 17,6 Prozentpunkte betrug. Dies bedeutet, dass bei einer Anpassung der Rentenzahlungen zum 1.1.2024 die Renten um 17,6 % nach oben angepasst werden mussten,

724 IDW RS HFA 30, IDW Life 2017 S. 102, 107, Hervorhebungen durch d. Verf.

725 Vgl. Sitzungsberichterstattung des FAB über die 274. FAB-Sitzung am 22.11.2023, IDW Life 2023 S. 1173 f. Vgl. auch *Zwirner*, BC 2023 S. 155 f.

726 Vgl. https://go.nwb.de/y9wr7, dort: Gesamtindex. Der VPI wurde zum 31.12.2019 auf 100,0 reindexiert.

wenn zum 1.1.2024 eine entsprechende Anpassung nach § 16 BetrAVG notwendig gewesen ist. Bei der Bewertung der Pensionsrückstellungen zum jeweiligen Stichtag ist die erwartete Erhöhung der Rentenzahlungen entsprechend zu antizipieren und zu berücksichtigen.

PRAXISTIPP

Künftige Erhöhungen der Rentenzahlungen müssen zwecks Vermeidung eines sog. „Anpassungsstaus" zutreffend bei der Bewertung der Pensionsverpflichtungen in der Handelsbilanz berücksichtigt werden. Steuerlich sind die künftigen Rentensteigerungen nicht zu antizipieren.

Umstritten ist, ob **Karrieretrends** bei der Bewertung von Rückstellungen für Altersversorgungsverpflichtungen einzuberechnen sind. Mit der Begründung, dass sich Karriere- und damit auch Gehaltssprünge nur dann ergeben, wenn das Unternehmen eine entsprechende Entscheidung fällt, wurde dies bereits abgelehnt.[727] Nach Ansicht des IDW sollten Karrieretrends in die Rückstellungsbewertung mit einfließen. Deswegen soll auf die angenommene Regelgehaltserhöhung ein Zuschlag vorgenommen werden.[728] In der Praxis führt dies zu faktischen Bewertungsspielräumen.

Bei der Rückstellungsbemessung ist zu beachten, wenn ermessensbehaftete Anpassungen der Zusagen in der Vergangenheit regelmäßig **ohne Vorbehalt** vorgenommen wurden. Hier ist zu untersuchen, ob aus dem vergangenen Handeln eine **faktische Leistungspflicht** aufgrund der betrieblichen Übung erwachsen ist.[729] Ist dem so, muss der bilanzierende Kaufmann diesem Umstand bei der Bewertung Rechnung tragen. Eine faktische Leistungsverpflichtung liegt allerdings dann nicht vor, wenn die Geschäftsführung in jedem Geschäftsjahr Anpassungen prüft, die auf Basis der von ihr angestellten Prognosen der zukünftigen Geschäftsentwicklung vorgenommen werden.

BEISPIEL ▸ Das Unternehmen U erhöht jährlich den Anspruch auf Einmalzahlung zum Renteneintritt seiner Mitarbeiter um 3 %. Diese Erhöhung wurde in jedem der letzten fünf Geschäftsjahre vorgenommen und am bekannten Kantinenaushang bekannt gegeben. Ein Vorbehalt wurde nicht gesetzt.

In diesem Fall ist von einer faktischen Verpflichtung zur Leistung einer Erhöhung der Zusage auch für die Zukunft auszugehen. Dies ist bei der Rückstellungsbemessung zu berücksichtigen.

Die Berücksichtigung von Preis- und Kostensteigerungen wird in der Praxis durch die **Vorgaben der Aktuare** begrenzt.[730] Deren Pensionsgutachten beinhalten bereits einen Vorschlag **bezüglich** der **Annahmen über Gehalts-, Renten- und sonstige Entwicklungen,** die auf Basis einer breiten Datengrundlage von den Aktuaren ermittelt worden sind. Der Bilanzierende wird im Einzelfall geringfügig von diesen Annahmen abweichen dürfen.[731] Wesentliche Abweichungen erfordern jedoch eine fundierte Argumentation ggü. dem Abschlussprüfer.

PRAXISTIPP

Bei größeren Abweichungen von den vorgeschlagenen Annahmen der Aktuare müssen die Grundlagen für die abweichenden Annahmen detailliert dokumentiert werden.

727 Vgl. Syst. Praxiskommentar Bilanzrecht/*Brösel/Freichel/Wasmuth*, § 253 HGB Rz. 163. Im Ergebnis auch *Harth* in: Kessler/Leinen/Strickmann, S. 359.

728 Vgl. IDW RS HFA 30, IDW Life 2017 S. 102, 107; gl. A. Bertram/Kessler/Müller/*Bertram*, § 253 HGB Rz. 87 f.

729 Vgl. Bertram/Kessler/Müller/*Bertram*, § 253 HGB Rz. 94.

730 Siehe auch *Harth* in: Kessler/Leinen/Strickmann, S. 359.

731 Vgl. *Harth* in: Kessler/Leinen/Strickmann, S. 359.

Bei der Ermittlung des notwendigen Erfüllungsbetrags sind die einzelnen Erfüllungsbeträge – so z. B. die einzelnen Rentenbeträge oder Beihilfen – mit den **biometrischen Wahrscheinlichkeiten** zu gewichten. Damit werden die Wahrscheinlichkeiten bestimmter Ereignisse wie Tod oder Invalidität einkalkuliert.[732] Zahlt der Arbeitgeber bspw. beim Ausscheiden des Arbeitsnehmers aus dem Unternehmen seinem Arbeitnehmer eine lebenslange Rente, so sind die einzelnen Rentenbeträge bei der Ermittlung des Erfüllungsbetrags mit der Wahrscheinlichkeit zu multiplizieren, dass der ehemalige Arbeitnehmer zu den entsprechenden Zeitpunkten noch lebt. Grundlage hierfür sind die sog. **Sterbetafeln.** Auf Basis der Sterbetafeln lassen sich dann die Wahrscheinlichkeiten ableiten, dass ein Anspruchsberechtigter in einem bestimmten Jahr stirbt.

Abb. 15: Sterbewahrscheinlichkeit für Männer in Deutschland[733]

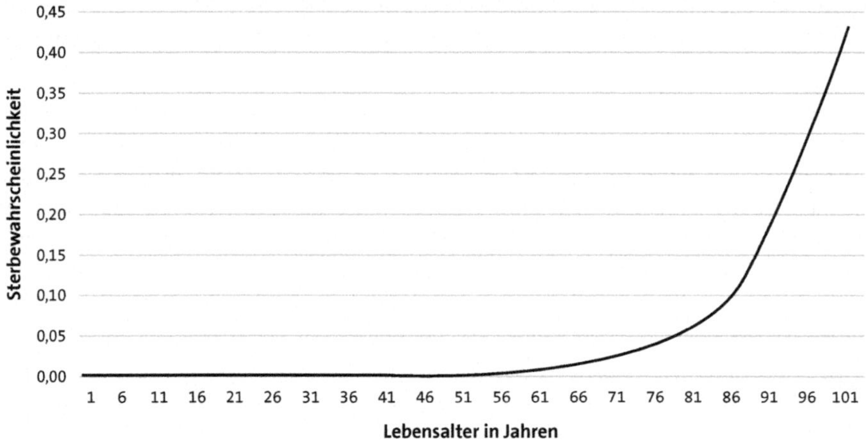

© Künkele/Vodermeier/Zwirner

Darüber hinaus sind in der Praxis aber auch Versorgungskonstruktionen anzutreffen, die im Fall eines Todes des Arbeitnehmers **Leistungen an die Witwe** auszahlen oder deren Leistungen an das Ereignis der **Invalidität** anknüpfen. Auch diese Wahrscheinlichkeiten müssen bei entsprechender Anwendbarkeit auf die gemachten Zusagen Berücksichtigung finden.

Derartige Wahrscheinlichkeiten werden von verschiedenen Institutionen auf Grundlage der Erfahrungswerte in die Zukunft projiziert. Die Aufgabe des Bilanzierenden bzw. im Regelfall des Aktuars ist es, **eine auf die Anspruchsberechtigten zutreffende Statistik** zu wählen.

Die Anwendung der **Sterbetafeln** für privat Rentenversicherte (DAV 2004R) und für privat Krankenversicherte (PKV 2000) ist unangemessen, soweit die Anspruchsberechtigten zu einem nicht unwesentlichen Teil nicht privat renten- bzw. krankenversichert sind.[734] Bei diesen Kollektiven handelt es sich nämlich um Gruppen mit einer durchschnittlich höheren Lebenserwar-

732 Vgl. *Heubeck,* S. 71.

733 Eigene Berechnung auf Basis der Daten des Statistischen Bundesamtes: https://go.nwb.de/5xb0q.

734 Vgl. Bertram/Kessler/Müller/*Bertram,* § 253 HGB Rz. 78.

tung. Zudem führen die entsprechenden Tafeln keine Wahrscheinlichkeiten für Invalidität oder Witwenhinterlassung.[735]

In der Praxis etabliert hat sich die Anwendung der Richttafeln von *Klaus Heubeck* (aktuelle Tafel RT 2018 G).[736] Berechnungen auf deren Grundlage, die üblicherweise auch in der Handelsbilanz herangezogen werden, können auch aufgrund der langjährig anerkennenden Verwaltungspraxis als entsprechend einer „Verkehrssitte" erfolgt anzusehen sein. Aus diesem Grund ist bei der Berechnung auf die Tafeln in der jeweils geltenden Fassung zurückzugreifen (dynamische Verweisung).[737] Die *Heubeck*-Tafeln beruhen auf allgemeingültigen Statistiken aller Erwerbstätigen in Deutschland, weswegen in der Literatur empfohlen wird, die Daten der **Richttafeln ggf. unternehmensspezifisch anzupassen.**[738] In diesem Zusammenhang wird bspw. eine Erhöhung der Lebenserwartung insb. für leitende Angestellte oder die Minderung des Witwenrisikos wegen der Zunahme von Ehescheidungen angeführt.[739] Unseres Erachtens führen solchen Anpassungen insb. bei großen Kollektiven nicht zu wesentlichen Abweichungen von dem unter Verwendung der *Heubeck*-Tafeln gewonnenen Wert und können deswegen grds. unterbleiben. Im Jahr 2018 wurden nach 13 Jahren infolge einer weiter gestiegenen Lebenserwartung und unter Ergänzung sozioökonomischer Faktoren neue Richttafeln veröffentlicht (vgl. dazu Kap. 5.14.2).[740]

PRAXISTIPP

In der Praxis werden die in Rede stehenden Richttafeln von *Heubeck* zumeist unmodifiziert benutzt. Dies ist grds. nicht zu beanstanden. Gleichwohl ist darauf hinzuweisen, dass dem Bilanzierenden somit ein nicht zu unterschätzender Bewertungsspielraum eingeräumt wird, der in Abhängigkeit vom jeweils zugrunde liegenden Einzelfall genutzt werden kann.

Die **Richttafeln** von *Heubeck* verwenden verschiedene Statistiken über die deutsche Bevölkerung als Datengrundlage.[741] Sie berechnen darauf aufbauend bspw. Wahrscheinlichkeiten der Invalidität, der Witwenhinterlassung oder des Todes und sind aufgrund der Spezifika der deutschen Bevölkerungsstruktur, wie bspw. des Gesundheitssystems oder der Arbeitsbeschäftigung, grds. **nur für deutsche Versorgungsverpflichtungen anwendbar.** Für Angestellte im Ausland sollten andere Tafeln Verwendung finden. Handelt es sich um eine vernachlässigbare Anzahl solcher Mitarbeiter, können die Richttafeln von *Heubeck* auch für die Gesamtheit der Versorgungsberechtigten Anwendung finden.[742]

Ist eine für die Berechnung der Abfindungshöhe anzuwendende Richttafel trotz fehlender ausdrücklicher Benennung **eindeutig bestimmt,** lässt sich eine Abfindungsklausel dahin auslegen, dass die Pensionsrückstellung steuerrechtlich anzuerkennen ist.[743]

Eine weitere in das Bewertungskalkül zu übernehmende Größe ist die **Mitarbeiterfluktuation.** Hierbei können sowohl (soweit zugänglich) Branchenwerte als auch unternehmensspezifische

735 Vgl. Beck Bil-Komm/*Grottel/Johannleweling,* § 249 HGB Rz. 244.

736 Vgl. grds. zu Modell, Herleitung und Formeln *Heubeck/Herrmann/D'Souza,* Blätter der DGVFM S. 473, 473 ff.

737 Vgl. BFH v. 10.7.2019, XI R 47/17, DStR 2019 S. 2128.

738 Vgl. Bertram/Kessler/Müller/*Bertram,* § 253 HGB Rz. 78; Syst. Praxiskommentar Bilanzrecht/*Brösel/Freichel/Wasmuth,* § 253 HGB Rz. 158.

739 Vgl. Beck Bil-Komm/*Grottel/Johannleweling,* § 249 HGB Rz. 244.

740 Vgl. dazu auch *Zwirner,* DB 2018 S. 2066, 2066 ff.

741 Siehe *Heubeck/Herrmann/D'Souza,* Blätter der DGVFM S. 474, 474 ff.

742 Gleicher Ansicht Bertram/Kessler/Müller/*Bertram,* § 253 HGB Rz. 77 ff.

743 Vgl. BFH v. 10.7.2019, XI R 47/17, DStR 2019 S. 2128.

Erfahrungswerte zum Einsatz kommen.[744] Die Bedeutung von Fluktuationswahrscheinlichkeiten für die Rückstellungsbemessung hat jedoch deutlich abgenommen. Ursächlich hierfür ist der Umstand, dass die Anwartschaft grds. bereits drei Jahre nach dem Zeitpunkt der Pensionszusage unverfallbar wird.[745] Dennoch sollte die Mitarbeiterfluktuation bei der Rückstellungsbewertung nicht völlig ausgeschlossen werden. Dabei ist eine „Abgeltung" der Fluktuationswahrscheinlichkeit in pauschaler Form, analog der steuerrechtlichen Vorgehensweise, allerdings nicht ausreichend.[746] Stattdessen sollte bei Ermangelung von unternehmensspezifischen Fluktuationsraten auf Branchenwerte zurückgegriffen werden. Für höhere Angestellte und Mitglieder der Organe ist die Fluktuationswahrscheinlichkeit gering und kann daher gänzlich vernachlässigt werden.[747]

PRAXISTIPP

Für leitende Angestellte und Organmitglieder ist die Fluktuationsrate zu vernachlässigen. Für die übrigen Anwartschaften reicht die Berücksichtigung einer branchenspezifischen Wahrscheinlichkeit.

Der i. R. der Wahrscheinlichkeitsbetrachtung ermittelte Erwartungswert für die Altersversorgungsverpflichtungen o. Ä. wird umso näher am tatsächlich eintretenden Wert liegen, je größer das Kollektiv ist, für welches die biometrischen Rechnungsgrundlagen angewandt werden **(Gesetz der großen Zahl).** Im Umkehrschluss heißt dies aber auch, dass der Berücksichtigung der Eigenschaften des Kollektivs bzw. des einzelnen Anspruchsberechtigten umso mehr Beachtung geschenkt werden muss, je kleiner das Kollektiv ist.

Die i. R. der Bewertung zu wählende **Altersgrenze** muss einer ggf. vertraglich fixierten Altersgrenze entsprechen, kann überdies aber auch die Pensionierungsgewohnheiten der jeweiligen Versorgungsbestände beachten (siehe auch zur Steuerbilanz Kap. 5.9.6.1).[748]

5.9.5 Diskontierung

Der Wahl des Zinssatzes ist besondere Aufmerksamkeit zu widmen, weil dieser, bezogen auf das Bewertungsergebnis, eine wesentliche Einflussgröße darstellt. Auch Pensionsrückstellungen unterliegen dem **allgemeinen Abzinsungsgebot** für Rückstellungen mit einer Restlaufzeit von größer als einem Jahr (siehe Kap. 3.3).[749] Demnach müsste jede einzelne Pensions- oder ähnliche Verpflichtung gem. ihrer (individuellen) Restlaufzeit abgezinst werden. Mit Blick auf den damit verbundenen Zeit- und Kostenaufwand bei der Ermittlung des Rückstellungsbuchwerts hat der Gesetzgeber jedoch eine Ausnahme von diesem Grundsatz in das Handelsrecht integriert. Nach § 253 Abs. 2 Satz 2 HGB „[...] dürfen Rückstellungen für Altersversorgungsverpflichtungen oder vergleichbare langfristig fällige Verpflichtungen pauschal mit dem durchschnittlichen **Marktzinssatz** abgezinst werden, der sich bei einer angenommenen Restlaufzeit **von 15 Jahren** ergibt".

744 Vgl. Bertram/Kessler/Müller/*Bertram*, § 253 HGB Rz. 80. Etwas enger, nämlich grds. ein Gebot der unternehmensspezifischen Ermittlung sehend *Gelhausen/Fey/Kämpfer*, Buchst. I Rz. 77.

745 Vgl. § 1b Abs. 1 BetrAVG; *Hoffmann/Lüdenbach*, § 253 HGB Rz. 91.

746 Gleicher Ansicht IDW RS HFA 30, IDW Life 2017 S. 102, 109.

747 Vgl. sinngemäß HdR-E/*Höfer*, § 249 HGB Rz. 677.

748 Vgl. Bertram/Kessler/Müller/*Bertram*, § 253 HGB Rz. 81. Anderer Ansicht *Höfer*, Rz. 305 f.

749 Dieses Abzinsungsgebot bezieht sich nach § 253 Abs. 2 Satz 3 HGB auch auf unverfallbare Anwartschaften.

Hierbei ist der Ermittlung des durchschnittlichen Zinssatzes, bezogen auf die anzunehmende Restlaufzeit, ein Durchschnittszeitraum von zehn Jahren zugrunde zu legen.[750]

PRAXISTIPP

Bei der Bewertung von Altersversorgungsverpflichtungen hat die Wahl des Zinssatzes einen erheblichen Einfluss auf die Höhe der Rückstellungen. Vor diesem Hintergrund ist das diesbezüglich eingeräumte Wahlrecht dahingehend unternehmensindividuell zu würdigen, welche Auswirkungen die verschiedenen Zinssätze auf die Höhe der in Rede stehenden Rückstellungen haben.

Diese vereinfachende Diskontierung der Pensionsrückstellungen ist immer dann unstrittig zulässig, wenn die tatsächlichen Verhältnisse nur **unwesentlich** von der Annahme einer 15-jährigen Restlaufzeit abweichen.[751]

BEISPIEL Die Fruktatis AG – gegründet in den 70er-Jahren des 20. Jahrhunderts – hat den Mitarbeitern, die im Gründungsjahr bereits angestellt waren, großzügige Pensionszusagen gemacht. Später wurden keine Pensionszusagen mehr erteilt, sodass sich die Pensionsverpflichtungen auf die genannte Personengruppe beschränken. Mittlerweile sind viele dieser Angestellten bereits in Rente und beziehen die Pensionsleistungen der Fruktatis AG. Ein weiterer Teil der Angestellten steht kurz vor dem Renteneintritt. Die durchschnittliche Lebenserwartung aller Anspruchsberechtigten beläuft sich auf Grundlage der der Pensionsbewertung zugrunde gelegten Sterbetafeln auf knapp zehn Jahre.

In diesem Fall ist es, der Forderung des § 264 Abs. 2 HGB nach einem sog. *true and fair view* folgend, **nicht sachgerecht,** die Abzinsung der Pensionsrückstellungen auf Grundlage des Zinssatzes für eine angenommene 15-jährige Restlaufzeit zu ermitteln. Andernfalls käme es zu einem Ausweis der Pensionsrückstellungen, der in einem falschen Vermögens- und Ertragsausweis resultiert. Gleichwohl erlaubt das Gesetz ohne Einschränkung die Anwendung der in § 253 Abs. 2 Satz 2 HGB vorgegebenen Erleichterungen.

BEISPIEL Die Groß & Zügig AG hat erfolgreich frisch graduierte Ingenieure angeworben. Die Personalverwaltung hält fest, dass 80 % der Pensionsanwärter jünger als 35 Jahre sind.

Unter den genannten Umständen darf nicht auf die pauschalisierte Annahme einer 15-jährigen Restlaufzeit zurückgegriffen werden. Die Restlaufzeit ist unternehmensspezifisch zu bestimmen.

Sollte **keine pauschale Abzinsung** vorgenommen werden, weil entweder das Wahlrecht willentlich nicht genutzt wird oder es wegen der Mitarbeiterstruktur nicht anwendbar ist, so muss der laufzeitkongruente Zinssatz Anwendung finden. Die Laufzeit ist als „[...] Duration im Sinne eines versicherungsmathematischen Schwerpunkts aller künftigen Zahlungen an den Versorgungsberechtigten zu verstehen“[752]. Vereinfachend ist daher, getrennt für Rentner und Anwärter,[753] die **Duration** zu berechnen (zur Duration siehe auch Kap. 3.3). Dabei ist (im einfachsten Fall) jede Zahlung mit der jeweiligen Laufzeit t (1, 2, ..., n) bis zu ihrem Anfall zu multiplizieren, abzuzinsen und mit der Lebenswahrscheinlichkeit im Zeitpunkt t zu gewichten. Die so gewonnenen Produkte sind zu summieren und durch die Summe aller abgezinsten Zahlungen zu dividieren. Anschließend kann durch Summierung der Produkte der einzelnen Durationen mit dem Anteil des Versorgungsumfangs für die jeweilige Personengruppe am gesamten Versorgungsumfang die Duration für den gesamten Bestand bestimmt werden:[754]

750 Mit Inkrafttreten des Gesetzes zur Umsetzung der Wohnimmobilienkreditrichtlinie und zur Änderung handelsrechtlicher Vorschriften am 17.3.2016 wurde der Betrachtungszeitraum zur Ermittlung des Zinssatzes zur Bewertung von Altersversorgungsverpflichtungen von sieben Jahren auf zehn Jahre ausgeweitet. Vgl. dazu ausführlich Kap. 5.13.

751 Vgl. auch *Baetge/Kirsch/Thiele*, S. 440.

752 IDW RS HFA 30, IDW Life 2017 S. 102, 108.

753 Nach *May/Querner/Schmitz*, DB 2005 S. 1229, 1231.

754 Vgl. *May/Querner/Schmitz*, DB 2005 S. 1229, 1232.

$D_{Bestand} = D_{Anwärter} \times$ Anteil Versorgungsumfang Anwärter + $D_{Rentner} \times$ (1 – Anteil Versorgungsumfang Anwärter)

BEISPIEL Vereinfachend wird von einem Kollektiv von zwei Mitarbeitern ausgegangen. Der eine Mitarbeiter sei Pensionsempfänger und der andere Anwärter. Beide seien Männer, wobei der Pensionsempfänger 85 Jahre alt ist und der Anwärter 51 Jahre. Die monatliche Rentenzahlung sei bei beiden Mitarbeitern gleich (deswegen wird hier einfach mit der Zahl 1 gerechnet).

Für den 85 Jahre alten Mann ergibt sich die Duration vereinfachend durch Multiplikation der einzelnen, abgezinsten Zahlungen (hier Nominalbetrag 1) mit der Zahl der Jahre bis zur Restlaufzeit, multipliziert mit seiner Lebenswahrscheinlichkeit im jeweiligen Zeitpunkt, dividiert durch die Summe der betrachteten, abgezinsten Zahlungen. Gehen wir vereinfachend von einer Betrachtung bis zum Alter 100 aus, ergibt sich folgende Berechnung:

$D_{Rentner} = (0{,}29285331 \times [1 / 1{,}0375] \times 1 + 0{,}25606194 \times [1 / 1{,}039^2] \times 2 + ... + 0{,}00447861 \times [1 / 1{,}0518^{16}] \times 16) / (0{,}29285331 \times [1 / 1{,}0375] + 0{,}25606194 \times [1 / 1{,}039^2] + ... + 0{,}00447816 \times [1 / 1{,}0518^{16}])$

$D_{Rentner} \approx 4$

Auf gleiche Weise berechnet, ergibt sich für den Anwärter eine Duration von rd. 38 Jahren.

Der Mittelwert beträgt 21 Jahre. Der Zinssatz für diese Laufzeit ist bei der Diskontierung heranzuziehen.

PRAXISTIPP

Nochmals sei darauf hingewiesen, dass den Bilanzierenden keine Pflicht trifft, die soeben gemachten Berechnungen für jeden einzelnen Anwärter und jeden einzelnen Pensionär anzustellen. Vielmehr ist es ausreichend, diese Duration vom „Durchschnittsanwärter" und vom „Durchschnittspensionär" getrennt nach Geschlechtern und ggf. sonstigen signifikanten Unterschieden zu ermitteln und daraus einen gewichteten Mittelwert zu bestimmen.

Bei der **erstmaligen Einbuchung** einer Pensionsrückstellung empfiehlt das IDW **keinen Zinsertrag aus der Abzinsung** auszuweisen. Stattdessen soll die Pensionsrückstellung netto, d.h. nach Abzinsung, gegen den Personalaufwand gebucht werden.[755] Unseres Erachtens ist auch die Bruttomethode zulässig.

5.9.6 Steuerrechtliche Bewertung von Pensionsrückstellungen

5.9.6.1 Allgemein

Die Ermittlung der Pensionsrückstellung hat in der Steuerbilanz stets nach dem **Teilwertverfahren** (siehe Kap. 5.9.3) zu erfolgen.[756] Ein Wahlrecht über das Bewertungsverfahren besteht nicht. Für **unverfallbare Anwartschaften und laufende Leistungen** ist der Barwert der Leistungen anzusetzen.[757]

Die **Dienstzeit** (benötigte Rechengrundlage des Teilwertverfahrens) bemisst sich ab der tatsächlichen Aufnahme der Tätigkeit. Dienstzeiten, die bei anderen Arbeitgebern abgeleistet wurden, werden grds. nicht hinzugerechnet. Ausnahmen bilden Umwandlungsfälle und Betriebsübergänge (siehe Kap. 5.12).

Beim steuerlichen Teilwertverfahren werden die Zuführungsbeträge von Pensionsrückstellungen als Annuitäten ermittelt, die sich für den Zeitraum zwischen Diensteintritt und Renteneintritt

755 Vgl. IDW RS HFA 30, IDW Life 2017 S. 102, 109.

756 Vgl. § 6a Abs. 3 Nr. 1 EStG.

757 Vgl. § 6a Abs. 3 Nr. 2 EStG.

ergeben. Bezüglich dieser **Altersgrenze**[758] ist grds. auch im Steuerrecht auf den vertraglich festgelegten Zeitpunkt abzustellen.[759] Eine wesentliche Abweichung vom gesetzlichen Renteneintrittsalter wird von der Finanzverwaltung wohl aber nur im Ausnahmefall anerkannt.[760] Ein solcher Fall liegt bspw. bei Flugpersonal vor, das altersbedingt schon vor dem gesetzlichen Renteneintrittsalter ausscheiden muss. Wird von einer über das Pensionsalter hinausgehenden Beschäftigung ausgegangen (sog. **technische Rentner**), kann auch das geschätzte, spätere Pensionseintrittsalter zur Berechnung herangezogen werden. Diesbezüglich besteht für die Steuerbilanz ein Wahlrecht.[761] Es kann jedoch auch der Zeitpunkt der frühestmöglichen Inanspruchnahme der vorzeitigen Altersrente nach § 6 BetrAVG gewählt werden (für Jahrgänge ab 1951 63 Jahre).[762] Arbeitet ein Versorgungsberechtigter über die Altersgrenze hinaus, ohne Pensionsleistungen zu beziehen, sind die Pensionsrückstellungen aufzulösen.[763]

Das bei der Berechnung der steuerlichen Rückstellungen für Pensionsverpflichtungen **verwendete Endalter** kann einen wesentlichen Einfluss auf die Höhe der Rückstellung für Leistungsanwärter haben. Es dient zum einen als das Alter, zu dem der Beginn von Zahlungen als Altersleistung angenommen wird, und zum anderen als das Alter, zu dem die Finanzierung der Pensionszusage rechnerisch abgeschlossen ist. Je niedriger das Endalter angesetzt wird, desto höher ist bei Leistungsanwärtern i.d.R. die Pensionsrückstellung. Aus diesem Grund ist die Verwendung eines niedrigen Endalters durch die Einkommensteuerrichtlinien (R 6a Abs. 11 EStR) eingeschränkt: Grundsätzlich sei das vertraglich vereinbarte Alter anzusetzen, zu dem die Altersleistung beginnen soll. Jedoch könne ein höheres Alter (sog. erstes Wahlrecht) oder das Alter der frühestmöglichen Inanspruchnahme der vorzeitigen Altersrente aus der gesetzlichen Rentenversicherung (das häufig verwendete sog. zweite Wahlrecht) als Endalter angesetzt werden, wobei eine „Voraussetzung für die Ausübung des zweiten Wahlrechtes ist, dass in der Pensionszusage festgelegt ist, in welcher Höhe Versorgungsleistungen von diesem Zeitpunkt an gewährt werden“ (R 6a Abs. 11 Satz 4 EStR).

Mit dem **BFH-Urteil aus 2019** verwarf das Gericht die bis dahin von der Finanzverwaltung vertretene Ansicht, dass bei der Bewertung von Direktzusagen mit unterschiedlichen vertraglich vereinbarten Pensionierungsaltern ein einheitliches Endalter angesetzt werden müsse, wenn das zweite Wahlrecht angewandt wird: „Die gegenüber einem Berechtigten getroffene Wahl gilt einheitlich für die gesamte Pensionsverpflichtung, einschließlich einer etwaigen Entgeltumwandlung im Sinne von § 1 Abs. 2 Betriebsrentengesetz“ (R 6a Abs. 11 Satz 10 EStR).[764] Der BFH legte dagegen fest, „dass hinsichtlich des Finanzierungsendalters bei verschiedenen gegenüber einem Arbeitnehmer erteilten Pensionszusagen mit jeweils unterschiedlichen Pensionsaltern nach Wahl des Berechtigten jeweils auf den in den einzelnen Zusagen vereinbarten Leistungszeitpunkt abzustellen ist“. Mehrere Pensionszusagen an denselben Arbeitnehmer mit unterschiedlichen vertraglichen Pensionierungsaltern gelten also hinsichtlich der Berechnung der steuerlichen Pensionsrückstellung als jeweils eigenständige Zusagen.

758 Siehe *Höfer*, Rz. 305 ff.

759 Vgl. R 6a Abs. 11 Satz 1 EStR.

760 Vgl. *Höfer*, Rz. 307 f.

761 Vgl. R 6a Abs. 11 Satz 2 EStR.

762 Vgl. BMF v. 5.5.2008, IV B 2 – S 2176/07/0009, BStBl. I 2008 S. 569; siehe auch R 6a Abs. 11 Satz 3 und 4 EStR.

763 Vgl. *Weber-Grellet* in: Schmidt, § 6a EStG Rz. 58.

764 Vgl. BFH v. 20.11.2019, XI R 42/18, DStRE 2020 S. 580.

Mit dem **BMF-Schreiben vom 2.5.2022** wird festgelegt, dass R 6a Abs. 11 Satz 10 EStR nicht weiter anzuwenden sei, dass also kein einheitliches Endalter mehr anzusetzen ist: „Das zweite Wahlrecht kann für unterschiedliche Pensionszusagen des Berechtigten unabhängig voneinander ausgeübt werden."[765] Wenn die nun aufgehobene Regelung in der Vergangenheit bereits angewandt wurde, also das Endalter einer Pensionszusage in Übereinstimmung mit dem Endalter einer anderen Zusage an denselben Arbeitnehmer festgelegt wurde, „kann das zweite Wahlrecht nach R 6a Absatz 11 Satz 3 EStR spätestens in der Bilanz des nach dem 29. Juni 2023 endenden Wirtschaftsjahres einmalig neu ausgeübt oder eine frühere Ausübung dieses Wahlrechtes zurückgenommen werden"[766] (Übergangsregelung).

Bei der Berechnung der Anwartschaften dürfen nach § 6a Abs. 3 Nr. 1 Satz 4 EStG **Erhöhungen und Verminderungen der Pensionsleistungen erst bei Eintritt** berücksichtigt werden. Das heißt, dass Lohn- und Gehaltstrends ohne Bedeutung für die steuerliche Bewertung sind. Eine Projektion der Trends in die Zukunft ist steuerrechtlich unzulässig.[767] Dies gilt unbeschadet etwaiger Vertragsvereinbarungen über Anpassungen an Preisindizes etc.[768] Wird eine Gehaltserhöhung vereinbart und ist die Pensionsleistung gehaltsabhängig, sind Zuführungen zu den Pensionsrückstellungen erst bei Zahlung des höheren Gehalts geboten.

§ 6a Abs. 4 Satz 1 EStG normiert das **Nachholverbot** für **unterlassene Zuführungsbeträge.** Nach der in Rede stehenden Norm darf als jährlicher Zuführungsbetrag nur der Unterschiedsbetrag zwischen dem Teilwert am Ende des letzten Geschäftsjahres und dem Teilwert zum Abschlussstichtag des Berichtsjahres angesetzt werden. Sofern dieser Unterschiedsbetrag auf geänderten biometrischen Rechnungsgrundlagen beruht, besteht ein Verteilungswahlrecht. Da bei erstmaliger Bildung der Rückstellung kein Vorjahreswert zu beachten ist, ergibt sich bei einer vom Dienstantritt zeitdifferenten Pensionszusage ein erhöhter Zuführungsbetrag (siehe Kap. 5.9.6). Die vom Nachholverbot betroffenen Beträge dürfen erst bei Eintritt des Versorgungsfalls oder Dienstaustritt der entsprechenden Arbeitskräfte nachpassiviert werden.

Das Nachholverbot gilt bei „[...] inhaltlich unverändert gebliebenen Versorgungsverpflichtungen"[769], nicht aber bei Erhöhungen der Pensionszusagen. Unter das **Nachholverbot fallen folgende Sachverhalte:**

- Unterschiedsbeträge aus der Änderung des Rechnungszinses,[770]
- Unterschiedsbeträge aus Rechtsirrtümern,[771]
- zu niedriger Wertansatz wegen Berechnungsfehlern.[772]

Das **Nachholverbot gilt nicht (mehr)** bei:

- Eintritt des Versorgungsfalls,
- Ausscheiden des Arbeitnehmers,

765 BMF v. 2.5.2022, IV C 6 – S 2176/20/10005 :001, DStR 2022 S. 887.
766 BMF v. 2.5.2022, IV C 6 – S 2176/20/10005 :001, DStR 2022 S. 887.
767 Vgl. *Weber-Grellet* in: Schmidt, § 6a EStG Rz. 57.
768 Vgl. *Höfer,* Rz. 391.
769 *Weber-Grellet* in: Schmidt, § 6a EStG Rz. 61 ff., Ergänzungen durch d. Verf.
770 Vgl. BFH v. 10.7.2002, I R 88/01, BStBl. II 2003 S. 936.
771 Vgl. BFH v. 13.2.2008, I R 44/07, BStBl. II 2008 S. 673.
772 Vgl. BFH v. 14.1.2009, I R 5/08, BStBl. II 2009 S. 457.

- Änderung biometrischer Rechnungsgrundlagen (siehe Kap. 5.9.3),
- obsoleter Rechtsprechung,[773]
- formwandelnder Umwandlung einer Anstalt des öffentlichen Rechts in eine KapG,[774]
- Zuführungen, die zu einem Übersteigen des handelsbilanziellen Werts der Pensionsrückstellungen führen.[775]

Tritt die Invalidität oder die Pension **vorzeitig** ein, d. h. vor Erreichen des vereinbarten Alters, darf der dann notwendige Zuführungsbetrag[776] über drei Geschäftsjahre verteilt passiviert werden.[777] Dieses Vorgehen stimmt nicht mit der handelsrechtlich zu fordernden Handhabung überein. In der Handelsbilanz muss der Differenzbetrag vollständig im Jahr des auslösenden Vorfalls passiviert werden.

Eine Ausscheidenswahrscheinlichkeit für die **Mitarbeiterfluktuation** darf bei der steuerrechtlichen Bewertung **nicht in die Berechnung** einfließen. Mit den beschränkenden Ansatzkriterien des § 6a Abs. 2 EStG wird die Mitarbeiterfluktuation bereits pauschal abgegolten (siehe Kap. 5.9.4).

Nach § 6a Abs. 3 Satz 3 EStG ist der **steuerrechtliche Rechnungszinsfuß** mit **6 %** festgelegt. Die damit einhergehende Vereinfachung bei der Ermittlung der Rückstellung ist begrüßenswert, vernachlässigt wird jedoch das aktuelle Zinsniveau. In einem Urteil von 2023, bezogen auf das Jahr 2015, wurde vom Bundesverfassungsgericht die Verfassungsmäßigkeit des Rechnungszinsfußes von 6 % bestätigt.[778]

Auch für die Steuerbilanz gilt das **Stichtagsprinzip**, d. h., entscheidend für die Bilanzierung und die Bemessung der Rückstellung ist die verobjektivierte Einschätzung des Bilanzierenden zum Bilanzstichtag. So hat es auch das Finanzgericht Düsseldorf in einem Urteil aus dem Jahr 2024 im Falle einer zu hohen Pensionsrückstellung aufgrund eines arbeitsgerichtlichen Urteils entschieden. Da für die Rückstellungsbildung auch im Steuerrecht die arbeitsrechtliche Beurteilung zum Bilanzstichtag maßgebend ist, führt der – aus der Rückschau getroffene – Einwand des Beklagten in dem vom FG Düsseldorf zu beurteilenden Sachverhalt, die Rechtslage sei klar und die später streitige Betriebsvereinbarung sei nichtig, nicht zum Passivierungsausschluss in der Bilanz zum 31.12.2006. Denn ob im Einzelfall eine rechtsverbindliche Pensionsverpflichtung besteht, ist nicht aus steuerrechtlicher Sicht, sondern aus **Sicht der Arbeitsgerichtsbarkeit** zu beurteilen. Es soll im Zweifelsfall darauf ankommen, „ob nach der arbeitsrechtlichen Rechtsprechung damit zu rechnen ist, dass im Fall einer Klage dem Pensionsberechtigten Pensionsleistungen zugesprochen werden“. Dabei sei „zu berücksichtigen, dass die arbeitsrechtliche Rechtsprechung einen Pensionsanspruch im Zweifel eher bejaht als verneint hat“. Zudem ist zu beachten, dass auch im Arbeitsrecht der allgemeine Grundsatz „pacta sunt servanda“ gilt, weshalb grds. von einer Bindung des Arbeitgebers auszugehen sei. Solange nicht die Unwirksamkeit gerichtlich festgestellt ist, konnte der Arbeitgeber nicht davon ausgehen, dass eine geschlossene Betriebsvereinbarung als „Gesetz des Betriebs“ unwirksam ist. Eine zivilrechtliche Streitentscheidung

773 Vgl. BFH v. 7.4.1994, IV R 56/92, BStBl. II 1994 S. 740.

774 Vgl. BFH v. 8.10.2008, I R 3/06, BStBl. II 2010 S. 186.

775 Vgl. BMF v. 12.3.2010, IV C 6 – S 2133/09/10001, BStBl. I 2010 S. 240.

776 Barwert der gewichteten Rentenleistungen abzgl. des passivierten Teilwerts.

777 Vgl. § 6a Abs. 4 Satz 5 EStG.

778 Vgl. BVerfG v. 28.7.2023, 2 BvL 22/17, DStR 2023 S. 2051.

über die Rechtswirksamkeit der Versorgungszusage wirkt ohne explizite Anordnung in § 6a EStG auch steuerrechtlich nicht auf den Bilanzstichtag der Rückstellungsbildung zurück.[779]

Hinsichtlich der erstmaligen Anwendung der *Heubeck*-Richttafeln 2018 wird auf Kap. 5.14.4 verwiesen.

5.9.6.2 Entgeltumwandlungszusagen

Eine steuerrechtliche Besonderheit gilt auch bei **Entgeltumwandlungszusagen.** Kraft § 6a Abs. 3 Satz 2 Nr. 1 Halbsatz 2 EStG ist bei derartigen Zusagen mindestens der Anwartschaftsbarwert der Zusage zu bilanzieren. Übersteigt der Teilwert zum Abschlussstichtag den Anwartschaftsbarwert, so ist dieser anzusetzen.[780] Dies gilt nicht im Fall eines beherrschenden Gesellschafter-Geschäftsführers, da dieser kein Arbeitnehmer i. S. des BetrAVG ist.[781]

BEISPIEL ▸ Der im Alter von 30 Jahren in das Unternehmen eingetretene Mitarbeiter Willi Wichtig wird von der Geschäftsleitung sehr geschätzt. Nach fünf Jahren Betriebszugehörigkeit, zum 31.12.t1, wird Herrn Wichtig eine Zusage i. H. von 10.000 EUR gemacht. Dafür verzichtet Willi auf einen Teil seines Dezembergehalts i. H. von 1.000 EUR.

Zum 31.12.t1 würde der Anwartschaftsbarwert von Willi Wichtig 1.000 EUR betragen. Hingegen würde sich ein Teilwert von rd. 600 EUR ergeben.[782]

Zum 31.12.t1 wären 1.000 EUR als Rückstellung zu bilanzieren.

5.9.6.3 Überversorgung

5.9.6.3.1 Ermittlung der Überversorgung

Fraglich ist, ob der Steuerpflichtige die künftigen „Preissteigerungen" bei der Rückstellungsbewertung vorwegnehmen kann, indem er dem Arbeitnehmer bereits heute einen absoluten Betrag für den Versorgungsfall zusagt, der diese Preissteigerungen berücksichtigt.[783] Dahinter verbirgt sich die Frage nach der zulässigen **Höchstgrenze** für Anwartschaften.

Der BFH hat in regelmäßiger Rechtsprechung die **75-%-Grenze** geprägt.[784] Nach dieser „Formel" darf die betriebliche Versorgungsanwartschaft (unabhängig davon, welche[r] Durchführungsweg[e] gewählt wurde[n]) zusammen mit der künftigen gesetzlichen Altersrente maximal 75 % des aktuellen Bruttoeinkommens betragen.[785] Der die 75-%-Grenze überschreitende Teil wird steuerrechtlich nicht anerkannt.

PRAXISTIPP

Für die Steuerbilanz muss die folgende Formel erfüllt sein (alle Größen jeweils zu den Verhältnissen am Bilanzstichtag):

betriebliche Versorgungsanwartschaft + gesetzliche Altersrente < 0,75 × Bruttolohn des Arbeitnehmers

779 Vgl. FG Düsseldorf v. 15.1.2024, 6 K 2351/19 K (anhängig beim BFH unter XI R 10/24), BB 2024 S. 1520.

780 Vgl. auch *Höfer*, Rz. 357.

781 Vgl. BFH v. 27.5.2020, XI R 9/19, DStR 2020 S. 2063.

782 Siehe zur grundsätzlichen Berechnung Kap. 5.9.3. Dabei wurde der einschlägige Zinssatz von 6 % herangezogen.

783 Siehe anschaulich *Höfer*, Rz. 402 ff.

784 Vgl. BFH v. 17.5.1995, I R 16/94, BStBl. II 1996 S. 420; BFH v. 31.3.2004, I R 70/03, BStBl. II 2004 S. 937.

785 Gleich lautend auch das Schreiben des BMF v. 3.11.2004, IV B 2 – S 2176 – 13/04, BStBl. I 2004 S. 1046.

Die Größen der Formel bedürfen einer näheren Erläuterung:[786] Als **Bruttolohn** sind sämtliche Bezüge i.S. des § 2 LStDV anzusehen. Auch variable Bestandteile sind in diese Größen einzubeziehen. Leistungen wie Tantiemen, Sachzuwendungen oder Boni sind für die letzten fünf Jahre zu bestimmen und zu mitteln.[787] Der Durchschnittswert ist sodann dem Bruttolohn zuzurechnen. Nach Ansicht des BMF sollen im Zuge von Entgeltumwandlungszusagen vom Arbeitnehmer einbehaltene Entgelte vom Bruttolohn abgezogen werden.[788] Dieses Vorgehen bleibt zu kritisieren,[789] weil auch Entgeltumwandlungszusagen Arbeitslohn i.S. des § 2 Abs. 2 Nr. 3 LStDV darstellen und der Abzug dieser Zusagen vom Bruttolohn nur der Herabsetzung der Überversorgungsgrenze dient.

Die zu berücksichtigenden **Versorgungsleistungen** umfassen sämtliche Altersversorgungsansprüche (Direktzusage, Direktversicherung, Pensionskasse, Unterstützungskasse und Pensionsfonds). Versorgungsleistungen aus Entgeltumwandlungen sind jedoch nicht zu beachten.[790] Außer Acht zu lassen sind ferner zugesagte Anpassungen (Steigerungen) der Rentenleistungen nach § 16 BetrAVG, wenn diese einen Wert von 3 % p.a. nicht übersteigen.[791] Genauso wenig sind unverfallbare Anwartschaften einzubeziehen, die bei anderen Arbeitgebern erworben wurden.[792] Bei Beitragszusagen mit einer festgeschriebenen Mindestleistung ist auf den rechnerischen Wert der Mindestleistung im Pensionsalter abzustellen.[793] Bei einmaligen Kapitalleistungen gilt ein Zehntel der Leistung als Jahresbetrag der lebenslänglich laufenden Leistung.[794] Es sind jeweils die Wertverhältnisse am Bilanzstichtag maßgeblich.

Die erwarteten **Leistungen aus der gesetzlichen Rentenversicherung** ergeben sich aus den **Renteninformationen/Rentenauskünften** des zuständigen Rentenversicherungsträgers, die grds. alle Versicherten ab dem 27. Lebensjahr einmal jährlich erhalten.[795] Alternativ ist auch die Berechnung über das steuerliche Näherungsverfahren möglich.[796]

PRAXISTIPP

Um die Ermittlung der möglichen Altersrente aus der gesetzlichen Rentenversicherung mit dem steuerlichen Näherungsverfahren zu vermeiden, sollte der Bilanzierende auf die an die Arbeitnehmer adressierten Renteninformationen/-auskünfte zurückgreifen.

Die Prüfung der 75-%-Grenze ist insb. für Pensionszusagen an Gesellschafter-Geschäftsführer vorzunehmen (siehe hierzu auch Kap. 5.8). Für die restliche Belegschaft reicht **eine summarische Prüfung,** die jedoch in den seltensten Fällen das Erreichen der 75-%-Grenze anzeigen wird.[797]

786 Auf den speziellen Fall des Wechsels vom Teilzeit- zum Vollzeitbeschäftigungsverhältnis wird an dieser Stelle nicht näher eingegangen. Siehe dazu BMF v. 3.11.2004, IV B 2 – S 2176 – 13/04, BStBl. I 2004 S. 1047.

787 Vgl. BMF v. 3.11.2004, IV B 2 – S 2176 – 13/04, BStBl. I 2004 S. 1046.

788 Vgl. BMF v. 3.11.2004, IV B 2 – S 2176 – 13/04, BStBl. I 2004 S. 1047.

789 Vgl. *Höfer*, Rz. 414.

790 Vgl. BMF v. 3.11.2004, IV B 2 – S 2176 – 13/04, BStBl. I 2004 S. 1047.

791 Vgl. BMF v. 3.11.2004, IV B 2 – S 2176 – 13/04, BStBl. I 2004 S. 1046.

792 Vgl. zur Summe der Versorgungsleistungen *Höfer*, Rz. 418 ff.

793 Vgl. BMF v. 3.11.2004, IV B 2 – S 2176 – 13/04, BStBl. I 2004 S. 1046.

794 Vgl. BMF v. 3.11.2004, IV B 2 – S 2176 – 13/04, BStBl. I 2004 S. 1046.

795 Vgl. § 109 Abs. 1 SGB VI.

796 Siehe BMF v. 15.3.2007, IV B 2 – S 2176/07/0003, BStBl. I 2007 S. 290 ff.

797 Vgl. *Höfer*, Rz. 425.

PRAXISTIPP

Trotz des Einzelbewertungsgrundsatzes reicht eine summarische Überprüfung der 75-%-Grenze. Die einzelfallbezogene Prüfung ist hingegen für Pensionszusagen an Gesellschafter-Geschäftsführer geboten.

BEISPIEL Im Folgenden soll die Prüfung der 75-%-Grenze nach Maßgabe der Vorgaben der Finanzverwaltung (d. h. auch unter Beachtung der Ausführungen zu den Entgeltumwandlungen, siehe Kap. 5.9.6.2) kurz verdeutlicht werden.

Das Unternehmen U sagt dem Geschäftsführer G des Unternehmens eine lebenslange Rente i. H. von 15.000 EUR monatlich zu, die der mittlerweile 50-Jährige ab dem Pensionsalter von 65 Jahren erhalten soll. Im Jahr 2010 betrug das Bruttogehalt des G 160.000 EUR, hinzu kam ein Bonus i. H. von 200.000 EUR. Im Jahr t5 verzichtete G auf Gehalt i. H. von 40.000 EUR zugunsten einer Entgeltumwandlungszusage. Demnach soll er zusätzlich zu den Rentenleistungen beim Renteneintritt eine einmalige Kapitalleistung von 84.000 EUR erhalten. Die gesetzliche Altersrente liegt annahmegemäß bei 2.200 EUR.

Die Prüfung der 75-%-Grenze setzt das Wissen über die Bonuszahlungen der Vorjahre voraus. Diese seien wie folgt angefallen (unter Mitberücksichtigung des aktuellen Bonus):

t1	t2	t3	t4	t5
70.000	–	–	150.000	200.000

Die durchschnittliche Bonuszahlung beträgt folglich 84.000 EUR ([70.000 EUR + 150.000 EUR + 200.000 EUR] / 5).

Die gesamten Aktivbezüge ermitteln sich sodann in der folgenden Weise:

	Bruttojahresgehalt	160.000 EUR
+	durchschnittlicher Bonus der letzten fünf Jahre	84.000 EUR
–	Entgeltumwandlungen	40.000 EUR
=	maßgebliche Aktivbezüge	204.000 EUR
×	0,75	
-	75 % Grenze	153.000 EUR

Bei Vergleich mit der Altersrente i. H. von 206.400 EUR (12 × 15.000 EUR betriebliche Altersversorgung + 12 × 2.200 EUR gesetzliche Altersrente) ergibt sich ein Differenzbetrag von 53.400 EUR, in Höhe dessen die 75-%-Grenze überstiegen wird. Dieser Betrag ist in der Steuerbilanz gewinnerhöhend zu berücksichtigen.

5.9.6.3.2 Steuerliches Näherungsverfahren

Das BMF hat sich in einem Schreiben vom 5.5.2008 abermals zur Ermittlung der gesetzlichen Rente mittels **Näherungsverfahren** geäußert. In aggregierter Form errechnet sich die Monatsrente eines Arbeitnehmers aus der allgemeinen Rentenversicherung nach der folgenden Formel:[798]

$$R_x = EP_x \times AR \times ZF_x$$

Wobei EP_x für die im Alter maßgebenden Entgeltpunkte, AR für den am Bilanzstichtag maßgebenden aktuellen Rentenwert[799] und ZF_x für den maßgebenden Zugangsfaktor im Alter x steht.

798 BMF v. 15.3.2007, IV B 2 – S 2176/07/0003, BStBl. I 2007 S. 290.

799 Vgl. § 68 SGB VI.

Die bis zum Alter x aufgelaufenen **Entgeltpunkte** werden getrennt **für die Vergangenheit** (d.h. bis zum Alter t_0, dem Alter des Arbeitnehmers zum Bilanzstichtag) und für die Zukunft ermittelt. Als weitere Konvention sei $t := \min\{t_0; x\}$ genannt. Für die in der Vergangenheit erworbenen Entgeltpunkte gilt die Schätzung:[800]

$V_{t0x} = \max(t - x_0; 0) \times (0{,}0831 + 0{,}7748 \times [\min\{0{,}9 \times BBG; G\} / GD] \times B_t)$

x_0 ist das fiktive Versicherungsbeginnalter (siehe Kap. 5.9.6.3.2), G sind die am Bilanzstichtag maßgebenden Bruttobezüge; GD ist das am Bilanzstichtag maßgebende vorläufige Durchschnittsentgelt i.S. von § 69 Abs. 2 Nr. 2 SGB VI; BBG die am Bilanzstichtag maßgebende Beitragsbemessungsgrenze in der allgemeinen Rentenversicherung nach § 159 SGB VI und B_t ist der BBG-Faktor. Dieser „[...] berücksichtigt die außerordentliche Erhöhung der Beitragsbemessungsgrenze im Jahre 2003 (§ 275c SGB VI)“[801]. Falls $G > 0{,}9 \times BBG$ und $t > x_0$, gilt:

$B_t = 1 + ([\min\{G; BBG\} - 0{,}9 \times BBG] / [0{,}9 \times BBG]) \times ([\max\{t - \max(x_0; t_{2003}); 0\}] / [t - x_0])$; sonst ist $B_t = 1$

t_{2003} ist das versicherungstechnische Alter am 1.1.2003.

Für die **Zukunft** (also für den Zeitraum zwischen t_0 und x) wird der Erwerb weiterer **Entgeltpunkte** i.H. von Z_{t0x} unterstellt, wobei diese sich wie folgt bemessen:[802]

$Z_{t0x} = \max(x - t_0; 0) \times (\min[G; BBG]) / GD$

Die Entgeltpunkte im Alter x können dann wie folgt berechnet werden:[803]

$EP_x = V_{t0,x} + Z_{t0,x} \times (1 + [\max\{60 - x; 0\}] / [x - x_0])$

Zusätzlich ist zur Berücksichtigung der allgemeinen Wartezeit von fünf Jahren[804] die folgende Bedingung zu beachten:

$EP_x = 0$ für $x < x_0 + 5$

Das **fiktive Versicherungsbeginnalter** x_0 wird nach Maßgabe des BMF durch das Verhältnis G/GD bestimmt:

G/GD	x_0
bis 0,4	18
über 0,4 bis 0,7	19
über 0,7 bis 1,1	20
über 1,1 bis 1,3	21
über 1,3 bis 1,5	22
über 1,5 bis 1,7	23
über 1,7	24

800 BMF v. 15.3.2007, IV B 2 – S 2176/07/0003, BStBl. I 2007 S. 290.
801 BMF v. 15.3.2007, IV B 2 – S 2176/07/0003, BStBl. I 2007 S. 292.
802 BMF v. 15.3.2007, IV B 2 – S 2176/07/0003, BStBl. I 2007 S. 290.
803 BMF v. 15.3.2007, IV B 2 – S 2176/07/0003, BStBl. I 2007 S. 291.
804 Vgl. § 50 SGB VI.

Die Formel verlangt die Angabe eines **Zugangsfaktors.** Dieser ist in § 77 SGB VI ersichtlich.

Ein kurzes Rechenbeispiel soll die soeben gemachten Ausführungen verdeutlichen:

BEISPIEL

Bilanzstichtag:	31.12.t1
Beitragsbemessungsgrenze in der gesetzlichen Rentenversicherung für t1 BBG (Westdeutschland):	66.000 EUR
Gehalt G:	46.200 EUR
Vorläufiges Durchschnittsentgelt aller Versicherten für t2 GD:	32.003 EUR
Bilanzalter:	48
Alter am 1.1.t6	40
AR	27,20 EUR

Es soll näherungsweise die im Alter von 65 Jahren gezahlte gesetzliche Rente berechnet werden (ZF = 1).

$0{,}9 \times BBG = 0{,}9 \times 66.000\,EUR = 59.400\,EUR;\ 46.200\,EUR \times 59.400\,EUR \rightarrow B_t = 1$

$G/GD = 46.200\,EUR/32.003\,EUR = 1{,}44 \rightarrow x_0 = 22$

$t = \min(48;65) = 48$

$v_{48,65} = \max(48 - 22;\ 0) \times (0{,}0831 + 0{,}7748 \times ([\min\{0{,}9 \times 66.000;\ 46.200\}] / 32.003) \times 1)$

$v_{48,65} = 26 \times 0{,}0831 + 0{,}7748 \times (46.200 / 32.003) \times 1 = 31{,}24$

$z_{48,65} = \max\{65 - 48;\ 0\} \times (\min[46.200;\ 66.000] / 32.003) = 24{,}54$

$EP_{65} = (31{,}24 + 24{,}54) \times (1 + \max[60 - 65;\ 0] / [65 - 22]) = 55{,}78$

$R_{65} = EP_{65} \times AR \times ZF_{65} = 55{,}78 \times 27{,}20 \times 1 = 1.517\,EUR$

Die monatliche Rente des Arbeitnehmers aus der gesetzlichen Rentenversicherung wird voraussichtlich etwa 1.517 EUR betragen.

5.9.7 Bewertung von Rückstellungen für Pensionen und ähnliche Verpflichtungen in ausgewählten Sonderfällen

5.9.7.1 Wertpapiergebundene Zusagen

Eine i. R. des BilMoG eingeführte Neuerung betrifft **wertpapiergebundene** Zusagen (siehe zur grundsätzlichen Systematik wertpapiergebundener Zusagen auch Kap. 5.9.2). In der unternehmerischen Praxis sind immer häufiger Vereinbarungen anzutreffen, bei denen sich der Rentenumfang an der Wertentwicklung von bestimmten Aktien u. Ä. bemisst. Um die Bilanzierung derartiger Altersversorgungsverpflichtungen zu erleichtern,[805] wurde eine Vorschrift etabliert, welche die Bemessung der Altersversorgungsverpflichtung auf Basis des Zeitwerts der entsprechenden Wertpapiere vorsieht.[806] Die Einholung eines Pensionsgutachtens ist dann u. U. hinfällig.[807]

Konkret schreibt § 253 Abs. 1 Satz 3 HGB vor, dass sich der Bilanzwert von Altersvorsorgeverpflichtungen, deren Höhe sich „[...] ausschließlich nach dem beizulegenden Zeitwert von Wert-

805 Vgl. BT-Drucks. 16/12407 S. 85.

806 Vgl. § 253 Abs. 1 Satz 3 HGB.

807 Vgl. BT-Drucks. 16/12407 S. 85. Der Gesetzgeber begründet die Einführung der Norm auch mit den Einsparungen, die durch die Hinfälligkeit der Erstellung von Pensionsgutachten entstehen. Ein Pensionsgutachten ist dann erforderlich, wenn der garantierte Mindestbetrag nicht überschritten wird – vgl. auch *Harth* in: Kessler/Leinen/Strickmann, S. 361.

papieren im Sinn des § 266 Abs. 2 A.III.5 bestimmt [...]", nach dem **Zeitwert**[808] **dieser Wertpapiere** bemisst. Dies gilt, solange dieser Zeitwert einen **garantierten Mindestbetrag** übersteigt.

Der **Zeitwert** ist anhand der gesetzlichen Bewertungshierarchie des § 255 Abs. 4 HGB zu bestimmen. Vorrangig ist deshalb auf den Markt- bzw. Börsenpreis der Wertpapiere abzustellen.[809] Lässt sich kein solcher Preis ermitteln, ist auf den Markt- oder Börsenpreis eines vergleichbaren Wertpapiers abzustellen. Erst wenn sich auch hierdurch kein verlässlich bestimmbarer Zeitwert ergibt, ist auf die „allgemein anerkannten Bewertungsverfahren" zurückzugreifen. Allgemein anerkannt sind insb. die ertrags- oder kapitalwertorientierten Verfahren.[810] Lässt sich auch auf dieser Ebene kein verlässlicher Zeitwert ermitteln, muss die Bewertung der Wertpapiere zu fortgeführten Anschaffungs- oder Herstellungskosten erfolgen.

Mit dem **garantierten Mindestbetrag** ist der Erfüllungsbetrag der Garantieleistung gemeint. Folglich gilt für diesen Betrag auch das Abzinsungsgebot des § 253 Abs. 2 HGB.[811]

PRAXISTIPP

Zum Bilanzstichtag ist der Zeitwert der Wertpapiere, der der Zusage unterliegt, mit dem abgezinsten garantierten Mindestbetrag zu vergleichen. Es gilt:

abgezinster Mindestbetrag > Zeitwert der Wertpapiere zum Bilanzstichtag → abgezinster Mindestbetrag ist anzusetzen

abgezinster Mindestbetrag < Zeitwert der Wertpapiere zum Bilanzstichtag → Zeitwert der Wertpapiere ist anzusetzen

BEISPIEL Die Groß & Zügig AG gewährt dem leitenden Angestellten Rainer Lahm eine wertpapiergebundene Pensionszusage. Zum Renteneintritt (gesetzliches Renteneinstiegsalter bei Herrn Lahm ist 67) erhält der Angestellte mindestens die um 2 % p. a. verzinsten Beiträge (1.000 EUR p. a.) i. R. einer Einmalzahlung. Im Übrigen bemisst sich der Rentenanspruch von Herrn Lahm am Zeitwert seiner Aktienfondsanteile, welche durch die vom Arbeitgeber geleisteten Altersversorgungszahlungen finanziert werden.

Zum 31.12.t3 ist Herr Lahm 47 Jahre alt. Seit dem 1.1.t1 wurden für seine Altersvorsorge jährlich 1.000 EUR Aktienfondsanteile erworben. Zum 31.12.t3 beläuft sich der Zeitwert der Fondsanteile auf 2.650 EUR.

Der garantierte Mindestbetrag ist zu berechnen, indem die jeweiligen Zuführungsbeträge bis zum Renteneintritt aufgezinst und dann mit dem entsprechenden Zinssatz für die Laufzeit vom Bilanzstichtag bis zum Renteneintritt abgezinst werden. Der Zinssatz für die Zeit bis zum Renteneintritt (= 20 Jahre) wird mit 5,26 % angenommen. Zur Vereinfachung wird von den sonst notwendigen Bewertungsparametern (siehe Kap. 5.9.4) abgesehen.

abgezinster Mindestbetrag = $(1.000 \times 1{,}02^{20} + 1.000 \times 1{,}02^{21} + 1.000 \times 1{,}02^{22}) / 1{,}0526^{20}$ = 1.631 EUR

Die Pensionszusage ist folglich mit dem Zeitwert der Fondsanteile i. H. von 2.650 EUR anzusetzen.

Durch den Verweis auf § 266 Abs. 2 A.III.5 soll klargestellt werden, dass unter Wertpapiere alle Titel fallen, die auch vom **Wertpapierbegriff** des § 266 HGB erfasst werden. Auf die Zugehörigkeit zum Anlagevermögen wird nicht abgezielt.[812] Vom Begriff werden bspw. erfasst:

808 Siehe hierzu Syst. Praxiskommentar Bilanzrecht/*Richter/Künkele/Zwirner*, § 255 HGB Rz. 286 ff.

809 Siehe Syst. Praxiskommentar Bilanzrecht/*Richter/Künkele/Zwirner*, § 255 HGB Rz. 303 ff.

810 Vgl. Syst. Praxiskommentar Bilanzrecht/*Richter/Künkele/Zwirner*, § 255 HGB Rz. 317 ff. Bei Anwendung „allgemein anerkannter Bewertungsverfahren" sind die Angabepflichten des § 285 Nr. 20 HGB zu beachten.

811 Vgl. Syst. Praxiskommentar Bilanzrecht/*Brösel/Freichel/Wasmuth*, § 253 HGB Rz. 152.

812 Vgl. IDW RS HFA 30, IDW Life 2017 S. 102, 111.

- Aktien,
- Pfandbriefe,
- Kommunalobligationen,
- Industrie- und Bankobligationen,
- Investmentanteile,
- Anteile an offenen Immobilienfonds,
- Genussscheine,
- Wandelschuldverschreibungen,
- Optionsscheine,
- Gewinnschuldverschreibungen,
- Wertrechte.

GmbH-Geschäftsanteile gehören jedoch nicht hierzu, da diese nicht verbrieft sind.[813] Unbeachtlich ist, ob die Wertpapiere tatsächlich vom bilanzierenden Unternehmen gehalten werden.[814]

Werden die Papiere jedoch vom bilanzierenden Unternehmen gehalten, kann sich eine **Bewertungsdifferenz** ergeben,[815] denn während die Pensionsverpflichtung ggf. nach dem Zeitwert der Wertpapiere berechnet wird, werden die Wertpapiere selbst mit ihren AK bewertet. Damit eine solche Bewertungsdifferenz nicht auftritt, müssen die Wertpapiere dem Kriterium der „zugriffsfreien Auslagerung" genügen.[816] Dann sind sie entgegen dem Anschaffungskostenprinzip zum Zeitwert zu bewerten und mit den Altersversorgungsverpflichtungen zu saldieren (siehe Kap. 5.9.7.2).

Im Fall der nicht „zugriffsfreien Auslagerung" der im Eigentum befindlichen Wertpapiere kann jedoch auch die Bildung einer **Bewertungseinheit** in Betracht kommen, wenn die Voraussetzungen des § 254 HGB erfüllt werden. Dann sind auch die Wertpapiere unter Anwendung der Durchbuchungsmethode zum Zeitwert zu bewerten.[817]

813 Vgl. IDW RS HFA 30, IDW Life 2017 S. 102, 111.

814 Vgl. *Harth* in: Kessler/Leinen/Strickmann, S. 361; IDW RS HFA 30, IDW Life 2017 S. 102, 111.

815 Siehe auch *Harth* in: Kessler/Leinen/Strickmann, S. 362.

816 Vgl. Beck Bil-Komm/*Grottel/Johannleweling*, § 249 HGB Rz. 248.

817 Vgl. IDW RS HFA 30, IDW Life 2017 S. 102, 111.

Abb. 16: Bewertung wertpapiergebundener Versorgungszusagen[818]

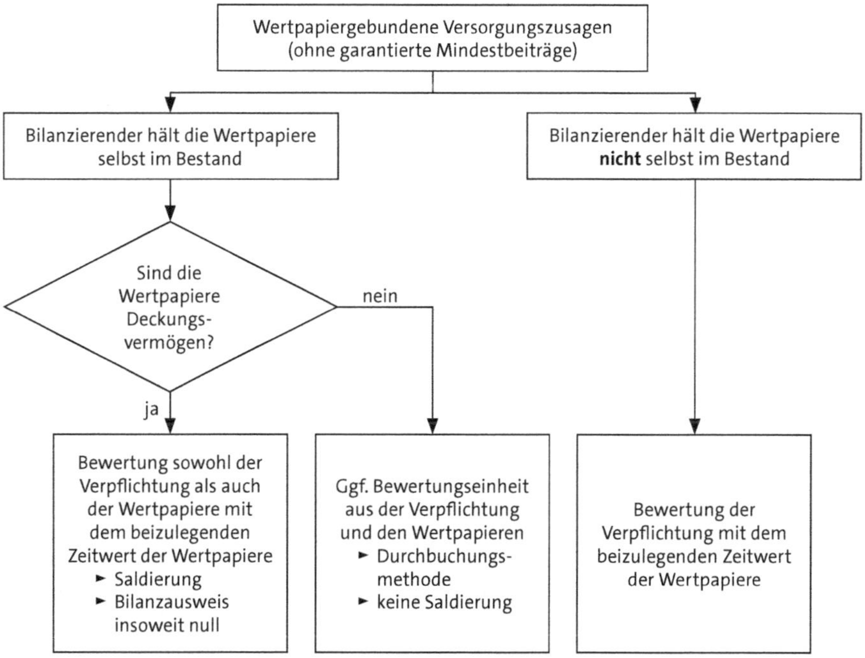

In der Steuerbilanz gilt nach dem Urteil des Bundesfinanzhofs vom 4.9.2024 – XI R 25/21:

Pensionsrückstellungen sind dem Grunde nach auch für **erteilte Versorgungszusagen** zu bilden, die einen rechtsverbindlichen Anspruch auf Versorgungsleistungen bei Eintritt des Versorgungsfalls unter der aufschiebenden Bedingung einräumen, dass sich die Höhe der zugesagten Leistung danach richtet, welchen Wert eine Rückdeckungslebensversicherung, die in Fondsanteile investiert, beim Eintritt des Versorgungsfalls hat. Der Teilwert ist mit dem jeweils aktuellen Wert der Rückdeckungslebensversicherung (bzw. der Fondsanteile) zum jeweiligen Bilanzstichtag zu bewerten.

Die Ausführungen gelten sinngemäß auch für **Rückdeckungsversicherungsansprüche** (siehe zum Begriff Kap. 5.9.7.2), wenngleich sie nicht als Wertpapiere anzusehen sind.[819] Richtet sich also die Höhe der Altersversorgungszusagen ausschließlich nach dem beizulegenden Zeitwert des Rückdeckungsversicherungsanspruchs, so ist dieser Wert maßgeblich für den Bilanzwert der Rückstellung. Sind überdies die Voraussetzungen des § 246 Abs. 2 Satz 1 HGB erfüllt, muss eine Saldierung des Zeitwerts der Rückdeckungsversicherung mit den entsprechend gesicherten Pensionsrückstellungen erfolgen.

PRAXISTIPP

Der Zeitwert der Rückdeckungsversicherung ist von den Versicherungsunternehmen mitzuteilen. Er ergibt sich aus dem versicherungstechnischen Deckungskapital der Versicherung.

818 Leicht modifiziert entnommen aus IDW RS HFA 30 n. F., Rz. 76.

819 Vgl. Beck Bil-Komm/*Grottel/Johannleweling*, § 249 HGB Rz. 248.

Deckt die Rückdeckungsversicherung **nur einen Teil** der Pensionsverpflichtung ab, dann ist dieser Teil mit dem Zeitwert zu bewerten, während der andere Teil nach dem Teilwert- oder dem Anwartschaftsbarwertverfahren ermittelt wird.[820]

BEISPIEL ▶ Ein Unternehmen schließt mit einem Vorstandsmitglied eine Pensionsvereinbarung ab. Es wird vereinbart, dass das Unternehmen 50% der Zusage durch eine Rückdeckungsversicherung absichern muss. Festgehalten wird auch, dass der Rentenanspruch sich für die genannten 50% am Wert der Rückdeckungsversicherung orientiert.

Während die Hälfte der Pensionszusage zum beizulegenden Zeitwert des Rückdeckungsversicherungsanspruchs zu bewerten ist, unterliegt die andere Hälfte den allgemeinen Bewertungsprinzipien für Pensionsrückstellungen.

Das IDW hat sich mit dem Rechnungslegungshinweis „Handelsrechtliche Bewertung von Rückstellungen für Altersversorgungsverpflichtungen aus rückgedeckten Direktzusagen" (IDW RH FAB 1.021) zu Bilanzierungsfragen geäußert. Die Anwendung ist für Jahresabschlüsse ab dem 31.12.2022 verpflichtend. Mithilfe des **IDW RH FAB 1.021** soll nun eine kongruente Bewertung von Versicherungsanspruch und Pensionsverpflichtung stattfinden, soweit die finanziellen Zu- bzw. Abflüsse vergleichbar sind.[821]

Die kongruente Bewertung von Versicherungsanspruch und Pensionsverpflichtung erfordert eine Zahlungsstrombetrachtung, also einen Vergleich der Zahlungen an den Bilanzierenden aus einer abgeschlossenen Rückdeckungsversicherung und der Zahlungen des Arbeitgebers an den Arbeitnehmer. Der Buchwert des Rückdeckungsversicherungsanspruchs muss dann insoweit dem notwendigen Erfüllungsbetrag der korrespondierenden Altersversorgungsverpflichtung entsprechen. Alternativ können sog. faktorbasierte Bewertungsverfahren angewandt werden. Hierbei wird die Identifikation korrespondierender Zahlungsflüsse mithilfe geeigneter Barwerte der Zahlungsströme erreicht. Beide Verfahren setzen dabei umfassende Informationen zu den Rückdeckungsversicherungen voraus. Die kongruente Bewertung ergibt sich auf zwei Arten:

- indem die Pensionsrückstellung mit dem Buchwert des korrespondierenden Rückdeckungsversicherungsanspruchs bewertet wird **(Passivprimat)** oder
- indem der Rückdeckungsversicherungsanspruch i.H. des notwendigen Erfüllungsbetrags der korrespondierenden Pensionsrückstellung in Ansatz gebracht wird **(Aktivprimat).**

Insgesamt wird daher zu einem jeden Bewertungsstichtag eine Pensionsverpflichtung mit dem bereits finanzierten Anspruch aus der Rückdeckungsversicherung auf korrespondierende Zahlungsströme zu vergleichen sein. Die Bewertung des inkongruenten Teils erfolgt nach den alten Grundsätzen. Insgesamt sind diese Thematik und der vorliegende Rechnungslegungshinweis als komplex zu bewerten. Die Einschätzung allein am Standard zur Rechnungslegung fällt aufgrund der tatsächlichen Begebenheiten schwer. Die Ermittlung der kongruenten Teile ist sehr komplex und kann nicht ohne Spezialwissen eines Aktuars durchgeführt werden.

Es ist naheliegend, bei einer **kongruenten Bewertung** für die korrespondierenden Teile der Pensionszusage und der Rückdeckungsversicherung die erfolgswirksamen Größen in gleicher Höhe anzusetzen: Beim Aktivprimat kann für den kongruenten Teil der Verpflichtung der Zinsaufwand in gleicher Höhe wie der Zinsertrag angesetzt werden. Beim Passivprimat kann für den kongru-

820 Vgl. *Hoffmann/Lüdenbach*, § 253 HGB Rz. 106.

821 Vgl. IDW RH FAB 1.021, IDW Life 7/2021 S. 777 ff. Vgl. weiterführend zu den Regelungen nach IDW RH FAB 1.021 *Henckel/Meyer/Peun/Roß*, WPg 2022 S. 1088–1097; *Oser/Wirtz*, StuB 2023 S. 111 f.; *Oser/Wirtz*, StuB 2025 S. 9.

enten Teil der Rückdeckungsversicherung der Zinsertrag in gleicher Höhe wie der Zinsaufwand angesetzt werden. Liegen die genauen Werte nicht vor, kann der Zinsaufwand respektive der Zinsertrag für den kongruenten Teil unter Zugrundelegung eines einheitlichen Zinses berechnet werden. Für den inkongruenten Teil erfolgt die Berechnung unverändert wie bisher. Ein Zinsänderungsrisiko kommt somit nur für den inkongruenten Teil der Verpflichtung in Betracht und betrifft nur den Passivposten.[822]

Hier ist festzustellen, dass bei **Ansatz des Aktivprimats** der kongruente Teil der Pensionsverpflichtung mit dem Aktivwert der Rückdeckung angesetzt wird und infolgedessen unabhängig vom Zinssatz nach § 253 Abs. 2 HGB ist. Somit wird der Unterschiedsbetrag bzw. die Ausschüttungssperre beim Aktivprimat nur für den inkongruenten Teil der Verpflichtung ermittelt.

Beim **Passivprimat** wirkt sich die Differenz aus der Verwendung eines siebenjährigen und eines zehnjährigen Durchschnittszinses vollständig eigenkapitalerhöhend aus, da der Unterschiedsbetrag für die gesamte Verpflichtung unverändert wie bisher ermittelt wird.

Der **Unterschiedsbetrag** fällt somit beim Passivprimat höher als beim Aktivprimat aus und ist nicht in jedem Fall vollumfänglich als Ausschüttungssperre zu erklären, weil gegenläufige ergebniswirksame Effekte einbezogen werden müssen, um sie nicht doppelt „ausschüttungsmindernd" zu berücksichtigen. Hier bedarf es einer Fallunterscheidung:

- Ist die Auswirkung der kongruenten Bewertung aufwandswirksam (z. B. wenn bei Unterversicherung der Versicherungsanspruch „entwertet" wird), so erfolgt dadurch bereits eine Reduzierung der auszuschüttenden Gewinne. Um eine doppelte Berücksichtigung zu vermeiden, entspricht die Ausschüttungssperre in diesem Fall dem Unterschiedsbetrag für den nicht rückgedeckten Teil der Verpflichtung.
- Ist die Auswirkung der kongruenten Bewertung hingegen ertragswirksam (z. B. wenn bei Überversicherung oder Überfinanzierung der Versicherungsanspruch „aufgewertet" wird), entfällt der sog. „kompensatorische" Effekt. Die Ausschüttungssperre entspricht dem Unterschiedsbetrag für die gesamte Verpflichtung.

Die **Wahl der Bilanzierungsmethode** (Aktivprimat oder Passivprimat) sowie des **Bewertungsverfahrens** für die Ermittlung des kongruenten Teils der Pensionszusage und der Rückdeckungsversicherung (Rechnungsgrundlagen der Aktivseite oder der Passivseite) ist im Anhang anzugeben. Die Anhangangaben, die bisher notwendig waren, sind weiterhin erforderlich, darüber hinaus werden keine zusätzlichen Angaben benötigt. Eine genaue Angabe der Rechnungsgrundlagen ist nicht erforderlich. Im Umstellungsjahr ist ein Vergleich mit der bisherigen Bewertungssystematik notwendig, die Änderung der Bewertungsmethode sowie die Größenordnung der Auswirkungen sind im Anhang darzustellen, exakte Zahlenangaben sind nicht erforderlich. Hinsichtlich der angewandten Bilanzierungs- und Bewertungsmethode sind die Grundsätze der **Stetigkeit** nach § 252 Abs. 1 Nr. 6 HGB zu beachten.

5.9.7.2 Saldierung von Pensionsrückstellungen und Vermögensgegenständen

Auch nach den Änderungen der handelsrechtlichen Rechnungslegung durch das BilMoG bleibt es bei dem in § 246 Abs. 2 Satz 1 HGB fixierten Grundsatz des **Saldierungsverbots** von Bilanz-

822 Vgl. *Henckel/Meyer/Peun/Roß*, WPg 2022 S. 1088 ff.

posten der Aktivseite und der Passivseite. § 246 Abs. 2 Satz 2 HGB schafft jedoch eine **Ausnahme von diesem Grundsatz.** Danach sind Vermögensgegenstände, die dem Zugriff sämtlicher Gläubiger entzogen sind und ausschließlich der Erfüllung von Schulden aus Altersversorgungsverpflichtungen bzw. vergleichbaren langfristig fälligen Verpflichtungen dienen (sog. Deckungs- oder zweckgebundenes Vermögen), mit den korrespondierenden Schulden zu verrechnen.[823] Pensionsrückstellungen stellen dabei den Hauptanwendungsfall dieses **Saldierungsgebots** dar.[824]

Zur Erfüllung der Voraussetzungen für **zu saldierendes Deckungsvermögen** muss es sich um aktivierbare Vermögensgegenstände handeln, die bei Vernachlässigung der Saldierungsvorschrift im Jahresabschluss zu aktivieren wären.[825] Zudem müssen diese ausschließlich der Deckung der Versorgungsansprüche dienen. Diese Voraussetzung ist erfüllt, wenn die Vermögensgegenstände jederzeit verwertbar sind, um daraus die Ansprüche zu bedienen.[826] Betriebsnotwendiges Vermögen kann demnach aber kein Deckungsvermögen darstellen (siehe Kap. 5.6).

Das Gesetz fordert zudem die Sicherung **des Deckungsvermögens vor dem Zugriff** aller übrigen Gläubiger.[827] Dabei sind als übrige Gläubiger all jene gemeint, die keine Versorgungsansprüche ggü. dem bilanzierenden Unternehmen haben. Die Zugriffssicherung kann durch die Übertragung der Vermögensgegenstände an einen Treuhänder (siehe zu CTA-Modellen Kap. 5.8.4) oder durch Verpfändung[828] an die berechtigten Mitarbeiter erreicht werden.

PRAXISTIPP

Bei der Bestellung eines Pfandrechts auf das Deckungsvermögen ist darauf zu achten, dass das Pfandrecht als nachhaltig geltend vereinbart wird. Ein mögliches (Pfand-)Kündigungsrecht des Arbeitgebers unterbindet eine Saldierung.

Als Beispiel für zu saldierende Vermögensgegenstände sind bei Erfüllung der übrigen Voraussetzungen für die Saldierung Ansprüche aus **Rückdeckungsversicherungen** zu nennen.[829] In der Praxis werden Rückdeckungsversicherungen oftmals zur Deckung einzelner hoher Versorgungszusagen (z. B. ggü. Geschäftsführern von KapG) eingesetzt. Mit der Neuregelung der Zeitwertbilanzierung der zu saldierenden Vermögensgegenstände wurde auch die in der Literatur umstrittene Frage geregelt, wie der Aktivposten für die Ansprüche aus Rückdeckungsversicherungen zu bewerten ist. Der Zeitwert der Rückdeckungsversicherung ergibt sich aus dem Deckungskapital der Versicherung.[830]

823 Vgl. zu den Voraussetzungen für das Verrechnungsgebot *Gelhausen/Fey/Kämpfer,* Buchst. C Rz. 10 ff.

824 Vgl. BR-Drucks. 344/08 S. 104; vgl. *Petersen/Zwirner/Künkele,* BilMoG in Beispielen, S. 72.

825 Vgl. *Gelhausen/Fey/Kämpfer,* Buchst. C Rz. 21.

826 Vgl. BT-Drucks. 16/12407 S. 84 f.

827 Vgl. § 246 Abs. 2 Satz 2 Halbsatz 1 HGB.

828 Vgl. zugleich mit dem Hinweis, dass die Praktikabilität in der Praxis durch die Mitwirkungspflicht der Mitarbeiter sowie das Zuordnungserfordernis beschränkt ist, *Gelhausen/Fey/Kämpfer,* Buchst. C Rz. 26.

829 Vgl. *Höfer/Rhiel/Veit,* DB 2009 S. 1605, 1609.

830 Vgl. *Höfer/Rhiel/Veit,* DB 2009 S. 1605, 1609.

PRAXISTIPP

Durch die zumeist höhere Bewertung der Pensionsrückstellungen und die Saldierungsmöglichkeiten durch das BilMoG wird die Schaffung von Deckungsvermögen auch aus bilanzpolitischer Perspektive attraktiver.[831] Durch die Saldierung mit entsprechenden Rückdeckungsversicherungen, Treuhandvermögen etc. kann die Bilanz verkürzt, die Fremdkapitalquote gesenkt und der ROI[832] c. p. gesteigert werden.

Die Norm des § 246 Abs. 2 Satz 2 HGB findet überdies **auch** Anwendung auf mit **Altersversorgungsverpflichtungen vergleichbare langfristige Verpflichtungen.** Denkbar wäre also auch die Saldierung bspw. von Altersteilzeitverpflichtungen mit Deckungsvermögen.[833]

BEISPIEL ▸ Zum 31.12.t1 sieht sich die Beispiel GmbH Altersteilzeitverpflichtungen von 200.000 EUR gegenüber. Zur teilweisen Bedienung dieser Ansprüche hat die Gesellschaft Fondsanteile mit einem Nominalwert von 100.000 EUR erstanden, welche die Kriterien des § 246 Abs. 2 Satz 2 HGB erfüllen. Der „restliche" Teil der Verpflichtung soll durch verfügbare Barmittel beglichen werden. Der beizulegende Zeitwert der Anteile ist im Jahr t1 auf 120.000 EUR gestiegen.

Zum 31.12.t1 sind die Fondsanteile i. H. von 120.000 EUR und die Altersteilzeitverpflichtungen zu 120.000 EUR zu saldieren:

Rückstellungen für Altersteilzeitverpflichtungen	120.000 EUR
an	
Wertpapiere des Anlagevermögens	120.000 EUR

In der Praxis häufig anzutreffen ist eine Konstruktion, bei der nur für den Erfüllungsrückstand aus der Teilzeitarbeit ein zugriffsfrei und insolvenzsicher angelegtes Deckungsvermögen existiert. Für die zusätzlich zu leistenden **Aufstockungsbeträge** gibt es oftmals kein entsprechend gesichertes Deckungsvermögen. In diesem Fall ist eine Verrechnung nur mit dem Erfüllungsrückstand aus der Teilzeitarbeit zulässig. Der restliche Teil der Verpflichtung ist **unsaldiert** in den Rückstellungen für Pensionen und ähnliche Verpflichtungen auszuweisen.

BEISPIEL ▸ Ein Unternehmen hat für den Erfüllungsrückstand aus der Altersteilzeit eine Rückstellung i. H. von 120 TEUR gebildet. Dieser Betrag setzt sich aus den Rückstellungen für Aufstockungsbeträge i. H. von 20 TEUR und dem Erfüllungsrückstand aus der „originären" Altersteilzeit i. H. von 100 TEUR zusammen.

Das Unternehmen ist verpflichtet, für den Erfüllungsrückstand i. H. von 100 TEUR ein Deckungsvermögen einzurichten. Dieses erfüllt die Voraussetzungen des § 246 Abs. 2 Satz 2 HGB. Das Deckungsvermögen hat zum 31.12.t1 einen Zeitwert von 110 TEUR. Die Bilanz gestaltet sich dann wie folgt:

Aktiva		Passiva	
...	...	...	...
		Rückstellungen für Pensionen und ähnliche Verpflichtungen	20 TEUR
...	...	...	...
Aktiver Unterschiedsbetrag aus der Vermögensverrechnung	10 TEUR		

831 Ebenso *Küting/Keßler*, DB 2009 S. 1717, 1723, die eine Verstärkung des Trends zu CTAs durch das BilMoG vermuten.

832 Return on Investment = Umsatzrendite × Kapitalumschlag.

833 Vgl. BT-Drucks. 16/10067 S. 48; vgl. *Zwirner*, BB 2011 S. 619, 619 f.

Aus der Verrechnung des saldierungspflichtigen Teils der Altersteilzeitverpflichtung mit dem Deckungsvermögen resultiert ein auf der **Aktivseite auszuweisender Unterschiedsbetrag** (siehe Kap. 5.6).[834] Die Rückstellung für die Aufstockungsbeträge ist unsaldiert auf der Passivseite zu zeigen.

Im Zusammenhang mit der Regelung des Saldierungsgebots in § 246 Abs. 2 Satz 2 HGB wurde in § 253 Abs. 1 Satz 4 HGB die **Zeitwertbilanzierung** der zu verrechnenden Vermögensgegenstände eingeführt. Übersteigt der Zeitwert den Betrag der zugehörigen Schulden, ist der übersteigende Betrag auf der Aktivseite der Bilanz unter dem Posten E. „Aktiver Unterschiedsbetrag aus der Vermögensverrechnung" auszuweisen. Für diesen neuen Bilanzposten gilt die Ausschüttungssperre nach § 268 Abs. 8 HGB.[835]

BEISPIEL ▸ Ein Unternehmen verfügt über Pensionsverpflichtungen i. H. von 300.000 EUR. Das insolvenzsicher angelegte Vermögen, das ausschließlich zur Bedienung dieser Verpflichtungen besteht, weist einen Buchwert von 200.000 EUR und einen Zeitwert von 500.000 EUR auf. Der Steuersatz beträgt 30 %.

Es ergeben sich folgende Buchungen:

Personalaufwand	300.000 EUR
an	
Pensionsrückstellungen	300.000 EUR
Wertpapiere	300.000 EUR
an	
sonstige betriebliche Erträge	300.000 EUR
Pensionsrückstellungen	300.000 EUR
aktiver Unterschiedsbetrag	200.000 EUR
an	
Wertpapiere	500.000 EUR
Steueraufwand	90.000 EUR
an	
passive latente Steuern	90.000 EUR

Das Unternehmen hat künftig in der Bilanz den zum Zeitwert bewerteten Betrag nach Saldierung als „Aktiven Unterschiedsbetrag aus der Vermögensverrechnung" i. H. von 200.000 EUR auf der Aktivseite auszuweisen. Zudem sind passive latente Steuern i. H. von 90.000 EUR (30 % auf 300.000 EUR) anzusetzen.[836] Aufgrund der Zeitwertbewertung des Vermögens sowie der korrespondierenden Abgrenzung latenter Steuern ist ein Betrag von 210.000 EUR (300.000 EUR – 90.000 EUR) ausschüttungsgesperrt.

834 Vgl. § 266 Abs. 2 E. HGB.

835 Vgl. auch Syst. Praxiskommentar Bilanzrecht/*Lentz*, § 268 HGB Rz. 65 f.

836 Ursächlich hierfür ist das Saldierungsverbot des § 5 Abs. 1a Satz 1 EStG.

Aktiva		Passiva	
...	...	...	...
E. Aktiver Unterschiedsbetrag aus der Vermögensverrechnung	200.000 EUR	E. Passive latente Steuern	90.000 EUR

In den Folgeperioden hat jeweils die Bewertung der Vermögensgegenstände erfolgswirksam zu erfolgen. Die entsprechenden Gewinne sind im Zinsergebnis auszuweisen und mit den Zinsaufwendungen aus der Aufzinsung der entsprechenden Pensionsverpflichtungen zu saldieren.

Richtet sich die Höhe der Pensionsverpflichtung zudem ausschließlich nach dem Zeitwert der Vermögensgegenstände, die zudem ausschließlich der Erfüllung der Altersvorsorgeverpflichtungen dienen, werden die entsprechenden Vermögensgegenstände und die Altersvorsorgeverpflichtungen **vollständig saldiert.**[837]

Auch die **Aufwendungen und Erträge** sind, soweit sie auf das verrechnete Deckungsvermögen oder die entsprechenden Verpflichtungen für Pensionen und ähnliche Verpflichtungen entfallen, zu **saldieren.**[838] Davon betroffen sind die Zinseffekte aus der Bewertung der Altersversorgungsverpflichtungen[839] und Zinsen, Dividenden u.Ä., die mit dem zugriffsfrei ausgelagerten Deckungsvermögen erzielt wurden. Nicht in den Saldierungsbereich gehören hingegen Aufwendungen wie Depotgebühren o.Ä.[840] Die saldierten Beträge sind nach § 285 Nr. 25 HGB im Anhang brutto, d.h. unsaldiert, zu zeigen (siehe Kap. 5.11.2).

BEISPIEL Die Pensionen GmbH hat ggü. ihren Angestellten Pensionszusagen erteilt, deren Wert sich nicht am Zeitwert des Deckungsvermögens ausmacht. Den Umfang der Pensionsverpflichtungen lässt sich die Pensionen GmbH zu jedem Bilanzstichtag von einem Aktuar ermitteln. In der schriftlichen Pensionszusage verpflichtet sich das Unternehmen ggü. seinen Mitarbeitern, zur Deckung der Pensionsverpflichtungen entsprechendes Vermögen zugriffsfrei auszulagern.

Im Jahr t1 hat sich bei der Ermittlung der Pensionsverpflichtungen ein Zinsaufwand von 10.000 EUR ergeben. Aus dem Deckungsvermögen resultieren Zins- und ähnliche Erträge von 15.000 EUR. Darüber hinaus ist die Pensionsrückstellung um einen bis zum Bilanzstichtag zusätzlich erdienten Dienstaufwand von 20.000 EUR aufzustocken.

Die GuV nimmt nun folgende Gestalt an:

Soll		**Haben**	
...	...	...	...
Personalaufwand:	...	...	
...	...		
b) soziale Abgaben und Aufwendungen für Altersversorgung und für Unterstützung		Sonstige Zinsen und ähnliche Erträge	5.000 EUR
davon für Altersversorgung	20.000 EUR		

837 Vgl. Beck Bil-Komm/*Grottel/Johannleweling*, § 249 HGB Rz. 250.

838 Vgl. § 246 Abs. 2 Satz 2 Halbsatz 2 HGB.

839 Derartige Zinseffekte fallen dann an, wenn die Pensionsrückstellungen nicht mit dem Zeitwert der Vermögensgegenstände, sondern i.R. eines Ansammlungs- oder Gleichverteilungsverfahrens bspw. durch einen Aktuar bewertet werden.

840 Vgl. Syst. Praxiskommentar Bilanzrecht/*Tanski*, § 246 HGB Rz. 90 f.

Die Zinsaufwendungen sowie die Erträge aus dem Deckungsvermögen sind gem. §246 Abs.2 Satz2 Halbsatz2 HGB zu saldieren. Es resultiert ein Ertrag von 5.000 EUR, der unter den sonstigen Zinsen und ähnlichen Erträgen auszuweisen ist. Von dieser Nettodarstellung wird allerdings im Anhang abgewichen (siehe Kap. 5.11.2).

Hiervon unberührt bleibt der zusätzlich zu beachtende Dienstzeitaufwand. Dieser ist im Personalaufwand zu zeigen.

In der **Steuerbilanz** darf nach wie vor **keine Saldierung** von Posten der Aktivseite mit Posten der Passivseite erfolgen. Auch die **Zeitwertbewertung ist steuerrechtlich nicht zulässig.** Der Grundsatz der Maßgeblichkeit wird hier durch § 5 Abs. 1a Satz 1 EStG durchbrochen. Dies hat die zwingende Beachtung latenter Steuern zur Folge.

BEISPIEL Die Archimedis GmbH hat ihre Pensionsverpflichtungen mit Rückdeckungsversicherungen gesichert, die die Voraussetzungen des **§ 246 Abs. 2 HGB** erfüllen. Diese Rückdeckungsversicherungen sind nach §253 Abs.1 Satz4 HGB verpflichtend zum Zeitwert zu bewerten. Der Zeitwert der Rückdeckungsversicherungen beläuft sich zum 31.12.t1 auf 800.000 EUR. Die fortgeführten Anschaffungskosten der Rückdeckungsversicherungen betragen zum 31.12.t1 500.000 EUR. Es wird ein Ertragsteuersatz von 30% unterstellt.

Steuerrechtlich bleibt es beim **Anschaffungskostenprinzip.** Die Zeitwertbewertung wird in die Steuerbilanz nicht übernommen. Damit liegt eine temporäre Differenz bezüglich der unterschiedlichen handelsrechtlichen und steuerrechtlichen Wertansätze der Rückdeckungsversicherungen vor. Die Differenz beläuft sich auf 300.000 EUR (800.000 EUR – 500.000 EUR).

Auf diese Differenz sind passive latente Steuern abzugrenzen. Diese belaufen sich auf 90.000 EUR (30% × 300.000 EUR).

5.9.8 Zeitpunkt der Bewertung

Die in der Praxis übliche **Pensionsbewertung zwei bis drei Monate vor dem Bilanzstichtag** ist nicht zu beanstanden. In diesen Fällen wird zur Bestimmung des bewertungsrelevanten Mengengerüsts **ein dem Bilanzstichtag vorgelagerter Inventurstichtag** gewählt. Dies bedeutet aber auch, dass der zu diesem Zeitpunkt gültige Diskontierungssatz anzuwenden ist. Eine Unzulässigkeit dieser zeitlich vorverlagerten Ermittlung ist nur dann festzustellen, wenn sich die zugrunde gelegten Bewertungsparameter und das Mengengerüst bis zum Bilanzstichtag wesentlich geändert haben.[841] Dann kann der zuerst berechnete Rückstellungswert nicht in die Bilanz übernommen werden.[842] Stattdessen müssen die geänderten Umstände i.R. einer erneuten Ermittlung der Pensionsrückstellungen zum Bilanzstichtag beachtet werden. Im Zweifel ist erneut ein versicherungsmathematisches Gutachten anzufertigen.

BEISPIEL Die Pisten-Rowdy GmbH lässt ein Pensionsgutachten für den Jahresabschluss zum 31.12.t1 erstellen. Die entsprechenden Bewertungsparameter hat das Unternehmen dem Aktuar bereits im September t1 mitgeteilt. Das fertige Pensionsgutachten liegt zum 30.11.t1 vor. Anfang Dezember fahren alle 40 Pensionsberechtigten des Unternehmens gemeinsam in den Skiurlaub. Durch eine Lawine verunglücken zehn der Mitarbeiter tödlich.

Aufgrund dessen, dass ein Viertel der Pensionsberechtigten verunglückt ist, wird eine Neubewertung der Pensionsrückstellungen notwendig.

841 Vgl. BT-Drucks. 16/10067 S. 52.

842 Vgl. Beck HdR/*Petersen/Zwirner*, A230 Rz. 66.

Auch bei der Verrechnung mit entsprechendem Deckungsvermögen muss die Bewertung der Pensions- und ähnlichen Verpflichtungen **zum Bilanzstichtag** erfolgen, andernfalls würden Deckungsvermögen und Verpflichtungszusage zu zwei verschiedenen Zeitpunkten bewertet.

PRAXISTIPP

Solange die Verpflichtungen für Pensionen und ähnliche Verpflichtungen nicht mit Deckungsvermögen verrechnet werden müssen, kann der Rückstellungswert auch, wie in der Praxis üblich, zwei bis drei Monate vor dem Bilanzstichtag errechnet werden. Die Verwendung eines auf den 31.10. oder 30.11. erstellten Gutachtens ist nicht zu beanstanden.

5.10 Ausweis der Zuführungsbeträge zu Rückstellungen für Pensionen und ähnliche Verpflichtungen

Sowohl der laufende Dienstzeitaufwand (= die im Geschäftsjahr zusätzlich erdiente Anwartschaft) als auch die anwartschaftserhöhenden Effekte aus Lohn-, Gehalts- und Rententrends sind im Regelfall als **Personalaufwand** zu deklarieren, in Einzelfällen aber auch als sonstiger betrieblicher Aufwand.[843] Gleiches gilt für die Effekte aus Änderungen der biometrischen Annahmen.[844] Auch Erfolgswirkungen aus der Veränderung von Pensionsrückstellungen im Zusammenhang mit Unternehmensumstrukturierungen oder Änderungen von Versorgungszusagen sind dem Personalaufwand oder sonstigen betrieblichen Aufwand zuzuordnen.[845]

Der bei Eintritt des Versorgungsfalls ggf. zu bilanzierende Auffüllbetrag[846] ist ebenfalls vollständig im Jahr des Eintretens als **Personalaufwand** zu erfassen.[847] Für die Steuerbilanz gilt § 6a Abs. 4 Satz 5 EStG, wonach eine gleichmäßige Verteilung des Auffüllbetrags über drei Jahre möglich ist.

5.11 Anhangangaben im Zusammenhang mit Rückstellungen für Pensionen und ähnliche Verpflichtungen

5.11.1 Allgemeine Angaben zu Rückstellungen für Pensionen und ähnliche Verpflichtungen

Unabhängig von der Größe der Gesellschaft sind die Angabepflichten des § 285 Nr. 24 HGB zu erfüllen. Diese **Norm fordert Angaben über:**

- das versicherungsmathematische Berechnungsverfahren,
- die grundlegenden Annahmen der Berechnung, wie:
  - Zinssatz,
  - erwartete Lohn- und Gehaltssteigerungen,
  - zugrunde gelegte Sterbetafeln.

843 Eine Ausnahme stellen bspw. Rückstellungsaufwendungen für nicht vom Unternehmen angestellte Personen – wie bspw. Berater – dar; diese sind im sonstigen betrieblichen Aufwand zu deklarieren.

844 Vgl. IDW RS HFA 30, IDW Life 2017 S. 102, 113.

845 Vgl. IDW RS HFA 30, IDW Life 2017 S. 102, 113.

846 Dieser entsteht durch den – evtl. unerwarteten – Eintritt des Versorgungsfalls durch den Wechsel vom Anwartschaftsbarwert- oder Teilwertverfahren o. Ä. auf den Barwert der Versorgungsleistungen.

847 Anders *Höfer*, Rz. 230, der von einem außerordentlichen Aufwand schreibt.

Diese Angaben sind selbst dann zu machen, wenn es aufgrund einer vorgenommenen **Saldierung mit Deckungsvermögen** zu keinem Ausweis von Altersversorgungs- oder ähnlichen Verpflichtungen kommt.

PRAXISTIPP

Die von § 284 Nr. 24 HGB geforderten Informationen lassen sich i. d. R. dem versicherungsmathematischen Gutachten entnehmen.[848]

Bezüglich des **Zinssatzes** hat der Bilanzierende zudem anzugeben, wie dieser ermittelt wurde. Dabei reicht bei Anwendung der von der Deutschen Bundesbank veröffentlichten Zinssätze der Verweis auf diese Tatsache. Wird zudem von der Vereinfachungsregelung des § 253 Abs. 2 Satz 2 HGB (pauschale Anwendung des Zinssatzes für eine Restlaufzeit von 15 Jahren) Gebrauch gemacht, ist dies anzugeben.[849]

Wurden bezüglich der Bewertungsparameter Gruppen gebildet (bspw. andere Lohntrends für leitende Angestellte und Arbeiter), so ist es für die Erfüllung der Angabepflicht ausreichend, die gesamte **Spannweite** des jeweiligen Parameters anzugeben.[850]

BEISPIEL ▶ Eine Anhangangabe nach § 284 Nr. 24 HGB könnte wie folgt lauten:[851]

Die Bewertung der Pensionsrückstellungen basiert auf der „projected unit credit method" (Anwartschaftsbarwertverfahren). Den Berechnungen liegen folgende versicherungsmathematische Annahmen zugrunde:

	31.12.t1	31.12.t0
Rechnungszins	5,15 %	5,25 %
Lohn- und Gehaltstrend	1,75–2,5 %	2,5 %
Rententrend	1,75 %	2,0 %
Fluktuation	Unternehmensspezifisch	Unternehmensspezifisch

Zur Abzinsung der Rückstellungen wurde einheitlich der von der Bundesbank nach der RückAbzinsV ermittelte und bekannt gegebene Zinssatz für eine 15-jährige Restlaufzeit verwendet.

Die Fluktuationsrate wird spezifisch nach Alter und Geschlecht der Mitarbeiter ermittelt.

Für die Bestimmung von Sterbe- und Invalidisierungswahrscheinlichkeiten werden die Richttafeln 2018 G von *Dr. Klaus Heubeck* zugrunde gelegt.

Bei **Wesentlichkeit** des Bilanzpostens erscheinen **weitergehende Informationen sachgerecht.**[852] Als solche kommen Angaben über die Gründe eventueller Modifikationen der Sterbetafeln oder Angaben über eingerechnete Karrieretrends in Betracht.

Bei **Nichtpassivierung von Altzusagen** sind zusätzliche Angabepflichten zu beachten (siehe Kap. 5.3.1.2).

Im Zusammenhang mit der Bilanzierung von Altersversorgungsverpflichtungen sind ggf. die folgenden Angabepflichten (zusätzlich) zu beachten:

848 Vgl. Syst. Praxiskommentar Bilanzrecht/*Prechtl/Zieglmaier,* § 285 HGB Rz. 256 f.

849 Vgl. IDW RS HFA 30, IDW Life 2017 S. 102, 114.

850 Vgl. IDW RS HFA 30, IDW Life 2017 S. 102, 114.

851 Modifiziert entnommen aus Syst. Praxiskommentar Bilanzrecht/*Prechtl/Zieglmaier,* § 285 HGB Rz. 257.

852 Vgl. Syst. Praxiskommentar Bilanzrecht/*Prechtl/Zieglmaier,* § 285 HGB Rz. 256.

- § 285 Nr. 23 HGB – Bewertungseinheiten,
- § 285 Nr. 25 HGB – Verrechnungen von Pensionsrückstellungen mit Deckungsvermögen (siehe auch Kap. 5.11.2),
- § 285 Nr. 28 HGB – Ausschüttungssperre,
- § 285 Nr. 29 HGB – latente Steuern.

5.11.2 Angaben bei der Saldierung von Pensionsverpflichtungen mit Deckungsvermögen

Werden **Pensionsverpflichtungen mit zugehörigem Deckungsvermögen verrechnet,** müssen die Angabepflichten nach § 285 Nr. 25 HGB erfüllt werden. Dies betrifft alle KapG und PersHG i. S. des § 264a HGB, unabhängig von ihrer Größe. Mit diesen Angabepflichten werden dem Bilanzleser das Ausmaß des tatsächlichen Verpflichtungsumfangs und die Höhe der Kompensation verdeutlicht.

Berichtspflichtig sind:

- die Anschaffungskosten der verrechneten Vermögensgegenstände,
- der beizulegende Zeitwert der verrechneten Vermögensgegenstände,
- der Erfüllungsbetrag der verrechneten Schulden,
- die verrechneten Aufwendungen und Erträge,
- die grundlegenden Annahmen, die der Bestimmung des beizulegenden Zeitwerts zugrunde gelegt werden.[853]

Mit dem Erfüllungsbetrag der verrechneten Schulden ist nicht der Erfüllungsbetrag als solcher gemeint, sondern der **abgezinste** Erfüllungsbetrag.[854]

Die **Aufwendungen und Erträge** sind, entgegen der Darstellung in der GuV, **unsaldiert** zu zeigen.[855] Als typische, im Zuge des § 285 Nr. 25 HGB anzugebende Aufwendungen kommen Zinsaufwendungen aus der Aufzinsung der Pensionsrückstellungen in Betracht. Erträge können sich aus Zinsen und Dividenden auf das Deckungsvermögen ergeben.[856]

853 Vgl. § 285 Nr. 25 i. V. mit § 285 Nr. 20 Buchst. a HGB.
854 Vgl. *Gelhausen/Fey/Kämpfer,* Buchst. O Rz. 224.
855 Vgl. *Gelhausen/Fey/Kämpfer,* Buchst. C Rz. 6.
856 Vgl. Syst. Praxiskommentar Bilanzrecht/*Prechtl/Zieglmaier,* § 285 HGB Rz. 268.

BEISPIEL[857] Eine Anhangangabe, die den gesetzlichen Angabepflichten nachkommt, könnte folgendermaßen aussehen:

Deckungsvermögen und Pensionsverpflichtung des Unternehmens entwickeln sich wie folgt:

	Deckungsvermögen in TEUR	GuV in TEUR		Pensionsverpflichtung in TEUR	GuV in TEUR
1.1.	100		1.1.	150	
Zinsertrag	6	6	Dienstzeitaufwand	10	10
Wertminderung	–4	–4	Änderung Bewertungsparameter	6	6
Zuführung (Dotierung)	18		Zinsaufwand	9	9
31.12.	120	2	31.12.	175	25

Sofern das Unternehmen den Zinsanteil aus dem Pensionsaufwand nicht unter Personalaufwand, sondern als Zinsaufwand erfasst, sind im Anhang mindestens folgende Angaben vorzunehmen:

Pensionsverpflichtung	175	
Deckungsvermögen (beizulegender Zeitwert)	120	Anschaffungskosten: 112
Pensionsrückstellung Bilanz	55	
Aufwand aus Pensionsverpflichtung	25	
Ertrag aus Deckungsvermögen	2	
Pensionsaufwand GuV	23	

5.11.3 Angaben bei Ausweis einer unterdotierten Pensionsrückstellung

Wie an anderer Stelle beschrieben, besteht ein **Passivierungswahlrecht für sog. Altzusagen sowie für die Zuführungsbeträge zu solchen Verpflichtungen** (siehe Kap. 5.3.1.2). Der nicht in der Bilanz ausgewiesene Betrag („Fehlbetrag“) ist gem. Art. 28 Abs. 2 EGHGB im Anhang anzugeben.[858]

BEISPIEL Die Zusagen AG sagt ihren Arbeitgebern zum 1.1.1986 lebenslange Pensionen zu. Zum 31.12.t1 ermittelt sich der diskontierte Erfüllungsbetrag der verbleibenden Verpflichtungen mit 1.500 TEUR. Dieser Betrag ist gem. Art. 28 Abs. 2 EGHGB im Anhang anzugeben.

Hätte die Zusagen AG zum 31.12.t1 noch 500 TEUR aus der Passivierung der Altzusagen in den Büchern stehen, während sich der Erfüllungsbetrag wegen späterer Erhöhungen der Zusagen auf 1.500 TEUR beläuft, wäre der Betrag der Unterdeckung (= 1.000 TEUR) im Anhang anzugeben.

Wird keine Pensionsrückstellung bzw. nur ein **aktiver Unterschiedsbetrag** aus der Vermögensverrechnung ausgewiesen, sind §§ 284 Abs. 2 Nr. 1 und 285 Nr. 24 HGB analog anzuwenden. Das heißt, dass in diesem Fall für den Fehlbetrag die Verfahren und Parameter der Berechnung anzugeben sind.[859]

857 Übernommen aus *Hoffmann/Lüdenbach*, § 285 HGB Rz. 178.

858 Die Angabe entfällt bei Durchführung der betrieblichen Altersversorgung über versicherungsförmige Tarife mit voller Kapitaldeckung (z. B. Direktversicherungen) – vgl. IDW RS HFA 30, IDW Life 2017 S. 102, 114.

859 Vgl. IDW RS HFA 30, IDW Life 2017 S. 102, 114.

Ist eine **zuverlässige Quantifizierung** des Unterdeckungs- oder Fehlbetrags nicht möglich, müssen alternative Angaben gemacht werden:

- Art und Ausgestaltung der Versorgungszusagen,
- Nennung der Versorgungseinrichtungen, die der Bilanzierende eingeschaltet hat,
- Höhe der derzeitigen Beiträge oder Umlagen sowie deren voraussichtliche Entwicklung,
- Summe der umlagepflichtigen Gehälter,
- geschätzte Verteilung der Versorgungsverpflichtungen auf anspruchsberechtigte Arbeitnehmer, ehemalige Arbeitnehmer und Rentenbezieher (soweit ermittelbar).

5.12 Auswirkungen eines Betriebsübergangs auf die Bilanzierung von Altersversorgungsverpflichtungen und vergleichbaren langfristig fälligen Verpflichtungen

Bei einem (Teil-)Betriebsübergang nach § 613a BGB **(Einzelrechtsnachfolge)** tritt das übernehmende Unternehmen in die Rechte und Pflichten der Arbeitsverhältnisse mit **aktiven Mitarbeitern** ein. Das übernehmende Unternehmen hat in diesem Fall eine Rückstellung für die Ansprüche der Versorgungsberechtigten zu bilden, während das übertragende Unternehmen die Rückstellungen auflösen muss.[860] Die Ansprüche **ausgeschiedener Mitarbeiter** gelten weiterhin gegen das übertragende Unternehmen.

Ist der **Übergang nicht rechtswirksam,** treffen die Versorgungsverpflichtungen im Außenverhältnis weiterhin das übertragende Unternehmen. Vertragliche Vereinbarungen im Innenverhältnis können allerdings eine gesamtschuldnerische Haftung begründen.[861] Droht keine Inanspruchnahme für das übertragende Unternehmen, hat dieses die Pensionsrückstellung aufzulösen. Andernfalls muss es die Rückstellung beibehalten und einen Freistellungsanspruch erfolgsneutral aktivieren.[862] Beim übernehmenden Unternehmen ist der Freistellungsanspruch als Rückstellung zu bilanzieren.

Bei einer gesamtschuldnerischen Haftung nach § 613a Abs. 2 BGB haben Übertragender und Übernehmender den **im Innenverhältnis definierten Teil der Verpflichtung** zu passivieren. Der andere Teil ist unter der Bilanz oder im Anhang anzugeben.[863] Bei drohender Inanspruchnahme aus dem anderen Teil ist eine Rückstellung zu bilden.

Beim Übergang der Pensionsverpflichtungen i. R. der **Gesamtrechtsnachfolge** gehen alle Pensionsverpflichtungen – also auch die laufenden Pensionen – auf das übernehmende Unternehmen über. Steuerrechtlich nimmt das übernehmende Unternehmen die Rechtsstellung des übertragenden Unternehmens ein. Eine Nachholung von Fehlbeträgen der Pensionsrückstellungen ist allerdings ausgeschlossen.[864] Hingegen ist bei Einbringungsfällen nach §§ 20, 24 UmwStG zum Teilwert zu bewerten.

860 Vgl. IDW RS HFA 30, IDW Life 2017 S. 102, 115.
861 Vgl. IDW RS HFA 30, IDW Life 2017 S. 102, 115.
862 Vgl. Beck Bil-Komm/*Grottel/Johannleweling,* § 249 HGB Rz. 272 f.
863 Vgl. §§ 251, 268 Abs. 7 HGB.
864 Vgl. Beck Bil-Komm/*Grottel/Johannleweling,* § 249 HGB Rz. 228.

Auch für **Umwandlungsfälle** gelten wegen § 324 UmwG die soeben gemachten Ausführungen. Die übernommenen Pensionsverpflichtungen sind auch hier **höchstens mit dem Teilwert** i. S. von § 6a Abs. 3 EStG zu bewerten. Zwar können etwaige Fehlbeträge nachgeholt werden (siehe Kap. 5.9.6.1), die Grenze „nach oben" ergibt sich jedoch durch den Teilwert der Verpflichtung.

5.13 Entwicklung der handelsrechtlichen Bewertung von Rückstellungen für Altersversorgungsverpflichtungen seit 2016

5.13.1 Gesetzlicher Hintergrund zur Bewertung von Rückstellungen

Seit Inkrafttreten des BilMoG im Jahr 2009 sind Rückstellungen gem. § 253 Abs. 1 Satz 2 HGB i. H. des nach vernünftiger kaufmännischer Beurteilung notwendigen **Erfüllungsbetrags** anzusetzen. Neu durch das BilMoG eingeführt wurde die Verpflichtung, Rückstellungen mit einer Restlaufzeit von über einem Jahr nach § 253 Abs. 2 Satz 1 HGB entsprechend ihrer Restlaufzeit abzuzinsen. Abweichend davon dürfen **Rückstellungen für Altersversorgungsverpflichtungen** oder vergleichbare langfristig fällige Verpflichtungen pauschal mit dem **durchschnittlichen Marktzinssatz** abgezinst werden, der sich bei einer angenommenen Restlaufzeit von 15 Jahren ergibt. Diese Vereinfachung gilt allerdings nicht, wenn die Verwendung des Zinssatzes bei einer 15-jährigen Laufzeit nicht den tatsächlichen Verhältnissen entspricht. Sofern zum Betrachtungszeitpunkt die durchschnittliche Lebenserwartung bspw. neun Jahre beträgt, sollte insofern keine Abzinsung mit einer pauschalen Restlaufzeit von 15 Jahren vorgenommen werden, da das Vorsichtsprinzip verletzt werden würde. Zulässig ist hingegen die Annahme einer pauschalen Restlaufzeit von 15 Jahren, wenn die tatsächliche Restlaufzeit der zu bewertenden Rückstellung größer als 15 Jahre ist (die Verwendung eines Zinssatzes mit der tatsächlichen Restlaufzeit ist ebenfalls möglich). Der für die Abzinsung relevante Marktzinssatz wird monatlich von der Deutschen Bundesbank nach Maßgabe der RückAbzinsV für Restlaufzeiten zwischen einem und 50 Jahren ermittelt und bekannt gegeben.

Ziel der Bundesregierung war im Zuge des BilMoG hinsichtlich der Bewertung nach § 253 HGB v. a. die Reduzierung des bilanzpolitischen Gestaltungspotenzials und somit die Verbesserung der Informationsfunktion des Jahres-/Konzernabschlusses. Hiermit war insb. die **Abschaffung von Bewertungswahlrechten** verbunden.[865] Zur Stärkung der Informationsfunktion sollten zudem die Über- und die Unterdotierung der Rückstellungen eingeschränkt werden. Darüber hinaus wurden die Regelungen für die Rückstellungen und Rentenverpflichtungen vereinheitlicht, um die Vergleichbarkeit der Jahresabschlüsse zu verbessern.

5.13.2 Folgen der Bewertung von Rückstellungen nach § 253 Abs. 2 Satz 1 HGB in der Praxis

Der nach BilMoG i. S. des § 253 Abs. 2 HGB ermittelte Zinssatz für Rückstellungen mit einer Restlaufzeit von 15 Jahren (auf Basis des Sieben-Jahres-Durchschnitts) betrug zum 31.12.2008 5,25 %. Dieser insb. für die Abzinsung von Rückstellungen für Altersversorgungsverpflichtungen

865 Vgl. auch *Brösel/Mindermann* in: Petersen/Zwirner, BilMoG, S. 407.

maßgebliche Zinssatz erfuhr seit seiner erstmaligen Ermittlung eine folgenreiche **Abschmelzdynamik.**[866] Zum 31.12.2021 betrug der Zinssatz nur noch 1,35 %. Zwischen dem 31.12.2008 und dem 31.12.2021 büßte der Zinssatz für Restlaufzeiten von 15 Jahren somit insgesamt 3,90 Prozentpunkte ein. Bei einem angenommenen nominalen Erfüllungsbetrag i. H. von 1.000.000 EUR bedeutet dies zum 31.12.2021 allein aufgrund des niedrigeren Zinssatzes einen erhöhten Aufwand von rd. 353.632 EUR im Vergleich zu 2008 (464.160,77 EUR zum 31.12.2008 [= 1.000.000 EUR / 1,0525^15]) im Vergleich zu 817.793,59 EUR zum 31.12.2021 ([= 1.000.000 EUR / 1,0134^15]). Folgende Tabelle zeigt die Entwicklung des Zinssatzes für Restlaufzeiten von 15 Jahren zwischen dem 31.12.2008 und dem 31.12.2024 bei dem für sonstige Rückstellungen maßgeblichen Sieben-Jahres-Durchschnitt.

Tab. 7: Entwicklung des Zinssatzes nach § 253 Abs. 2 Satz 2 HGB für 15-jährige Restlaufzeiten bei einem Sieben-Jahres-Durchschnitt (sonstige Rückstellungen)

Stichtag	Zinssatz nach § 253 Abs. 2 Satz 2 HGB (RLZ 15 Jahre)
31.12.2008	5,25 %
31.12.2009	5,25 %
31.12.2010	5,15 %
31.12.2011	5,14 %
31.12.2012	5,04 %
31.12.2013	4,88 %
31.12.2014	4,53 %
31.12.2015	3,89 %
31.12.2016	3,24 %
31.12.2017	2,80 %
31.12.2018	2,32 %
31.12.2019	1,97 %
31.12.2020	1,60 %
31.12.2021	1,35 %
31.12.2022	1,44 %
31.12.2023	1,74 %
31.12.2024	1,96 %

Die **Auswirkungen der Zinssatzschmelze** waren insb. in den letzten Jahren erheblich.[867] Bis zum 31.12.2012 notierte der maßgebliche Zinssatz mit 5,04 % noch oberhalb der Grenze von 5,00 %. Ab 2013 erhöhte sich die Abschmelzdynamik jedoch gravierend. Wie in vorstehender Tabelle ersichtlich, verringerte sich der bewertungsrelevante Zinssatz bis Ende 2021 auf 1,35 %. Seit

866 Vgl. zu der Ergebnisbelastung durch Pensionsrückstellungen infolge der Zinssatzschmelze bereits *Zwirner*, DStR 2013 S. 875, 875 ff.; vgl. Handbuch Bilanzrecht/*Zwirner/Lindmayr*, C.III. Rz. 110.

867 Vgl. dazu auch *Zwirner/Zimny*, WP Praxis 2016 S. 4, 6 ff.; siehe *Zwirner*, BC 2013 S. 200, 200 ff.; *Zwirner*, DStR 2013 S. 875, 875 ff.

dem Jahr 2022 erhöht sich der Zinssatz infolge der Inflation wieder sukzessive. Er beträgt zum 31.12.2024 1,96 % und hat damit ungefähr wieder das Niveau von 2019 erreicht.

Die Abschmelzdynamik betrifft allerdings nicht nur die Zinssätze mit einer Restlaufzeit von 15 Jahren, sondern alle Restlaufzeiten. Sämtliche Rückstellungen mit einer Restlaufzeit von über einem Jahr sind von der Zinssatzschmelze betroffen und führen zu hohen **Belastungen für die betreffenden Unternehmen.** Wie sich die Zinsstrukturkurve in den letzten Jahren sukzessive nach unten bewegte, zeigt folgende Darstellung.

Abb. 17: Entwicklung des Zinssatzes nach § 253 Abs. 2 HGB für Restlaufzeiten zwischen einem und 50 Jahren

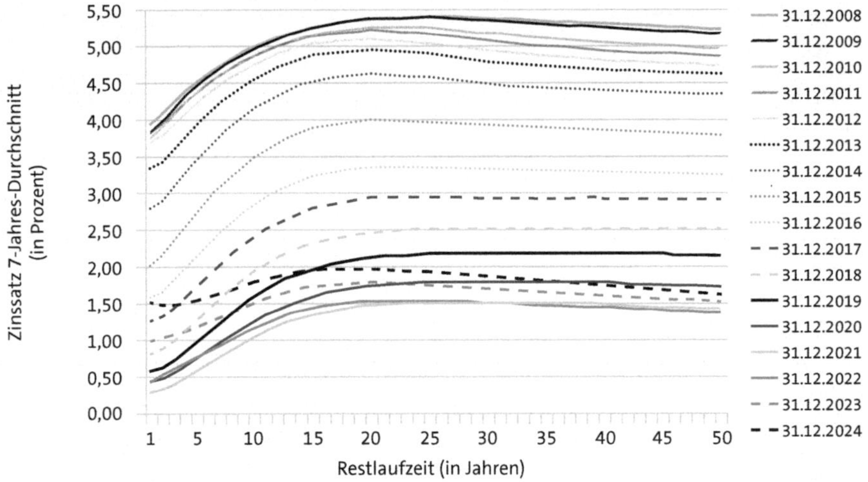

© Künkele/Vodermeier/Zwirner

Neben **laufzeitspezifischen Effekten** der zu passivierenden Rückstellungen kommen Effekte aus der Änderung des anzuwendenden Zinssatzes hinzu. Die sich abzeichnende Abschmelzdynamik nimmt in den Folgeperioden sogar weiterhin zu, weil der maßgebliche Zinssatz basierend auf dem Durchschnitt der vergangenen sieben Geschäftsjahre ermittelt wird und der aktuelle Zinssatz zu einem Teil (noch) Jahre mit einem relativ hohen Zinssatz in der Durchschnittsbetrachtung berücksichtigt. Die Jahre 2008 und 2009 des relativ hohen Zinsniveaus wurden in den letzten Jahren und werden in Zukunft zwangsläufig durch die Zeiten des Niedrigzinses ersetzt und sind somit aus der Durchschnittsbetrachtung rausgefallen. Selbst wenn der Zinssatz in den kommenden Perioden wieder steigt (wie seit 2022 zu erkennen), ist mittelfristig aufgrund der Durchschnittsbildung zwangsläufig mit einem **weiterhin niedrigen bewertungsrelevanten Zinssatz** zu rechnen. Der seit Jahren sinkende durchschnittliche Marktzinssatz nach § 253 Abs. 2 HGB sorgte dafür, dass der Pensionsaufwand jedes Jahr schon allein aufgrund des Zinseffekts angestiegen ist, ohne dass neue Pensionszusagen hinzugekommen sind. Nach einer Faustformel können Unternehmen damit rechnen, dass die Reduzierung des Abzinsungssatzes um einen

Prozentpunkt bei Anwärtern zu einer Erhöhung der Rückstellung um ca. 20% führt und bei Rentnern zu einem Anstieg um 10%.[868] Diese Entwicklung hat sich seit 2022 infolge des inflationsbedingten Zinssatzanstiegs umgekehrt. Nichtsdestoweniger bewegt sich das aktuelle bewertungsrelevante Zinsniveau auf einem im Vergleich zu den Jahren 2008 und 2009 (zum Zeitpunkt der Einführung der Abzinsungspflicht der Rückstellungen) niedrigen Niveau.

5.13.3 Handlungsbedarf durch die lang anhaltende Niedrigzinsphase für den Gesetzgeber

Hinsichtlich der jährlichen Belastungen aufgrund der Zinssatzschmelze bestehen für die betreffenden Unternehmen keine Verteilungsmöglichkeiten, sodass der mit der Abzinsung korrespondierende Aufwand jedes Jahr aufs Neue zu einem Problem wird. Einhergehend mit der Ergebnisbelastung sinken auch die Ergebnisse und die **Ausschüttungsfähigkeit** des Bilanzierenden bis hin zu einem nachhaltigen Eigenkapitalverzehr und einer drohenden bilanziellen Überschuldung.

Obwohl das Problem des Niedrigzinsniveaus und die damit einhergehenden **Konsequenzen für die Unternehmen** bereits seit längerer Zeit bekannt sind, hat der Gesetzgeber lange Zeit keinen Handlungsbedarf gesehen. Im Juni 2015 wurde die Bundesregierung vom Ausschuss für Recht und Verbraucherschutz des Deutschen Bundestags damit beauftragt, die der Bewertung von Pensionsrückstellungen nach § 253 Abs. 2 HGB zugrunde gelegten Annahmen (Berechnung des Durchschnittszinssatzes auf Basis der vergangenen sieben Geschäftsjahre) zu ändern.[869] Eine in diesem Zusammenhang diskutierte Anpassung bestand darin, den Bezugszeitraum zur Berechnung des Durchschnittszinssatzes von derzeit sieben Geschäftsjahren auf zwölf Jahre zu erweitern.[870] Diesem Weg ist der Gesetzgeber nicht gefolgt. Am 27.1.2016 hat das Bundeskabinett beschlossen, in den Regierungsentwurf zur Umsetzung der Wohnimmobilienkreditrichtlinie Änderungen handelsrechtlicher Vorschriften aufzunehmen, nach denen der Betrachtungszeitraum für die Ermittlung des Zinssatzes gem. § 253 Abs. 2 HGB von bislang sieben auf zehn Jahre erweitert werden soll. Diese Änderung sollte bereits zu dem Zeitpunkt lediglich die Ermittlung des Zinssatzes zur Bewertung von Altersversorgungsverpflichtungen betreffen. Die Ermittlungsmethode für den Zinssatz zur Bewertung sämtlicher anderer Rückstellungen (z. B. Jubiläumsrückstellungen) wurde nicht tangiert, hier bleibt es bei einem Betrachtungszeitraum von sieben Jahren zur Durchschnittsbildung. Am 18.2.2016 beschloss der Bundestag das nicht zustimmungspflichtige Gesetz zur Umsetzung der Wohnimmobilienkreditrichtlinie.[871]

5.13.4 Bewertungsregeln für die Abzinsung von Rückstellungen für Altersversorgungsverpflichtungen nach § 253 Abs. 2 Satz 1 HGB

5.13.4.1 Hintergrund zur Gesetzesänderung von § 253 HGB

Im Zusammenhang mit dem **Gesetz zur Umsetzung der Wohnimmobilienkreditrichtlinie und zur Änderung handelsrechtlicher Vorschriften,** das die Bundesregierung am 18.2.2016 verabschiedete, erfolgte eine Anpassung von § 253 Abs. 2 Satz 1 HGB. Der Gesetzgeber erkannte, dass für die Absicherung nominal gleich hoher Verpflichtungen jährlich wesentlich höhere Rück-

868 Vgl. *Zwirner,* StuB 2016 S. 207, 207.
869 Vgl. BT-Drucks. 18/5256 S. 3.
870 Vgl. BT-Drucks. 18/5454 S. 3.
871 Vgl. BR-Drucks. 84/16.

stellungen erforderlich sind. Damit diese negativen Auswirkungen der Zinssatzschmelze für die betreffenden Unternehmen abgemildert werden, ohne dass dabei die Bewertungssystematik des § 253 Abs. 2 HGB im Kern geändert wird, wird der Betrachtungszeitraum für die Berechnung des Durchschnittszinssatzes von sieben auf zehn Jahre erweitert. Die Idee eines pauschal einmal festgelegten Zinssatzes wurde nicht weiter verfolgt. Künftig wird § 253 Abs. 2 Satz 1 HGB wie folgt gefasst:

„Rückstellungen mit einer Restlaufzeit von mehr als einem Jahr sind abzuzinsen mit dem ihrer Restlaufzeit entsprechenden durchschnittlichen Marktzinssatz, der sich im Falle von Rückstellungen für Altersversorgungsverpflichtungen aus den vergangenen zehn Geschäftsjahren und im Falle sonstiger Rückstellungen aus den vergangenen sieben Geschäftsjahren ergibt."

Folgende Tabelle zeigt die Entwicklung des Zinssatzes für Restlaufzeiten von 15 Jahren zwischen dem 31.12.2015 und dem 31.12.2024 bei dem für sonstige Rückstellungen maßgeblichen Zehn-Jahres-Durchschnitt.

Tab. 8: Entwicklung des Zinssatzes nach § 253 Abs. 2 Satz 2 HGB für 15-jährige Restlaufzeiten bei einem Zehn-Jahres-Durchschnitt (sonstige Rückstellungen)

Stichtag	Zinssatz nach § 253 Abs. 2 Satz 2 HGB (RLZ 15 Jahre)
31.12.2015	4,31 %
31.12.2016	4,01 %
31.12.2017	3,68 %
31.12.2018	3,21 %
31.12.2019	2,71 %
31.12.2020	2,30 %
31.12.2021	1,87 %
31.12.2022	1,78 %
31.12.2023	1,82 %
31.12.2024	1,90 %

Die **Auswirkungen der Zinssatzschmelze** waren insb. in den letzten Jahren erheblich.[872] Bis zum 31.12.2023 notierte der maßgebliche Zinssatz auf Basis des Zehn-Jahres-Durchschnitts noch oberhalb des Zinssatzes auf Basis des Sieben-Jahres-Durchschnitts. Insofern war die Anwendung des Zehn-Jahres-Durchschnittszinssatzes für die Rechnungslegungspraxis eher vorteilhaft, da ein höherer Zinssatz eine geringere Belastung für den Bilanzierenden darstellt. Infolge des seit 2022 steigenden Zinsniveaus hat sich die Vorteilhaftigkeit des Zehn-Jahres-Durchschnitts ggü. dem Sieben-Jahres-Durchschnitt allerdings verändert. Denn im Jahr 2024 hat sich die Vorteilhaftigkeit entsprechend umgedreht.

Nachstehende Tabelle zeigt die Entwicklung des bewertungsrelevanten Zinssatzes nach § 253 Abs. 2 HGB für den Zehn-Jahres-Durchschnitt und für den Sieben-Jahres-Durchschnitt bei einer angenommenen 15-jährigen Restlaufzeit.

872 Vgl. dazu auch *Zwirner/Zimny*, WP Praxis 2016 S. 4, 6 ff.; siehe *Zwirner*, BC 2013 S. 200, 200 ff; *Zwirner*, DStR 2013 S. 875, 875 ff.

Monat	Sieben-Jahres-Durchschnitt	Zehn-Jahres-Durchschnitt
Januar 2024	1,76 %	1,82 %
Februar 2024	1,78 %	1,82 %
März 2024	1,80 %	1,83 %
April 2024	1,82 %	1,83 %
Mai 2024	1,84 %	1,83 %
Juni 2024	1,86 %	1,84 %
Juli 2024	1,87 %	1,85 %
August 2024	1,89 %	1,86 %
September 2024	1,91 %	1,87 %
Oktober 2024	1,93 %	1,88 %
November 2024	1,94 %	1,88 %
Dezember 2024	1,96 %	1,90 %

Aus der vorstehenden Tabelle ist ersichtlich, dass im Mai 2024 erstmals der Sieben-Jahres-Durchschnittszinssatz höher war als der korrespondierende Zehn-Jahres-Durchschnittszinssatz.

Die Neufassung von § 253 Abs. 2 Satz 1 HGB regelt, dass künftig bei Rückstellungen für Altersversorgungsverpflichtungen ein **längerer Betrachtungszeitraum** (letzte zehn Geschäftsjahre) für die Ermittlung des durchschnittlichen Marktzinssatzes angewandt wird, es im Übrigen aber bei der Betrachtung über sieben Geschäftsjahre bleibt. Unverändert bleibt auch die Systematik zur Bewertung von Rückstellungen. Die Änderung von § 253 Abs. 2 Satz 1 HGB bezweckt zunächst nur, dass die Deutsche Bundesbank bei der Ermittlung des Zinssatzes für die Bewertung von Rückstellungen für Altersversorgungsverpflichtungen einen Zinssatz ermitteln muss, der sich aus dem Durchschnitt von zehn Jahren ergibt. Korrespondierend zu § 253 Abs. 2 Satz 1 HGB erfolgt daher auch eine Änderung der RückAbzinsV. Bei der Neuregelung handelt es sich hinsichtlich der Bewertung der Pensionsrückstellungen um kein Wahlrecht. Es ist daher nicht möglich, für Geschäftsjahre, die nach dem 31.12.2015 beginnen, weiterhin von der „alten" Bewertungsmethodik Gebrauch zu machen.

PRAXISTIPP

Die Regelungen sind für die Bewertung der Pensionsrückstellungen verpflichtend für den Jahres- und Konzernabschluss seit dem Geschäftsjahr 2016 zu beachten.

Neben der Änderung von § 253 Abs. 2 Satz 1 HGB wird § 253 HGB um folgenden **Absatz 6** zur Ausschüttungssperre und zu geänderten Angabepflichten erweitert:[873]

„(6) Im Falle von Rückstellungen für Altersversorgungsverpflichtungen ist der Unterschiedsbetrag zwischen dem Ansatz der Rückstellungen nach Maßgabe des entsprechenden durchschnittlichen Marktzinssatzes aus den vergangenen zehn Geschäftsjahren und dem Ansatz der Rückstellungen nach Maßgabe des entsprechenden durchschnittlichen Marktzinssatzes aus den vergangenen sie-

873 Vgl. zur Ausschüttungssperre auch *Zwirner*, DStR 2016 S. 929, 932.

ben Geschäftsjahren in jedem Geschäftsjahr zu ermitteln. Gewinne dürfen nur ausgeschüttet werden, wenn die nach der Ausschüttung verbleibenden frei verfügbaren Rücklagen zuzüglich eines Gewinnvortrags und abzüglich eines Verlustvortrags mindestens dem Unterschiedsbetrag nach Satz 1 entsprechen. Der Unterschiedsbetrag nach Satz 1 ist in jedem Geschäftsjahr im Anhang oder unter der Bilanz darzustellen."

Der neu hinzugefügte Absatz 6 dient im Wesentlichen dem Gläubigerschutz. Er regelt, dass der durch den Wechsel des Betrachtungszeitraums bei der Ermittlung des Zinssatzes für die Bewertung von Altersversorgungsverpflichtungen entstehende Ertrag **ausschüttungsgesperrt** ist. Systematisch würde diese Ausschüttungssperre daher eher in § 268 Abs. 8 HGB verankert werden müssen. Durch die Anwendung der neuen Regelung kommt es zunächst zu einer Entlastung der Bilanzierenden. Aus der Umstellung von der alten Berechnungsmethodik auf die neue Methodik ergibt sich ein einmaliger Entlastungsertrag aus dem im Vergleich zur bisherigen Rechtslage geringeren Ansatz der Rückstellungen. Da sich dieser Ertrag ausschließlich aus einer geänderten gesetzlichen Neuregelung ergibt, sieht § 253 Abs. 6 Satz 2 HGB vor, dass der sich aus der Neubewertung der Pensionsrückstellungen ergebende **Unterschiedsbetrag ausschüttungsgesperrt** wird, sofern die frei verfügbaren Rücklagen zzgl. Gewinnvortrag und abzgl. Verlustvortrag diesem nicht mindestens entsprechen. Künftig findet damit eine verpflichtende Ausschüttungssperre Eingang in das Handelsrecht. Während die bisher bekannte Ausschüttungssperre – mit Ausnahme der verpflichtenden Zeitwertbewertung des Deckungsvermögens nach § 246 Abs. 2 Satz 2 HGB – allerdings größtenteils Reflex einer Wahlrechtsausübung ist (Wahlrecht zur Aktivierung selbst erstellter immaterieller Vermögensgegenstände nach § 248 Abs. 2 Satz 1 HGB und Wahlrecht zur Aktivierung latenter Steuern nach § 274 Abs. 1 Satz 2 HGB), betrifft die neue Ausschüttungssperre zwingend alle Unternehmen, die Pensionsverpflichtungen in ihrem Jahresabschluss bilanzieren. Aufgrund der gesetzlichen Vorgabe müssen daher alle Unternehmen künftig bei ihren Ausschüttungen beachten, ob das handelsrechtlich ausgewiesene Ergebnis überhaupt zur Ausschüttung zur Verfügung steht. Umso höher die frei verfügbaren Rücklagen bei dem Unternehmen sind, desto geringer ist das Risiko einer zu hohen, fehlerhaften Ausschüttung.

Für die **Bestimmung** der jeweils **zum Bilanzstichtag** zu beachtenden bzw. anzugebenden Ausschüttungssperre ist auf den **Differenzbetrag** zwischen dem bilanziellen Ansatz der Pensionsrückstellungen auf Basis des Zehn-Jahres-Durchschnitts und der bisherigen Bewertung auf Basis des Sieben-Jahres-Durchschnitts abzustellen. Folglich müssen zu jedem Stichtag beide Werte ermittelt werden. Insoweit verändert sich die Höhe der Ausschüttungssperre nach § 253 Abs. 6 Satz 2 HGB immer in der Höhe, wie sich die Differenz zwischen den beiden errechneten Rückstellungsbeträgen verändert. Ist der Unterschiedsbetrag (in Zukunft) negativ, entfällt die Ausschüttungssperre.

Die **Ausschüttungssperre** gilt grds. für alle Gesellschaften und ist nicht auf die Rechtsform der Kapitalgesellschaften beschränkt, da sie in § 253 Abs. 6 HGB und damit vor den für Kapitalgesellschaften und ihnen gleichgestellte Personenhandelsgesellschaften spezifischen Regelungen der §§ 264 ff. HGB geregelt ist. Ob dies vom Gesetzgeber tatsächlich so gewollt ist, ist fraglich. Aus den vorhandenen Unterlagen zum Gesetzgebungsverfahren sind zumindest keine derartigen Hinweise ersichtlich. Es kann zwar nicht ausgeschlossen werden, dass die Ausschüttungssperre analog zu der nach § 268 Abs. 8 HGB nur für Kapitalgesellschaften gelten soll; eine gesetzliche Grundlage diesbezüglich fehlt indes.

Auch wenn die auf **Einzelabschlussebene** geltende, verpflichtende Ausschüttungssperre nach § 253 Abs. 6 HGB, anders als die Regelung nach § 268 Abs. 8 HGB, nicht explizit aus dem Katalog des § 298 Abs. 1 HGB herausgenommen wurde, ergibt die Anwendung einer Ausschüttungssperre auf Ebene des Konzernabschlusses bereits vor dem Hintergrund der mit dem Konzernabschluss verbundenen Zielsetzungen keinen Sinn. Ungeachtet dessen sind im Konzernanhang die Angaben zu den beiden Bewertungen der Pensionsverpflichtungen auf Basis des Sieben-Jahres-Zeitraums sowie auf Basis des Zehn-Jahres-Zeitraums zu machen.[874]

Der Gesetzgeber hat die Ausschüttungssperre im Zusammenhang mit der Neubewertung der Pensionsrückstellungen abweichend von der ansonsten in § 268 Abs. 8 HGB befindlichen Regelung gesondert in § 253 Abs. 6 HGB geregelt. In diesem Zusammenhang ist fraglich, wie die Ausschüttungssperre bspw. bei **Personengesellschaften oder Einzelunternehmen** abgebildet werden soll. Infrage kommt hierbei nur eine analoge Anwendung von § 172 Abs. 4 HGB. Als problematisch erweist sich indes die analoge Anwendung von § 172 Abs. 4 HGB deswegen, weil § 172 Abs. 4 HGB hinsichtlich schädlicher Entnahmen (d. h. hinsichtlich Entnahmen, die zum Wiederaufleben der Kommanditistenhaftung führen) nur auf § 268 Abs. 8 HGB verweist. Insofern ist die neue Ausschüttungssperre von dieser Regelung ausgenommen. Grundsätzlich lässt sich für die Ausschüttungssperre nach § 253 Abs. 6 HGB kein weniger relevanter Grund (i. S. von Vorsichtsprinzip, Gläubigerschutz etc.) erkennen als für die bisherigen Regelungen zur Ausschüttungssperre nach § 268 Abs. 8 HGB. Demzufolge muss – nicht zuletzt wegen eines gleich lautenden Wortlauts in § 268 Abs. 8 HGB und § 253 Abs. 6 HGB bezüglich der frei verfügbaren Rücklagen – eine summarische Betrachtung angestellt werden. Folgt man dieser Auffassung, teilt die **neue Ausschüttungssperre** das Schicksal der bisherigen Ausschüttungssperre. Insoweit können Entnahmen von Beträgen, die nach § 253 Abs. 6 HGB ausschüttungsgesperrt sind, im Einzelfall zu einem Wiederaufleben der Kommanditistenhaftung führen.

Bezüglich der Regelung nach § 301 AktG stellt sich mit Blick auf § 253 Abs. 6 HGB ein vergleichbares Problem.[875] So nimmt § 301 AktG in seiner bisherigen Fassung nur auf § 268 Abs. 8 HGB Bezug, nicht aber auf § 253 Abs. 6 HGB. Auch dies kann so vom Gesetzgeber nicht gewollt sein. Eine ungleiche Behandlung ausschüttungsgesperrter Beträge ergibt vor dem Hintergrund der damit verbundenen handelsrechtlichen Regelungen keinen Sinn. Explizit betont der Gesetzgeber die Notwendigkeit, Einmalerträge aus der Bewertungsumstellung nicht als Ausschüttung abfließen zu lassen. Dies müsste neben der Ausschüttung dann auch für die **Ergebnisabführung** gelten. Allerdings ist die Abführungssperre nicht in § 301 AktG geregelt.

Für die ertragsteuerliche Organschaft birgt jedoch die Frage, ob die Abführungssperre einer Ausschüttungssperre unterliegt, ein erhebliches Risiko, da deren Anerkennung davon abhängt, ob der ausschüttungsgesperrte Unterschiedsbetrag gleichzeitig einer Abführungssperre unterliegt.[876] In seinem Schreiben vom 23.12.2016 weist das BMF darauf hin, dass für die Anerkennung der steuerlichen Organschaft nach § 14 Abs. 1 Satz 1 KStG i. V. mit § 301 AktG eine vollständige Abführung des Gewinns erforderlich ist.[877] Das BMF vertritt die Ansicht, dass auch

874 Vgl. *Zwirner,* BC 2016 S. 198, 202; *Zwirner,* DStR 2016 S. 929, 932.

875 Vgl. zu der Problematik bereits *Oser/Wirtz,* DB 2016 S. 247, 247 f.

876 Vgl. hierzu ausführlich *Oser/Wirtz,* DB 2016 S. 247, 247 f.; vgl. *Zwirner,* BC 2016 S. 372, 372 ff.; vgl. *Zwirner,* BC 2017 S. 474, 478; vgl. *Zwirner/Tippelhofer,* BC 2017 S. 6, 6 f.; vgl. *Hageböke/Hennrichs,* DB 2017 S. 18, 18 ff.; vgl. *Kröner,* WPg 2017 S. 796, 796 ff.; vgl. Handbuch Bilanzrecht/*Zwirner/Lindmayr,* C.III. Rz. 113 ff.

877 Vgl. BMF v. 23.12.2016, IV C 2 – S 2770/16/10002, BStBl. I 2017 S. 41.

Gewinne, die auf der Anwendung des § 253 HGB beruhen, vollumfänglich an den **Organträger** abzuführen sind. Damit kommt eine analoge Anwendung der Ausschüttungssperre auf die Regelungen nach § 301 AktG als **Abführungssperre** nicht in Betracht. Eindeutig verneint damit das BMF das Vorliegen einer Abführungssperre.

BEISPIEL: ERFÜLLUNG EINES GEWINNABFÜHRUNGSVERTRAGS ► Die Thor GmbH ist Organgesellschaft der Odin GmbH. Die Thor GmbH weist für 2016 Pensionsrückstellungen i. H. von 10 Mio. EUR (Zehn-Jahres-Durchschnitt) aus. Bei der Ermittlung mit dem Sieben-Jahres-Durchschnitt ergibt sich ein Bilanzansatz von 11 Mio. EUR und damit ein (ausschüttungsgesperrter) Unterschiedsbetrag i. H. von 1 Mio. EUR. Weiter beträgt der Gewinn (exklusive des Unterschiedsbetrags) der Thor GmbH 1,5 Mio. EUR. Zur Erfüllung des Gewinnabführungsvertrags muss die Thor GmbH 2,5 Mio. EUR an die Odin GmbH abführen. Die Ergebnisabführung muss damit inklusive des handelsrechtlich ausschüttungsgesperrten Betrags erfolgen.

PRAXISTIPP

In diesem Fall gilt es zu beachten, dass der – für eine steuerliche Organschaft notwendige – Gewinnabführungsvertrag nur dann als erfüllt gilt, wenn der gesamte Gewinn inklusive der gem. § 253 Abs. 6 HGB ausschüttungsgesperrten Beträge abgeführt wird. Da die aktienrechtliche Regelung und die handelsrechtliche Regelung auseinanderfallen, liegt mit § 253 Abs. 6 HGB ein Sachverhalt vor, der ausschüttungsgesperrt, aber nicht abführungsgesperrt ist.

Die auf Ebene der Organgesellschaft **unmittelbar** bestehende Ausschüttungssperre wirft bei vollständiger Gewinnabführung an den Organträger wiederum auf dessen Ebene Fragen auf. Trotz des Umstandes, dass das Gesetz auf Ebene des Organträgers keine **mittelbare Ausschüttungssperre** vorsieht, sollte dieser Sachverhalt im Hinblick auf gesellschaftsrechtliche Risiken stets im Blick behalten werden.

Mit der Regelung geht eine erhebliche **Komplexitätssteigerung** im Zusammenhang mit der Bewertung von Rückstellungen für Altersversorgungsverpflichtungen einher. Neben der bisherigen Ermittlung wird zukünftig regelmäßig mindestens ein weiterer Rückstellungswert erforderlich sein, aus dem sich der Wert der Rückstellung ergibt, der basierend auf dem zehnjährigen Durchschnittszinssatz berechnet wurde. Das heißt, die Ermittlung des Rückstellungswerts einer Altersversorgungsverpflichtung erfolgt in Zukunft nicht ersetzend zum siebenjährigen Betrachtungszeitraum mit einem zehnjährigen Betrachtungszeitraum, sondern in Ergänzung dazu.

Der **Unterschiedsbetrag** zwischen beiden Ermittlungsmethoden (sieben Jahre im Vergleich zu zehn Jahren Betrachtungszeitraum) ist nach § 253 Abs. 6 Satz 3 HGB in jedem Geschäftsjahr im Anhang oder unter der Bilanz darzustellen. Die entsprechenden Angaben zu beiden Bewertungen sind auch für die Rückstellungen erforderlich, die aufgrund der Nichtausübung des Passivierungswahlrechts nur im Anhang angegeben werden (z. B. mittelbare Zusagen und sog. Altzusagen). In Zukunft muss der Aktuar damit für jede Rückstellung bzw. Anhangangabe zwei Berechnungen vornehmen. Aufgrund des mit der gesetzlichen Neuerung verbundenen erhöhten Informationsbedarfs hinsichtlich der bilanziell erfassten Pensionsverpflichtungen ist die Angabe zu der Differenz zwischen dem Zehn-Jahres-Wert und dem Sieben-Jahres-Wert in allen Fällen im Anhang anzugeben. Bei Kleinstkapitalgesellschaften hat die Angabe unter der Bilanz zu erfolgen, sofern es sich um einen wesentlichen Unterschiedsbetrag handelt. Auch wenn die Angabe für Kleinstkapitalgesellschaften nicht explizit in § 264 Abs. 1 Satz 5 HGB genannt ist, ist eine Angabe unter der Bilanz i. S. der mit der Angabe verbundenen Informationsvermittlung geboten.[878]

878 So bereits der Ausschuss für Recht und Verbraucherschutz v. 27.1.2016, Ausschussdrucksache 18(6)187 v. 28.1.2016 S. 14; vgl. auch Handbuch Bilanzrecht/*Zwirner/Zimny*, C.VII. Rz. 38.

PRAXISTIPP

Künftig sind für die Erfüllung der Angabepflichten im Anhang bzw. unter der Bilanz für die Pensionsverpflichtungen zwei Bewertungen vom Aktuar vorzunehmen, einmal auf Basis des Sieben-Jahres-Zeitraums und einmal auf Basis des Zehn-Jahres-Zeitraums.

Die **Angaben der beiden Bewertungen im Anhang** bzw. unter der Bilanz betreffen hierbei nicht nur die bilanzierten Verpflichtungen, sondern ebenfalls die „nur" im Anhang angegebenen mittelbaren Verpflichtungen bzw. sog. Altzusagen nach Art. 28 EGHGB. Die Angabepflichten im Anhang gelten hierbei sowohl für den Einzel- als auch für den Konzernabschluss.

Angesichts des gestiegenen Zinsniveaus liegt im Jahr 2024 der für die Bewertung von Pensionsrückstellungen maßgebliche Zehn-Jahres-Durchschnittszinssatz (§ 253 Abs. 2 Satz 1 HGB) erstmals unterhalb des Sieben-Jahres-Durchschnittszinssatzes. Die mit der Einführung der Abzinsung mit dem Zehn-Jahres-Durchschnittszinssatz verfolgte Zielsetzung (vgl. dazu BT-Drucks. 18/7584 S. 148 f.) erscheint insoweit zwar hinfällig; der FAB[879] stellt jedoch klar, dass eine **Abweichung von der ausdrücklichen gesetzlichen Regelung** zur Bewertung von Pensionsrückstellungen mit dem **Zehn-Jahres-Durchschnittszins trotz Umkehr der Zinsverhältnisse nicht zulässig** ist.

Wegen des gesetzlichen Wortlauts wird auch weiterhin trotz des umgekehrten Vorzeichens der **Unterschiedsbetrag** aus der Bewertung mit dem Sieben- und dem Zehn-Jahres-Durchschnittszinssatz zu ermitteln und im Anhang oder unter der Bilanz anzugeben sein (§ 253 Abs. 6 Satz 1 und 3 HGB). Infolge der Umkehrung des Zinsverhältnisses ist der **Unterschiedsbetrag als negativer Betrag** anzugeben.

Gleichwohl entfällt insoweit die **Ausschüttungssperre** des § 253 Abs. 6 Satz 2 HGB. Eine „negative" Ausschüttungssperre sei damit jedoch nicht verbunden. Es kommt insoweit auch nicht zu einer Aufrechnung oder Verrechnung mit ausschüttungsgesperrten Sachverhalten nach § 268 Abs. 8 HGB.

5.13.4.2 Anwendung der Neuregelung auf Pensionsverpflichtungen begrenzt

Die **Neuregelung betrifft ausschließlich** die Bewertung von mittelbaren und unmittelbaren **Altersversorgungsverpflichtungen,** d. h. Pensionsrückstellungen, und nicht vergleichbare langfristige Rückstellungen oder sonstige Rückstellungen.[880] Demnach sind bspw. Rückstellungen für Altersteilzeit oder Beihilferückstellungen weiterhin mit dem Zinssatz auf Basis der Sieben-Jahres-Durchschnittsberechnung zu bewerten. Nichts anderes gilt für andere langfristige Rückstellungen, die einer gesetzlichen Abzinsungspflicht unterliegen, wie z. B. Gewährleistungsrückstellungen, Entsorgungsverpflichtungen, Rückstellungen für Rekultivierungen oder Rückstellungen für Aufbewahrungspflichten. In der Folge sind künftig für die Bewertung langfristiger Rückstellungen unterschiedliche Zinssätze zu ermitteln. Dies bedeutet für die Praxis insoweit einen zusätzlichen Aufwand, da unterschiedliche Zinssatzermittlungen im handelsrechtlichen Jahresabschluss nebeneinander beachtet werden müssen.

879 Vgl. Sitzungsberichterstattung des FAB über die 274. FAB-Sitzung am 22.11.2023, IDW Life 2023 S. 1173 f.
880 Vgl. zur Abgrenzung der Altersversorgungsverpflichtungen IDW RS HFA 30, IDW Life 2017 S. 102, 103.

PRAXISTIPP

Der mittels Zehn-Jahres-Betrachtung ermittelte Zinssatz gilt nur für die Bewertung von Pensionsrückstellungen. Für andere, vergleichbare langfristig fällige Rückstellungen ist weiterhin der mittels Sieben-Jahres-Durchschnitt ermittelte Zinssatz anzuwenden. Insofern sind künftig zwei unterschiedliche (Markt-)Zinssätze zu berücksichtigen. Beide Zinssätze werden von der Deutschen Bundesbank ermittelt und bekannt gegeben.

5.13.4.3 Ertragsteuerliche Folgen

Steuerlich ändert sich durch die handelsrechtliche Neuregelung an der Bewertung der Pensionsrückstellungen nichts. Es bleibt derzeit weiterhin bei der Bewertung nach §6a EStG und der Abzinsung mit 6,0%. Allerdings führt die Erhöhung des handelsrechtlichen Zinssatzes zu einer Verringerung des bisher bestehenden Unterschieds zwischen dem handelsrechtlichen und dem steuerlichen Wertansatz der Pensionen. Insoweit sind in der Vergangenheit gebildete **aktive latente Steuern** ergebniswirksam aufzulösen.[881] Der sich durch die neuen Bewertungsvorschriften ergebende Entlastungsbetrag aus der Bewertung der Pensionsverpflichtungen wird um die aufwandswirksam aufzulösende latente Steuer gemindert. Hat der Bilanzierende in der Vergangenheit auf die Bewertungsunterschiede zwischen Handels- und Steuerbilanz aktive latente Steuern angesetzt, wirkt sich „nur" der Entlastungseffekt nach Steuern auf das handelsrechtliche Ergebnis aus.

PRAXISTIPP

Durch die Veränderung des handelsrechtlichen Zinssatzes verändert sich auch die Differenz zwischen handelsrechtlichem und steuerlichem Wertansatz. In der Vergangenheit aktivierte latente Steuern auf den Unterschiedsbetrag sind bei Anwendung der Neuregelung zur Bewertung der Pensionen ergebniswirksam anzupassen.

In seinem **Schreiben vom 23.12.2016** weist das BMF darauf hin, dass für die Anerkennung der ertragsteuerlichen Organschaft nach §14 Abs.1 Satz1 KStG i.V. mit §301 AktG der Gewinnabführungsvertrag nur mit Abführung der ausschüttungsgesperrten Beträge als durchgeführt gilt.[882]

Hinsichtlich des derzeit noch in §6a Abs.3 Satz3 EStG geregelten Zinssatzes von 6% ist auf das anhängige Verfahren beim **BVerfG** hinzuweisen. Das FG Köln lässt beim BVerfG prüfen, ob der festgeschriebene Zinssatz i.H. von 6% verfassungswidrig ist. Nach Ansicht des 10. Senats des FG Köln (Az. 10 K 977/17) ist der in §6a Abs.3 Satz3 EStG für die Abzinsung von Pensionsrückstellungen festgelegte Zinssatz i.H. von 6% zumindest für das Jahr 2015 verfassungswidrig. Nach Auffassung des FG Köln entspricht der seit 1982 unveränderte Zinssatz nicht mehr den aktuellen Verhältnissen auf den Märkten, sodass eine zwischenzeitliche Überprüfung des Zinssatzes hätte erfolgen müssen. Das BVerfG hatte in einem etwa 30 Jahre alten Urteil darauf hingewiesen, dass eine regelmäßige Überprüfung des Zinssatzes erfolgen muss, und hat auf den Gleichheitsgrundsatz im Grundgesetz verwiesen. Da bislang eine regelmäßige Überprüfung und sachgemäße Anpassung des Zinssatzes nicht vorgenommen wurde, hält das FG Köln den typisierten Zinssatz von 6% für verfassungswidrig. Aktuell bedeutet für den Steuerpflichtigen der festgeschriebene Zinssatz von 6% in der Steuerbilanz, dass die Bilanzansätze zwischen Handels- und Steuerbilanz

881 Vgl. hierzu *Zwirner*, StuB 2016 S.207, 208; vgl. *Fuhrmann*, NWB 2017 S.1003, 1004.

882 Vgl. BMF v.23.12.2016, IV C 2 – S 2770/16/10002, BStBl.I 2017 S.41.

weiter auseinanderfallen und zu einer zu hohen Steuerbelastung führen, weil die Zuführung zu den Pensionsrückstellungen bei einem höheren Zinssatz in der Steuerbilanz deutlich geringer ausfällt als bei einem niedrigeren (aktuell angemessenen) Zinssatz in der Handelsbilanz.

5.13.4.4 Erstmalige Anwendung

Nach dem neuen Art. 75 Abs. 6 EGHGB sind die geänderten Regelungen zur Abzinsung von Rückstellungen **erstmals auf Jahresabschlüsse für das nach dem 31.12.2015 endende Geschäftsjahr** anzuwenden. Für Geschäftsjahre, die vor dem 1.1.2016 enden, ist § 253 Abs. 2 HGB in der bisher geltenden Fassung anzuwenden (Entsprechendes gilt für Konzernabschlüsse).[883]

Wahlweise dürfen Unternehmen nach Art. 75 Abs. 7 EGHGB für einen Jahresabschluss, der sich auf ein Geschäftsjahr bezieht, das nach dem 31.12.2014 beginnt und vor dem 1.1.2016 endet, die neuen Regelungen zur Abzinsung von Rückstellungen anwenden. In diesen Fällen sind dann auch die Regelungen des § 253 Abs. 6 HGB zu beachten. Mittelgroße und große Kapitalgesellschaften haben zur Erläuterung der Ausübung des Wahlrechts Angaben im Anhang zu machen. Dieses Wahlrecht dürfte in vielen Fällen ins Leere laufen, da zum Zeitpunkt der Gesetzesänderung viele Unternehmen ihre Jahres- und Konzernabschlüsse final erstellt haben dürften. Für diese Unternehmen kommt die Gesetzesänderung insofern einige Monate zu spät.

5.13.4.5 Würdigung der Neuregelung

Seit Einführung der Abzinsungspflicht für langfristige Rückstellungen durch das BilMoG hat sich das für die Ermittlung der handelsrechtlichen Abzinsungssätze **relevante Zinsumfeld nachhaltig verändert.** Mit dem BilMoG hat der Gesetzgeber damals vorgeschrieben, dass langfristige Rückstellungen laufzeitadäquat auf Basis des von der Deutschen Bundesbank ermittelten Sieben-Jahres-Durchschnitts zu ermitteln sind. Damals ging der Gesetzgeber davon aus, dass ein Durchschnittszinssatz auf Sieben-Jahres-Basis eine ausreichende Glättung von Zinssatzschwankungen sicherstellt. Die Entwicklung des Zinssatzes in den letzten Jahren beweist indes etwas anderes, denn der Gesetzgeber hat unterschätzt, dass der Sieben-Jahres-Zeitraum nicht ausreicht, um die Zinssatzschmelze zu kompensieren. Der für die Bewertung langfristiger Rückstellungen relevante Zinssatz ist seit Einführung der Abzinsungspflicht kontinuierlich gefallen, und dies mit zunehmender Dynamik.

Bemerkenswert an der Regelung von § 253 Abs. 2 HGB ist, dass es **zwei Marktzinssätze** gibt, die es zu beachten gilt, was die Ermittlungsmethodik betrifft. Zum einen besteht ein Marktzinssatz für Pensionsrückstellungen, zum anderen ein Marktzinssatz für die übrigen Rückstellungen mit einer Restlaufzeit von mehr als einem Jahr. Weshalb für Pensionsrückstellungen offenbar ein „anderer" Marktzinssatz maßgeblich sein soll, ist allerdings fraglich. Es zeigt sich bereits hier, dass die ursprüngliche, im Zuge des BilMoG verfolgte Idee der Bewertung mit dem „einheitlichen" Marktzinssatz wieder aufgeweicht und stückweit aufgegeben wird. Die aktuelle Zinssatzentwicklung und die Umkehrung der Vorteilhaftigkeit zwischen den beiden gesetzlich vorgeschriebenen Zinssätzen verdeutlichen allerdings, dass die zwischenzeitlich angedachte Erleichterung von den aktuellen Marktverhältnissen überholt wurde und nunmehr eher eine Belastung für die Bilanzierenden darstellt.

883 Vgl. *Zwirner*, BC 2016 S. 95, 96; *Zwirner*, StuB 2016 S. 207, 211; *Zwirner*, DStR 2016 S. 929, 933.

Weshalb ausgerechnet eine Durchschnittsbildung mit zehn Jahren besser geeignet sein soll, die tatsächlichen Marktbedingungen betreffend Pensionsrückstellungen widerzuspiegeln, als eine Durchschnittsbildung mit sieben, zwölf oder 15 Jahren, ist nicht nachvollziehbar. Letztendlich wurde durch den **verlängerten Betrachtungszeitraum** lediglich Zeit gekauft bzw. das aktuell bestehende Problem wenige Jahre in die Zukunft verschoben. Im Jahr 2024 hat sich die Vorteilhaftigkeit bereits umgedreht, sodass es gesetzgeberisch auch möglich wäre, die vorgesehene Erleichterung wieder zurückzunehmen.

Bereits im Vorfeld der Abstimmung zum Gesetz zur Umsetzung der Wohnimmobilienkreditrichtlinie räumten Mitglieder der Bundesregierung ein, dass die **Änderungen** betreffend die Bewertung von Pensionsrückstellungen **nicht weit genug** gingen, es sich aber um eine Änderung in die richtige Richtung handele, die den Unternehmen etwas hilft und besser als der Status quo ist.[884] Eine weitere Anpassung des Gesetzes dürfte in den kommenden Jahren für die Bilanzierenden in dieser Sache zu erwarten sein. Eine Anpassung wäre nach der Umkehrung des Zinsverhältnisses im Jahr 2024 nunmehr angebracht.

Insgesamt darf daher nicht übersehen werden, dass es sich bei der handelsrechtlichen Neuregelung zur Bewertung von Pensionsrückstellungen lediglich um einen **kurzfristigen Kompromiss** handelte. Die Verlängerung des relevanten Zinsermittlungszeitraums konnte nicht das Problem des Niedrigzinsniveaus beheben, sondern nur kurzzeitig die Symptome vermindern. Insofern sind Bilanzierende und deren Berater sowie Prüfer gut beraten, sehr genau die einzelnen Auswirkungen der Neuregelung unternehmensindividuell und einzelfallbezogen zu untersuchen. Zudem hat der Gesetzgeber es versäumt, zusammen mit der handelsrechtlichen Anpassung auch die steuerliche Bewertung der Pensionsrückstellungen nach § 6a EStG zu überdenken. Somit bleibt es auch weiterhin bei einem Auseinanderfallen von handelsrechtlichen und steuerlichen Wertansätzen. Die Differenzen zwischen den Wertansätzen in Handels- und Steuerbilanz haben im Jahr 2016 auf Basis des neuen Bewertungsmodells zunächst abgenommen.[885] Allerdings nahmen diese aufgrund des weiterhin rückläufigen Zinssatzes seitdem wieder zu. Die Umkehr der Vorteilhaftigkeit der beiden Zinssätze (Sieben-Jahres-Durchschnitt versus Zehn-Jahres-Durchschnitt) im Jahr 2024 verdeutlicht die **Notwendigkeit, die bestehenden Regelungen gesetzgeberisch erneut zu überdenken und anzupassen.**

5.13.4.6 Auswirkungen der Inflation und der aktuellen Zinsentwicklung

Die gestiegenen **Inflationsraten** der Jahre 2022 und 2023 hatten Auswirkungen auf die Ermittlung der Pensionsrückstellungen auf unterschiedlichen Wegen. So führt die gestiegene Inflation zu einer Anpassung der prognostizierten Inflation für zukünftige Jahre, zumindest kurz- bis mittelfristig. In der Folge sind steigende Lohn- und Gehaltstrends in Bezug auf die aktiven Mitarbeiter zu berücksichtigen, was zu erhöhten Pensionsrückstellungen führt. Hinsichtlich der Pensionäre sind Unternehmen dazu verpflichtet, **alle drei Jahre eine Anpassung** der laufenden Leistungen zu prüfen und über eine Anpassung zu entscheiden (§ 16 Abs. 1 BetrAVG). Keine weitere Anpassung ist notwendig, wenn die bereits vorgenommene Anpassung nicht geringer ist als der **Verbraucherpreisindex (VPI)** für Deutschland oder die Netto-

884 Vgl. Plenarprotokoll 18/155 S. 15340.

885 Vgl. ausführlich auch *Zwirner*, BC 2016 S. 198, 198 ff.; *Zwirner*, DStR 2016 S. 929, 929 ff.; *Zwirner*, StuB 2016 S. 207, 207 ff.

löhne vergleichbarer Arbeitnehmergruppen des Unternehmens (§ 16 Abs. 2 Nr. 1 BetrAVG). Eine Anpassungsverpflichtung entfällt zudem, wenn das Unternehmen sich verpflichtet hat, eine jährliche Anpassung von mindestens 1,0 % vorzunehmen. Insbesondere die Unternehmen, die keine jährliche Anpassung von 1,0 % vornehmen und die i. R. der Anpassungsprüfung eine Angleichung vornehmen müssen, werden durch die erheblich erhöhten Leistungen an die Pensionäre belastet, was sich zudem in höheren Pensionsrückstellungen widerspiegelt. Die Anpassung orientiert sich hierbei am Verbraucherpreisindex oder an den Nettolöhnen vergleichbarer Arbeitnehmergruppen im Unternehmen. Des Weiteren kann bei zukünftig erwarteten höheren Inflationsraten von höheren Anpassungen in der Zukunft und damit von steigenden Rententrends ausgegangen werden. Auch dies hat einen erhöhenden Effekt auf die Pensionsverpflichtungen.

Abb. 18: Inflationsrate in Deutschland[886]

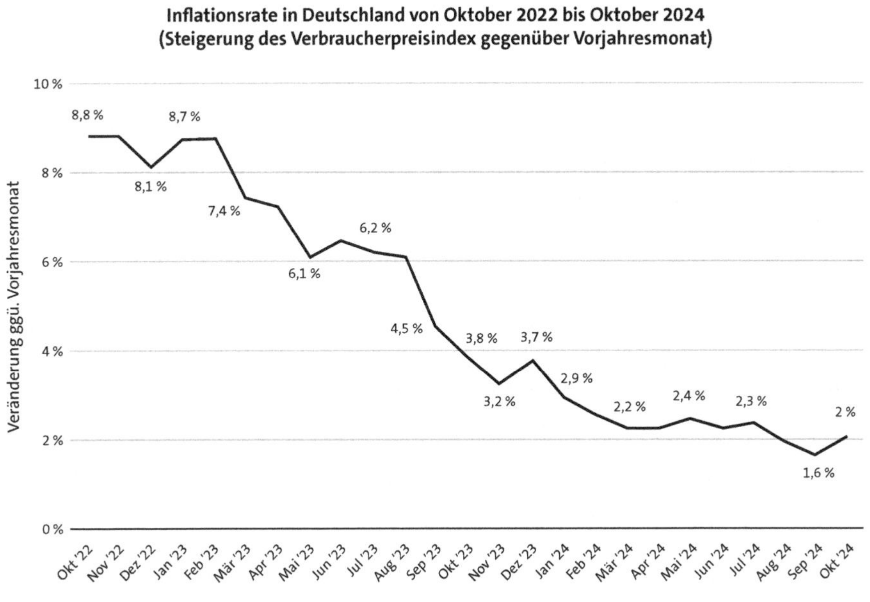

Im Ergebnis lässt sich festhalten: Die Inflation führt zu höheren Pensionsverpflichtungen. Dies gilt insb. für solche Unternehmen, die eine **Anpassung der laufenden Leistungen** nach Maßgabe des Verbraucherpreisindexes vorzunehmen haben. Eine **kompensatorische (ausgleichende) Wirkung** aufgrund eines höheren Zinssatzes zur Abzinsung ist **nur marginal** gegeben, da sich dieser nach § 253 Abs. 2 Satz 1 HGB als Durchschnitt aus den letzten zehn Jahren ergibt. Zudem zeigt sich keine vergleichbare steuerliche Entlastung durch die erhöhten Pensionsrückstellungen, da nach § 6 Abs. 1 Nr. 3a Buchst. f EStG für die steuerliche Bewertung künftige Gehalts- und Rententrends nicht zu berücksichtigen sind.

886 Quelle: Statistisches Bundesamt; weitere Informationen: Deutschland; Basisjahr 2020 = 100.

Der HGB-Zinssatz für eine Restlaufzeit von 15 Jahren, der für die Abzinsung von Altersversorgungsverpflichtungen heranzuziehen ist, beträgt im Dezember 2024:

- 1,89 % für zehn Jahre Durchschnittsbildung
- 1,95 % für sieben Jahre Durchschnittsbildung

Zum 31.12.2024 ist bereits der Umkehreffekt eingetreten. Das heißt, dass Pensionsrückstellungen bei Diskontierung mit dem verpflichtenden Zehn-Jahres-Durchschnittszins zu einem höheren Wert führen als nach dem Sieben-Jahres-Durchschnittszins. Damit läuft die zunächst bei Einführung der Regelungen angedachte Erleichterung nunmehr ins Leere.

Angesichts der angespannten wirtschaftlichen Situation der deutschen Unternehmen und auch angesichts der zunehmenden Spreizung der beiden Zinssatzentwicklungen ist davon auszugehen, dass der Ruf nach einer gesetzlichen Neuregelung lauter werden wird. Auch die Orientierung des Diskontierungssatzes an der Marktzinsentwicklung wird diskutiert und kritisch gesehen, da es dadurch mitunter zu erheblichen Schwankungen kommen kann.[887]

5.14 Erstmalige Anwendung und Übergang auf die neuen *Heubeck*-Richttafeln[888]

5.14.1 Ausgangslage

Pensionsrückstellungen stellen seit Jahren die Bilanzierenden immer wieder vor neue Herausforderungen hinsichtlich ihrer **Bewertung.** Mit dem BilMoG kam die Abkehr von dem bis dahin auch handelsrechtlich üblichen Zinssatz von 6 %; seither muss im HGB-Abschluss eine Abzinsung mit einem immer weiter sinkenden Marktzinssatz erfolgen.[889] Das Ergebnis: seit Jahren steigende Pensionsrückstellungen in den Bilanzen.

Zuletzt wurde der **Zinssatz,** welcher der handelsrechtlichen Bewertung von Pensionsrückstellungen zugrunde zu legen ist, im Jahr 2016 angepasst. Auf Basis eines auf zehn Jahre verlängerten Referenzzeitraums ergaben sich höhere Zinssätze und damit zumindest kurzfristige Entlastungseffekte.[890] Gleichzeitig liegt der steuerlich relevante Bewertungszinssatz seit Jahren unverändert bei 6 % (§ 6a Abs. 3 Satz 3 EStG). Die Verfassungsmäßigkeit dieses Zinssatzes zur Bewertung von Pensionsrückstellungen in der Steuerbilanz steht allerdings der Höhe nach bereits auf dem Prüfstand. Der Ausgang ist derzeit noch offen.[891]

Die Bewertung von Pensionsrückstellungen setzt auf verschiedenen **Annahmen** auf. Neben dem Zinssatz und Annahmen zu Lohn- und Gehaltstrends, Rententrends oder der Fluktuation bestimmen insb. **biometrische Annahmen** wie die **Lebenserwartung** den bilanziellen Wertansatz der Pensionsrückstellungen.

887 Vgl. Schreiben des IDW „Reform der handelsrechtlichen Abzinsungskonzeption für Pensionsrückstellungen" v. 6.9.2023.

888 Siehe auch *Zwirner*, BC 2018 S. 577, 577 ff.

889 Vgl. dazu bereits die Ausführungen in Kap. 3.6.

890 Vgl. zu der gesetzlichen Neuerung die Ausführungen in Kap. 5.13.

891 Vgl. zur Verfassungsmäßigkeit des Rechnungszinsfußes gem. § 6a EStG auch FG Köln v. 12.10.2017, 10 K 977/17, DStR 2017 S. 2792, 2792.

5.14.2 Veröffentlichung der neuen Richttafeln 2018 G

Am 20.7.2018 hat die HEUBECK AG ihre aktuellen **Richttafeln (RT 2018 G)** veröffentlicht. Auf Basis der neuen Richttafeln ist ein Anstieg der Pensionsrückstellungen in den Bilanzen zu erwarten. Grund hierfür ist insb. die ggü. den zuletzt vor 13 Jahren aktualisierten Richttafeln aus dem Jahr 2005 (bisher RT 2005 G) weiter **gestiegene durchschnittliche Lebenserwartung** in Deutschland. Nachdem im Rahmen interner Auswertungen Inkonsistenzen (Widersprüchlichkeiten) in Bezug auf die verwendeten Datengrundlagen, die den im Juli 2018 veröffentlichten Richttafeln zugrunde lagen, festgestellt wurden, hat die HEUBECK AG am 5.10.2018 korrigierte Richttafeln veröffentlicht. Bei den im Juli 2018 veröffentlichten Sterbetafeln wurde der Trend zur Verbesserung der Sterblichkeiten und damit zur Verlängerung der Lebenserwartung überschätzt.

Die aktuellen Richttafeln (RT 2018 G) berücksichtigen die ggü. den bisherigen biometrischen Rechnungsgrundlagen weiter angestiegene durchschnittliche Lebenserwartung in Deutschland. Zudem werden erstmals **sozioökonomische Faktoren** insofern einbezogen, als bei Arbeitnehmern mit einem höheren Alterseinkommen eine nachgewiesene höhere Lebenserwartung durch pauschale Abschläge auf die Sterblichkeit angerechnet wird. Insgesamt steigt die Lebenserwartung in Deutschland weiterhin, aber nicht mehr so schnell wie in der Vergangenheit.

5.14.3 Gültigkeit der neuen Richttafeln für Steuerbilanz, Handelsbilanz und IFRS-Abschlüsse

Die ***Heubeck*-Richttafeln** werden in der Praxis regelmäßig als **biometrische Grundlage** für die **Bewertung** von Pensionsrückstellungen verwendet. Hierbei können die aktuellen Richttafeln für die Bewertung von Pensionsverpflichtungen nach steuerlichen, handelsrechtlichen und internationalen Rechnungslegungsgrundsätzen genutzt werden.

Die **steuerliche Anerkennung** der aktuellen Richttafeln (RT 2018 G) ist durch das BMF-Schreiben vom 19.10.2018 – IV C 6 – S2176/07/10004 :001 erfolgt.

5.14.4 Erstanwendung der neuen Richttafeln 2018 G

Nach Ansicht des IDW sind die neuen Richttafeln im Ergebnis für handelsrechtliche Jahres- und Konzernabschlüsse anzuwenden, sobald sie allgemein anerkannt sind und bessere Schätzwerte darstellen als die bislang von den Unternehmen zugrunde gelegten Tabellenwerke. Dabei stellt die Anerkennung durch das BMF im Oktober 2018 für ertragsteuerliche Zwecke – neben der Verwendung der neuen Richttafeln in der Praxis, v. a. durch die Aktuare – ein Indiz für die allgemeine Anerkennung der neuen Richttafeln dar. Eine **Erstanwendung** auf den Jahres- und Konzernabschluss zum **31.12.2018** ist damit grds. geboten.

PRAXISTIPP

Die aktualisierten Richttafeln (RT 2018 G) sind handelsrechtlich erstmals für das kalenderjahrgleiche Geschäftsjahr 2018 anzuwenden. Steuerlich können die neuen Richttafeln für den Veranlagungszeitraum 2018 erstmals angewandt werden. Die Anwendung erfolgt für die pauschale Bewertung von Rückstellungen für Zuwendungen anlässlich eines Dienstjubiläums analog.[892]

---

892 Vgl. BMF v. 27.2.2020, IV C 6 – S 2137/19/10002:001, BStBl. I 2020 S. 254.

5.14.5 Ergebnisbelastung im Jahr 2018 hängt von individuellen Faktoren ab

Der **Effekt** auf die Bewertung der Pensionsverpflichtungen hängt von den unternehmensindividuellen Strukturen der Pensionsverpflichtungen ab.[893] Auf Basis der im Oktober 2018 veröffentlichten Richttafeln ist mit einem Anstieg der Pensionsrückstellungen in der Steuerbilanz von bis zu 1,2 % und nach HGB bzw. internationalen Rechnungslegungsgrundsätzen von bis zu 2,0 % zu rechnen. Die **Ergebnisbelastung** bezieht sich hierbei auf den per 31.12.2018 auf Basis der bisherigen Richttafeln (2005 G) ermittelten Verpflichtungsumfang. Der einmalige Aufwand belastet in der Folge das handelsrechtliche Ergebnis 2018. Nach IFRS ist die Anpassung aufgrund der veränderten biometrischen Grundlagen in der Gesamtergebnisrechnung zu erfassen, und zwar im OCI (Other Comprehensive Income = sonstige Ergebnisrücklage).

Sofern es im Einzelfall zu einem **Ertrag aus der Erstanwendung** der neuen Richttafeln kommen sollte, ist dieser Ertrag grds. als Auflösungsbetrag unter den sonstigen betrieblichen Erträgen zu erfassen. Im Einzelfall und in Abhängigkeit von der Wesentlichkeit dürfte eine Saldierung des Auflösungsbetrags mit laufenden Aufwendungen aus der Pensionsverpflichtung (z. B. laufende Rentenzahlungen) nicht zu beanstanden sein.

Zum 31.12.2018 ist die **Bewertung** der Pensionsverpflichtungen für Zwecke der Rechnungslegung auf Basis der aktuellen Richttafeln **(RT 2018 G)** zu ermitteln. Eine gesonderte Berechnung auf Basis der bisherigen biometrischen Annahmen **(RT 2005 G)** ist für **Vergleichszwecke** sinnvoll, um den Effekt der erstmaligen Anwendung der neuen Richttafeln ermitteln zu können.

BEISPIEL: HANDELSRECHTLICHE ERGEBNISBELASTUNG IM JAHR 2018 Die Pensions GmbH hat auf Basis der bisherigen Richttafeln (RT 2005 G) für ihren Jahresabschluss nach HGB zum 31.12.2018 (Geschäftsjahr = Kalenderjahr) – unter Beachtung von § 253 Abs. 2 HGB und auf Basis eines Aktuarsgutachtens – eine Pensionsverpflichtung von 20 Mio. EUR ermittelt. Mit der erstmaligen Anwendung der neuen Richttafeln (RT 2018 G) ergibt sich – unter Berücksichtigung eines entsprechenden Aktuarsgutachtens – ein einmaliger Aufwand von 400 TEUR, der das handelsrechtliche Jahresergebnis 2018 einmalig belastet.

Den Unternehmen ist zu raten, sich zeitnah einen Überblick über **die Auswirkungen der geänderten biometrischen Richttafeln** zu verschaffen. Insbesondere dann, wenn die Pensionsrückstellungen das Bilanzbild prägen und Pensions- sowie Zinsaufwand das Jahresergebnis wesentlich beeinflussen, sollten die Effekte aus der gestiegenen und künftig bei der Pensionsbewertung zu berücksichtigenden durchschnittlichen Lebenserwartung mit dem Aktuar besprochen werden.

PRAXISTIPP

Aufgrund der erstmaligen Anwendung der neuen Richttafeln (RT 2018 G) werden das Jahresergebnis sowie das Eigenkapital belastet. Auch wenn sich – über die vorliegenden Schätzungen des Ergebniseffektes hinaus – eine allgemeingültige Aussage zum **Umfang des Anstiegs der Pensionsrückstellungen in den Bilanzen** verbietet, steht eines fest: Die Pensionsrückstellungen werden steigen. Dementsprechend sind auch die für das Jahr 2018 sowie für die Folgejahre aufgestellten **Planungen** zu überdenken. Zugleich müssen auch mittel- bis langfristige **Prognosen** angepasst werden. Neben der handelsrechtlichen Planung, Belastungen des Eigenkapitals sowie Fragen hinsichtlich der Ausschüttungsfähigkeit müssen auch die vom Handelsrecht abweichenden steuerlichen Konsequenzen betrachtet werden.

893 Vgl. *Zwirner*, DB 2018 S. 2518, 2518, und *Zwirner*, DB 2018 S. 2066, 2066.

5.14.6 Anhangangaben zur Erstanwendung der neuen Richttafeln

Bei der Erstanwendung der neuen Richttafeln (RT 2018 G) handelt es sich um **keine angabepflichtige Bewertungsänderung** i.S. des § 284 Abs. 2 Nr. 2 HGB. Vielmehr werden weiterhin die aktuellen Sterbetafeln zugrunde gelegt; diese wurden allerdings aufgrund neuer Erkenntnisse an die aktuellen Gegebenheiten angepasst. Es handelt sich damit nicht um eine Änderung der Bewertungsmethode, sondern allein bestimmter Bewertungsparameter. Daher ist keine ausdrückliche Nennung des Einmaleffekts im handelsrechtlichen Jahresabschluss gesetzlich gefordert.

Anhangangaben zur (Erst-)Anwendung der neuen Richttafeln ergeben sich allerdings aus folgenden Regelungen:

- §§ 285 Nr. 24, 314 Abs. 1 Nr. 16 HGB: Angaben zur Anwendung der Sterbetafeln RT 2018 G dem Grunde nach i.R. der Angaben zu den angenommenen Bewertungsparametern, insb. den der Bewertung zugrunde gelegten Sterbetafeln;
- §§ 285 Nr. 31, 314 Abs. 1 Nr. 23 HGB: Angaben zu außergewöhnlichen Aufwendungen/Erträgen aus der Erstanwendung der neuen Richttafeln, sofern der Betrag wesentlich ist;
- §§ 285 Nr. 32, 314 Abs. 1 Nr. 24 HGB: Angabe zu periodenfremden Aufwendungen/Erträgen aus der Erstanwendung der neuen Richttafeln, sofern der Betrag wesentlich ist.

PRAXISTIPP

In Abhängigkeit von der Wesentlichkeit der Effekte aus der **erstmaligen Anwendung** der neuen Sterbetafeln müssen **im Anhang weiterführende Angaben** gemacht werden. Bei wesentlichen Effekten treten neben die qualitativen Angaben zur Anwendung der neuen Sterbetafeln quantitative Angaben.

5.14.7 Steuerliche Erstanwendungs- und Übergangsregelungen

Mit **BMF-Schreiben vom 19.10.2018** – IV C 6 – S 2176/07/10004 :001 nimmt das BMF zu den neuen Richttafeln Stellung. Bei der Bewertung von Pensionsrückstellungen sind nach § 6a Abs. 3 Satz 3 EStG u.a. die anerkannten Regelungen der Versicherungsmathematik anzuwenden. Sofern in diesem Zusammenhang bislang die *Heubeck*-Richttafeln 2005 G verwendet wurden, ist zu beachten, dass diese nun durch die *Heubeck*-Richttafeln 2018 G zu ersetzen sind. Das BMF erkennt die aktuellen *Heubeck*-Richttafeln 2018 G als mit den **anerkannten versicherungsmathematischen Grundsätzen** übereinstimmend an.

Die *Heubeck*-Richttafeln 2018 G können **erstmals** der Bewertung von Pensionsrückstellungen am Ende des Wirtschaftsjahres zugrunde gelegt werden, das nach dem 20.7.2018 (Tag der [erstmaligen] Veröffentlichung der neuen Richttafeln) endet, und damit erstmals für den zum 31.12.2018 endenden Veranlagungszeitraum (VAZ) 2018. Die alten Richttafeln 2005 G können letztmalig für das Wirtschaftsjahr verwendet werden, das vor dem 30.6.2019 endet. Für Wirtschaftsjahre, die ab dem 30.6.2019 enden, sind verpflichtend die neuen Richttafeln 2018 G heranzuziehen. Der **Übergang** hat einheitlich für alle Pensionsverpflichtungen und alle sonstigen versicherungsmathematisch zu bewertenden Bilanzposten des betreffenden Unternehmens zu erfolgen.

Die **Verteilung des Unterschiedsbetrags,** der sich aus der Neubewertung aufgrund der neuen *Heubeck*-Richttafeln 2018 G ergibt, ist auf **mindestens drei Wirtschaftsjahre gleichmäßig** vorzunehmen. Dies gilt unabhängig davon, ob sich aus der Neubewertung ein positiver oder ein negativer Unterschiedsbetrag ergibt. Eine Verteilung auf weniger als drei Wirtschaftsjahre ist ausgeschlossen. Wird im Jahr der Erteilung einer Pensionszusage eine Pensionsrückstellung gebildet und erfolgt dies im Jahr der Veröffentlichung neuer *Heubeck*-Richttafeln, existiert kein „Unterschiedsbetrag" i.S. des § 6a Abs. 4 Satz 2 EStG, der auf drei Jahre verteilt werden müsste.[894] Dies gilt jedoch nur für sog. echte Erstjahre. Eine Altzusage, die erstmals steuerrechtlich angesetzt wird, wird anders beurteilt.[895]

PRAXISTIPP

Eine gleichmäßige Verteilung über einen Zeitraum von mehr als drei Wirtschaftsjahren ist hingegen möglich. Insofern bestehen hier **steuerbilanzpolitische Möglichkeiten,** das steuerliche Ergebnis der Veranlagungszeiträume 2018 ff. bewusst zu beeinflussen.

Am Ende des Wirtschaftsjahres, für das die neuen Rechnungsgrundlagen erstmals anzuwenden sind **(Übergangsjahr),** ist die jeweilige Pensionsrückstellung zunächst auf der Grundlage der bisherigen Rechnungsgrundlagen (z. B. *Heubeck*-Richttafeln 2005 G) nach § 6a Abs. 3 und Abs. 4 Satz 1 und 3 bis 5 EStG zu ermitteln. Anschließend ist zu demselben Stichtag die so errechnete Rückstellung um ein Drittel des Unterschiedsbetrags zwischen dem Teilwert der Pensionsverpflichtung am Ende des Übergangsjahres nach den *Heubeck*-Richttafeln 2018 G und den bisher verwendeten Rechnungsgrundlagen zu erhöhen oder – bei negativem Unterschiedsbetrag – zu vermindern. Verpflichtend sind damit für **steuerliche Zwecke** zum 31.12.2018 **zwei Gutachten** zum steuerlichen Wert der Pensionsverpflichtung zu erstellen. Es besteht jedoch keine Bindung an den Erstansatz laut Steuererklärung, sondern die Möglichkeit des Wechsels auf neue Werte im Übergangsjahr.

PRAXISTIPP

Zum 31.12.2018 sind für steuerliche Zwecke zwei Aktuarsberechnungen notwendig; eine auf Basis der Annahmen der RT 2005 G und eine auf Basis der Annahmen der RT 2018 G. Allein auf Basis des Vergleichs dieser beiden Werte kann der steuerlich relevante Unterschiedsbetrag zutreffend ermittelt werden.

BEISPIEL: STEUERLICHE ERGEBNISBELASTUNG IM VERANLAGUNGSZEITRAUM 2018 ▸ Die Pensions GmbH hat auf Basis der bisherigen Richttafeln (RT 2005 G) für ihre Steuerbilanz zum 31.12.2018 (Wirtschaftsjahr = Kalenderjahr) – unter Beachtung von § 6a EStG und auf Basis eines Aktuarsgutachtens – eine Pensionsverpflichtung von 16 Mio. EUR ermittelt. Auf Basis der erstmaligen Anwendung der neuen Richttafeln (RT 2018 G) ergibt sich zum 31.12.2018 ein steuerlicher Wert der Pensionsverpflichtung von 16.192 TEUR.

Für die Pensions GmbH wurden zum 31.12.2018 zwei steuerlich anerkannte Aktuarsberechnungen nach § 6a EStG erstellt. Den Unterschiedsbetrag von 192 TEUR muss die Pensions GmbH mindestens auf drei Jahre verteilen. Demnach kann sie im Veranlagungszeitraum „nur" einen Aufwand von 64 TEUR (= 1/3 von 192 TEUR) erfassen und dem steuerlichen Bilanzansatz zuführen. Der steuerlich relevante Betrag (= Bilanzansatz) per 31.12.2018 beträgt damit 16.064 TEUR. Der noch nicht verteilte Unterschiedsbetrag beläuft sich zum 31.12.2018 auf 128 TEUR.

Im **ersten Folgejahr** ist die Rückstellung basierend auf den Richttafeln 2018 G zu ermitteln, sodass die alten Richttafeln 2005 G nicht mehr anzuwenden sind. Die so berechnete Pensionsrückstellung ist um ein Drittel des Unterschiedsbetrags zu vermindern oder zu erhöhen, der im Übergangsjahr errechnet wurde. Sofern im ersten Folgejahr Pensionszusagen neu erteilt wurden oder sich die Verpflichtung bei einer bestehenden Zusage erhöht, sind die Pensionsrückstellun-

894 Vgl. BFH v. 13.2.2019, XI R 34/16, DStR 2019 S. 1254 ff.

895 Vgl. BMF v. 17.12.2019, IV C 6 – S 2176/19/10001:001, DStR 2019 S. 2700 f.

gen insoweit in vollem Umfang auf der Basis der neuen Richttafeln 2018 G zu bewerten. Von dem so ermittelten Wert der Verpflichtung ist dann ein Drittel des im Vorjahr festgeschriebenen Unterschiedsbetrags zum Abzug zu bringen.

BEISPIEL: STEUERLICHE ERGEBNISBELASTUNG IM VERANLAGUNGSZEITRAUM 2019 Die Pensions GmbH hat auf Basis der neuen Richttafeln (RT 2018 G) für ihre Steuerbilanz zum 31.12.2019 (Wirtschaftsjahr = Kalenderjahr) – unter Beachtung von § 6a EStG und auf Basis eines Aktuarsgutachtens – eine Pensionsverpflichtung von 16,5 Mio. EUR ermittelt.

Auf Basis der erstmaligen Anwendung der neuen Richttafeln (RT 2018 G) ergab sich zum 31.12.2018 ein festgeschriebener Unterschiedsbetrag zwischen der Bewertung nach RT 2005 G und RT 2018 G von 192 TEUR, wovon zum 31.12.2018 allein ein Drittel des Betrags steuerlich aufwandswirksam erfasst wurde.

Von dem gesamten Unterschiedsbetrag i. H. von 192 TEUR hat die Pensions GmbH ein Drittel (64 TEUR) aufwandswirksam zu erfassen. Zum 31.12.2019 verbleibt zudem das dritte Drittel als noch nicht verteilter Unterschiedsbetrag aus der Erstanwendung der neuen Richttafeln (RT 2018 G). Der steuerlich relevante Betrag per 31.12.2019 (= Bilanzansatz) beträgt damit 16.436 TEUR (16.500 TEUR – 64 TEUR). Der noch nicht verteilte Unterschiedsbetrag beläuft sich zum 31.12.2019 auf 64 TEUR.

Im **zweiten Folgejahr** ist die Pensionsrückstellung auf Grundlage der neuen Richttafeln 2018 G zu ermitteln. Eine Kürzung der Rückstellung unterbleibt. Die Grundsätze dieser Zuführungen fallen auch bei einem Übergang des Dienstverhältnisses im Übergangsjahr und Folgejahr auf einen neuen Arbeitgeber aufgrund gesetzlicher Bestimmungen, z. B. nach § 613a BGB, ins Gewicht.[896]

BEISPIEL: STEUERLICHE ERGEBNISBELASTUNG IM VERANLAGUNGSZEITRAUM 2020 Die Pensions GmbH hat auf Basis der neuen Richttafeln (RT 2018 G) für ihre Steuerbilanz zum 31.12.2020 (Wirtschaftsjahr = Kalenderjahr) – unter Beachtung von § 6a EStG und auf Basis eines Aktuarsgutachtens – eine Pensionsverpflichtung von 16,8 Mio. EUR ermittelt.

Zum 31.12.2020 ist das letzte Drittel des zum 31.12.2018 festgeschriebenen Unterschiedsbetrags zu erfassen, sodass der steuerbilanzielle Wertansatz dem Wert des Aktuarsgutachtens entspricht. Der steuerlich relevante Betrag per 31.12.2020 (= Bilanzansatz) beträgt damit 16.800 TEUR. Der noch nicht verteilte Unterschiedsbetrag beläuft sich zum 31.12.2020 auf 0 TEUR.

Aus **Billigkeitsgründen** ist es nicht zu beanstanden, wenn der Unterschiedsbetrag für sämtliche Pensionsverpflichtungen eines Betriebs insgesamt als Differenz zwischen den Teilwerten nach den Richttafeln 2018 G und den bisherigen Rechnungsgrundlagen am Ende des Übergangsjahres ermittelt wird. Dieser Gesamtunterschiedsbetrag ist in unveränderter Höhe auf das Übergangsjahr und die beiden folgenden Wirtschaftsjahre gleichmäßig zu verteilen, indem von der Summe der Pensionsrückstellungen nach den Richttafeln 2018 G am Ende des Übergangsjahres zwei Drittel und am Ende des Folgejahres ein Drittel dieses Gesamtunterschiedsbetrags abgezogen werden. Demnach muss eine differenzierte Analyse der Entwicklung der einzelnen Verpflichtungen erfolgen. Die Verteilungsregelung gilt zudem nicht für Versorgungszusagen, die im Übergangsjahr erteilt werden.[897]

896 Vgl. BMF v. 19.10.2018 – IV C 6 – S 2176/07/10004:001, DStR 2018 S. 2272 f.
897 Vgl. BFH v. 13.2.2019, XI R 34/16, DStR 2019 S. 1254 ff.

5.14.8 Konsequenzen aus der Erstanwendung der neuen Richttafeln (RT 2018 G)

Der **Effekt auf die Bewertung der Pensionsverpflichtungen** hängt von den unternehmensindividuellen Strukturen der Pensionsverpflichtungen ab. Neben Art und Umfang der Versorgungsregelung spielt insb. der Mix aus Versorgungsempfängern und Anwärtern eine große Rolle. Auf Basis der neuen Richttafeln ist mit einem einmaligen Aufwand in der Handelsbilanz 2018 zu rechnen, der nicht über mehrere Jahre verteilt werden darf. Demgegenüber muss der Unterschiedsbetrag für steuerliche Zwecke über mindestens drei Jahre verteilt werden. Somit fallen zum 31.12.2018 sowie zum 31.12.2019 die Wertansätze der Pensionsrückstellungen in Handels- und Steuerbilanz weiter auseinander als bisher. Dies hat u. a. Auswirkungen auf die Abgrenzung (aktiver) latenter Steuern. Keine Verteilung des Unterschiedsbetrags erfolgt jedoch bei Pensionsrückstellungen unter Berücksichtigung neuer *Heubeck*-Richttafeln im Jahr der Zusage.[898]

Zusammengefasst gilt für die Erstanwendung der neuen Richttafeln (RT 2018 G) Folgendes:

1. Die **Erstanwendung** der aktuellen Richttafeln (RT 2018 G) hat bei kalenderjahrgleichem Geschäfts- bzw. Wirtschaftsjahr in der Handelsbilanz zum 31.12.2018 zu erfolgen. Steuerlich können die neuen Richttafeln erstmals für den Veranlagungszeitraum 2018 verwendet werden.
2. Der **Aufwand** (oder Ertrag), der sich aus der Erstanwendung ergibt, ist handelsrechtlich unmittelbar ergebniswirksam zu erfassen. Im Anhang zum Jahresabschluss nach HGB sind Angaben zur Anwendung der neuen Richttafeln sowie – unter Wesentlichkeitsaspekten – zur Höhe der außergewöhnlichen bzw. periodenfremden Beträge zu machen.
3. **Steuerlich** ist der **Unterschiedsbetrag,** der sich aus der Erstanwendung der neuen Richttafeln (RT 2018 G) ergibt, über mindestens drei Jahre gleichmäßig zu verteilen. In den Folgejahren ist die Differenz aus der Erstanwendung ratierlich zu verteilen. Bei einer Verteilung über drei Jahre entspricht der steuerbilanzielle Wertansatz (bei kalenderjahrgleichem Wirtschaftsjahr und Erstanwendung in 2018) zum 31.12.2020 dem Wert des steuerlichen Aktuarsgutachtens. Wird im Jahr der Erteilung einer Pensionszusage eine Pensionsrückstellung gebildet und erfolgt dies im Jahr der Veröffentlichung neuer Richttafeln, existiert kein „Unterschiedsbetrag" i. S. des § 6a Abs. 4 Satz 2 EStG, der auf drei Jahre verteilt werden müsste.[899]
4. Aufgrund der unterschiedlichen Erfassung des Umstellungseffekts aus der Erstanwendung der neuen Richttafeln (RT 2018 G) in Handels- und Steuerbilanz fallen die Wertansätze für die Pensionsrückstellung in beiden Rechenwerken zunächst weiter auseinander. Dieses Auseinanderfallen muss bei der Bemessung der **latenten Steuern berücksichtigt** werden.

Die Bilanzierenden und die Berater müssen sich mit **den Effekten aus der Erstanwendung** der RT 2018 G auseinandersetzen, um sowohl handels- als auch steuerrechtlich eine zutreffende Abbildung in den Jahresabschlüssen und Steuerbilanzen der Jahre 2018 ff. sicherstellen zu können. Vor diesem Hintergrund sind die **Planungen und Prognosen** (handels- und steuerrechtlich) zu überdenken und ggf. anzupassen.

898 Vgl. BFH v. 13.2.2019, XI R 34/16, DStR 2019 S. 1254.
899 Vgl. BFH v. 13.2.2019, XI R 34/16, DStR 2019 S. 1254.

6 Rückstellungs-ABC

6.1 Hinweise zur Anwendung des ABC

Soweit die Ausführungen nicht zwischen der handels- und der steuerrechtlichen Behandlung differenzieren, beziehen sie sich auf beide Regelungskreise. Das im Folgenden wiedergegebene ABC der Rückstellungen typisiert **mit über 1.000 Stichwörtern** Rückstellungsarten und skizziert die im Einzelnen gegebene Zulässigkeit des Rückstellungsansatzes unter Verwendung weiterführender Quellen.[900] Das Rückstellungs-ABC bemüht sich um Vollständigkeit, kann jedoch aller Voraussicht nach nicht alle praktisch relevanten Fälle abdecken. Die Autoren sind daher für weiterführende Hinweise zur Zulässigkeit bzw. Nichtanerkennung einzelner Rückstellungen in der Praxis respektive Rechtsprechung dankbar (Kontaktadresse: *bilanzrecht@crowe-kleeberg.de*).

900 Vgl. zu weiteren Rückstellungs-ABC u.a. Anzinger/Oser/Schlotter, § 249 HGB Rz. 210; Baetge/Kirsch/Thiele/*Hommel*, § 249 HGB Rz. 601 ff.; Beck Bil-Komm/*Schubert*, § 249 HGB Rz. 130; Beck HdR/*Scheffler*, B 233 Rz. 440 ff.; Bertram/Kessler/Müller/*Bertram*, § 249 HGB Rz. 193; Bonner Handbuch/*Kirsch*, § 249 HGB Rz. 461 ff.; HdJ/*Wüstemann, J./Rost*, Abt. III 5 Rz. 116; HdR-E/*Mayer-Wegelin*, § 249 HGB Rz. 229; *Hoffmann/Lüdenbach*, § 249 HGB Rz. 227 mit Querverweisen; *Maus*, S. 39 ff.; *Weber-Grellet* in: Schmidt, § 5 EStG Rz. 550; Syst. Praxiskommentar Bilanzrecht/*Petersen/Künkele/Zwirner*, § 249 HGB Rz. 380 ff.; WPH Edition, Kap. F Rz. 638; Frotscher/Geurts/*Watrin*, § 5 EStG Rz. 458.

Bausparkassenabschlussgebühr
Bauspartechnische Abgrenzung
Bausparvertrag
Baustelle
Baustellenlager
Baustellenräumung
Bedingt rückzahlbare Zuwendung
Bedingte Verbindlichkeit
Beherrschungsvertrag
Behindertenabgabe
Behördliche Untersuchung
Beibehaltungswahlrecht
Beihilfe
Beitrag an Wirtschaftsverbände
Beiträge
Beitragsrückgewähr
Beratungskosten
Bergbauwagnis
Bergschaden
Berufsausbildung
Berufsgenossenschaftsbeitrag
Beschaffungsgeschäft
Beseitigung
Besserungsschein
Besserungsverpflichtung
Bestandspflege
Bestellobligo
Bestrittene Verbindlichkeit
Beteiligungen
BetrAVG
Betreiberpflicht
Betreuung
Betriebliche Altersversorgung
Betriebliche Berufsausbildung
Betriebsaufgabe
Betriebsprüfung
Betriebsprüfungskosten
Betriebsprüfungsrisiko
Betriebsschließung
Betriebsunterbrechungsversicherung
Betriebsveräußerung
Betriebsverlegung
Betriebsverpachtung
Betriebswerk
Bewertungseinheit
Biersteuer
Bildungsurlaub
Blankettzusage
Blitzeinschlag
Bodenkontamination
Bohrlochauffüllung
Bonus
Bonusprogramm
Bonuspunkte
Börsengang
Börsenzulassungsfolgepflicht
Börsenzulassungskosten
Brandmelder
Brandschutzmaßnahmen
Branntweinsteuer
Brauerei
Brennelemente
Brexit
Buchführungsarbeiten
Buchführungskosten
Buchhaltungsunterlagen
Buchung laufender Geschäftsvorfälle
Bundesanstalt für Arbeit
Bundesanzeiger
Bundesanzeiger, elektronischer
Bürgerlich-rechtliche Verpflichtung
Bürgschaft

Bus

Bußgeld

C

Call-Option

Cash-Pooling-Gebühren

Chartervertrag

Commodity-Futures

Compliance

Computer-Update

Corona

Corona-Schlussabrechnung

Corona-Überbrückungshilfe

Courtagestorno

COVID-19

Credit Linked Notes

D

Damnum

Darlehen bei gesunkenem Marktzins

Darlehensverbindlichkeit

Darlehenszins

Datenbereinigung

Datenpanne

Datenschutz

Datenschutzgrundverordnung (DSGVO)

Datenspeicherung

Datenverarbeitungsunternehmen

Datenzugriff der Finanzverwaltung

DATEV-Rechenzentrum

Dauerschuldverhältnis

Dauerwartungsvertrag

Defizitäre Filiale

Dekontaminierungskosten

Demografiefonds

Deponie

Deponien-Nachsorge

Deputat

Derivat

Designhaftung

Devisenoptionen

Devisentermingeschäft

Dialer

Diensterfindungen

Dienstjubiläumszuwendung

Dienstleistungsgutschein

Diensttreueprämie

Dienstvertrag

Dieselgate

Digitale Archivierung

Digitalisierung

Dingliche Lasten

Disagio

Dokumentationsverpflichtung

DPR-Prüfung

Drohende Verluste

Druckbeihilfe

E

Earn-out-Klausel

Eichkosten

Eigenkapitalersatz

Einheitsleergut

Einkaufskontrakt

Einkommensteuerschulden

Einlagensicherungsfonds

Einlagezinsen

Einlöseverpflichtung

Einstandsverpflichtung

Einweg

Einwegkunststoffabgabe

Einzelrechtsnachfolge

F

Flugzeugwartung
Flurentschädigung
Flusswasserkraftwerk
Flut
Fördermittel
Forderungserlass
Forfaitierung
Forschung und Entwicklung
Forstschäden
Forstwerk
Franchising
Freie Mitarbeiter
Freistellung
Freistellungsvereinbarung
Freiwillige Jahresabschlussprüfung
Freizeit
Fremdgelder
Friseurgutschein
Futures

G

Garantiefonds
Garantiegebühren
Garantieleistung
Garantieverpflichtung
Gas- und Elektrizitätsversorgung
Gasrückführungssystem
GDPdU
Gebrauchsmusterrecht
Gebühren
Gebühren im Zusammenhang mit Dekontamination/Reinigung
Gebührenabsenkung
Gefährdungsabschätzung
Gegnerische Ansprüche
Gehaltsfortzahlung
Geldbuße
Geldrestitution
GEMA
Generalüberholung
Genussrecht
Gerichtshängigkeit von Forderungen
Gerichtskosten
Gerichtsprozess
Gerüstbau
Gesamtrechtsnachfolge
Geschäftsbericht
Geschäftsrisiko
Geschäftsunterlagen
Geschäftsverlegung
Geschmacksmusterrecht
Gesellschafterfinanzierung
Gesellschafterhaftung
Gewährleistung
Gewährleistungsverpflichtung
Gewährträgerhaftung
Gewerbesteuer
Gewerbesteuerschuld
Gewerblicher Rechtsschutz
Gewinn
Gewinnabführung
Gewinnabhängige Verbindlichkeit
Gewinnabhängige Vergütung
Gewinnabhängige Verpflichtung
Gewinnauszahlung
Gewinnbeteiligung
Gewinnbeteiligung eines typischen stillen Gesellschafters
Gleitzeitüberhang
Gnadenquartal
GoBD
Gratifikation
Großbetrieb
Großreparatur

K

L

Leasingvertrag
Lebensarbeitszeitkonto
Lebensversicherung
Leergut
Lehrling
Leibrente
Leihemballagen
Leistungsprämie
Leistungsverpflichtung
Lieferantenrechnung
Lieferkettensorgfaltspflicht
Lizenzgebühr
Lizenzrecht
Lizenzvertrag
Lkw
Lohnfortzahlung im Krankheitsfall
Lohnfortzahlung im Todesfall
Lohngarantie
Lohnnachzahlung
Lohnsteuer
Lohnsteuerhinterziehung
Lohnzahlung
Lotteriegewinnauszahlungsverpflichtung
Luftfahrzeug
Luftverkehrsteuer

M

Macro-Hedge
Maklergebühr
Maklerhaftung
Maklerstorno
Mandantendaten
Mängelrüge
Markenrechtsverletzung
Markenzeichen
Marktzins
Materialrücktransport
MDK-Prüfung
Medikamentenmuster
Mehrerlösabschöpfung
Mehrkomponentengeschäft
Mehrrücknahme
Mehrsteuern
Mehrurlaub
Mehrweg
Mehrwegsystem
Mietereinbauten
Mietfreistellung
Mietgarantie
Mietglättung
Mietkaufvertrag
Mietnebenkosten
Mietpreiszusicherung
Mietraten
Mietrückzahlung
Mietverhältnis
Mietverpflichtung
Mietvertrag
Millennium-Bug
Minderung
Mineralölsteuer
Mitarbeiterbeteiligungsprogramm
Mitarbeiterbonus
Mitarbeiterfreistellung
Mitgliederbeitrag
Mittelbare Pensionsverpflichtung
Mitwirkungskosten
Modernisierung
Montageverpflichtung
Mox(Mischox)-Brennelemente
Mutterschutz

Q

R

Rückbauverpflichtung
Rückdeckungsversicherung
Rückerstattung
Rückforderung
Rückgaberecht
Rückgriffsmöglichkeit
Rückkaufoption
Rückkaufverpflichtung beim Leasinggeschäft
Rückkaufverpflichtung von Kfz-Händlern
Rücknahmeverpflichtung
Rücksendung
Rückstellung für noch nicht abgewickelte Versicherungsfälle
Rückstellungsspiegel
Rücktransport
Rücktrittsrecht
Rücktrittsvorbehalt
Rückvergütung
Rückverkaufsoption
Rückzahlung
Rückzahlung Corona-Förderung
Rückzahlung Corona-Überbrückungshilfe
Rückzahlung einer Anleihe
Rückzahlung von Arzthonoraren bei Unwirtschaftlichkeit
Rückzahlung von Beiträgen
Rückzahlung vorläufig festgesetzter Erstattungszinsen

S

Sachdarlehen
Sacheinlage
Sachleistungsverpflichtung
Sale-and-Buy-back-Geschäfte
Sammelbewertung
Sanierungsaufwendungen
Sanierungsgelder
Sanierungsmaßnahme
Sanierungsverpflichtung
Sanktion
SAR (Stock-Appreciation-Rights)
SARS-CoV-2
Säumniszuschlag
Schachtauffüllung
Schachtversatzverpflichtung
Schadensbearbeitung
Schadensermittlungskosten
Schadensersatz
Schadensersatzansprüche
Schadensfall
Schadensrückstellung
Schadensrückstellung bei Versicherungsunternehmen
Schadstoffbelastung
Schallschutz
Schankerlaubnissteuer
Schätzungszwang
Schaumweinsteuer
Scheingewinn
Schiff
Schmiergelder
Schuldbeitritt
Schuldübernahme
Schuldverschreibung
Schutzrechtsverletzung
Schwankungsrückstellung
Schwarzarbeit
Schwarzgeld
Schwebendes Geschäft
Schwebendes Rohstoffbeschaffungsgeschäft
Schwerbehinderte
Schwerbehindertenabgabe

Schwerbehinderten-Pflichtplätze
Sektsteuer
Selbstversicherung
SEPA
Serienauftrag
Serienteile
Sicherheitsinspektion
Sicherheitsleistung
Sicherungsgeschäft
Signing-Fee
Sitzverlegung
Skonto
Skontoabzug
Software
Solidaritätszuschlag
Sonderbeitrag
Sonderprüfung
Sortenschutzrecht
Soziallast
Sozialleistungen
Sozialplan
Sozialverpflichtung
Sozialversicherungsabgabe
Spaltung
Spänetrocknungsanlage
Sparprämie
Sparvertrag
Spezialgerüstbau
Spezialwerkzeuge
Spielbankabgabe
Standortschließung
Standortverlagerung
Sterbetafel
Steuerberater(in)
Steuererklärung
Steuerhaftung
Steuerhinterziehung
Steuerliche Nebenleistung
Steuerliche Verrechnungspreis-dokumentation
Steuernachforderung
Steuernachzahlung
Steuerrückstellung
Steuerschulden
Steuerverkürzung
Stiller Gesellschafter
Stillgelegte Deponie
Stock-Option
Storno
Strafbare Handlung
Strafe
Strafrechtliche Verpflichtung
Strafverteidiger(in)
Strafverteidigerkosten
Strafzahlungen
Strafzins
Straßenanliegerbeitrag
Stromkosten
Strompreis
Strompreisbremse
Stromsteuer
Strukturmaßnahmen
Stundungszinsen
Substanzerhaltungspflicht
Subventionen
Sukzessivlieferungsvertrag
Swapgeschäft

T

Tabaksteuer
Tagebau
TA-Luft
Tankstelle

Tantieme
Tarifvertrag
Technische Anleitung zur Reinhaltung der Luft
Technischer Berater
Teilzahlungsbank
Termingeschäft
THG-Quote
Transfergesellschaft
Transparenzregister
Transportversicherung
Treuebonus
Treuegeld
Treueprämie
TÜV
Typisierte Wahrscheinlichkeit bei Passivklagen

U

Überbezahlte Werbekosten
Überbrückungshilfe
Übergangsgeld
Überschusserlöse
Überschwemmung
Überstunden
Übertragung Altersvorsorge
Überversorgung
Überverzinslichkeit
Überverzinslichkeit von Verbindlichkeiten
Überwachung und Dekontamination
Uferschlamm
Uferschutz
Umlageverpflichtung
Umrüstung von Produktionsanlagen
Umsatzabhängige Verbindlichkeit
Umsatzbeteiligung
Umsatzbonus
Umsatzprämie
Umsatzsteuer
Umsatztantieme
Umsatzvergütung
Umsetzungskosten
Umstellungskosten
Umtauschanleihe
Umwandlungskosten
Umweltlasten
Umweltschaden
Umweltschutz
Umzugskosten
Ungewisses Risiko
Unmittelbare Pensionsverpflichtung
Unterdeckung
Unterlassene Instandhaltungen
Unternehmensregister
Unternehmensvertrag
Unternehmerrisiko
Unterpachtverhältnis
Unterstützungskasse
Unterverzinslichkeit
Untreue
Unverzinsliche Verbindlichkeit
Unverzinslichkeit
Urheberrechtsverletzung
Urlaubsanspruch
Urlaubsgeld
Urlaubsverpflichtung

V

Veräußerung eines Gewerbebetriebs
Verbindlichkeitsrückstellung
Verbrauchsteuer
Verdecktes Eigenkapital
Verdienstsicherung für ältere Arbeitnehmer

Vereinsbeitrag
Verfallsanordnung
Verfüllungskosten
Vergnügungssteuer
Verjährte Verbindlichkeiten
Verkaufsvertrag
Verkehrsbetrieb
Verkehrssteuer
Verlag
Verlustabdeckung
Verlustausgleich bei Beherrschungs- und Gewinnabführungsverträgen
Verlustausgleichsverpflichtung
Verluste aus schwebenden Geschäften
Verlustrückstellung
Verlustübernahmeverpflichtung
Veröffentlichung des Jahresabschlusses
Verordnungskosten
Verpackung
Verpackungsgesetz
Verpflichtungsübernahme
Verrechnungspreisdokumentation
Verrechnungspreisrisiko
Verrechnungsverpflichtung
Versäumniszinsen
Verschmelzungskosten
Versicherungsmakler
Versicherungsprämie
Versicherungssteuer
Versicherungstechnische Rückstellung
Versicherungsunternehmen
Versicherungsvertrag
Versicherungsvertreter
Versorgungsrente
Versorgungsvertrag
Verspätungszuschlag
Verteilungsrückstellung
Vertragsbetreuung
Vertragsstorno
Vertragsstrafe
Verurteilung
Verwaltungsaktverpflichtung
Verwaltungskosten
Verwertungsgesellschaft
Verzicht
VG Wort
Vollkostenbewertung
Vorauszahlung
Vorfälligkeitsentschädigung
Vorruhestandsgeld
Vorruhestandsverpflichtung
Vorschuss
VPI (Verbraucherpreisindex)

W

Wachstumssparen
Wahrscheinlichkeitskriterium
Währungskursrisiko
Währungsswap
Waisenrente
Wandelschuldverschreibung
Wandlung
Warengutschein
Warenprobe
Warenrückgabe
Warenrückvergütung
Warentermingeschäft
Warenumschließung
Wartung
Wartung von Flugzeugen
Wartung von Werkzeugen
Wartungsaufwand
Wartungsvertrag

Z

6.2 ABC der Rückstellungen

A.

Abbruchkosten: siehe Abbruchverpflichtung.

Abbruchverpflichtung: Bei einer vertraglichen Verpflichtung zum Abbruch von Gebäuden auf fremdem Grund und Boden ist eine Verbindlichkeitsrückstellung i.H. der zu erwartenden Abbruchkosten zu bilden.[901] Gleiches gilt für die vertragliche Verpflichtung, Mietereinbauten zum Ende des Mietvertrags zu entfernen (Rückbauverpflichtung).

Auch öffentlich-rechtliche Verpflichtungen machen den Ansatz einer Rückstellung für Abbruchverpflichtungen nötig, bspw. wenn eine Baugenehmigung unter der Auflage erteilt wird, dass das Bauwerk zu einer bestimmten Zeit abzureißen ist, oder diese sanktionsbewehrt sind.[902] Aus steuerlicher Sicht stellt die Rückbauverpflichtung nach § 35 Abs. 5 Satz 2 BauGB regelmäßig noch keinen hinreichend bestimmbaren Zeitraum dar, denn die Rückbauverpflichtung entsteht hier erst im Zeitpunkt der dauerhaften Aufgabe der zulässigen Nutzung.[903] Damit fehlt es an einer hinreichenden Konkretisierung. Bei Abgabe einer Verpflichtungserklärung durch den Steuerpflichtigen und Sicherstellung der Verpflichtung durch Eintragung einer Baulast ins Grundbuch oder durch Vorlage einer Bankbürgschaft i.H. der voraussichtlichen Beseitigungs- und Wiederherstellungskosten gilt die Verpflichtung hingegen als hinreichend konkretisiert. Bei einer vertraglich geregelten Rückbauverpflichtung ist für das Vorliegen der Voraussetzungen zur Bildung einer Rückstellung auf den Einzelfall abzustellen.

Die Rückstellung ist ratierlich über die Nutzungsdauer des Vermögensgegenstandes anzusammeln.[904] Ist die Nutzungsdauer unbekannt, so ist sie für Zwecke der Rückstellungsbewertung zu schätzen.[905] In der Literatur wird mit Blick auf das Gebot des vollständigen Schuldenausweises auch eine vollständige Passivierung der Rückstellung im Zeitpunkt der Inbetriebnahme des abzureißenden bzw. rückzubauenden Vermögensgegenstands diskutiert.[906] Dabei wird auch vorgeschlagen, den in Rede stehenden Rückstellungsbetrag als Anschaffungskosten des Vermögensgegenstands zu aktivieren.[907] Im Ergebnis wären die Effekte auf das Jahresergebnis die gleichen wie bei einer Ansammlung der Rückstellung. Die durch die Rechtsprechung anerkannte und als gängige Praxis akzeptierte Ansammlung der Rückstellung ist aus unserer Sicht jedoch zu empfehlen.

---

901 Vgl. BFH v. 19.2.1975, I R 28/73, BStBl. II 1975 S. 480.

902 Vgl. FG Hamburg v. 9.3.1964, V 152/63, EFG 1964 S. 530.

903 Vgl. BMF v. 11.4.2022, IV C 7 – S 2236/21/10001 :002, BStBl. I 2022 S. 633. Vgl. zu vorstehendem BMF-Schreiben auch *Oser/Wirtz*, StuB 2023 S. 111.

904 Hierbei handelt es sich allerdings weniger um eine Ansammlungsrückstellung als um eine Verteilungsrückstellung – vgl. auch zur Kritik an diesem Vorgehen HdR-E/*Kessler*, § 249 HGB Rz. 350.

905 Vgl. BFH v. 28.3.2000, VIII R 13/99, BStBl. II 2000 S. 612.

906 Siehe hierzu stellvertretend *Haaker/Hoffmann*, PiR 2010 S. 21, 21 f. Den „Anhaltspunkt" für einen „vollständigen Rückstellungsausweis" sehen die Autoren in der bereits vollständig entstandenen Verpflichtung zum Zeitpunkt der Errichtung des abzureißenden Vermögensgegenstands.

907 Vgl. mit Bezug auf Rückbauverpflichtungen und rechtsvergleichend darlegend *Lüdenbach*, BB 2003 S. 835, 835 ff., sowie zustimmend *Küting/Kessler*, PiR 2007 S. 308, 313.

BEISPIEL ▸ Der Vermieter einer Gewerbeimmobilie vermietet auf unbestimmte Zeit Räume seiner Immobilie an den Kaufmann Q. Im Mietvertrag wird vereinbart, dass die Mietereinbauten zum Ende des Mietvertrags zu entfernen sind. Q hat umfangreiche Mietbauten im Wert von 50.000 EUR vorgenommen. Eine Entfernung würde nach den heutigen Preisverhältnissen 1.000 EUR kosten.

Zunächst hat Q die Mietdauer zu schätzen. Q geht von einer Kündigung des Mietvertrags in fünf Jahren aus. Die Rückstellung ist demnach jährlich um 200 EUR zu erhöhen (1.000 EUR / 5).

Es gelten zudem die allgemeinen Bewertungsgrundsätze hinsichtlich Abzinsung sowie Preis- und Kostensteigerungen (siehe Kap. 3.2.3). Auch in der Steuerbilanz ist die Rückstellung abzuzinsen. Ein weiteres Beispiel, welches diese Effekte berücksichtigt, ist in Kap. 3.4.3, S. 102, dargestellt.

Siehe auch Atomanlage, Betriebsverlegung, Wiederherstellungsverpflichtung. Falls sich im Zeitablauf neue Erkenntnisse ergeben, die zu einer verlängerten Nutzung sowie damit korrespondierend zu einer Erhöhung der ursprünglich geschätzten Rückbaukosten führen, hat nach Auffassung des BFH eine sofortige Anpassung des Rückstellungsbetrags zu erfolgen.[908] Die mit der Verlängerung des Nutzungszeitraums einhergehende Minderung des jährlich zuzuführenden Betrags führt zu einer Teilauflösung der bislang gebildeten Rückstellung. Abweichend von der Auffassung des BFH ist auch eine Verteilung des durch die Verlängerung des Nutzungszeitraums entstehenden Mehraufwands möglich. *Hoffmann* vertritt die Auffassung, dass zwischen der sofortigen Erfassung des Mehraufwands und der Verteilung des Mehraufwands über die verbleibende Nutzungsdauer handelsrechtlich ein Wahlrecht besteht.[909]

Abfall: siehe Abfallbeseitigung.

Abfallbeseitigung: Unternehmen, die verpflichtet sind, aufgrund der abfallrechtlichen Vorschriften (z. B. nach dem Abfallgesetz, der Altölverordnung oder dem Verpackungsgesetz) ihren Abfall zu beseitigen, haben dafür eine Rückstellung in entsprechender Höhe zu bilden.[910] Für die Steuerbilanz wird eine Rückstellungsbildung aber dann als unzulässig erachtet, wenn es dem Unternehmer freisteht, „[...] wann und wie er die Entsorgung durchführt“[911]. Die Pflicht zur Beseitigung wird i. d. R. dann ausgelöst, wenn die Produkte in den Verkehr gebracht werden. Dieser Zeitpunkt ist maßgeblich für die Ansatzpflicht der Rückstellung, die mit dem Erfüllungsbetrag anzusetzen ist. Eine Rückstellung für eigenen Abfall, der ohne Verpflichtung ggü. Außenstehenden entsorgt werden soll, darf weder handels- noch steuerrechtlich gebildet werden. Verkauft das Unternehmen den Abfall, anstatt ihn wie vorgeschrieben zu deponieren, kann es für verdeckte Preisnachlässe, die den Abnehmern gewährt werden, keine Rückstellungen bilden.[912] Siehe auch Bauschutt-Recycling.

PRAXISTIPP

Mit der Einschränkung der Aufwandsrückstellungen durch das BilMoG dürfen auch **keine** Rückstellungen für die Entsorgung eigenen Abfalls ohne zivil- oder öffentlich-rechtliche Verpflichtung mehr gebildet werden.

Abfallentsorgung: siehe Abfallbeseitigung.

908 Vgl. BFH v. 2.7.2014, I R 46/12, DStR 2014 S. 1961.
909 Vgl. *Hoffmann,* PiR 2014 S. 388, 388.
910 Vgl. HdR-E/*Mayer-Wegelin/Kessler/Höfer,* § 249 HGB Rz. 109 ff., WPH Edition, Kap. F Rz. 639.
911 *Maus,* S. 44.
912 Vgl. FG Baden-Württemberg v. 14.11.2011, 10 K 2946/10, rkr., BeckRS 2013, 94887.

Abfindung: Eine Rückstellung für eine mögliche zukünftige Abfindung langjähriger Mitarbeiter wurde vom BFH verneint.[913] Besteht jedoch eine vertragliche Verpflichtung zur Zahlung einer solchen Abfindung, ist eine Rückstellung zu bilden. Siehe auch Aufhebungsvertrag, Kündigungsschutz, Sozialplan.

Abfindung bei Aufhebungsvertrag: Handelsrechtlich sind für Abfindungszahlungen Rückstellungen zu bilden, wenn diese zum Bilanzstichtag aufgrund einer rechtlichen oder faktischen Verpflichtung bestehen oder hinreichend wahrscheinlich sind. Steuerbilanziell sind Rückstellungen für Abfindungszahlungen aus Aufhebungsverträgen zumindest dann verpflichtend anzusetzen, wenn der Aufhebungsvertrag zum Bilanzstichtag wirksam geschlossen wurde. Zu diesem Zeitpunkt steht dem Grunde nach fest, dass eine Abfindungszahlung zu leisten ist, auch wenn deren Höhe im Detail noch ungewiss sein sollte. Da für Aufhebungsverträge das Schriftformerfordernis gilt, setzt eine Rückstellungsbildung zum Bilanzstichtag die beiderseitige Unterschrift des Aufhebungsvertrags voraus. Ohne schriftlichen Aufhebungsvertrag zum Bilanzstichtag verneint die Rechtsprechung eine Rückstellungsbildung nach dem Grundsatz der Nichtbilanzierung schwebender Verträge.[914]

Abfindung bei Kündigung: Für zum Bilanzstichtag noch nicht feststehende, zukünftige Abfindungszahlungen nach dem Kündigungsschutzgesetz (§§ 9 ff. KSchG) verneint der BFH eine Rückstellung für eine mögliche durch Gericht festzusetzende Abfindungszahlung.[915]

Abgaben: Für öffentlich-rechtliche Abgaben sind Rückstellungen anzusetzen. Siehe auch Steuerschulden.

Abgasreinigungsanlage: siehe Gasrückführungssystem.

Abgasuntersuchung: siehe Inspektionsverpflichtung.

Abraumbeseitigung: Als Abraum wird die Erd- bzw. Gesteinsmasse bezeichnet, die nicht genutzt werden kann, gleichwohl aber abgetragen werden muss, um an den nutzbaren Rohstoff zu gelangen. Ist die Förderung bereits fortgeschritten, aber die Beseitigung des zugehörigen Abraums noch nicht vollzogen (Abraumrückstand[916]), ist für diesen unterlassenen Aufwand eine Aufwandsrückstellung i.S. des § 249 Abs. 1 Satz 2 Nr. 1 Alt. 2 HGB zu bilden, wenn die Abraumbeseitigung innerhalb des nächsten Geschäftsjahres freiwillig nachgeholt wird.[917]

Besteht die Verpflichtung zur Abraumbeseitigung bereits aufgrund öffentlich-rechtlicher oder vertraglicher Bestimmungen, ist auch ohne die Erfüllung der Voraussetzungen des § 249 Abs. 1 Satz 2 Nr. 1 Alt. 2 HGB (Nachholung innerhalb des nächsten Geschäftsjahrs) eine Rückstellung für ungewisse Verbindlichkeiten i.S. des § 249 Abs. 1 Satz 1 HGB zu bilden. Steuerrechtlich wird sowohl diese als auch die vorgenannte Aufwandsrückstellung anerkannt.[918]

Bei der Bewertung der Rückstellung ist nach der Art der Rückstellung zu differenzieren. Handelt es sich um eine Entsorgung des Abraums aus eigenbetrieblichen Interessen (Aufwandsrückstellung), sind lediglich die Aufwendungen für die Abraumbeseitigung der nächsten zwölf Monate,

913 Vgl. BFH v. 9.5.1995, IV B 97/94, BFH/NV 1995 S. 970.

914 Vgl. *Zwirner/Tippelhofer*, Beilage zu StuB 9/2017 S. 1, 15.

915 Vgl. BFH v. 9.5.1995, IV B 97/94, BFH/NV 1995 S. 1970.

916 Siehe hierzu auch Bonner Handbuch/*Kirsch*, § 249 HGB Rz. 463.

917 Vgl. auch Syst. Praxiskommentar Bilanzrecht/*Petersen/Künkele/Zwirner*, § 249 HGB Rz. 197.

918 Vgl. R 5.7 Abs. 11 EStH.

ausgehend vom Bilanzstichtag, anzusetzen. Besteht hingegen eine Verpflichtung ggü. einem Dritten zur Abraumbeseitigung, ist für den gesamten Erfüllungsrückstand, ungeachtet des voraussichtlichen Erfüllungszeitpunkts der Verpflichtung, eine Rückstellung zu bilden.

PRAXISTIPP

Wird die freiwillige Abraumbeseitigung entgegen der früheren Planung nicht im Folgejahr durchgeführt, so ist die Aufwandsrückstellung weiterhin – ggf. um im aktuellen Geschäftsjahr unterlassene Abraumbeseitigungen erhöht – anzusetzen, wenn der Bilanzierende beabsichtigt, den Abraum im nächsten Geschäftsjahr zu beseitigen.[919] Allerdings ist nach dem Wortlaut des Gesetzes nur für die im abgelaufenen Geschäftsjahr unterlassenen Aufwendungen eine Rückstellung zu bilden und nicht für bereits im Vorjahr unterlassene Aufwendungen.[920]

Bei einer öffentlich-rechtlichen Verpflichtung zur Abraumbeseitigung ist eine Ansammlungsrückstellung zu bilden – siehe Bergschaden, Rekultivierung.

Abrechnungskosten: Ist als (werk-)vertragliche Nebenleistungspflicht die Erstellung einer prüfungsfähigen Abrechnung festgelegt, ist dafür eine Verbindlichkeitsrückstellung zu passivieren, wenn dieser Pflicht zum Bilanzstichtag noch nicht nachgekommen wurde.[921] Für das Baugewerbe ist eine solche Pflicht bereits gesetzlich in § 14 der Vergabe- und Vertragsordnung für Bauleistungen (Teil B) kodifiziert, wonach im Anschluss an die Fertigstellung des Werks in einer bestimmten Frist die prüfungsfähige Abrechnung zu erstellen ist. Ebenso sind Abrechnungen nach den allgemeinen Bedingungen für Gas- und Elektrizitätsversorgung zu behandeln.[922]

BEISPIEL Das Unternehmen U, welches auf die Verlegung feinster Fliesen spezialisiert ist, hat seine Arbeiten an den Bädern des Wohnkomplexes Ende t1 fertiggestellt. Das „Werk" wurde zum 31.12.t1 vom Auftraggeber ohne Beanstandungen abgenommen. Die Forderung für die erbrachte Leistung wird zum selben Tag vom Unternehmen U aufgrund der Abnahme der Leistung in voller Höhe gebucht.[923]

Durch den Ausweis der Forderung und der korrespondierenden Umsatzerlöse in voller Höhe würde der Gewinn zu hoch ausgewiesen, weil U noch die Erstellung der prüfungsfähigen Abrechnung schuldet. Diese Nebenleistungspflicht wird rechtlich bei der Erfüllung der Hauptleistungspflicht des Werkvertrags (dem Fliesen der Bäder) wirksam. Das Unternehmen hat für die voraussichtlichen Aufwendungen zur Erstellung der prüfungsfähigen Abrechnung eine Rückstellung zu bilden.

Nach Ansicht des BFH sind nur für die Aufwendungen für Abrechnungen Rückstellungen zu bilden, die wesentlich sind.[924] Diesem entgegnet die Literatur zu Recht, dass die Wesentlichkeit kein Ansatzkriterium für die Rückstellungsbilanzierung darstellt.[925] Auch unwesentliche Beträge können den Ansatz einer Rückstellung begründen. Die Bewertung hat zu Vollkosten zu erfolgen.

Abrechnungsrisiken: siehe Gewährleistung.

Abrechnungsverpflichtung: siehe Abrechnungskosten.

Abrisskosten: siehe Abbruchverpflichtung.

919 Gleicher Ansicht Beck Bil-Komm/*Schubert*, § 249 HGB Rz. 150; *Maus*, S. 46.

920 Vgl. Beck Bil-Komm/*Schubert*, § 249 HGB Rz. 150.

921 Vgl. BFH v. 25.2.1986, VIII R 134/80, BB 1986 S. 1612.

922 Vgl. BFH v. 18.1.1995, I R 44/94, BStBl. II 1995 S. 742.

923 Dass noch keine Rechnung gestellt wurde, ist für den Zugangszeitpunkt der Forderung ohne Bedeutung – siehe zum Zugangszeitpunkt von Forderungen Beck Bil-Komm/*Schubert/Berberich*, § 247 HGB Rz. 80.

924 Vgl. BFH v. 18.1.1995, I R 44/94, BStBl. II 1995 S. 742.

925 Vgl. *Pfitzer/Schaum/Oser*, BB 1996 S. 1373, 1376. Auch in der Rechtsprechung vertretene Auffassung – vgl. FG Münster v. 2.12.2008, 9 K 4216/07 K, EFG 2009 S. 454.

Absatzgeschäft: Bei schwebenden Absatzgeschäften kann ein möglicher Verlust dadurch entstehen, dass die Kosten für den zu liefernden Vermögensgegenstand die vereinbarten Erlöse übersteigen. Ursächlich können neben Preissteigerungen bei Roh-, Hilfs- und Betriebsstoffen sowie Löhnen und Gehältern eine falsche Kostenkalkulation oder eine Verdrängungspreisstrategie sein. Ein möglicher Verlust kann jedoch auch im Fall stabiler Kosten bei fallenden Absatzpreisen gegeben sein. Für derartige Verluste ist der Ansatz von Drohverlustrückstellungen geboten. Kalkulatorische Kosten dürfen aber nicht den Drohverlust erhöhen.[926]

BEISPIEL ▸ A ist Inhaber eines Friseurladens im B-Land. Seinen männlichen Stammkunden hat er zum 1.1. als Neujahrsgeschenk eine Preisgarantie für die nächsten sechs Besuche in seinem Salon erteilt. Er verspricht: „Waschen, Schneiden, Föhnen" für nur 10 EUR. Einen Monat später beschließt die Regierung im B-Land einen Mindestlohn für Friseure, der weit über dem aktuellen Lohnniveau liegt. A kann seinen Schnitt nur noch für 12 EUR „an den Mann bringen".

A hat für die 2 EUR/Schnitt eine Drohverlustrückstellung zu bilden. Diese Bewertung basiert auf dem Vergleich von Leistung und Gegenleistung (Haarschnitt und Preis für diesen). Der Friseur muss dabei dem 10-EUR-Erlös die Kosten für den Haarschnitt gegenüberstellen (Lohnkosten, Miete, Kosten für Pflegeprodukte, Abschreibungen auf Inventar etc.). Der Friseur muss zur Bewertung der Rückstellung auch die Zahl der Kunden schätzen, die seine „Preisgarantie" nutzen werden.

Ist Gegenstand des Absatzgeschäfts jedoch ein zum Bilanzstichtag aktivierter Vermögensgegenstand, so gilt grds. der Vorrang der außerplanmäßigen Abschreibung vor der Bildung einer Drohverlustrückstellung. Kann der voraussichtliche Verlust jedoch nicht gänzlich über eine außerplanmäßige Abschreibung „aufgefangen" werden, ist für den verbleibenden Anteil eine Drohverlustrückstellung zu bilden. In der Steuerbilanz darf allerdings keine Drohverlustrückstellung für diesen Teil gebildet werden.[927]

Abschlussgebühr für Bausparvertrag: siehe Bausparvertrag.

Abschlusskosten: siehe Jahresabschluss.

Abschlussprüfung: siehe Jahresabschluss.

Abschlussvergütung: siehe Gewinnabhängige Vergütung.

Abschöpfung: siehe Mehrerlösabschöpfung.

Abspaltung: siehe Restrukturierung.

Abstandszahlung: Abstandszahlungen, die zum Bilanzstichtag vertraglich entstanden, aber noch nicht fällig sind, sind als Verbindlichkeitsrückstellungen zu passivieren. Siehe auch Abfindung. Sie können sich auch im Zusammenhang mit der vorzeitigen Auflösung von Mietverhältnissen ergeben. Siehe auch Defizitäre Filiale, Mietvertrag.

Abwicklung: siehe auch Geschäftsverlegung.

Abwicklungskosten: siehe Geschäftsverlegung.

Abzinsung allgemein: Handelsrechtlich ist eine Abzinsungspflicht grds. bei sämtlichen langfristigen Rückstellungen vorgesehen. Das HGB unterscheidet dabei nicht zwischen verzinslichen Verpflichtungen, d. h. Verpflichtungen, die selbst einer gesetzlichen Verzinsung unterliegen (z. B. Steuernachzahlungen, Prozesskosten), und nicht verzinslichen Verpflichtungen. Somit sind auch

926 Vgl. BFH v. 21.10.1981, I R 170/78, BStBl. II 1982 S. 121.

927 Vgl. § 5 Abs. 4a EStG.

verzinsliche Verpflichtungen grds. mit dem nach HGB geforderten laufzeitadäquaten Zinssatz abzuzinsen. Nach IDW RS HFA 34 (Tz. 34) kann eine gesonderte Abzinsung der Verpflichtungen allerdings erfolgen, wenn der vertraglich vereinbarte oder gesetzlich vorgeschriebene Zinssatz der Verpflichtung nur unwesentlich von dem relevanten laufzeitadäquaten Zinssatz abweicht. Im Ergebnis sind solche Verpflichtungen zum Bilanzstichtag dann mit ihrem Nominalbetrag anzusetzen.

Abzinsung Pensionsrückstellungen: Abweichend von der grundsätzlichen Abzinsung der Rückstellungen nach § 253 Abs. 2 Satz 1 HGB, wonach Rückstellungen mit einer Restlaufzeit von mehr als einem Jahr mit dem ihrer Restlaufzeit entsprechenden durchschnittlichen Marktzinssatz der vergangenen sieben Geschäftsjahre abzuzinsen sind, dürfen Rückstellungen für laufende Pensionen oder Anwartschaften auf Pensionen pauschal mit dem bei einer angenommenen Laufzeit von 15 Jahren geltenden durchschnittlichen Marktzinssatz (ab 2016 durchschnittlicher Marktzinssatz der vergangenen zehn Geschäftsjahre) abgezinst werden (§ 253 Abs. 2 Satz 2 HGB).[928] Die Anwendung dieser Vereinfachungsvorschrift steht allerdings unter dem Vorbehalt, dass der Jahresabschluss ein den tatsächlichen Verhältnissen entsprechendes Bild der Vermögens-, Finanz- und Ertragslage vermitteln muss. Auch nach der Umkehrung des Zinsverhältnisses im Jahr 2024 hat die Abzinsung der Pensionsrückstellungen unverändert auf Basis des Zehn-Jahres-Durchschnitts zu erfolgen.

AHK: siehe Anschaffungs- und Herstellungskosten.

Aktienoptionsplan: Aktienoptionen dienen regelmäßig als Motivationsinstrument für Mitarbeiter eines Unternehmens.[929] Die gewährten Aktienoptionen können die Mitarbeiter nach einer gegebenen Sperrfrist zu einem vorher festgelegten Bezugspreis ausüben. Da mit der Ausgabe dieser Optionen die vorangegangene Arbeitsleistung der Mitarbeiter abgegolten wird („Erfüllungsrückstand"), ist zum Bilanzstichtag für die gewährten Optionen eine Rückstellung für ungewisse Verbindlichkeiten anzusetzen, wenn bei Ausübung der Option der Differenzbetrag zwischen vereinbartem Ausübungskurs und im Zeitpunkt der Ausübung geltendem Aktienkurs monetär beglichen wird.[930] Ungewiss ist sowohl die Höhe der Verpflichtung, da der Wert der Aktie zum Ausübungszeitpunkt nicht bekannt ist, als auch das tatsächliche Entstehen der Verpflichtung, denn der Mitarbeiter könnte die Option verfallen lassen.[931]

Rückstellungen dieser Art sind anzusammeln und erst mit Eintritt der Unverfallbarkeit vollständig auszuweisen.[932] Neben dem Wert der Option ist bei der Bewertung der Rückstellung demnach auch zu berücksichtigen, inwiefern die Mitarbeiter die Aktienoptionen bereits erdient haben.

Aktienoptionsprogramm: siehe Aktienoptionsplan.

Aktienorientierte Vergütung: siehe Aktienoptionsplan.

928 Siehe zur Diskussion zum fixen Rechnungszinsfuß von 6 % nach § 6a Abs. 3 Satz 3 EStG in Zeiten der Niedrigzinsphase auch den Vorlagebeschluss des FG Köln v. 12.10.2017, 10 K 977/17, DStR 2017 S. 2792, an das BVerfG (Az.: 2 BvL 22/17).

929 Siehe *Lange*, StuW 2001 S. 137, 137.

930 Vgl. Beck HdR/*Scheffler*, B 233 Rz. 461. Eine andere Ansicht, nämlich dass es sich um einen eine Drohverlustrückstellung begründenden Verpflichtungsüberschuss handelt, vertritt *Lange*, StuW 2001 S. 137, 138 ff.

931 Vgl. *Zwirner/Tippelhofer*, Beilage zu StuB 9/2017 S. 1, 9.

932 Vgl. *Kreher/Sailer/Rothenburger/Spang*, Beilage 5 zu DB 23/2009 S. 99, 100.

Aktivprozess: siehe Prozesskosten.

Aktuar: Ein Aktuar bzw. Versicherungsmathematiker erstellt im Auftrag des Unternehmens Gutachten zur Bewertung der Altersversorgungsverpflichtungen. Für etwaige zum Stichtag noch nicht berechnete Kosten ist eine Rückstellung zu bilden. Siehe Gutachten, Pensionsrückstellung.

Alkopopsteuer: siehe Verbrauchsteuer.

Altauto: Die Altfahrzeugverordnung verpflichtet Hersteller und Importeure, Altfahrzeuge ihrer Marke zurückzunehmen und zu verwerten. Einer solchen Verpflichtung können sich die Unternehmen nicht durch Ein- oder Umstellung ihrer Tätigkeit entziehen. Die Bildung einer Rückstellung für ungewisse Verbindlichkeiten ist deswegen sowohl handels- als auch steuerrechtlich geboten. Keine Rückstellung ist hingegen anzusetzen, wenn der Fahrzeughersteller mit einem Verwertungsunternehmen einen Vertrag abgeschlossen hat, welcher das Verwertungsunternehmen zur kostenlosen Abnahme der Fahrzeuge verpflichtet.[933] Unter solchen Umständen hätte das Unternehmen nicht mehr mit einer Inanspruchnahme zu rechnen.

PRAXISTIPP

Besonders im Hinblick auf steigende Rohstoffpreise und die damit einhergehende gestiegene Lukrativität der (Wieder-)Verwertung werden Autohersteller oftmals keinen oder einen nur unwesentlichen Anlass zur Bildung einer Rückstellung für die Verpflichtung zur Rücknahme von Altfahrzeugen haben.

Die Rückstellung ist der Höhe nach für alle Fahrzeuge zu bilden, die bis zum Bilanzstichtag in den Verkehr gebracht worden sind.[934] Sie sind entsprechend dem geschätzten Rücknahmezeitpunkt auf den Bilanzstichtag abzuzinsen.

BEISPIEL ▸ Das Unternehmen U beginnt Anfang t1 mit der Produktion von Autos und verkauft in den einzelnen Jahren die nachfolgend festgehaltene Anzahl. Es wird – ausgehend vom Bilanzstichtag, dem 31.12.t3 – mit einer Rücknahme in den angegebenen Jahren gerechnet. Die Kosten für die Rücknahme und Verwertung werden auf 100 EUR pro Auto geschätzt.

Jahr	Autos	Rücknahme in Jahren	Abgezinster Betrag in der Steuerbilanz in EUR	Abgezinster Betrag in der Handelsbilanz in EUR
t1	8.000	10	468.344	497.727
t2	10.000	11	554.910	584.679
t3	5.000	12	262.990	276.517
	23.000		1.286.244	1.358.923

Zum 31.12.t3 wird die Rückstellung in der Handelsbilanz mit 1.358.923 EUR, in der Steuerbilanz zu 1.286.244 EUR abgebildet. Die unterschiedlichen Werte resultieren aus den unterschiedlichen Zinssätzen, die zur Anwendung gelangen. Während für die steuerliche Bemessung ein Zinssatz von 5,5 % heranzuziehen ist, verweist das Handelsrecht auf die von der Bundesbank veröffentlichten Zinssätze.

Altbatterie: siehe Abfallbeseitigung, Batterierücknahme.

Altersfreizeit und -mehrurlaub: Für die Verpflichtung, einem älteren Arbeitnehmer einen zusätzlichen Urlaubsanspruch zu gewähren, wurde die Bildung von Rückstellungen für drohende Ver-

933 Vgl. *Hoffmann/Lüdenbach,* § 253 HGB Rz. 72; *Volkmann,* StuB 2009 S. 263, 265.

934 Zu der handelsrechtlichen „Übergangslösung" für vor dem 1.7.2002 in den Verkehr gebrachte Fahrzeuge siehe *Volkmann,* StuB 2009 S. 263, 265.

luste aus schwebenden Geschäften aufgrund der Rechtsprechung des FG Niedersachsen bislang grds. untersagt.[935] Diesbezüglich gilt der Grundsatz der Ausgeglichenheit von Arbeitsleistung und Arbeitsentgelt.[936] Entgegen der Rechtsprechung des FG Niedersachsen ist einzelfallabhängig eine Rückstellung für Altersfreizeit zulässig. Der BFH hat im Jahr 2024 die Bildung einer Rückstellung für Altersfreizeit als geboten erachtet und dabei insb. auch die Rechtsprechung des FG Niedersachsen gewürdigt.[937] In der Entscheidung des BFH verpflichtete sich der Arbeitgeber zur Gewährung von zwei Tagen Altersfreizeit pro Jahr der Betriebszugehörigkeit, die wiederum von einer mindestens zehnjährigen Betriebszugehörigkeit des Arbeitnehmers sowie der Vollendung des 60. Lebensjahrs abhängig war. Der Grundsatz der Ausgeglichenheit von Arbeitsleistung und Arbeitsentgelt wird an dieser Stelle durchbrochen, da die in der Vergangenheit erbrachten Dienste des Arbeitnehmers mit der zukünftigen Leistung des Arbeitgebers verbunden sind. Im Vergleich zur Entscheidung des FG Niedersachsen liegt in solchen Fällen der notwendige Konnex zwischen Arbeitsleistung des Arbeitnehmers und Leistungspflicht des Arbeitgebers vor. Der Arbeitgeber ist in solchen Fällen im Erfüllungsrückstand, weshalb der Ansatz einer Rückstellung für Altersfreizeit geboten ist.

Auch in dem Zwischenurteil des FG Düsseldorf vom 24.5.2024 zeichnet sich eine Änderung der Rechtsprechung zu Altersfreizeit ab.[938] Im vorliegenden Fall hat der Arbeitgeber seinen Mitarbeitern angeboten, bereits drei Jahre vor dem Erreichen der Regelaltersgrenze von der Arbeitsleistung freigestellt zu werden. Für diesen Zeitraum sollte die vereinbarte jährliche Bruttovergütung i.H. von 70% fortgezahlt werden. Voraussetzung der Freistellungsvereinbarung war, dass die Vertragsdauer am Tag der Regelaltersgrenze 25 Jahre beträgt. Zudem musste eine gesonderte Vereinbarung zwischen Gesellschaft und Mitarbeiter geschlossen werden. Für die Mitarbeiter, die sich bereits in der Freistellungsphase befanden, sowie für Mitarbeiter, die die Voraussetzungen für die Freistellung noch nicht erfüllten, wurde eine Rückstellung für ungewisse Verbindlichkeiten gebildet. Der Rückstellungsbetrag wurde nach versicherungsmathematischen Grundsätzen auf die gesamte Dienstzeit des jeweiligen Mitarbeiters verteilt. Auch bei diesem Modell der Altersfreizeit erdient sich der Arbeitnehmer den Anspruch auf Freistellung über die Zeit, ohne dabei weitere Voraussetzungen erfüllen zu müssen. Der Arbeitgeber befindet sich wiederum in einem Erfüllungsrückstand. Ein solcher Erfüllungsrückstand kann sich nach Auffassung des FG Düsseldorf allerdings erst beginnend mit dem Zeitpunkt der Leistungszusage aufbauen. Ob eine solche Leistungszusage im vorliegenden Fall auch ohne schriftliche Vereinbarung, sondern durch betriebliche Übung zustande kommen konnte, lässt das FG Düsseldorf mangels Informationen offen.

Altersteilzeit: Nach dem Altersteilzeitgesetz können Arbeitnehmer unter bestimmten Voraussetzungen ein Teilzeitarbeitsverhältnis eingehen. Der Arbeitnehmer vereinbart dabei regelmäßig mit dem Arbeitgeber, dass er nur noch die Hälfte der bisherigen Stundenzahl arbeitet und dafür das hälftige Arbeitsentgelt sowie zusätzlich einen vom Arbeitgeber zu leistenden Aufstockungsbetrag von mindestens 20% des bisherigen Regelarbeitsentgelts[939] erhält. In der Praxis wird dies durch zwei typische Altersteilzeitmodelle umgesetzt:

935 Vgl. FG Niedersachsen v. 15.10.1987, VI 59/85, DB 1988 S. 1976.
936 Vgl. *Zwirner/Tippelhofer*, Beilage zu StuB 9/2017 S. 1, 13.
937 Vgl. BFH v. 5.6.2024, IV R 22/22, NJW 2024 S. 2710.
938 Vgl. FG Düsseldorf v. 24.5.2024, 3 K 2044/18 F (anhängig beim BFH unter IV R 11/24), BeckRS 2024, 15275.
939 Vgl. § 3 Abs. 1 Nr. 1 Buchst. a AltTZG.

- Reduktionsmodell: Der Arbeitnehmer arbeitet den gesamten Zeitraum bis zur Rente mit entsprechend reduzierter Arbeitszeit.
- Blockmodell: Der Arbeitnehmer arbeitet in der ersten Phase (sog. Beschäftigungsphase) wie bisher, aber zum reduzierten Lohn, wird in der zweiten Phase (sog. Freistellungsphase) jedoch zum gleichen (reduzierten) Arbeitsentgelt von der Arbeit freigestellt.

Für die Verpflichtung zur (Fort-)Zahlung des Lohns und der Aufstockungsbeträge im Blockmodell ist eine Rückstellung wegen des Erfüllungsrückstands anzusetzen. Die Rückstellung für Altersteilzeit setzt sich dabei aus zwei Bestandteilen zusammen:

- den Erfüllungsrückständen sowie
- den Aufstockungsbeträgen,

die gemeinsam als Rückstellung aus Altersteilzeitverpflichtung unter den sonstigen Rückstellungen ausgewiesen werden.[940]

Der Erfüllungsrückstand ist wirtschaftlich durch die Leistung des Arbeitnehmers in der Beschäftigungsphase verursacht und eine Rückstellung ratierlich über die Beschäftigungsphase anzusammeln. In der Freistellungsphase ist der Rückstellungsbetrag bei Auszahlung anteilig aufzulösen.

Der Aufstockungsbetrag ist nach Ansicht des IDW nicht als Bestandteil der Arbeitsleistung, sondern als Abfindungsleistung anzusehen. Dementsprechend ist der Aufstockungsbetrag nicht durch die jährlich geleistete Arbeit anzusammeln, sondern in voller Höhe mit dessen Barwert zum Bilanzstichtag auszuweisen und bis zum Ausscheiden des Arbeitnehmers gleichmäßig über die Laufzeit aufzulösen.[941] Nach Auffassung der Finanzverwaltung und auch der Rechtsprechung sind dagegen alle in der Freistellungsphase zu gewährenden Vergütungen, also auch die Aufstockungsbeträge, ratierlich in gleichen Raten anzusammeln und insoweit als Erfüllungsrückstand zu beurteilen.[942] Mit Schreiben vom 22.10.2018[943] hat das BMF in Reaktion auf das BFH-Urteil vom 27.9.2017 klargestellt, dass es grds. nicht zu beanstanden ist, dass eine Verpflichtung des Arbeitgebers zum Nachteilsausgleich erstmals am Ende des Wirtschaftsjahres, in welchem die Beschäftigungsphase beginnt, zum Barwert zurückgestellt und die Verpflichtung bis zum Ende der Beschäftigungsphase ratierlich angesammelt wird. Sollte die Nachteilsausgleichsverpflichtung allerdings den Eintritt eines bestimmten Ereignisses voraussetzen, gilt ein Passivierungsverbot, selbst wenn der Eintritt des Ereignisses am Bilanzstichtag hinreichend wahrscheinlich ist (z. B. wegen Minderung der Ansprüche aus der gesetzlichen Rente). Damit entsteht der Anspruch regelmäßig erst dann, wenn es beim Eintritt in den Ruhestand tatsächlich zur Rentenkürzung kommt. Die mit BMF-Schreiben vom 22.10.2018 in Rz. 15 übernommene Rechtsprechung des BFH ist erstmals für Altersteilzeitverhältnisse anzuwenden, die nach dem Tag der Veröffentlichung des BMF-Schreibens im Bundessteuerblatt beginnen.[944]

940 Vgl. *Zwirner*, BC 2011 S. 520, 520 f.

941 Vgl. IDW RS HFA 3, IDW FN 2013 S. 309, 309 ff.

942 Vgl. BMF v. 28.3.2007, IV B 2 – S 2175/07/0002, BStBl. I 2007 S. 298; bestätigt durch FG München, Urteil v. 9.6.2015, 6 K 1824/13, sowie BFH v. 27.9.2017, I R 53/15, BStBl. II 2018 S. 702.

943 BMF v. 22.10.2018, IV C 6 – S 2175/07/10002, BStBl. I 2018 S. 1112.

944 Vgl. BFH v. 27.9.2017, I R 53/15, BStBl. II 2018 S. 702; *Bolik/Schuhmann*, StuB 2018 S. 837, 838.

Die handelsrechtliche Rückstellung für Altersteilzeit dotiert damit bei erstmaligem Ansatz höher als die steuerbilanzielle Rückstellung. Der Wertunterschied reduziert sich über die Laufzeit, gleicht sich aber bereits wegen unterschiedlicher Abzinsungsfaktoren nicht vollends an. Weiter sind nach Auffassung des BMF – abweichend zum IDW – Erstattungsansprüche des Arbeitgebers ggü. der Bundesagentur für Arbeit zu berücksichtigen.[945]

Grundsätzlich sind die Rückstellungen versicherungsmathematisch unter Berücksichtigung der biometrischen Wahrscheinlichkeit des Ausscheidens der Altersteilzeitberechtigten zu bewerten. Für die Steuerbilanz wird allerdings auch ein vereinfachtes Pauschalwertverfahren als zulässig erachtet. Hierbei werden die Leistungen an den Arbeitnehmer mit Barwertfaktoren multipliziert, die sowohl die Abzinsung als auch die biometrischen Wahrscheinlichkeiten berücksichtigen.[946] Die Anwendung des Pauschalwertverfahrens bindet den Bilanzierenden für die folgenden vier Wirtschaftsjahre an diese Methode.[947]

Siehe auch Freizeit.

Altersversorgung: siehe Pensionsrückstellung.

Altersvorsorge: siehe Pensionsrückstellung.

Altfahrzeug: siehe Altauto.

Altgeräte: siehe Batterierücknahme, Elektroschrott, Entsorgung.

Altlastensanierung: Hierunter sind Beseitigungen von Bodenkontaminationen zu verstehen, die bereits durch ein früheres Tun entstanden sind (Grundstücke, auf denen Abfälle gelagert oder Chemikalien verarbeitet wurden etc.).[948] Verpflichtungen für Altlastensanierungen sind als Rückstellungen für ungewisse Verbindlichkeiten anzusetzen, wenn die öffentlich-rechtliche Verpflichtung hinreichend konkretisiert und eine Inanspruchnahme wahrscheinlich ist. Dies ist u. E. bereits dann gegeben, wenn davon auszugehen ist, dass die Behörde Kenntnis von der Kontamination erhält.[949] In diesem Fall ist anzunehmen, dass die Behörde die öffentlich-rechtlichen Ansprüche geltend machen wird.[950] Nach Ansicht der Finanzverwaltung soll nach R 5.7 Abs. 4 Satz 1 EStR eine Rückstellungsbildung erst dann geboten sein, wenn das Gesetz oder ein Verwaltungsakt ein inhaltlich genau bestimmtes Handeln vorsieht, das innerhalb einer bestimmten Zeit gefordert wird und dessen Missachtung zu einer Sanktion führt. Demnach ist selbst die Feststellung einer rechtswidrigen Kontamination durch eine Behörde für die Rückstellungsbildung nicht ausreichend, vielmehr sei der Zeitpunkt der Bekanntgabe der behördlichen Anord-

945 Vgl. BMF v. 11.11.1999, IV C 2 – S 2176 – 102–99, BStBl. I 1999 S. 959 f.

946 Vgl. *Zwirner/Tippelhofer*, Beilage zu StuB 9/2017 S. 1, 14.

947 Vgl. BMF v. 28.3.2007, IV B 2 – S 2175/07/0002, BStBl. I 2007 S. 298.

948 Siehe zur gesetzlichen Definition von Altlasten § 2 Abs. 5 BBodSchG.

949 Gleicher Ansicht und ausführlich darlegend *Bäcker*, BB 1995 S. 503, 512. Im Ergebnis gleich auch HdR-E/*Mayer-Wegelin/Kessler/Höfer*, § 249 HGB Rz. 103. Im Urteil des BFH v. 19.11.2003, I R 77/01, DB 2004 S. 113, wird jedoch auf einen späteren Zeitpunkt abgestellt, nämlich den der tatsächlichen Kenntnisnahme der Behörde.

950 Die Anspruchsgrundlage liegt hier im § 4 Abs. 3 BBodSchG, wonach der „[...] Verursacher einer schädlichen Bodenveränderung oder Altlast sowie dessen Gesamtrechtsnachfolger, der Grundstückseigentümer und der Inhaber der tatsächlichen Gewalt über ein Grundstück [...] verpflichtet [sind], den Boden und Altlasten sowie durch schädliche Bodenveränderungen oder Altlasten verursachte Verunreinigungen von Gewässern so zu sanieren, daß dauerhaft keine Gefahren, erheblichen Nachteile oder erheblichen Belästigungen für den einzelnen oder die Allgemeinheit entstehen“.

nung entscheidend.[951] Für die Steuerbilanz würden sich dadurch strengere Voraussetzungen für eine Rückstellungsbildung ergeben.

PRAXISTIPP

Bezüglich der Altlastensanierung sind für die Steuerbilanz die strengeren Voraussetzungen der R 5.7 Abs. 4 EStR zu beachten. Im Ergebnis sind nach Auffassung der Finanzverwaltung Rückstellungen für Altlastensanierungen in der Steuerbilanz erst beim Erlass eines Verwaltungsakts zu bilanzieren. Damit widersetzt sich die Finanzverwaltung der höchstrichterlichen Rechtsprechung, die einen früheren Passivierungszeitpunkt anerkennt.

Eine Verbindlichkeitsrückstellung für die Altlastensanierung ist auch dann geboten, wenn der Bilanzierende durch Vertrag zur Altlastensanierung verpflichtet wird (privatrechtliche Verpflichtung).[952]

Die Bilanzierung der Rückstellungen für die Altlastensanierungen der Höhe nach bemisst sich nach den allgemeinen Grundsätzen zur Rückstellungsbewertung. Es sind nur solche Aufwendungen berücksichtigungsfähig, die das Kriterium der Angemessenheit erfüllen.[953] Folglich sind Aufwendungen, die über das öffentlich- bzw. zivilrechtlich geforderte Maß hinausgehen, nicht mit anzusetzen. Als in die Rückstellung einzubeziehende Aufwendungen kommen bspw. in Betracht:

- Aufwendungen für die Gefährdungsabschätzung,
- Aufwendungen für Sanierungsuntersuchungen,
- Aufwendungen für Dekontaminationsmaßnahmen,
- Aufwendungen für die Überwachung der Dekontamination,
- Gebühren im Zusammenhang mit der Dekontamination/Reinigung.

Grundsätzlich ist die Rückstellung mit dem vollen Erfüllungsbetrag zu bewerten und ggf. abzuzinsen. Eine Ansammlung der Rückstellung kommt nur in den seltenen Fällen in Betracht, in denen die Verpflichtung noch nicht vollständig als wirtschaftlich verursacht anzusehen ist.[954] Als Beispiel sind hier Deponiebetriebe zu nennen, deren Altlasten erst mit Einstellung des Anlagenbetriebs zu entfernen sind.[955]

Rückgriffsansprüche ggü. Dritten sind beim Erfüllungsbetrag in Abzug zu bringen, wenn diese in unmittelbarem Zusammenhang mit der Altlastensanierung stehen und rechtlich noch nicht entstanden sind, d. h. noch nicht als Forderung gebucht wurden (siehe Kap. 3.2.2).

Eine mögliche Abschreibung des Grundstücks ist i. S. des Einzelbewertungsgrundsatzes unabhängig von der Rückstellungsbilanzierung zu sehen.[956] Ist das Grundstück aufgrund der Altlast voraussichtlich dauerhaft wertgemindert, ist nach § 253 Abs. 3 Satz 3 eine außerplanmäßige Abschreibung vorzunehmen bzw. darf in der Steuerbilanz nach § 6 Abs. 2 Nr. 2 Satz 2 EStG eine

951 Vgl. BMF v. 11.5.2010, IV C 6 – S 2137/07/10004, BStBl. I 2010 S. 496.
952 Vgl. hierzu auch BMF v. 11.5.2010, IV C 6 – S 2137/07/10004, BStBl. I 2010 S. 495.
953 Siehe hierzu auch *Philipps*, S. 240.
954 Vgl. auch BFH v. 8.11.2016, I R 35/15, BStBl. II 2017 S. 769.
955 Vgl. auch *Philipps*, S. 241.
956 Vgl. BFH v. 19.11.2003, I R 77/01, DStR 2003 S. 136 f.

Teilwertabschreibung erfolgen. Dies gilt allerdings dann nicht, wenn die Sanierungsmaßnahmen zu einer Wertaufholung des Grundstücks führen würden.[957]

BEISPIEL Auf dem Betriebsgelände der Chemie-Aus-Fluss GmbH wird in t1 eine Kontamination festgestellt. Die Anschaffungskosten des Grundstücks betrugen 1 Mio. EUR. Aufgrund der Kontamination sinkt der beizulegende Wert des Grundstücks dauerhaft auf 0,5 Mio. EUR. Die gesetzlich geforderten Sanierungsaufwendungen werden wahrscheinlich 0,25 Mio. EUR betragen.

Im Beispielsfall ist eine Rückstellung für Altlastensanierungen i. H. von 0,25 Mio. EUR zu bilden. Der „nicht aufholbaren" Wertminderung des Grundstücks i. H. von 0,5 Mio. EUR wird mit einer außerplanmäßigen Abschreibung Rechnung getragen.

Wird abweichend vom Ausgangsfall davon ausgegangen, dass durch die Sanierung der Grundstückswert wieder steigt, ist lediglich eine Rückstellung für ungewisse Verbindlichkeiten i. H. von 0,25 Mio. EUR zu buchen; eine außerplanmäßige Abschreibung entfällt dann.

Altreifen: Wird die Entsorgung der Altreifen durch einen Verwaltungsakt der Behörde gefordert, ist eine Rückstellungsbildung geboten. Allein die gesetzliche Verpflichtung, die Altreifen auf einem bestimmten Weg zu entsorgen, ist laut BMF allerdings nicht ausreichend, weil es dem Unternehmen freisteht, wann und wo es die Entsorgung vornehmen will.[958] Unseres Erachtens ist eine Rückstellung für ungewisse Verbindlichkeiten bereits dann zu bilden, wenn die Altreifen als Abfall zu deklarieren sind und damit gerechnet werden muss, dass die Behörde in der Sache tätig wird.[959] Wird eine Entsorgungspflicht vertraglich begründet, ist bereits ab Vertragsschluss eine Rückstellung anzusetzen.

Altschulden: Landwirtschaftliche Unternehmen, die nach §§ 7 und 8 LwAltschG ihre Altschulden vorzeitig ablösen wollten, hatten bis zum 31.8.2005 einen entsprechenden Antrag bei ihrer Gläubigerbank zu stellen. Die wirksame Abgabe eines Ablöseangebots an die Bank reicht jedoch nicht aus, um eine Rückstellung für ungewisse Verbindlichkeiten für den Ablösebetrag zu bilden.[960]

Altzusagen: betrifft Pensionszusagen; siehe Kap. 5.3.1.2; Kap. 5.3.2.1.

Anfechtbare Rechtshandlung: Anfechtbare Rechtshandlungen i. S. des § 135 InsO können beim Geschäftspartner des insolventen Unternehmens Rückstellungen für ungewisse Verbindlichkeiten erfordern.[961]

Angeschaffte Drohverlustrückstellung: Das steuerrechtliche Ansatzverbot für Drohverlustrückstellungen[962] gilt nicht für erworbene Drohverlustrückstellungen aus Dauerschuldverhältnissen bei Kauf eines Unternehmens in Form eines Asset-Deals.[963] Durch den Kauf des Unternehmens stellt der Erwerber den Verkäufer von der Leistungsverpflichtung frei und übernimmt die Ver-

957 Vgl. *Schubert*, WPg 2008 S. 505, 510; *Lüdenbach*, StuB 2022 S. 228, sowie bezüglich der Steuerbilanz BMF v. 11.5.2010, IV C 6 – S 2137/07/10004, BStBl. I 2010 S. 496.

958 Vgl. BMF v. 12.12.1992, IV B 2 – S 2137 – 8/92, DStR 1992 S. 357.

959 Wohl gl. A. *Herzig*, DB 1990 S. 1341, 1350. Ein anderer Zeitpunkt wird von HdR-E/*Mayer-Wegelin/Kessler/Höfer*, § 249 HGB Rz. 110, vorgeschlagen: sobald keine Verwertungsmöglichkeit für die Reifen besteht.

960 Vgl. OFD Magdeburg v. 4.6.2008, S 2151 – 10 – St 216, BeckVerw 123691.

961 Vgl. *Klusmeier*, DStR 2014 S. 2056, 2059.

962 Vgl. § 5 Abs. 4a EStG.

963 Vgl. BFH v. 16.12.2009, I R 102/08, DStR 2010 S. 265; bestätigt durch BFH v. 14.12.2011, I R 72/10, DB 2012 S. 488. Ausführlich zur Problematik der Übernahme nicht passivierungsfähiger Verpflichtungen in der Steuerbilanz *Bogenschütz*, Ubg 2008 S. 135, 135 ff. Die Frage, ob übernommene Drohverlustrückstellungen grds. bei Kauf eines Vermögensgegenstands gegen Schuldfreistellung als Rückstellung für ungewisse Verbindlichkeiten beim Erwerber zu beachten sind, wird ausführlich von *Schlotter*, Ubg 2010 S. 635, 635 ff., behandelt. Unseres Erachtens ist sich *Schlotter* anzuschließen, der meint, dass für solche Fälle nichts anderes gelten kann als bei einem Asset-Deal.

pflichtung aus dem Dauerschuldverhältnis. Diese Verpflichtung ist als Bestandteil der Anschaffungskosten erfolgsneutral abzubilden, „denn auch die Übernahme steuerrechtlich zu Recht nicht bilanzierter Verbindlichkeiten ist Teil des vom Erwerber zu entrichtenden Entgelts“[964]. Damit muss der Erwerber diese Rückstellung auch nicht steuerlich gewinnerhöhend auflösen.[965] Die angeschafften Drohverlustrückstellungen sind jedoch nicht als solche auszuweisen, denn ein schwebendes Geschäft liegt für den Erwerber nicht vor. Vielmehr erwirbt er Vermögensgegenstände gegen die Verpflichtung, den Veräußerer von seiner Verpflichtung freizustellen.[966] Die angeschafften Rückstellungen sind folglich auch in der Steuerbilanz als Rückstellungen für ungewisse Verbindlichkeiten zu bilanzieren und auch an den nachfolgenden Bilanzstichtagen mit ihren Anschaffungskosten oder ihrem höheren Teilwert zu bewerten.[967] Dies gilt auch für übernommene Pensionsverpflichtungen.[968]

PRAXISTIPP

Im Rahmen eines Asset-Deals erworbene Drohverlustrückstellungen sind in der Handels- wie in der Steuerbilanz als Rückstellungen für ungewisse Verbindlichkeiten auszuweisen.

Anliegerbeitrag: Auch wenn Kosten für die erstmalige Erschließung eines Grundstücks erst „nachträglich“ erhoben werden, sind diese den Anschaffungskosten des Grund und Bodens hinzuzurechnen. Für voraussichtliche Kosten für weitere Anliegerbeiträge, die nach der erstmaligen Erschließung anfallen, sind hingegen Rückstellungen für ungewisse Verbindlichkeiten zu bilden.[969]

Anpassungsstau: Künftige Erhöhungen der Rentenzahlungen müssen zwecks Vermeidung eines sog. „Anpassungsstaus“ zutreffend bei der Bewertung der Pensionsverpflichtungen in der Handelsbilanz berücksichtigt werden. Steuerlich sind die künftigen Rentensteigerungen nicht zu antizipieren.

Für die Festlegung der kurzfristig nach dem Abschlussstichtag zu erwartenden Anpassungen der laufenden Rentenzahlungen ist über die kurzfristigen Inflationserwartungen hinaus auch die sog. aufgelaufene Inflation (auch „Anpassungsstau“ genannt) zu ermitteln. Hierbei handelt es sich um die seit dem letzten Anpassungsstichtag innerhalb des dreijährigen Zeitraums nach § 16 Abs. 1 BetrAVG bis zum Abschlussstichtag bereits aufgelaufene Inflationsentwicklung.[970]

Anpassungsverpflichtung: Hierbei handelt es sich um Verpflichtungen aus § 5 BImSchG und den dazugehörigen Verordnungen[971], bestimmte Standards für genehmigungspflichtige Anlagen für Zwecke des Umweltschutzes einzuhalten. So werden bspw. hinsichtlich der Luftverschmutzung Emissionsgrenzen festgelegt, bei deren Überschreitung die Anlage derart angepasst oder ersetzt werden muss, dass die Emissionsgrenzen in der Zukunft eingehalten werden. Da die Aufwen-

964 BFH v. 16.12.2009, I R 102/08, DStR 2010 S. 265.

965 Vgl. *Emig/Walter,* NWB 2010 S. 2124, 2127.

966 Vgl. BFH v. 16.12.2009, I R 102/08, DStR 2010 S. 265; *Bogenschütz,* Ubg 2008 S. 135, 139.

967 Vgl. BFH v. 16.12.2009, I R 102/08, DStR 2010 S. 265, bestätigt durch BFH v. 14.12.2011, I R 72/10, DB 2012 S. 488; entgegen BMF v. 24.6.2011, IV C 6 – S 2137/003, DStR 2011 S. 1227 f.

968 Vgl. BFH v. 12.12.2012, I R 69/11, StuB 2013 S. 267; BFH v. 12.12.2012, I R 28/11, DStR 2013 S. 575.

969 Vgl. BFH v. 3.8.2005, I R 36/04, BStBl. II 2006 S. 369.

970 Vgl. Sitzungsberichterstattung des FAB über die 274. FAB-Sitzung am 22.11.2023, IDW Life 2023 S. 1173 f. Vgl. auch *Zwirner,* BC 2023 S. 155 f.

971 Zu nennen sind bspw. die Großfeuerungsanlagen-Verordnung, die Störfall-Verordnung und die TA-Luft.

dungen allerdings im Zusammenhang mit der weiteren regelkonformen Produktion stehen, sind diese grds. nicht als Rückstellung für ungewisse Verbindlichkeiten zu erfassen.[972]

Wird allerdings der Betrieb einer genehmigungspflichtigen Anlage aufgrund der Nichtentsprechung gesetzlicher Vorgaben rechtswidrig, so ist bereits ab diesem Zeitpunkt eine Rückstellung für den Anpassungsaufwand zu bilden, denn die Verpflichtung zur Anpassung ist rechtlich durch die Rechtswidrigkeit des Weiterbetriebs entstanden.[973] Die Finanzverwaltung widerspricht dem allerdings.[974]

Darüber hinaus kommt der Abgrenzung von Erhaltungs- und Herstellungsaufwand besondere Bedeutung zu. Der Austausch des Filters einer Luftreinigungsanlage dürfte zweifelsfrei Erhaltungsaufwand darstellen. Entstehen durch die Erweiterung/Umrüstung jedoch nachträgliche Anschaffungskosten bzw. Herstellungskosten, ist grds. von einer Rückstellungsbildung abzusehen – siehe Anschaffungs- und Herstellungskosten.

BEISPIEL Ein Unternehmen betreibt seit t1 eine Chemiefabrik und reinigt die Abgase mit einer speziellen, genehmigungspflichtigen Anlage. t9 werden die Emissionsgrenzen neu festgelegt. Es stellt sich heraus, dass die Anlage umgerüstet werden muss. t10 ergeht von der zuständigen Behörde die Aufforderung, die Anlage umzurüsten.

Bis zum Bekanntwerden der Grenzwertüberschreitung ist keine Rückstellung zu bilden. t9 ist für den Umrüstungsaufwand eine Rückstellung anzusetzen, weil aufgrund der Genehmigungspflicht und damit des Wissens der Behörde über die Anlage mit einer Inanspruchnahme aus der öffentlich-rechtlichen Verpflichtung gerechnet werden muss.

Etwas anderes gilt, wenn die Umrüstung zu einer wesentlichen Verbesserung der Filteranlage führt und deswegen Herstellungskosten vorliegen.

Ansammlungsrückstellung: Ansammlungsrückstellungen zeichnen sich dadurch aus, dass ihr Entstehen bzw. ihre Verursachung nicht zu einem bestimmten Zeitpunkt erfolgt, sondern sich über einen längeren Zeitraum, d. h. über mehrere Jahre hinweg, erstreckt. Während dieses Zeitraums ist der Erfüllungsbetrag der betreffenden Verpflichtung ratierlich anzusammeln.[975] Eine Abbruchverpflichtung stellt bspw. eine Ansammlungsverpflichtung dar. Für diese ist sowohl nach Handels- als auch nach Steuerrecht eine Rückstellung zu bilden. Unterschiede zwischen Handels- und Steuerrecht bestehen hinsichtlich der Bemessung des Erfüllungsbetrags am Bilanzstichtag (Preis- und Kostenverhältnisse) sowie der Abzinsung.[976] Dem vereinbarten Ansammlungszeitraum kommt eine besondere Bedeutung zu. Dies gilt sowohl für den Ansatz (dem Grunde nach) als auch für die Bewertung (der Höhe nach) einer Ansammlungsrückstellung. In diesem Zusammenhang sind besonders die Fälle interessant, in denen eine Rückstellung für eine Abbruchverpflichtung zum Bilanzstichtag bereits vollständig in der Handels- bzw. Steuerbilanz passiviert ist, sich jedoch der vertraglich vereinbarte Ansammlungszeitraum bzw. das Nutzungsverhältnis verlängert. Hierbei stellt sich die Frage, ob der gewählte Wertansatz der Rückstellung in der Handels- und Steuerbilanz beizubehalten oder (zeitanteilig) aufzulösen ist.

972 Vgl. *Herzig,* DB 1990 S. 1341, 1351; *Weber-Grellet* in: Schmidt, § 5 EStG Rz. 550.

973 Vgl. auch HdR-E/*Mayer-Wegelin/Kessler/Höfer,* § 249 HGB Rz. 107.

974 Vgl. BMF v. 21.1.2003, IV A 6 – S 2137 – 2/03, BStBl. I 2003 S. 125.

975 Vgl. BFH v. 2.7.2014, I R 46/12, DB 2014 S. 2381; *Broemel/Endert,* BBK 2015 S. 157, 157 ff.

976 Vgl. *Oser,* StuB 2014 S. 855, 855.

Steuerlich ist im Zusammenhang mit der Beantwortung dieser Frage auf das BFH-Urteil vom 2.7.2014 – I R 46/12[977] Bezug zu nehmen. Der BFH hat in seinem Urteil entschieden, dass Rückstellungen für Abbruchverpflichtungen, die in der Steuerbilanz bereits vollständig passiviert sind, aufgrund des bilanzrechtlichen Stichtagsprinzips anteilig aufzulösen sind. Begründet wird die Entscheidung des BFH damit, dass, sofern sich der Ansammlungszeitraum einer Abbruchverpflichtung verlängert und (auch) der vertraglich vereinbarte Zeitpunkt der Erfüllung der Verpflichtung hinausgeschoben wird, der in diesem verlängerten Nutzungszeitraum unterhaltene laufende Betrieb des Nutzenden im wirtschaftlichen Sinne für das Entstehen der Abbruchverpflichtung ursächlich sei.[978]

Handelsrechtlich besteht nach IDW RS HFA 34 ein faktisches Wahlrecht. Handelsrechtlich dürfen Rückstellungen nach § 249 HGB „nur" in den Fällen aufgelöst werden, in denen der Grund für ihre Bildung entfällt. Das Auflösungsverbot zielt jedoch vordergründig auf den Ansatz einer Rückstellung (dem Grunde nach) und nicht etwa auf ihre Bewertung (der Höhe nach) ab. Auch das Vorsichtsprinzip steht der (Teil-)Auflösung einer Rückstellung nicht entgegen. Zwar ist das Vorsichtsprinzip auch bei der Bilanzierung von Verbindlichkeitsrückstellungen zu beachten. Gleichwohl ist in diesem Zusammenhang darauf hinzuweisen, dass das Vorsichtsprinzip nach den Vorschriften in § 6 Abs. 1 Nr. 3a EStG durchbrochen wird. Hintergrund dieser Regelung ist es, die Bildung stiller Reserven zum Zwecke einer Angleichung der für alle Steuerpflichtigen relevanten Besteuerungsmaßstäbe zu beschränken sowie die Abzinsung von Rückstellungen zu rechtfertigen. Handelsrechtlich kann aufgrund eines verlängerten Ansammlungszeitraums somit eine Anpassung der Rückstellung (der Höhe nach), d. h. eine (Teil-)Auflösung der Rückstellung, vorgenommen oder unter Einbezug der Preis- und Kostenverhältnisse zum Bilanzstichtag bemessen und nach der RückAbzinsV entsprechend der jeweiligen Laufzeit abgezinst werden[979] (siehe hierzu Kap. 2.1.4.9).

Anschaffungs- und Herstellungskosten: Zukünftige Anschaffungs- und Herstellungskosten, die sich aus der Erfüllung einer Verpflichtung ergeben, dürfen nicht als Rückstellung für ungewisse Verbindlichkeiten passiviert werden. Sie sind dem zu aktivierenden Vermögensgegenstand zuzurechnen. Für die Steuerbilanz ergibt sich dieses Verbot aus § 5 Abs. 4b Satz 1 EStG. Hiervon zu unterscheiden ist der Fall, in dem aufgrund einer Verpflichtung ein Vermögensgegenstand beschafft oder hergestellt wird, dem keine Erträge mehr gegenüberstehen.[980] In diesem Fall ist für die voraussichtlichen Abschreibungen des Vermögensgegenstands eine Rückstellung für ungewisse Verbindlichkeiten anzusetzen.[981]

Zu beachten ist, dass eine teleologische Reduktion nach § 5 Abs. 4b EStG dazu führt, dass für einen wertlosen Vermögensgegenstand im Deponiebereich der Ansatz einer Rückstellung nicht in Betracht kommt.[982]

977 BFH v. 2.7.2014, I R 46/12, DB 2014 S. 2381.

978 Die Entscheidung steht überdies im Einklang mit der bisherigen Rechtsprechung des BFH. Der BFH hat bereits in seinem Urteil v. 19.2.1975 entschieden, dass der Rückstellungsaufwand ausgehend von den Preisverhältnissen des jeweiligen Bilanzstichtags (Stichtagsprinzip) den Wirtschaftsjahren bis zu Erfüllung der Verpflichtung zuzuordnen ist und damit auch den Gewinn in den Folgeperioden (anteilig) belastet. BFH v. 19.2.1975, I R 28/73, BStBl. II 1975 S. 480.

979 Vgl. *Oser*, StuB 2014 S. 855, 855; *Mourabit*, NWB 2015 S. 652, 652 ff.; *Thouet*, DStR 2014 S. 2550, 2550 f.

980 Vgl. BFH v. 8.11.2016, I R 35/15, BStBl. II 2017 S. 769.

981 So auch *Weber-Grellet* in: Schmidt, § 5 EStG Rz. 369, sowie *Siegel*, DB 1999 S. 857, 857 f., der ausführt, dass die Ungewissheit hinsichtlich der Wertentwicklung bzw. Preisentwicklung des Vermögensgegenstands besteht.

982 Vgl. BFH v. 8.11.2016, I R 35/15, BStBl. II 2017 S. 769.

BEISPIEL[983] Die Zweckgesellschaft Z stellt ihren Geschäftsbetrieb zum 31.12.t1 ein. Für die öffentlich-rechtliche Verpflichtung zur Aufbewahrung der umfangreichen Geschäftsunterlagen des Jahres t1 hat sie noch im Jahr t1 Regale im Wert von 500 EUR erworben, die über fünf Jahre abgeschrieben werden. Es wird unterstellt, dass keine weiteren Aufwendungen anfallen.

Zum 31.12.t1 ist eine Rückstellung i. H. von 500 EUR zu bilden. Diese spiegelt die voraussichtlichen Abschreibungen des Vermögensgegenstands wider. Würde nicht aufwandswirksam eine Rückstellung in t1 gebildet werden, wäre das Jahresergebnis der Zweckgesellschaft um 500 EUR zu hoch ausgewiesen. Dieser Betrag hätte ausgeschüttet werden und so die Gläubiger gefährden können.

Zudem kann eine Rückstellung für drohende Verluste aus schwebenden Geschäften geboten sein, wenn im Rahmen schwebender Geschäfte die Herstellungskosten den vertraglich vereinbarten Verkaufspreis übersteigen.[984] Siehe Absatzgeschäft.

Anschaffungspreisnachvergütung: siehe Anschaffungs- und Herstellungskosten.

Antizipative Bewertungseinheiten/Hedges: siehe Bewertungseinheit.

Anwaltshonorar: siehe Beratungskosten, Prozesskosten.

Anwartschaft: Als Anwartschaft werden Leistungsversprechen auf eine betriebliche Altersvorsorge ab Zeitpunkt des Austretens aus dem Unternehmen an den Arbeitnehmer bezeichnet. Anwartschaften sind als Pensionsrückstellungen zu berücksichtigen, wenn mit dem Eintreten der aufschiebenden Bedingung am Bilanzstichtag zu rechnen ist. Zur Bewertung siehe Kap. 5.9.

Anzahlung: Erhaltene Anzahlungen sind i. d. R. nicht rückstellungsfähig. Allerdings sind sie unter den Verbindlichkeiten grds. zum Nennwert ohne Abzinsung und ohne Abzug der Umsatzsteuer zu passivieren. Nach erbrachter Lieferung/Leistung sind diese mit der zu aktivierenden Forderung zu verrechnen.[985]

Apanage: Apanagen sind regelmäßige Zuwendungen größeren Stils, bspw. Zuwendungen an nicht regierende Mitglieder eines Adelsgeschlechts zur Sicherstellung eines standesgemäßen Lebensunterhalts. Sofern eine solche Vereinbarung zur Zahlung verpflichtet und diese Verpflichtung rechtlich im Geschäftsjahr entstanden ist, ist eine Rückstellungsbildung als zulässig zu erachten.

Apotheke: In einem vom BFH entschiedenen Fall wurde es einem Apotheker untersagt, eine Rückstellung für einen drohenden Verlust aus der Vermietung einer Arztpraxis zu bilden, weil diesem Verlust ein voraussichtlicher Gewinn aus der räumlichen Nähe der Apotheke zur Arztpraxis gegenüberstand.[986] Die Bildung einer Drohverlustrückstellung muss auch einer wirtschaftlichen Betrachtungsweise standhalten. Ein Verpflichtungsüberschuss muss auch dann noch bestehen, wenn mit diesem zusammenhängende greifbare wirtschaftliche Vorteile kompensierend berücksichtigt werden.

Arbeitnehmer: siehe m. w. H. Arbeitsverhältnis.

Arbeitslosengeld: Für Erstattungsansprüche der Bundesagentur für Arbeit im Zuge der Entlassung von Arbeitnehmern hatte der Arbeitgeber gem. den §§ 147a ff. SGB III a. F. eine Rückstellung

983 Ein einleuchtendes Beispiel liefert auch *Siegel*, DB 1999 S. 857, 857 f.

984 Vgl. bezüglich Ausnahmen BFH v. 19.8.1998, XI R 8/96, BStBl. II 1999 S. 18.

985 Vgl. *Weber-Grellet* in: Schmidt, § 5 EStG Rz. 550.

986 Vgl. BFH v. 26.5.1993, X R 72/90, BStBl. II 1993 S. 855 ff.; BFH v. 23.6.1997, GrS 2/93, DStR 1997 S. 1442 ff. Siehe hierzu u. a. *Kessler/Scholz-Görlach*, PiR 2007 S. 304, 304 ff.; zusammenfassend *Moxter*, Bilanzrechtsprechung, S. 166 f.

zu bilden, sofern die detaillierten Voraussetzungen des Gesetzes erfüllt waren.[987] Die Norm verpflichtete den Arbeitgeber zur Erstattung des an 57-jährige und ältere Arbeitnehmer gezahlten Arbeitslosengeldes, einschließlich der darauf entfallenden Beiträge zur Kranken-, Pflege- und Rentenversicherung an die Bundesagentur für Arbeit unter bestimmten Voraussetzungen. Zu den Voraussetzungen zählte u.a., dass der Arbeitnehmer zum Zeitpunkt der Kündigung mindestens 55 Jahre alt war und in den letzten zwölf Jahren mindestens zehn Jahre für das Unternehmen tätig gewesen ist. Mit Wirkung zum 1.4.2012 entfiel die entsprechende Vorschrift.

Arbeitsverhältnis: siehe auch Abfindung, Altersfreizeit und -mehrurlaub, Altersteilzeit, Beihilfe, ERA-Anpassungsfonds, Gleitzeitüberhang, Gratifikation, Lohnfortzahlung im Krankheitsfall, Lohnzahlung, Mutterschutz, Urlaubsanspruch, Verdienstsicherung für ältere Arbeitnehmer. Risiken des Arbeitgebers hinsichtlich der Verpflichtung zur Entgeltfortzahlung im Krankheitsfall des Arbeitnehmers berechtigen nicht zur Bildung einer Rückstellung (weder Drohverlust- noch Verbindlichkeitsrückstellung). Die Rechtsprechung spricht in diesem Zusammenhang von einer „nicht widerlegbaren Ausgeglichenheitsvermutung" zwischen Arbeitsleistung und Arbeitsentgelt,[988] welche auch im Krankheitsfall gilt. So sieht der BFH die höhere Krankheitsanfälligkeit älterer Arbeitnehmer durch deren im Laufe der Jahre gesammelte Erfahrung ausgeglichen.[989]

Arbeitsvertrag: Arbeitsverträge stellen ein Dauerschuldverhältnis dar. Siehe Arbeitsverhältnis.

Arbeitszeit: siehe Gleitzeitüberhang.

Arbeitszeitguthaben: siehe Gleitzeitüberhang.

Arbeitszeitkonto: siehe Gleitzeitüberhang. Für Verpflichtungen aus Arbeitszeitkonten sind Rückstellungen nach den Grundsätzen für Urlaubsverpflichtungen zu bilden.[990] Siehe auch Altersteilzeit.

Archivierung: siehe Aufbewahrung von Geschäftsunterlagen.

Arzneimittelhersteller: siehe Arzneimittelprüfung, Ärztemuster.

Arzneimittelprüfung: Da die Nachzulassung von Arzneimitteln lediglich dem Zweck dient, das bisher zulassungsfreie Medikament auch in Zukunft vertreiben zu können, fehlt es an einem Vergangenheitsbezug. Der BFH lehnt deshalb berechtigterweise eine Rückstellungsbildung für diesen Sachverhalt ab.[991]

Arzneimittelzulassung: siehe Arzneimittelprüfung.

Ärzte-GbR, Honorarrückforderung: siehe Arzthonorar.

Ärztemuster: Sofern Arzneimittelhersteller in Werbeprospekten angeben, den Interessenten Ärztemuster auf Verlangen auszuhändigen, sind für die noch nicht erledigten Anforderungen keine Rückstellungen zu bilden. Ein schuldrechtlicher Anspruch ist laut BFH nicht gegeben.[992] Auf dieser Tatsache basierend, wird eine Bildung für ungewisse Verbindlichkeiten zu Recht abgelehnt.

987 Vgl. hierzu allgemein auch IDW HFA, WPg 1995 S. 56, 56 f.
988 Vgl. BFH v. 16.12.1987, I R 68/87, BStBl. II 1988 S. 338.
989 Vgl. BFH v. 27.6.2001, I R 11/00, BStBl. II 2001 S. 758.
990 Vgl. WPH Edition, Kap. F Rz. 688.
991 Vgl. BFH v. 25.8.1989, III R 95/87, BStBl. II 1989 S. 893.
992 Vgl. BFH v. 20.10.1976, I R 112/75, BStBl. II 1977 S. 278.

Arzthonorar: Die Bildung einer Rückstellung für Regresse der Krankenkassen ggü. Ärzten wegen unwirtschaftlicher Verordnungsweise in der vertragsärztlichen Versorgung ist erst dann gerechtfertigt, wenn der Beschluss der Prüfstelle vorliegt. Das FG Bremen kam in seinem Urteil vom 8.2.2012 zu dem Schluss, dass die Überschreitung der noch nach alter Rechtslage relevanten Richtgrößen und die Mitteilung der Kassenärztlichen Vereinigung über die Abweichungen oder Überschreitungen für eine Rückstellung noch nicht ausreichen.[993] Mit Urteil vom 5.11.2014 hatte der BFH in der Revision klargestellt, dass Ärzte, die in ihrer Verordnungspraxis die nach alter Rechtslage bestehenden Richtgrößenvolumen um mehr als 25 % überschreiten, bereits aufgrund des sich aus § 106 Abs. 5a SGB V a. F. ergebenden Rechts der Krankenkassen auf Erstattung des daraus resultierenden Honorarmehraufwands, unter der Annahme fehlender Rechtfertigungsgründe für die Überschreitung, eine Rückstellung für diese Erstattungsforderung bilden dürfen.[994]

Nach neuer Gesetzeslage finden einzelfallbezogene Prüfungen und ggf. individuelle Festsetzungen von Nachforderungen statt (§ 106 Abs. 2 und 3 SGB V). Wird mit der Festsetzung einer solchen Nachforderung aufgrund einer Prüfung durch die zuständige Prüfstelle gerechnet, kann der Ansatz einer Rückstellung, vergleichbar mit Rückstellungen für Gerichtsprozesse, angebracht sein.

Asset-Deal: siehe Angeschaffte Drohverlustrückstellung.

Atomanlage: Rückstellungen für die Verpflichtung zur Entsorgung bestrahlter Brennelemente werden ratierlich angesammelt.[995] Dabei umfassen die Zuführungsbeträge eine abbrand- und eine leistungsabhängige Komponente. Die leistungsabhängige Komponente resultiert aus dem Faktum, dass die Brennelemente nicht gänzlich abbrandfähig sind, sondern ein gleichbleibender Sockel an Reaktivität vorhanden sein muss, der nicht zur Stromerzeugung genutzt werden kann. Diese leistungsabhängige Komponente wird über die Laufzeit des Reaktors angesammelt, während sich die abbrandabhängige Komponente nach Maßgabe des Abbrandes der Brennelemente bemisst.[996] Als weitere Kosten sind solche für die Zwischenlagerung, den Transport, eine eventuelle Wiederaufarbeitung sowie die Konditionierung und anschließende Endlagerung in die Rückstellung einzubeziehen.[997]

Für die Kosten der Stilllegung eines Atomkraftwerks werden Beträge parallel zur Abschreibung des Kraftwerks einer Rückstellung zugeführt (siehe Entfernungsverpflichtung). Hierbei handelt es sich jedoch nicht um eine Ansammlungsrückstellung i. e. S., bei der der laufende Betrieb für den Aufwand ursächlich ist. Es handelt sich vielmehr um eine in der Praxis „geduldete" Aufwandsverteilung (siehe Kap. 3.4.4). Für die Steuerbilanz schreibt § 6 Abs. 1 Nr. 3a Buchst. d Satz 3 EStG die Ansammlung in gleich hohen Raten vor, wobei im Fall eines ungewissen Stilllegungszeitpunkts ein Ansammlungszeitraum von 25 Jahren, beginnend mit der Inbetriebnahme des Atomkraftwerks, zu beachten ist.[998]

993 Vgl. FG Bremen v. 8.2.2012, 1 K 32/10 (5), EFG 2012 S. 1330 Nr. 14.

994 Vgl. BFH v. 5.11.2014, VIII R 13/12, BStBl. I 2015 S. 523.

995 Siehe näher hierzu *Führich*, WPg 2006 S. 1271, 1275.

996 Vgl. *Führich*, WPg 2006 S. 1271, 1275 f.

997 Vgl. *Führich*, WPg 2006 S. 1271, 1277 f.

998 Vgl. zur Ermittlung des Höchstbetrags der Atomanlagenrückstellung nach der Verordnung über die Rechnungslegung von Versicherungsunternehmen (RechVersV) ergänzend BFH v. 7.9.2016, I R 23/15, FR 2017 S. 244.

PRAXISTIPP

Mit der Laufzeitverlängerung für Atomkraftwerke müssen die Rückstellungen für die Stilllegung von Atomkraftwerken korrigiert werden. Die bisher angesammelten Beträge sind aufgrund des vorher kürzer geschätzten Ansammlungszeitraums überbewertet und zu korrigieren.

Durch die Laufzeitverlängerung ergeben sich zudem höhere Abzinsungsbeträge, die ihrerseits zu einer Abwertung der Rückstellung führen.

Atomare Entsorgung: siehe Atomanlage.

Atomkraft: Für den Ausstieg aus der Atomkraft sind von den Kernenergieerzeugern Rückstellungen zu bilden. Die Rückstellungen werden für die Entsorgung bestrahlter Brennelemente und radioaktiver Betriebsabfälle sowie für die Stilllegung und den Rückbau der kontaminierten Anlagenteile gebildet. Die Rückstellungen für den Ausstieg aus der Atomkraft basieren auf öffentlich-rechtlichen Verpflichtungen sowie Auflagen in den Betriebsgenehmigungen. Die Rückstellungen werden in Höhe ihres Barwerts zum Bilanzstichtag bewertet und jährlich aufgezinst.[999]

Aufbewahrung von Geschäftsunterlagen: Die Rechtsprechung hält die Verpflichtungen zur Aufbewahrung gem. § 257 HGB bzw. § 147 AO für angemessen konkretisiert, weil die Normen einen „konkreten, sanktionsbewehrten Gesetzesbefehl enthalten“[1000]. Folgerichtig ist der voraussichtliche Erfüllungsbetrag als Rückstellung sowohl handels- als auch steuerrechtlich anzusetzen. Dabei sind nur Aufwendungen für diejenigen Unterlagen zu berücksichtigen, die bis zum entsprechenden Bilanzstichtag entstanden sind. Zudem darf die Rückstellung nur für den Aufwand gebildet werden, der auf die aufbewahrungspflichtigen Unterlagen entfällt. Bei der Bewertung ist von einer durchschnittlichen Restaufbewahrungsdauer auszugehen.[1001] Dabei sind auch Änderungen der durchschnittlichen Restaufbewahrungsdauer zu berücksichtigen. So wurde mit dem Vierten Bürokratieentlastungsgesetz vom 23.10.2024 die Aufbewahrungsfrist für Buchungsbelege nach § 257 Abs. 1 Nr. 4 HGB, § 147 Abs. 1 Nr. 4 AO von zehn auf acht Jahre reduziert. Finanzierungskosten für die zur Aufbewahrung von Geschäftsunterlagen genutzten Archivräume können auch dann zu den Rückstellungen gezählt werden, wenn sie i. R. einer sog. Poolfinanzierung finanziert wurden. Voraussetzung ist dabei die verursachungsgerechte Zuordnung der Zinsen zu den Herstellungskosten der Archivräume.[1002]

Die Aufbewahrungsfristen nach § 257 HGB und § 147 AO stellen sich wie folgt dar:[1003]

999 Vgl. zum Ausstieg aus der Atomkraft und der hiermit verbundenen Rückstellungsproblematik *Volk*, DStR 2015 S. 2193, 2193 ff.

1000 BFH v. 19.8.2002, VIII R 30/01, DStR 2002 S. 2030.

1001 BFH v. 18.1.2011, X R 14/09, BStBl. II 2011 S. 496.

1002 BFH v. 11.10.2012, I R 66/11, DStR 2013 S. 451.

1003 Siehe aber auch *Scherff/Willeke*, BBK 2010 S. 1169, 1170, die darauf hinweisen, dass der Fristlauf nach § 257 Abs. 5 HGB bzw. § 147 Abs. 4 AO mit dem Schluss des Kalenderjahres beginnt, „in dem die letzte Eintragung in das Handelsbuch gemacht wurde, das Inventar aufgestellt, der Jahresabschluss festgestellt bzw. der Handelsbrief empfangen oder abgesandt worden ist“, weswegen die Autoren empfehlen, auf die genannten Fristen ein Jahr zu addieren. Die Frist zur Aufbewahrung der Buchungsbelege wurde durch das Vierte Bürokratieentlastungsgesetz verringert. Das Vierte Bürokratieentlastungsgesetz (Bürokratieentlastungsgesetz IV – BEG IV) wurde am 29.10.2024 im Bundesgesetzblatt verkündet. Die Regelungen gelten damit ab dem Jahr 2025.

Tab. 9: Aufbewahrungsfristen nach § 257 HGB und § 147 AO

Unterlagen	Aufbewahrungsfrist
Handelsbücher, Inventare, Jahresabschlüsse, Eröffnungsbilanzen, Lageberichte, Konzernabschlüsse, Konzernlagebericht sowie die zu ihrem Verständnis erforderlichen Arbeitsanweisungen und sonstigen Organisationsunterlagen	10 Jahre
Buchungsbelege	8 Jahre
Unterlagen, die einer abgegebenen Zollanmeldung beizufügen sind, wenn die Zollbehörde auf ihre Vorlage verzichtet oder sie nach erfolgter Vorlage zurückgegeben hat	10 Jahre
Empfangene Handelsbriefe	6 Jahre
Wiedergaben abgesandter Handelsbriefe	6 Jahre
Sonstige Unterlagen mit Bedeutung für die Besteuerung	6 Jahre

Der Umfang der Rückstellung beinhaltet neben den zurechenbaren Einzelkosten auch die notwendigen Gemeinkosten (Handelsbilanz) bzw. angemessene Teile der Gemeinkosten (Steuerbilanz). Es sind daher neben dem einmaligen Aufwand für die Archivierung von Unterlagen auch die Raum- und Personalkosten sowie die Abschreibungen auf für die Archivierung genutzte Gegenstände des Anlagevermögens in die Rückstellung einzubeziehen.[1004] Weiterhin kommen Nebenkosten für Strom und Heizung sowie Kosten für Regale etc. in Betracht. Handelsrechtlich sind zudem anteilige Finanzierungskosten für die Archivräume zu beachten.

Gemäß der Verlautbarung des LfSt Niedersachsen vom 21.2.2024 mit Verweis auf die BFH-Rechtsprechung vom 11.10.2012 – I R 66/11 sind anteilige Finanzierungskosten für Archivräume auch in der Steuerbilanz zulässig.[1005]

Ist davon auszugehen, dass der Archivbestand der verschiedenen Jahre wesentlich variiert, müssen die jährlichen Kosten für die verschiedenen „Jahrgänge" einzeln ermittelt werden. Dabei kann als möglicher Verrechnungsschlüssel der Raumbedarf der Dokumente dienen.[1006]

In der Verfügung des LfSt Niedersachsen vom 21.2.2024 wird dargelegt, dass die Bildung einer Rückstellung nur für die Unterlagen infrage kommt, die aufbewahrungspflichtig sind. Sofern mit den aufzubewahrenden Unterlagen auch freiwillig weitere Unterlagen aufbewahrt werden, bestehen nach Ansicht des LfSt Niedersachsen keine Bedenken, wenn für die nicht rückstellungsfähigen Kosten der freiwillig aufbewahrten Unterlagen ein pauschaler Abschlag von 20 % vorgenommen wird.[1007]

BEISPIEL Für den Archivraum des Unternehmens U fallen jährlich Mietaufwendungen von 1.200 EUR an. Zusätzlich nimmt der Raum Heiz- und Stromkosten i. H. von 400 EUR p. a. in Anspruch. Die Abschreibung der Regale/der Einrichtung beträgt 200 EUR p. a., während nochmal 200 EUR p. a. Personalaufwand auf

1004 Vgl. IDW RH HFA 1.009, IDW FN 2010 S. 354, 355. Eine detaillierte Checkliste findet sich in *Henckel,* BB 2009 S. 1798, 1799.

1005 Vgl. LfSt Niedersachsen v. 21.2.2024, S 2137-St 224a/St 221-3596/2023.

1006 Vgl. *Maus,* S. 68.

1007 Vgl. LfSt Niedersachsen v. 21.2.2024, S 2137-St 224a/St 221-3596/2023. Vgl. weiterführend *Oser/Wirtz,* StuB 2025 S. 3 f.

Reinigung und Wachdienst entfallen. In dem Archivraum lagern zu 20 % Unterlagen, die nur dem betrieblichen Interesse dienen und nicht verpflichtend aufzubewahren sind. Diese dürfen für die Rückstellungsbemessung nicht berücksichtigt werden. Der übrige Raum wird zu den angegebenen Verhältnissen von den Unterlagen der jeweiligen Jahre beansprucht:

Unterlagen aus Jahr	Raum in %	Kosten p. a. in EUR
t10	20	320
t9	10	160
t8	1	16
t7	20	320
t6	9	144
t5	4	64
t4	6	96
t3	10	160
t2	10	160
t1	10	160
Summe	**100**	**1.600** (= 0,8 × 2.000)

Die Rückstellung ist nun gem. den Aufbewahrungsfristen zu ermitteln. Die jeweiligen Kosten sind mit der Anzahl der verbleibenden Aufbewahrungsjahre zu multiplizieren.

Unterlagen aus Jahr	Verbleib im Unternehmen in Jahren	Kosten gesamt in EUR
t10	10	3.200
t9	9	1.440
t8	8	128
t7	7	2.240
t6	6	864
t5	5	320
t4	4	384
t3	3	480
t2	2	320
t1	1	160
Summe	**55**	**9.536**

Die Rückstellung zum 31.12.t10 beläuft sich nominal auf 9.536 EUR.

Aufgrund der mitunter sehr aufwendigen individuellen Berechnung kann unter Vereinfachungsgesichtspunkten auch eine Berechnung der Rückstellung durch Multiplikation der jährlichen Kosten mit dem Faktor 5,5 erfolgen.[1008] Aufwendungen für das Einscannen, die Einlagerung und die Datensicherung sind nicht zu vervielfältigen, da diese nur einmalig anfallen.[1009] Nur bei Unterlagen, die keine zehn Jahre aufbewahrt werden müssen, und wenn die Beanspruchung

1008 Dieser Betrag stellt die durchschnittliche „Verweildauer" der Akten im Unternehmen dar (= 55/10) und kann auch mittels der Gauß'schen Summenformel ermittelt werden – siehe hierzu *Henckel*, BB 2009 S. 1798, 1801, der darauf verweist, dass dieses Vorgehen auch von der Finanzverwaltung anerkannt wird. Vgl. auch *Scherff/Willeke*, BBK 2010 S. 1169, 1172 f.

1009 LfSt Niedersachsen v. 21.2.2024, S 2137-St 224a/St 221-3596/2023.

durch die Unterlagen signifikant von einer Gleichverteilung abweicht, kann dieses Verfahren nicht zur Anwendung gelangen.

PRAXISTIPP

Für Zwecke der Bemessung der Rückstellung dürfen auch die laufenden Kosten für zehn Jahre zu verwahrende Unterlagen mit 5,5 multipliziert werden. Der Multiplikator für acht Jahre zu verwahrende Unterlagen (Buchungsbelege) ist 4,5.[1010] Der Multiplikator für sechs Jahre zu verwahrende Unterlagen ist 3,5.[1011]

BEISPIEL Abwandlung des vorherigen Beispiels:

Es wird angenommen, dass die Unterlagen der jeweiligen Jahre die Ressourcen gleichmäßig in Anspruch nehmen. Die Rückstellung beträgt demnach nominal (2.000 EUR – 0,2 × 2.000 EUR) × 5,5 = 8.800 EUR.

Der handelsrechtliche Wertansatz hat künftige Preis- und Kostensteigerungen zu beachten (siehe Kap. 3.2.3). Einmalige Kosten für die Aufbewahrung der Geschäftsunterlagen (bspw. für die digitale Datensicherung) sind nicht mit einem Verteiler zu multiplizieren.

Eine Abzinsung der Rückstellung für die Aufbewahrung von Geschäftsunterlagen ist handelsrechtlich für die Ausgaben geboten, die nicht innerhalb der nächsten zwölf Monate anfallen.[1012] Steuerrechtlich ist dem nicht zu folgen.[1013] Dies liegt in der „sofortigen“ Erfüllung der Aufbewahrungspflicht begründet.[1014]

Dem handelsrechtlichen Abzinsungsgebot wird bereits mit Heranziehung des Zinssatzes für die durchschnittliche Kapitalbindungsdauer der Rückstellung Genüge getan (siehe Kap. 3.3). Bei Nutzung des erläuterten, vereinfachten Verfahrens sollte der Bilanzierende den durch lineare Interpolation ermittelten Zinssatz für eine Laufzeit von 5,5 Jahren wählen (zur linearen Interpolation bei der Zinsermittlung siehe Kap. 3.3).

BEISPIEL In Fortführung der Abwandlung des Beispiels würde sich zum 31.12.t10 ein handelsrechtlicher Bilanzwert von 6.937 EUR ergeben. Dieser ermittelt sich bei einem angenommenen Zinssatz von 4,42 % (interpolierter Zins zum 31.12.t10) und einer Restlaufzeit von 5,5 Jahren (8.800 EUR / $1{,}0442^{5{,}5}$ = 6.937 EUR).

Zur Aufbewahrung von Mandantendaten siehe Mandantendaten.

Aufbewahrung von Werkzeugen: siehe Werkzeuge.

Aufbewahrungspflicht: siehe Aufbewahrung von Geschäftsunterlagen.

Auffüllverpflichtung: siehe Bergschaden, Erdgasspeicher, Rekultivierung, Verfüllungskosten. Für die Verpflichtung zur Auffüllung ausgehobener Erdmasse ist eine Rückstellung für ungewisse Verbindlichkeiten zu bilden. Die Höhe der Verpflichtung bemisst sich nach dem Umfang der abgetragenen Masse.[1015] Dementsprechend gibt die Rückstellung den Betrag an, der am Erfüllungstag notwendig wäre, um die bis zum Bilanzstichtag ausgebeutete Fläche aufzufüllen.[1016]

1010 Dies ergibt sich durch Division von 36 = 8 + 7 + 6 + 5 + 4 + 3 + 2 + 1 oder (Ermittlung mit Gauß'scher Summenformel) durch 8.

1011 Dies ergibt sich durch Division von 21 = 6 + 5 + 4 + 3 + 2 + 1 oder (Ermittlung mit Gauß'scher Summenformel) durch 6.

1012 Vgl. IDW RH HFA 1.009, IDW FN 2010 S. 354, 355.

1013 Siehe § 6 Abs. 1 Nr. 3a Buchst. e EStG.

1014 Vgl. *Henckel*, BB 2009 S. 1798, 1799.

1015 Vgl. *Hoffmann/Lüdenbach*, § 249 HGB Rz. 69.

1016 Vgl. Beck Bil-Komm/*Schubert*, § 249 HGB Rz. 130. Es sei daran erinnert, dass der steuerbilanzielle Rückstellungsansatz keine Berücksichtigung künftiger Kostensteigerungen zulässt.

Künftige Vorteile sind rückstellungsmindernd zu beachten.[1017] Diese müssen jedoch hinreichend konkretisiert sein, d. h., die bloße Möglichkeit eines kompensierenden Vorteils reicht nicht aus.[1018]

PRAXISTIPP

Bei der Bewertung der Rückstellung sind künftige Vorteile im Zusammenhang mit der Verpflichtung zu beachten. Dies gilt, solange diese nicht als Forderung zu aktivieren sind.[1019] Für Zwecke der Jahresabschlussprüfung müssen die künftigen Vorteile dokumentiert werden, d. h., im Zuge der Rückstellungsbewertung sollte ein Verweis auf die entsprechenden Vorteile vermerkt werden.

Aufgabe und Veräußerung eines Gewerbebetriebs: Bei Aufgabe oder Veräußerung eines gewerblichen Betriebs entfällt die Pflicht der Aufstellung eines Betriebsvermögensvergleichs nach § 4 Abs. 1, § 5 EStG. Gleichsam entfällt damit die Möglichkeit zur Bildung von Rückstellungen.[1020]

Aufhebungsvertrag: Eine Rückstellung für Abfindungszahlungen i. R. der Aufhebung von Arbeitsverträgen darf erst dann gebildet werden, wenn der Aufhebungsvertrag geschlossen wurde.

PRAXISTIPP

Für den Aufhebungsvertrag fordert § 623 BGB die Schriftform. Eine Rückstellungsbildung ist daher erst dann vorzunehmen, wenn das Dokument von beiden Seiten unterschrieben wurde.

Siehe hierzu auch Sozialplan.

Auflösung von Rückstellungen: Rückstellungen dürfen nach § 249 Abs. 2 Satz 2 HGB nur aufgelöst werden, wenn der Grund für die Bildung entfallen ist (siehe auch Kap. 1.4)

Aufsichtsratsvergütung: Für Entgeltzahlungen für Aufsichtsratsmitglieder, die im abgelaufenen Geschäftsjahr rechtlich verursacht, aber noch nicht geleistet wurden, ist eine Rückstellung für ungewisse Verbindlichkeiten zu bilden, wenn die Höhe der Zahlung noch nicht bekannt ist.[1021] Wegen § 10 Nr. 4 KStG ist der Aufwand in der Steuererklärung hälftig außerbilanziell zu korrigieren.[1022]

Aufspaltung: siehe Restrukturierung.

Aufstockungsbetrag: Die i. R. von Altersteilzeit anfallenden Aufstockungsbeträge sind gesondert von den Erfüllungsrückständen zurückzustellen. Siehe auch Altersteilzeit, Kurzarbeitergeld.

Aufwandsrückstellung: Abweichend zur Verbindlichkeitsrückstellung mangelt es bei einer Aufwandsrückstellung an der rechtlichen Verbindlichkeit. Hierbei ist jedoch überwiegend wahrscheinlich, dass in einer künftigen Periode mit einem Aufwand zu rechnen ist, der jedoch der aktuellen Periode zuzurechnen ist. Das Handels- und Steuerrecht erkennt Aufwandsrückstellungen nach § 249 HGB nur an für im Geschäftsjahr unterlassene Aufwendungen für Instandhaltung, die im folgenden Geschäftsjahr innerhalb von drei Monaten, oder für Abraumbeseitigung, die im folgenden Geschäftsjahr nachgeholt werden (siehe auch Abraumbeseitigung, Instandhal-

1017 Vgl. bezüglich der Steuerbilanz § 6 Abs. 1 Nr. 3a Buchst. c EStG.

1018 Vgl. hierzu *Hoffmann/Lüdenbach,* § 253 HGB Rz. 70 f.

1019 Die Minderung der Rückstellung durch künftige Vorteile wird in der Steuerbilanz wohl weniger restriktiv auszulegen sein als in der Handelsbilanz.

1020 Vgl. zu einem Urteil mit entsprechendem Sachverhalt BFH v. 22.2.1978, I R 137/74, BStBl. II 1978 S. 430.

1021 Dies ist bspw. dann der Fall, wenn die Hauptversammlung über einen Ad-hoc-Beschluss über die Vergütung des Aufsichtsrats entscheidet – vgl. *Vetter,* BB 1989 S. 442, 442.

1022 Vgl. *Zwirner/Tippelhofer,* Beilage zu StuB 9/2017 S. 1, 8.

tung), sowie für Gewährleistungen (siehe auch Gewährleistung), die ohne rechtliche Verpflichtung erbracht werden. Die genannten Rückstellungen sind allerdings auch in der Steuerbilanz abzubilden, weil das Handelsrecht für diese eine Passivierungspflicht vorsieht.[1023]

Ausbildungskosten: Die Passivierung von Ausbildungskosten ist umstritten.[1024] Zentrales Entscheidungskriterium der Rechtsprechung ist die Ausgeglichenheit zwischen der produktiven Arbeit des Auszubildenden und den gegenüberstehenden Aufwendungen des Unternehmens. Die Rechtsprechung stellt fest, dass das Auszubildendenverhältnis der Ausgeglichenheitsvermutung standhält. Dies wurde selbst für den Fall bejaht, in dem ein Arbeitgeber fast viermal so viele Auszubildende beschäftigte, wie er an neuen Fachkräften überhaupt brauchte.[1025] Begründet wurde dies damit, dass der Verpflichtungsüberschuss des Arbeitgebers durch andere Vorteile, wie eine mögliche Auswahl zwischen den fertig ausgebildeten Arbeitskräften oder eine Ansehenserhöhung aufgrund der Vielzahl an Auszubildenden, aufgewogen wird. An dieser Meinung ist u. E. nicht zuletzt wegen einer fehlenden Objektivierbarkeit gegenteiliger Auffassungen festzuhalten.[1026] Die Passivierung einer Drohverlustrückstellung scheidet aus.[1027]

Ausgeglichenheitsvermutung: siehe Arbeitsverhältnis.

Ausgleichsanspruch: siehe Ausgleichsanspruch von Handelsvertretern.

Ausgleichsanspruch von Handelsvertretern: Wird ein Vertretervertrag zwischen einem Handelsvertreter und dem Unternehmen aufgelöst, erlangt der Handelsvertreter für die verloren gegangenen Kundenbeziehungen einen Ausgleichsanspruch, sofern der Geschäftsherr (das Unternehmen) auch nach Vertragsauflösung einen wirtschaftlichen Vorteil aus den Kundenbeziehungen bezieht und der Handelsvertreter durch Beendigung des Vertragsverhältnisses Provisionsansprüche verliert.[1028] Für diese wahrscheinliche Außenverpflichtung ist in der Handelsbilanz eine Rückstellung für ungewisse Verbindlichkeiten anzusetzen.[1029] Dabei ist die Rückstellungsbildung dann vorzunehmen, wenn mit einer späteren Ausgleichsverpflichtung gerechnet werden muss.[1030] Für die Steuerbilanz wird dem erst ab Zeitpunkt der Beendigung des Vertretervertrags gefolgt, wenn wahrscheinlich auch nach diesem Moment aus dem Vertragsverhältnis zum Kunden weitere Vorteile erwachsen.[1031] Werden solche Ausgleichszahlungen ungeachtet des wirtschaftlichen Vorteils und der Bedingungen des § 89b HGB regelmäßig freiwillig gezahlt, ist für den durch das Gewohnheitsrecht entstandenen Ausgleichsanspruch sowohl steuerrechtlich als auch handelsrechtlich eine Rückstellung für ungewisse Verbindlichkeiten zu bilden.

Die Rückstellung ist ratierlich anzusammeln. Sie darf insgesamt nicht den in § 89b Abs. 2 HGB festgelegten Höchstbetrag überschreiten, d. h., die Rückstellung kann maximal i. H. einer durchschnittlichen Jahresvergütung dotiert werden.

1023 Vgl. *Weber-Grellet* in: Schmidt, § 5 EStG Rz. 550.

1024 Einen Rückstellungsansatz verneinend BFH v. 25.1.1984, I R 7/80, BStBl. II 1984 S. 344.

1025 Vgl. BFH v. 3.2.1993, I R 37/91, BStBl. II 1993 S. 441.

1026 Siehe hierzu mit einer umfassenden Würdigung *Heddäus*, S. 274 ff.

1027 Vgl. *Zwirner/Tippelhofer*, Beilage zu StuB 9/2017 S. 1, 11.

1028 Vgl. auch mit anderen Anspruchsvoraussetzungen § 89b HGB.

1029 Vgl. BGH v. 11.7.1966, II ZR 134/65, BB 1966 S. 915.

1030 Vgl. Anzinger/Oser/Schlotter, § 249 HGB Rz. 210 m. w. N.

1031 Vgl. H 5.7 Abs. 5 EStH.

Ausgleichspflicht bei Kostenüberdeckung: Für eine Verpflichtung, welche sich aus einer Kostenüberdeckung aufgrund öffentlich-rechtlicher Bestimmungen ergibt, ist eine Rückstellung für ungewisse Verbindlichkeiten zu bilden, sofern die Verpflichtung in der kommenden Kalkulationsperiode auszugleichen/zu begleichen ist.[1032]

Ausgleichsposten: Zuzahlungen für den Erwerb von Kapitalgesellschaftsanteilen sind erfolgsneutral durch die Bildung eines passiven Ausgleichspostens zu berücksichtigen; grds. besteht keine Rückstellungsfähigkeit.[1033]

Ausgleichszahlung: siehe Verlustübernahmeverpflichtung.

Außenprüfung: siehe Betriebsprüfung, Betriebsprüfungsrisiko.

Aussetzung der Vollziehung: Aussetzungszinsen entstehen nach § 237 Abs. 1 AO nur dann, wenn die Anfechtungsklage oder der Einspruch endgültig keinen Erfolg haben. Demzufolge handelt es sich bei den zu leistenden Zinsen um eine dem Grunde nach ungewisse Verbindlichkeit. Das Entstehen der Zinsverbindlichkeit hängt nämlich vom Erfolg oder Misserfolg der Anfechtungsklage oder des Einspruchs ab. Auch die Höhe der Zinsverbindlichkeit ist ungewiss, da ihre Höhe vom Umfang des Misserfolges und vom Zeitablauf abhängig ist. Zur Bildung der Rückstellung bedarf es einer hinreichenden Wahrscheinlichkeit für die Entstehung der Zinsverbindlichkeit, die wiederum von den Erfolgsaussichten der Anfechtungsklage oder des Einspruchs und der steuerrechtlichen Beurteilung der ausgesetzten Steuerforderungen abhängt. Zwischen der Zinsverbindlichkeit und der zugrunde liegenden Steuerschuld besteht allerdings insoweit ein Zusammenhang, als die Aussetzungszinsen zwangsläufig mit der Entscheidung über die Steuerschuld verbunden sind; somit ist die Höhe der Wahrscheinlichkeit für die Festsetzung der Aussetzungszinsen und den Bestand der von der Vollziehung ausgesetzten Steuerschuld identisch. Im Fall des Unterliegens im Rechtsstreit oder im Einspruchsverfahren ist eine hinreichende Wahrscheinlichkeit für die Inanspruchnahme gegeben. Die wirtschaftliche Verursachung liegt vor dem jeweiligen Bilanzstichtag, da die Aussetzungszinsen bei Anfall für die am jeweiligen Bilanzstichtag zurückliegenden Zeiträume erhoben werden. Eine Rückstellung für Aussetzungszinsen ist daher zulässig, wobei die grundsätzlichen Voraussetzungen für die Bildung einer Rückstellung zu beachten sind.

Siehe auch Aussetzungszinsen.

Aussetzungszinsen: Für ungewisse Verpflichtungen zur Zahlung von Aussetzungszinsen infolge eines nicht erfolgreichen Einspruchs oder einer Klage gegen einen Steuerbescheid besteht ein Passivierungsgebot. Ungewiss ist, ob und in welcher Höhe die Zinsverbindlichkeit nach § 237 AO entsteht. Dies hängt vom Erfolg der anhängenden Anfechtungsklage bzw. des Einspruchs ab. „Da der Ausgang eines Rechtsstreits indessen regelmäßig unsicher ist, besteht für eine Inanspruchnahme im Fall des Unterliegens eine hinreichende Wahrscheinlichkeit."[1034] Folglich liegt ein Passivierungsgebot vor.

Ausstehende Rechnung: Sind die Rechnungen für Lieferungen oder Leistungen im Geschäftsjahr bis zum Bilanzstichtag noch nicht eingegangen, müssen Rückstellungen für die ungewissen Verbindlichkeiten gebildet werden. Gehören die Aufwendungen allerdings zu den Anschaffungs-

1032 BFH v. 6.2.2013, I R 62/11, BStBl. II 2013 S. 954.

1033 Vgl. *Weber-Grellet* in: Schmidt, § 5 EStG Rz. 550.

1034 BFH v. 8.11.2000, I R 10/98, BStBl. II 2001 S. 353.

oder Herstellungskosten eines Vermögensgegenstands, ist eine Rückstellung verboten. Ist der Rechnungsbetrag bereits bekannt und erfüllt die Rechnung lediglich eine Fristsetzungs- und Dokumentationsfunktion, dann ist eine Verbindlichkeit und keine Rückstellung zu bilanzieren.

Avalhaftung: siehe Avalprovision.

Avalprovision: Zahlungsverpflichtungen für Avalkredite, sog. Avalprovisionen, sind gem. den Kreditkonditionen regelmäßig der Höhe und dem Zeitpunkt nach gewiss. Für künftige Avalprovisionen darf folglich keine Rückstellung gebildet werden.[1035]

1035 Vgl. BFH v. 12.12.1991, IV R 28/91, BStBl. II 1992 S. 600.

B.

BaFin-Prüfung: Für die erwarteten Aufwendungen im Zusammenhang mit einer BaFin-Prüfung bei einem kapitalmarktorientierten Unternehmen sind im Zweifelsfall Rückstellungen für anfallende Kosten zu bilden. Spätestens mit der Ankündigung des Beginns der Prüfung ist die Wahrscheinlichkeit des Entstehens hinreichend sicher konkretisiert. Gegenstand der Rückstellung sind dann die mit hoher Wahrscheinlichkeit anfallenden und bestmöglich zu schätzenden Aufwendungen.

Bankkostenzuschuss: siehe Fördermittel.

Bankzinsen: siehe Zinszahlung.

Batterierücknahme: Bei Vertrieb von Autobatterien ist eine Rückstellung für ungewisse Verbindlichkeiten zu bilden, wenn aus der Selbstverpflichtungserklärung des brancheneigenen Zentralverbands auf eine faktische Pflicht des Unternehmens zur Rücknahme von Altbatterien zu schließen ist und das Unternehmen sich in seiner Geschäftspraxis dieser Vorgabe angeschlossen hat, indem es gebrauchte Batterien tatsächlich zurückgenommen hat.[1036] Siehe auch Abfallbeseitigung.

Baubetreuung: Zahlen die Eigentümer einer Wohnanlage einem Baubetreuungsunternehmen im Voraus eine bestimmte Vergütung (pro Quadratmeter Wohnfläche oder pro Jahr bspw.) i.V. mit der Verpflichtung des Baubetreuungsunternehmens, anfallende Instandhaltungen und Schönheitsreparaturen auf eigene Rechnung zu leisten, muss das Baubetreuungsunternehmen für die noch zu erbringenden Leistungen eine Rückstellung für ungewisse Verbindlichkeiten bilden.[1037]

Baukostenzuschuss: Baukostenzuschüsse sind grds. nicht als Rückstellungen, sondern als Rechnungsabgrenzungsposten zu passivieren. Der Rechnungsabgrenzungsposten ist nach der geschätzten Dauer der Lieferverträge aufzulösen.[1038]

Baulast: Wird eine Baulast in einem öffentlich-rechtlichen Verzeichnis (Baulastenverzeichnis) eingetragen, ist laut Rechtsprechung die damit einhergehende Leistungsverpflichtung in zeitlicher Hinsicht nicht hinreichend konkretisiert.[1039] Weder eine Drohverlustrückstellung noch eine Rückstellung für ungewisse Verbindlichkeiten darf gebildet werden.

Baumängel: Ein Bauträger darf Rückstellungen für die Beseitigung von Baumängeln nur bilden, wenn er keinen korrespondierenden Freistellungsanspruch gegen den ausführenden Bauunternehmer hat.[1040]

Bauschutt-Recycling: Unternehmen mit dem Gesellschaftszweck des Recyclings von Bauschutt haben Rückstellungen für ungewisse Verbindlichkeiten für nach dem Bilanzstichtag anfallende Aufbereitungskosten auszuweisen. Zu begründen ist dies mit der öffentlich-rechtlichen Verpflichtung zur Aufbereitung, sobald das Recyclingunternehmen den Bauschutt angekauft hat.

1036 Vgl. BFH v. 10.1.2007, I R 53/05, BFH/NV 2007 S. 1102.

1037 Vgl. BFH v. 21.7.1976, I R 43/74, BStBl. II 1976 S. 778.

1038 Vgl. *Weber-Grellet* in: Schmidt, § 5 EStG Rz. 550.

1039 Vgl. BFH v. 3.5.1983, VIII R 100/81, BStBl. II 1983 S. 572. Im konkreten Fall war nicht bestimmt, wann der Besitzer eines Parkhauses seine Pflicht zur Bereitstellung von Pkw-Boxen zu erfüllen hat.

1040 Vgl. FG Berlin-Brandenburg v. 8.1.2019, 6 K 6121/17, BB 2019 S. 944 f.

Voraussetzung für die Rückstellungsbildung ist laut Rechtsprechung des BFH allerdings, dass die zeitnahe Verarbeitung des Bauschutts behördlich überprüft wird.[1041]

BEISPIEL Ein Recyclingunternehmen übernimmt Bauschutt von Bauunternehmen gegen Entgelt. Dieser wird von ihm aufbereitet und sodann als Füllmaterial an Straßenbauunternehmen weiterverkauft. Nicht verwertbare Reststoffe muss das Recyclingunternehmen fachgerecht entsorgen.

Im Aufkauf des Bauschutts und der Weiterveräußerung der aufbereiteten Stoffe sind zwei getrennte Rechtsgeschäfte zu sehen. Durch den Aufkauf des Bauschutts ist das Recyclingunternehmen verpflichtet, diesen gem. den gesetzlichen Vorgaben des KrWG zu entsorgen. Für die Aufbereitungskosten des bis zum Bilanzstichtag noch nicht verarbeiteten Bauschutts ist unter den oben genannten Voraussetzungen eine Rückstellung zu bilden.

Bausparkasse: siehe Bausparvertrag.

Bausparkassenabschlussgebühr: siehe Bausparvertrag.

Bauspartechnische Abgrenzung: Während der Sparphase eines Bausparvertrags dürfen die Bausparkassen keine Rückstellungen für höhere Verwaltungskosten in der Darlehensphase bilden.[1042] Es mangelt an einer wirtschaftlich bzw. rechtlich verursachten Aufwendung im Geschäftsjahr.

Bausparvertrag: Sparern, die i. R. von Bausparverträgen nach Zuteilung des Bauspardarlehens auf dieses verzichten, ist die bei Vertragsabschluss erhobene Einlage sowie oftmals auch die Abschlussgebühr zurückzuzahlen. Für derartige mögliche Verpflichtungen müssen Bausparkassen ab dem Zeitpunkt des Vertragsabschlusses eine Rückstellung für ungewisse Verbindlichkeiten bilden.[1043] Bei der Bewertung der Rückstellung ist auf Basis bisheriger Erfahrungswerte die Wahrscheinlichkeit der Rückzahlung zu schätzen. Darüber hinaus dürfen Bausparkassen während der Sparphase keine Rückstellungen für höhere Verwaltungskosten in der Darlehensphase bilden[1044] – siehe auch Bauspartechnische Abgrenzung, Jahresabrechnung.

Baustelle: siehe Baustellenräumung.

Baustellenlager: siehe Baustellenräumung.

Baustellenräumung: Bauunternehmen haben Rückstellungen für die Verpflichtung zur Räumung von eingerichteten Baustellen zu bilden. Etwas anderes gilt dann, wenn ungeachtet einer bestehenden Außenverpflichtung die Verpflichtung in ihrer wirtschaftlichen Belastungswirkung von einem eigenbetrieblichen Interesse vollständig überlagert wird.[1045]

Bedingt rückzahlbare Zuwendung: Das bilanzierende Unternehmen hat eine Rückstellung zu bilden, wenn eine Leistung erfolgswirksam vereinnahmt wird, die Leistung allerdings unter einer auflösenden Bedingung steht und der Eintritt der auflösenden Bedingung sicher oder hinreichend wahrscheinlich ist.[1046]

Siehe Druckbeihilfe, Filmkredit, Herstellungskostenbeitrag, Zuwendung.

1041 Vgl. BFH v. 25.3.2004, IV R 35/02, BStBl. II 2006 S. 644.

1042 Vgl. BFH v. 7.3.1973, I R 48/69, BStBl. II 1973 S. 565.

1043 Vgl. BFH v. 12.12.1990, I R 18/89, BStBl. II 1991 S. 485.

1044 Vgl. BFH v. 7.3.1973, I R 48/69, BStBl. II 1973 S. 565.

1045 Vgl. BFH v. 22.1.2020, XI R 2/19, DStR 2020 S. 1298. Vgl. weiterführend zu dem vorstehenden Urteil *Hommel/Stein/Ummenhofer*, WPg 2021 S. 80 ff.

1046 Vgl. *Zwirner/Vodermeier/Krauß*, DStR 2021 S. 936.

Bedingte Verbindlichkeit: Aufschiebend bedingt entstehende Verbindlichkeiten dürfen zum Bilanzstichtag als Rückstellung passiviert werden, wenn der künftige Eintritt der Bedingung wahrscheinlich ist.[1047]

Beherrschungsvertrag: siehe Verlustübernahmeverpflichtung.

Behindertenabgabe: siehe Schwerbehindertenabgabe.

Behördliche Untersuchung: Für behördliche Untersuchungen sind dann Rückstellungen zu bilden, wenn es sich um eine Außenverpflichtung handelt, die hiermit zusammenhängenden Aufwendungen wirtschaftlich oder rechtlich im abgelaufenen Geschäftsjahr begründet sind und das betroffene Unternehmen sich der Untersuchung nicht entziehen kann.

Beibehaltungswahlrecht: Der BFH stellt in seinem Urteil vom 9.3.2023 klar, dass das Beibehaltungswahlrecht des Art. 67 Abs. 1 Satz 2 EGHGB für Nachsorgerückstellungen über den Grundsatz der Maßgeblichkeit auch für die Steuerbilanz gilt, da der unter Berücksichtigung des Beibehaltungswahlrechts bestimmte Handelsbilanzwert maßgebend ist.[1048] Ein hiervon abweichender steuerrechtlicher Rückstellungswert kann aufgrund der Vorschrift des § 6 Abs. 1 Nr. 3a EStG geboten sein, darf allerdings den handelsrechtlichen Wertansatz nicht übersteigen. Betreffend die Rückstellungen durchbricht die Vorschrift des § 6 Abs. 1 Nr. 3a EStG den Maßgeblichkeitsgrundsatz nicht in Gänze, was vom BFH mit dem „höchstens insbesondere"-Verweis begründet wird. Insoweit ist der handelsrechtliche Ansatz vorbehaltlich des § 6 Abs. 1 Nr. 3a Buchst. a bis f EStG auch für steuerliche Zwecke zu übernehmen, wobei der handelsrechtliche Ansatz die absolute Obergrenze darstellt. Ist der handelsrechtliche Ansatz niedriger als der steuerrechtliche Ansatz, wird auf den handelsbilanziellen Wert abgestellt, wohingegen auf den steuerrechtlichen Ansatz abzustellen ist, wenn der handelsrechtliche Wert über dem steuerrechtlichen Wert liegen sollte. Im Ergebnis ist mithin immer auf den niedrigeren Wert abzustellen.[1049]

Beihilfe: Für Verpflichtungen ggü. Mitarbeitern, im Ruhestand, im Krankheits-, Geburts- oder Todesfall Beihilfen zu gewähren, ist eine Rückstellung für ungewisse Verbindlichkeiten zu bilden. Da ein „Verpflichtungsüberhang" besteht, gilt der Grundsatz der Nichtbilanzierung schwebender Geschäfte in diesem Fall nicht. Das Geschäft (Arbeitsvertrag) ist insofern nicht mehr schwebend, als der Arbeitnehmer seine Arbeitsleistung bereits erbracht und damit die Beihilfe erdient hat. Die Beihilfe stellt demnach eine Gegenleistung für die bereits vor dem Ruhestand erbrachte Arbeitsleistung des Arbeitnehmers dar.[1050]

Von diesem Fall abzugrenzen ist der Fall, in dem der Arbeitgeber für den Arbeitnehmer während der Dienstzeit Krankheitsbeihilfen gewährt. Diese sind nicht durch vorherige Arbeitsleistung erdient und dementsprechend als Aufwand der jeweiligen Periode zu behandeln.[1051]

1047 Vgl. BFH v. 22.1.1992, X R 23/89, BStBl. II 1992 S. 488; *Weber-Grellet* in: Schmidt, § 5 EStG Rz. 314.

1048 Vgl. BFH v. 9.3.2023, IV R 24/19, DStR 2023 S. 988.

1049 Vgl. ausführlicher zum Beibehaltungswahlrecht im Kontext der BFH-Rechtsprechung v. 9.3.2023 (IV R 24/19) *Bolik/Zinken*, WPg 2023 S. 1026 ff.; *Kahle/Kopp*, DStR 2023 S. 2472 ff.

1050 Vgl. BFH v. 30.1.2002, I R 71/00, BStBl. II 2003 S. 279; vgl. ausführlich *Zwirner*, WPg 2012 S. 198, 198 ff.

1051 Vgl. analog zu Krankheitsbeihilfen *Höfer/Pisters*, DB 2002 S. 2288, 2289.

Abb. 19: Kategorisierung der Beihilfen

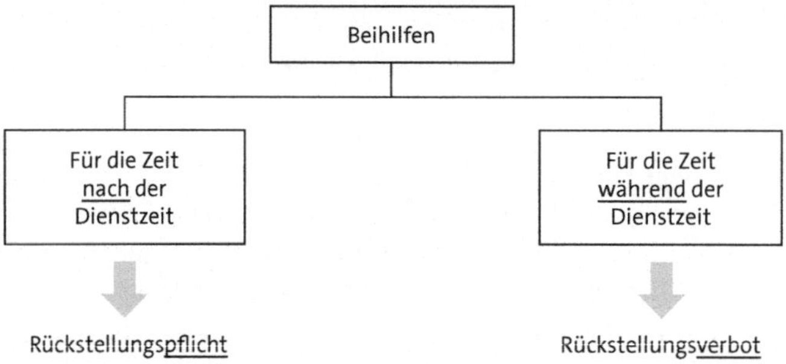

© Künkele/Vodermeier/Zwirner

Die Beihilfeverpflichtung ist für noch nicht im Ruhestand befindliche Mitarbeiter bis zum Beginn des Ruhestands anzusammeln. Hierfür ist der voraussichtlich jährlich zu zahlende Betrag[1052] für jedes Lebensjahr mit der jeweiligen Wahrscheinlichkeit, dass der Mitarbeiter zu diesem Zeitpunkt noch lebt, zu multiplizieren. Dieses Produkt ist für alle Jahre nach Beginn des Ruhestands aufzusummieren sowie abzuzinsen und auf die Jahre bis zum Beginn des Ruhestands zu verteilen.[1053]

PRAXISTIPP

In der Praxis wird für Zwecke der Ermittlung der Lebenseintrittswahrscheinlichkeiten auf die Richttafeln von *Klaus G. Heubeck* zurückgegriffen. Die dort angegebenen Wahrscheinlichkeiten werden auch von der Finanzverwaltung akzeptiert.

Hinsichtlich der Bewertung von Krankheitsbeihilfen ist weiterhin zu beachten, dass diese keine betriebliche Altersvorsorge darstellen,[1054] weswegen die Vorschriften bezüglich Pensionsrückstellungen nach § 6a EStG nicht gelten.[1055] Daher hat die steuerbilanzielle Abzinsung mit 5,5 % zu erfolgen.[1056] Handelsrechtlich findet der von der Bundesbank angegebene Zinssatz Anwendung.[1057]

Beitrag an Wirtschaftsverbände: siehe Berufsgenossenschaftsbeitrag.

Beiträge: Für festgesetzte Zusatzbeiträge ist die Bildung einer Rückstellung zulässig, sofern sie wirtschaftlich bis zum Bilanzstichtag verursacht sind.[1058] Für zukünftige Wirtschaftsjahre kann keine Rückstellung gebildet werden. Siehe Handwerkskammer.

Beitragsrückgewähr: Ist ein bilanzierungspflichtiger Verein per Satzung zur vollständigen oder teilweisen Rückgewähr der Beiträge seiner Mitglieder bei deren Ausscheiden verpflichtet, ist in diesem Fall der Ansatz einer Rückstellung für ungewisse Verbindlichkeiten geboten.[1059] Wirt-

1052 Der voraussichtlich zu zahlende Beitrag kann bspw. auf Basis historischer Daten ermittelt werden. Hierzu wurde in der Literatur vorgeschlagen, die jährlichen Beihilfeleistungen pro Rentner der letzten fünf Jahre zu bestimmen und hieraus den Durchschnitt pro Rentner und Jahr zu ermitteln.

1053 Vgl. *Maus*, S. 76.

1054 Die Krankheitsbeihilfen erfüllen nicht die gesetzliche Definition des § 1 Abs. 1 BetrAVG.

1055 Vgl. hierzu *Höfer/Pisters*, DB 2002 S. 2288, 2289.

1056 Vgl. § 6 Abs. 1 Nr. 3a Buchst. e EStG.

1057 Vgl. *Zwirner/Tippelhofer*, Beilage zu StuB 9/2017 S. 1, 8 ff.

1058 Vgl. BFH v. 5.4.2017, X R 30/15, DStR 2017 S. 1373.

1059 Vgl. BFH v. 28.6.1989, I R 86/85, BStBl. II 1990 S. 550.

schaftlich verursacht wird die Rückgewähr nämlich durch die Beitragszahlung im entsprechenden Geschäftsjahr. Die Wahrscheinlichkeit des Austritts der Mitglieder aus dem Verein muss i.R. der Bemessung der Rückstellung berücksichtigt werden.

Beratungskosten: Für aufgelaufene Honorare, die zum Bilanzstichtag noch nicht abgerechnet sind, ist eine Rückstellung für ungewisse Verbindlichkeiten anzusetzen. Die Voraussetzungen einer Rückstellungsbildung, namentlich die Ungewissheit hinsichtlich Grund und/oder Höhe, müssen allerdings erfüllt sein. Außerdem müssen sich die Beratungsleistungen auf abgelaufene Geschäftsjahre beziehen.[1060] Die Bildung einer Rückstellung für Steuerberatungskosten anlässlich einer Betriebsprüfung retrospektiv für das Prüfungsjahr ist für Kleinst- und Kleinbetriebe nicht zulässig.[1061] Auslösendes Ereignis der Steuerberatungskosten ist die Durchführung der Betriebsprüfung, welches allerdings im betrachteten Prüfungszeitraum noch nicht eingetreten und mit dem mangels Anschlussprüfung für Kleinst- und Kleinbetriebe auch nicht ernsthaft zu rechnen war.

BEISPIEL ▸ Das Unternehmen A erteilt der Unternehmensberatung B einen Auftrag. Vereinbart wird eine Vergütung von 100 EUR pro Stunde. Bis zum Bilanzstichtag sind 100 Stunden angefallen. Ist dieser Fakt auch dem Unternehmen A bekannt, so ist eine Verbindlichkeit zu passivieren. Wenn das Unternehmen A keine Kenntnisse über die bisher angefallenen Arbeitsstunden hat, ist eine Rückstellung zu bilanzieren. Dabei ist der Stundenumfang bestmöglich zu schätzen.

Bei erfolgsabhängigen Honoraren ist besonders auf die werterhellenden Informationen zwischen dem Bilanzstichtag und dem Zeitpunkt der Bilanzerstellung zu achten. Stellt sich innerhalb dieses Zeitraums heraus, dass der verpflichtungsbegründende Erfolg nicht erreicht wird, kann keine Rückstellung bilanziert werden.[1062]

Bergbauwagnis: siehe Bergschaden, Gruben- und Schachtversatz.

Bergschaden: Unternehmen haben für den durch den Bergbau einer Sache oder Person zugefügten Schaden nach den §§ 114 ff. BBergG Schadensersatz zu leisten. Demnach ist eine gesetzliche Normierung hinreichend konkretisiert und eine Rückstellung für ungewisse Verbindlichkeiten zu bilden.[1063] Dies betrifft zum einen bis zum Bilanzstichtag bereits rechtlich entstandene Verpflichtungen, deren Höhe noch nicht feststeht. Zum anderen sind auch Rückstellungen für ungewisse Verbindlichkeiten für rechtlich noch nicht entstandene, aber ernsthaft zu erwartende Verpflichtungen aus Bergschäden zu passivieren, unter der Voraussetzung, dass der Schaden durch Abbauhandlungen vor dem Bilanzstichtag verursacht wurde. Bei der Bilanzierung der Rückstellung der Höhe nach sind auch Kosten der

- Ermittlung der Schadensursache und Schadenshöhe,
- Festlegung der Schadensbeseitigungsarbeiten,
- Ausschreibung und Überwachung der Schadensbeseitigungsarbeiten

zu berücksichtigen.[1064] Weiterhin muss der angesammelte Rückstellungsbetrag zu jedem Bilanzstichtag die bis dato unausweichlich gewordenen Kosten, die durch den Bergbau entstanden sind, decken.[1065]

1060 Vgl. hierzu *Zwirner/Tippelhofer*, Beilage zu StuB 9/2017 S. 1, 6 ff.
1061 Vgl. FG Münster v. 24.6.2021, 10 K 2084/18 K,G, DStRE 2022 S. 769.
1062 Vgl. FG Münster v. 17.8.2010, 1 K 3969/07 F, BeckRS 2010, 26030398.
1063 Vgl. BFH v. 14.11.1968, I R 51/65, BStBl. II 1969 S. 266.
1064 Vgl. *Schülen*, WPg 1983 S. 658, 663.
1065 Vgl. HdR-E/*Kessler*, § 249 HGB Rz. 137.

Neben der Behandlung von Kostensteigerungen ergeben sich zwischen dem steuer- und dem handelsrechtlichen Rückstellungswert Unterschiede, zum einen durch die unterschiedlichen Abzinsungssätze, zum anderen durch die unterschiedliche Ermittlung des Abzinsungszeitraums. Während für die Handelsbilanz die Restlaufzeit der Rückstellung maßgeblich ist,[1066] wird für die Steuerbilanz auf den Zeitraum zwischen dem Bilanzstichtag und dem Beginn der Verpflichtungserfüllung abgestellt.[1067]

BEISPIEL Das Bergbauunternehmen verursacht einen laufenden Bergschaden durch die Abbauarbeiten. Diese werden nach Beendigung der Förderung sukzessive beseitigt. Zum Bilanzstichtag in t1 ist die Förderung bereits beendet, die Schadensbeseitigung steht noch aus. Es wird geschätzt, dass Anfang t4 mit der Beseitigung der Schäden angefangen wird. Für die Beseitigungsarbeiten fallen für die Jahre t4, t5 und t6 jeweils 50 TEUR an. Zu Veranschaulichungszwecken wird von einem in der Steuer- wie in der Handelsbilanz einheitlich maßgeblichen Zinssatz von 5,5 % ausgegangen. Preis- und Kostensteigerungen werden vernachlässigt.

In der Steuerbilanz werden die gesamten Aufwendungen für die Schadensbeseitigung (150 TEUR) über den Zeitraum von zwei Jahren abgezinst, denn die Verpflichtung wird in t2 und t3 noch nicht erfüllt. Der steuerbilanzielle Rückstellungswert beträgt demnach:

$150 \text{ TEUR} / 1{,}055^2 = 134{,}768 \text{ TEUR}$

In der Handelsbilanz sind die einzelnen Beträge gem. der Laufzeit bis zu ihrer Fälligkeit abzuzinsen. Vereinfachend wird hier davon ausgegangen, dass die Verpflichtung jeweils genau am ersten Tag der Geschäftsjahre erfüllt wird. Es ergibt sich ein Rückstellungswert von:

$(50 / 1{,}055^2) + (50 / 1{,}055^3) + (50 / 1{,}055^4) = 127{,}864 \text{ TEUR}$

Das BMF nimmt in einem Schreiben zu den Abzinsungszeiträumen bei bergrechtlichen Verpflichtungen Stellung.[1068] Die Abzinsungszeiträume richten sich dabei nach der Art des Schadens. Die folgende Tabelle gibt die Ausführungen des BMF zusammengefasst wieder:

Tab. 10: Abzinsungsvorschriften für Bergschäden

	Dauerbergschäden	Entstandener Bergschaden	Verursachter Bergschaden
Definition	Schäden, die laufend entstehen und gleichzeitig laufend beseitigt werden	Bereits entstandener Bergschaden, der aber noch nicht beseitigt wurde	Durch durchgeführte Abbaumaßnahmen verursachter Schaden, der erst zu einem späteren Zeitpunkt auftritt
Steuerlicher Abzinsungszeitraum	Keine Abzinsung, weil kein Zeitraum zwischen Entstehung und Erfüllung	Zeitraum zwischen Bilanzstichtag und geschätztem Beginn der Erfüllung (= Zeitpunkt, in dem der Verpflichtete den entstandenen Schaden anerkennt und für den Berechtigten entsprechende Mittel bereitstellt)	Es gelten die bei den entstandenen Bergschäden festgestellten Grundsätze.

1066 Vgl. § 253 Abs. 2 Satz 1 HGB.

1067 Vgl. § 6 Abs. 1 Nr. 3a Buchst. e Satz 2 EStG.

1068 Vgl. BMF v. 17.11.1999, IV C 2 – S 2175 – 30/99, BStBl. I 1999 S. 1127.

Siehe auch Abraumbeseitigung, Gruben- und Schachtversatz, Rekultivierung, Verfüllungskosten.

Berufsausbildung: siehe Ausbildungskosten.

Berufsgenossenschaftsbeitrag: Für noch zu leistende Beiträge des abgelaufenen Geschäftsjahrs ist die Passivierung einer Rückstellung geboten. Hierzu zählt auch die Umlage für das Insolvenzgeld. Im Rahmen des Finanzierungswegs der Berufsgenossenschaften wird der „endgültige" Betrag regelmäßig der Höhe nach ungewiss sein, weswegen der Rückstellungsansatz geboten ist.[1069] Hingegen hat der BFH die Bildung einer Rückstellung für zu zahlende Unfallrenten der Berufsgenossenschaft abgelehnt, weil die Beiträge jährlich als Umlage für die im Laufe dieses Zeitraums angefallenen Kosten erhoben werden.[1070]

Beschaffungsgeschäft: Für drohende Verluste aus Beschaffungsgeschäften ist die Bildung einer Drohverlustrückstellung geboten. Zielt das Geschäft auf die Beschaffung eines aktivierungsfähigen Vermögensgegenstands, so ist eine Drohverlustrückstellung dann anzusetzen, wenn „für den Vermögensgegenstand nach erfolgter Lieferung voraussichtlich eine Pflicht zur (außerplanmäßigen) Abschreibung bestehen wird"[1071].

BEISPIEL Die Bärbau AG bestellt im Dezember t1 eine neue Maschine zum Kaufpreis von 100.000 EUR. Die Maschine wird im März t2 geliefert. Zum 31.12.t1 ist der Wert (= Kaufpreis bei Neubestellung) der Maschine wegen technischer Neuerungen auf nachhaltig 80.000 EUR gesunken. Zum 31.12.t1 ist eine Drohverlustrückstellung i. H. von 20.000 EUR anzusetzen.

Zu **buchen** ist zum 31.12.t1:

sonstige betriebliche Aufwendungen	20.000 EUR
an	
Drohverlustrückstellung	20.000 EUR

Im März t2 ist nach Aktivierung des Vermögensgegenstands die Drohverlustrückstellung aufzulösen und eine außerplanmäßige Abschreibung zu **buchen:**

Maschine	100.000 EUR
an	
Verbindlichkeit	100.000 EUR
Drohverlustrückstellung	20.000 EUR
an	
sonstige betriebliche Erträge	20.000 EUR
außerplanmäßige Abschreibung	20.000 EUR
an	
Maschine	20.000 EUR

1069 Vgl. *Zwirner/Tippelhofer*, Beilage zu StuB 9/2017 S. 1, 15.
1070 Vgl. BFH v. 24.4.1968, I R 50/67, BStBl. II 1968 S. 544.
1071 IDW RS HFA 4, IDW FN 2010 S. 298, 302.

Bei Vermögensgegenständen des Umlaufvermögens ist auch der Preis auf dem Absatzmarkt zu überprüfen. Fallen die Wiederbeschaffungskosten, während die Veräußerungspreise immer noch über dem vereinbarten Kaufpreis liegen, ist die Bildung einer Drohverlustrückstellung nicht möglich.[1072]

Bei auf Dauerschuldverhältnissen beruhenden Beschaffungsgeschäften (z. B. Miet-, Leasing- oder Pachtverträge) muss eine Drohverlustrückstellung dann gebildet werden, wenn der Wert der Leistung des bilanzierenden Unternehmens den Wert der Gegenleistung übersteigt.

Beseitigung: In der Regel sind Aufwendungen zur Anlagenbeseitigung in der Vergangenheit verursacht worden und rückstellbar.[1073] Siehe Abraumbeseitigung, Altlastensanierung.

Besserungsschein: Wird mit Gläubigern der Verzicht auf ihre Forderungen vereinbart, unter der Bedingung, dass bei Eintritt eines besseren Geschäftsverlaufs die Gläubiger für den Verzicht entlohnt werden, ist eine Passivierung dieser Verpflichtung erst bei Erfüllung der aufschiebenden Bedingung (bspw. Wiederherstellung des Stammkapitals) vorzunehmen. Diese Verpflichtung ist sodann in den meisten Fällen als Verbindlichkeit auszuweisen, weil ihr Umfang zumeist bekannt sein wird.

Besserungsverpflichtung: siehe Besserungsschein.

Bestandspflege: siehe Lebensversicherung.

Bestellobligo: Grundsätzlich ist keine Rückstellung zu bilden. Ein Sonderfall kann sich ergeben bei Beschaffungsvorgängen, aus denen ein Verlust zu erwarten ist – siehe Beschaffungsgeschäft.

Bestrittene Verbindlichkeit: In einem Urteil vom 23.11.2021 – 3 K 308/18 hat sich das FG Thüringen mit dem Ansatz einer Rückstellung für eine bestrittene Verbindlichkeit befasst.[1074]

In dem vom FG Thüringen zu beurteilenden Fall hatte die Malerkasse ggü. einem Betrieb Ansprüche geltend gemacht. Der Kläger hatte sich gegen den Anspruch gewandt mit dem Verweis auf eine fehlende Zugehörigkeit zum Maler- und Lackierhandwerk. Ihm lag ein erstinstanzliches, nicht rechtskräftiges Urteil vor. Der Kläger unterließ die Passivierung des gegen ihn geltend gemachten Anspruchs als Rückstellung oder Verbindlichkeit. Zu einem späteren Zeitpunkt leistete der Kläger Zahlungen an die Malerkasse und begehrte den nachträglichen Betriebsausgabenabzug. Der Betrieb war zwischenzeitlich veräußert worden.

Das FG Thüringen versagte den nachträglichen Betriebsausgabenabzug, da der Kläger bereits in der Vergangenheit – auf Basis eines vorliegenden, nicht rechtskräftigen erstinstanzlichen Urteils – eine Rückstellung hätte bilden müssen.

Der Sachverhalt lag dem BFH vor. Der BFH hat mit Urteil vom 6.5.2024 – III R 7/22 geurteilt, dass nachträgliche Betriebsausgaben des Betriebsübergebers vorliegen, wenn dieser Aufwendungen trägt, die im Zusammenhang mit seiner früheren Betriebsführung stehen.

Beteiligungen: Für künftige Verluste aus Beteiligungen ist keine Rückstellung zu bilden.

BetrAVG: Für etwaige Verpflichtungen aus der Anpassung der laufenden, künftigen Rentenzahlungen nach § 16 Abs. 1 BetrAVG muss die bis zum Abschlussstichtag aufgelaufene Inflations-

1072 Gleicher Ansicht WPH Edition, Kap. F Rz. 630 f. und 189.

1073 Vgl. *Weber-Grellet* in: Schmidt, § 5 EStG Rz. 550.

1074 Vgl. weiterführend *Oser/Wirtz*, StuB 2023 S. 112 f.

entwicklung, gemessen am Verbraucherpreisindex (VPI), berücksichtigt werden.[1075] Siehe auch Anpassungsstau.

Betreiberpflicht: Der Ansatz einer Drohverlustrückstellung für das Betreiben eines mit einer Betreiberpflicht versehenen Geschäfts nur unter Inkaufnahme von Verlusten rechtfertigt dann nicht den Ansatz einer Rückstellung, wenn sich der Bilanzierende ohne weitere Aufwendungen der Betreiberpflicht entledigen und aus dem Vertragsverhältnis ausscheiden kann.[1076] Im Umkehrschluss bedeutet dies: Hat die Gesellschaft nicht die Möglichkeiten, sich der Betreiberpflicht ohne weitere Aufwendungen zu entledigen, begründet dies den Ansatz einer Drohverlustrückstellung.[1077] Siehe auch Defizitäre Filiale.

Betreuung: zu einer Rückstellung für Betreuungskosten von Versicherungsverträgen siehe Versicherungsmakler.

Betriebliche Altersversorgung: siehe Pensionsrückstellung.

Betriebliche Berufsausbildung: Für betrieblich veranlasste Ausbildungskosten scheidet der Ansatz einer Rückstellung wegen der Ausgeglichenheitsvermutung aus. Für außerbetrieblich veranlasste Kosten kann der Ansatz einer Rückstellung allerdings geboten sein.[1078] Der BFH hat den Ansatz einer Rückstellung wegen zu erwartender Ausbildungskosten im Zusammenhang mit einem Berufsausbildungsverhältnis abgelehnt.[1079] Siehe auch Ausbildungskosten.

Betriebsaufgabe: siehe Angeschaffte Drohverlustrückstellung, Aufgabe und Veräußerung eines Gewerbebetriebs.

Betriebsprüfung: Interne und externe Aufwendungen im Zusammenhang mit einer Betriebsprüfung sind regelmäßig zurückzustellen. Die Rechtsprechung[1080] und dem folgend die Finanzverwaltung[1081] sieht den Ansatz einer solchen Rückstellung grds. erst dann als zulässig an, wenn die Prüfungsanordnung (§ 196 AO) ergangen ist. Unabhängig von dem Vorliegen einer Prüfungsanordnung wird auch die Auffassung vertreten, dass bereits beim Zugang des Steuerbescheids unter dem Vorbehalt der Nachprüfung (§ 164 AO) eine Rückstellung zu bilden ist, weil diese dazu führt, dass der Kaufmann ernsthaft mit der wirtschaftlichen Belastung rechnen muss.[1082]

Für Großbetriebe kann nach Auffassung des BFH auch ohne Prüfungsanordnung eine Rückstellung für Betriebsprüfungskosten gebildet werden, da deren statistische Prüfungswahrscheinlichkeit weit über 50 % liegt, sodass bereits zum Bilanzstichtag eine Rückstellung für ungewisse Verbindlichkeiten begründet wird, ohne dass es auf den Vorbehalt der Nachprüfung ankommt.[1083] Hierbei dürfen im Rückstellungsansatz nur Aufwendungen berücksichtigt werden, die in direktem Zusammenhang mit der Durchführung einer zu erwartenden Betriebsprüfung

1075 Vgl. Sitzungsberichterstattung des FAB über die 274. FAB-Sitzung am 22.11.2023, IDW Life 2023 S. 1173 f. Vgl. auch *Zwirner,* BC 2023 S. 155 f.

1076 Vgl. FG Köln v. 10.5.2006, 13 K 67/03, StuB 2007 S. 112.

1077 Vgl. für den Fall der mit einer Betreiberpflicht versehenen Fortführung sog. defizitärer Filialen von Handelsunternehmen m. w. N. *Zwirner,* StuB 2011 S. 891, 893 f.

1078 Vgl. WPH Edition, Kap. F Rz. 652 m. w. N.

1079 Vgl. BFH v. 25.1.1984, I R 7/80, BStBl. II 1984 S. 344; BFH v. 3.2.1993, IR 37/91, BStBl. II 1993 S. 441.

1080 Vgl. BFH v. 24.8.1972, VIII R 21/69, BStBl. II 1973 S. 55.

1081 Vgl. H 5.7 Abs. 4 EStH.

1082 Vgl. *Werner,* BRZ 2008 S. 225, 227 f.; *Kalus/Hahn,* NWB 2010 S. 3935, 3935.

1083 Vgl. BFH v. 6.6.2012, I R 99/10, DStR 2012 S. 1230.

stehen.[1084] Steuerpflichtige, bei denen eine Anschlussprüfung i.S. von §4 Abs.2 BpO nicht in Betracht kommt, können sich auf dieses BFH-Urteil nicht berufen.[1085]

Siehe auch Haftung für Steuerschulden.

PRAXISTIPP

In der Steuerbilanz muss der Bilanzierende mit der Nichtanerkennung einer Rückstellung für Betriebsprüfungskosten rechnen, sofern noch keine Prüfungsanordnung ergangen ist.

In die Rückstellung für Betriebsprüfungskosten sind Aufwendungen für die Bereitstellung geeigneter Räumlichkeiten und technischer Hilfsmittel sowie Personalaufwendungen durch die Verpflichtung der Benennung einer Auskunftsperson einzubeziehen.[1086] Dies umfasst auch anteilige Abschreibungen und Betriebskosten etc. Auch die voraussichtlichen Kosten für den steuerlichen Berater sind einbeziehungspflichtig.[1087]

Es gelten die allgemeinen Bewertungsgrundsätze. Zudem ist das Abzinsungsgebot zu beachten, weil regelmäßig zwischen dem Zeitpunkt des Zugangs des Steuerbescheids und der Betriebsprüfung mehr als zwölf Monate vergehen. Hier sei nochmals erwähnt, dass aus Sicht der Finanzverwaltung jedoch der Zeitraum zwischen Prüfungsanordnung und Betriebsprüfung maßgeblich ist.

BEISPIEL Zum Ende des Jahres t2 ergeht der Steuerbescheid für das Jahr t1 unter dem Vorbehalt der Nachprüfung. Kaufmann M rechnet daher mit einer Betriebsprüfung in seinem Hause. Aus Erfahrung weiß er, dass die Betriebsprüfung zumeist zwei Jahre nach Erlass des Steuerbescheides stattfindet. Für diese schätzt er folgende Kosten:

Bereitstellung der Räume (anteilige AfA und Betriebskosten)	1.000 EUR
Bereitstellung der technischen Hilfsmittel (u.a. AfA)	500 EUR
Personalaufwand durch die Auskunftspflicht	500 EUR

Aufgrund anstehender Vertragsverhandlungen mit den Mitarbeitern des Rechnungswesens rechnet M mit Gehaltssteigerungen von 5% für die Mitarbeiter des Rechnungswesens.

Die Rückstellung für Zwecke der Steuerbilanz ergibt sich durch Abzinsung des Erfüllungsbetrags mit 5,5% unter Vernachlässigung künftiger Kostensteigerungen:

$\text{Rückstellungsbetrag}_{StB} = 2.000\,\text{EUR} / 1{,}055^2 = 1.796{,}90\,\text{EUR}$

Die Handelsbilanz hat die zukünftige Gehaltssteigerung mit zu berücksichtigen. Der Abzinsungsfaktor ist der Bekanntgabe der Bundesbank zu entnehmen (angenommen 3,93%):

$\text{Rückstellungsbetrag}_{HB} = (1.500\,\text{EUR} + 500\,\text{EUR} \times 1{,}05) / 1{,}0393^2 = 1.874{,}75\,\text{EUR}$

Hinsichtlich des Zeitpunkts der Bildung einer Rückstellung für Steuernachforderungen aufgrund einer Außenprüfung, denen keine Steuerhinterziehung zugrunde liegt, hat das FG Münster rechtskräftig entschieden, dass die Rückstellung erst im Jahr der Aufdeckung der Steuernachzahlung durch die steuerliche Außenprüfung anzusetzen ist.[1088]

Siehe auch GDPdU.

1084 Vgl. BMF v.7.3.2013, IV C 6 – S 2137/12/10001, DStR 2013 S.592 f.

1085 Vgl. FG Baden-Württemberg v.14.10.2010, 3 K 2555/09, DStRE 2011 S.1177 ff.; bestätigt durch BFH v.6.6.2012, I R99/10, EStB 2012 S.359; BMF v.7.3.2013, IV C 6 – S 2137/12/10001, DStR 2013 S.592 f.

1086 Diese Pflichten ergeben sich aus §200 AO. Vgl. auch *Zwirner/Tippelhofer,* Beilage zu StuB 9/2017 S.1, 5.

1087 Vgl. *Kalus/Hahn,* NWB 2010 S.3935, 3935.

1088 Vgl. FG Münster v.20.8.2019, 12 K 2903/15, DStRE 2019 S.1502.

Betriebsprüfungskosten: siehe Betriebsprüfung.

Betriebsprüfungsrisiko: Eine Außenprüfung (Betriebsprüfung) ist regelmäßig mit dem Risiko von etwaigen Steuernachforderungen verbunden. Auch wenn nach den bisherigen Erfahrungen des betroffenen Unternehmens mit Steuernachforderungen im Anschluss an eine Betriebsprüfung zu rechnen ist, rechtfertigt dies nicht bereits eine Rückstellung. Das Risiko einer Steuernachzahlung muss im konkreten Einzelfall begründet sein, erst dann hat der Ansatz der Rückstellung zwingend zu erfolgen.[1089] Hiervon wird regelmäßig auszugehen sein, wenn der Betriebsprüfer im Rahmen seiner Prüfungshandlungen eine bestimmte steuerliche Behandlung beanstandet und seine Feststellungen dazu schriftlich festhält.[1090]

Der (nachträglich) erwartete Steueraufwand ist gegen eine Rückstellung für Betriebsprüfungsrisiken zu buchen. Die erwartete Steuernachzahlung ist unter den Steuerrückstellungen auszuweisen.

Bei dem Ansatz dieser Rückstellung ist darauf zu achten, dass diese nicht als Selffulfilling Prophecy dazu führt, dass der Betriebsprüfer auf bestimmte, aus Sicht des bilanzierenden Unternehmens „unsichere" Sachverhalte stößt. Dies erklärt auch, weswegen der Ansatz von Rückstellungen für Betriebsprüfungsrisiken in der Praxis vergleichsweise selten vorzufinden ist.

Betriebsschließung: siehe Geschäftsverlegung, Sozialplan.

Betriebsunterbrechungsversicherung: Leistungen aus einer Betriebsunterbrechungsversicherung können in einer Rücklage für Ersatzbeschaffung berücksichtigt werden. Sind sie jedoch für die Anschaffung oder Herstellung bestimmter Wirtschaftsgüter gedacht, stellen sie keinen mindernden Zuschuss der dabei anfallenden Anschaffungs- und Herstellungskosten dar.[1091]

Betriebsveräußerung: siehe Angeschaffte Drohverlustrückstellung, Aufgabe und Veräußerung eines Gewerbebetriebs.

Betriebsverlegung: siehe Geschäftsverlegung.

Betriebsverpachtung: siehe Erneuerungsverpflichtung bei Pachtverträgen.

Betriebswerk: siehe Forstwerk.

Bewertungseinheit: Für den nicht effektiven Teil einer Bewertungseinheit kann der Ansatz einer Drohverlustrückstellung geboten sein. Der effektive Teil der Bewertungseinheit zeichnet sich hingegen durch Kompensation der Wertänderungen von Grund- und Sicherungsgeschäft aus und lässt daher keinen Raum für die Bildung einer Rückstellung.

Mit nicht rechtskräftigem Urteil vom 7.9.2023 entschied das FG Düsseldorf, dass in der Steuerbilanz für Streitjahre vor dem Inkrafttreten des BilMoG für sog. Macro-Hedges keine (Drohverlust-)Rückstellung für Bewertungseinheiten nach § 5 Abs. 1a EStG gebildet werden darf.[1092] Beim BFH ist das Verfahren unter dem Aktenzeichen XI R 32/23 noch anhängig.[1093]

1089 Vgl. BFH v. 8.11.2000, I R 10/98, WPg 2001 S. 506.

1090 Vgl. BFH v. 27.11.2001, VIII R 36/00, BStBl. II 2002 S. 731.

1091 Vgl. BFH v. 29.4.1982, IV R 177/78, BStBl. II 1982 S. 591; BFH v. 9.12.1982, IV R 54/80, BStBl. II 1983 S. 371.

1092 Vgl. FG Düsseldorf v. 7.9.2023, 7 K 634/18 F, BeckRS 2023, 29659.

1093 Vgl. *Oser/Wirtz*, StuB 2024 S. 9.

PRAXISTIPP

Die Behandlung des nicht effektiven Teils einer Bewertungseinheit hat dem Imparitätsprinzip zu folgen. Nicht realisierte Gewinne finden keine Berücksichtigung, während nicht realisierte Verluste in einer Drohverlustrückstellung auszuweisen sind.

Biersteuer: siehe Verbrauchsteuer.

Bildungsurlaub: Für noch nicht in Anspruch genommenen Bildungsurlaub der Arbeitnehmer darf keine Rückstellung gebildet werden.[1094] Es handelt sich hierbei um eine „nicht rückstellbare soziale Folgelast".[1095]

Blankettzusage: Grundsätzlich besteht eine Blankettzusage, wenn der Arbeitgeber dem Arbeitnehmer verbindlich eine Altersversorgung zusichert, sich jedoch die Gestaltung der Bedingungen hinsichtlich Art und Höhe einseitig vorbehält.

Blitzeinschlag: siehe Katastrophe.

Bodenkontamination: siehe Altlastensanierung.

Bohrlochauffüllung: siehe Rekultivierung.

Bonus: Zur Bewertung der Rechtmäßigkeit der Bildung von Rückstellungen für Bonuszahlungen bzw. Treuerabatte ist der Blick auf die wirtschaftliche Verursachung der Zahlung bedeutend. Sind die Ansprüche auf derartige Vergütungen aufgrund eines bestimmten Umsatzes im Geschäftsjahr rechtlich entstanden, aber noch nicht vom Kunden eingelöst worden, muss eine Rückstellung passiviert werden (Kundenbindungsprogramme, Jahresgutschriften etc.). Dies gilt, soweit Grund und/oder Höhe der Verpflichtung nicht bekannt sind. Einer Rückstellungsbildung steht jedoch entgegen, wenn die Gewährung des Bonus von einer weiteren Bedingung abhängig ist oder es in der Entscheidungsgewalt des Unternehmens liegt, den Bonus zu gewähren oder nicht. Für die mit der Ausstellung von Gutscheinen i.R. eines personifizierten Kundenbindungsprogramms begründete Verpflichtung, Bonuspunkte unter Anrechnung auf den Kaufpreis bei künftigen Einkäufen zu akzeptieren, sind Rückstellungen wegen ungewisser Verpflichtungen zu bilden, wenn und soweit für die Gewährung der Bonuspunkte ausschließlich die Umsätze der Vergangenheit relevant sind und für die Einlösung der Bonuspunkte kein Mindestumsatz vorausgesetzt wird. In diesen Fällen stellen die vom Bilanzierenden gewährten Bonuspunkte eine Rabattierung der erfassten Erlöse dar, weswegen der hiermit zusammenhänge Aufwand als Rückstellung zum Stichtag zu erfassen ist.[1096]

BEISPIEL Ein Unternehmen gewährt seinen Kunden einen Gutschein i.H. von 3% der gesamten Einkäufe, den die Kunden bei ihrem nächsten Einkauf in einer der Filialen des Unternehmens einlösen können.

In diesem Fall ist eine Rückstellung zu bilden. Obwohl die Höhe der Verpflichtung bekannt sein sollte, weil die Umsätze des Kunden gewiss sind, so ist nicht klar, ob und, wenn ja, wann welcher Gutschein eingelöst wird. Es liegt Unsicherheit bezüglich des Grundes der Verpflichtung vor.

Abwandlung:

Den Kunden des Unternehmens werden nach dem Bilanzstichtag 3% ihres Umsatzes bar ausgezahlt.

1094 Vgl. *Zwirner/Tippelhofer*, Beilage zu StuB 9/2017 S. 1, 13.

1095 Vgl. *Weber-Grellet* in: Schmidt, § 5 EStG Rz. 550.

1096 Vgl. FG Nürnberg v. 25.4.2019, 4 K 1050/17, Rev. eingelegt (BFH, IV R 20/19), EFG 2019 S. 1527. Der BFH bestätigt in seiner Entscheidung v. 29.9.2022 die Ausführungen des FG Nürnberg v. 25.4.2019; vgl. BFH v. 29.9.2022, IV R 20/19, DStR 2022 S. 2537. Vgl. auch *Oser/Wirtz*, StuB 2024 S. 2 f.; *Oser/Wirtz*, StuB 2023 S. 108 f.

Hier liegt nunmehr eine Verbindlichkeit vor, eine Rückstellungsbildung scheidet aus.

Ebenso sind Kosten für Umsatzboni und Treuerabatte, die in Abhängigkeit von den Kundenkäufen in einem vom Geschäftsjahr abweichenden Kalenderjahr gewährt werden, in einer Rückstellung zu erfassen (i.H. der im Geschäftsjahr entstandenen Verpflichtung).

Unzulässig ist die Bildung einer Rückstellung, wenn der Bonus vom Umfang der Käufe künftiger Jahre abhängig ist.[1097] Ferner sind voraussichtliche Skontoabzüge von den Forderungen abzuziehen und nicht als Rückstellung zu erfassen.

Grundsätzlich gilt auch bei derartigen Verpflichtungen, dass eine Abzinsung zwingend vorzunehmen ist. Ist jedoch eine Bonusgutschrift mehrere Jahre gültig und ist aufgrund von Erfahrungen der Vergangenheit damit zu rechnen, dass der Berechtigte die Gutschrift im ersten Jahr einlöst oder ansonsten verfallen lässt, muss auf eine Abzinsung verzichtet werden. Gleiches gilt, wenn keine verlässliche Annahme über die Restlaufzeit der Verpflichtung getroffen werden kann.

Siehe auch Rabattmarke.

Bonusprogramm: siehe Bonus.

Bonuspunkte: siehe Bonus.

Börsengang: Eine Rückstellung für Verbindlichkeiten aus einem Aktienoptionsprogramm ist grds. untersagt, sofern das Ausübungsrecht vom Verkehrswert der Aktie abhängt bzw. dieses von der künftigen Durchführung eines Börsengangs abhängig ist. Unerheblich ist hierbei die Wahrscheinlichkeit des Eintritts der Ereignisse.[1098]

Börsenzulassungsfolgepflicht: Für öffentlich-rechtliche oder privatrechtliche Folgepflichten aus der Börsenzulassung ist eine Rückstellung anzusetzen, siehe z.B. Quartalsbericht.

Börsenzulassungskosten: Wenn zum Bilanzstichtag eine Börsenzulassung beantragt ist, muss für die daraus resultierenden Verpflichtungen des Unternehmens eine Rückstellung angesetzt werden, sofern die Kosten der Höhe nach ungewiss sind. Für eine erst in Zukunft geplante Börsenzulassung scheidet der Ansatz von Rückstellungen für die dadurch künftig anfallenden Kosten aus.

Brandmelder: Für die Aufwendungen, die dem Bilanzierenden im Zusammenhang mit der Erfüllung einer öffentlich-rechtlichen Verpflichtung zur Nachrüstung von Wohnungen mit Brandmeldern entstehen, ist eine Rückstellung für den zu erwartenden Aufwand anzusetzen, wenn der Verpflichtung zum Stichtag noch nicht nachgekommen wurde.

Brandschutzmaßnahmen: Sofern das Unternehmen zur Ergreifung von Brandschutzmaßnahmen verpflichtet wurde, kommt der Ansatz einer Rückstellung in Betracht, sofern es sich nicht um aktivierungspflichtige Aufwendungen handelt – siehe Anschaffungs- und Herstellungskosten.

Branntweinsteuer: siehe Verbrauchsteuer.

Brauerei: siehe Unterpachtverhältnis.

Brennelemente: siehe Atomanlage.

1097 Vgl. BFH v.13.3.1963, I 246/59, HFR 1963 S.361.
1098 BFH v.15.3.2017, I R 11/15, BStBl.II 2017 S.1043.

Brexit: Die Auswirkungen des Brexits können durch die entstandene Unsicherheit und den damit einhergehenden Wechselkursverfall insb. für Unternehmen, die aus Großbritannien Waren importieren, die Bildung von Drohverlustrückstellungen erfordern. Nach § 249 Abs. 1 Satz 1 HGB ist für ungewisse Verbindlichkeiten und für drohende Verluste aus schwebenden Geschäften immer dann eine Rückstellung zu bilden, sobald die Verluste – insb. bedingt durch den Wechselkursverfall – nicht durch Sicherungsgeschäfte ausgeglichen werden. Entstehen in diesem Zusammenhang Nachteile für die Bilanzierenden, ist handelsrechtlich eine Drohverlustrückstellung anzusetzen.[1099]

BEISPIEL ▸ Die Import GmbH hat Ende 2015 einen langfristigen Vertrag mit einem Produzenten aus Glasgow abgeschlossen. Sie hat sich zum Erwerb von Produkten für 1,35 EUR je Stück über die nächsten vier Jahre verpflichtet. Da die Import GmbH das Risiko von Wechselkursänderungen bewusst ausschließen wollte, wurde für die Produkte, die einen Einkaufswert von 1,00 GBP haben, ein fester Preis von 1,35 EUR je Stück vereinbart. Da zwischenzeitlich der Kurs des GBP zum EUR auf rd. 1,15 EUR je 1,00 GBP gesunken ist, hat die Import GmbH für den bestehenden belastenden Einkaufsvertrag über die Restlaufzeit der Abnahmeverpflichtung und je Stück eine Drohverlustrückstellung von rd. 0,20 EUR zu bilden.

Für bereits bestehende Rückstellungen, deren Nennbetrag auf Fremdwährung lautet, kann sich vor dem Hintergrund des Brexits aber auch ein positiver Effekt ergeben, wenn diese zum Bilanzstichtag, aufgrund des gesunkenen Wechselkurses, zu einem geringeren Verpflichtungsbetrag in EUR umzurechnen sind. Ergibt sich infolge eines Wechselkursverfalls also eine geringere Verpflichtung zum Bilanzstichtag, hat eine ergebniswirksame Anpassung der Rückstellung zu erfolgen. Die Auflösung der Rückstellung hat dabei regelmäßig im sonstigen betrieblichen Ertrag zu erfolgen.[1100]

Buchführungsarbeiten: Für Buchführungsarbeiten nach dem Bilanzstichtag,[1101] die Geschäftsvorfälle des abgelaufenen Geschäftsjahrs betreffen, ist eine Rückstellung für ungewisse Verbindlichkeiten zu bilden.[1102] Es handelt sich hingegen nicht um eine Aufwandsrückstellung, weil eine Außenverpflichtung durch die sanktionsbewehrte[1103] öffentlich-rechtliche Verpflichtung zur Buchführung gegeben ist.[1104]

Buchführungskosten: siehe Buchführungsarbeiten.

Buchhaltungsunterlagen: siehe Aufbewahrung von Geschäftsunterlagen.

Buchung laufender Geschäftsvorfälle: siehe Buchführungsarbeiten.

Bundesanstalt für Arbeit: siehe Arbeitslosengeld.

Bundesanzeiger: siehe Ordnungsgeld, Publizität.

Bundesanzeiger, elektronischer: siehe Publizität.

Bürgerlich-rechtliche Verpflichtung: siehe Privatrechtliche Verpflichtung.

Bürgschaft: Bürgschaften sind grds. als Haftungsverhältnisse unter der Bilanz anzugeben.[1105] Erst bei einer ernsthaft drohenden Inanspruchnahme aus einer Bürgschaft oder einem ähnlichen

1099 Vgl. Syst. Praxiskommentar Bilanzrecht/*Petersen/Künkele/Zwirner*, § 249 HGB Rz. 162; siehe zu einer Analyse der Auswirkungen des Brexits auf die Rechnungslegung auch IDW, Trendwatch Going Brexit (Stand 22.9.2016), abrufbar unter https://go.nwb.de/5119g.

1100 Vgl. *Zwirner*, DStR 2016 S. 2665, 2668.

1101 Die (Außen-)Verpflichtung ergibt sich hierbei aus den §§ 140, 141 AO sowie § 238 HGB.

1102 Vgl. BFH v. 25.3.1992, I R 69/91, BStBl. II 1992 S. 1010; H 5.7 Abs. 4 EStH.

1103 Vgl. §§ 162, 369 ff., 377 AO; §§ 283 ff. StGB.

1104 Vgl. *Zwirner/Tippelhofer*, Beilage zu StuB 9/2017 S. 1, 3.

1105 Vgl. § 251 Satz 1 Alt. 2 HGB.

Haftungsverhältnis ist eine Rückstellung für ungewisse Verbindlichkeiten auf der Passivseite der Bilanz anzusetzen.[1106] Wird die Bürgschaft dann tatsächlich in Anspruch genommen, ist die Rückstellung gegen die Verbindlichkeiten zu buchen, weil der Haftungsbetrag festliegt.[1107] Bei der Bewertung der Rückstellung sind etwaige Sicherheiten des Hauptschuldners wie mögliche Einreden oder eventuelle Mitbürgen zu berücksichtigen.[1108] Eine Rückgriffsforderung gegen den Hauptschuldner ist, dem Imparitätsprinzip Rechnung tragend, erst bei Bilanzierung der Verbindlichkeit (nicht bei Rückstellungsbilanzierung) zu aktivieren.[1109] Bei mangelnder Werthaltigkeit ist diese dann abzuschreiben.

Die konkrete Einstandspflicht des Bürgen oder Garantiegebers für Verpflichtungen des Hauptschuldners ist getrennt von dem zugrunde liegenden Verpflichtungsgeschäft mit dem Gläubiger bzw. Hauptschuldner zu sehen und unterliegt mangels Gegenseitigkeit nicht den steuerlichen Ansatzbeschränkungen für schwebende Geschäfte.[1110]

BEISPIEL B hat bei der C-Bank einen Kredit i.H. von 100.000 EUR aufgenommen. A bürgt i.H. von 80.000 EUR für die Schulden des B ggü. der Bank C. Ein weiterer Bürge besichert die restliche Darlehensschuld.

Zum Bilanzstichtag ist B in wirtschaftlicher Schieflage und bereits mit der Kreditzahlung in Verzug. Es droht eine Inanspruchnahme aus der Bürgschaft. Im Jahresabschluss des A ist zu buchen:

sonstige betriebliche Aufwendungen	80.000 EUR
an	
sonstige Rückstellungen	80.000 EUR

Im neuen Geschäftsjahr wird die Bürgschaft dann tatsächlich in Anspruch genommen. A sieht sich einer an ihn gerichteten Forderung von 80.000 EUR gegenüber. Es ist zu buchen:

sonstige Rückstellungen	80.000 EUR
an	
Verbindlichkeiten ggü. Kreditinstituten	80.000 EUR

Gleichzeitig ist der Regressanspruch des Bürgen (A) ggü. dem Schuldner (B) als Forderung zu berücksichtigen:

Forderung	80.000 EUR
an	
sonstige betriebliche Erträge	80.000 EUR

1106 Vgl. BFH v. 15.10.1998, IV R 8/98, BStBl. II 1999 S. 333.

1107 Vgl. *Eifler*, S. 175.

1108 Vgl. Beck Bil-Komm/*Schubert*, § 249 HGB Rz. 130.

1109 Ähnlich auch *Eifler*, S. 176.

1110 Vgl. FG München v. 6.11.2019, 7 K 2095/16, Rev. eingelegt (BFH, XI B 41/19), BeckRS 2019, 43987.

Wird die Verbindlichkeit des B ggü. der Bank erfüllt, ist die Verbindlichkeit gegen die Bank auszubuchen:

Verbindlichkeiten ggü. Kreditinstituten	80.000 EUR
an	
Bank	80.000 EUR

Kann die Regressforderung des A vom B nicht erfüllt werden, ist die Forderung wertzuberichtigen.

außerplanmäßige Abschreibung	80.000 EUR
an	
Forderung	80.000 EUR

Auch Pauschalrückstellungen für eine Vielzahl von Bürgschaften sind möglich, wenn die Gefahr der Inanspruchnahme aus dem gesamten Bestand an Bürgschaften droht. Dabei müssen nicht die einzelnen Risiken der Inanspruchnahme erkennbar sein.[1111]

Bus: Für Inspektionen gilt dasselbe wie für Flugzeuge und Kraftfahrzeuge; siehe Flugzeug, Inspektionsverpflichtung.

Bußgeld: Bei drohender Festsetzung eines Bußgelds (z. B. durch Missachtung von Umweltschutzbedingungen) ist für diese ungewisse Verbindlichkeit eine Rückstellung anzusetzen. Handelsrechtlich irrelevant ist hierbei, ob diese Ausgabe nach Steuerrecht ganz oder nur teilweise nicht abzugsfähig ist. Ebenso sind Verfallsanordnungen zu behandeln.[1112] Aufgrund der Nichtabzugsfähigkeit gem. § 4 Abs. 5 Nr. 8 EStG sind im Steuerrecht derartige Rückstellungen grds. außerbilanziell zu korrigieren. Das steuerliche Abzugsverbot bezieht sich jedoch nicht auf „Geldbußen, Ordnungs- und Verwarnungsgelder ausländischer Behörden (mit Ausnahme der EU-Organe)"[1113]. Eine Schwierigkeit ergibt sich durch den oftmals auftretenden doppelten Charakter des Bußgelds als Abschöpfungs- und Sanktionsinstrument. Bei Abschöpfung des wirtschaftlichen Vorteils führt die Nichtabziehbarkeit nämlich zu einer ungewollten Doppelbesteuerung, wenn das Bußgeld nicht die Steuern berücksichtigt.[1114] Die bloße Heranziehung des tatbezogenen Umsatzes, also des Umsatzes, der eine entsprechende Geldbuße zur Folge respektive begründet hat, zur Ermittlung der Höhe einer am maßgeblichen Bilanzstichtag angedrohten und nachfolgend auch festgesetzten Kartellgeldbuße bewirkt keine Abschöpfung des unrechtmäßig erlangten wirtschaftlichen Vorteils i. S. des § 4 Abs. 5 Satz 1 Nr. 8 Satz 4 Halbsatz 1 EStG.[1115]

BEISPIEL ▸ Der Steuersatz beträgt 30 %. Ein Unternehmen erlangt in t1 rechtswidrig einen wirtschaftlichen Vorteil von 1.000 EUR, der als Ertrag behandelt wird. In t2 wird dieser wirtschaftliche Vorteil in voller Höhe durch ein Bußgeld abgeschöpft. Das Unternehmen hat in t1 keine Erträge, in t2 fallen Erträge i. H. von 1.000 EUR an.

1111 Vgl. FG Köln v. 16.12.1986, 5 K 352/83, BB 1987 S. 306.
1112 Vgl. BFH v. 6.4.2000, IV R 31/99, BStBl. II 2001 S. 536.
1113 Frotscher/Geurts/*Frotscher/Watrin*, § 4 EStG Rz. 830.
1114 Vgl. Frotscher/Geurts/*Frotscher/Watrin*, § 4 EStG Rz. 839.
1115 Vgl. BFH v. 22.5.2019, XI R 40/17, DStR 2019 S. 2015.

t1:

	Handelsrechtlicher Jahresüberschuss	1.000 EUR
=	Steuerrechtlicher Jahresüberschuss	1.000 EUR
× 0,3 (Steuersatz)		
=	Steuerschuld	300 EUR

t2:

	Handelsrechtlicher Jahresüberschuss	0 EUR
=	Steuerrechtlicher Jahresüberschuss (Bußgeld wird wieder hinzugerechnet)	1.000 EUR
× 0,3 (Steuersatz)		
=	Steuerschuld	300 EUR

Durch die Nichtabziehbarkeit des Bußgelds in t2 unterliegt der wirtschaftliche Vorteil einer Doppelbesteuerung.

Um diesem Problem zu entgehen, hat der Gesetzgeber mit § 4 Abs. 5 Satz 1 Nr. 8 Satz 4 EStG eine Ausnahme vom Abzugsverbot ins Einkommensteuerrecht integriert. Die Geldbuße ist demnach insoweit steuerlich absetzbar, als sie den wirtschaftlichen Vorteil abschöpfen soll.

BEISPIEL In Ergänzung des Beispiels ergibt sich für t2 unter Berücksichtigung von § 4 Abs. 5 Satz 1 Nr. 8 Satz 4 EStG:

	Handelsrechtlicher Jahresüberschuss	0 EUR
=	Steuerrechtlicher Jahresüberschuss (Bußgeld wird nicht außerbilanziell hinzugerechnet)	0 EUR
× 0,3 (Steuersatz)		
=	Steuerschuld	0 EUR

Die Norm erfordert eine Aufteilung des Bußgelds in einen Abschöpfungs- und einen Ahndungsteil. Für Letztgenannten gilt unverändert das Abzugsverbot. Für den Abschöpfungsteil hingegen darf die entsprechende Rückstellung in der Steuerbilanz nicht außerbilanziell korrigiert werden.

Maßgeblich für die Aufteilung in Ahndungs- und Abschöpfungsteil ist der Bußgeldbescheid.[1116] Macht dieser keine Angaben, wird die Aufteilung wohl von der Finanzbehörde im Schätzverfahren vorgenommen.[1117]

PRAXISTIPP

Für die Aufteilung des Bußgelds in einen Ahndungs- und einen Abschöpfungsteil wird bei fehlender Angabe im Bußgeldbescheid die Finanzbehörde Schätzungen vornehmen. Der Steuerpflichtige sollte dieser Schätzung durch eine Recherche zu vergleichbaren Fällen entgegentreten.

1116 Vgl. FG Niedersachsen v. 27.4.2006, 10 K 65/01, EFG 2006 S. 1737.

1117 Vgl. Frotscher/Geurts/*Frotscher/Watrin*, § 4 EStG Rz. 841.

C.

Call-Option: Der Käufer einer Kaufoption (Long Call) bezahlt für das Recht, einen bestimmten Basiswert zu einem bestimmten Zeitpunkt zu einem bestimmten Preis zu beziehen, eine Stillhalterprämie an den Verkäufer der Kaufoption (Short Call). Das Verlustrisiko des Käufers ist demnach auf die Optionsprämie beschränkt. Der Verkäufer sieht sich jedoch einem möglichen Verlust ggü., wenn der Basiswert den Basispreis (Ausübungspreis) zzgl. Optionsprämie übersteigt. Für dieses Verlustrisiko ist eine Drohverlustrückstellung zu bilden.

Abb. 20: Gewinnprofil beim Short Call[1118]

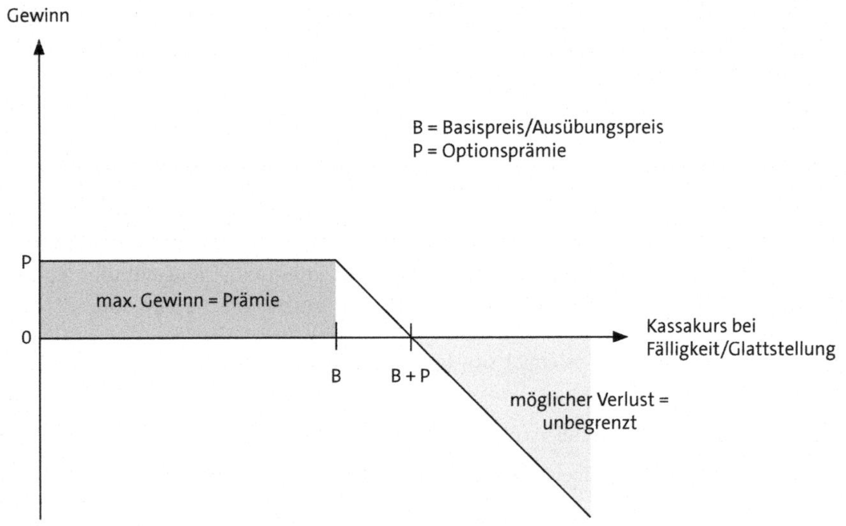

Kann die Position durch Eingehen der entsprechenden Gegenposition „glattgestellt" werden, d.h., ist ein Long Call mit gleicher Laufzeit und gleichem Basiswert verfügbar, ist die Drohverlustrückstellung in der Höhe anzusetzen, in der sich ein Verlust bei jetziger Glattstellung ergeben würde (Glattstellungsmethode).[1119] Dieser Wert ergibt sich als Differenz zwischen dem Preis/der Prämie für die Gegenposition und der gezahlten Prämie für den Short Call. Andernfalls ist die Drohverlustrückstellung mittels Ausübungsmethode zu bewerten.[1120] Der Wert ergibt sich dann als Antwort auf die Frage, welcher Verlust sich jetzt für den Verkäufer der Kaufoption ergibt, wenn der Käufer seine Option ausübt.

Dient die Call-Option dem Hedging einer anderen Position, gelten die Bestimmungen hinsichtlich Bewertungseinheiten – siehe Bewertungseinheit.

Cash-Pooling-Gebühren: Trifft ein Konzernunternehmen die Verpflichtung zur Zahlung von Gebühren für den konzerninternen Liquiditätsausgleich (ähnlich einer Zinslast) und ist diese Ge-

1118 Vgl. auch *Perridon/Steiner/Rathgeber*, S. 388.
1119 Vgl. WPH Edition, Kap. F Rz. 1329.
1120 Vgl. WPH Edition, Kap. F Rz. 1329.

bühr zum Bilanzstichtag noch nicht berechnet, ist hierfür eine Rückstellung für ungewisse Verbindlichkeiten auszuweisen. Ebenso kommt dies bei konzernexternen Cash-Pooling-Gebühren bspw. ggü. einem Kreditinstitut in Betracht.

Chartervertrag: siehe Zeitchartervertrag.

Commodity-Futures: siehe Warentermingeschäft.

Compliance: Unter den Rückstellungen im Bereich „Compliance" werden insb. Rückstellungen erfasst, die aus der Einhaltung rechtlicher Vorschriften entstehen. Im Fokus stehen hierbei Rückstellungen aufgrund von handels- und steuerrechtlichen Vorschriften, die unabhängig von unternehmens- und branchenspezifischen Besonderheiten für eine Vielzahl von Unternehmen relevant sind. Entscheidend für die Zulässigkeit der Rückstellungsbildung ist hierbei regelmäßig der Umstand, dass die Nichteinhaltung bestimmter Verpflichtungen sanktionsbewehrt ist. Zu den typischen Compliance-Pflichten siehe auch Aufbewahrung von Geschäftsunterlagen, Aufsichtsratsvergütung, Beratungskosten, Betriebsprüfung, Betriebsprüfungsrisiko, Buchführungsarbeiten, Datenschutz, Datenzugriff der Finanzverwaltung, GDPdU und GoBD.[1121]

Computer-Update: siehe GDPdU, Software.

Corona: Allein für Risiken, die sich im Zusammenhang mit der Corona-Pandemie für das Geschäftsmodell oder die künftigen Ertragsaussichten ergeben, kommt ein Ansatz von Rückstellungen nicht infrage. Vielmehr müssen die einzelnen Gründe zum Bilanzstichtag bereits wirtschaftlich verursacht und hinreichend konkretisiert sein. In diesem Zusammenhang kommt bspw. der Ansatz von Rückstellungen für Personalmaßnahmen, Standortschließungen oder drohende Verluste aus Absatz- und Beschaffungsgeschäften in Betracht. Siehe Rückzahlung Corona-Überbrückungshilfe.

Corona-Schlussabrechnung: Die Schlussabrechnung der gewährten Corona-Überbrückungshilfen musste durch einen Dritten (z. B. Wirtschaftsprüfer, Steuerberater oder Rechtsanwalt) überprüft werden. Für die für die Prüfung voraussichtlich entstandenen Kosten ist eine Rückstellung zu bilden. Siehe auch Beratungskosten, Jahresabschlussprüfung.

Corona-Überbrückungshilfe: siehe Rückzahlung Corona-Überbrückungshilfe.

Courtagestorno: siehe Maklerstorno, Storno.

COVID-19: siehe Corona.

Credit Linked Notes: Credit Linked Notes sind gekennzeichnet durch eine Kombination aus Anleihe und Kreditsicherung. Kreditrisiken werden über Anleihen abgesichert. Einer Abwertung der Kreditforderung steht der Credit-Default-Swap entgegen, eine Rückstellung ist nicht zu bilden.[1122]

1121 Vgl. hierzu ausführlich *Zwirner/Tippelhofer*, Beilage zu StuB 9/2017 S. 1, 3.
1122 Vgl. FG Niedersachsen v. 24.10.2013, 6 K 128/11, BB 2014 S. 815.

D.

Damnum: siehe Disagio.

Darlehen bei gesunkenem Marktzins: siehe Darlehenszins.

Darlehensverbindlichkeit: siehe Darlehenszins.

Darlehenszins: Wird ein festverzinsliches Darlehen abgeschlossen und sind die marktüblichen Darlehenszinsen zum Bilanzstichtag deutlich niedriger als der vereinbarte Zins, so ist für den Differenzbetrag eine Drohverlustrückstellung zu bilden.[1123] Eine Erhöhung der Verbindlichkeit scheidet hingegen aus.

BEISPIEL Zum 1.1.t1 wird ein fünfjähriges, endfälliges und festverzinsliches Darlehen i. H. von 1 Mio. EUR abgeschlossen. Der Zinssatz beträgt, wie zu diesem Zeitpunkt marktüblich, 8 %. Zum 31.12.t3 sinkt der übliche Marktzins für vergleichbare Darlehen auf 5 %. Es wird angenommen, dass dieses Zinsniveau auch für die restliche Darlehenslaufzeit gehalten wird.

Zum 31.12.t4 und zum 31.12.t5 ist die Zinslast jeweils 30.000 EUR höher als marktüblich (0,08 × 1.000.000 EUR – 0,05 × 1.000.000 EUR). Da die Zinszahlung zum 31.12.t5 mehr als zwölf Monate vom Bilanzstichtag entfernt liegt, ist dieser Teil der Drohverlustrückstellung abzuzinsen. Bei einem angenommenen Zinssatz von 4 % ergibt sich eine Drohverlustrückstellung von:

30.000 EUR + (30.000 EUR / 1,04) = 57.736,69 EUR

PRAXISTIPP

Das Abzinsungsgebot des § 253 Abs. 2 Satz 1 HGB gilt handelsrechtlich auch für Verpflichtungen, die einen Zinsanteil enthalten.[1124] Steuerrechtlich ist eine Abzinsung verzinslicher Verpflichtungen nach § 6 Abs. 1 Nr. 3 Satz 2 EStG unzulässig.

Datenbereinigung: Verpflichtungen zum Löschen von Daten durch Bestimmungen des Datenschutzgesetzes oder vertragliche Vereinbarungen begründen im Geschäftsjahr der Speicherung die Bildung einer Rückstellung.[1125]

Datenpanne: siehe Datenschutz, Datenschutzgrundverordnung (DSGVO).

Datenschutz: Bei Verstößen gegen Vorschriften des Datenschutzes sind für die ungewissen Verpflichtungen, die aus der Rechtsverletzung resultieren, Rückstellungen zu bilden. Gleichsam ist eine Pauschalrückstellung für mögliche Inanspruchnahmen aus Datenschutzverletzungen auf Grundlage von Erfahrungswerten möglich. Die Rechtsverletzung muss bereits begangen worden sein. Siehe auch Datenbereinigung.[1126]

Datenschutzgrundverordnung (DSGVO): Durch die Datenschutzgrundverordnung soll der Datenschutz gestärkt werden. Hierbei wurde ein umfangreicher Pflichtenkatalog erarbeitet, der Datenschutz zu einem zentralen Punkt der Geschäftstätigkeit macht. Vor dem Hintergrund der Verpflichtung zur Bildung einer Rückstellung gilt es, zwei Variablen zu bemessen:

- Liegt zweifelsfrei ein (ahndungsfähiger) Verstoß gegen das Datenschutzrecht vor?
- Ist davon auszugehen, dass die zuständige Behörde den Fall aufgreift?

1123 Vgl. *Maus*, S. 273.

1124 Vgl. Syst. Praxiskommentar Bilanzrecht/*Brösel/Freichel/Wasmuth*, § 253 HGB Rz. 146.

1125 Vgl. WPH Edition, Kap. F Rz. 655.

1126 Vgl. *Zwirner/Tippelhofer*, Beilage zu StuB 9/2017 S. 1, 8.

Die Wahrscheinlichkeit der Ahndung ist aktuell – mangels praktischer Erfahrung – unbekannt, jedoch spricht vieles für ein Durchgreifen der zuständigen Behörden. Daher ist bei Bekanntwerden von entsprechenden Verstößen zwingend eine Rückstellung zu bilanzieren. Zudem ist für die Kosten, die dem Unternehmen i.R. der Implementierung der neuen Anforderungen der DSGVO entstehen, eine Rückstellung zu bilden.

Datenspeicherung: siehe Datenverarbeitungsunternehmen.

Datenverarbeitungsunternehmen: Der BFH entschied in einem Fall, in dem ein EDV-Unternehmen für die Verpflichtung, gespeicherte Daten eines Kunden noch einige Jahre bereitzuhalten, Rückstellungen gebildet hatte.[1127] Mit der Begründung, dass es sich hier um ein schwebendes Geschäft handelt und nur ein Erfüllungsrückstand eine Rückstellung für ungewisse Verbindlichkeiten begründen könnte, wurde die Rückstellung als unzulässig erklärt. Im angesprochenen Fall ging es nämlich nicht um eine Verpflichtung, die noch im abgelaufenen Jahr hätte erfüllt werden müssen.

Unseres Erachtens jedoch ist nicht auf die rechtliche Konkretisierung hinsichtlich des Zeitpunkts der Erfüllung der Verpflichtung abzustellen. Vielmehr ist die wirtschaftliche Verursachung maßgeblich.[1128] Demnach ist bereits bei Speicherung der Daten eine Rückstellung für die künftigen Kosten der Datenspeicherung anzusetzen, wenn die Vergütung hierfür bereits erzielt wurde, denn die Pflicht zur Speicherung ergibt sich bereits bei Erstellen bzw. Empfangen der Daten.

Datenzugriff der Finanzverwaltung: Sofern der Kaufmann die Unterlagen nach § 147 Abs. 1 AO[1129] mittels eines Datenverarbeitungssystems erstellt hat, treffen ihn bestimmte Zugriffsrechte der Finanzverwaltung. Gemäß § 147 Abs. 6 AO hat der Kaufmann dann der Finanzbehörde:

- Einsicht in die gespeicherten Daten und das Datenverarbeitungssystem zu gewähren,
- auf Verlangen der Finanzbehörde die Daten nach deren Vorgaben maschinell auszuwerten,
- auf Verlangen der Finanzbehörde die gespeicherten Daten auf einem maschinell verwertbaren Datenträger zur Verfügung zu stellen.

Nach § 147 Abs. 6 Satz 4 AO hat der Steuerpflichtige die Kosten hierfür zu tragen, für die er eine Rückstellung zu bilden hat. Wirtschaftlich verursacht sind die Kosten durch die Buchführungspflicht im Abschlussjahr, für das die Betriebsprüfung vorgenommen wird. Der Kaufmann hat sodann eine Rückstellung zu bilden, wenn er ernsthaft damit rechnen muss, die Pflichten des § 147 Abs. 6 AO i.R. einer Betriebsprüfung erfüllen zu müssen, und ihm dafür voraussichtlich Kosten entstehen. Als Indikator für eine wahrscheinliche Inanspruchnahme ist ein Steuerbescheid unter dem Vorbehalt der Nachprüfung zu verstehen. Ab diesem Zeitpunkt ist die Rückstellung anzusetzen.[1130] Mit dem JStG 2009 und der damit verbundenen Einfügung des § 146

1127 Vgl. BFH v. 24.8.1983, I R 16/79, BStBl. II 1984 S. 273.

1128 Vgl. *Moxter*, Bilanzrechtsprechung, S. 142, der ausführt, dass nicht der rechtliche, sondern der „wirtschaftliche Erfüllungsrückstand" maßgeblich sei.

1129 Dies sind die Bücher und Aufzeichnungen, die empfangenen Handels- und Geschäftsbriefe, die Buchungsbelege usw.

1130 Vgl. *Werner*, BRZ 2009 S. 225, 229; *Zwirner/Künkele*, BC 2009 S. 113, 115. Dies muss u. E. auch einzelfallabhängig geprüft werden. Während größere Unternehmen tendenziell für jeden Veranlagungszeitraum geprüft werden, müssen kleine Unternehmen nicht immer damit rechnen, weswegen die Wahrscheinlichkeit der Inanspruchnahme dort geringer ist. Anderer Ansicht *Maus*, S. 82, der den Zugang der Prüfungsanordnung als maßgeblichen Zeitpunkt ansieht.

Abs. 2b AO ist die Verpflichtung nunmehr auch sanktionsbewehrt, sodass auch steuerrechtlich eine Rückstellung anzusetzen ist.[1131]

Als rückstellungsrelevante Aufwendungen kommen Aufwendungen für die Umstellung der EDV, Personalkosten für die Auswertung der Daten nach den Vorgaben der Finanzbehörden, Kosten für die Datenträger usw. in Betracht. Wird allerdings erwartet, dass die Speicherung und Aufbereitung der Daten für betriebliche Zwecke bereits in einer Weise geschehen ist, welche den Anforderungen der Finanzbehörden in vollem Umfang gerecht wird, ist von einer Rückstellungsbildung abzusehen.[1132]

Da zwischen der Abschlusserstellung und der Betriebsprüfung oftmals mehr als zwölf Monate vergehen, ist regelmäßig eine Abzinsung vorzunehmen. Hier ergeben sich Unterschiede zwischen Handels- und Steuerbilanz. Der steuerbilanzielle Wertansatz ergibt sich durch Abzinsung mit 5,5 %.[1133] Für die Handelsbilanz ist der laufzeitabhängige Zinssatz, wie er von der Bundesbank veröffentlicht wird, zu verwenden.[1134]

Siehe auch Betriebsprüfung, GDPdU.

DATEV-Rechenzentrum: siehe Aufbewahrung von Geschäftsunterlagen, Mandantendaten.

Dauerschuldverhältnis: Als Dauerschuldverhältnisse werden zweiseitige Verträge bezeichnet, deren Erfüllungsgeschäft sich nicht auf einen einmaligen Leistungsaustausch konzentriert, sondern sich über einen kontinuierlichen Zeitraum erstreckt.[1135] Da es sich bei solchen Verhältnissen um schwebende Verträge handelt, weil Leistung und Gegenleistung noch (teilweise) ausstehen, ist hier der Grundsatz der Nichtbilanzierung schwebender Geschäfte zu beachten. Dementsprechend ist auch für zukünftige Leistungsverpflichtungen grds. keine Rückstellung für ungewisse Verbindlichkeiten zu bilden.

Hingegen kann der Ansatz einer Drohverlustrückstellung geboten sein, wenn aus dem restlichen Vertragsverhältnis insgesamt (also nicht nur hinsichtlich einiger Erfüllungszeitpunkte) ein Verlust droht.[1136] Hier ist zu jedem Bilanzstichtag neu zu eruieren, ob das Ergebnis für die Restlaufzeit des Dauerschuldverhältnisses negativ ist.

Eine Rückstellung für ungewisse Verbindlichkeiten ist nur dann zu bilanzieren, wenn eine Partei ihre Pflicht erfüllt hat und die Gegenleistung der anderen Partei noch aussteht. Ein solcher als Erfüllungsrückstand bezeichneter Zustand berechtigt zur Passivierung einer Rückstellung für ungewisse Verbindlichkeiten (siehe zur Abgrenzung auch Kap. 2.2.4).

Siehe Darlehenszins, Fernwärmeversorgungsunternehmen, Leasing, Lizenzvertrag, Mietvertrag, Versicherungsvertrag, Zeitchartervertrag.

1131 Vgl. *Happe*, BBK 2010 S. 651, 652 ff. m. w. N.

1132 Vgl. *Zwirner/Tippelhofer*, Beilage zu StuB 9/2017 S. 1, 7.

1133 Vgl. § 6 Abs. 1 Nr. 3a Buchst. b EStG.

1134 Vgl. § 253 Abs. 2 HGB.

1135 Vgl. Syst. Praxiskommentar Bilanzrecht/*Petersen/Künkele/Zwirner*, § 249 HGB Rz. 166. Siehe auch ausführlich zum Begriff Dauerschuldverhältnis *Heddäus*, S. 108 ff.

1136 Vgl. BFH v. 19.7.1983, VIII R 160/79, BStBl. II 1984 S. 56; WPH Edition, Kap. F Rz. 625.

Dauerwartungsvertrag: Für eine künftige höhere Inanspruchnahme von Wartungsleistungen aufgrund des zunehmenden Alters einer Anlage ist keine Rückstellung zu bilden, wenn sich zu jedem Bilanzstichtag Leistung und Gegenleistung ausgeglichen gegenüberstehen.[1137]

Defizitäre Filiale: Im Handelsgeschäft kann ein Handelsunternehmen Filialen betreiben, die nachhaltig Verluste erwirtschaften. Für den Fall der Schließung der Filiale hat der Bilanzierende Rückstellungen für ungewisse Verbindlichkeiten i.H. der Schließungskosten und Abstandszahlungen anzusetzen. Auch im Fall einer defizitären Fortführung der Filiale (wenn die laufenden Verluste geringer sind als die Einmalkosten der Schließung) ergibt sich der Ansatz einer Rückstellung. In diesen Fällen ist eine Drohverlustrückstellung anzusetzen.[1138] Siehe auch Betreiberpflicht.

Dekontaminierungskosten: siehe Altlastensanierung, Atomanlage.

Demografiefonds: Soweit auf Basis bestehender Tarifverträge oder Betriebsvereinbarungen Verpflichtungen des Arbeitgebers bestehen, bestimmte Beiträge für einen Mitarbeiter in einen internen virtuellen sog. Demografiefonds zu stellen, begründet dies i.d.R. auf Basis des bestehenden Arbeitsverhältnisses den Ansatz einer Rückstellung. Die entsprechenden Aufwendungen sind hinreichend konkretisiert und stellen eine rechtliche sowie wirtschaftliche Außenverpflichtung dar. Die im Demografiefonds eingestellten Beiträge stellen bei wirtschaftlicher Betrachtung einen zusätzlichen Lohn- und Gehaltsbestandteil des Mitarbeiters dar und sind entweder zur Aufstockung von Langzeitarbeitskonten, der Finanzierung von Altersteilzeitvereinbarungen, Teilrenten, Berufsunfähigkeitsversicherungen oder für Zwecke der betrieblichen Altersversorgung der Mitarbeiter zu verwenden.[1139]

Deponie: siehe Altlastensanierung, Rekultivierung.

Deponien-Nachsorge: siehe Altlastensanierung, Rekultivierung.

Deputat: § 107 Abs. 2 GewO erlaubt ausdrücklich, „Sachbezüge als Teil des Arbeitsentgelts [zu; d. Verf.] vereinbaren, wenn dies dem Interesse des Arbeitnehmers oder der Eigenart des Arbeitsverhältnisses entspricht". Solche Deputate (z.B. der Haustrunk für Mitarbeiter einer Brauerei) begründen eine Rückstellungsbildung, wenn die Höhe der Deputatleistungen zum Bilanzstichtag noch ungewiss ist und durch die Arbeitsleistung im abgelaufenen Geschäftsjahr verursacht wurde. Regelmäßig wird die Höhe dieser Verpflichtung allerdings bekannt sein, weswegen i.d.R. eine Verbindlichkeit anzusetzen ist.

Derivat: siehe Bewertungseinheit.

Designhaftung: Für mögliche Risiken aus der falschen Vorgabe von Prozessbeschreibungen, Fertigungsabläufen und Designs ist eine Rückstellung in den Fällen und für die Fälle anzusetzen, in denen das Unternehmen, das sich auf diese Vorgaben bezieht, seine Produkte nicht nach den Vorgaben produzieren kann und entsprechend ggü. Dritten haftbar gemacht wird. Dann besteht ein Anspruch ggü. der Gesellschaft, die die Vorgaben für die Produktion gemacht hat. Siehe auch Produkthaftung, Gewährleistung.

Devisenoptionen: siehe Bewertungseinheit.

1137 Vgl. BFH v. 3.7.1980, IV R 138/76, BStBl. II 1980 S. 648.
1138 Vgl. *Zwirner*, StuB 2011 S. 891, 891 ff.
1139 Vgl. WPH Edition, Kap. F Rz. 657.

Devisentermingeschäft: Bei offenen Positionen ist zum Bilanzstichtag eine Drohverlustrückstellung anzusetzen, sofern sich unter Zugrundelegung des aktuellen Kassakurses ein Verlust ergeben würde (unter Berücksichtigung des Basispreises und der eventuellen Optionsprämie bei Devisenoptionen). Darüber hinaus ist für das Erfüllungsrisiko (Zahlungs- oder Leistungsausfall der Gegenpartei) in einigen Fällen (nicht bei Vorhandensein von Clearingstellen) der Ansatz einer Rückstellung erforderlich. Ist das Devisentermingeschäft als Sicherungsinstrument eines anderen Geschäfts (Bewertungseinheit) anzusehen, kommt der Ansatz einer Drohverlustrückstellung nur für den ungesicherten Teil der Bewertungseinheit in Betracht. Siehe auch Bewertungseinheit, Währungsswap.

Dialer: Für Gebühren, die für die Bearbeitung von Anträgen auf Registrierung von Dialern (z.B. Anwählprogramme und Mehrwertdienste-Rufnummern) bei der Bundesnetzagentur anfallen, muss ein Dialer-Anbieter Rückstellungen bilden.[1140]

Diensterfindungen: Für sog. Diensterfindungen i.S. des § 4 Abs. 2 ArbnErfG haben Arbeitnehmer gem. § 9 Abs. 1 ArbnErfG einen Anspruch auf angemessene Vergütung gegen den Arbeitgeber, sobald dieser die Diensterfindung des Arbeitnehmers in Anspruch genommen hat.

Nach dem Grundsatz ordnungsmäßiger Buchführung dürfen bilanzielle Schulden (d.h. Verbindlichkeiten oder Rückstellungen), die nur zu erfüllen sind, wenn künftig Gewinne anfallen, erst angesetzt werden, wenn die Gewinne tatsächlich angefallen sind. Im Falle von umsatz- bzw. einnahmeabhängigen Verpflichtungen ist dieser Grundsatz aber nicht einschlägig und letztere sind auch zu erfüllen, wenn das Unternehmen insgesamt keinen Jahresüberschuss erzielt. Vor diesem Hintergrund muss der Ansatz einer Rückstellung für ungewisse Verbindlichkeiten in der Handelsbilanz beurteilt werden.

Davon abweichend gilt für die Steuerbilanz § 5 Abs. 2a EStG. Demnach dürfen gewinnabhängig zu erfüllende Verpflichtungen sowie Verpflichtungen, die nur aus zukünftigen Einnahmen zu erfüllen sind, erst dann passiviert werden, wenn die Gewinne bzw. Einnahmen tatsächlich angefallen sind.

BEISPIEL Eine GmbH zahlt an einen Arbeitnehmer eine (teilweise) umsatzabhängige Vergütung für eine von ihm gemachte Diensterfindung. Zu klären ist die Frage, ob dafür Rückstellungen zu bilden sind und in welcher Höhe diese Rückstellungen dann zu bewerten wären.

In dem Geschäftsjahr, in dem der Arbeitgeber die betreffende Diensterfindung in Anspruch nimmt, ist eine Verbindlichkeitsrückstellung nach § 249 Abs. 1 Satz 1 Alt. 1 HGB im handelsrechtlichen Abschluss anzusetzen. Davon besteht auch keine Ausnahme, wenn der Arbeitgeber die Vergütungen für die Erfindung an den Arbeitnehmer aus den künftigen Umsatzerlösen als variable Vergütung vereinbart hat.

Die Bewertung der Rückstellung für den umsatzabhängigen Teil der Erfindervergütung erfolgt mit dem nach kaufmännischer Beurteilung notwendigen, abgezinsten Erfüllungsbetrag der Verpflichtung; § 253 Abs. 1 Satz 2, Abs. 2 Satz 1 HGB. Sind nach vertraglicher Vereinbarung auch künftige Umsatzerlöse, die mit der Erfindung in Verbindung stehen, für die Erfindervergütung relevant, sind auch diese der Schätzung des Erfüllungsbetrages zugrunde zu legen.

Dienstjubiläumszuwendung: Dienstjubiläumszuwendungen sind Geld- oder geldwerte Sachleistungen des Arbeitgebers an den Arbeitnehmer, die bei Erreichen einer bestimmten Dauer der Betriebszugehörigkeit an den Arbeitnehmer geleistet werden. In der Handelsbilanz sind für Aufwendungen bezüglich eines Dienstjubiläums Rückstellungen zu bilden, wenn zum Bilanzstichtag

1140 Vgl. FG Berlin-Brandenburg v. 4.4.2012, 12 V 12208/11, EFG 2012 S. 1465 Nr. 15.

hinreichend wahrscheinlich ist, dass der Arbeitnehmer bis zu seinem Dienstjubiläum im Unternehmen verbleibt und die Zuwendung zu leisten sein wird. Eine solche Pflicht kann sich durch regelmäßige betriebliche Übung oder durch eine Vertragsvereinbarung ergeben haben. Wirtschaftlich verursacht wird der Aufwand für das Jubiläum durch die einzelnen Jahre, die der Mitarbeiter im Unternehmen verbringt. Aufgrund dessen ist eine entsprechende Rückstellung für die Dienstjubiläumszuwendung (z. B. zusätzliche Gehaltszahlung, Aktien des Unternehmens bzw. andere [Sach-]Leistung) ratierlich bis zum Zeitpunkt der Zuwendung anzusammeln.[1141] Für die Steuerbilanz sieht § 5 Abs. 4 EStG besondere Voraussetzungen für den Ansatz solcher Rückstellungen vor (siehe ausführlich Kap. 2.1.4.4):

- Das Dienstverhältnis hat mindestens zehn Jahre bestanden.
- Das Jubiläum setzt mindestens das Bestehen eines 15-jährigen Dienstverhältnisses voraus.
- Die Zusage der Jubiläumszuwendung wurde schriftlich erteilt.
- Der Zuwendungsberechtigte hat seine Anwartschaft nach dem 31.12.1992 erworben.

Dabei ist es nicht notwendig, dass die Zusage rechtsverbindlich, unwiderruflich und vorbehaltlos erteilt wird.[1142]

BEISPIEL Die X-GmbH hat fünf Mitarbeitern eine Jubiläumszuwendung bei zehnjähriger Betriebszugehörigkeit zugesagt. In der Handelsbilanz wurde zum Bilanzstichtag eine Rückstellung zum Barwert (= Teilwert) von 5.650 EUR als Rückstellungsbetrag zugeführt, da hinreichend wahrscheinlich ist, dass die fünf Mitarbeiter bis zum Erreichen des zehnjährigen Jubiläums im Unternehmen verbleiben.

In der Steuerbilanz darf keine Rückstellung gebildet werden, da das Jubiläum nicht das Bestehen eines 15-jährigen Dienstverhältnisses voraussetzt.

Abwandlung: Mit sechs Mitarbeitern hat die X-GmbH eine Jubiläumszuwendung bei Erreichen eines 20-jährigen Dienstjubiläums schriftlich nach dem 31.12.1992 vereinbart. Vier Mitarbeiter arbeiten zum Bilanzstichtag bereits seit 18 Jahren für das Unternehmen. Bei zwei Mitarbeitern besteht das Dienstverhältnis zum Bilanzstichtag seit acht Jahren. In der Handelsbilanz wurde für alle sechs Mitarbeiter eine Jubiläumsrückstellung zutreffend angesetzt.

In der Steuerbilanz darf nur für die vier Mitarbeiter mit 18-jähriger Betriebszugehörigkeit eine Rückstellung gebildet werden, da deren Dienstverhältnis zum Bilanzstichtag mindestens zehn Jahre bestanden hat und deren schriftlich erteilte Jubiläumszusage mit 20 Jahren mindestens ein 15-jähriges Dienstverhältnis voraussetzt.

Die Finanzverwaltung sieht durch die beschränkte Ansatzmöglichkeit von Rückstellungen für Dienstjubiläumszuwendungen durch das „10-Jahre-Kriterium" die Fluktuation hinreichend berücksichtigt. Ein (weiterer) Fluktuationsabschlag ist laut BMF nicht vorzunehmen.[1143] Eine solche Restriktion kann indes nicht für den handelsbilanziellen Wertansatz gelten. Hier ist aufgrund von betrieblichen Erfahrungswerten ein Fluktuationsabschlag in die Bewertung einzubeziehen.

Bei der Bewertung der Rückstellung muss zudem das Risiko des Todes des Mitarbeiters vor seinem Dienstjubiläum oder die Fluktuationsrate im Unternehmen i. R. der versicherungsmathematischen Berechnungen berücksichtigt werden.[1144] Gleichwohl ist es insb. bei einer kleinen

1141 Vgl. *Zwirner/Tippelhofer*, Beilage zu StuB 9/2017 S. 1, 9.

1142 Vgl. BFH v. 18.1.2007, IV R 42/04, BStBl. II 2008 S. 956.

1143 Vgl. BMF v. 8.12.2008, IV C 6 – S 2137/07/10002, BStBl. I 2008 S. 1013.

1144 Vgl. BFH v. 5.2.1987, IV R 81/84, BStBl. II 1987 S. 845.

Anzahl von Jubiläumszuwendungen zulässig, das steuerlich zulässige Pauschalwertverfahren auch für die Handelsbilanz anzuwenden.[1145] Das BMF hat in der Anlage zum Schreiben vom 27.2.2020 eine entsprechende Tabelle veröffentlicht, die den jeweiligen Teilwert für eine Jubiläumszuwendung von 1.000 EUR angibt. Die dort angegebenen Werte wurden unter Zugrundelegung eines Rechnungszinses von 5,5 % und der Richttafeln 2018 G von *Klaus Heubeck* ermittelt. Beträgt die Jubiläumszuwendung einen von 1.000 EUR abweichenden Betrag, so ist dieser durch 1.000 zu dividieren und mit dem jeweiligen Teilwert laut Tabelle zu multiplizieren.[1146]

Tab. 11: Höhe des Teilwerts nach dem Pauschalwertverfahren bei Verpflichtung zur Leistung einer Jubiläumszuwendung i. H. von je 1.000 EUR[1147]

Abgeleistete Dienstjahre (gerundet)	**Leistung der Jubiläumszuwendung nach ... Jahren**									
	15	**20**	**25**	**30**	**35**	**40**	**45**	**50**	**55**	**60**
1	26	14	9	5	4	2	2	1	1	1
2	55	30	18	11	7	5	3	2	2	1
3	88	48	29	18	12	8	5	4	3	2
4	125	68	41	25	16	11	7	5	4	2
5	167	90	54	34	22	15	10	7	5	3
6	215	115	68	43	28	18	12	9	6	4
7	269	144	84	53	34	23	15	11	7	5
8	330	175	102	64	41	27	19	13	9	6
9	399	211	122	76	49	32	22	15	10	7
10	475	251	145	89	58	38	26	18	12	8
11	561	296	169	104	67	44	30	21	14	10
12	655	346	197	121	77	51	35	24	16	11
13	759	402	228	139	89	59	39	27	18	13
14	873	465	262	159	101	67	45	31	21	14
15	1.000	535	301	181	115	76	51	35	24	16
16		612	344	205	130	85	57	39	27	18
17		696	392	232	146	96	64	44	30	20
18		788	446	263	165	108	72	49	33	23
19		889	505	296	185	120	80	55	37	25
20		1.000	571	334	207	134	90	61	41	28
21			642	376	231	149	100	68	46	31

1145 Zum Pauschalwertverfahren mit einschlägiger Wertetabelle siehe BMF v. 8.12.2008, IV C 6 – S 2137/07/10002, BStBl. I 2008 S. 1014 f., sowie BMF v. 27.2.2020, IV C 6 – S 2137/19/10002:001, BStBl. I 2020 S. 254 f.

1146 Vgl. auch *Veit*, StuB 2009 S. 102, 102 ff.

1147 Anlage zu BMF v. 27.2.2020, IV C 6 – S 2137/19/10002:001, BStBl. I 2020 S. 254.

Abgeleistete Dienstjahre (gerundet)	Leistung der Jubiläumszuwendung nach ... Jahren									
	15	20	25	30	35	40	45	50	55	60
22			720	423	258	166	110	75	50	34
23			805	475	288	184	122	83	56	38
24			898	532	321	204	135	91	61	41
25			1.000	594	358	226	149	101	68	46
26				663	399	250	164	111	74	50
27				737	445	277	181	122	82	55
28				817	495	307	199	134	90	60
29				904	551	339	219	147	98	66
30				1.000	611	376	241	161	107	72
31					677	416	265	176	118	79
32					749	461	292	193	129	86
33					825	511	321	211	140	94
34					909	565	354	231	154	102
35					1.000	624	390	253	168	111
36						688	430	277	183	121
37						757	474	304	200	132
38						832	523	333	219	145
39						912	576	365	240	158
40						1.000	634	401	263	172
41							697	441	288	188
42							764	484	316	206
43							837	532	347	226
44							915	585	381	247
45							1.000	642	418	271
46								703	458	297
47								770	501	324
48								840	547	354
49								917	597	386
50								1.000	650	420
51									708	457
52									771	496

Abgeleistete Dienstjahre (gerundet)	Leistung der Jubiläumszuwendung nach ... Jahren									
	15	20	25	30	35	40	45	50	55	60
53									840	539
54									916	586
55									1.000	638
56										695
57										759
58										830
59										910
60										1.000

PRAXISTIPP

Um Zeit und Kosten im Zusammenhang mit der Bewertung der Rückstellung für Dienstjubiläumszuwendungen zu sparen, empfiehlt sich bei einer kleinen Anzahl von Jubiläumszusagen die Anwendung des Pauschalwertverfahrens auch für die Handelsbilanz. Die restriktiven Voraussetzungen des § 5 Abs. 4 EStG hinsichtlich des Ansatzes finden indes keine Berücksichtigung in der handelsbilanziellen Bewertung.

Lohnsteigerungen des Arbeitnehmers sind für den handelsbilanziellen Wertansatz zu antizipieren. Für die Steuerbilanz muss aufgrund des Stichtagsprinzips die Lohnsteigerung bereits feststehen.[1148] Ferner gilt bei Anwendung des versicherungsmathematischen Verfahrens das Abzinsungsgebot des § 253 Abs. 2 HGB. In der Steuerbilanz ist die Rückstellung mit „[...] mindestens 5,5 % abzuzinsen"[1149].

Dienstleistungsgutschein: siehe Bonus, Gutmünzen, Rabattmarke.

Diensttreueprämie: siehe Dienstjubiläumszuwendung.

Dienstvertrag: Ein Dienstvertrag stellt eine Dienstverpflichtung seitens des Dienstgebers ggü. dem Dienstnehmer dar. Hierbei geht der Dienstgeber die Verpflichtung der Erbringung eines Dienstes ein; hiervon unabhängig ist das daraus resultierende Ergebnis. Der Dienstnehmer verpflichtet sich im Gegenzug zur Vergütung des Dienstes. Sofern aus dem bestehenden Vertragsverhältnis voraussichtlich ein Verlust entstehen wird und auch keine Möglichkeit besteht, das bestehende Vertragsverhältnis zu ändern, ist eine Rückstellung für drohende Verluste zu passivieren. Siehe Drohende Verluste.

Dieselgate: Im Rahmen des sog. Dieselgate, welches den systematischen Abgasbetrug der involvierten Unternehmen beschreibt, ergeben sich für die Rechnungslegung – insb. im Hinblick auf die Rückstellungsbilanzierung – relevante Sachverhalte. Einerseits ist mit Schadensersatzklagen gegen die Automobilkonzerne zu rechnen. Dies betrifft insb. Flottenmanager aufgrund von stark gesunkenen Restwerten der betroffenen Automobile und den damit einhergehenden Belastun-

1148 Vgl. BMF v. 8.12.2008, IV C 6 – S 2137/07/10002, BStBl. I 2008 S. 1013.
1149 BMF v. 8.12.2008, IV C 6 – S 2137/07/10002, BStBl. I 2008 S. 1014.

gen für das Unternehmen. Ebenso ist mit Schadensersatzforderungen von Aktionären aufgrund des Verfalls des Aktienkurses zu rechnen. Hinsichtlich der Automobil-Restwerte ergibt sich für die Hersteller bzw. deren Kreditinstitute ebenfalls ein zusätzlicher Rückstellungsbedarf. Es ist davon auszugehen, dass die kalkulierten Restwerte aus Leasingrückläufern nicht mehr den tatsächlichen Restwerten entsprechen. Vor diesem Hintergrund sowie im Zusammenhang mit den gerichtlichen Auseinandersetzungen ergibt sich für die vom Dieselgate betroffenen Unternehmen ein deutlich erhöhter Rückstellungsbedarf.

Digitale Archivierung: siehe Aufbewahrung von Geschäftsunterlagen.

Digitalisierung: Die Digitalisierung hat Einfluss auf nahezu jedes Unternehmen. Die Spannbreite der Auswirkungen reicht von der einfachen Prozessoptimierung bis hin zu einer kompletten Überarbeitung des Geschäftsmodells. Vor diesem Hintergrund ist davon auszugehen, dass ebenso durch den digitalen Wandel regelmäßig eine Rückstellungspassivierung notwendig sein wird. Die Reichweite der digitalen Transformation ist hierbei einzelfallbezogen zu analysieren. Hinsichtlich der Rückstellungsbilanzierung kommen daher vielzählige Notwendigkeiten in Betracht. Beispielhaft zu nennen sind hierbei Rückstellungen für ungewisse Verbindlichkeiten, bspw. Prozesskosten durch Verletzungen gegen die DSGVO (siehe Datenschutzgrundverordnung [DSGVO]), oder Rückstellungen für unterlassene Instandhaltungen. Die Auswirkungen der Digitalisierung können nicht final beziffert werden, jedoch ist es für jedes Unternehmen – und damit auch für die Rechnungslegung – notwendig, die Auswirkungen zutreffend zu quantifizieren.

Dingliche Lasten: Bei dinglichen Lasten handelt es sich nicht um Verbindlichkeiten, sondern um Wertminderungen des entsprechenden Wertgegenstands. Grundsätzlich gilt, dass eine entsprechende aktive Risikovorsorge (d.h. i.R. der Bewertung der Vermögensgegenstände) einer passiven Risikovorsorge (d.h. einer Rückstellungsbildung) vorgeht. Eine Passivierung ist i.d.R. nicht vorzunehmen. Bei dinglichen Lasten, die einen Sicherungscharakter haben, kann jedoch eine Rückstellung für ungewisse (dingliche) Lasten i.H. der zu erwartenden Inanspruchnahme nötig sein.[1150] Siehe auch Erbbaurecht, Haftungsverhältnis.

Disagio: Für die Einbehaltung eines Disagios ist ein passiver Rechnungsabgrenzungsposten zu bilden. Die Bildung einer Rückstellung ist grds. nicht geboten.[1151]

Dokumentationsverpflichtung: siehe Aufbewahrung von Geschäftsunterlagen.

DPR-Prüfung: Für die erwarteten Aufwendungen einer DPR-Prüfung bei einem kapitalmarktorientierten Unternehmen sind im Zweifelsfall Rückstellungen für anfallende Kosten zu bilden. Spätestens mit der Ankündigung des Beginns der Prüfung ist die Wahrscheinlichkeit des Entstehens hinreichend sicher konkretisiert. Gegenstand der Rückstellung sind dann die mit hoher Wahrscheinlichkeit anfallenden und bestmöglich zu schätzenden Aufwendungen.

Drohende Verluste: bezüglich der allgemeinen Ausführungen siehe Kap. 2.2.

Siehe auch die folgenden Sachverhalte: Absatzgeschäft, Angeschaffte Drohverlustrückstellung, Apotheke, Beschaffungsgeschäft, Bewertungseinheit, Call-Option, Dauerschuldverhältnis, Devisentermingeschäft, Einkaufskontrakt, Financial Futures, Langfristfertigung, Mitarbeiterfreistellung, Optionsgeschäft, Termingeschäft, Währungskursrisiko.

1150 Vgl. *Weber-Grellet* in: Schmidt, § 5 EStG Rz. 319; BFH v. 24.7.1990, VIII R 226/84, BFH/NV 1991 S. 588.
1151 Vgl. *Weber-Grellet* in: Schmidt, § 5 EStG Rz. 550.

Rückstellungen für drohende Verluste dürfen gem. § 5 Abs. 4a EStG in der Steuerbilanz nicht gebildet werden. Eine Ausnahme gilt nur für Drohverluste aus bestimmten Bewertungseinheiten. Siehe Bewertungseinheit, Macro-Hedge.

Druckbeihilfe: Der BFH hatte das Vorgehen eines Verlags gebilligt, der Rückstellungen für die mögliche Rückzahlung von Druckbeihilfen bildete.[1152] Als Druckbeihilfen werden Zahlungen von Autoren an den Verlag verstanden, die unter der Maßgabe der Rückgewähr bei einer bestimmten Absatzmenge geleistet werden. Steuerrechtlich verbietet sich eine Rückstellung für eine solche Verpflichtung jedoch nunmehr allein wegen § 5 Abs. 2a EStG, wonach eine bedingt rückzahlbare Verpflichtung erst dann ausgewiesen werden darf, wenn die zugehörigen Einnahmen oder Gewinne angefallen sind. Mit Blick auf das Realisationsprinzip,[1153] welches besagt, dass nur realisierte Gewinne ausgewiesen werden dürfen, ist dem Ertrag aus der Druckbeihilfe aufwandswirksam eine Rückstellung für die mögliche Verpflichtung zur Rückzahlung entgegenzusetzen.[1154]

1152 Vgl. BFH v. 3.7.1997, IV R 49/96, BStBl. II 1998 S. 244.

1153 Vgl. § 252 Abs. 1 Nr. 4 HGB.

1154 Im Ergebnis ebenso HdR-E/*Mayer-Wegelin*, § 249 HGB Rz. 229; HdJ/*Wüstemann, J./Rost*, Abt. III 5 Rz. 116.

E.

Earn-out-Klausel: Sofern am Bilanzstichtag mit einer Wandlung des Kaufvertrags bzw. mit Eintritt der entsprechenden Ausschüttungsklauseln nicht zu rechnen ist, ist der Ansatz einer Rückstellung unzulässig. Dies gilt auch, wenn die Wandlung noch vor Bilanzaufstellung erklärt wird. Für den Fall, dass am Bilanzstichtag eine Wandlung des Kaufvertrags bzw. der Eintritt der Vertragsklauseln wahrscheinlich ist, ist eine Rückstellung für ungewisse Verbindlichkeiten zu bilanzieren.[1155]

Eichkosten: Für die gesetzliche Verpflichtung, Messgeräte in regelmäßigen Abständen eichen zu lassen, ist, sofern die Pflicht bereits zum Bilanzstichtag wirtschaftlich und/oder rechtlich verursacht ist, eine Rückstellung zu bilden.[1156]

Eigenkapitalersatz: siehe Gesellschafterfinanzierung.

Einheitsleergut: siehe Flaschenpfand.

Einkaufskontrakt: Eine Drohverlustrückstellung ist handelsrechtlich zu bilden, wenn bestellte, aber noch nicht gelieferte Vermögensgegenstände nach § 253 Abs. 3 HGB außerplanmäßig abgeschrieben werden müssten. Der Rückstellungsbetrag muss dabei dem hypothetischen Abschreibungsbetrag entsprechen.[1157] Siehe Beschaffungsgeschäft.

Einkommensteuerschulden: Für privat veranlasste Einkommensteuern sind grds. keine Rückstellungen zu bilden.

Einlagensicherungsfonds: Keine Rückstellung darf für künftige Beiträge in einen Einlagensicherungsfonds gebildet werden.[1158] Allerdings kann die Bildung einer Verbindlichkeitsrückstellung in Handels- und Steuerbilanz geboten sein, wenn zum Bilanzstichtag noch Beiträge des abgelaufenen Geschäftsjahrs zu leisten sind (Erfüllungsrückstand).

Einlagezinsen: Für von Banken berechnete Einlagezinsen ist keine Rückstellung anzusetzen. Diese Aufwendungen stellen vielmehr laufende Gebühren/Verwahrkosten dar, die der Periode, in der sie anfallen und berechnet werden, zuzurechnen sind.

Einlöseverpflichtung: siehe Rabattmarke.

Einstandsverpflichtung: siehe Patronatserklärung.

Einweg: siehe Flaschenpfand.

Einwegkunststoffabgabe: Seit dem 1.1.2024 sind Hersteller i.S. des § 3 Nr. 3 EWKFondsG dazu verpflichtet, eine jährliche Sonderabgabe für die im Kalenderjahr bereitgestellten oder verkauften Einwegkunststoffprodukte (z. B. Lebensmittelbehälter, Getränkebecher, Luftballons oder Tabakprodukte mit Filter) in den neuen Einwegkunststofffonds zu leisten. Grundsätzlich lässt sich die Einwegkunststoffabgabe anhand der Menge und der jeweiligen Abgabesätze ermitteln, sodass eine Verbindlichkeit und mangels Unsicherheit der Höhe nach keine Rückstellung zu passivieren ist. Fehlt es allerdings an den erforderlichen Informationen für den Ansatz einer Verbind-

---

1155 Vgl. BMF v. 21.2.2002, IV A 6 – S 2137 – 14/02, BStBl. I 2002 S. 335.

1156 Anderer Ansicht *Weber-Grellet* in: Schmidt, § 5 EStG Rz. 550.

1157 Vgl. WPH Edition, Kap. F Rz. 658 mit Verweis auf Rz. 633.

1158 Vgl. BFH v. 13.11.1991, I R 78/89, BStBl. II 1992 S. 177. Siehe auch Erläuterung bei *Moxter*, Bilanzrechtsprechung, S. 136.

lichkeit, ist eine Rückstellung für ungewisse Verbindlichkeiten zu bilden.[1159] Siehe auch Umweltschutz, Pfand.

Einzelrechtsnachfolge: Gehen Pensionsverpflichtungen im Wege der Einzelrechtsnachfolge (z. B. entgeltlicher Betriebserwerb oder ähnliche Rechtsgeschäfte) über, so sind die Verpflichtungen beim Erwerber erfolgsneutral zu Anschaffungskosten zu bewerten. Allerdings hat der Übernehmende an den folgenden Bilanzstichtagen eine Bewertung nach § 6a EStG vorzunehmen. Daraus kann sich ein Auflösungsgewinn ergeben, welcher nach § 5 Abs. 7 EStG mittels einer gewinnmindernden Rücklage auf 15 Jahre verteilt werden kann.[1160]

Einziehung: Für Abfindungen wegen Zwangseinziehung von Geschäftsanteilen darf in der Steuerbilanz keine Rückstellung gebildet werden.[1161] Gemäß § 8 Abs. 3 Satz 2 KStG dürfen verdeckte Gewinnausschüttungen den Gewinn nicht mindern. Als solche gelten auch alle Vermögensminderungen, die durch das Gesellschaftsverhältnis veranlasst worden sind, worunter auch die Einziehung von Geschäftsanteilen zählt. Eine andere Meinung versteht die Einziehung als Teilliquidation der Kapitalgesellschaft und die Abfindungszahlung als Rückführung von Stammkapital, was ebenso eine Erfolgswirksamkeit und somit eine Rückstellungsbildung ausschließt.[1162]

Eiserne Verpachtung: siehe Erneuerungsverpflichtung bei Pachtverträgen.

Elektroschrott: Die Entsorgungspflicht für Elektro- und Elektronikgeräte richtet sich nach dem ElektroG.[1163] Das Gesetz unterscheidet hierbei zwischen Geräten, die vor dem 13.8.2005, und Geräten, die ab diesem Datum in den Verkehr gebracht wurden. Weiter wird nach Nutzern der Elektrogeräte differenziert. Hier werden gewerbliche Nutzer von privaten Haushalten abgegrenzt.

Im Fall der Entsorgung von Altgeräten, die vor dem 13.8.2005 in Verkehr gebracht und von privaten Haushalten genutzt wurden, ist für die Entstehung der Entsorgungspflicht der Marktanteil des Elektroherstellers im Rücklaufjahr ausschlaggebend. Ist der Marktanteil gleich null, besteht keine Entsorgungsverpflichtung. Diese ergibt sich folglich erst aus dem Verkauf neuer Produkte zu einem späteren Zeitpunkt. Der Aufwand für die Entsorgung ist folglich der Periode zuzuordnen, in welcher das Altgerät zurückgegeben wird; eine Rückstellung scheidet aus.[1164]

Im Fall von Altgeräten, die ab dem 13.8.2005 in Verkehr gebracht und privat genutzt wurden, ist ein Rückstellungsansatz geboten.[1165] Zum einen kann sich die Entsorgungsverpflichtung nach dem Anteil der Altgeräte an der Gesamtmenge bestimmen. An das Inverkehrbringen des Geräts ist in diesem Fall die Entsorgungsverpflichtung geknüpft. Zum anderen kann sich die Entsorgungspflicht nach dem Marktanteil im Rücklaufjahr richten. Da jedoch die Hersteller verpflichtet sind, insolvenzsichere Garantien für die Finanzierung der Rücknahme und Entsorgung ihrer Elektro- und Elektronikgeräte nachzuweisen,[1166] wird der Hersteller durch das Inverkehrbringen ei-

1159 Vgl. *Philippsen/Mielke*, StuB 2024 S. 369, 371.

1160 Vgl. Handbuch Bilanzrecht/*Zwirner/Lindmayr*, C.III. Rz. 129.

1161 Vgl. FG Hessen v. 21.1.2004, 4 V 4114/03, EFG 2004 S. 1005.

1162 Vgl. FG Hessen v. 21.1.2004, 4 V 4114/03, EFG 2004 S. 1006.

1163 Siehe ausführlich zu den Rückstellungen für Entsorgungen von Elektroschrott *Oser/Roß*, WPg 2005 S. 1069, 1069 ff.; siehe hierzu auch BFH v. 25.1.2017, I R 70/15, BStBl. II 2017 S. 780.

1164 Vgl. *Oser/Roß*, WPg 2005 S. 1069, 1071.

1165 Vgl. *Oser/Roß*, WPg 2005 S. 1069, 1073 f.

1166 Vgl. § 7 Abs. 1 ElektroG.

nes Geräts auf jeden Fall zur Partizipation an der Entsorgung verpflichtet: entweder durch die Garantie oder über die Entsorgungsverpflichtung anhand des Marktanteils.[1167]

Zur Entsorgung von Altgeräten, die vor dem 13.8.2005 in Verkehr gebracht und gewerblich genutzt wurden, ist der Nutzer selbst verpflichtet. Sofern keine vertraglichen Bestimmungen entgegenstehen, kann keine Rückstellung aufseiten des Herstellers angesetzt werden.

Im verbleibenden Fall (Altgeräte ab dem 13.8.2005 in den Verkehr gebracht und gewerblich genutzt) sind die Hersteller verpflichtet, den gewerblichen Nutzern die Möglichkeit zur unentgeltlichen Rückgabe zu verschaffen, sofern Hersteller und Abnehmer keine abweichende Regelung getroffen haben.[1168] Besteht keine abweichende Vereinbarung, entsteht die Verpflichtung zur Entsorgung bereits mit Inverkehrbringen des Geräts durch den Hersteller, sodass eine Rückstellung zu bilden ist.

Tab. 12: Kategorisierung der Entsorgungsverpflichtungen des Herstellers

	Private Haushalte	Gewerbliche Nutzer
Alt-Altgeräte	Verbot	Kein Bedarf
Neu-Altgeräte	Gebot	Gebot

Rückstellungen für Verpflichtungen, ab dem 13.8.2015 in Verkehr gebrachte Energiesparlampen zu entsorgen, können erst ab dem Zeitpunkt gebildet werden, ab dem die Pflichten durch den Erlass einer Abholanordnung nach § 16 Abs. 5 ElektroG hinreichend konkretisiert sind.[1169] Für die Verpflichtung zur Entsorgung von Energiesparlampen, die vor dem 13.8.2005 in Verkehr gebracht wurden, können mangels hinreichenden Vergangenheitsbezugs keine Rückstellungen gebildet werden.[1170]

Emballagen: siehe Leihemballagen.

Emissionsberechtigung: Betreiber Treibhausgas emittierender Anlagen sind durch das TEHG zum Halten entsprechender Emissionsberechtigungen gezwungen. Stellt das betreibende Unternehmen zum Bilanzstichtag eine nicht ausreichende Menge an Berechtigungen für die bereits geschehenen Emissionen fest, muss es i. H. der voraussichtlichen Kosten der Berechtigungen in der Handels- und der Steuerbilanz eine Rückstellung für ungewisse Verbindlichkeiten ansetzen.[1171] Diese Rückstellung wird auch vonseiten der Finanzverwaltung anerkannt, erfüllt sie doch die strengeren Ansatzkriterien für öffentlich-rechtliche Verpflichtungen.[1172] § 5 Abs. 4b EStG findet keine Anwendung.[1173] Die Bilanzierung einer Rückstellung bei Nichterfüllung der Abgabepflichten für die sich hieraus ergebenden monetären, gesetzlichen Sanktionen ist frühestens zum

1167 Vgl. *Oser/Roß*, WPg 2005 S. 1069, 1074.

1168 Vgl. § 19 Abs. 1 ElektroG.

1169 Vgl. BFH v. 25.1.2017, I R 70/15, DStRE 2017 S. 897.

1170 Vgl. BFH v. 25.1.2017, I R 70/15, DStRE 2017 S. 897.

1171 Vgl. BMF v. 6.12.2005, IV A 5 – S 7316 – 25/0, BStBl. I 2005 S. 1047.

1172 Die Sanktionsbewehrung ist durch § 32 TEHG gegeben. Dieses Bußgeld gehört jedoch nicht zu den nicht abziehbaren Betriebsausgaben nach § 4 Abs. 5 Satz 1 Nr. 8 EStG, weil es sich nicht um eine Geldbuße, ein Ordnungsgeld oder ein Verwarnungsgeld im Sinne dieser Vorschrift handelt.

1173 Vgl. BMF v. 6.12.2005, IV A 5 – S 7316 – 25/0, BStBl. I 2005 S. 1048.

30.9. des Folgejahres zulässig, da bis zu dem Abgabetermin noch Emissionsberechtigungen nachgekauft werden können.[1174]

Anstelle einer Rückstellung ist allerdings eine Verbindlichkeit anzusetzen, wenn die Verpflichtung zur Abgabe entsprechender Emissionsberechtigungen zum Abschlussstichtag nicht nur dem Grunde, sondern auch der Höhe nach feststeht (z. B. wenn der Bestand an Emissionsberechtigungen ausreicht und keine weiteren Emissionsberechtigungen erworben werden müssen).[1175]

Bei der Bewertung sind die derzeitigen Marktpreise an der European Energy Exchange (EEX) maßgeblich.[1176] Zu diesen Einzelkosten sind notwendige Gemeinkosten im Zusammenhang mit der Emissionsersteigerung (bspw. Personalkosten durch die Abwicklung) hinzuzurechnen.

PRAXISTIPP

Die aktuellen Preise für die Emissionszertifikate sind über die Seiten der EEX abrufbar: https://www.eex.com/de

BEISPIEL ▸ Die Graue Wolke AG ist Betreiberin mehrerer Steinkohlekraftwerke. Zum 31.12.t1 (Bilanzstichtag) haben die Kraftwerke des Unternehmens 5.000 t CO_2 ausgestoßen. Das Unternehmen besitzt zum Bilanzstichtag allerdings nur Zertifikate für einen Ausstoß von 4.500 t CO_2. Derzeit beträgt der Preis an der EEX 15 EUR/t CO_2. Weitere Kosten fallen annahmegemäß nicht an.

Die Graue Wolke AG hat einen Betrag von 7.500 EUR zurückzustellen (15 EUR × 500 t). Der Betrag ist nicht abzuzinsen, weil der Erfüllungszeitpunkt, zu dem die Zertifikate nachgewiesen werden müssen, weniger als zwölf Monate nach dem Bilanzstichtag liegt.

Emissionsrechte: siehe Emissionsberechtigung.

Emissionszertifikat: Der Begriff des Emissionszertifikats i. S. des TEHG ist inhaltlich mit dem Begriff der Emissionsberechtigung i. S. des BEHG gleichzusetzen.[1177] Für die bilanzielle Behandlung von Emissionszertifikaten kann sich daher grds. an der Behandlung von Emissionsberechtigungen orientiert werden. Bis zum 31.12.2025 ist allerdings zu beachten, dass der Preis der Emissionszertifikate gesetzlich festgelegt ist. Die Verpflichtung zur Abgabe von Emissionszertifikaten ist bis zu diesem Zeitpunkt nicht nur dem Grunde, sondern auch der Höhe nach bekannt. Eine Rückstellung darf daher nicht gebildet werden. Vielmehr ist eine sonstige Verbindlichkeit zu bilanzieren.[1178] Erst ab dem Jahr 2026 ergibt sich der Preis der Emissionszertifikate weitgehend auf dem freien Markt. Emissionszertifikate und Emissionsberechtigungen sind sodann gleich zu behandeln. Siehe auch Emissionsberechtigung.

Die Bilanzierung einer Rückstellung bei Nichterfüllung der Abgabepflichten für die sich hieraus ergebenden monetären, gesetzlichen Sanktionen ist frühestens zum 30.9. des Folgejahres zulässig, da bis zu dem Abgabetermin noch Emissionszertifikate nachgekauft werden können.

Energieaudit: Mit der Umsetzung der Energieeffizienzrichtlinie in nationales Recht sind sog. Nicht-KMU dazu verpflichtet, bis zum 5.12.2015 ein Energieaudit durchführen zu lassen. Bei

1174 Vgl. IDW ERS FAB 15, Entwurf v. 22.11.2024, S. 8. Bis zum 31.5.2025 können Änderungs- oder Ergänzungsvorschläge eingereicht werden.

1175 Vgl. IDW ERS FAB 15, Entwurf v. 22.11.2024, S. 7.

1176 Die European Energy Exchange (kurz: EEX) ist die nach eigenen Angaben führende Energiebörse in Europa: https://www.eex.com/de/.

1177 Vgl. IDW ERS FAB 15, Entwurf v. 22.11.2024, S. 3.

1178 Vgl. IDW ERS FAB 15, Entwurf v. 22.11.2024, S. 10.

Nichteinhaltung dieser Frist können sich Auswirkungen auf die handelsrechtliche Rechnungslegung ergeben.

Bei der gesetzlichen Verpflichtung zur Erstellung eines Energieaudits handelt es sich um eine öffentlich-rechtliche Verpflichtung, die zudem bußgeldbewehrt ist. Für den Fall, dass ein energieauditpflichtiges Unternehmen dieser gesetzlichen Verpflichtung nicht nachkommt, bspw. weil überhaupt kein Energieaudit erstellt wurde, ergeben sich Konsequenzen für den handelsrechtlichen Jahresabschluss.

Das bilanzierende Unternehmen muss sich die Frage stellen, ob die rechtswidrige Nichtdurchführung eines Energieaudits zu einer Rückstellungsbildung für ungewisse Verbindlichkeiten führt. Diese Frage wird regelmäßig zu bejahen sein, da es sich um eine öffentlich-rechtliche Verpflichtung handelt, die bußgeldbewehrt ist. Danach sind die Kosten für den noch durchzuführenden Energieaudit als Rückstellung zu erfassen. Eine darüber hinausgehende Rückstellung für ein mögliches Bußgeld bei Nichteinhaltung der gesetzlichen Energieauditpflicht bis zum 5.12.2015 kann regelmäßig nur dann angesetzt werden, wenn die Androhung respektive Festsetzung des Bußgeldes mit überwiegender Wahrscheinlichkeit zu erwarten ist.[1179]

Energiekosten: siehe Nebenkosten.

Energiekostendämpfungsprogramm: Infolge des russischen Angriffskriegs auf die Ukraine sind die Energiepreise stark angestiegen. Den Unternehmen, die von hohen Energiekosten besonders betroffen waren, wurde auf Antrag ein Zuschuss zu ihren Erdgas- und Stromkosten sowie zum Bezug von Wärme und Kälte gewährt. Unternehmen erhielten bei Erfüllung der Voraussetzungen einen Zuschuss bis zu einer Höhe von maximal 50 Mio. EUR. Im Nachgang wurde überprüft, ob die Antragsvoraussetzungen erfüllt waren und der Zuschuss zu Recht ausgezahlt wurde. Hierbei konnte sich herausstellen, dass getroffene Annahmen nicht korrekt waren und die Voraussetzungen für die Zahlung des Zuschusses nicht vorlagen bzw. der Zuschuss aufgrund dessen zu hoch bemessen wurde. Das Unternehmen hat in solchen Fällen eine Rückstellung für ungewisse Verbindlichkeiten zu bilden, wenn es damit rechnen muss, den Zuschuss ganz oder in Teilen zurückzahlen zu müssen. Siehe vergleichbar auch Rückzahlung Corona-Überbrückungshilfen.

Energiesparlampen: siehe Elektroschrott.

Energiesteuer: siehe Verbrauchsteuer.

Enforcementverfahren: Sofern es im Zusammenhang mit einem bereits eingeleiteten Enforcementverfahren zu wahrscheinlichen Aufwendungen kommt, die dem Unternehmen entstehen, sind diese Aufwendungen dann zurückzustellen, wenn und soweit diese zum Bilanzstichtag hinreichend sicher entstanden und konkretisierbar sind.

Entfernungsverpflichtung: Wenn nach Ablauf seines Konzessionsvertrags das Energieversorgungsunternehmen seine Anlagen vom Staats- bzw. Gemeindegrund entfernen muss, ist dafür i. H. der voraussichtlich anfallenden Kosten eine Rückstellung für ungewisse Verbindlichkeiten anzusetzen.[1180] Die Beträge sind gleichmäßig über die Laufzeit des Konzessionsvertrags anzusammeln (siehe auch Atomanlage) sowie abzuzinsen.[1181] In seinem Urteil vom 2.7.2014 hat der

1179 Vgl. *Zwirner/Zimny*, DStR 2015 S. 2510, 2510 ff.

1180 Vgl. BFH v. 27.11.1968, I 162/64, BStBl. II 1969 S. 247.

1181 Vgl. BFH v. 5.5.2011, IV R 32/07, DB 2011 S. 1667.

BFH über die Frage entschieden, ob ein neuer Miet- oder Pachtvertrag über ein Grundstück, für das schon eine Ansammlungsrückstellung gebildet wurde, zu einer Neuberechnung des Ansammlungszeitraums führt. Nach Ansicht des BFH ist der verlängerte Nutzungszeitraum, der mit einer Verlängerung des Miet- oder Pachtvertrags über das zunächst festgelegte Vertragsende hinaus einhergeht, auch beim Ausweis der Ansammlungsrückstellung zu berücksichtigen. Damit hat sich der BFH für eine stichtagsbezogene Anpassung des Ansammlungszeitraums ausgesprochen.[1182]

Entfernungsverpflichtungen, welche die Entsorgung bestimmter Materialien betreffen und deren Verpflichtungscharakter von zusätzlichen Entscheidungen des Unternehmens abhängig ist (bspw. davon, ob die Geschäftstätigkeit in gleicher Weise fortgeführt wird), ermächtigen nicht zur Bildung einer Rückstellung. Davon abzugrenzen ist ein sog. Erfüllungsrückstand, also eine bereits im Geschäftsjahr rechtlich entstandene Verpflichtung, der noch nicht nachgekommen wurde. Siehe auch Abfallbeseitigung, Elektroschrott.

Entgangener Gewinn: Eine Rückstellung für entgangene Gewinne darf nicht gebildet werden.

Entgelt- und Gebührenabsenkung: siehe Entgeltabsenkung.

Entgeltabsenkung: Bei Abfall-, Abwasser- und Energieversorgungsunternehmen kann sich die Verpflichtung zur Absenkung von Gebühren infolge gesetzlicher Vorschriften zur Gebührenerhebung ergeben. Sofern im abgelaufenen Geschäftsjahr oder im Vorjahr mehr Gebühren bzw. Entgelte vereinnahmt worden sind, als dies nach der (ggf. zwischenzeitlich angepassten) Regelung zur Gebührenerhebung zulässig war, ist eine Rückstellung für ungewisse Verbindlichkeiten zu bilden.[1183]

Entgeltrahmenabkommen: siehe ERA-Anpassungsfonds.

Entschädigung: Verpflichtungen durch eine Vereinbarung über einen entgeltlichen Verzicht auf Tantiemevergütungen sind dann als Verbindlichkeiten (und nicht als Rückstellungen) zu bilanzieren, wenn in der Vereinbarung bereits ein Ablösungsbetrag festgelegt wird und dieser von der Dauer des Verbleibs des Arbeitnehmers im Unternehmen unabhängig ist.[1184] Ist der Ablösungsbetrag von Ereignissen in der Zukunft oder vom Verbleib des Mitarbeiters für eine bestimmte Zeit abhängig, ist eine Rückstellung zu bilden.

Entschädigungseinrichtungen: Entschädigungseinrichtungen finanzieren i. d. R. die Entschädigungsleistungen über Mitgliedsbeiträge. Beispielhaft zu nennen ist hierbei die Entschädigungseinrichtung der Wertpapierhandelsunternehmen, bei welcher die entsprechenden Unternehmen verpflichtend Mitglied sind. Im Fall, dass ein Unternehmen, welches Mitglied bei einer Entschädigungseinrichtung ist, einen entsprechenden Haftungsfall hat, ist eine Rückstellung regelmäßig unzulässig. Das FG München entschied in seinem Urteil vom 29.1.2018[1185], dass die entsprechenden Haftungssummen bereits über die Verbindlichkeiten ggü. der Entschädigungseinrichtung berücksichtigt sind, sodass eine zusätzliche Rückstellung für weitere Sonderzahlungen nicht zulässig ist.

1182 Vgl. BFH v. 2.7.2014, I R 46/12, BStBl. II 2014 S. 979.

1183 Vgl. WPH Edition, Kap. F Rz. 661.

1184 Vgl. FG München v. 17.3.2009, 6 K 1289/06, EFG 2009 S. 1000.

1185 Vgl. FG München v. 29.1.2018, 7 K 1776/16, EFG 2018 S. 1437; siehe hierzu auch *Farwick*, StuB 2018 S. 811, 811 ff.

Entsorgung: siehe Abbruchverpflichtung, Abfallbeseitigung, Altauto, Altreifen, Atomanlage, Batterierücknahme, Bauschutt-Recycling, Elektroschrott, Entfernungsverpflichtung.

Entwicklung: siehe Forschung und Entwicklung.

ERA-Anpassungsfonds: Im Rahmen der Schaffung eines einheitlichen Entgeltsystems für Arbeiter und Angestellte der Metall- und Elektroindustrie wurde ein Teil einer vereinbarten Tariferhöhung nicht ausgezahlt (Entgeltrahmenabkommen – kurz: ERA).[1186] Stattdessen wurden diese Gelder dem ERA-Anpassungsfonds[1187] zugewiesen. Dieses Guthaben soll zusätzliche, durch den Tarifvertrag entstandene Kosten für die Arbeitgeber decken. Allerdings haben sich die Unternehmen verpflichtet, einen Restbetrag, der nach Verwendung des Fondsguthabens verbleibt, den Arbeitnehmern wiederum als Sonderzahlung zu gewähren. Das BMF fordert für diesen Fall die Bildung einer Rückstellung, weil die Arbeitgeber keine Möglichkeit haben, sich dieser Verpflichtung zu entziehen, und diese Außenverpflichtung wirtschaftlich vor dem Bilanzstichtag verursacht wurde.[1188] Dem schließt sich das IDW an.[1189]

Die Verpflichtung zur Zahlung nicht ausgezahlter Tariferhöhungen ist abzuzinsen. Die relevante Laufzeit ergibt sich als Differenz zwischen Bilanzstichtag und dem voraussichtlichen Zeitpunkt der Ausschüttung der Fondsmittel.

Erbbaurecht: Die im Zusammenhang mit einem Erbbaurechtsverhältnis zu zahlenden Zinsen begründen grds. kein Rückstellungsgebot. Hier gilt die Ausgeglichenheitsvermutung für das schwebende Geschäft. Allerdings kann die Pflicht zur Bildung einer Drohverlustrückstellung gegeben sein, wenn der Barwert der noch zu erbringenden Erbbauzinsen den Barwert aus der Grundstücksnutzung übersteigt.[1190]

BEISPIEL A (Erbbauberechtigter) wird von B (Grundstückseigentümer) ein Erbbaurecht für zehn Jahre gewährt. Im Vertrag wird ein monatlicher Erbbauzins von 10 EUR/m² vereinbart. Im Vertrag wird festgehalten, dass der Erbbauzins im Fall der Arbeitslosigkeit des B auf 12 EUR/m² steigen soll. Der Erbbauzins für ein vergleichbares Grundstück liegt derzeit bei 10 EUR/m².

Sobald B arbeitslos wird, muss A für die restliche Laufzeit des Erbbaurechts eine Drohverlustrückstellung bilden. Hierfür ist die Differenz aus dem Barwert der noch zu erbringenden Erbbauzinsen und dem Barwert der Erbbauzinsen für ein vergleichbares Grundstück als Wertansatz zu wählen. Ein Abschlag auf den Wertansatz ist vorzunehmen, wenn der Erbbauzins bei erneuter Anstellung des B auf 10 EUR/m² gesenkt wird.

Erdbeben: siehe Katastrophe.

Erdgasspeicher: Nach Ansicht der Finanzverwaltung darf für Kosten der Rekultivierung, Verfüllung oder Aufgabe eines Erdgasspeichers dann keine Rückstellung gebildet werden, wenn der Zeitpunkt oder Zeitraum der Inanspruchnahme aus der Verpflichtung nicht bestimmt werden kann (siehe auch Rekultivierung).[1191] Diesem Grundsatz folgend verneint die OFD Hannover

1186 Siehe hierzu auch *Herzig/Bohn*, BB 2006 S. 1551, 1551 ff.

1187 „[Hierbei] handelt es sich nicht um einen ‚echten' Fonds im Sinne eines Sondervermögens, an den Zahlungen geleistet werden. Tatsächlich verbleiben die nicht ausgezahlten Tariferhöhungen in der Verfügungsmacht der Arbeitgeber [...]" – BMF v. 2.4.2007, IV B 2 – S 2137/07/0003, DStR 2007 S. 763.

1188 Vgl. BMF v. 2.4.2007, IV B 2 – S 2137/07/0003, DStR 2007 S. 763.

1189 *Frye*, BC 2005 S. 121, 122 mit Verweis auf HFA, 190. Sitzung v. 9.12.2003.

1190 Vgl. BFH v. 20.1.1983, IV R 158/80, BStBl. II 1983 S. 413.

1191 Vgl. R 5.7 Abs. 4 Satz 1 EStR.

einen Rückstellungsansatz für Aufwendungen im Zusammenhang mit der Aufgabe eines Erdgasspeichers.[1192] Unseres Erachtens ist aber bereits mit dem Einbau des Erdgasspeichers die Verpflichtung zur Rekultivierung bzw. Verfüllung wirtschaftlich begründet, mithin eine Rückstellung anzusetzen.[1193] Die Höhe der Rückstellung ergibt sich als Erfüllungsbetrag der Verpflichtung bei Annahme des heutigen Schadensniveaus. Siehe auch Auffüllverpflichtung, Verfüllungskosten.

Erfindervergütung: Ist der Arbeitgeber verpflichtet, seine Arbeitnehmer für patentierbare Erfindungen zu entlohnen, kann hierfür ein Rückstellungsansatz geboten sein. Dies ist der Fall, wenn die Erfindung bereits vorliegt (Erfüllungsrückstand) oder mit ihrer Patentierbarkeit ernsthaft gerechnet werden muss und die Höhe der Verpflichtung zum Bilanzstichtag nicht bekannt ist (weil sie z. B. umsatzabhängig ist).

Erfolgsabhängige Verpflichtung: siehe Druckbeihilfe, Filmkredit.

Erfolgsprämie: Die Rechtmäßigkeit einer Rückstellungsbildung ist davon abhängig, ob die Grundlage der Rückstellung der Erfolg im vorangegangenen Jahr ist oder ob eine Verpflichtung für künftige Erfolge besteht. Im ersten Fall besteht ein Erfüllungsrückstand, worauf eine Rückstellung anzusetzen ist.[1194] Ist hingegen die Erfolgsprämie von späteren Erfolgen abhängig, scheidet ein Rückstellungsansatz aus.

Erfüllungsbetrag: Rückstellungen sind i. H. des nach vernünftiger kaufmännischer Beurteilung notwendigen Erfüllungsbetrags anzusetzen. Hiermit stellt der Gesetzgeber klar, dass – unter Wahrung des Stichtagsprinzips – künftige Preis- und Kostensteigerungen bei der Rückstellungsbewertung zu berücksichtigen sind. Bezüglich der Beurteilung künftiger Preis- und Kostensteigerungen dürfen stichtagsbezogen allerdings nur Erkenntnisse Eingang in die Bewertung finden, die auf begründeten Erwartungen basieren.

Erfüllungsrückstand: „Ein Erfüllungsrückstand liegt vor, wenn der Verpflichtete sich mit seinen Leistungen ggü. seinem Vertragspartner im Rückstand befindet, also weniger geleistet hat, als er nach dem Vertrag für die bis dahin vom Vertragspartner erbrachte Leistung insgesamt zu leisten hatte."[1195] Bei Vorliegen eines Erfüllungsrückstands ist eine Rückstellung für ungewisse Verbindlichkeiten zu bilden. Siehe auch Aktienoptionsplan, Altersteilzeit, Dauerschuldverhältnis, Einlagensicherungsfonds, Entfernungsverpflichtung, Erfindervergütung, Erfolgsprämie, Faktische Verpflichtung, Gleitzeitüberhang, Leasing, Lebensversicherung, Lizenzgebühr, Lohnzahlung, Mietpreiszusicherung, Mietvertrag, Urlaubsanspruch, Zuweisung an Unterstützungskassen.

Erfüllungsübernahme: Bei der Erfüllungsübernahme von Pensionsverpflichtungen liegt eine Verpflichtung zur Freistellung ggü. dem übertragenden Unternehmen vor. Bei Erfüllungsübernahme im Innenverhältnis hat eine Bruttodarstellung in der Bilanz des Übertragenden zu erfolgen: Passivierung der Pensionsverpflichtung ggü. den Berechtigten und Aktivierung eines Freistellungsanspruchs gegen den Übernehmenden. Der Übernehmende passiviert die Freistellungsverpflichtung.[1196]

Ergänzungsbeitrag: siehe Anliegerbeitrag.

1192 Vgl. OFD Hannover v. 2.11.1998, S 2137 – 95 – St H 222/S 2137 – 86 StO 221, BB 1999 S. 153.

1193 Gleicher Ansicht *Fatouros*, DB 2005 S. 117, 124.

1194 Vgl. BFH v. 2.12.1992, I R 46/91, BStBl. II 1993 S. 109.

1195 BFH v. 9.12.2009, X R 41/07, BFH/NV 2010 S. 860.

1196 Vgl. IDW RS HFA 30, IDW Life 2017 S. 102, 115 f.; *Zwirner*, StuB 2017 S. 218, 223 f.

Ergebnisabführung: siehe Gewinnabführung, Verlustübernahmeverpflichtung.

Erlösabgrenzung: Mit Urteil vom 26.7.2023 hat sich der BFH mit Fragen der Erlösabgrenzung bei zeitraumbezogenen Leistungen befasst.[1197] In dem Streitfall ging es um die Erlösabgrenzung bei einem Projektentwickler. Der Projektentwickler erhielt für seine Leistungen sog. „Regiekosten" bzw. „Regieerlöse". Diese Honorare waren seitens des Projektentwicklers Teil seiner gesamten Honorare. Der Projektentwickler hat die Erlöszahlungen daher über die voraussichtliche Projektlaufzeit verteilt und abgegrenzt. Der BFH verneinte den Ansatz eines passiven Rechnungsabgrenzungspostens. Ferner wurde auch die Passivierung erhaltener Anzahlungen verneint. Im Ergebnis verblieb dem Projektentwickler nur der Ansatz einer Rückstellung zur Abbildung seines Erfüllungsrückstands. Allerdings konnte die grds. vom BFH anerkannte Passivierung einer Verbindlichkeitsrückstellung wegen Erfüllungsrückstand des Steuerpflichtigen von diesem nicht in voller Höhe der erhaltenen Einnahmen nachgewiesen werden. Daher sind nach Ansicht des BFH die Einnahmen im Wirtschaftsjahr des Erhalts ertragswirksam zu erfassen und zu versteuern.

Der FAB des IDW lehnt diese Entscheidung mit dem Hinweis auf das Realisationsprinzip ab. Soweit die geschuldeten Gegenleistungen bis zum Abschlussstichtag noch nicht vom Bilanzierenden erbracht worden sind, müssen die korrespondierenden erhaltenen Zahlungen erfolgsneutral gestellt werden. Ist dies mangels Erfüllung der jeweiligen Voraussetzungen nicht durch den Ansatz eines passiven Rechnungsabgrenzungspostens oder einer erhaltenen Anzahlung möglich, muss eine sonstige Verbindlichkeit oder – bei einem verbleibenden Ungewissheitsmoment – eine sonstige Rückstellung passiviert werden.[1198]

Erneuerungsverpflichtung: siehe Erneuerungsverpflichtung bei Mietverträgen oder Erneuerungsverpflichtung bei Pachtverträgen.

Erneuerungsverpflichtung bei Mietverträgen: Verpflichtet sich ein Mieter vertraglich ggü. dem Vermieter, nach Ablauf der Mietzeit die Mietsache einer Generalüberholung zu unterziehen, hat er hierfür sowohl in der Handels- als auch in der Steuerbilanz eine Rückstellung für ungewisse Verbindlichkeiten anzusetzen. Siehe Abbruchverpflichtung, Mietvertrag.

Erneuerungsverpflichtung bei Pachtverträgen: Häufig ist im Pachtvertrag geregelt, dass der Pächter bestimmte Pachtgegenstände nach einer bestimmten Zeit auf seine Kosten ersetzen muss. Der rechtliche Eigentümer dieser Vermögensgegenstände ist der Verpächter, weswegen der Pächter diese nicht aktivieren darf. Der Pächter hat vielmehr eine Rückstellung für die Ersatzverpflichtung anzusetzen, die auf Grundlage der Nutzungsdauer der gerade gebrauchten Anlage und auf Basis der voraussichtlichen Wiederbeschaffungskosten ratierlich anzusammeln ist.[1199]

BEISPIEL Im Pachtvertrag (abgeschlossen am 1.1.t1) zwischen dem Pächter Charlie Lecker und dem Verpächter Richard Reich wird festgehalten, dass sämtliche Pachtgegenstände im Gasthaus nach der ihnen zugrunde zu legenden Nutzungsdauer zu ersetzen sind. Kurz vor Vertragsabschluss hatte Herr Reich noch eine neue Bierzapfanlage des Modells „Trink Tank" für 1.200 EUR beschafft. Die (Rest-)Nutzungsdauer beträgt annahmegemäß zum 1.1.t1 vier Jahre. Der Zinssatz für die Berechnungen sei einheitlich 4 %. Zum 31.12.t3 steigen die Wiederbeschaffungskosten für den „Trink Tank".

1197 Vgl. BFH v. 26.7.2023, IV R 22/20, DStR 2023 S. 2151; siehe auch *Oser/Wirtz*, StuB 2024 S. 6.

1198 Vgl. Sitzungsberichterstattung des FAB über die 274. FAB-Sitzung am 22.11.2023, IDW Life 2023 S. 1175 f.

1199 Vgl. BFH v. 3.12.1991, VIII R 88/87, BStBl. II 1993 S. 89.

	31.12.t1	31.12.t2	31.12.t3	31.12.t4
Wiederbeschaffungskosten zum Stichtag	1.200,00 EUR	1.200,00 EUR	1.400,00 EUR	1.400,00 EUR
Ansammlungsbetrag	300,00 EUR	600,00 EUR	1.050,00 EUR	1.400,00 EUR
Rückstellung (abgezinst)	266,70 EUR	554,73 EUR	1.009,61 EUR	1.400,00 EUR

Der Ansammlungsbetrag ergibt sich zum Bilanzstichtag jeweils folgendermaßen:

$\text{Wiederbeschaffungskosten}_{\text{Stichtag}} \times (\text{Anzahl bisheriger Nutzungsjahre}_{\text{Stichtag}} / \text{Gesamtnutzungsdauer})$

Ersatzbeschaffungspflicht: siehe Erneuerungsverpflichtung bei Pachtverträgen.

Ersatzteilpflicht: Bilanzierende, die ihren Kunden im Zusammenhang mit ihren Produkten bestimmte Zusagen hinsichtlich für einen bestimmten Zeitraum verfügbarer Ersatzteile gegeben haben, haben die hierfür künftig erwarteten anfallenden Aufwendungen als Rückstellung zu passivieren. Siehe Garantie, Gewährleistung.

Erschließungsbeitrag: siehe Anliegerbeitrag.

Erstattungsanforderung: siehe auch Arzthonorar.

Erstattungszinsen: siehe Rückzahlung vorläufig festgesetzter Erstattungszinsen.

Erstinnovationszuschuss: siehe Fördermittel.

Ertragszuschuss: siehe Fördermittel.

Erwartungswert: Im Rahmen der Rückstellungsbewertung gilt es, dem einer jeden Rückstellung anhaftenden Unsicherheitsmoment Rechnung zu tragen. Um das angesprochene Unsicherheitsmoment entsprechend zu berücksichtigen, scheint die Ermittlung eines Erwartungswerts grds. ein sinnvolles Vorgehen darzustellen, da auf diese Art und Weise die mit der Rückstellungsbewertung einhergehenden Ermessensspielräume am ehesten „beseitigt" werden können. Bei der Berechnung eines Erwartungswerts werden verschiedene Szenarien, d.h. Inanspruchnahmen, die sich aus einer Verpflichtung ergeben können, mit unterschiedlichen Wahrscheinlichkeiten gewichtet und bewertet.

EU-Chemikalienverordnung: siehe REACH-Verordnung.

Eventualverbindlichkeit: Wenn die Inanspruchnahme aus einer Verbindlichkeit davon abhängt, dass der originäre Schuldner seiner Zahlungspflicht nicht nachkommt, ist keine Rückstellung zu bilden. Es ist lediglich nach § 251 HGB ein Ausweis der Eventualverbindlichkeiten unter der Bilanz vorzunehmen. Die Passivierung als Rückstellung hat dann zu erfolgen, wenn die Inanspruchnahme wahrscheinlich wird, etwa wenn der Hauptschuldner in Zahlungsverzug gerät oder Anzeichen bestehen, dass er die Schuld nicht wird bezahlen können. Siehe Bürgschaft, Patronatserklärung, Wechselobligo.

Explorationskredit: Hierbei handelt sich um Darlehen, die nur dann wieder zurückzuzahlen sind, wenn ein Rohstoff gefunden und gefördert wird. Für diesbezüglich wahrscheinliche Verpflichtungen sind handelsrechtlich Rückstellungen für ungewisse Verbindlichkeiten zu bilden; steuerrechtlich verbietet § 5 Abs. 2a EStG ein solches Vorgehen. Siehe auch Druckbeihilfe.

F.

Factoring: Beim echten Factoring übernimmt der Factor eine Forderung inklusive des Risikos eines Forderungsausfalls. Die abgetretene Forderung ist hier beim Factor zu bilanzieren. Beim unechten Factoring handelt es sich um einen Kredit mit Sicherungsabtretung. Im Fall eines unechten Factorings kann der Zedent sowohl die ursprüngliche Forderung als auch den Kredit des Factors bilanzieren. Alternativ kann die Forderung wie beim echten Factoring ausgebucht werden, wobei jedoch bei hinreichender Wahrscheinlichkeit eines Forderungsausfalls eine Verbindlichkeitsrückstellung zu bilden ist.[1200]

Faktische Verpflichtung: Unter faktischen Verpflichtungen sind solche zu verstehen, die der Kaufmann zwar ohne rechtliche Verpflichtung erbringt, aber die aus geschäftlichen Erwägungen geboten erscheinen (siehe auch Kap. 2.1.2.3; Kap. 2.1.3).[1201] Insofern ist eine Abgrenzung zu den Gewährleistungen i.S. des § 249 Abs. 1 Satz 2 Nr. 2 HGB fließend – siehe Gewährleistung. Für faktische Verpflichtungen dürfen grds. Rückstellungen für ungewisse Verbindlichkeiten gebildet werden – siehe auch Gewährleistung, Sozialplan.

BEISPIEL Beispiele für faktische Verpflichtungen sind neben den in § 249 Abs. 1 Satz 2 Nr. 2 HGB genannten Gewährleistungsverpflichtungen: Umweltschutzmaßnahmen, die aufgrund öffentlichen Drucks durchgeführt werden müssen, Verpflichtungen aus nichtigen, aber durchgeführten Verträgen,[1202] Restrukturierungsverpflichtungen aufgrund eines Sozialplans.

Hiervon abzugrenzen sind rechtliche Verpflichtungen, die sich durch regelmäßiges Vornehmen der Handlung ohne Vorbehalt ergeben (sog. betriebliche Übung). Im Ergebnis begründen diese aber ebenso den Ansatz einer Verbindlichkeitsrückstellung bei Erfüllungsrückstand. Siehe hierzu u. a. Gratifikation.

Fehlkalkulation: Eine Fehlkalkulation kann eine Drohverlustrückstellung begründen. Dies gilt, wenn die voraussichtlichen Erlöse aus dem noch nicht aktivierten Vermögensgegenstand die voraussichtlich noch anfallenden Herstellungskosten unterschreiten.

Abb. 21: Drohverlustrückstellung bei einer Fehlkalkulation

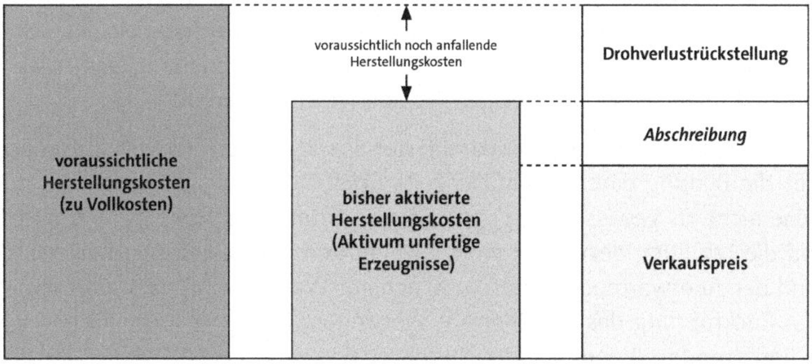

© Künkele/Vodermeier/Zwirner

1200 Vgl. *Broemel/Endert*, BBK 2013 S. 298, 300.
1201 Ähnlich *Hoffmann/Lüdenbach*, § 249 HGB Rz. 14.
1202 Vgl. *Madauß*, DB 1996 S. 637, 637.

Die Rückstellung ist dann insoweit zu verbrauchen, als Herstellungskosten aktiviert werden.[1203]

Die Bewertung der Drohverlustrückstellung ergibt sich auf Grundlage der zu Vollkosten bewerteten (voraussichtlichen) Herstellungskosten des Vermögensgegenstands. Hierzu zählen alle Einzelkosten sowie produktionsbedingte Gemeinkosten. Ferner sind auch Fremdkapitalkosten im Zusammenhang mit der Herstellung den voraussichtlichen Herstellungskosten zuzurechnen.[1204]

Wenn und soweit der Bilanzierende bewusst höhere Herstellungskosten (bspw. durch den teureren Einkauf von Produktionsfaktoren, die bewusste Beschaffung von Mehrmengen zur Absicherung der Qualität oder einen produktions- oder qualitätsanspruchsbedingt höheren Ausschuss von Inputfaktoren) in Kauf nimmt, letztlich mit dem Endprodukt indes weiterhin einen Gewinn erzielt, scheidet die Ansatzpflicht einer Drohverlustrückstellung aus. Vielmehr stellen die erhöhten, notwendigen Aufwendungen des Bilanzierenden produktionsbedingte Herstellungskosten dar.

Siehe auch Absatzgeschäft.

Fernwärmeleitungen: Eine abstrakte Verpflichtung zum Rückbau von Fernwärmeleitungen nach § 8 AVBFernwärmeV begründet keine Verpflichtung zur Bildung einer Rückstellung, soweit der Beseitigungsanspruch durch den Grundstückseigentümer nicht geltend gemacht wird.[1205]

Fernwärmeversorgungsunternehmen: Sofern hinsichtlich der Restlaufzeit der Versorgungsverträge ein Verlust droht, ist diesem Sachverhalt mittels Bildung einer Drohverlustrückstellung Rechnung zu tragen. Dies ist insb. dann gegeben, wenn die Kosten des Unternehmens für Erzeugung und Lieferung der Fernwärme den vereinbarten Abgabepreis übersteigen.

Feuer: siehe Katastrophe.

Feuerschutzsteuer: siehe Verkehrssteuer.

Filiale: siehe Defizitäre Filiale.

Filmförderdarlehen: Ist ein gewährtes Filmförderdarlehen nur aus zukünftigen Verwertungserlösen zu bedienen, kommt steuerlich kein Ansatz einer Verbindlichkeit oder Rückstellung zum Bilanzstichtag infrage. Das Darlehen unterliegt dem Anwendungsbereich des § 5 Abs. 2a EStG (Ansatzverbot). Vielmehr sind die Zahlungen (Aufwendungen) periodengleich zu den korrespondierenden Verwertungserlösen zu erfassen.[1206] Siehe auch Filmkredit.

Filmkredit: Ein auflösend bedingter Filmkredit, der aus künftigen Verwertungserlösen zu tilgen ist, begründet die Bildung einer Verbindlichkeitsrückstellung nur,[1207] wenn die Höhe der Verwertungserlöse nicht als gewiss gelten kann. Stehen Grund und Höhe der Verpflichtung jedoch fest, während die Erfüllung bezweifelt wird, ist eine Verbindlichkeit auszuweisen.[1208] „Wird jedoch aufgrund der zu erwartenden Erlöse mit sicherer Wahrscheinlichkeit von keiner bzw. einer nur anteiligen Rückführung des Darlehens ausgegangen, ist der Teil, der aufgrund der zum Bilanzstichtag vorliegenden Planung mit sicherer Wahrscheinlichkeit keiner Rückführung unter-

1203 Vgl. in Bezug auf die Langfristfertigung IDW RS HFA 4, IDW FN 2010 S. 298, 301.

1204 Vgl. IDW RS HFA 4, IDW FN 2010 S. 298, 303.

1205 Vgl. *Bünning*, BB 2014 S. 2354, 2354.

1206 Vgl. BFH v. 10.7.2019, XI R 53/17, DStR 2019 S. 2185 ff.

1207 Vgl. BFH v. 20.9.1995, X R 225/93, BStBl. II 1997 S. 320.

1208 Vgl. BFH v. 20.9.1995, X R 225/93, BStBl. II 1997 S. 320.

liegt, ergebniserhöhend als Ertrag zu erfassen."[1209] Für die Steuerbilanz gilt das Passivierungsverbot des § 5 Abs. 2a EStG, weswegen der überlassene Betrag als Ertrag zu verbuchen ist. Mit der Realisierung künftiger Verwertungserlöse kommt es korrespondierend zu einer erfolgswirksamen Bildung einer Verbindlichkeit.[1210]

Abb. 22: Vergleich von handels- und steuerrechtlichem Wertansatz

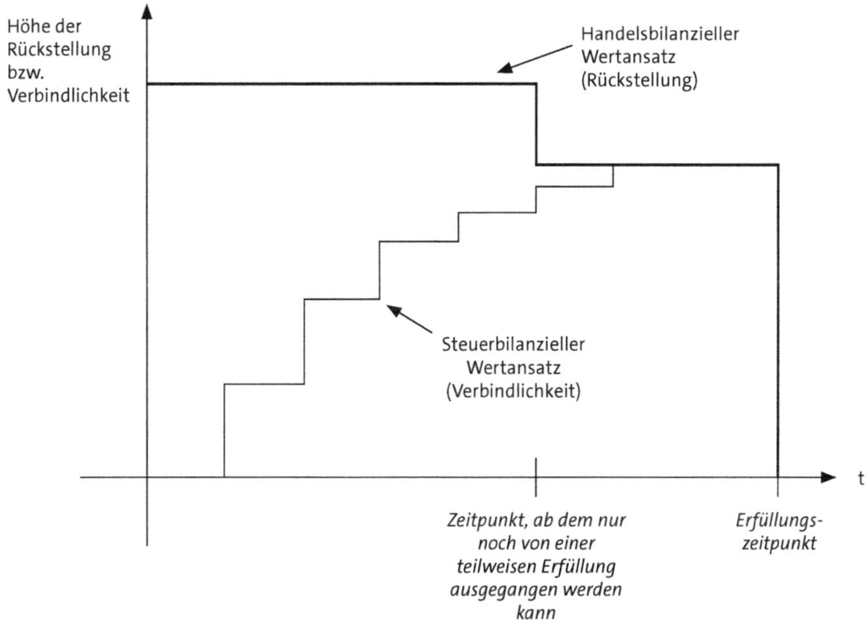

Financial Futures: Ein drohender Verlust, der sich durch Eingehen einer Position in einem Financial Future ergibt, ist in einer Drohverlustrückstellung zu berücksichtigen. Die Höhe der Rückstellung ergibt sich aus dem Verlust, der sich zum Bilanzstichtag durch Glattstellung der Position ergeben würde (Differenz zwischen Futurekurs zum Kauf- oder Verkaufszeitpunkt und Futurekurs zum Zeitpunkt der Glattstellung). Zu beachten sind die Einschränkungen, die sich bei Vorhandensein einer Bewertungseinheit ergeben – siehe Bewertungseinheit.

Finanzinstrument: siehe Bewertungseinheit, Call-Option, Devisentermingeschäft, Financial Futures, Optionsgeschäft, Termingeschäft, Währungsswap, Zinsswap.

Finanztransaktionssteuer: siehe Verkehrssteuer.

Finanzverbindlichkeit: siehe Gesellschafterfinanzierung.

Finanzverwaltung: siehe Datenzugriff der Finanzverwaltung.

Firmenjubiläum: siehe Dienstjubiläumszuwendung.

1209 Vgl. Handbuch Bilanzrecht/*Zwirner/Wittmann*, E.III. Rz. 92.
1210 Siehe Handbuch Bilanzrecht/*Zwirner/Wittmann*, E.III. Rz. 93.

Flaschenpfand: Für die Verpflichtung zur Rückgabe des Flaschenpfands ist handelsrechtlich eine Rückstellung für ungewisse Verbindlichkeiten zu bilden.[1211] Die Ungewissheit besteht hinsichtlich der Höhe, weil nicht klar ist, in welchem Umfang die übergebenen Flaschen wieder zurückgegeben werden. Getränkehändler müssen darüber hinaus auch eine Rückstellung für ungewisse Verbindlichkeiten ansetzen, wenn am Bilanzstichtag damit zu rechnen ist, dass eine Schadensersatzzahlung zu leisten ist, weil Leergut nicht wie vereinbart an den Abfüller zurückgegeben wurde. Für sog. Mehrrücknahmen bei Teilnahme an einem Mehrwegsystem kommt die Aktivierung eines Nutzungsrechts infrage.[1212]

Die Pfandrückstellung kann kundenbezogen ermittelt werden, wenn für jeden Abnehmer die Anzahl der ausgegebenen und zurückgegebenen Flaschen festgehalten wird. Zur Bewertung der Rückstellung ist dann der Saldo (also die noch beim Kunden befindlichen Flaschen) mit dem Pfandsatz zu multiplizieren.

Ist eine solche kundenbezogene Ermittlung nicht möglich, wird bei Individualleergut[1213] die Differenz aus Erträgen und Aufwand aus der Pfandflaschenausgabe bzw. -rücknahme als Rückstellung bilanziert.

BEISPIEL Die Schluckspecht GmbH hat bis zum Bilanzstichtag Erträge i. H. von 200.000 EUR aus der Pfandberechnung und Aufwendungen i. H. von 150.000 EUR aus der Pfandrückgabe von Individualleergut zu verzeichnen. Für die Rückstellungsbemessung sind 50.000 EUR zugrunde zu legen.

Bei Einheitsleergut[1214] kann die Rückstellung nur pauschal ermittelt werden. Hierzu wird die Umschlagsgeschwindigkeit[1215] der Flaschen auf das Jahr berechnet und mit dem Pfandsatz multipliziert.

BEISPIEL Die Schluckspecht GmbH nutzt auch Einheitsleergut. In t1 hat sie 24.000 Flaschen im Einheitsleergut abgesetzt. 4.000 Flaschen befinden sich noch im Umlauf.

Die Umschlagsgeschwindigkeit beträgt sechs Umschläge/Jahr (= 24.000 / 4.000). Das heißt, dass die Flaschen durchschnittlich zwei Monate beim Kunden verweilen. Die Pfandrückstellung ergibt sich durch Multiplikation der in den letzten zwei Monaten abgesetzten Flaschen mit dem Pfandsatz.

Aufgrund der kurzen Verweildauer der Flaschen beim Kunden ist keine Abzinsung der Rückstellung vorzunehmen. Hingegen ist die Rückstellung um eine Verlustquote (wegen Bruch bspw.) zu mindern. Diese wiederum ist nur insofern zu berücksichtigen, als sie nicht durch die Abnahme fremder oder Auszahlung des Pfands auch für fehlende Flaschen kompensiert wird.[1216]

PRAXISTIPP

Kann der Betrieb nachweisen, dass er auch fehlende oder fremde Flaschen regelmäßig abnimmt, ist bei der Bewertung der Rückstellung keine Verlustquote zu berücksichtigen.[1217]

Auch steuerrechtlich ist für die Verpflichtung, bei Rückgabe von Individualleergut und von Brunneneinheitsflaschen und -kästen Pfandgelder an Kunden zurückzuzahlen, eine Verbindlichkeit zu

1211 Vgl. *Deubert/Lewe*, DStR 2020 S. 1975, 1980. Vgl. auch *Zwirner*, DB 2020 S. 2646.

1212 BFH v. 9.1.2013, I R 33/11, DStR 2013 S. 957.

1213 Hierbei handelt es sich um Leergut, das aufgrund der äußeren Gestaltung dem Abfüller genau zugerechnet werden kann.

1214 Dieses Leergut kann nicht individuell zugeordnet werden.

1215 Abgesetzte Menge im Geschäftsjahr durch Anzahl der im Umlauf befindlichen Flaschen.

1216 Vgl. Verband deutscher Mineralbrunnen e. V., S. 12.

1217 Vgl. Verband deutscher Mineralbrunnen e. V., S. 12.

passivieren; bei Einheitsleergut soll nach Ansicht des BMF steuerrechtlich hingegen keine Rückstellungsbildung vorgenommen werden.[1218] Aus Vereinfachungsgründen wird allerdings nicht beanstandet, wenn Einheitsleergut wie Individualleergut behandelt wird, sodass auch für diese Verpflichtung betreffend Einheitsleergut steuerrechtlich eine Verpflichtung i.S. einer Rückstellung bilanziert werden kann.[1219] Entscheidet sich der Bilanzierende gegen dieses Wahlrecht, ist er hieran für die Zukunft gebunden. Der Gewinn aus der Auflösung einer bereits bestehenden steuerrechtlichen Rückstellung und der in der Bilanz aktivierten Beträge von im Lager befindlichem Einheitsleergut kann dann wahlweise über einen Zeitraum, der spätestens am 31.12.2029 endet, gleichmäßig verteilt werden. Mit dem zugestandenen Wahlrecht – nämlich der Beibehaltung der Pfandrückstellung für Einheitsleergut – wird eine gleich lautende Erfassung von Pfandgeldern für Individualleergut und Einheitsleergut auch künftig in der Handels- und Steuerbilanz weiterhin ermöglicht.[1220] Insofern können sowohl in der Steuer- als auch in der Handelsbilanz weiterhin Pfandrückstellungen angesetzt werden, und zwar sowohl für Einheits- als auch für Individualleergut.

Flottengrenzwert: In Europa wird die Emission von CO_2 durch Autos und leichte Nutzfahrzeuge reguliert, indem den Automobilherstellern Grenzwerte für ihre jährlich abgesetzten Neuwagen vorgegeben werden. Wenn diese Flotten der Automobilhersteller den relevanten Grenzwert nicht einhalten, haben die Unternehmen Strafzahlungen zu leisten. Sofern ein Unternehmen zum Bilanzstichtag ernsthaft damit rechnet, dass der relevante Grenzwert nicht eingehalten und eine damit zusammenhängende Vertragsstrafe festgesetzt wird, ist eine Rückstellungsbildung angebracht.

Flughafen: zum Erwerb einer Nachtfluggenehmigung unter Auflagen siehe Lärmschutz.

Flugzeug: Umstritten ist die Frage, ob für die Aufwendungen im Zusammenhang mit der Inspektion eines Flugzeugs, die mit Erreichen einer bestimmten Anzahl von Flugstunden gesetzlich vorgeschrieben ist, eine Rückstellung gebildet werden darf. Der BFH verneint die Zulässigkeit der Bilanzierung einer Rückstellung für ungewisse Verbindlichkeiten mit der Begründung, dass erst in jenem Zeitpunkt, in dem die entsprechenden Flugstunden erreicht werden, eine Verpflichtung existiert, die zudem auf den Weiterbetrieb des Flugzeugs gerichtet ist. Insofern fehle es an einem Bezug zur Vergangenheit.[1221]

Eine andere Meinung vertreten u.a. *Mayer-Wegelin* und *Herzig*, die den Ansatz einer Rückstellung als geboten erachten.[1222] Beide sehen die wirtschaftliche Verursachung der Verpflichtung im Betrieb des Flugzeugs und damit in der Vergangenheit.[1223] Wird dieser Ansicht gefolgt, ist die Rückstellung für ungewisse Verbindlichkeiten nach dem Anteil der erreichten Flugstunden an der Anzahl der Flugstunden, welche die Inspektionsverpflichtung hervorrufen, zu bilanzieren.

Überschneidungen können mit den Rückstellungen für unterlassene Instandhaltungen i.S. des § 249 Abs. 1 Satz 2 Nr. 1 Alt. 1 HGB auftreten, deren Bildung in Betracht kommt, wenn die Inspek-

1218 Vgl. BMF v. 19.2.2019, IV C 6 – S 2133/13/10002, DStR 2019 S. 449; BFH v. 9.1.2013, I R 33/11, DStR 2013 S. 957. Vgl. hierzu auch *Zwirner*, BC 2021 S. 18 f.

1219 Vgl. hierzu und zum Folgenden BMF v. 8.12.2020, IV C 6 – S 2133/19/10002:013, DStR 2020 S. 2789.

1220 Vgl. *Zwirner*, DB 2020 S. 2646, 2646.

1221 Vgl. BFH v. 19.5.1987, VIII R 327/83, BStBl. II 1987 S. 848.

1222 Vgl. HdR-E/*Mayer-Wegelin*, § 249 HGB Rz. 229, und *Herzig*, DB 1990 S. 1341, 1351.

1223 HdR-E/*Mayer-Wegelin*, § 249 HGB Rz. 229, verweist überdies auf die Ausführungen von *Moxter*, der darauf abstellt, ob die Abschreibungen den Inspektionsaufwand bereits mit berücksichtigen oder nicht (dann Rückstellungsbildung).

tion bis zum Bilanzstichtag trotz Erreichen der Flugstunden nicht durchgeführt wurde – siehe Instandhaltung.

Flugzeugwartung: Es ist keine Rückstellung für die Wartung von Flugzeugen, welche sich auf öffentlich-rechtliche Verpflichtungen zurückführen lässt, zu bilden. Der BFH begründet seine Entscheidung im Urteil vom 9.11.2016 – I R 43/15 damit, dass die rechtliche Entstehung sowie auch die wirtschaftliche Verursachung der Wartungsverpflichtung auf die Zukunft gerichtet ist.[1224] Zwar handelt es sich bei der Wartung um eine öffentlich-rechtliche Verpflichtung, da ein Flugfahrzeug ab einer bestimmten Anzahl von Betriebsstunden zu warten ist. Doch ist die Wartung des Luftfahrzeugs rechtlich nicht durchsetzbar und kann nicht im Klageverfahren oder im Verwaltungsverfahren verfolgt und vollstreckt werden. Ebenso liegt das Erreichen der entsprechenden Betriebszeit nach dem relevanten Abschlussstichtag. Sofern daher der Betrieb eingestellt werden würde, würden keine Wartungsaufwendungen entstehen. Darum fehlt es an der Erfüllung des Kriteriums der Außenverpflichtung, sodass die Bildung einer Rückstellung für die Wartung eines Flugfahrzeugs nicht in Betracht kommt.[1225]

Der BFH hat darüber hinaus eine privatrechtliche Verpflichtung für Wartungsaufwendungen von Flugzeugen zugelassen. Die Bemessungsgrundlage war hierbei – abweichend von der öffentlich-rechtlichen Verpflichtung – vergangenheitsorientiert, sodass sich das Unternehmen auch durch Einstellung des Betriebs nicht den Aufwendungen entziehen kann. Der BFH sah daher die Passivierung einer entsprechenden Rückstellung als zulässig an.[1226]

Flurentschädigung: Bei Kiesabbau sind für eventuelle Flurentschädigungen (Entschädigungszahlung dafür, dass die Kiesausbeute die landwirtschaftliche Nutzung des Gebiets verbietet) nur Drohverlustrückstellungen zu bilden, wenn sich aus dem gesamten Sachverhalt (also unter Berücksichtigung der Einnahmen aus der Kiesausbeute, der Kosten der Rekultivierung usw.) ein Verlust androht.[1227] In einem vom BFH zu verhandelnden Fall überstiegen die Einnahmen aus Kippgebühren zur Wiederbefüllung der Kiesgrube die Flurentschädigung, weswegen eine Drohverlustrückstellung abgelehnt wurde.[1228]

Flusswasserkraftwerk: Nicht zulässig ist die Bildung von Rückstellungen für Uferschutzarbeiten und Entschlammungen bei Betreibern von Flusswasserkraftwerken, um die künftige Produktion zu gewährleisten. Derartige Aufwendungen stehen nicht im Zusammenhang mit der Vergangenheit, sondern sind abhängig vom zukünftigen Betrieb des Flusswasserkraftwerks.[1229] Zudem handelt es sich um eine Verpflichtung des Unternehmens gegen sich selbst. Aufwandsrückstellungen sind, bis auf die in § 249 Abs. 1 Satz 2 HGB genannten Formen, nicht zu passivieren.

Hingegen ist für die am Abschlussstichtag bereits bekannte Verpflichtung, dass das Wasserkraftwerk auf Kosten des Bilanzierenden zu beseitigen ist, eine Rückstellung für ungewisse Verbindlichkeiten zu bilden.[1230]

Flut: siehe Katastrophe.

1224 Vgl. BFH v. 9.11.2016, I R 43/15, BStBl. II 2017 S. 379.
1225 Vgl. *Prinz*, WPg 2017 S. 1316, 1316 ff.; *Kleinmanns*, BB 2015 S. 1713, 1713; *Abele*, BB 2015 S. 2482, 2482.
1226 Vgl. BFH v. 9.11.2016, I R 43/15, BStBl. II 2017 S. 379.
1227 Vgl. BFH v. 16.9.1970, I R 184/67, BStBl. II 1971 S. 85.
1228 Vgl. BFH v. 16.12.1992, XI R 42/89, BFHE 170 S. 179.
1229 Vgl. BFH v. 12.12.1991, IV R 28/91, BStBl. II 1992 S. 600.
1230 Siehe auch *Gelhausen/Fey*, DB 1993 S. 593, 593 ff.

Fördermittel: Öffentlich-rechtliche Einrichtungen von Bund, Ländern oder Gemeinden (wie z.B. Forschungsministerien) oder auch halbstaatliche Einrichtungen gewähren oftmals Fördermittel. Diese Fördermittel sind i.d.R. an die Einhaltung bestimmter Bedingungen (z.B. die Schaffung von Arbeitsplätzen) oder Investitionen gebunden. Die Gewährung der Fördermittel erfolgt oftmals antragsgebunden, d.h., das beantragende Unternehmen erhält die Fördermittel ohne tiefer greifende Prüfung. Ihre endgültige Ausreichung erfolgt in verschiedenen Fällen in Abhängigkeit von einer Prüfung durch die auszureichende Stelle. Bestehen beim Fördermittelempfänger nachweisbare Zweifel, ob bereits erhaltene Fördermittel zurückzuzahlen sind, weil z.B. bestimmte Bedingungen nachweisbar nicht erfüllt wurden und eine Prüfung der Fördermaßnahme durch die auszureichende Stelle angekündigt ist bzw. sämtliche Fördermaßnahmen geprüft werden, dann ist eine Rückstellung auf Rückzahlung der Fördermittel zu passivieren. Ebenso ist eine Rückstellung für den entstehenden Aufwand der Prüfung zu bilden. Als Kosten sind dabei unternehmensinterne wie auch externe Kosten zu berücksichtigen.

Forderungserlass: siehe Besserungsschein.

Forfaitierung: Beim Verkauf einer Forderung auf künftige Leasingraten mit Übergang des Bonitätsrisikos auf den Käufer ist für den Verkaufserlös ein passiver Rechnungsabgrenzungsposten seitens des Leasinggebers zu bilden; es kommt zu keiner Rückstellungsbildung.[1231]

Forschung und Entwicklung: Die Bildung einer Rückstellung für aufgeschobene Forschungs- und Entwicklungskosten ist nicht zulässig.

Forstschäden: Soweit infolge einer Holznutzung, die keinen Kahlschlag darstellt und die nicht zu einer Buchwertminderung geführt hat, dennoch eine Wiederaufforstungsverpflichtung entsteht, sind die Wiederaufforstungskosten nicht zu aktivieren. Sie sind entsprechend dem Umfang der Verpflichtung und den Wertverhältnissen am Bilanzstichtag in eine Rückstellung einzustellen, wenn die Voraussetzungen für eine Rückstellungsbildung gem. R 5.7 Abs. 4 EStR erfüllt sind (für Rückstellungen aufgrund öffentlich-rechtlicher Verpflichtung vgl. BFH v. 13.12.2007, BStBl. 2008 II S. 516). Die Grundsätze von R 6.11 Abs. 1 EStR sind zu berücksichtigen (z.B. Zuschüsse).

Wiederaufforstungskosten nach einem Kahlschlag sind Herstellungskosten für das neu entstehende Wirtschaftsgut Baumbestand und als nicht abnutzbares Anlagevermögen zu aktivieren.

Die Wiederaufforstung beginnt mit den Pflanzmaßnahmen, der Naturverjüngung oder der Saat. Sie endet mit der Sicherung des Baumbestandes, die nach Ablauf von fünf Wirtschaftsjahren nach dem Wirtschaftsjahr des Beginns der Wiederaufforstung anzunehmen ist. Zu den Wiederaufforstungskosten gehören insb. die Aufwendungen für Setzlinge, Pflanzung, Befestigung des Pflanzgutes (z.B. Pfähle und Drähte), Pflegemaßnahmen sowie Löhne. Dagegen führen Aufwendungen für Kulturzäune zu Herstellungskosten für ein selbstständiges Wirtschaftsgut und werden über R 6.3 Abs. 1 EStR entsprechend berücksichtigt.

Sofern die Wiederaufforstung erst in einem späteren Wirtschaftsjahr vorgenommen wird, ist eine Rückstellung nach § 5 Abs. 4b EStG nicht zulässig.

Siehe auch Wiederaufforstung.

Forstwerk: Aufwendungen im Zusammenhang mit dem regelmäßig zu erstellenden Forstwerk sind zum Bilanzstichtag nicht als Rückstellung zu erfassen. Da es sich bei dem Forstwerk um

1231 Vgl. *Weber-Grellet* in: Schmidt, § 5 EStG Rz. 732.

keine öffentlich-rechtliche Verpflichtung handelt, können die Kosten eines freiwillig erstellten Forstwerks nicht zurückgestellt werden.

Franchising: Ein zivilrechtlich gemischter Vertrag, durch den der Franchisenehmer Waren und/ oder Dienstleistungen unter Verwendung bestimmter Namen, Marken usw. und Know-how des Franchisegebers im eigenen Namen und auf eigene Rechnung vertreiben kann. Die allgemeinen Rückstellungsgrundsätze gelten analog zu anderen Unternehmensformen.[1232]

Freie Mitarbeiter: Die Abrechnung erfolgt regelmäßig auf Basis der Zeiterfassung der freien Mitarbeiter, wodurch die Höhe der Verpflichtung unklar ist. Für noch ausstehende Abrechnungen von freien Mitarbeitern für im abgelaufenen Geschäftsjahr erbrachte Leistungen ist daher eine Rückstellung für ungewisse Verbindlichkeiten zu bilden.

Freistellung: siehe Mitarbeiterfreistellung.

Freistellungsvereinbarung: siehe Mitarbeiterfreistellung.

Freiwillige Jahresabschlussprüfung: Bisher konnten Gesellschaften sowohl im Handels- als auch im Steuerrecht Verbindlichkeitsrückstellungen bilden, bspw. für die zu erwartenden Aufwendungen zur Durchführung und Offenlegung einer freiwilligen Jahresabschlussprüfung. Der BFH hat in seinem Urteil vom 5.6.2014 – IV R 26/11 entschieden, dass fortan keine Rückstellungen mehr für die Durchführung und Offenlegung freiwilliger Jahresabschlussprüfungen in der Steuerbilanz gebildet werden dürfen, wenn eine Gesellschaft dazu bspw. „nur" aufgrund ihres Gesellschaftsvertrags verpflichtet ist. Begründet wird das Urteil des BFH damit, dass in diesen Fällen die zu erwartenden Aufwendungen ausschließlich reine Selbst- und Innenverpflichtungen darstellen, die trotz ihrer Einklagbarkeit keine rückstellungsfähige Außenverpflichtung begründen können[1233] (siehe zur Außenverpflichtung Kap. 2.1.2.2). Somit darf in der Steuerbilanz keine Rückstellung angesetzt werden.

Handelsrechtlich wird hingegen eine gegenteilige Meinung durch das IDW[1234] vertreten. Nach Ansicht des IDW ist auch in den Fällen, in denen eine freiwillige Jahresabschlussprüfung durchgeführt werden soll, der Ansatz einer Rückstellung geboten. Begründet wird dies damit, dass die Gesellschafter aufgrund des zugrunde liegenden Gesellschaftsvertrags die Jahresabschlussprüfung gerichtlich einklagen können und insoweit im Verhältnis zur Gesellschaft ebenfalls als **fremde Dritte** zu verstehen sind, sodass eine Außenverpflichtung vorliegt. Somit darf in der Handelsbilanz eine Rückstellung angesetzt werden.[1235]

HINWEIS

Das Urteil des BFH im Zusammenhang mit der Bildung von Rückstellungen für die Durchführung von freiwilligen Jahresabschlussprüfungen geht über den dem Urteil zugrunde liegenden Sachverhalt einer Personengesellschaft hinaus, da dieses auf Gesellschaften aller Rechtsformen übertragbar ist und somit eine große Ausstrahlwirkung in der Steuerpraxis entfaltet.

1232 Vgl. grds. auch *Weber-Grellet* in: Schmidt, § 5 EStG Rz. 550 m. w. N.

1233 Vgl. BFH v. 5.6.2014, IV R 26/11, BStBl. II 2014 S. 886.

1234 IDW RH HFA 1.009, IDW FN 8/2010 S. 354 ff.

1235 Vgl. *Zeidler/Schmatz*, BBK 2015 S. 281, 281 ff.

Freizeit: Der Bundesfinanzhof (BFH) hat sich mit seinem Urteil vom 5.6.2024 – VI R 20/22 zur Bildung von Rückstellungen für Altersfreizeit geäußert. Nach Auffassung des BFH liegt eine Rückstellung für ungewisse Verbindlichkeiten vor.[1236]

Für die Verpflichtung des Arbeitgebers zur Gewährung von Altersfreizeit (von zwei Tagen pro Jahr der Betriebszugehörigkeit), die unter den Bedingungen einer mindestens zehnjährigen Betriebszugehörigkeit des Arbeitsnehmers sowie der Vollendung von dessen 60. Lebensjahr steht, ist eine Rückstellung für ungewisse Verbindlichkeiten zu bilden.

Im Streitfall besteht eine – nur der Höhe nach ungewisse – Verbindlichkeit der Klägerin auf Gewährung von Altersfreizeit, soweit die betroffenen Arbeitnehmer bereits das Merkmal der mindestens zehnjährigen Betriebszugehörigkeit erfüllt und das 60. Lebensjahr vollendet haben. Auch für eine erst in der Zukunft entstehende Verbindlichkeit muss eine Rückstellung gebildet werden. Soweit die beiden vorgenannten Bedingungen noch nicht erfüllt sind, ist das künftige Entstehen einer Verbindlichkeit auf Gewährung von Altersfreizeit dem Grunde nach hinreichend wahrscheinlich. Es sprechen mehr Gründe für als gegen das Entstehen der Verbindlichkeit.

Der Anspruch der Arbeitnehmer (als Sachleistungsverpflichtete) ist durch ihre Arbeitsleistung – z.T. aufschiebend bedingt durch eine mindestens zehnjährige Betriebszugehörigkeit und die Vollendung des 60. Lebensjahres – entstanden und damit erdient bzw. „realisiert". Die Arbeitnehmer haben dadurch eine Vorleistung erbracht. Hingegen hat die Klägerin ihre Gegenleistung in Gestalt der Altersfreizeit noch zu erbringen. Sie hat am Bilanzstichtag weniger geleistet, als sie nach dem Arbeitsvertrag und den Bestimmungen des Manteltarifvertrags zu leisten verpflichtet ist. Insofern befindet sie sich in einem Erfüllungsrückstand. Der auf diese Weise entstandene Erfüllungsrückstand wird sukzessive mit jedem abgelaufenen Jahr der Betriebszugehörigkeit der Arbeitnehmer aufgebaut.

Der BFH teilt die Auffassung der Vorinstanz, dass die Zusage einer Altersfreizeit mit der Zusage von Zuwendungen aus Anlass eines Arbeitnehmer- oder Firmenjubiläums vergleichbar sei. In beiden Fällen kommt es maßgebend auf die Dauer der Betriebszugehörigkeit des Arbeitnehmers an, sodass die zukünftige Leistung des Arbeitgebers mit den in der Vergangenheit erbrachten Diensten des Arbeitnehmers verknüpft und aufseiten des Arbeitgebers ein Erfüllungsrückstand aufgebaut wird, der die Bildung einer Rückstellung rechtfertigt.

Fremdgelder: Für zum Stichtag vereinnahmte Fremdgelder (bspw. von Kunden) sind Verbindlichkeiten anzusetzen und keine Rückstellungen. Die Fremdgelder sind dem Grunde nach sowie der Höhe nach sicher bestimmbar. Allein der zum Bilanzstichtag ggf. noch nicht bekannte Zeitpunkt der Inanspruchnahme ändert nichts am Vorliegen einer Verbindlichkeit.

Friseurgutschein: Gutscheine für einen Preisnachlass beim Friseur für das Folgejahr können im Ausgabejahr weder als Verbindlichkeit noch als Rückstellung bilanziert werden.[1237]

Futures: siehe Financial Futures, Warentermingeschäft.

1236 Vgl. auch *Oser/Wirtz*, StuB 2025 S. 1 ff.
1237 Vgl. BFH v. 19.9.2012, IV R 45/09, BStBl. II 2013 S. 123.

G.

Garantie: siehe auch Bürgschaft und Gewährleistung. Rückstellungen sind bei drohender Inanspruchnahme aus einer Zahlungsgarantie sowohl in der Handelsbilanz als auch in der Steuerbilanz zu bilden. Hierbei werden bspw. bei einer „Garantie auf erstes Anfordern" alle Einwendungsmöglichkeiten ausgeschlossen, da nur so dem Garantienehmer eine effektive Zahlungssicherung gegeben ist. Der wirtschaftliche Unterschied zwischen Garantie und Bürgschaft ist fließend. Auf die gewählte Bezeichnung kommt es dabei nicht an.

Siehe auch Bürgschaft.

Garantiefonds: siehe Einlagensicherungsfonds.

Garantiegebühren: Garantiegebühren sind mittels eines passiven Rechnungsabgrenzungspostens auf die Garantiedauer zu verteilen.[1238]

Garantieleistung: siehe Gewährleistung.

Garantieverpflichtung: Werden zivilrechtlich Garantien abgegeben, die über die gesetzlichen Gewährleistungsverpflichtungen hinausgehen (bspw. Garantieverlängerung beim Kauf von Elektrogeräten), begründen auch diese eine Rückstellung für ungewisse Verbindlichkeiten. Sind diese jedoch nur auf einen bestimmten Anteil des Verkaufspreises beschränkt, so ist dieser Umstand i. R. der Rückstellungsbewertung zu berücksichtigen. Zur Bewertung siehe auch Gewährleistung.

Garantieverpflichtungen sind nur dann zum Bilanzstichtag als Rückstellung zu erfassen, wenn auf Basis von Erfahrungs- und Vergangenheitsdaten hinreichend sicher von einer Inanspruchnahme ausgegangen werden kann. Wurde ein bestehender Mangel zum Bilanzstichtag noch nicht entdeckt und fehlte es insoweit an der Kenntnis des Mangels, scheidet der Ansatz einer Rückstellung im Einzelfall aus.[1239] Siehe auch Werkmangel.

BEISPIEL ▸ Die Garantierückstellungen AG vertreibt hochmoderne Elektronikprodukte im kosmetischen Bereich für den privaten Gebrauch. Über den gesetzlichen Garantiezeitraum von zwei Jahren hinaus räumt sie ihren Kunden eine weitere zweijährige Gewährleistung ein. Der Bewertung ihrer Gewährleistungs- und Garantieverpflichtungen zum Bilanzstichtag legt sie stets den Umsatz des aktuellen Geschäftsjahrs zugrunde.

Zum 31.12.t1 bildet die Garantierückstellungen AG Garantieverpflichtungen ab, die eine Restlaufzeit zwischen weniger als einem und maximal vier Jahren haben. Hierbei sind die einzelnen Bewertungstranchen grds. entsprechend ihrer Restlaufzeit unterschiedlich abzuzinsen.

Garantien für das Eintreten bei Zahlungsunfähigkeit Dritter (Bürgschaften) müssen zur Begründung einer Rückstellung für ungewisse Verbindlichkeiten dem Kriterium der wahrscheinlichen Inanspruchnahme genügen.

Garantieverpflichtungen werden nicht unter § 5 Abs. 4a EStG subsumiert.[1240] Garantieverpflichtungen sind als einseitige Verträge nicht vom Begriff des schwebenden Geschäfts erfasst. Demzufolge ist auch für solche Sachverhalte für die Steuerbilanz die Passivierung von Rückstellungen für ungewisse Verbindlichkeiten zu prüfen. Siehe weiterführend Bürgschaft, Gewährleistung.

Gas- und Elektrizitätsversorgung: siehe Abrechnungskosten.

1238 Vgl. BFH v. 23.3.1995, IV R 66/94, DStR 1995 S. 1107.

1239 Vgl. BFH v. 28.8.2018, X B 48/18, BFH/NV 2019 S. 113.

1240 Vgl. BFH v. 11.4.2003, IV B 176/02, BFH/NV 2003 S. 919.

Gasrückführungssystem: Einem Tankstellenbetreiber wurde die Rückstellungsbildung für Aufwendungen im Zusammenhang mit der Errichtung eines Gasrückführungssystems untersagt. Im benannten Fall war der Tankstellenbetreiber gesetzlich verpflichtet, innerhalb einer gesetzten Frist die Anpassung zu vollziehen. Der BFH lehnte die Rückstellung ab, da die gesetzliche Frist noch nicht verstrichen und eine rechtliche Verpflichtung somit nicht gegeben war.[1241]

GDPdU: Die „Grundsätze zum Datenzugriff und zur Prüfbarkeit digitaler Unterlagen" (kurz: GDPdU) umfassen die Pflichten bezüglich Zugänglichmachung, Auswertung digitaler Daten i.R. der Betriebsprüfung sowie die Speicherung dieser Daten.[1242] Siehe auch Aufbewahrung von Geschäftsunterlagen, Betriebsprüfungskosten, Datenzugriff der Finanzverwaltung.

Gebrauchsmusterrecht: Hinsichtlich Ansatz und Bewertung von Rückstellungen für Verletzungen derartiger Schutzrechte gelten die unter „Patentrechtsverletzung" und „Urheberrechtsverletzung" gemachten Aussagen. Zum steuerlichen Auflösungsgebot siehe Kap. 2.1.4.3.

Gebühren: Gebühren entstehen dem Grunde nach mit Einleitung des entsprechenden Verwaltungsverfahrens. Sie sind daher zu diesem Zeitpunkt rechtlich und wirtschaftlich begründet.[1243] Siehe Zulassungskosten.

Gebühren im Zusammenhang mit Dekontamination/Reinigung: siehe Altlastensanierung.

Gebührenabsenkung: siehe Entgeltabsenkung.

Gefährdungsabschätzung: siehe Altlastensanierung.

Gegnerische Ansprüche: siehe Prozesskosten.

Gehaltsfortzahlung: siehe Lohnfortzahlung im Krankheitsfall.

Geldbuße: siehe Bußgeld, Prozesskosten.

Geldrestitution: siehe Restitution.

GEMA: siehe Verwertungsgesellschaft.

Generalüberholung: Aufwendungen für Generalüberholungen, die Aufwand des Kaufmanns gegen sich selbst darstellen, dürfen nicht als Rückstellung passiviert werden. Eine Ausnahme hiervon bilden Instandhaltungsaufwendungen i.S. des § 249 Abs. 1 Satz 2 Nr. 1 Alt. 1 HGB – siehe Instandhaltung.

Verpflichtet sich ein Mieter vertraglich ggü. dem Vermieter, nach Ablauf der Mietzeit die Mietsache einer Generalüberholung zu unterziehen, hat er hierfür in Handels- und Steuerbilanz eine Rückstellung für ungewisse Verbindlichkeiten anzusetzen – siehe Erneuerungsverpflichtung bei Mietverträgen. Ferner sind oftmals Pächter von Verpflichtungen zur Generalüberholung betroffen – siehe Erneuerungsverpflichtung bei Pachtverträgen.

Genussrecht: Kapital aus Genussrechten ist grds. als Verbindlichkeit und nicht als Rückstellung anzusetzen.[1244]

1241 Vgl. BFH v. 13.12.2007, IV R 85/05, DB 2008 S. 1013.

1242 Vgl. *Zwirner/Tippelhofer*, Beilage zu StuB 9/2017 S. 1, 8.

1243 Vgl. Frotscher/Geurts/*Watrin*, § 5 EStG Rz. 458.

1244 Vgl. *Weber-Grellet* in: Schmidt, § 5 EStG Rz. 550.

Gerichtshängigkeit von Forderungen: Ist i.R. eines Rechtsstreits von einem teilweisen Unterliegen auszugehen, kommt ein Rückstellungsansatz dem Grunde nach in Betracht, falls das Kriterium der überwiegenden Wahrscheinlichkeit auf die Prozesskosten angewandt werden kann.[1245]

Gerichtskosten: siehe Prozesskosten.

Gerichtsprozess: siehe Prozesskosten.

Gerüstbau: siehe Baustellenräumung.

Gesamtrechtsnachfolge: Gehen Pensionsverpflichtungen im Wege der Gesamtrechtsnachfolge (z.B. Erbfall, Umwandlung, Verschmelzung, Anwachsung oder Spaltung) über, so gehen sämtliche Pensionsverpflichtungen, also Anwartschaften und laufende Pensionen, kraft Gesetzes auf das übernehmende Unternehmen über. Im Gegensatz zur Einzelrechtsnachfolge, bei der eine Bewertung zu Anschaffungskosten zu erfolgen hat, erfolgt bei der Gesamtrechtsnachfolge die Bewertung auch zum Übertragungszeitpunkt nach §6a EStG.

Geschäftsbericht: Für einen vom Unternehmen auf freiwilliger Basis erstellten Geschäftsbericht für das abgelaufene Geschäftsjahr besteht ein Ansatzverbot von Rückstellungen, weil es sich hierbei um eine Aufwandsrückstellung handeln würde. Etwas anderes gilt, wenn bezüglich der Erstellung eines solchen Berichts eine gesetzliche, vertragliche oder faktische Verpflichtung besteht – siehe Jahresabschluss.

Geschäftsrisiko: Für das allgemeine Geschäftsrisiko einer sich möglicherweise verschlechternden Ertragslage darf keine Rückstellung gebildet werden.[1246]

Geschäftsunterlagen: siehe Aufbewahrung von Geschäftsunterlagen.

Geschäftsverlegung: Der BFH hat in einem Urteil die Bildung einer Verbindlichkeitsrückstellung für Kosten im Zusammenhang mit einer geplanten Verlegung des Unternehmens untersagt. Dies gilt auch, wenn der Umzug infolge der Kündigung angemieteter Geschäftsräume notwendig wird.[1247] Eine Rückstellung für ungewisse Verbindlichkeiten ist aber dann geboten, wenn am Bilanzstichtag eine bereits begonnene und rechtlich verpflichtende Betriebsverlegung noch nicht abgeschlossen ist.[1248]

Geschmacksmusterrecht: Hinsichtlich Ansatz und Bewertung von Rückstellungen für Verletzungen derartiger Schutzrechte gelten die unter „Patentrechtsverletzung" und „Urheberrechtsverletzung" gemachten Aussagen. Zum steuerlichen Auflösungsgebot siehe Kap. 2.1.4.3.

Gesellschafterfinanzierung: Sanierungs- und Stützungsmaßnahmen sind entsprechend ihrer Art gesondert zu betrachten und grds. nicht rückstellungsfähig.[1249]

Gesellschafterhaftung: Der persönlich haftende Gesellschafter einer PersG darf keine Rückstellung aufgrund seiner unbeschränkten Haftung bilden.[1250] Wird er aus seinem Gesellschafterverhältnis von der Gesellschaft in Anspruch genommen, so leistet er Einlagen.[1251]

1245 Vgl. *Hoffmann/Lüdenbach*, §249 HGB Rz.87.

1246 Vgl. BFH v.24.8.1972, VIII R 31/70, BStBl.II 1972 S.943.

1247 Vgl. BFH v.24.8.1972, VIII R 31/70, BStBl.II 1972 S.943.

1248 Vgl. BFH v.24.8.1972, VIII R 31/70, BStBl.II 1972 S.943.

1249 Vgl. *Weber-Grellet* in: Schmidt, §5 EStG Rz.550.

1250 Vgl. BFH v.21.6.1989, X R 14/88, BStBl.II 1989 S.881.

1251 Vgl. BFH v.21.6.1989, X R 14/88, BStBl.II 1989 S.881.

Gewährleistung: Aus dem § 437 BGB ergeben sich Verpflichtungen für Verkäufer. Diese umfassen die Pflicht zur Nacherfüllung, das Rücktrittsrecht des Käufers vom Vertrag, die Kaufpreisminderung und den Schadensersatz. Wenn das Unternehmen zum Bilanzstichtag im Einzelfall mit hoher Wahrscheinlichkeit mit einer Inanspruchnahme rechnen muss, ist eine Verbindlichkeitsrückstellung zu bilden. Bei einer Vielzahl von solchen möglichen Leistungen kann die Verbindlichkeitsrückstellung auch pauschal auf Basis bisheriger Erfahrungswerte geschätzt werden (Pauschalrückstellung). Das Vorliegen eines konkreten Gewährleistungsfalls ist hier nicht erforderlich. Auch Kosten für Gewährleistungen, die der Kaufmann von sich aus regelmäßig tätigt und aus denen eine rechtliche Verpflichtung für künftige Gewährleistungen erwächst (sog. betriebliche Übung), sind in einer Rückstellung zu berücksichtigen, sofern der Kaufmann zum Bilanzstichtag mit einer Inanspruchnahme rechnet.[1252]

Im Beschluss vom 28.8.2018 hatte sich der BFH mit den Anforderungen an die Bildung einer Gewährleistungsrückstellung im Zusammenhang mit wertaufhellenden Tatsachen nach dem Bilanzstichtag auseinandergesetzt. Nach Ansicht des BFH ist die Bildung einer Einzelrückstellung für Gewährleistungsverpflichtungen unzulässig, sofern zum Bilanzstichtag weder Käufer noch Verkäufer einer Ware Kenntnis von deren Mängeln hatten. Zur Bildung einer Einzelrückstellung kann demnach nur ein Mangel führen, der bereits zum Bilanzstichtag objektiv vorliegt oder durch den Kunden gerügt wurde. Erst dadurch kann das Unternehmen ernsthaft mit einer Inanspruchnahme der Gewährleistung am Bilanzstichtag rechnen. Dies gilt nicht für die Bildung von Pauschalrückstellungen. Hier können auch Mängel berücksichtigt werden, die auf neu gewonnenen Erkenntnissen zwischen Bilanzstichtag und Aufstellung bzw. Erstellung des Jahresabschlusses beruhen.[1253]

§ 249 Abs. 1 Satz 2 Nr. 2 HGB erlaubt zudem den Ansatz von Rückstellungen für „Gewährleistungen, die ohne rechtliche Verpflichtung erbracht werden". Dem sind aber nur solche Leistungen zu subsumieren, die tatsächlich nicht auf einer gesetzlichen oder vertraglichen Verpflichtung beruhen – siehe Faktische Verpflichtung. Werden Leistungen erbracht, um Rechtsstreitigkeiten zu vermeiden, handelt es sich um Rückstellungen für ungewisse Verbindlichkeiten. Im Steuerrecht sind nur Rückstellungen für Gewährleistungen anerkannt, denen sich der Kaufmann aus geschäftlichen Erwägungen nicht entziehen kann. Im Ergebnis sind somit auch auf Grundlage von § 249 Abs. 1 Satz 2 Nr. 2 HGB gebildete Rückstellungen in der Steuerbilanz zu passivieren; ein Unterschied zur Handelsbilanz besteht nicht. Ein Gewährleistungsaufwand aufgrund faktischer Verpflichtung ist regelmäßig dann gegeben, wenn:

1. der Gewährleistungsaufwand im Zusammenhang mit einer vorausgegangenen erbrachten Lieferung/Leistung des Bilanzierenden steht;
2. es sich um einen Mangel handelt, der weder auf einen natürlichen Verschleiß noch auf eine falsche Behandlung zurückzuführen ist, sondern der dem Bilanzierenden anzulasten ist;
3. der Bilanzierende eine Zusage zur Behebung des Mangels (ohne rechtliche Verpflichtung) gemacht hat bzw. die Vorgehensweise des Kaufmanns in der Vergangenheit eine entsprechende Kulanzleistung erwarten lässt.

1252 Vgl. BFH v. 6.4.1965, I 23/63 U, BStBl. III 1965 S. 383.
1253 Vgl. BFH v. 28.8.2018, X B 48/18, BeckRS 2018, 31636.

Für die Schätzung der Rückstellungshöhe werden in der Literatur verschiedene Ansätze diskutiert, die jedoch stets unter dem Gesichtspunkt der unternehmensindividuellen Verhältnisse gesehen werden müssen.[1254] In der Praxis ist es üblich, dass ein betrieblicher Erfahrungssatz geschätzt und auf die Umsätze, die noch mit Gewährleistungsrechten behaftet sind, bezogen wird.[1255] Dabei wird der Anteil des Garantieaufwands am Nettoumsatz auch für die noch mit Gewährleistungsrechten behafteten getätigten Umsätze als Grundlage genommen. Basierend auf dem erwarteten Gewährleistungsaufwand wird die Rückstellung unter Berücksichtigung der bereits tatsächlich angefallenen Kosten berechnet. Dieses stark vereinfachende Verfahren soll anhand des folgenden Beispiels dargestellt werden.[1256]

BEISPIEL Ein Handelsunternehmen verkauft seit t1 Elektrogeräte. Die Verjährungsfrist für Gewährleistungsansprüche beträgt gem. § 438 Abs. 1 Nr. 3 HGB zwei Jahre. Eine darüber hinausgehende Garantieverpflichtung wird nicht gewährt und ist auch nicht faktisch geboten.

Es ist bekannt, dass für die in t1 abgesetzten Geräte (Nettoumsatz von 1.000.000 EUR) 20.000 EUR für Gewährleistungsaufwendungen aufzubringen waren. Dies entspricht einer Quote von 2 %. Für die in t2 abgesetzten Geräte (Nettoumsatz 1.200.000 EUR) waren bereits 6.000 EUR Gewährleistungsaufwendungen zu leisten. In t3 wurden Geräte zu einem Nettoumsatz von 1.500.000 EUR umgesetzt, denen noch keine Gewährleistungsaufwendungen gegenüberstehen.

Jahr	Umsatz in EUR	Erwartete Gewährleistungsaufwendungen in EUR	Tatsächliche Gewährleistungsaufwendungen bis zum Bilanzstichtag in EUR	Differenz in EUR
t1	1.000.000	–	20.000	–
t2	1.200.000	24.000	6.000	18.000
t3	1.500.000	30.000	–	30.000
			Rückstellung	**48.000**

Zum 31.12.t3 ist die Rückstellung mit 48.000 EUR zu bewerten, wobei, die Aufgabe der Bewertung erschwerend, der Teil des Erfüllungsbetrags zu ermitteln ist, der erst in mehr als zwölf Monaten fällig wird. Dieser ist entsprechend abzuzinsen. In den Folgejahren ist die Gewährleistungsquote anzupassen.

Bei der Bewertung der Rückstellung sind die Gewährleistungsaufwendungen zu Vollkosten maßgeblich (also Materialeinzelkosten, -gemeinkosten, Löhne usw.).[1257]

PRAXISTIPP

Die Ermittlung der Erfahrungssätze setzt eine genaue Dokumentation der Gewährleistungsaufwendungen voraus. Der Bilanzierende hat dabei zumindest folgende Daten festzuhalten:[1258]

- Datum des Umsatzes,
- Datum der Ausführung der Gewährleistung,
- Kosten der Gewährleistung.

1254 Zu einzelnen Verfahren der Rückstellungsbewertung siehe *Hommel/Schulte,* BB 2004 S. 1671, 1674 ff.

1255 Dieses Vorgehen wurde auch von der Rechtsprechung als zulässig befunden – vgl. BFH v. 7.10.1982, IV R 39/80, BStBl. II 1983 S. 104.

1256 Siehe zur Bewertung dieses Verfahrens *Hommel/Schulte,* BB 2004 S. 1671, 1674.

1257 Vgl. BFH v. 13.12.1972, I R 8/70, BStBl. II 1973 S. 217.

1258 Vgl. auch mit exemplarischer Tabelle *Maus,* S. 120.

Bei der Bewertung sind zudem etwaige Rückgriffrechte auf Dritte zu beachten, solange es sich hierbei noch nicht um aktivierbare Ansprüche handelt.[1259]

Die Abzinsung ist grds. entsprechend der Laufzeit der jeweiligen (Teil-)Verpflichtung vorzunehmen. Dies kann wegen des enormen Aufwands jedoch nicht von Unternehmen gefordert werden, die fortlaufend Umsätze generieren und entsprechende Gewährleistungsverpflichtungen erwarten.

PRAXISTIPP

Bei Garantierückstellungen, deren einzelne Verpflichtungsbestandteile eine Restlaufzeit von mehreren Jahren haben, dürfte aus Wesentlichkeitsgründen eine Abzinsung über eine mittlere Laufzeit vertretbar sein.[1260]

Eine Abzinsung ist in der Steuerbilanz bei Einzelrückstellungen vorzunehmen. Pauschalrückstellungen brauchen nach Ansicht der Finanzverwaltung aus Vereinfachungsgründen nicht abgezinst zu werden.[1261]

Gewährleistungsverpflichtung: siehe Gewährleistung.

Gewährträgerhaftung: siehe Gewährleistung.

Gewerbesteuer: Für Abschlusszahlungen und rückständige Vorauszahlungen an Gewerbesteuer, die sich aufgrund des ermittelten Gewerbeertrags für ein Geschäftsjahr ergeben, sind Rückstellungen für ungewisse Verbindlichkeiten zum Abschlussstichtag zu bilden.[1262] Bei der Bewertung sind gewerbesteuerspezifische Sachverhalte wie Hinzurechnungen und Kürzungen zu beachten. Ferner sind für Gewerbesteuernachforderungen, die durch eine Betriebsprüfung aufgedeckt werden, Rückstellungen für die Jahre, in denen sie wirtschaftlich verursacht wurden, zu bilden – siehe Betriebsprüfungsrisiko. Siehe auch Körperschaftsteuer, Steuerrückstellung.

Derartige Rückstellungen finden aufgrund des Abzugsverbots des § 4 Abs. 5b EStG keinen Eingang in die Steuerbilanz.

Gewerbesteuerschuld: siehe Gewerbesteuer.

Gewerblicher Rechtsschutz: siehe Markenrechtsverletzung, Patentrechtsverletzung, Urheberrechtsverletzung.

Gewinn: siehe Entgangener Gewinn.

Gewinnabführung: Aufwendungen im Zusammenhang mit der Gewinnabführung sind zum Stichtag als Verbindlichkeit zu erfassen. Der Ansatz einer Rückstellung scheidet zugunsten des Ansatzes einer Verbindlichkeit aus. Der zum Stichtag abzuführende Gewinn steht zum Zeitpunkt der Bilanzaufstellung hinreichend sicher fest.

Gewinnabhängige Verbindlichkeit: siehe Druckbeihilfe, Filmkredit, Zuwendung.

Gewinnabhängige Vergütung: Stimmt der Bemessungszeitraum der gewinn- oder umsatzabhängigen Vergütung mit dem Geschäftsjahr überein, ist die Verpflichtung zum Bilanzstichtag

1259 Vgl. Beck Bil-Komm/*Schubert*, § 249 HGB Rz. 130.

1260 Vgl. *Petersen/Zwirner/Künkele*, BilMoG in Beispielen, S. 92.

1261 Vgl. BMF v. 26.5.2005, IV B 2 – S 2175 – 7/05, BStBl. I 2005 S. 699, 703.

1262 Vgl. BFH v. 12.4.1983, IV R 112/81, BStBl. II 1984 S. 554. Die Verpflichtung ergibt sich bereits beim Entstehen steuerbarer Gewinne – vgl. § 38 AO.

gewiss, weil der Erfolg bekannt ist. Insofern ist eine Verbindlichkeit zu passivieren, es sei denn, die maßgebliche Größe steht zum Stichtag noch nicht fest, weil sie sich bspw. erst aus der Bilanzerstellung ergibt.[1263] Weicht der vertraglich vereinbarte Abrechnungszeitraum vom Geschäftsjahr ab, ist der im abgelaufenen Geschäftsjahr durch den Erfolg verursachte Aufwand als Rückstellung für ungewisse Verbindlichkeiten in Handels- und Steuerbilanz zu passivieren. Ebenso sind gewinnabhängige Vergütungen zu behandeln, die sich auf bereits entstandene Gewinne beziehen, aber noch von der Erfüllung einer Bedingung abhängig sind. Die Passivierung einer Rückstellung für Bezüge in Abhängigkeit von zukünftigen Gewinnen darf weder steuerrechtlich[1264] noch handelsrechtlich[1265] gebildet werden.

Gewinnabhängige Verpflichtung: siehe Gratifikation, Zuwendung.

Gewinnauszahlung: siehe Lotteriegewinnauszahlungsverpflichtung.

Gewinnbeteiligung: Im Zeitpunkt der Bilanzerstellung wird i.d.R. der Gewinnanteil eines typischen stillen Gesellschafters bekannt sein. Ein Ansatz dieser Beträge als Rückstellung scheidet daher aus.

Gewinnbeteiligung eines typischen stillen Gesellschafters: siehe Gewinnbeteiligung.

Gleitzeitüberhang: Die i.R. von Arbeitszeitkonten angesammelten Arbeitsstunden der Arbeitnehmer, die zum Bilanzstichtag noch nicht in Anspruch genommen wurden, müssen im folgenden Geschäftsjahr ausgeglichen werden.[1266] Daher handelt es sich um einen Erfüllungsrückstand, dessen Verursachung in der Tätigkeit des Arbeitnehmers im abgelaufenen Geschäftsjahr zu sehen ist. Folglich ist eine Rückstellung für ungewisse Verbindlichkeiten in Handels- und Steuerbilanz auszuweisen. Die Rückstellung ist wie eine Urlaubsrückstellung zu bewerten, sodass auch Sozialabgaben des Arbeitgebers mit einzubeziehen sind. Es gilt der Grundsatz der Einzelbewertung – der Gleitzeitüberschuss eines Arbeitnehmers darf nicht zum Ausgleich des Arbeitszeitdefizits eines anderen Arbeitnehmers verwendet werden.[1267]

Gnadenquartal: siehe Lohnfortzahlung im Todesfall.

GoBD: Die „Grundsätze zur ordnungsmäßigen Führung und Aufbewahrung von Büchern, Aufzeichnungen und Unterlagen in elektronischer Form sowie zum Datenzugriff" (kurz: GoBD) umfassen Vorgaben für elektronische Buchhaltungssysteme, nach denen eine vollständige, richtige, zeitgerechte und geordnete Aufzeichnung sichergestellt werden soll. Die Erfüllung dieser Vorgaben erleichtert die Mitwirkungspflichten des Steuerpflichtigen bei Betriebsprüfungen. Die Verpflichtung zur Rückstellungsbildung erfolgt in diesem Zusammenhang analog zu den unter dem Stichwort „Datenzugriff der Finanzverwaltung" dargestellten Grundsätzen. Siehe auch Aufbewahrung von Geschäftsunterlagen.

Gratifikation: Gratifikationen (auch Sonderzuwendungen) sind Leistungen des Arbeitgebers an den Arbeitnehmer, die nicht Inhalt des typischen Arbeitsentgelts sind (Weihnachtsgeld, Urlaubs-

1263 Dann ist eine Rückstellung zu passivieren – vgl. *Blenkers/Czisz/Gerl*, S. 128 m.w.N.

1264 Vgl. § 6a Abs. 1 Nr. 2 EStG; BFH v. 3.3.2010, I R 31/09, DStR 2010 S. 691.

1265 Das Kriterium der wirtschaftlichen Verursachung ist als nicht erfüllt anzusehen.

1266 Vgl. hierzu auch *Zwirner/Tippelhofer*, Beilage zu StuB 9/2017 S. 1, 13.

1267 Vgl. hierzu auch *Herzig/Esser*, DB 1985 S. 1301, 1304 f.

geld usw.). Sofern die Rückstellungen auf diese Beträge zum Zeitpunkt der Bilanzerstellung die Handlungen des Arbeitnehmers in der Vergangenheit abgelten, sind diese zu passivieren.[1268] Ertragsabhängige Zuwendungen sind insofern mit anzusetzen, als der zugrunde gelegte Ertrag im abgelaufenen Geschäftsjahr erzielt wurde.[1269] Eine Passivierung hat auch dann zu erfolgen, wenn keine Rechtspflicht zur Auszahlung der Gratifikation, wohl aber ein faktischer Leistungszwang aufgrund der langjährigen Übung besteht und das künftige Entstehen einer Verbindlichkeit hinreichend wahrscheinlich ist.[1270] Bei Zuwendungen, die von der Bleibedauer im Unternehmen abhängig sind, müssen Fluktuationsraten bei der Bewertung mit einkalkuliert werden – siehe Dienstjubiläumszuwendung. Dabei können die Zuwendungen an die Arbeitnehmer auch erst im folgenden Jahr ausgezahlt werden. Beträgt der Zeitraum zwischen Zusage und Auszahlung jedoch mehr als zwölf Monate, ist eine Abzinsung vorzunehmen.[1271]

BEISPIEL Die Groß & Zügig AG sagt allen zum Bilanzstichtag angestellten Mitarbeitern eine Prämie von insgesamt 1% des Umsatzes des Geschäftsjahres zu (= 1 Mio. EUR). Diese zahlt das Unternehmen jedoch erst in fünf Jahren aus, sofern der Mitarbeiter zu diesem Zeitpunkt noch bei der Groß & Zügig AG beschäftigt ist.

Es ist sowohl das Abzinsungsgebot als auch die Wahrscheinlichkeit der Inanspruchnahme, durch Berücksichtigung der Fluktuation, zu beachten. Wird von einem Fluktuationsabschlag von 2,5% ausgegangen, ergibt sich ein Erfüllungsbetrag von 1.000.000 EUR – 0,025 × 1.000.000 EUR = 975.000 EUR. Wird dieser Betrag nun noch entsprechend der Restlaufzeit abgezinst (Zinssatz hier: 4,5%), ergibt sich ein Rückstellungsbetrag von 975.000 EUR × $(1 + 0{,}045)^{-5}$ = 782.389,77 EUR.

Großbetrieb: siehe Betriebsprüfung.

Großreparatur: Eine Aufwandsrückstellung ist nur unter bestimmten Voraussetzungen geboten – siehe Instandhaltung. Für größere Instandhaltungen, die die Zeit von drei Monaten ab Bilanzstichtag überschreiten, darf keine Rückstellung angesetzt werden.

Gruben- und Schachtversatz: Die Versatzpflicht wird durch den Abbau und den dadurch erzeugten Hohlraum verursacht, sodass eine Rückstellung zu passivieren ist. Bezüglich der Abzinsung legt das BMF fest, dass bei laufendem Versatz keine Abzinsung vorzunehmen ist.[1272] Für die Handelsbilanz ist dem nicht zu folgen: Für den Umfang der Verpflichtung, der ausgehend vom Bilanzstichtag mehr als zwölf Monate entfernt liegt, ist eine Abzinsung vorzunehmen. Siehe auch Bergschaden.

Grunderwerbsteuer: Bei Erwerb von mindestens 95 % der Anteile an einer Gesellschaft ist für das in der Gesellschaft enthaltene inländische Grundvermögen Grunderwerbsteuer zu zahlen (§ 1 Abs. 3 Nr. 1GrEStG). In diesem Fall soll die Grunderwerbsteuer den Anschaffungsnebenkosten der Anteile zu subsumieren sein.[1273] Für den Fall, dass der Bilanzstichtag zwischen dem Erwerb der Anteile und der Veranlagung der Steuer liegt, ist der voraussichtlichen Steuerschuld durch Bilanzierung einer Rückstellung für ungewisse Verbindlichkeiten Rechnung zu tragen. Bei Eingang des Steuerbescheids ist der Betrag in die Verbindlichkeiten umzubuchen.

1268 Vgl. BFH v. 7.7.1983, IV R 47/80, BStBl. II 1983 S. 753. Vgl. auch FG Münster v. 16.11.2022, 13 K 3467/19 F, DStRE 2023 S. 1281.

1269 Vgl. BFH v. 2.12.1992, I R 46/91, BStBl. II 1993 S. 109.

1270 Vgl. FG Münster v. 16.11.2022, 13 K 3467/19 F, DStRE 2023 S. 1281.

1271 Vgl. BFH v. 7.7.1983, IV R 47/80, BStBl. II 1983 S. 753.

1272 Vgl. BMF v. 17.11.1999, IV C 2 – S 2175 – 30/99, BStBl. I 1999 S. 1128.

1273 Vgl. hierzu Syst. Praxiskommentar Bilanzrecht/*Petersen/Künkele/Zwirner*, § 249 HGB Rz. 387.

Grundpfandrechte: Grundsätzlich sind Grundpfandrechte nicht in der Bilanz auszuweisen. Die durch das Grundpfandrecht gesicherte Darlehensverbindlichkeit ist allerdings i.d.R. zu passivieren.[1274]

Grundschuld: siehe Dingliche Lasten.

Grundsteuer: Bei einem vom Kalenderjahr abweichenden Geschäftsjahr und einem ins Geschäftsjahr fallenden Festsetzungszeitraum ist die Passivierung einer Grundsteuerschuld als Rückstellung zulässig.[1275]

Gründungskosten: Die Aktivierung von Gründungskosten ist grds. nach § 248 Abs. 1 HGB verboten. Eine Berücksichtigung ist nur erforderlich, wenn diese nach dem Gesellschaftsvertrag bzw. der Satzung zu tragen sind und bereits vor der Gründung beglichen wurden. Zu beachten ist, dass Gründungskosten die Passivseite tangieren. Hierdurch können Verbindlichkeiten oder Rückstellungen notwendig sein. Hinsichtlich der Rückstellungsbilanzierung betrifft dies regelmäßig die Kosten des Gründungsprüfers sowie weitere Gründungskosten, wenn und soweit diese erst in der Folgeperiode abgerechnet werden. Hierfür ist eine Rückstellung nach den allgemeinen Grundsätzen geboten.

Gutachten: Die Gutachterkosten, welche bspw. i. R. einer gerichtlichen Auseinandersetzung oder aber bei der Bewertung von Pensionsverpflichtungen oder Immobilien entstehen, führen zu ungewissen Verbindlichkeiten, welche handelsrechtlich eine Rückstellung nach § 249 Abs. 1 HGB bedingen. Nach dem Maßgeblichkeitsprinzip ist somit auch steuerrechtlich eine entsprechende Rückstellung zu bilanzieren. Die Höhe und der Ausweis erfolgen nach den allgemeinen Grundsätzen.

Gutmünzen: Die Verpflichtung zur Einlösung ausgegebener Gutmünzen ist als Verbindlichkeit passivierungspflichtig. Eine Rückstellung ist nicht zu bilden.[1276]

Gutschein: siehe Bonus, Gutmünzen, Rabattmarke.

1274 Vgl. *Weber-Grellet* in: Schmidt, § 5 EStG Rz. 550.

1275 Vgl. Syst. Praxiskommentar Bilanzrecht/*Petersen/Künkele/Zwirner*, § 249 HGB Rz. 387.

1276 Vgl. BFH v. 22.11.1988, VIII R 62/85, BStBl. II 1989 S. 359.

H.

Haftpflicht: Derartige Verpflichtungen können sich aus Vertragsverletzungen oder durch Handlungen i.S. der §§ 823 ff. BGB bzw. anderen gesetzlichen Vorschriften ergeben und eine Rückstellung begründen. Zur Zulässigkeit einer Rückstellung muss jedoch die Inanspruchnahme wahrscheinlich sein. Für Haftpflichtleistungen aus strafbaren Handlungen gilt dies erst dann, wenn die den Anspruch begründenden Tatsachen bekannt geworden sind.[1277] Dabei sind bis zur Aufstellung auftretende wertaufhellende Informationen zu beachten.[1278] Ansprüche ggü. dem Versicherer sind bei der Bewertung der Rückstellung zu berücksichtigen, sofern die Leistung des Versicherers nicht durch diesen bestritten wird.[1279] Hinsichtlich der Bewertung der Rückstellung gilt ferner: Während Verpflichtungen ggü. Dritten grds. nur als Einzelrückstellung gebildet werden dürfen,[1280] ist die Bildung von Rückstellungen für Verpflichtungen ggü. Vertragspartnern auch in pauschaler Weise möglich – siehe Gewährleistung.[1281]

Siehe weiter Altlastensanierung, Bergschaden, Bürgschaft, Gesellschafterhaftung, Gruben- und Schachtversatz, Nachhaftung, Patentrechtsverletzung, Patronatserklärung, Produkthaftung, Prozesskosten, Umweltschaden, Wechselobligo.

Haftpflichtverbindlichkeit: siehe Haftpflicht.

Haftung für Steuerschulden: Für drohende Zahlungen infolge einer Haftungsinanspruchnahme für Körperschaftsteuerschulden des Organträgers nach § 73 AO ist eine Rückstellung bei der Organgesellschaft zu bilden. In diesem Zusammenhang hat der BFH klargestellt, dass diese Aufwendungen nicht unter das Abzugsverbot des § 10 Nr. 2 KStG fallen, allerdings als verdeckte Gewinnausschüttung zu qualifizieren sind.[1282]

Für die Haftungsinanspruchnahme von Mehrsteuern aufgrund einer Betriebsprüfung, die nicht auf Steuerhinterziehung beruhen, ist eine Rückstellung für ungewisse Verbindlichkeiten erst in dem Jahr zu bilden, in dem der Sachverhalt durch die Betriebsprüfung aufgegriffen wurde.[1283] Zuvor fehlt es an der Wahrscheinlichkeit der Inanspruchnahme, da die Finanzverwaltung als Gläubiger der Steuernachforderungen erst durch die Außenprüfung Kenntnis von ihrem Anspruch erlangt bzw. die Kenntniserlangung erst dann unmittelbar bevorsteht.[1284]

Haftungsbeträge: siehe Haftung für Steuerschulden.

Haftungslose Verbindlichkeit: Haftungslose Verbindlichkeiten, insb. Darlehen, die lediglich aus künftigen Einnahmen zu tilgen sind, dürfen im Wirtschaftsjahr, in denen noch keine Einnahmen anfallen, nicht passiviert werden; die mögliche Bildung einer Drohverlustrückstellung bleibt hiervon allerdings unberührt.[1285]

1277 Vgl. BFH v. 2.10.1992, III R 54/91, BStBl. II 1993 S. 153.

1278 Vgl. *Blenkers/Czisz/Gerl*, S. 343.

1279 Vgl. BFH v. 17.2.1993, X R 60/89, BStBl. II 1993 S. 437.

1280 Vgl. BFH v. 30.6.1983, IV R 41/81, BStBl. II 1984 S. 263.

1281 Vgl. Beck Bil-Komm/*Schubert*, § 249 HGB Rz. 130. Anderer Ansicht *Hoffmann/Lüdenbach*, § 249 HGB Rz. 82.

1282 Vgl. BFH v. 24.10.2018, I R 78/16, DStR 2019 S. 787.

1283 Vgl. mit Hinweis auf die bis dato höchstrichterlich nicht abschließend geklärte Frage zum Berücksichtigungszeitpunkt von Steuernachforderungen infolge einer Außenprüfung, die nicht auf einer Steuerhinterziehung beruhen, FG Münster v. 24.6.2021, 10 K 2084/18, K,G, DStRE 2022 S. 769.

1284 Vgl. kritisch zur Entscheidung des FG Münster v. 24.6.2021 (10 K 2084/18, K, G); *Hommel/Schall*, BB 2022 S. 2410, 2414.

1285 Vgl. BFH v. 20.10.2004, I R 11/03, DStR 2005 S. 186.

Haftungsrisiko: siehe Haftungsverhältnis.

Haftungsverhältnis: Haftungsverhältnisse[1286] sind grds. unter der Bilanz zu zeigen.[1287] Erst bei drohender Inanspruchnahme muss sich der erhöhte Verpflichtungsgrad in der Bilanzierung einer Rückstellung widerspiegeln. Siehe Bürgschaft, Garantieleistung, Gesellschafterhaftung, Nachhaftung, Patronatserklärung, Prozesskosten, Schadensersatz, Umweltschutz, Wechselobligo. Haftungsverhältnisse können u.a. begründet sein durch:[1288]

- Bürgschaften,
- harte Patronatserklärungen,
- Wechselobligo,
- Betriebsübernahmen,
- Vermögensübernahmen,
- Garantieverträge wie Mindestgarantien oder Dividendengarantien,
- Gewährleistungsverträge.

Halbjahresbericht: Sofern eine rechtliche Verpflichtung zur Halbjahresberichterstattung gegeben ist (z.B. aufgrund von Börsenzulassungsfolgepflichten), ist eine Rückstellung zu bilden. Siehe analog auch Jahresabschluss.

Halbleiterschutzrecht: Hinsichtlich Ansatz und Bewertung von Rückstellungen für Verletzungen derartiger Schutzrechte gelten die unter „Patentrechtsverletzung" und „Urheberrechtsverletzung" gemachten Aussagen. Zum steuerlichen Auflösungsgebot siehe Kap. 2.1.4.3.

Handakte: siehe Aufbewahrung von Geschäftsunterlagen.

Handelsunternehmen: siehe Defizitäre Filiale.

Handelsvertreter: siehe Ausgleichsanspruch von Handelsvertretern.

Handwerkskammer: Eine Rückstellung für die zu erwartenden Zusatzbeiträge der Handwerkskammer ist nicht zulässig. Diese Beiträge werden regelmäßig anhand zurückliegender Beitragsjahre ermittelt. Vor diesem Hintergrund ist eine wirtschaftliche Verursachung im abgelaufenen Wirtschaftsjahr nicht gegeben.[1289] Grundsätzlich ist daher bei Beiträgen und Gebühren zu beachten, inwieweit diese ermittelt werden. Sofern auf historische Ereignisse abgestellt wird, ist ein Rückstellungsansatz regelmäßig zu verneinen.

Hauptuntersuchung: siehe Leasing.

Hauptversammlung: Für die voraussichtlichen Kosten der Hauptversammlung einer AG darf gem. Rechtsprechung des BFH und dem folgend laut Finanzverwaltung keine Rückstellung gebildet werden.[1290] Das Merkmal der wirtschaftlichen Verursachung setzt voraus, dass der Tatbestand, an den das Gesetz die Leistungspflicht knüpft, im Wesentlichen bereits verwirklicht ist.[1291] Bei einer Hauptversammlung werden jedoch vielfältige Aufgaben wahrgenommen, die

1286 Siehe näher Syst. Praxiskommentar Bilanzrecht/*Heine/Zenger,* § 251 HGB Rz. 1 ff.

1287 Vgl. § 251 HGB.

1288 Siehe ausführlich Syst. Praxiskommentar Bilanzrecht/*Heine/Zenger,* § 251 HGB Rz. 28 ff.

1289 Vgl. BFH v. 5.4.2017, X R 30/15, BStBl. II 2017 S. 900.

1290 Vgl. BFH v. 23.7.1980, I R 28/77, BStBl. II 1981 S. 62; H 5.7 Abs. 4 EStH.

1291 Vgl. *Zwirner/Tippelhofer,* Beilage zu StuB 9/2017 S. 1, 8.

nicht nur im Wesentlichen im vorangegangenen Jahr verwirklicht sind, insoweit ist nach Auffassung des BFH keine Rückstellung zulässig.[1292]

Hausverwaltung: Für die vertragliche Verpflichtung eines Hausverwalters, einen Jahresabschluss oder einen Anhang zu erstellen und eine Eigentümerversammlung durchzuführen, ist die Bildung einer Verbindlichkeitsrückstellung handels- und steuerrechtlich geboten – siehe auch Jahresabschluss.

Hedging: siehe Bewertungseinheit.

Heimfallverpflichtung: Die Verpflichtung des Erbbauberechtigten, beim Eintreten bestimmter Voraussetzungen (z. B. Insolvenz des Erbbauberechtigten) eigene Anlagen entschädigungslos auf den Grundstückseigentümer zu übertragen (Heimfall), ist in Form von Abschreibungen auf das Gebäude zu berücksichtigen.[1293] Rückstellungen sind dann zu bilden, wenn das Gebäude oder seine Bestandteile in einem bestimmten Zustand übergeben werden müssen. Die voraussichtlich anfallenden Kosten sind hierbei ratierlich in einer Rückstellung anzusammeln.

BEISPIEL ▸ A ist Erbbauberechtigter des Grundstücks des B. Zwischen beiden Parteien wurde vereinbart, dass nach Ablauf von 20 Jahren nach Vertragsschluss A das auf dem Grundstück befindliche Gebäude dem B übereignet. Vertraglich festgehalten wird, dass das Dach des Gebäudes in diesem Zeitpunkt mit Solarkollektoren ausgerüstet sein muss.

Für die Verpflichtung zur Ausstattung des Gebäudes mit Sonnenkollektoren ist ratierlich eine Rückstellung anzusammeln. Das Gebäude ist über die Laufzeit von 20 Jahren abzuschreiben.

Heizöltank: Der Verpflichtung des Mieters, nach Ablauf der Mietzeit einen von ihm aufgestellten Heizölbehälter zu entfernen, ist bei wahrscheinlicher Inanspruchnahme durch Bildung einer Rückstellung Rechnung zu tragen. Nicht möglich ist hingegen der Ansatz einer Rückstellung für die ordnungsgemäße Entsorgung des Öltanks beim Hauseigentümer.[1294]

Herstellungskosten: Für künftige Herstellungskosten sind keine Rückstellungen anzusetzen. Siehe Anschaffungs- und Herstellungskosten.

Herstellungskostenbeitrag: „Erhält ein Unternehmen von seinen Kunden Zuschüsse zu den Herstellungskosten für Werkzeuge, die es bei der Preisgestaltung für die von ihm mittels dieser Werkzeuge herzustellenden und zu liefernden Produkte preismindernd berücksichtigen muss, so sind einerseits die Zuschüsse im Zeitpunkt ihrer Vereinnahmung gewinnerhöhend zu erfassen und andererseits in derselben Höhe eine gewinnmindernde Rückstellung für ungewisse Verbindlichkeiten zu bilden. Diese Rückstellung ist sodann über die voraussichtliche Dauer der Lieferverpflichtung gewinnerhöhend aufzulösen. Das gilt auch dann, wenn die genannten Verpflichtungen des Zuschussempfängers sich nicht aus einem am Bilanzstichtag bestehenden Vertrag, sondern nur aus einer Branchenübung ergeben (faktischer Leistungszwang)."[1295]

Herstellungskostenzuschuss: siehe Herstellungskostenbeitrag.

Heubeck: siehe Sterbetafel.

Hinterbliebenenverpflichtung: siehe Lohnfortzahlung im Todesfall.

1292 Anderer Ansicht Bertram/Kessler/Müller/*Bertram,* § 249 HGB Rz. 261; zweifelnd auch *Herzig,* DB 1990 S. 1341, 1348.

1293 Vgl. Bertram/Kessler/Müller/*Bertram,* § 249 HGB Rz. 262; *Weber-Grellet* in: Schmidt, § 5 EStG Rz. 550; WPH Edition, Kap. F Rz. 665.

1294 Siehe *Maus,* S. 148.

1295 Vgl. BFH v. 29.11.2000, I R 87/99, DB 2001 S. 674.

Hinterlegung: siehe Publizität.

Hinterzogene Steuern: Für hinterzogene Steuern darf erst in dem Wirtschaftsjahr eine Rückstellung gebildet werden, in dem mit der Aufdeckung der Tat und mit einer quantifizierbaren Steuernachforderung zu rechnen ist.[1296] Siehe auch Lohnsteuerhinterziehung, Mehrsteuern.

HK: siehe Herstellungskosten.

HK-Beitrag: siehe Herstellungskostenbeitrag.

Höhere Gewalt: siehe Katastrophe.

Honorare: Für aufgelaufene Honorare, die zum Bilanzstichtag noch nicht abgerechnet sind, ist eine Rückstellung für ungewisse Verbindlichkeiten anzusetzen.

Bei erfolgsabhängigen Honoraren ist besonders auf die werterhellenden Informationen zwischen dem Bilanzstichtag und dem Zeitpunkt der Bilanzerstellung zu achten. Stellt sich innerhalb dieses Zeitraums heraus, dass der verpflichtungsbegründende Erfolg nicht erreicht wird, kann keine Rückstellung bilanziert werden.[1297]

Honorarrückzahlung: siehe Ärzte-GbR, Honorarrückforderung.

Hör- und Sehhilfen: Im Zusammenhang mit verkauften Geräten sind Optiker und Hörgeräteakustiker oftmals zu kostenlosen Nachbetreuungsarbeiten verpflichtet (Nachbearbeitung, Beratung usw.). Sofern eine Verpflichtung hierzu aus zivilrechtlichen Ansprüchen (auch faktische Verpflichtung aus betrieblicher Übung der Kulanzleistungen) ergeht, besteht die Pflicht zur Passivierung einer Verbindlichkeitsrückstellung. Die Garantieverpflichtung ergibt sich aus dem Veräußerungsgeschäft.[1298] Für Reparaturen außerhalb der gesetzlichen oder vertraglichen Garantieleistungen ist die Bildung einer Rückstellung für Kulanzfälle zu prüfen. Für die von der Krankenkasse gezahlte Reparaturpauschale darf keine Rückstellung gebildet werden. Diese ist als passiver Rechnungsabgrenzungsposten anzusetzen.[1299]

Hubschrauber: Für Inspektionsverpflichtungen gilt dasselbe wie für Flugzeuge – siehe Flugzeug, Inspektionsverpflichtung.

1296 Vgl. FG Münster v. 1.9.2021, 13 K 863/18 K,G, DStRE 2022 S. 385; BFH v. 22.8.2012, X R 23/10, BStBl. II 2012 S. 76; BFH v. 12.5.2020, XI B 59/19, BeckRS 2020, 16654.

1297 Vgl. FG Münster v. 17.8.2010, 1 K 3969/07 F, EFG 2011 S. 468.

1298 Vgl. BFH v. 5.6.2002, I R 96/00, BStBl. II 2005 S. 736; *Moxter*, Bilanzrechtsprechung, S. 135.

1299 Vgl. BMF v. 12.10.2005, IV B 2 – S 2137 – 38/05, DStR 2005 S. 1859.

I.

ICO: Für Aufwendungen im Zusammenhang mit einem Initial Coin Offering gelten dieselben Maßstäbe hinsichtlich des Rückstellungsansatzes wie bei einem „normalen" Börsengang. Siehe Börsengang, IPO.

IFRS-Umstellung: § 315e HGB verpflichtet Mutterunternehmen zur Aufstellung eines IFRS-Konzernabschlusses unter der Voraussetzung, dass die Zulassung eines Wertpapiers i.S. des § 2 Abs. 1 Satz 1 WpHG an einem organisierten Markt im Inland bereits beantragt wurde oder ein geregelter Kapitalmarkt in Anspruch genommen wird. Für die rechtliche Verpflichtung ist die Notierung von Wertpapieren zum jeweiligen Bilanzstichtag maßgebend. Es fehlt an einem Vergangenheitsbezug, sodass die Bildung einer Verbindlichkeitsrückstellung ausscheidet.[1300]

Incentive: Hierunter ist grds. ein Bonus bzw. eine Gratifikation zu verstehen, die ein Unternehmen seinen Mitarbeitern zukommen lässt. Hintergrund ist die Motivierung der Arbeitnehmer. Typische Beispiele sind Gutscheine, Personalrabatte und Urlaubsbeihilfe. Für zum Bilanzstichtag zugesagte bzw. entstandene Incentives sind Rückstellungen anzusetzen. Siehe auch Bonus, Gratifikation.

Individualleergut: siehe Flaschenpfand.

Inflation: siehe Preissteigerung.

Inflationsausgleichsprämie: Zum Zwecke der Abmilderung der gestiegenen Verbraucherpreise wird mit dem Gesetz zur temporären Senkung des Umsatzsteuersatzes auf Gaslieferungen über das Erdgasnetz vom 19.12.2022 (BGBl. I S. 1743) für Arbeitgeber die Möglichkeit geschaffen, ihren Arbeitnehmern im Zeitraum vom 26.10.2022 bis zum 31.12.2024 steuer- und sozialversicherungsbeitragsfrei (§ 3 Nr. 11c EStG, § 1 Abs. 1 Satz 1 Nr. 1 SvEV) eine Inflationsausgleichsprämie bis zu einer Höhe von 3.000 EUR auszuzahlen.[1301] Diese Leistung kann dabei freiwillig oder verpflichtend als Folge der Regelungen einzelner Tarifverträge zusätzlich zum ohnehin geschuldeten Arbeitslohn gewährt werden. Steuer- und sozialversicherungsfrei ist die Inflationsausgleichsprämie nur dann, wenn sie im Zeitraum vom 26.10.2022 bis zum 31.12.2024 gewährt wird. Hinsichtlich der Bildung einer Rückstellung für die Zahlung einer Inflationsausgleichsprämie kommt es auf die jeweiligen Modalitäten an, sodass keine pauschale Aussage möglich ist.[1302]

Auf Basis der vorstehenden gesetzlichen Möglichkeiten haben verschiedene Verbände tarifvertragliche Vereinbarungen geschlossen, so bspw. die Metall- und Elektroindustrie, IGBCE/Bundesarbeitgeberverband Chemie, das Baugewerbe sowie das Dachdeckerhandwerk.

Die Metall- und Elektroindustrie hat bspw. die Zahlung einer Inflationsausgleichsprämie in den Tarifvertrag aufgenommen. Demnach haben Vollzeitbeschäftigte, die am Stichtag, dem 1.3.2023, in einem Arbeitsverhältnis stehen und zu diesem Zeitpunkt dem Betrieb ununterbrochen sechs Monate angehört haben, einen Anspruch auf Zahlung einer Inflationsausgleichsprämie von 1.500 EUR. Die Pflicht des Arbeitgebers zur Zahlung der Inflationsausgleichsprämie entsteht hier zum 1.3.2023. Durch den sechsmonatigen Erdienungszeitraum vom 1.9.2022 bis zum

1300 Vgl. WPH Edition, Kap. F Rz. 666; a. A. Bertram/Kessler/Müller/*Bertram*, § 249 HGB Rz. 266.
1301 BGBl. I 2022 S. 1743.
1302 So auch *Oser/Wirtz*, StuB 2024 S. 105, 110.

28.2.2023 gilt die Pflicht zur Zahlung der Inflationsausgleichsprämie als wirtschaftlich verursacht, sodass zum 31.12.2022 eine Rückstellung für ungewisse Verbindlichkeiten i. H. von 4/6 der Inflationsausgleichsprämie zu bilden ist.[1303] Die tarifvertraglichen Vereinbarungen der IGBCE/Bundesarbeitgeberverband Chemie sehen abweichende Regelungen vor, die zum Ansatz einer Verbindlichkeit führen können.

Es verbietet sich hinsichtlich der bilanziellen Erfassung der Inflationsausgleichsprämie eine allgemeingültige Aussage. Es kommt vielmehr stets auf den Einzelfall an.[1304]

In der 270. Sitzung des Fachausschusses Unternehmensberichterstattung (FAB) am 1.12.2022 hat sich der Fachausschuss mit der Bilanzierung der Inflationsausgleichsprämie in HGB- sowie IFRS-Abschlüssen befasst. Die Ergebnisse dieser Diskussion werden nachfolgend zusammenfassend dargestellt. Dabei stellt sich die Grundfrage, wie die Verpflichtung zur Zahlung einer Inflationsausgleichsprämie in den HGB- sowie IFRS-Abschlüssen zu bilanzieren ist.[1305]

Tarifvertrag IGBCE/Bundesarbeitgeberverband Chemie

1. Tarifliche Vereinbarung

   Nach den tariflichen Vereinbarungen zwischen der IGBCE sowie dem Bundesarbeitgeberverband Chemie vom 18.10.2022 sind zwei Inflationsausgleichsprämien (Inflationsausgleichsprämie I sowie Inflationsausgleichsprämie II) i. H. von jeweils 1.500 EUR spätestens zum 31.1. der Jahre 2023 sowie 2024 an die Tarifmitarbeiter auszuzahlen. Die Unternehmen können das Geld auch freiwillig früher und in einem Gesamtbetrag an die Arbeitnehmer auszahlen. Berechtigt sind dabei Arbeitnehmer, die im Kalendermonat vor dem Auszahlungsmonat für mindestens zwölf Arbeitstage einen Anspruch auf Entgelt aus einem ungekündigten Arbeitsverhältnis haben. Dieser Anspruch entfällt entsprechend bei einer vorliegenden Eigenkündigung sowie einer verhaltensbedingten Kündigung.

2. Erfassung in HGB-Abschlüssen

   Im HGB-Abschluss ist der Aufwand nach seiner wirtschaftlichen Verursachung zu erfassen. Die wirtschaftliche Verursachung wird in den seitens des Arbeitgebers mindestens zu erbringenden zwölf Arbeitstagen als Anspruch auf Entgelt gesehen, die der berechtigte Arbeitnehmer in dem – dem Auszahlungsmonat unmittelbar vorangegangenen – Kalendermonat i. R. eines ungekündigten Arbeitsverhältnisses erbringt. Erfolgen die Zahlungen der Inflationsausgleichsprämien zum spätmöglichsten Zeitpunkt am 31.1.2023 bzw. 31.1.2024, ist nach dieser Sichtweise die zum 31.1.2023 erfolgte Zahlung wirtschaftlich durch die Tätigkeit im Dezember 2022 bzw. bei einem Auszahlungszeitpunkt zum 31.1.2024 im Dezember 2023 wirtschaftlich verursacht und entsprechend als Aufwand, durch den Ansatz einer jeweiligen sonstigen Verbindlichkeit, bilanziell zu erfassen.

1303 *Oser/Wirtz,* StuB 2024 S. 105, 110.

1304 Vgl. zur Bilanzierung der Inflationsausgleichsprämien und den hierfür im Einzelfall erforderlichen Rückstellungen stellvertretend *Zwirner/Vodermeier/Krauß,* BC 2023 S. 118 ff.; *Zwirner/Vodermeier/Krauß,* BC 2023 S. 77–79; *Zwirner/Vodermeier/Krauß,* BC 2023 S. 70–74.

1305 Vgl. zur Bilanzierung der Inflationsausgleichsprämien und den hierfür im Einzelfall erforderlichen Rückstellungen stellvertretend *Zwirner/Vodermeier/Krauß,* BC 2023 S. 118 ff.; *Zwirner/Vodermeier/Krauß,* DB 2023 S. 343; *Zwirner/Vodermeier/Krauß,* BC 2023 S. 77–79; *Zwirner/Vodermeier/Krauß,* BC 2023 S. 70–74.

Tarifvertrag IG Metall/Arbeitgeberverband Südwestmetall

1. Tarifliche Vereinbarung

   Nach den tariflichen Vereinbarungen zwischen der IG Metall sowie dem Arbeitgeberverband Südwestmetall vom 18.11.2022 sind zwei Inflationsausgleichsprämien (Inflationsausgleichsprämie I sowie Inflationsausgleichsprämie II) i. H. von jeweils 1.500 EUR an die Tarifmitarbeiter auszuzahlen. Der Zeitpunkt kann in Form einer freiwilligen Betriebsvereinbarung geregelt werden. Falls in Bezug auf den Auszahlungsstichtag keine Vereinbarungen vorliegen, ist als Auszahlungszeitpunkt der 1.3.2023 bzw. der 1.3.2024 heranzuziehen. Ein Anspruch auf die Inflationsausgleichsprämie liegt für Vollzeitbeschäftigte vor, die am Stichtag 1.3.2023 bzw. 1.3.2024 in einem Arbeitsverhältnis stehen und die zu diesem Zeitpunkt beim Betrieb ununterbrochen für sechs Monate beschäftigt waren. Dabei ist der Arbeitgeber auch berechtigt, den Stichtag für die Inflationsausgleichsprämie I bzw. II im Gesamten oder teilweise auf den 1.12.2022 bzw. 1.12.2023 vorzuziehen. Die notwendige Vorbeschäftigungszeit reduziert sich dabei von sechs auf drei Monate.

2. Erfassung in HGB-Abschlüssen

   Nach HGB wird es als sachgerecht erachtet, für die wirtschaftliche Verursachung davon auszugehen, dass die berechtigten Arbeitnehmer den Anspruch auf eine Inflationsausgleichsprämie jeweils über die Dienstzeitperiode erdienen. Demnach ist der Aufwand der Auszahlung pro rata temporis ab dem Beginn der Dienstzeitperiode anzusammeln. Das würde bei der Wahl des Stichtags 1.3.2023 eine Ansammlung i. H. von 4/6 zum Geschäftsjahr 2022 bedeuten. Fällt die Wahl für den Stichtag auf den 1.12.2022, so ist der Aufwand aus der Zahlung in gesamter Höhe dem Geschäftsjahr 2022 zuzurechnen. Ist die Zahlung der Inflationsausgleichsprämie zum 31.12.2022 nicht erfolgt und fällt der Stichtag dadurch auf den 1.3.2023, so ist für den bis dahin wirtschaftlich verursachten Aufwand eine Verbindlichkeitsrückstellung zu bilden. Die Bewertung hat unter der Maßgabe des § 253 Abs. 1 Satz 2 HGB unter Berücksichtigung von Fluktuationswahrscheinlichkeiten zu erfolgen, da neben der Erdienung der Dienstzeit als weitere Voraussetzung ein zum Stichtag ungekündigtes Arbeitsverhältnis vorliegen muss.

Im Jahr 2023 wurden im Nachgang zu den beiden vorstehend beschriebenen tariflichen Vereinbarungen auch Tarifverträge im Baugewerbe und Dachdeckerhandwerk vereinbart. Ausweislich der Regelungen zum Tarifvertrag im Baugewerbe wurde die Inflationsausgleichsprämie für den Zeitraum vom 1.2.2023 bis zum 31.12.2024 gewährt. Insofern ist zum 31.12.2023 – unter Berücksichtigung etwaiger bereits geleisteter Zahlungen – der Ansatz einer Verbindlichkeit bzw. Rückstellung zu prüfen.[1306]

Für etwaige Inflationsausgleichsprämien nach dem Tarifvertrag für das Dachdeckerhandwerk ist die Passivierungspflicht einer Verbindlichkeit auf Basis der tarifvertraglichen Regelungen sowie unter Berücksichtigung der zum 31.12.2023 bereits erfolgten Zahlungen der Ansatz einer Verbindlichkeit zu prüfen.[1307]

Insolvenz: Für etwaige Rückzahlungen des Bilanzierenden im Zusammenhang mit Forderungen, die vom Insolvenzverwalter eines Kunden geltend gemacht werden, sind Rückstellungen für ungewisse Verbindlichkeiten zum Bilanzstichtag insoweit anzusetzen, als die korrespondieren-

1306 Vgl. weiterführend *Oser/Wirtz*, StuB 2024 S. 7.

1307 Vgl. weiterführend *Oser/Wirtz*, StuB 2024 S. 7.

den Erlöse bereits vom Bilanzierenden vereinnahmt wurden. Die Bildung einer entsprechenden Rückstellung hat auf Basis von Erfahrungswerten zu erfolgen. Insbesondere in wirtschaftlich schwierigen Zeiten dürfte die hinreichende Wahrscheinlichkeit, dass der Bilanzierende in Anspruch genommen wird, zunehmen.

Insolvenzsicherung: siehe Pensionssicherungsverein.

Insolvenzverwaltervergütung: Die Verpflichtung, die Insolvenzverwaltervergütung aus der Insolvenzmasse zu begleichen, entsteht regelmäßig erst mit Beendigung des Insolvenzverfahrens.[1308] Erst zu diesem Zeitpunkt ist die Bildung einer Rückstellung für ungewisse Verbindlichkeiten zulässig, da der wirtschaftliche Bezugspunkt ansonsten nicht in der Vergangenheit, sondern in der Zukunft liegt.[1309]

Inspektionsverpflichtung: Für die gesetzliche Verpflichtung, bestimmte Anlagen in gewissen Zeitabständen inspizieren zu lassen, darf nach Ansicht des BFH keine Rückstellung gebildet werden, wenn die Verpflichtung zur Inspektion noch von der (weiteren) Nutzung der Anlage abhängig ist.[1310] Diese Auffassung wird auch von Teilen des Schrifttums geteilt. Begründet wird die Meinung damit, dass eine solche Inspektion auf den zukünftigen (Weiter-)Betrieb der Anlage zielt und somit der Erzielung künftiger Erträge dient.[1311]

Eine andere Meinung sieht die Inspektionsverpflichtung im laufenden Betrieb der Geräte/Anlagen wirtschaftlich verursacht und bejaht deswegen die Bildung einer Rückstellung für ungewisse Verbindlichkeiten – siehe Flugzeug. *Moxter* bejaht eine Rückstellung für den Fall, dass die Abschreibungen des Geräts/der Anlage die Aufwendungen aus der Inspektionsverpflichtung nicht mit berücksichtigen.[1312]

Die Rechtsprechung verneint auch eine Rückstellung für kostenlose Inspektionen von Vertragswerkstätten von Kfz-Händlern.[1313] Begründet wird dies mit der Entstehung der Verpflichtung zur Inspektion durch den Händlervertrag. Ein Zusammenhang zwischen dem Verkauf von Autos und der Reparaturleistung besteht insofern nicht, als alle Autos – ungeachtet dessen, wo sie gekauft wurden – die Freiinspektion beanspruchen dürfen.

Eine Rückstellung für unterlassene Inspektionen kommt unter den Restriktionen des § 249 Abs. 1 Satz 2 Nr. 1 Alt. 1 HGB in Betracht – siehe hierzu Instandhaltung.

Instandhaltung: Der Gesetzgeber erlaubt in § 249 Abs. 1 Satz 2 Nr. 1 Alt. 1 HGB die Bildung von Aufwandsrückstellungen für unterlassene Instandhaltungen, die innerhalb der ersten drei Monate des folgenden Geschäftsjahres nachgeholt werden. Hierbei handelt es sich also nicht um Verpflichtungen ggü. Dritten,[1314] sondern um Verpflichtungen, die der Kaufmann gegen sich selbst hat. Typische, rückstellungsbegründende Sachverhalte sind unterlassene

1308 Vgl. BGH v. 11.11.2021, IX ZB 19/20, NZI 2022 S. 137.

1309 Vgl. FG Rheinland-Pfalz v. 19.9.2023, 5 K 1800/19, Rev. eingelegt (BFH, III R 35/23), DStRE 2024 S. 897. Vgl. weiterführend *Oser/Wirtz*, StuB 2025 S. 5 ff.

1310 Vgl. BFH v. 19.5.1987, VIII R 327/83, BStBl. II 1987 S. 848.

1311 Vgl. auch *Gelhausen/Fey*, DB 1993 S. 593, 595.

1312 Vgl. *Moxter*, Bilanzrechtsprechung, S. 130.

1313 Vgl. BFH v. 11.9.1968, I 92/65, BStBl. II 1969 S. 194.

1314 Unter diese Kategorie fallen folglich auch keine Verpflichtungen, die sich auf zivilrechtlicher Grundlage ergeben – z. B. aus Mietverträgen.

- Reparaturen,
- Wartungen,
- Inspektionen,
- Generalüberholungen.

Die folgenden Voraussetzungen für den Ansatz einer derartigen Rückstellung müssen kumulativ erfüllt sein:

- Die Instandhaltungsaufwendungen waren bereits vor oder spätestens zum Bilanzstichtag geboten.
- Der unterlassene Aufwand muss sich auf das abgelaufene Geschäftsjahr beziehen.
- Die unterlassene Instandhaltung muss (voraussichtlich) in den ersten drei Monaten des folgenden Geschäftsjahres nachgeholt werden.
- Bei den Aufwendungen handelt es sich nicht um aktivierungspflichtige/-fähige Herstellungskosten.

Eine Nachholung der Rückstellungsbildung in späteren Jahren ist nicht möglich.

BEISPIEL Im Jahr t1 wurde keine Rückstellung für unterlassene Instandhaltung gebildet, obwohl eine Instandhaltung bereits zum 31.12.t1 geboten war. Da die Ergebnissituation im Jahr t2 sehr gut ist, will der Bilanzierende im Frühjahr t3 (binnen der ersten drei Monate) die Instandhaltung vornehmen. Zum 31.12.t2 ist keine Rückstellung anzusetzen, weil die Verursachung der unterlassenen Instandhaltung nicht im abgelaufenen Geschäftsjahr, sondern bereits im Vorjahr zu sehen ist.

Ein Konkurrenzverhältnis besteht ggü. außerplanmäßigen Abschreibungen. Handelt es sich bei der Wertminderung des Vermögensgegenstands um eine lediglich vorübergehende Änderung, ist von einer außerplanmäßigen Abschreibung abzusehen.[1315] Stattdessen ist, sofern der Grund der Wertminderung in der unterlassenen Wartung zu sehen ist und durch die Instandhaltung der Wert wieder aufgeholt wird, unter den soeben genannten Voraussetzungen eine Rückstellung für unterlassene Instandhaltung zu bilden.[1316] Wird durch die Instandhaltung voraussichtlich keine Wertaufholung erreicht, ist eine außerplanmäßige Abschreibung vorzunehmen.

Aufgrund des Maßgeblichkeitsgrundsatzes[1317] wirkt dieses Passivierungsgebot auch für die Steuerbilanz.

Hinsichtlich der Bewertung von Rückstellungen für Instandhaltungsaufwendungen lässt sich Folgendes festhalten: Eine Abzinsung ist aufgrund der zeitlichen Nähe des Erfüllungszeitpunktes nicht geboten, denn eine Abzinsung ist nur für Rückstellungen mit einer Laufzeit von größer als einem Jahr geboten. Der Ansatz der Rückstellung hat der Höhe nach zu Vollkosten (auf Grundlage künftiger Preise) zu geschehen.[1318]

BEISPIEL[1319] Aufgrund des hohen Wettbewerbsdrucks sowie der enormen Kapazitätsauslastung werden die für Oktober t1 bei der Bau AG geplanten Instandhaltungsmaßnahmen der Maschinen nicht durchgeführt, sondern auf Februar t2 verschoben. Zum 31.12.t1 schätzt die Bau AG die Kosten hierfür auf

1315 Vgl. § 253 Abs. 3 Satz 3 HGB.

1316 Vgl. m. w. N. Syst. Praxiskommentar Bilanzrecht/*Petersen/Künkele/Zwirner*, § 249 HGB Rz. 185 ff.

1317 Vgl. § 5 Abs. 1 EStG.

1318 Vgl. ähnlich HdR-E/*Kessler*, § 249 HGB Rz. 350.

1319 Entnommen aus *Petersen/Zwirner/Künkele*, Bilanzanalyse und Bilanzpolitik nach BilMoG, S. 317 f.

600.000 EUR. Wegen der angespannten Wirtschaftssituation wird bis dahin mit Kostensteigerungen i. H. von 3,5 % gerechnet. Der kumulierte Ertragsteuersatz der Gesellschaft beträgt 30 %.

Hinsichtlich der nicht wie geplant im Oktober t1 durchgeführten Instandhaltungsmaßnahmen ist eine Rückstellung nach § 249 Abs. 1 Satz 2 Nr. 1 HGB zu bilden, da die Instandhaltung im folgenden Geschäftsjahr innerhalb der ersten drei Monate erfolgt. Die geschätzten Kostensteigerungen von 3,5 % sind objektiv nachvollziehbar und daher bei der Bewertung der Rückstellung einzubeziehen. Die Rückstellung ist daher mit einem Wert von 621.000 EUR anzusetzen. Im steuerrechtlichen Abschluss hingegen dürfen künftige Preis- und Kostensteigerungen nach § 6 Abs. 1 Nr. 3a Buchst. f EStG nicht berücksichtigt werden. Maßgebend für die Bewertung sind die Verhältnisse am Bilanzstichtag. Damit ist zum 31.12.t1 in der Steuerbilanz eine Bewertung zu 600.000 EUR vorzunehmen. Daraus ergibt sich eine Differenz zwischen Handels- und Steuerrecht i. H. von 21.000 EUR, auf die aktive latente Steuern i. H. von 6.300 EUR (= 21.000 EUR × 0,3 [vorbehaltlich des Wahlrechts des § 274 Abs. 1 Satz 2 HGB bei anschließender Gesamtdifferenzenbetrachtung]) abzugrenzen sind.

Buchungssätze:

sonstige betriebliche Aufwendungen	an	sonstige Rückstellungen	621.000 EUR
aktive latente Steuern	an	latenter Steuerertrag	6.300 EUR

Instandhaltung von Werkzeugen: siehe Werkzeuge.

Interne Untersuchung: Für Aufwendungen für interne Untersuchungen ist nur dann eine Rückstellung zu bilden, wenn es sich um eine Außenverpflichtung handelt, sie wirtschaftlich oder rechtlich im abgelaufenen Geschäftsjahr begründet ist und das betroffene Unternehmen sich der Untersuchung nicht entziehen kann, da diese bspw. behördlich angeordnet wurde.

Inventarerneuerungsverpflichtung: siehe Erneuerungsverpflichtung.

Investitionskosten: In Rückstellungen für Nachsorgeverpflichtungen enthaltene Investitionskosten zur umweltgerechten Wiederherstellung von Deponiegrundstücken sind von der Rückstellungsbildung nicht ausgeschlossen.[1320]

Investitionszulage: Eine Drohverlustrückstellung ist zu bilden, wenn dem Vermieter aus einem Mietverhältnis deshalb ein Verlust droht, weil er eine Investitionszulage in Form geringerer Mietforderungen an den Mieter weitergibt und dadurch die Aufwendungen für die Vermietung die Mieterträge übersteigen.[1321] Siehe auch Mietpreiszusicherung, Mietvertrag.

Inzahlungnahme: Wenn zum Bilanzstichtag die Lieferung erbracht ist, aber in diesem Zusammenhang die Inzahlungnahme eines gebrauchten Gegenstands noch aussteht und der Zeitwert dieses Gegenstands unter dem Betrag der Zahlungsverpflichtung liegt, ist für den drohenden Verlust eine Rückstellung zu bilden.[1322] Siehe auch Beschaffungsgeschäft.

IPO: Für Aufwendungen im Zusammenhang mit einem Initial Public Offering sind Rückstellungen für verursachte Aufwendungen anzusetzen. Siehe auch Börsengang.

1320 Vgl. FG Münster v. 13.2.2019, 13 K 1042/17, Rev. eingelegt (BFH, XI B 31/19), DStRE 2019 S. 1243.
1321 Vgl. BFH v. 19.3.1998, IV R 1/93, BStBl. II 1999 S. 352.
1322 Vgl. FG Baden-Württemberg v. 31.3.1981, X (I) 358/76, EFG 1981 S. 620.

J.

Jahresabrechnung: Ist eine Bausparkasse verpflichtet, ihren Vertragspartnern eine Übersicht über alle Buchungen des abgelaufenen Jahres und den Endbestand zum 31.12. mitzuteilen, sind diese Aufwendungen in einer Rückstellung zu berücksichtigen, sofern die allgemeinen Ansatzkriterien bezüglich der Unsicherheit erfüllt sind.

Jahresabschluss: Die im Zusammenhang mit der gesetzlichen Verpflichtung zur Erstellung und Prüfung eines Jahresabschlusses stehenden Kosten berechtigen zum Ansatz einer Rückstellung.[1323] Dazu zählen auch die Kosten der Veröffentlichung und Prüfung des Jahresabschlusses und des Lageberichts.[1324] Die wirtschaftliche Verursachung ist im Geschäftsbetrieb des abgelaufenen Geschäftsjahrs zu sehen. Dieser Pflicht kann sich der Kaufmann auch nicht durch Ein- oder Umstellung seiner Tätigkeiten entziehen.[1325] Ist der Kaufmann gesetzlich nicht dazu verpflichtet, einen Jahresabschluss prüfen zu lassen, kann er für eine freiwillige Prüfung keine Rückstellung bilden – so die Auffassung der steuerlichen Rechtsprechung. Dies gilt auch dann, wenn das Unternehmen durch Innenverpflichtungen, bspw. einen Gesellschaftsvertrag, zur Prüfung verpflichtet ist.[1326] Unabhängig von der steuerlichen Sichtweise ist der Ansatz einer Rückstellung in der Handelsbilanz zu prüfen und auf Basis der bestehenden (teilweise auch faktischen) Verpflichtungen zu beurteilen.[1327]

Bei der Rückstellung von Beträgen für die Erstellung des Jahresabschlusses ist es unerheblich, ob es sich hierbei um interne oder externe Aufwendungen handelt. Beide Aufwandsarten sind gleichermaßen im Rückstellungswert zu berücksichtigen. So kommen als ansatzpflichtige Rückstellungsbestandteile Personalkosten der zuständigen Mitarbeiter genauso in Betracht wie z. B. Kosten für Wertgutachten usw.[1328]

Auch die gesellschaftsvertragliche (privatrechtliche) Verpflichtung zur Prüfung eines Jahresabschlusses begründet den Ansatz einer Rückstellung, denn aus Sicht der Gesellschaft sind auch die Gesellschafter Dritte, womit eine Außenverpflichtung gegeben ist.[1329] Die Finanzverwaltung erkennt allerdings eine solche Rückstellung für die Steuerbilanz nicht an.[1330]

Eine privatrechtliche Verpflichtung kann sich auch aus Kreditverträgen u. a. ergeben. Dann sind ebenfalls die notwendigen Aufwendungen für die Prüfung des Jahresabschlusses zurückzustellen.

Eine Rückstellungspflicht kann auch durch die faktische Verpflichtung zur Prüfung des Jahresabschlusses gegeben sein. Dies ist der Fall, wenn die Erwartungshaltung der Öffentlichkeit die Prüfung des Jahresabschlusses verlangt und der Kaufmann sich dieser Verpflichtung nicht ohne wesentlichen wirtschaftlichen Schaden entziehen kann. Diese Voraussetzungen sind bspw. dann

1323 Vgl. BFH v. 20.3.1980, IV R 89/79, BStBl. II 1980 S. 297.

1324 Vgl. IDW RH HFA 1.009, IDW FN 2010 S. 354, 354.

1325 Vgl. grds. auch H 5.7 Abs. 4 EStH.

1326 Vgl. BFH v. 5.6.2014, IV R 26/11, BStBl. II 2014 S. 886.

1327 Vgl. *Zwirner/Tippelhofer*, Beilage zu StuB 9/2017 S. 1, 3 f.

1328 Vgl. auch *Scherff/Willeke*, BBK 2010 S. 1169, 1173.

1329 Vgl. IDW RH HFA 1.009, IDW FN 2010 S. 354, 354.

1330 Vgl. BMF v. 16.1.1981, IV B 2 – S 2137 – 39/80, DB 1981 S. 398, mit der Begründung, dass eine Außenverpflichtung fehle.

gegeben, wenn das Unternehmen sich regelmäßig hat prüfen lassen und die Gläubiger die geprüften Abschlüsse als Entscheidungsgrundlage nutzten.

Abb. 23: Schema zur Prüfung eines Rückstellungsansatzes für Kosten der Jahresabschlussprüfung

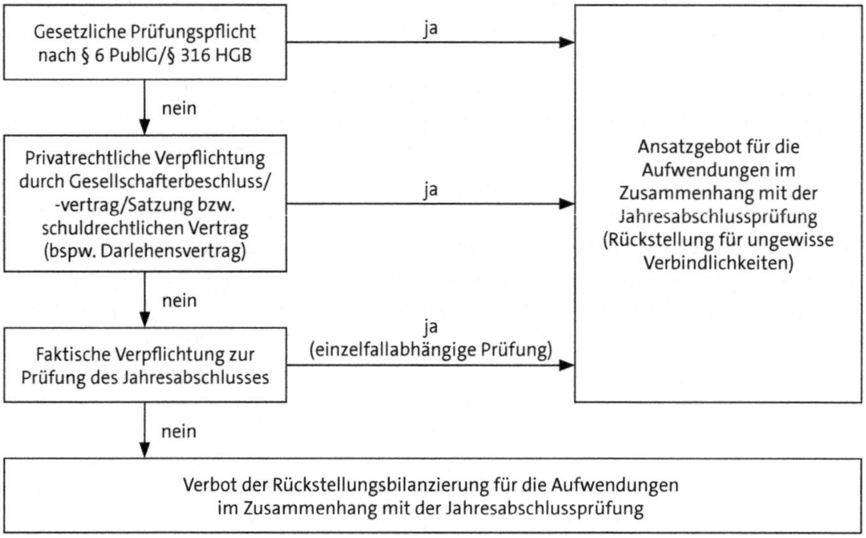

© Künkele/Vodermeier/Zwirner

Besondere Bedeutung bezüglich der Zulässigkeit des Rückstellungsansatzes für die Prüfungskosten erlangt die Abgrenzung wertbegründender und werterhellender Tatsachen. Ist zum Bilanzstichtag weder eine gesetzliche noch eine privatrechtliche oder faktische Verpflichtung zur Prüfung des Jahresabschlusses gegeben, ist eine Entscheidung über die Prüfung dieses Abschlusses im Folgejahr wertbegründend und damit nicht rückstellungsbegründend.

BEISPIEL Die Billy und Willi GmbH hat ein Geschäftsjahr vom 1.1. bis 31.12. Zum 31.12.t1 ist keine Pflicht zur Prüfung ihres Jahresabschlusses gegeben. Am 5.2.t2 beschließen die beiden Gesellschafter Billy und Willi, dass der Jahresabschluss des Jahres t1 von einer WPG geprüft werden soll.

Im Jahresabschluss des Jahres t1 darf keine Rückstellung angesetzt werden.

Die Rückstellung ist i. H. des nach vernünftiger kaufmännischer Beurteilung notwendigen Erfüllungsbetrags anzusetzen.[1331] Hierzu zählen bei der Erstellung auch die internen Aufwendungen, welche in ihrer Höhe nicht durch den an Dritte für die gleiche Leistung zu bezahlenden Betrag begrenzt sind.[1332]

Siehe auch Aufbewahrung von Geschäftsunterlagen, Buchführungsarbeiten, Steuererklärung.

Jahresabschlussprüfung: siehe auch Freiwillige Jahresabschlussprüfung. Die im Zusammenhang mit der öffentlich-rechtlichen Verpflichtung zur Erstellung und Prüfung eines Jahresabschlusses

1331 Vgl. § 253 Abs. 1 Satz 2 HGB.

1332 Gleicher Ansicht Beck Bil-Komm/*Schubert*, § 249 HGB Rz. 130, IDW RH HFA 1.009, IDW FN 2010 S. 354, 354. Anderer Ansicht BFH v. 24.11.1983, IV R 22/81, BStBl. II 1984 S. 301.

stehenden Kosten berechtigen zum Ansatz einer Rückstellung.[1333] Dazu zählen auch die Kosten der Veröffentlichung des Jahresabschlusses und des Lageberichts. Die wirtschaftliche Verursachung ist im Geschäftsbetrieb des abgelaufenen Geschäftsjahres zu sehen. Dieser Pflicht kann sich der Kaufmann auch nicht durch Ein- oder Umstellung seiner Tätigkeiten entziehen.[1334]

Jubiläumszuwendung: siehe Dienstjubiläumszuwendung.

Juristische Beratung: siehe Beratungskosten, Prozesskosten.

1333 Vgl. BFH v.19.8.2002, VIII R 30/01, DStR 2002 S.2030.

1334 Vgl. hierzu auch H 5.7 Abs.4 EStH.

K.

Kaffeesteuer: siehe Verbrauchsteuer.

Kahlschlag: siehe Forstschäden.

Kammerbeitrag: siehe Beiträge.

Kapitalersatz: siehe Gesellschafterfinanzierung.

Kartellgeldbuße: siehe Bußgeld, Kartellrechtsverstoß.

Kartellrechtsverstoß: Eine Rückstellung kann gebildet werden,[1335] wenn eine Sanktion der EU-Kommission wegen eines Kartellrechtsverstoßes hinreichend wahrscheinlich ist.

Katastrophe: Das Risiko, einer Katastrophe zu unterliegen (z.B. Lawinengefahr für am Hang stehende Lagerhalle, Feuer, Blitzeinschlag, Überschwemmung in hochwassergefährdeten Gebieten), berechtigt nicht zum Ansatz einer Rückstellung. Es fehlt hier an einer Verpflichtung ggü. einem Dritten[1336] sowie an einer hinreichend wahrscheinlichen Inanspruchnahme.

Kauf auf Probe: Bei einem Kauf auf Probe gilt der Kaufvertrag unter der aufschiebenden Bedingung der Billigung des Gegenstands durch den Käufer als abgeschlossen.[1337] Dem Realisationsprinzip folgend, sind Umsatzerlöse erst dann zu buchen, wenn der Käufer den Kaufvertrag billigt bzw. wenn eine diesbezügliche Frist verstrichen ist.[1338] Einer Rückstellung als Korrekturposten bedarf es in diesem Fall also nicht.

Kaufpreisrente: Erwirbt ein Steuerpflichtiger ein Wirtschaftsgut des Betriebsvermögens gegen Leib- oder Zeitrente, muss er den Barwert der Rentenverpflichtung passivieren; siehe Gewinnabhängige Vergütung.[1339]

Kaufpreisrückerstattung: siehe Gewährleistung.

Kernbrennelement: siehe Atomanlage.

Kernbrennstoffsteuer: siehe Verbrauchsteuer.

Kernkraftwerk: siehe Atomanlage.

Kfz: Für die gesetzliche Verpflichtung zur Vornahme bestimmter technischer Untersuchungen darf keine Rückstellung gebildet werden, weil diese an den weiteren Betrieb des Fahrzeugs anknüpfen. Siehe auch Flugzeug, Hubschrauber, Inspektionsverpflichtung.

Kfz-Handel: siehe Inspektionsverpflichtung, Restwertmodell.

Kfz-Händler: siehe Inspektionsverpflichtung.

Kiesgrubenausbeute: siehe Flurentschädigung.

Kippgebühr: siehe Rekultivierung.

Kommandithaftung: siehe Nachhaftung.

1335 Vgl. BFH v. 6.6.2012, I R 99/10, DB 2012 S. 2019.

1336 Vgl. BFH v. 26.2.1964, I 139/62 U, BStBl. II 1964 S. 333.

1337 Vgl. § 454 Abs. 1 BGB.

1338 Vgl. Bertram/Kessler/Müller/*Bertram*, § 249 HGB Rz. 309; *Hoffmann*, PiR 2008 S. 72, 72.

1339 Vgl. *Weber-Grellet* in: Schmidt, § 5 EStG Rz. 550

Kompensation: Bei der Rückstellungsbewertung sind Ansprüche, die dem Bilanzierenden zustehen, gegenzurechnen. Demnach hat die Bewertung kompensatorisch zu erfolgen. Gegenrechnungsansprüche sind bei der Bemessung der Rückstellungshöhe zu berücksichtigen. Das FG Baden-Württemberg lehnte die Gegenrechnung von Kompensationsvorteilen jüngst ab.[1340] Hintergrund war, dass eine Gegenrechnung von Abfindungszahlungen mit dem künftig reduzierten Personalaufwand erfolgen sollte. Dies sei unzulässig, da keine Vorteile aus künftig einzusparenden Aufwendungen anzusetzen sind. Ebenso bestehe kein sachlicher Zusammenhang zwischen dem Personalaufwand und der Abfindungsverpflichtung. Somit ist darauf zu achten, dass keine künftige Aufwandsminderung berücksichtigt wird sowie auch der sachliche Zusammenhang zwischen den zu verrechnenden Positionen sichergestellt ist.

Komplementärhaftung: siehe Nachhaftung.

Kompostierung: Die Verpflichtung zur Entsorgung eigenen (Bio-)Abfalls begründet grds. keine Rückstellungsbildung.[1341]

Konjunkturrisiko: Für Konjunkturrisiken darf keine Rückstellung gebildet werden.[1342]

Kontamination: siehe Altlastensanierung.

Kontoauszug: Für die Versendung von Kontoauszügen für Bausparkassen ist ein Rückstellungsansatz geboten,[1343] siehe auch Abrechnungskosten.

Kontokorrentkredit: Ein Kreditinstitut darf eine Drohverlustrückstellung für eine noch nicht ausgeschöpfte Kreditlinie grds. nicht bilden. Nur bei Erfüllung der nachfolgenden Bedingungen kann der Ansatz berechtigt sein:[1344]

- Der Kunde wird tatsächlich die Kreditlinie ausschöpfen.
- Es ist wahrscheinlich, dass der Kunde den Kontokorrentkredit nicht zurückführen kann.
- Das Kreditinstitut verfügt über keine ausreichenden Sicherheiten zur Deckung des Kreditrisikos.

Konzernhaftung: siehe Patronatserklärung, Verlustübernahmeverpflichtung.

Körperschaftsteuer: In Höhe der voraussichtlichen Körperschaftsteuer- und Solidaritätszuschlagszahlung muss in der Handelsbilanz eine Rückstellung gebildet werden. Die Ungewissheit ergibt sich hinsichtlich der Höhe, weil die Abschlusszahlung noch nicht festgesetzt wurde.[1345] Die Rückstellungshöhe ergibt sich als Differenz aus ermittelter Steuerlast und geleisteten Vorauszahlungen:

Rückstellungshöhe = ermittelte Steuerlast – geleistete Vorauszahlungen

Für Zwecke der Ermittlung der voraussichtlichen Steuerlast ist das zu versteuernde Einkommen zu ermitteln.

1340 Vgl. FG Baden-Württemberg v. 12.9.2017, 6 K 1472/16, EFG 2018 S. 1343.
1341 Vgl. BFH v. 8.11.2000, I R 6/96, DStR 2001 S. 290.
1342 Vgl. BFH v. 3.7.1956, I 118/55 U, BStBl. III 1956 S. 248.
1343 Vgl. *Hoffmann/Lüdenbach*, § 249 HGB Rz. 119.
1344 Siehe BFH v. 11.2.1998, I R 62/97, BStBl. II 1998 S. 658.
1345 Vgl. *Blenkers/Czisz/Gerl*, S. 306.

BEISPIEL Für das Geschäftsjahr t1 (1.1.t1 bis 31.12.t1) ermittelt die Rückstellungs-ABC GmbH einen vorläufigen handelsrechtlichen Jahresüberschuss von 500.000 EUR (vor Berücksichtigung einer Körperschaftsteuerrückstellung). Die Gewerbesteuer sei hier vereinfachend vernachlässigt.

Bei der Ermittlung dieses Jahresüberschusses wurden auch Vorauszahlungen für Körperschaftsteuer und den darauf entfallenden Solidaritätszuschlag i. H. von 50.000 EUR als Steuern vom Einkommen und Ertrag einbezogen.

Zusätzlich fielen in t1 Säumniszuschläge zur Körperschaftsteuer i. H. von 2.000 EUR und zur Umsatzsteuer i. H. von 1.000 EUR an. Ferner waren Bußgelder i. H. von 1.500 EUR für Verkehrsvergehen der überwiegend nicht auf die StVO achtenden Belegschaft zu zahlen. Der freiwillig eingerichtete Aufsichtsrat wird in t1 mit 25.000 EUR für seine Dienste vergütet. Dies wurde als sonstiger betrieblicher Aufwand erfasst.

Gemäß § 10 Nr. 2 KStG zählen die Steuern vom Einkommen zu den nicht abziehbaren Aufwendungen. Dementsprechend sind die Körperschaftsteuer- und Solidaritätszuschlagsvorauszahlungen bei der Ermittlung des zu versteuernden Einkommens zu addieren. Gleiches gilt für steuerliche Nebenleistungen, sofern sie auf Steuern nach § 10 Nr. 2 KStG entfallen. Säumniszuschläge auf die Umsatzsteuer zählen allerdings nicht dazu. Im Ergebnis sind 2.000 EUR hinzuzurechnen. Hinzurechnungspflichtig sind zudem die Bußgelder nach § 10 Nr. 3 KStG (1.500 EUR) und die Hälfte der Aufsichtsratsvergütungen nach § 10 Nr. 4 KStG (50 % von 25.000 EUR). Es ergibt sich ein zu versteuerndes Einkommen wie folgt:

	Vorläufiger handelsrechtlicher Jahresüberschuss	500.000 EUR
+	Körperschaftsteuer- und Solidaritätszuschlagsvorauszahlungen	50.000 EUR
+	Säumniszuschlag auf die Körperschaftsteuer	2.000 EUR
+	Bußgelder	1.500 EUR
+	50 % der Aufsichtsratsvergütungen	12.500 EUR
=	zu versteuerndes Einkommen	566.000 EUR
×	Körperschaftsteuertarif = 15 % (§ 23 Abs. 1 KStG)	
=	zu erwartende Körperschaftsteuerschuld	84.900 EUR
+	zu erwartender Solidaritätszuschlag (5,5 %)	4.670 EUR
=	KSt + SolZ	89.570 EUR

Nach Verrechnung mit den Vorauszahlungen i. H. von 50.000 EUR ergibt sich ein Restbetrag von 39.570 EUR, der als Körperschaftsteuerrückstellung anzusetzen ist.

Bei der steuerlichen Gewinnermittlung ist aufgrund des Abzugsverbots der Körperschaftsteuer von sich selbst[1346] der in die Rückstellung eingestellte Aufwand wieder hinzuzurechnen.

Auch erwartete Nachzahlungspflichten, die durch eine Betriebsprüfung aufgedeckt werden, begründen einen Rückstellungsansatz – siehe Betriebsprüfungsrisiko. Siehe auch Steuerrückstellung. Die Zuführung/Auflösung von Ertragsteuerrückstellungen ist über die GuV-Position „Steuern vom Einkommen und Ertrag“ zu erfassen.

Kostenüberdeckung: Wenn eine Kostenüberdeckung nach Maßgabe öffentlich-rechtlicher Vorschriften in der folgenden Kalkulationsperiode auszugleichen ist, kann eine Verbindlichkeitsrückstellung gebildet werden. Es bestehen keine Zweifel an einer aktuellen wirtschaftlichen Belastung des Vermögens, wenn der Betrieb, der die zukünftigen Einnahmen und Gewinne erwirtschaftet, mit einer an Sicherheit grenzenden Wahrscheinlichkeit für die Dauer der Ausgleichs-

1346 Vgl. § 10 Nr. 2 KStG.

periode aufrechterhalten und damit die Erfüllung der Ausgleichsverpflichtung realisiert wird.[1347] Siehe auch Verrechnungsverpflichtung.

Kraftfahrzeug: siehe Kfz.

Kraftfahrzeugsteuer: Aufwendungen für die Kfz-Steuer, die im abgelaufenen Jahr verursacht, aber zum Bilanzstichtag noch nicht veranlagt sind, sind als Rückstellung anzusetzen.

Kraftwerk: siehe Atomanlage, Flusswasserkraftwerk.

Krankenhaus: siehe MDK-Prüfung.

Krankenhausträger: siehe Fördermittel.

Krankenkasse: siehe Arzthonorar.

Krankheitsbeihilfe für Rentner: siehe Beihilfe.

Krankheitstag: siehe Beihilfe, Lohnfortzahlung im Krankheitsfall, Urlaubsanspruch.

Kreditgebühr: Für noch nicht berechnete, aber dem Geschäftsjahr wirtschaftlich zurechenbare Kreditgebühren ist zum Bilanzstichtag eine Rückstellung für ungewisse Verbindlichkeiten anzusetzen.

Kreditinstitut: siehe Kontokorrentkredit, Prämiensparvertrag, Zuwachssparen.

Kreditlinie: siehe Kontokorrentkredit.

Kreditrisiko: Die Bildung einer Rückstellung für drohende Verluste bei eingegangenen Kreditverträgen setzt die individuelle Wahrscheinlichkeit des Ausfalls des einzelnen Kredits voraus. Eine Drohverlustrückstellung, die pauschal aus einer größeren Anzahl von Verpflichtungen ermittelt wird, scheidet nach BFH-Rechtsprechung aus.[1348] Im verhandelten Fall wurde die Drohverlustrückstellung verwehrt, die auf Grundlage des länderspezifischen Risikos (auf Basis von Ratings) des Kreditausfalls gebildet wurde. Siehe weiter Kontokorrentkredit, Zinsswap.

Kreditverbindlichkeit: siehe Darlehenszins.

Kreditzinsen: siehe Zinszahlung.

Kulanz: siehe Faktische Verpflichtung, Gewährleistung.

Kulanzleistung: siehe Gewährleistung.

Kundenbindungsprogramm: siehe Bonus, Kundentreueprogramm.

Kundendienstverpflichtung: siehe Hör- und Sehhilfen.

Kundengutschein: siehe Bonus, Kundentreueprogramm.

Kundenkarte: siehe Bonus, Kundentreueprogramm.

Kundentreueprogramm: Sind Ansprüche auf Bonuszahlungen aufgrund eines bestimmten Umsatzes im Geschäftsjahr rechtlich entstanden, aber noch nicht vom Kunden eingelöst, muss eine Rückstellung passiviert werden (z. B. „Miles and More", „Payback-Punkte"). Siehe auch Bonus.

1347 Vgl. BFH v. 6.2.2013, I R 62/11, DB 2013 S. 1091.
1348 Vgl. BFH v. 12.9.2004, I R 5/04, BB 2005 S. 483.

Kündigung Mietvertrag: Sofern die Gesellschaft – bspw. durch Kündigung ihres Mietvertrags durch den Vermieter – gezwungen wird, den Standort zu wechseln, sind die durch den Standortwechsel bzw. durch die Sitzverlegung bedingten Kosten nur insoweit rückstellungsfähig, als sie auf eine faktische Außenverpflichtung zurückzuführen sind, der keine Gegenleistung gegenübersteht. Insofern ist im Zusammenhang mit dem Wechsel des Standorts der Ansatz einer Rückstellung für Rückbau- oder Entfernungsverpflichtungen oder der Ansatz einer Drohverlustrückstellung für die Zeit einer doppelten Mietbelastung zu prüfen. Die Kosten des Umzugs sind nicht wirtschaftlich in der Vergangenheit verortet, sondern stehen im Zusammenhang mit der Fortführung der Unternehmenstätigkeit in der Zukunft. Damit fehlt es an dem notwendigen kausalen und wirtschaftlich der Vergangenheit zuzurechnenden Ereignis.

BEISPIEL Die Lucky-Los GmbH ist ein Beratungsunternehmen für Glücksspiele mit einem zentralen Standort in der Königsallee in Düsseldorf. Die Gesellschaft hat ihren Sitz dort seit nahezu 50 Jahren. Der Mietvertrag der Gesellschaft läuft bis Ende t2 und der Vermieter hat angekündigt, das Gebäude, in dem die Lucky-Los GmbH ihren Sitz hat, vollständig zu sanieren, um im Anschluss höhere Mieterlöse erzielen zu können. Der Mietvertrag wird daher nicht weiter verlängert bzw. unter Einhaltung der relevanten Fristen und Voraussetzungen vom Vermieter gekündigt. Damit ist die Lucky-Los GmbH gezwungen, sich einen neuen Standort zu suchen. Die Kosten, die für die Standortsuche und den Umzug anfallen, werden auf 500 TEUR geschätzt. Aufwendungen für Rückbau-/Entfernungsverpflichtungen fallen nicht an. Kosten für eine doppelte Miete sind nicht zu erwarten, da die Lucky-Los GmbH beabsichtigt, in einen Neubau am Rande Düsseldorfs zu ziehen, den sie in den ersten Monaten mietfrei nutzen kann. Damit kann die Lucky-Los GmbH zum 31.12.t1 keine Rückstellung für den anstehenden, nicht von ihr gewollten Umzug ansetzen.

Siehe auch Sitzverlegung, Standortverlagerung.

Kündigungsschutz: Das KSchG schützt Arbeitnehmer vor sozial ungerechtfertigten Kündigungen, wenn diese mindestens sechs Monate im Unternehmen tätig waren.[1349] Spricht der Arbeitgeber eine sozial ungerechtfertigte Kündigung aus, so ist diese rechtsunwirksam. Stellt ein Gericht die Rechtsunwirksamkeit fest und kann es dem Arbeitnehmer nicht zugemutet werden, weiter im Unternehmen zu arbeiten, so kann das Gericht den Arbeitgeber zur Zahlung einer Abfindung verurteilen.[1350]

Obwohl die Abfindungszahlung keine Arbeitsleistung des Arbeitnehmers abgilt,[1351] kann grds. keine Rückstellung für eine mögliche Abfindungszahlung während der Beschäftigung angesetzt werden.[1352] Etwas anderes gilt, wenn die Kündigung bereits im Einzelfall nachweislich geplant ist und der Kaufmann mit einer Inanspruchnahme aus dem KSchG rechnen muss. Hier kommt eine Rückstellung für ungewisse Verbindlichkeiten in Betracht.

Künftige Anschaffungs- und Herstellungskosten: siehe Anschaffungs- und Herstellungskosten.

Künftige Leistung: Keine wirtschaftliche Verursachung im abgelaufenen Geschäftsjahr liegt vor, wenn eine Leistung des zukünftigen Wirtschaftsjahrs ausgeglichen werden soll, auch wenn die Bemessung der Vergütungshöhe nach von im abgelaufenen Wirtschaftsjahr verwirklichten Faktoren abhängt; eine Rückstellung kann nicht gebildet werden.[1353]

1349 Vgl. § 1 Abs. 1 KSchG.

1350 Vgl. § 9 Abs. 1 KSchG.

1351 Siehe hierzu *Heddäus*, S. 238.

1352 Der BFH verneint die Rückstellung für Abfindungen an langjährige Mitarbeiter – vgl. BFH v. 9.5.1995, IV B 97/94, BFH/NV 1995 S. 1970.

1353 Vgl. Frotscher/Geurts/*Watrin*, § 5 EStG Rz. 458.

Künftige Vorteile: Bei der Bewertung von Rückstellungen sind künftige Vorteile grds. einzubeziehen, sofern sie vertraglich konkretisiert sind oder mit hinreichend hoher Wahrscheinlichkeit erwartet werden können. Die Minderung der Rückstellung durch künftige Vorteile wird in der Steuerbilanz wohl weniger restriktiv auszulegen sein als in der Handelsbilanz.[1354]

Künstlersozialabgabe: Unternehmen, die selbstständige Künstler oder Publizisten für Werbezwecke oder Öffentlichkeitsarbeit beauftragen, haben sich an der Finanzierung der Künstlersozialversicherung zu beteiligen und eine Künstlersozialabgabe zu leisten. Dies gilt auch, wenn selbstständige Künstler oder Publizisten beauftragt werden, um deren Werke oder Leistungen für Unternehmenszwecke zu nutzen, und hiermit Einnahmen erzielt werden sollen. Die Pflicht zur Leistung der Künstlersozialabgabe setzt voraus, dass die Summe der Entgelte für einen oder mehrere Aufträge im Kalenderjahr 2025 insgesamt 700 EUR und ab dem Kalenderjahr 2026 insgesamt 1.000 EUR nicht übersteigt (Bagatellgrenze). Für die zu leistende Künstlersozialabgabe i. H. von 5 % (Künstlersozialabgabe-Verordnung 2025) des Entgelts ist eine Rückstellung nach § 249 Abs. 1 Satz 1 Alt. 1 HGB zu bilden.[1355]

Kurzarbeitergeld: Unternehmen können auf freiwilliger Basis Aufstockungsbeträge zum Kurzarbeitergeld zahlen. In diesem Fall liegt zwar kurzzeitig ein Missverhältnis zwischen den entrichteten Aufstockungsbeträgen und der erbrachten Arbeitsleistung vor, vor dem Hintergrund des langfristig angelegten Arbeitsverhältnisses ist allerdings nicht davon auszugehen, dass dieses nur kurzzeitig bestehende Missverhältnis für eine Bildung von Drohverlustrückstellungen ausreichend ist. Auch in Anbetracht einer grundsätzlichen Freiwilligkeit der Zahlung von Aufstockungsbeträgen kommt der Ansatz von Drohverlustrückstellungen i. d. R. nicht in Betracht.[1356]

1354 Vgl. im Einzelnen m. w. N. *Hoffmann/Lüdenbach,* § 253 HGB Rz. 70 f.

1355 Vgl. ausführlicher Roß/Zilch, BB 2017, 1775.

1356 Vgl. hierzu *Zwirner/Zimny/Vodermeier,* Beilage zu StuB 21/2020 S. 1, 5 f. Vgl. auch *Zwirner/Krauß,* BC 2020 S. 371 f.

L.

Ladungsträger: siehe Flaschenpfand.

Lagerkostenvergütung: siehe Zucker-Lagerungsabgabe.

Lagerung von Werkzeugen: siehe Werkzeuge.

Langfristfertigung: Bei langfristiger Fertigung kann sich das Erfordernis für eine Drohverlustrückstellung ergeben. Dies ist dann der Fall, wenn die voraussichtlich noch anfallenden Herstellungskosten nicht durch Erlöse gedeckt werden. Sobald der Vermögensgegenstand sodann aktiviert wird, ist die Drohverlustrückstellung aufzulösen und eine außerplanmäßige Abschreibung des Vermögensgegenstands zu buchen.[1357] Siehe auch Fehlkalkulation.

BEISPIEL Das Hochbauunternehmen H schließt mit dem Investor I einen Werkvertrag ab. Danach soll H an I ein schlüsselfertiges Haus übergeben, erst zu diesem Zeitpunkt wird dann der vereinbarte Werklohn von 9 Mio. EUR fällig.

Bis zum 31.12.t1 haben sich bereits 10 Mio. EUR Herstellungskosten ergeben. In t2 erwartet H zusätzliche Herstellungskosten i. H. von 2 Mio. EUR.

Zum 31.12.t1 sind die unfertigen Erzeugnisse um 1 Mio. EUR abzuschreiben (10 Mio. EUR – 9 Mio. EUR). Zudem ist für die voraussichtlich noch anfallenden Herstellungskosten von 2 Mio. EUR eine Drohverlustrückstellung zu bilanzieren.

Im Jahr t2 fallen tatsächlich Herstellungskosten i. H. von 2,2 Mio. EUR an. Die Drohverlustrückstellung ist in Anspruch zu nehmen und gleichzeitig sind außerplanmäßige Abschreibungen von 2,2 Mio. EUR auf die fertigen Erzeugnisse vorzunehmen.

Langzeitarbeitskonten: Für Verpflichtungen aus Langzeitarbeitskonten sind die künftig zu erwartenden Aufwendungen zurückzustellen. Das FG Münster hat in seinem Urteil vom 12.12.2016[1358] eingehend die gesetzlichen Ausnahmen zum Abzinsungsgebot geprüft. Dennoch war die Rückstellung für Langzeitarbeitskonten abzuzinsen, obwohl in der Betriebsvereinbarung die Zinslosigkeit eindeutig geregelt war.

Lärmschutz: Für den Fall der Übernahme einer Verpflichtung bei Anschaffung eines Vermögensgegenstands wird in der Literatur vorgeschlagen, die Kosten der Erfüllung der Verpflichtung als zusätzliche Anschaffungskosten des Vermögensgegenstands zu behandeln.[1359] Wird also eine Konzession nur unter der Auflage der Errichtung von Lärmschutzvorrichtungen erworben, so wären die voraussichtlichen Kosten hierfür den Anschaffungskosten des immateriellen Vermögensgegenstands „Konzession" zuzurechnen und erfolgsneutral gegen die Rückstellungen zu buchen (Konzessionen an Rückstellung).[1360] Dieses Vorgehen entspricht dem Grundsatz der Erfolgsneutralität des Anschaffungsvorgangs. Typisches Beispiel für einen solchen Sachverhalt ist der Erwerb einer Nachtfluggenehmigung eines Flughafenbetreibers unter der Auflage, Anlieger mit Lärmschutzfenstern auszustatten.[1361]

Die u. E. zu empfehlende Variante ist jedoch, die Rückstellung aufwandswirksam zu buchen (sonstiger betrieblicher Aufwand an Rückstellung). Dies entspricht auch der gängigen und akzeptierten Praxis.

1357 Vgl. IDW RS HFA 4, IDW FN 2010 S. 298, 301.

1358 Vgl. FG Münster v. 12.12.2016, 9 K 15050/13 F, EFG 2017 S. 565.

1359 Vgl. Syst. Praxiskommentar Bilanzrecht/*Richter/Künkele/Zwirner,* § 255 HGB Rz. 74.

1360 Siehe hierzu überzeugend *Hoffmann,* PiR 2010 S. 146, 146 ff.

1361 Siehe *Garvens/Lubitz,* StuB 2010 S. 248, 248 ff.

Lastkraftwagen: siehe Inspektionsverpflichtung.

Latente Steuern: Mit der Neufassung des § 274 HGB durch das BilMoG sind latente Steuern als gesonderter Bilanzposten auszuweisen. Kleine KapG und kleine PersHG i. S. des § 264a HGB können allerdings unter Anwendung des § 274a Nr. 4 HGB auf die Bilanzierung latenter Steuern verzichten. Macht eine Gesellschaft von dieser Vorschrift Gebrauch, muss sie dennoch für sonst als passive latente Steuern ausgewiesene Beträge, die auch die Eigenschaften von Rückstellungen für ungewisse Verbindlichkeiten erfüllen, Steuerrückstellungen bilanzieren.[1362] Grundlage der Rückstellungsbildung ist somit das GuV-orientierte Timing-Konzept. Unter die Steuerrückstellungen fallen demnach:

- zeitlich begrenzte Differenzen aufgrund der Aktivierung selbst geschaffener immaterieller Vermögensgegenstände des Anlagevermögens,
- zeitlich begrenzte Differenzen aufgrund der Zeitwertbewertung bestimmter Vermögensgegenstände (Deckungsvermögen),
- zeitlich begrenzte Differenzen aufgrund des Wegfalls der umgekehrten Maßgeblichkeit (Sonderabschreibungen, steuerfreie Rücklagen).

Wenn die kleine KapG bzw. PersHG i. S. des § 264a HGB vom Befreiungswahlrecht Gebrauch macht, ist zur Ermittlung der Rückstellung auf den zum Stichtag vorliegenden Passivüberhang abzustellen. Die passiven latenten Steuern sind insoweit als Rückstellung (unter Beachtung des GuV-orientierten Timing-Konzepts) ansatzpflichtig.[1363] Sofern bspw. zum Bilanzstichtag steuerliche Verlustvorträge vorliegen, sind diese bei der Ermittlung der Rückstellung zu berücksichtigen.

BEISPIEL Eine kleine GmbH verzichtet auf die Bilanzierung latenter Steuern. Zum 31.12.t1 würden sich bei der Anwendung des GuV-orientierten Timing-Konzepts aktive latente Steuern i. H. von 20.000 EUR und passive latente Steuern i. H. von 30.000 EUR ergeben.

Das Unternehmen hat zum 31.12.t1 die Saldogröße (10.000 EUR) als Steuerrückstellung auszuweisen.

PRAXISTIPP

Weil quasipermanente Differenzen nicht die Kriterien einer Rückstellung nach § 249 Abs. 1 Satz 1 HGB erfüllen, bilden sie keine Grundlage für Steuerrückstellungen. Ihnen fehlt es an einer wirtschaftlichen oder rechtlichen Verursachung der Steuerbelastung im abgelaufenen Geschäftsjahr.

BEISPIEL Für die Anschaffung von Grund und Boden zu einem Preis von 1.000.000 EUR wird ein Investitionszuschuss i. H. von 20 % = 200.000 EUR gewährt. Das Wahlrecht der R 6.5 Abs. 2 EStR wird dahingehend ausgeübt, dass die Anschaffungskosten um 200.000 EUR auf 800.000 EUR reduziert werden. Für die Handelsbilanz bleibt es bei der Bilanzierung des Grund und Bodens zu Anschaffungskosten i. H. von 1.000.000 EUR. Aus den unterschiedlichen Wertansätzen resultiert bei einem kumulierten Ertragsteuersatz von 30 % eine passive latente Steuer i. H. von 60.000 EUR.

Kleine KapG und PersHG i. S. des § 264a HGB, die nach § 274a Nr. 5 HGB keine latenten Steuern abgrenzen, dürfen diesen Betrag auch nicht i. R. der Steuerrückstellung berücksichtigen, weil eine quasipermanente Differenz vorliegt. Die Bilanz weist keine entsprechende Steuerrückstellung aus.

1362 Vgl. Beck Bil-Komm/*Grottel*, § 274a HGB Rz. 41. Vgl. auch *Oser/Wirtz*, StuB 2025 S. 9 f.

1363 Vgl. zugleich mit Kritik an der als Erleichterungsvorschrift deklarierten Norm Syst. Praxiskommentar Bilanzrecht/*Petersen/Zwirner/Busch*, § 274a HGB Rz. 16.

PRAXISTIPP

Es ist zu empfehlen, die notwendigen Steuerberechnungen nach § 274 HGB in einer Nebenrechnung vorzunehmen, um zum einen den Bilanzansatz rechtfertigen und zum anderen einen Wechsel in eine andere Größenklasse besser bewerkstelligen zu können.

Lawine: siehe Katastrophe.

Leasing: In verschiedenen Fällen kann der Ansatz einer Drohverlustrückstellung oder Verbindlichkeitsrückstellung i. R. von Leasingverträgen beim Leasinggeber oder Leasingnehmer geboten sein.[1364]

Der Leasingnehmer darf laut BFH keine Drohverlustrückstellung bilden, wenn die Leasingraten bei Neuverträgen erheblich niedriger sind. Ein maßgeblicher Verpflichtungsüberschuss, der vorliegt, wenn die Leasingraten den Erfolgsbeitrag des Leasingobjekts übersteigen, sei regelmäßig nicht feststellbar.[1365] Hingegen ist der Ansatz einer Drohverlustrückstellung beim Leasingnehmer zu bejahen, wenn der Barwert der Leasingraten den beizulegenden Zeitwert des Leasingobjekts übersteigt, weil das Leasingobjekt nicht mehr oder nur in sehr geringem Umfang zu nutzen ist.[1366]

Drohverlustrückstellungen hat der Leasingnehmer auch zu bilden, wenn dieser sich verpflichtet hat, das Leasingobjekt zu einem bestimmten Preis abzunehmen, und die Wiederbeschaffungskosten (Marktpreis) diesen Preis unterschreiten.[1367] Siehe auch Beschaffungsgeschäft. Dies gilt allerdings nur für die Fälle, in denen der Leasingnehmer nicht wirtschaftlicher Eigentümer des Leasinggutes ist. Andernfalls wäre der gesunkene Wiederbeschaffungspreis i. R. einer außerplanmäßigen Abschreibung auf das Leasinggut zu erfassen.

Verbindlichkeitsrückstellungen sind beim Leasinggeber wegen eines Erfüllungsrückstands zu bilden, wenn der Leasingnehmer überhöhte Leasingraten zahlt, dafür aber die Option eingeräumt bekommt, das Leasinggut am Ende der Grundmietzeit zum Vorzugspreis zu erwerben. Dabei hat der Leasinggeber den Rückstellungsbetrag entsprechend den geleisteten Leasingraten anzusammeln.[1368]

Verbindlichkeitsrückstellungen sind beim Leasinggeber auch zu bilden, wenn sich dieser verpflichtet, den Mieter unter bestimmten Umständen an einem späteren Verkaufserlös des Leasingobjekts zu beteiligen.[1369]

Drohverlustrückstellungen sind beim Leasinggeber zu passivieren, wenn der Barwert der Leasingraten unter dem Barwert der Aufwendungen (inklusive Abschreibungen) liegt.[1370]

Die folgende Tabelle fasst die Rückstellungsbilanzierung bei Leasingverhältnissen noch einmal zusammen:

1364 Auf die Bilanzierung des Leasinggutes wird hier nicht eingegangen. Es sei verwiesen auf IDW HFA 1/1989, WPg 1989 S. 625, 625 f., sowie WPH Edition, Kap. F Rz. 672, die wiederum auch auf die entsprechenden BMF-Schreiben verweisen.

1365 Vgl. BFH v. 27.7.1988, I R 133/84, BStBl. II 1988 S. 999.

1366 Siehe auch *Maus*, S. 169.

1367 Vgl. BFH v. 15.10.1997, I R 16/97, DStR 1998 S. 480.

1368 Vgl. BFH v. 15.4.1993, IV R 75/91, BFHE 1993 S. 434.

1369 Vgl. BFH v. 21.9.2011, I R 50/10, BStBl. II 2012 S. 197.

1370 Vgl. BFH v. 19.7.1983, VIII R 160/79, BStBl. II 1984 S. 56.

Tab. 13:	Mögliche Rückstellungen bei Leasingverhältnissen	
	Leasinggeber	**Leasingnehmer**
Rückstellungen für ungewisse Verbindlichkeiten	► Bei Rückvergütungsverpflichtung im Zuge eines Vorzugspreises für den Leasingnehmer nach der Grundmietzeit	► Bei Erneuerungsverpflichtungen (siehe Erneuerungsverpflichtung bei Mietverträgen)
Drohverlustrückstellungen	► Bei einem Barwert der künftigen Leasingraten, der unter dem Barwert der Aufwendungen für das Leasinggut (inkl. eventueller Abschreibungen) liegt	► Bei keinem oder außergewöhnlich geringem Erfolgsbeitrag aus dem Leasinggut und diesen übersteigenden Leasingaufwendungen ► Bei Kauf des Leasinggutes nach der Grundmietzeit zu ggü. dem Marktpreis zu hohem Preis

Leasing-Restwert: siehe Leasing.

Leasingrückläufer: Für verpflichtend abzunehmende Leasinggegenstände, für die der Marktpreis zwischenzeitlich deutlich gesunken ist und die nur zu einem geringeren Betrag als dem zugesicherten Rücknahmewert weiterveräußert werden können, sind Rückstellungen anzusetzen. Siehe Dieselgate, Leasing.

Leasingvertrag: siehe Leasing.

Lebensarbeitszeitkonto: siehe Altersteilzeit.

Lebensversicherung: Sofern die Verpflichtung zu weiterer Vertragsbetreuung bei einem Versicherungsvertreter einen Erfüllungsrückstand verursacht, ist eine Verbindlichkeitsrückstellung geboten.[1371] Dies ist gegeben, wenn eine Provision an den Vertreter gezahlt wurde, diese jedoch an weitere Leistungen (weitere Betreuung) anknüpft. Ist die Betreuung zeitbezogen, ist die Rückstellung zeitanteilig („pro rata temporis") aufzulösen. Das BMF sieht einen Rückstellungsansatz für die Nachbetreuungspflicht als unzulässig an.[1372] Wenn die Provision nicht von der Erbringung künftiger Leistungen abhängig ist, darf handels- wie steuerrechtlich eine Rückstellung nicht gebildet werden. Eine Beschränkung auf wesentliche Verpflichtungen ist dabei nicht vorzunehmen.[1373] Zudem muss der Versicherungsvertreter durch eine inhaltlich klare Individualabrede oder eine entsprechende Regelung im Vertretervertrag zur Betreuung verpflichtet sein.[1374] Siehe auch Versicherungsmakler.

1371 Vgl. BFH v. 28.7.2004, XI R 63/03, BStBl. II 2006 S. 866.

1372 Vgl. BMF v. 28.11.2006, IV B 2 – S 2137 – 73/06, BStBl. I 2006 S. 765.

1373 Vgl. BFH v. 28.7.2004, XI R 63/03, BStBl. II 2006 S. 866; bestätigt durch BFH v. 19.7.2011, X R 26/10, BStBl. II 2012 S. 856; siehe auch BMF v. 20.11.2012, IV C 6 – S 2137/09/10002, BStBl. I 2012 S. 1100.

1374 Vgl. Niedersächsisches FG v. 11.5.2011, 2 K 11301/08, DStRE 2012 S. 596.

BEISPIEL ▸ A ist Vertreter der B Versicherung. Er verpflichtet sich ggü. B, neben der Beratung im Zusammenhang mit dem Vertragsabschluss den Kunden auch für die Zeit von zwei Jahren nach Vertragsabschluss zu betreuen. Neben der Provision erhält A keine weiteren Leistungen von B.

Zum Zeitpunkt des Vertragsabschlusses hat B eine Rückstellung i. H. der erwarteten Betreuungskosten der nächsten zwei Jahre zu bilden. Über den benannten Zeitraum ist die Rückstellung aufzulösen.

Leergut: siehe Flaschenpfand.

Lehrling: siehe Ausbildungskosten.

Leibrente: siehe Kaufpreisrente.

Leihemballagen: Die für Pfandflaschen gemachten Ausführungen gelten analog.[1375] Siehe Flaschenpfand.

Leistungsprämie: siehe Gewinnabhängige Vergütung, Gratifikation.

Leistungsverpflichtung: siehe Gewinnabhängige Vergütung, Gratifikation.

Lieferantenrechnung: siehe Abrechnungskosten.

Lieferkettensorgfaltspflicht: Unternehmen, die in den Anwendungsbereich des Lieferkettensorgfaltspflichtengesetzes (LkSG) fallen, haben für die Pflichten aus dem LkSG dann eine Rückstellung zu bilden, wenn die Verpflichtung durch das ablaufende Geschäftsjahr verursacht wurde. Die Kosten der internen Erstellung des Berichts zum LkSG sind grds. nicht zurückzustellen.

Lizenzgebühr: Für rückständige Lizenzgebühren („Erfüllungsrückstand") ist eine Rückstellung für ungewisse Verbindlichkeiten zu bilden, soweit Höhe und/oder Zeitpunkt der Zahlungsverpflichtung ungewiss sind.[1376]

Lizenzrecht: Es ist keine Rückstellung wegen der Verletzung der Lizenzrechte einer AG bei fehlender Kenntnis der verantwortlichen Person zu bilden. Aus einem Urteil des Thüringer FG geht hervor, dass in den Fällen, in denen die Gefahr einer ernsthaften Inanspruchnahme wegen der Verletzung von Lizenzrechten einer AG nach § 69a Abs. 3 UrhG besteht, die Bildung einer Rückstellung nicht gerechtfertigt ist, sofern nur ein Mitarbeiter der AG, nicht aber eine verantwortliche Person der AG wie bspw. Vorstands- oder Aufsichtsratsmitglied oder Prokurist Kenntnis von der Rechtsverletzung hat.[1377]

Lizenzvertrag: Die Bildung einer Drohverlustrückstellung kann geboten sein, wenn sich i. R. einer Gesamtbetrachtung ein Verpflichtungsüberschuss ergibt, d. h. entweder die Lizenzgebühren den geldwerten Nutzen der Lizenz übersteigen oder umgekehrt.

Eine besondere Relevanz haben etwaige Drohverlustrückstellungen im Zusammenhang mit Sendelizenzen. Hier muss – zumindest im werbefinanzierten Fernsehen – eine Drohverlustrückstellung bilanziellen Niederschlag finden, wenn aufgrund gesunkener Einschaltquoten die Werbeeinnahmen ausbleiben,[1378] jedoch eine Lizenzgebühr weiterhin zu entrichten ist.

1375 Siehe auch WPH Edition, Kap. F Rz. 671.

1376 Vgl. BFH v. 23.9.1969, I R 22/66, BStBl. II 1970 S. 104.

1377 Vgl. Thüringer FG v. 26.6.2014, 1 K 240/12, rkr., EFG 2014 S. 1661.

1378 Vgl. Handbuch Bilanzrecht/*Zwirner/Wittmann*, E.III. Rz. 126.

BEISPIEL Der Fernsehsender Ultra Television hat sich die Übertragungsrechte für die Premiere-League-Ausstrahlung in Deutschland gesichert. Derzeit sind bei den großen englischen Klubs fünf deutsche Legionäre beschäftigt. Unerwarteterweise werden alle Deutschen in der Ferne zu Bankwärmern degradiert. Das Zuschauerinteresse auf dem heimischen Markt sinkt rapide.

Bei bestehender Zahlungsverpflichtung ist der Ansatz einer Drohverlustrückstellung zu prüfen.

Ist für eine bereits zugegangene Lizenz die vertraglich vereinbarte Gegenleistung (bspw. Lizenzgebühr) nicht bezahlt worden, kann eine Rückstellungsbildung geboten sein – siehe Lizenzgebühr.

Lkw: siehe Inspektionsverpflichtung.

Lohnfortzahlung im Krankheitsfall: Risiken des Arbeitgebers hinsichtlich der Verpflichtung zur Entgeltfortzahlung in einem Krankheitsfall des Arbeitnehmers berechtigen nicht zur Bildung einer Rückstellung (weder Drohverlust- noch Verbindlichkeitsrückstellung).[1379] Die Rechtsprechung spricht in diesem Zusammenhang von einer „nicht widerlegbaren Ausgeglichenheitsvermutung" zwischen Arbeitsleistung und Arbeitsentgelt,[1380] welche auch im Krankheitsfall gilt. In diesem Sinne sieht der BFH auch die höhere Krankheitsanfälligkeit älterer Arbeitnehmer durch deren im Laufe der Jahre gesammelte Erfahrung ausgeglichen.[1381]

PRAXISTIPP

Eine Drohverlustrückstellung wird dann zu bilden sein, wenn zum Bilanzstichtag nicht mehr mit der „Rückkehr" eines kranken Mitarbeiters gerechnet werden kann.[1382] Die Ausgeglichenheitsvermutung ist in diesem Fall nicht länger haltbar, weil ein Erfolgsbeitrag des Mitarbeiters nicht mehr feststellbar ist.

Lohnfortzahlung im Todesfall: Viele Tarif- bzw. Arbeitsverträge sehen die Fortzahlung des Lohns nach dem Tod des Arbeitnehmers an die Hinterbliebenen vor. Dies betrifft oftmals einen Zeitraum von drei Monaten (sog. Gnadenquartal). Der Anspruch ist bereits mit der Tätigkeit des Arbeitnehmers erdient.[1383] Insofern handelt es sich nicht mehr um ein schwebendes Geschäft, weshalb für diesen Fall eine Rückstellung für ungewisse Verbindlichkeiten geboten erscheint.[1384]

Bei der (pauschalen) Bewertung der Rückstellung ist die historische Sterberate genauso zu berücksichtigen wie das Durchschnittsalter der Belegschaft, das durchschnittliche Renteneinstiegsalter, der Durchschnittsverdienst und die Größe der Belegschaft.[1385] Darüber hinaus ist mittels einer Fluktuationsrate die Möglichkeit des Verlassens des Unternehmens vor dem Tod zu berücksichtigen. Gemäß dem auf Basis von Erfahrungswerten geschätzten durchschnittlichen Anstellungszeitraum der Belegschaft bis zur Pensionierung ist der so ermittelte Erfüllungsbetrag auf den Bilanzstichtag abzuzinsen.

Lohngarantie: Wird einem Arbeitnehmer ab einem bestimmten Lebensalter eine Lohngarantie gewährt, obwohl er wegen geringer Leistungsfähigkeit auf einen niedriger bewerteten Arbeitsplatz versetzt worden ist, liegt ein schwebender Vertrag vor; dementsprechend besteht kein

1379 Vgl. *Zwirner/Tippelhofer,* Beilage zu StuB 9/2017 S. 1, 11.
1380 Vgl. BFH v. 16.12.1987, I R 68/87, BStBl. II 1988 S. 338.
1381 Vgl. BFH v. 27.6.2001, I R 11/00, BStBl. II 2001 S. 758.
1382 Gleicher Ansicht *Kessler,* BBK 1997 S. 691, 707. Anderer Ansicht *Weber-Grellet* in: Schmidt, § 5 EStG Rz. 550.
1383 Siehe *Olbrich,* WPg 1989 S. 390, 390.
1384 Vgl. *Zwirner/Tippelhofer,* Beilage zu StuB 9/2017 S. 1, 11.
1385 Siehe hierzu mit Rechenbeispiel *Olbrich,* WPg 1989 S. 390, 391.

Erfüllungsrückstand, ferner kann keine Drohverlustrückstellung nach § 5 Abs. 4a EStG gebildet werden;[1386] siehe Dauerschuldverhältnis.

Lohnnachzahlung: Rückstellungen sind zu bilden, wenn aufgrund eines gekündigten Tarifvertrags damit zu rechnen ist, dass für einen bereits abgelaufenen Beschäftigungszeitraum Nachzahlungen zu leisten sind. Ferner ist eine Rückstellung möglich, wenn der Bilanzierende für eine bereits erbrachte Arbeitsleistung dem Arbeitnehmer noch keine Vergütung bezahlt hat und sich somit im Erfüllungsrückstand befindet.[1387] Siehe Lohnzahlung.

Lohnsteuer: siehe Steuerrückstellung.

Lohnsteuerhinterziehung: Wenn ernsthaft mit einer Inanspruchnahme zu rechnen ist, muss der Arbeitgeber für hinterzogene Lohnsteuer (Schwarzarbeit) eine Verbindlichkeitsrückstellung in Steuer- und Handelsbilanz ansetzen.[1388] Zweifelsfrei ist die Rückstellung dann zu bilden, wenn die Steuerfahndung tätig wird.

Während die geschuldete Lohnsteuer unter den Steuerrückstellungen auszuweisen ist,[1389] sind mögliche Strafzahlungen unter den sonstigen Rückstellungen zu zeigen.

Lohnzahlung: Ist für bereits geleistete Arbeitsleistung der Arbeitnehmer noch keine Vergütung gezahlt worden, befindet sich der Arbeitgeber im Erfüllungsrückstand. Demnach ist der Betrag als Rückstellung für ungewisse Verbindlichkeiten anzusetzen, wenn die Zahlungspflicht nicht hinsichtlich Zeit und Betrag gewiss ist, was die Passivierung als Verbindlichkeit zur Folge hätte.

PRAXISTIPP

Während für eine noch nicht geleistete Lohnzahlung bei geleisteter Arbeit des Arbeitnehmers eine Verbindlichkeit zu passivieren ist, ist für eine geleistete Lohnzahlung, der noch keine Arbeitsleistung entgegensteht, ein Rechnungsabgrenzungsposten zu aktivieren.

Lotteriegewinnauszahlungsverpflichtung: Ist bei Entstehung als Verbindlichkeit zu passivieren, wenn keine Anhaltspunkte für Betrug vorliegen.[1390] Ansonsten besteht grds. keine Rückstellungsrelevanz.

Luftfahrzeug: siehe Flugzeug, Hubschrauber.

Luftverkehrsteuer: Die Luftverkehrsteuer wird von der Zollverwaltung erhoben, sobald ein Passagier innerhalb von Deutschland abfliegt. Siehe Verkehrssteuer.

1386 Vgl. auch Frotscher/Geurts/*Watrin*, § 5 EStG Rz. 458.
1387 Vgl. Bonner Handbuch/*Kirsch*, § 249 HGB Rz. 563.
1388 Vgl. BFH v. 16.2.1996, I R 73/95, BStBl. II 1996 S. 592.
1389 Vgl. Beck Bil-Komm/*Schubert/Hargarten*, § 266 HGB Rz. 201.
1390 Vgl. *Weber-Grellet* in: Schmidt, § 5 EStG Rz. 550.

M.

Macro-Hedge: Mit nicht rechtskräftigem Urteil vom 7.9.2023 entschied das FG Düsseldorf, dass in der Steuerbilanz für Streitjahre vor dem Inkrafttreten des BilMoG für sog. Macro-Hedges keine (Drohverlust-)Rückstellung für Bewertungseinheiten nach § 5 Abs. 1a EStG gebildet werden darf.[1391] Beim BFH ist das Verfahren unter dem Aktenzeichen XI R 32/23 noch anhängig.[1392]

Siehe auch Bewertungseinheit.

Maklergebühr: Die bei Anschaffung eines Vermögensgegenstands (bspw. Grundstück) anfallenden Maklergebühren sind als Anschaffungsnebenkosten zu aktivieren.[1393]

Eine Rückstellung für Maklergebühren (Provisionen) kommt demnach nur für einen Erfüllungsrückstand in Betracht. So ist eine Rückstellung für ungewisse Verbindlichkeiten dann zu bilanzieren, wenn das vermittelte Geschäft ausgeführt wird,[1394] eine Provisionsabrechnung noch nicht vorliegt[1395] und die Provisionshöhe ungewiss ist.

Abb. 24: Prüfungsschema zur Feststellung eines Rückstellungsgebots

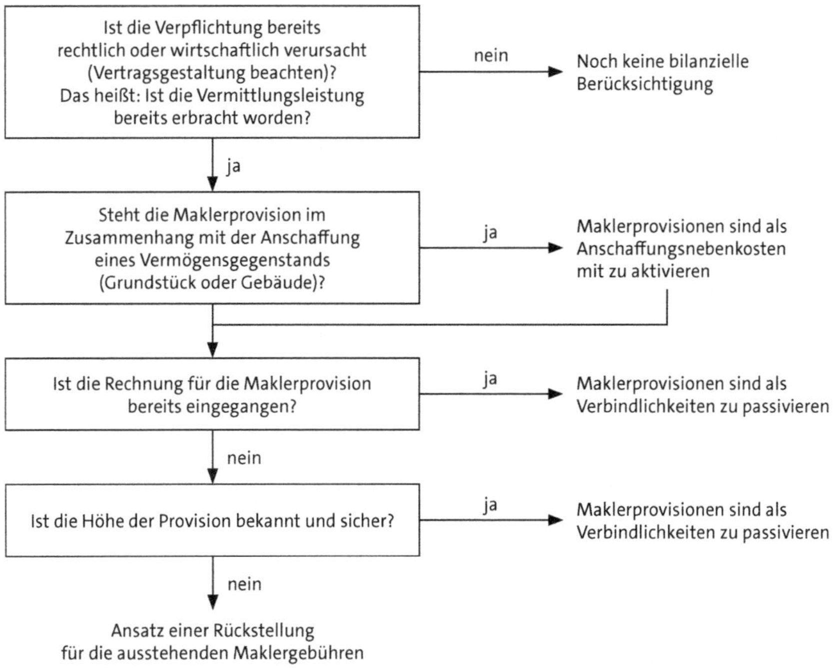

© Künkele/Vodermeier/Zwirner

1391 Vgl. FG Düsseldorf v. 7.9.2023, 7 K 634/18 F, BeckRS 2023, 29659.

1392 Vgl. *Oser/Wirtz*, StuB 2024 S. 9.

1393 Vgl. BFH v. 4.6.1991, X R 136/87, BStBl. II 1992 S. 70.

1394 Vgl. § 87a Abs. 1 Satz 1 HGB.

1395 Vgl. *Maus*, S. 143.

Siehe auch Ausgleichsanspruch von Handelsvertretern, Lebensversicherung.

Maklerhaftung: Für Risiken aus der Maklerhaftung sind Rückstellungen für ungewisse Verbindlichkeiten anzusetzen, wenn die entsprechenden allgemeinen Voraussetzungen vorliegen. In Betracht kommen etwaige Schadensersatzansprüche wegen Falschberatung etc. Siehe auch Lebensversicherung, Nachbetreuungskosten.

Maklerstorno: Für das Risiko, dass bei einem Makler verprovisionierte Verträge, die zu Erlösen geführt haben, in Zukunft storniert werden und zu Provisionsrückzahlungen bzw. Courtagerückzahlungen führen, ist auf Basis von belastbaren Erfahrungswerten eine Rückstellung zu bilden. Siehe auch Storno.

Mandantendaten: Eine Rückstellung für die Kosten der zehnjährigen Aufbewahrung von Mandantendaten im DATEV-Rechenzentrum bei einer Wirtschaftsprüfungsgesellschaft oder Steuerberatungsgesellschaft setzt eine öffentlich-rechtliche oder zivilrechtliche Verpflichtung zur Aufbewahrung dieser Daten voraus. Eine derartige Verpflichtung ergibt sich weder aus § 66 Abs. 1 StBerG noch aus einer durch das Mandatsverhältnis veranlassten tatsächlichen Aufbewahrung der Daten durch den Berater. Insoweit darf für diese Kosten der Aufbewahrung von Mandantendaten keine Rückstellung angesetzt werden. Siehe auch Aufbewahrung von Geschäftsunterlagen.[1396]

Mängelrüge: siehe Gewährleistung.

Markenrechtsverletzung: Hinsichtlich Ansatz und Bewertung von Rückstellungen für Verletzungen derartiger Schutzrechte gelten die unter „Patentrechtsverletzung" und „Urheberrechtsverletzung" gemachten Aussagen. Zum steuerlichen Auflösungsgebot siehe Kap. 2.1.4.3.

Markenzeichen: siehe Markenrechtsverletzung.

Marktzins: siehe Darlehenszins.

Materialrücktransport: siehe Baustellenräumung.

MDK-Prüfung: Rechnungsprüfungen durch den Medizinischen Dienst der Krankenversicherung (MDK) können bei Krankenhäusern zu Kürzungen der ursprünglich an die Krankenkassen gestellten Rechnungen führen. Wurde die ursprüngliche Rechnung von der Krankenkasse bereits beglichen und besteht aufseiten des Krankenhauses das Risiko einer Rückzahlungsverpflichtung, ist vom Krankenhaus eine Rückstellung für ungewisse Verbindlichkeiten zu bilden.

Medikamentenmuster: siehe Ärztemuster.

Mehrerlösabschöpfung: Die Betreiber von Energieversorgungsnetzen haben Netznutzern gegen ein angemessenes Nutzungsentgelt Zugang zum Netz zu verschaffen.[1397] Dabei besteht hinsichtlich des Nutzungsentgelts eine Genehmigungspflicht durch die zuständige Regulierungsbehörde.[1398] Die Höhe des maximalen Entgelts ergibt sich aus der Stromnetzentgeltverordnung. Demnach ist das maximale Entgelt als Summe der anfallenden Kosten und einer angemessenen Eigenkapitalverzinsung festgelegt. Werden bis zur Genehmigung eines (niedrigeren) Netzentgelts zu hohe Netzentgelte von den Nutzern verlangt, so sind diese sog. Mehrerlöse zu kompen-

1396 Vgl. BFH v. 13.2.2019, XI R 42/17, DStR 2019 S. 1679.
1397 Vgl. § 20 EnWG.
1398 Vgl. § 23a EnWG.

sieren.[1399] Der BGH entschied in diesem Fall, dass die zu hohen Nutzungsentgelte periodenübergreifend bei der Kalkulation der Entgelte für die nächste Periode zu berücksichtigen sind.[1400] Die wirtschaftliche Verursachung der Verpflichtung ist bei der Vereinnahmung der zu hohen Erlöse gegeben, weswegen bereits in diesem Zeitpunkt eine Rückstellung für ungewisse Verbindlichkeiten geboten erscheint.[1401] Über das Maßgeblichkeitsprinzip gilt dies auch für die Steuerbilanz. Das BayLfSt hingegen sieht kein Rückstellungsgebot. Seiner Ansicht nach ergibt sich ein Erfüllungsrückstand noch nicht bei Vereinnahmung der Mehrerlöse.[1402] Laut LfSt Niedersachsen ist hingegen eine Rückstellung für ungewisse Verbindlichkeiten gem. § 249 HGB zu bilden, wenn eine Ungewissheit hinsichtlich der Höhe des Abschöpfungsbetrags besteht.[1403] In den Fällen, in denen das Wahlrecht zur Berücksichtigung von Absicherungsgeschäften nach § 17 StromPBG ausgeübt wird und Absicherungsgeschäfte im noch aktuell laufenden Abrechnungszeitraum zu erfüllen sind, besteht regelmäßig Ungewissheit. Auch in der Steuerbilanz ist eine solche Rückstellung zu bilden.

Die Höhe der Verpflichtung ergibt sich als Differenz zwischen dem zu hohen und dem genehmigten Entgelt für die Zeit der zu hohen Berechnung. Etwaige Zahlungsverpflichtungen aus zivilrechtlichen Klagen gegen den Netzbetreiber wegen der zu hohen Entgelte sind in Abzug zu bringen.

Mehrkomponentengeschäft: siehe Elektroschott, Garantieverpflichtung, Leasingrückläufer, Remittenden.

Mehrrücknahme: siehe Flaschenpfand.

Mehrsteuern: Bei doppelt ausgewiesener Umsatzsteuer ist, im Gegensatz zu hinterzogenen Steuern, eine Rückstellung in dem Wirtschaftsjahr zulässig, in dem sie entstanden ist.[1404] Siehe auch Hinterzogene Steuern, Haftung für Steuerschulden.

Mehrurlaub: siehe Altersfreizeit und -mehrurlaub.

Mehrweg: siehe Flaschenpfand.

Mehrwegsystem: siehe Flaschenpfand.

Mietereinbauten: siehe Abbruchverpflichtung, Wiederherstellungsverpflichtung. Siehe hierzu auch das Beispiel in Kap. 2.1.2.3, S. 24.

Mietfreistellung: Eine Mietfreistellung bedingt lediglich dann ein Passivierungsgebot, wenn dadurch Mietzahlungen aufgeschoben werden.[1405] Im Übrigen gelten die Grundsätze der Bilanzierung schwebender Geschäfte.

Mietgarantie: Wenn ein Verkäufer von Eigentumswohnungen den Käufern Mietgarantien für einen definierten Zeitraum gewährt und es sich um ein einseitiges Garantieversprechen handelt,

1399 Vgl. *Hruby*, DStR 2010 S. 127, 127.

1400 Vgl. BGH v. 14.8.2008, KVR 39/07, KoR 2009 S. 86.

1401 Vgl. zu Rückstellungen für Mehrerlösabschöpfungen in der Energiewirtschaft auch LfSt Niedersachsen v. 26.9.2023, S 2137–St 221/St 224a-2815/2023, NWB NAAAJ-54588.

1402 Vgl. BayLfSt v. 3.9.2010, S 2137.1.1-6/22 St32, StuB 2010 S. 752.

1403 Vgl. LfSt Niedersachsen v. 5.10.2023, S 2137 – St 224a/St 211-2721/2023, NWB OAAAJ-54592.

1404 Vgl. BFH v. 15.3.2012, III R 96/07, BStBl. II 2012 S. 719.

1405 Vgl. BFH v. 5.4.2006, I R 43/05, BStBl. II 2006 S. 593.

kann für diese ungewissen Verbindlichkeiten eine Rückstellung gebildet werden.[1406] Siehe auch Mietpreiszusicherung.

Mietglättung: Eine Mietglättung liegt dann vor, wenn der Mietpreis aktuell unter den marktüblichen Preisen liegt, jedoch in Zukunft erhöht wird, damit über die Laufzeit des Vertrags insgesamt eine marktübliche Miete erreicht wird. Für diesen Fall besteht die Notwendigkeit der Passivierung einer Rückstellung für die heute zu geringen und künftig über das übliche Niveau hinausgehenden Beträge. Die Höhe der Rückstellung bemisst sich anhand des maximalen Unterschiedsbetrags zwischen zu zahlender Miete und der marktüblichen Miete. Die Rückstellung ist mit dem Erfüllungsbetrag anzusetzen und jährlich in Anspruch zu nehmen.

BEISPIEL Die Alpha GmbH hat zum 31.12.t1 einen Mietvertrag bis Ende t4 abgeschlossen. Die Miete für die Jahre t2 und t3 beträgt 10 TEUR pro Monat. Der Mietvertrag läuft unkündbar bis 31.12.t4. Für das dritte Jahr (t4) zahlt die Alpha GmbH 25 TEUR Miete pro Monat. Der Gesamtbetrag der bis zum 31.12.t4 zu entrichtenden Miete beträgt somit 540 TEUR. Die marktübliche Miete beträgt für die 36 Monate damit 15 TEUR pro Monat. Nach dem Auslaufen des Mietvertrags wurde bereits ein Preis auf Marktniveau vereinbart, wenn der Mietvertrag fortgesetzt werden soll. Damit ist eine Mietglättungsrückstellung zum 31.12.t2 i. H. von 60 TEUR anzusetzen. Die Rückstellung erhöht sich im Jahr t3 nochmals um 60 TEUR. Die 120 TEUR sind im Jahr t4 monatlich i. H. von 10 TEUR in Anspruch zu nehmen.

Mietkaufvertrag: Beim Mietkauf erfolgt der Kauf gegen Ratenzahlung. Die Summe der Mietraten ist hierbei grds. als Verbindlichkeit anzusetzen; eine Rückstellung kommt hierbei für gewöhnlich nicht in Betracht.[1407]

Mietnebenkosten: siehe Nebenkosten.

Mietpreiszusicherung: Bei einer Mietpreiszusicherung,[1408] die der Bauträger einem Investor erteilt, können bei negativer Mietpreisentwicklung Verluste für den Bauträger entstehen. In der Literatur und in der Rechtsprechung wird diskutiert, ob hierfür eine Rückstellung für ungewisse Verbindlichkeiten oder eine Drohverlustrückstellung anzusetzen ist.[1409]

Abb. 25: Beziehung zwischen Bauträgergesellschaft und Investor

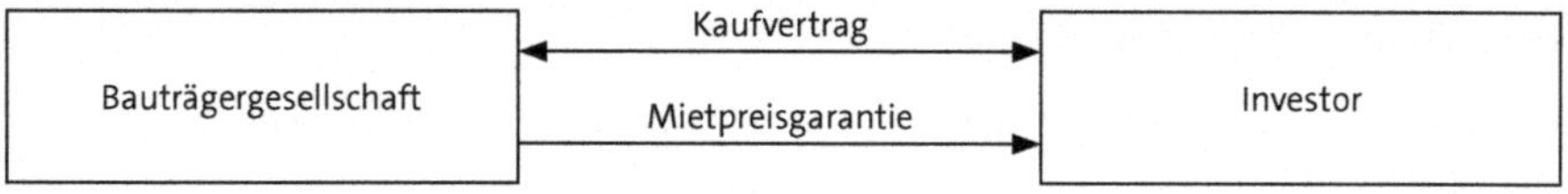

BEISPIEL Der Bauträger verkauft eine Immobilie für 10 Mio. EUR an einen Investor. Derartige Immobilien in ähnlicher Lage werden üblicherweise für 8 Mio. EUR verkauft. Der Investor akzeptiert den Preis von 10 Mio. EUR, da ihm vonseiten des Bauträgers für die Laufzeit von elf Jahren eine jährliche Mietgarantie von 250.000 EUR gewährt wird. In der Folgezeit werden keine vergleichbar hohen Mieten erzielt, sodass der Bauträger einen Verlust aus der Mietgarantie erleidet.

1406 Vgl. FG Berlin-Brandenburg v. 23.6.2010, 7 K 9247/05 B, EFG 2011 S. 695 Nr. 8.

1407 Vgl. *Weber-Grellet* in: Schmidt, § 5 EStG Rz. 550 m. w. N.

1408 Zu Formen der Mietpreiszusicherung siehe *Hofer,* DB 2010 S. 1069, 1069; *Maus,* S. 174.

1409 Siehe *Hofer,* DB 2010, S. 1069, 1069 ff.; *Maus,* S. 174 f.; *Weber-Grellet* in: Schmidt, § 5 EStG Rz. 550, sowie zur neueren Rechtsprechung FG München v. 18.8.2008, BB 2008 S. 2566.

Zum Teil wird die Bildung einer Rückstellung für ungewisse Verbindlichkeiten befürwortet.[1410] Als Begründung hierfür wird angeführt, dass die Grundstücksveräußerung und die Mietpreiszusicherung wirtschaftlich und zivilrechtlich eine Einheit bilden: Der Erwerber erwirbt das Grundstück nur aufgrund der Mietpreiszusicherung zu einem erhöhten Kaufpreis. Da die Aufwendungen für die Mietgarantie bereits durch die Grundstücksveräußerung wirtschaftlich verursacht sind, ist eine Rückstellung für die ungewissen Verbindlichkeiten aus der Mietgarantie zu bilanzieren.

Diese Auffassung wurde vom FG München abgelehnt.[1411] Nach Ansicht des Gerichts ist die Festlegung der Miethöhe für eine bestimmte Zeit nur „[...] Ausfluss der in einem Dauerschuldverhältnis verbindlich festgelegten beiderseitigen Leistungspflichten“[1412] und somit höchstens Grundlage für eine Drohverlustrückstellung, die steuerlich nach § 5 Abs. 4 EStG nicht anerkannt wird.

Unseres Erachtens ist die erstgenannte Meinung zutreffend. Die Verpflichtung ist bei der Veräußerung schon vollständig entstanden. Ungewiss ist nur, ob und wann tatsächlich Kosten entstehen. Der Ansatz einer Rückstellung für ungewisse Verbindlichkeiten setzt jedoch die Wahrscheinlichkeit der Inanspruchnahme voraus. Diese Voraussetzung ist erfüllt, wenn sich nach den Mietpreisen am Bilanzstichtag ein Verlust ergeben würde.

BEISPIEL ▸ **Fortsetzung des Beispiels:**

Mittels Mietspiegel errechnet sich eine ortsübliche Miete von 205.000 EUR. Dies bedeutet, dass der Bauträger jährliche Verluste von 45.000 EUR zu befürchten hat. Nach den soeben gemachten Ausführungen hat der Bauträger für die Erfüllung der Mietpreisgarantie eine Rückstellung für ungewisse Verbindlichkeiten zu bilden.

Nach Berechnung der durchschnittlichen Kapitalbindungsdauer der Verpflichtung (die Verhältnisse zum Bilanzstichtag werden hier als konstant angenommen) muss der Erfüllungsbetrag mit dem Zinssatz der durchschnittlichen Kapitalbindungsdauer abgezinst werden.

Durchschnittliche Kapitalbindungsdauer = $\Sigma^{11}{}_{t=1}$ t / 11 = 6

i(t=6) = 4,48 %

Rückstellungsbetrag = (11 × 45.000) / $1{,}0448^6$ = 380.545 EUR

Mietraten: Bei einem langfristigen Mietvertrag (z. B. über zehn Jahre) zwischen Unternehmer und Vermieter und dem Umstand, dass der Mieter für die ersten Perioden keine Miete zahlen muss, dürfen die zukünftig anfallenden Mieten nicht anteilig auf die formal mietfreien Vorperioden als Aufwand (Verbindlichkeitsrückstellung) verlagert werden.[1413]

Mietrückzahlung: Verpflichtet sich der Vermieter ggü. dem Mieter, ein Fahrzeug nach Ende der Mietzeit zu verkaufen, so hat er diesem den den Restwert übersteigenden Veräußerungserlös auszuzahlen. Über die Differenz aus dem Buchwert und dem vereinbarten Restwert ist eine Rückstellung zu passivieren.[1414]

Mietverhältnis: siehe Mietvertrag.

1410 Siehe hierzu zusammenfassend *Hofer*, DB 2010 S. 1069, 1073. Sich dem anschließend *Weber-Grellet* in: Schmidt, § 5 EStG Rz. 550.

1411 Vgl. FG München v. 18.8.2008, 7 K 585/07, BB 2008 S. 2566.

1412 FG München v. 18.8.2008, 7 K 585/07, BB 2008 S. 2566.

1413 Vgl. Baetge/Kirsch/Thiele/*Hommel*, § 249 HGB Rz. 716.

1414 Vgl. HdJ/*Wüstemann, J./Rost*, Abt. III 5 Rz. 116.

Mietverpflichtung: Eine Rückstellung ist anzusetzen für vertraglich oder gesetzlich festgelegte Instandhaltungen, die im Geschäftsjahr trotz Verpflichtung nicht getätigt wurden („Erfüllungsrückstand").

Mietvertrag: Der Ansatz einer Drohverlustrückstellung ist allgemein bei Unausgeglichenheit des Mietvertrags geboten. Diese Unausgeglichenheit muss bei unbefristeten Vertragslaufzeiten nachhaltig sein, der Verlust muss auf Sicht des gesamten Vertragsverhältnisses drohen. Der Ansatz einer Drohverlustrückstellung beim Mieter ist dann erforderlich, wenn er die Mietsache nicht mehr oder nur in vermindertem Umfang nutzen kann.[1415] Wenn der Aufwand des Vermieters zur Erhaltung eines zum vertragsgemäßen Gebrauch geeigneten Zustands[1416] die Mietzahlungen übersteigt und damit aus dem Mietverhältnis insgesamt ein Verlust droht, ist aufseiten des Vermieters eine Drohverlustrückstellung zu bilden. Hierbei sind aber etwaige andere Vorteile (Standortvorteil bei Vermietung von Arztpraxen durch einen Apotheker bspw.) zusätzlich zu beachten.[1417] Eine Verbindlichkeitsrückstellung kommt nur in Ausnahmefällen in Betracht, wenn ein Erfüllungsrückstand vorliegt. Dies kann der Fall sein, wenn der Vermieter seinen Instandhaltungspflichten nicht nachgekommen ist und die vertragsgemäße Nutzung durch den Mieter nicht möglich ist. Siehe auch Mietpreiszusicherung.

Millennium-Bug: Für EDV-Anpassungsaufwand darf keine Rückstellung gebildet werden.[1418] Siehe auch SEPA.

Minderung: siehe Gewährleistung.

Mineralölsteuer: siehe Verbrauchsteuer.

Mitarbeiterbeteiligungsprogramm: siehe Aktienoptionsplan, Gewinnabhängige Vergütung, Gratifikation.

Mitarbeiterbonus: Das FG Münster hat mit Entscheidung vom 16.11.2022 die Bildung von Rückstellungen für Mitarbeiterboni anerkannt, auch wenn im vorliegenden Fall kein Rechtsanspruch auf die Auszahlung der Boni bestand. Die Revision ist nicht zugelassen.[1419]

Die Klägerin praktizierte ein System, durch welches sie ihren Arbeitnehmern nach Ablauf eines Geschäftsjahres Mitarbeiterboni unter Berücksichtigung des Erfolgs des vorangegangenen Geschäftsjahres auszahlte, ohne dass hierüber schriftliche Verträge mit den jeweiligen Arbeitnehmern gefasst worden waren. Seit dem Jahr 2007 wurde der Mitarbeiterbonus fortentwickelt. Neue Mitarbeiter der Klägerin erhielten bei ihrer Einstellung eine „Information", in deren Abschnitt 6 ausgeführt ist:

1415 Vgl. BFH v. 7.10.1997, VIII R 84/94, DStR 1998 S. 802. In dem Fall leer stehender Mieträume bei bestehender Zahlungsverpflichtung für eine Verbindlichkeitsrückstellung plädierend *Niehues*, DB 2007 S. 1107, 1107 f. Dagegen stimmen u. E. zutreffend einer Drohverlustrückstellung zu HdJ/*Wüstemann, J./Rost*, Abt. III 5 Rz. 116. So auch *Atilgan*, DB 2021 S. 693 ff.

1416 Vgl. § 535 Abs. 1 BGB.

1417 Vgl. BFH v. 23.6.1997, GrS 2/93, BStBl. II 1997 S. 735.

1418 Vgl. *Weber-Grellet* in: Schmidt, § 5 EStG Rz. 550.

1419 Vgl. auch *Oser/Wirtz*, StuB 2023 S. 107 f.

„6.4 Jahresbonus

Für Jahre mit gutem Geschäftsverlauf und guter Perspektive zahlt die Gesellschaft im Frühjahr des folgenden Kalenderjahres einen Bonus an die Mitarbeiter. Beim Bonus handelt es sich um eine freiwillige Leistung ohne Rechtsanspruch."

Das Finanzamt argumentierte gegen den Ansatz einer Rückstellung. Eine gewinnmindernde Rückstellung im Wirtschaftsjahr vor der Auszahlung ist nach Ansicht des Finanzamts nicht zulässig, da noch keine wirtschaftliche Belastung eingetreten sei und die Grundsätze der Bilanzierung schwebender Geschäfte der Bildung einer Rückstellung entgegenstünden. Einer wirtschaftlichen Verursachung im abgelaufenen Wirtschaftsjahr stehe entgegen, dass der Anspruch der Arbeitnehmer von weiteren, erst in der Zukunft liegenden Vorbedingungen abhänge. Denn über die Höhe der Mitarbeiterboni werde durch den Geschäftsführer der Klägerin erst im Folgejahr und abhängig von der zukünftigen Gewinnsituation der Gesellschaft entschieden. Im Übrigen würden weder die Arbeitsverträge noch eine Betriebsvereinbarung einen Bonusanspruch vorsehen. Auch aus den Grundsätzen der betrieblichen Übung ergebe sich kein derartiger Anspruch.

Das Finanzgericht (FG Münster) teilte diese Auffassung nicht und akzeptierte die Passivierung von Rückstellungen mit folgender Begründung:

Nach der Rechtsprechung des BFH kann eine Rückstellung für ungewisse Verbindlichkeiten gem. § 249 Abs. 1 Satz 1 Alt. 1 HGB nicht nur dann gebildet werden, wenn eine Verbindlichkeit am Bilanzstichtag mit Sicherheit besteht und nur ihre Höhe ungewiss ist, sondern auch dann, wenn mit hinreichender Wahrscheinlichkeit eine Verbindlichkeit dem Grunde nach künftig entsteht, wobei zudem deren Höhe ungewiss sein kann. Im Streitfall liegt die zweite Alternative vor. Wegen des Freiwilligkeitsvorbehalts, auf den der Beklagte hinweist, stand die Verbindlichkeit am Bilanzstichtag 31.12.2014 weder dem Grunde noch der Höhe nach mit Sicherheit fest. Dies verhindert jedoch nicht die Bildung einer Rückstellung. Vielmehr war die künftige Entstehung einer Verbindlichkeit am Bilanzstichtag mit hinreichender Wahrscheinlichkeit zu erwarten.

Im Streitfall sollten die Mitarbeiterboni in der Hauptsache die Leistungen der Mitarbeiter im abgelaufenen Geschäftsjahr (dem Streitjahr) abgelten. Denn es handelte sich um ein zusätzliches Vergütungsinstrument neben dem Festgehalt oder anderen Gehaltsbestandteilen für das abgelaufene Geschäftsjahr. Wenn die Mitarbeiterboni zudem dem Zweck dienten, die Mitarbeiter auch für die Zukunft an das Unternehmen zu binden, so hindert dies die Bildung einer Rückstellung für das Streitjahr nicht. Nach der Überzeugung des Senats handelte es sich hierbei lediglich um einen Nebenzweck, welcher den Hauptzweck der Abgeltung der Arbeitsleistung der Mitarbeiter im abgelaufenen Geschäftsjahr zumindest nicht zu überlagern vermag.

Die Mitarbeiterboni sollten in der Hauptsache die Leistungen der Mitarbeiter im abgelaufenen Geschäftsjahr (dem Streitjahr) abgelten, wobei es sich um ein zusätzliches Vergütungsinstrument neben dem Festgehalt oder anderen Gehaltsbestandteilen handelte. Es lag also kein Schwebezustand in dem Sinne vor, dass beide Vertragsparteien die ihnen gebührenden Pflichten noch nicht erfüllt hätten. Vielmehr hatten die jeweiligen Mitarbeiter der Klägerin ihre arbeitsrechtlichen Pflichten für das abgelaufene Geschäftsjahr bereits vollständig erfüllt. Lediglich die Klägerin hatte ihre Gehaltszusagen noch nicht vollständig erfüllt, weil sie nur das Festgehalt und andere Gehaltsbestandteile ausgezahlt hatte, jedoch noch nicht die Mitarbeiterboni.

Siehe auch Gratifikation.

Mitarbeiterfreistellung: Grundsätzlich gilt für Arbeitsverhältnisse, nicht zuletzt wegen der schwer objektivierbaren Bewertung der menschlichen Arbeitsleistung, die „Ausgeglichenheitsvermutung" zwischen Arbeitsleistung und Arbeitsentgelt. Durch die Entscheidung eines Arbeitgebers, auf die Arbeitsleistung eines Arbeitnehmers bei Kündigung eines Arbeitsvertrags bis zum Ablauf der Kündigungsfrist zu verzichten (Freistellung), steht für die Zeit der Kündigungsfrist der Leistung des Arbeitgebers keine Leistung des Arbeitnehmers entgegen. Eine Ausgeglichenheit ist dann nicht mehr gegeben. Der Arbeitgeber ist unter diesen Umständen berechtigt, für die Zeit der Freistellung eine Drohverlustrückstellung zu bilden.[1420]

Der Bildung der Drohverlustrückstellung steht auch nicht entgegen, dass der Arbeitnehmer seine Arbeitsleistung anbietet und der Arbeitgeber darauf verzichtet.[1421] Entscheidend ist vielmehr, dass tatsächlich mit einem Verpflichtungsüberschuss zu rechnen ist, d.h. keine Arbeitsleistung vom Arbeitnehmer mehr erwartet wird.[1422]

Für die Bilanzierung irrelevant ist die Frage, ob es sich um eine widerrufliche oder unwiderrufliche Freistellung handelt. Bei der widerruflichen Freistellung muss zum Bilanzstichtag jedoch der subjektive Wille des Kaufmanns erkennbar sein, auf die Arbeitsleistung zu verzichten.

Mitgliederbeitrag: siehe Beiträge, Beitragsrückgewähr.

Mittelbare Pensionsverpflichtung: siehe hierzu Kap. 5.2.3.

Mitwirkungskosten: siehe Betriebsprüfung.

Modernisierung: Aufwendungen für eine notwendige Modernisierung sind mit Ausnahme unterlassener Instandhaltungsaufwendungen nach § 249 Abs. 1 Satz 1 Nr. 1 HGB nicht zu bilden, sondern als Aufwand in der Periode ihres Anfalls zu behandeln.

Montageverpflichtung: Stellt die Montage eine Nebenleistung zu einer Hauptleistung dar, ist dafür aufgrund der rechtlichen und wirtschaftlichen Verursachung der Verpflichtung aufwandswirksam eine Rückstellung für ungewisse Verbindlichkeiten nach § 249 Abs. 1 Satz 1 HGB zu bilden, wenn die Montage noch nicht vollständig erfolgt ist, aber die korrespondierenden Umsatzerlöse bereits ertragswirksam erfasst wurden.

BEISPIEL ▸ Der Fall:

Es wurde ein Kauf-/Werklieferungsvertrag über eine herzustellende Maschine mit Montageverpflichtung abgeschlossen. Der Wertbeitrag der nachgelagerten Montageverpflichtung beträgt rd. 10 % der Gesamtkosten. Bei der Montage treten üblicherweise keine technischen Schwierigkeiten oder nennenswerten Risiken hinsichtlich der Betriebsfähigkeit auf. Die Montage könnte bei Einhaltung der erforderlichen Qualitätsstandards auch durch einen qualifizierten Dritten erledigt werden.

1. Ist in solchen Fällen im handelsrechtlichen Jahresabschluss eine Umsatzrealisierung des Gesamtauftrags bereits bei Lieferung der Maschine zulässig?

- Zeitpunkt der Umsatzrealisierung: Der Zeitpunkt, zu dem der zur (Sach- oder Dienst-)Leistung Verpflichtete die von ihm geschuldete Leistung im Wesentlichen erbracht hat. Dies ist grds. bei Gefahrenübergang (mit Übergang der wesentlichen Chancen und Risiken) der Fall.
  - Bei Kaufverträgen: wenn die Ware an den Käufer übergeben wurde bzw. wenn bei Lieferung die vereinbarten Lieferbedingungen erfüllt wurden

1420 Vgl. BFH v. 25.2.1986, VII R 377/83, BStBl. II 1986 S. 465, mit Bezug auf Freistellung wegen fehlender Beschäftigungsmöglichkeit – u. E. aber analog anwendbar.

1421 Vgl. *Schönnenbeck*, DB 1962 S. 1281, 1284.

1422 Vgl. *Zwirner/Tippelhofer*, Beilage zu StuB 9/2017 S. 1, 15 f.

- Bei Werkverträgen: der Zeitpunkt, in dem das Werk an den Auftraggeber übergeben und von diesem abgenommen worden ist
- Bei Montage einer i. R. eines Werklieferungsvertrags herzustellenden Maschine als Nebenleistung: bereits nach Übergabe der Maschine i. H. der vereinbarten Gesamtvergütung

- Sind aufgrund des geschlossenen Vertrags vom Bilanzierenden mehrere Leistungen zu erbringen, setzt die Umsatzrealisierung die Erbringung der Hauptleistung voraus.
- Stellt die Montage eine Nebenleistung dar, ist dafür aufgrund der rechtlichen und wirtschaftlichen Verursachung der Verpflichtung aufwandswirksam eine Rückstellung für ungewisse Verbindlichkeiten nach § 249 Abs. 1 Satz 1 HGB zu bilden.
- Die (volle) Umsatzrealisierung wird nicht allein dadurch gehindert, dass die noch zu erbringende Nebenleistung erst nach dem Abschlussstichtag erfüllt wird.

2. Bildung der Rückstellung für die noch ausstehenden Montageleistungen

- Die Rückstellung ist gem. § 253 Abs. 1 Satz 2 HGB mit dem Betrag der Aufwendungen zu bewerten, die zur Erfüllung der Nebenleistung erforderlich sind, d. h. zu Vollkosten unter Berücksichtigung künftiger Preis- und Kostensteigerungen.
- Anhaltspunkt können dabei Erfahrungen aus der Vergangenheit sein.
- Erfolgt die Erfüllung der Nebenleistung voraussichtlich nicht innerhalb eines Zeitjahres nach dem Abschlussstichtag, ist die Rückstellung grds. mit dem ihrer Restlaufzeit entsprechenden durchschnittlichen Marktzinssatz der vergangenen sieben Geschäftsjahre abzuzinsen (§ 253 Abs. 2 Satz 1 Alt. 2 HGB).
- Eine Umsatzrealisierung vor der vollständigen Leistungserbringung ist nicht zulässig, wenn die Herstellung und die Montage einer Maschine als eine einheitliche Hauptleistung anzusehen sind.

Mox(Mischox)-Brennelemente: siehe Atomanlage.

Mutterschutz: Auch wenn zum Bilanzstichtag dem Arbeitgeber bereits bekannt ist, dass eine Arbeitnehmerin schwanger ist, dürfen steuerrechtlich für damit verbundene Lasten nach dem MuSchG keine Rückstellungen gebildet werden.[1423] Für solche allgemeinen Soziallasten wie die Verpflichtung, temporär die Differenz zwischen Nettogehalt und Mutterschaftsgeld auszugleichen, kann weder eine Drohverlust- noch eine Verbindlichkeitsrückstellung gebildet werden.[1424] Anders liegen die Dinge, wenn zum Bilanzstichtag nicht damit zu rechnen ist, dass die Arbeitnehmerin wieder in den Dienst des Arbeitgebers tritt.[1425] Dann ist in der Höhe der voraussichtlich zu zahlenden Beträge für die Zeit des Mutterschutzes eine Drohverlustrückstellung zu bilden.[1426]

Handelsrechtlich kommt dagegen eine Bildung von Rückstellungen für drohende Verluste aus schwebenden Geschäften infrage, wenn eine Meldung der Schwangerschaft vorliegt und Zuschüsse für die Tage der Schutzfrist in das neue Geschäftsjahr fallen.[1427]

Nach § 20 Abs. 1 MuSchG ist dabei die Differenz zwischen 13 EUR (Mutterschaftsgeld) und dem kalendertäglichen Nettoarbeitsentgelt (nach Verminderung um alle gesetzlichen Abzüge, also auch um die Sozialversicherungsbeiträge) der letzten drei abgerechneten Monate zugrunde zu legen.

1423 Vgl. BFH v. 2.10.1997, IV R 82/96, BStBl. II 1998 S. 205.

1424 Vgl. BFH v. 7.6.1988, VIII R 296/82, BStBl. II 1988 S. 886.

1425 Vgl. *Kessler*, WPg 1996 S. 2, 11.

1426 Vgl. *Zwirner/Tippelhofer*, Beilage zu StuB 9/2017 S. 1, 11.

1427 Vgl. Beck Bil-Komm/*Schubert*, § 249 HGB Rz. 130; Bertram/Kessler/Müller/*Bertram*, § 249 HGB Rz. 286.

BEISPIEL ▸ Frau Großbauch ist seit dem 1.1.t1 bei der Lady Baby GmbH angestellt. Im Frühjahr des Jahres wird Frau Großbauch schwanger. Später schätzt ihr Arzt den Entbindungstermin auf den 31.12.t1. Bereits sechs Wochen vor dem geschätzten Entbindungstermin ist nach § 3 Abs. 1 MuSchG Frau Großbauch von der Arbeit freizustellen (ab dem 19.11.t1).

Ab diesem Zeitpunkt hat die Lady Baby GmbH die Zuzahlung zum Mutterschaftsgeld zu leisten. Da die Lady Baby GmbH die Gehälter regelmäßig zum 1. des Folgemonats auszahlt, sind die Löhne für August, September und Oktober für die Berechnung des Differenzbetrags heranzuziehen.

Frau Großbauch verdiente in jedem dieser Monate 1.800 EUR netto. Es errechnet sich ein kalendertägliches Gehalt von:

(3 × 1.800 EUR) / (31 + 30 + 31) = 58,69 EUR

Zwischen Mutterschaftsgeld und Nettogehalt besteht eine Differenz von 45,69 EUR.

Am 31.12.t1 bringt Frau Großbauch tatsächlich ihre Tochter Sabine zur Welt. Stolz verkündet sie ihrem Chef, nie wieder arbeiten zu wollen, um sich rundum um Sabine kümmern zu können. Dies sei aber nur möglich, wenn ihr Mann auch weiterhin so viel verdiene.

Die Lady Baby GmbH hat aufgrund der wahrscheinlichen Unausgeglichenheit des Arbeitsvertrags auch steuerrechtlich eine Drohverlustrückstellung für die restliche Zeit, in der der Zusatzbetrag zu zahlen ist, zu bilden.

Das Elterngeld ist gem. § 20 Abs. 1 i.V. mit § 3 Abs. 2 MuSchG für weitere acht Wochen zu zahlen. Es ergibt sich eine Drohverlustrückstellung von 49 Tagen × 45,69 EUR = 2.238,81 EUR.

N.

Nachbesserung: siehe Gewährleistung.

Nachbetreuungskosten: Für vertraglich entstandene Nachbetreuungskosten bei einem Versicherungsmakler ist eine Verbindlichkeitsrückstellung zu bilden.[1428] Siehe auch Lebensversicherung.

Nachbetreuungsleistungen: siehe Hör- und Sehhilfen, Lebensversicherung.

Nachbetreuungsverpflichtung: siehe Werkzeuge.

Nacherfüllung: siehe Gewährleistung.

Nachhaftung: Für eine Nachhaftung von Gesellschaftern von PersHG (bspw. bei Ausscheiden einer Komplementär-GmbH einer KG) kommt allein der Ansatz einer Rückstellung für ungewisse Verbindlichkeiten infrage, wenn die Verpflichtung hinreichend konkretisiert ist. Insbesondere muss mit einer Fälligkeit der möglichen Verpflichtung innerhalb von fünf Jahren nach Ausscheiden des Gesellschafters gerechnet werden und die Verpflichtung bis zum Ausscheiden wirtschaftlich verursacht sein.

Nachhaltigkeit: Rückstellungen sind künftig daraufhin zu überprüfen, ob die Auswirkungen von ESG-bezogenen Aspekten bei deren Ansatz und Bewertung hinreichend berücksichtigt wurden.

Nachhaltigkeitsbericht: Die im Zusammenhang mit der gesetzlichen Verpflichtung zur Nachhaltigkeitsberichterstattung und zur Prüfung des Nachhaltigkeitsberichts stehenden Kosten (z. B. Erstellung, Prüfung, Berater, Gutachter) berechtigen zum Ansatz einer Rückstellung. Die Kosten der internen Erstellung des Nachhaltigkeitsberichts sind grds. nicht zurückzustellen. Die wirtschaftliche Verursachung ist im Geschäftsbetrieb des abgelaufenen Geschäftsjahrs zu sehen. Für die künftige Verpflichtung, einen Nachhaltigkeitsbericht zu erstellen, darf hingegen keine Rückstellung angesetzt werden.

Ist der Kaufmann gesetzlich nicht dazu verpflichtet, einen Nachhaltigkeitsbericht aufstellen und prüfen zu lassen, kann er für eine freiwillige Nachhaltigkeitsberichterstattung und deren Prüfung keine Rückstellung bilden. Dies gilt auch dann, wenn das Unternehmen durch Innenverpflichtungen, bspw. einen Gesellschaftsvertrag, zur Erstellung und Prüfung eines Nachhaltigkeitsberichts verpflichtet ist. Es gelten die allgemeinen Grundsätze, die auch für den Ansatz von Kosten für die Jahresabschlussprüfung und Jahresabschlusserstellung gelten. Siehe auch Jahresabschluss.

Nachhaltigkeitsberichterstattung: Für die intern anfallenden Kosten zur Erstellung des Nachhaltigkeitsberichts dürfen keine Rückstellungen angesetzt werden.

Siehe auch Nachhaltigkeitsbericht.

Nachlaufkosten: Wenn für realisierte Umsätze noch Nacharbeiten zu tätigen sind, deren Vergütung nicht gesondert erfolgt, sondern bereits in den vereinnahmten Umsatz einbezogen wurde, ist eine Rückstellung für ungewisse Verbindlichkeiten zu bilden.[1429] Die unter den Stichwör-

1428 Vgl. BFH v. 28.7.2004, XI R 63/03, BStBl. II 2006 S. 866; bestätigt durch BFH v. 19.7.2011, X R 26/10, BStBl. II 2012 S. 856; siehe auch BMF v. 20.11.2012, IV C 6 – S 2137/09/10002, BStBl. I 2012 S. 1100; vgl. Niedersächsisches FG v. 11.5.2011, 2 K 11301/08, DStRE 2012 S. 596.

1429 Vgl. mit Beispiel Bertram/Kessler/Müller/*Bertram*, § 249 HGB Rz. 288.

tern „Hör- und Sehhilfen" und „Lebensversicherung" gemachten Ausführungen gelten entsprechend.

Nachrangdarlehen: siehe Darlehenszins.

Nachrüstungsverpflichtung: siehe Anpassungsverpflichtung.

Nachschussverpflichtung: siehe Verlustübernahmeverpflichtung.

Nachsorgeverpflichtung: Ein Deponiebetreiber ist dem Grunde nach berechtigt, Rückstellungen für Nachsorgeverpflichtungen für stillgelegte Deponien zu bilden. In den Nachsorgeverpflichtungen enthaltene Investitionskosten zur umweltgerechten Wiederherstellung von Deponiegrundstücken sind von der Rückstellungsbildung nicht ausgeschlossen.[1430] Siehe auch Altlastensanierung, Rekultivierung.

Nachteiliger Vertrag: siehe Dauerschuldverhältnis sowie Kap. 2.2.5.

Nachteilsausgleich: siehe Verlustübernahmeverpflichtung.

Nachteilsausgleich bei Altersteilzeitvereinbarungen: Grundsätzlich liegt ein sog. Nachteilsausgleich vor, wenn sich der Arbeitgeber verpflichtet, in der Freistellungsphase oder nach dem Ende des Altersteilzeitarbeitsverhältnisses einen zusätzlichen Ausgleichsbetrag zu zahlen. Mit dem BFH-Urteil vom 27.9.2017 – I R 53/15 wurde entschieden, dass für diese Nachteilsausgleichszahlungen keine Rückstellungen passiviert werden dürfen.[1431] Der BFH begründet, dass der tatsächliche Eintritt der Rentenkürzung die Voraussetzung zur Entstehung eines Abfindungsanspruchs ist. Eine Rückstellung darf daher in der Steuerbilanz nach Ansicht des BFH durch die fehlende wirtschaftliche Verursachung nicht angesetzt werden.[1432] In seinem Schreiben vom 22.10.2018 nimmt das BMF Bezug auf das Urteil des BFH vom 27.9.2017 und teilt darin die Auffassung, dass für Nachteilsausgleichsverpflichtungen, die den Eintritt eines bestimmten Ereignisses voraussetzen, keine Rückstellungen passiviert werden dürfen.[1433] Handelsrechtlich muss allerdings zum Zeitpunkt der Unterzeichnung der entsprechenden Altersteilzeitvereinbarung eine Rückstellung angesetzt werden. Neben der vollständigen sofortigen Bildung kommt eine Ansammlung des Nachteilsausgleichs über den Erdienungszeitraum in Betracht. Siehe auch Altersteilzeit.

Nachzahlungszinsen: siehe Zinsen auf Steuernachforderungen.

Naturalobligation: Eine Naturalobligation ist ein Anspruch, der nicht einklagbar ist und somit keinen gerichtlichen Rechtsschutz genießt. Diese Obligationen sind grds. als Verbindlichkeit passivierungsfähig und -pflichtig; Rückstellungen sind allerdings nur dann zu bilden, wenn mit deren weiterer Erfüllung weitere Unkosten anfallen.[1434]

Naturalrestitution: siehe Restitution.

Nebenkosten: Für erwartete Nachzahlungen von Nebenkosten (bspw. Energie, Strom, Wasser) sind Rückstellungen zu bilden.

1430 Vgl. FG Münster v. 13.2.2019, 13 K 1042/17, Rev. eingelegt (BFH, XI B 31/19), DStRE 2019 S. 1243.

1431 Vgl. BFH v. 27.9.2017, I R 53/15, StuB 2018 S. 148.

1432 Vgl. weiterführend *Prinz*, WPg 2018 S. 1152, 1154 f.

1433 Vgl. BMF v. 22.10.2018, IV C 6 – S 2175/07/10002, BStBl. I 2018 S. 1112.

1434 Vgl. *Weber-Grellet* in: Schmidt, § 5 EStG Rz. 550 m. w. N.

BEISPIEL Zum Bilanzstichtag ist ersichtlich, dass die Abschlagszahlungen für Stromkosten nicht den ablesbaren Stromverbrauch decken. Für die erwartete Nachzahlung ist eine Rückstellung für ungewisse Verbindlichkeiten zu bilanzieren.

Nebenleistung: Eine unselbstständige Nebenleistung stellt, sofern sie kausal in der Erfüllung einer Verpflichtung begründet ist, eine Außenverpflichtung dar und ist somit als Rückstellung zu passivieren.

Negativzinsen: siehe Einlagezinsen.

Netzentgelt: siehe Mehrerlösabschöpfung.

Nicht abziehbare Betriebsausgaben: Rückstellungen für nicht abziehbare Betriebsausgaben sind in der Steuerbilanz außerbilanziell zu korrigieren.[1435] Siehe auch Bußgeld, Gewerbesteuer, Körperschaftsteuer, Prozesskosten.

Niedrigzins: siehe Unterverzinslichkeit.

Nießbrauch: siehe Dingliche Lasten.

Nonrecourse-Finanzierung: siehe Haftungslose Verbindlichkeit.

Notarkosten: Notarkosten sind i.d.R. als ausstehende Rechnung zu behandeln. In Ausnahmefällen ergeben sich jedoch Unklarheiten hinsichtlich des beurkundeten Gegenstandswerts, wodurch die Höhe der anfallenden Notarkosten unklar ist. Für diesen Fall erscheint die Bilanzierung einer Rückstellung für ungewisse Verbindlichkeiten zulässig, sofern die Notarkosten zu keinem aktivierungspflichtigen Sachverhalt führen bzw. einem solchen nicht unmittelbar zuzurechnen sind.

Nutzungsrecht: Hinsichtlich Ansatz und Bewertung von Rückstellungen für Verletzungen ausschließlicher Nutzungsrechte gelten die unter „Patentrechtsverletzung“ und „Urheberrechtsverletzung“ gemachten Aussagen. Zum steuerlichen Auflösungsgebot siehe Kap. 2.1.4.3.

Nutzungsüberlassung: siehe Gesellschafterfinanzierung.

1435 Zu den nicht abziehbaren Betriebsausgaben siehe § 4 Abs. 5 EStG sowie § 4h EStG i.V. mit § 8a KStG.

O.

Offene Rechnung: siehe Ausstehende Rechnung.

Offenlegung: siehe Publizität.

Öffentlich-rechtliche Verpflichtung: siehe Abbruchverpflichtung, Abfallbeseitigung, Abraumbeseitigung, Altauto, Altlastensanierung, Altreifen, Anliegerbeitrag, Anpassungsverpflichtung, Arbeitslosengeld, Arzneimittelprüfung, Atomanlage, Aufbewahrung von Geschäftsunterlagen, Auffüllverpflichtung, Baulast, Bauschutt-Recycling, Bergschaden, Betriebsprüfung, Börsenzulassungsfolgepflicht, Buchführungsarbeiten, Bußgeld, Datenbereinigung, Datenschutz, Datenzugriff der Finanzverwaltung, Eichkosten, Elektroschrott, Emissionsberechtigung, Entfernungsverpflichtung, Erdgasspeicher, Flugzeug, Gasrückführungssystem, GDPdU, Geschäftsverlegung, Gewerbesteuer, Inspektionsverpflichtung, Jahresabschluss, Körperschaftsteuer, Lärmschutz, Lohnsteuerhinterziehung, Mehrerlösabschöpfung, Mutterschutz, Publizität, REACH-Verordnung, Rekultivierung, Schwerbehindertenabgabe, Steuererklärung, Steuerrückstellung, Umweltschaden, Verpackung, Wiederaufforstung. Siehe Kap. 2.1.2.3.

Optiker: siehe Hör- und Sehhilfen.

Optionsgeschäft: Während der maximale Verlust beim Käufer einer Kaufoption („long position") auf die Optionsprämie begrenzt ist und am Tag des Vertragsabschlusses schon feststeht, sieht sich der Stillhalter einer Kaufoption (Verkäufer – „short position") einem unbegrenzten Verlustrisiko gegenüber. Aufseiten des Stillhalters kann deswegen eine Drohverlustrückstellung geboten sein – siehe Call-Option.

Gleiches gilt für den Verkäufer (Stillhalter) einer Verkaufsoption – siehe Put-Option.

Siehe auch Umtauschanleihe, Zinsoption.

Ordnungsgeld: Für zum Stichtag mit hinreichender Sicherheit erwartete oder angedrohte Ordnungsgelder ist eine Rückstellung anzusetzen. Hierunter fallen bspw. die nach § 335 HGB festgesetzten Ordnungsgelder. Siehe auch Bußgeld.

Ordnungswidrigkeit: Eine Ordnungswidrigkeit ist eine i. d. R. mit einer Geldbuße belegte rechtswidrige und vorwerfbare Handlung. Siehe Bußgeld.

Organschaft: Für drohende Zahlungen infolge einer Haftungsinanspruchnahme für Körperschaftsteuerschulden des Organträgers nach § 73 AO ist eine Rückstellung bei der Organgesellschaft zu bilden. In diesem Zusammenhang hat der BFH klargestellt, dass diese Aufwendungen nicht unter das Abzugsverbot des § 10 Nr. 2 KStG fallen, allerdings als verdeckte Gewinnausschüttung zu qualifizieren sind.[1436]

Siehe auch Verlustübernahmeverpflichtung.

1436 Vgl. BFH v. 24.10.2018, I R 78/16, DStR 2019 S. 787.

P.

Pachtaufhebungsentschädigung: siehe Pachtvertrag.

Pachterneuerung: siehe Erneuerungsverpflichtung bei Pachtverträgen.

Pachtvertrag: Die Bildung einer Rückstellung für ungewisse Verbindlichkeiten kann geboten sein, wenn der Pächter beim Verlassen des Pachtobjekts bestimmten, bereits vertraglich festgelegten Verpflichtungen unterliegt. Darüber hinaus muss in bestimmten Fällen eine Drohverlustrückstellung gebildet werden. Siehe hierzu die entsprechenden Ausführungen unter dem Stichwort „Mietvertrag".

Siehe auch Erneuerungsverpflichtung bei Pachtverträgen.

Palettenkreislauf: siehe Flaschenpfand.

Pandemie: Eine Pandemie als solche rechtfertigt keinen Ansatz einer Rückstellung, aber im Einzelfall können sich für eine Rückstellungsbildung relevante mittelbare und unmittelbare Folgen aus einer Pandemie ergeben. Siehe Corona.

Partiarische Darlehen: siehe Zuwendung.

Passive latente Steuern: siehe Latente Steuern.

Passivprozess: siehe Prozesskosten.

Patentrechtsverletzung: Eine Patentrechtsverletzung ist handelsrechtlich rückstellungsbegründend, wenn der Kaufmann ernsthaft mit einer Inanspruchnahme rechnen muss. Dafür ist es nicht notwendig, dass dem Anspruchsinhaber zum Bilanzstichtag die Rechtsverletzung zum Bilanzstichtag bekannt ist.[1437] Ausreichend ist vielmehr die Wahrscheinlichkeit der Kenntnisnahme und dass die Schutzrechtsverletzung begangen worden ist.[1438] Dies ist gegeben, wenn erwartet werden darf, dass der Anspruchsberechtigte eine ständige Überwachung des Marktes betreibt.[1439] Bei Kaufleuten ist sodann auch von einer Geltendmachung des Anspruchs auszugehen.[1440]

Für die Steuerbilanz benennt §5 Abs.3 Satz1 EStG die Ansatzvoraussetzungen für derartige Rückstellungen. Demnach dürfen „Rückstellungen wegen Verletzung fremder Patent-, Urheber- oder ähnlicher Schutzrechte [...] erst [dann] gebildet werden, wenn

1. der Rechtsinhaber Ansprüche wegen der Rechtsverletzung geltend gemacht hat oder
2. mit einer Inanspruchnahme wegen der Rechtsverletzung ernsthaft zu rechnen ist"[1441].

Da es sich hier um zwei Alternativen handelt, von denen bereits eine ausreichend ist, um einen Rückstellungsansatz begründen zu können, sind der handels- und der steuerrechtliche Bilanzansatz gleichlaufend.[1442] Dabei gilt als Geltendmachung von Ansprüchen i.S. des §5 Abs.3 Satz1

1437 Anderer Ansicht *Maus*, S.180.
1438 Vgl. HdJ/*Wüstemann, J./Rost*, Abt. III 5 Rz.116; Lademann/*Neumann-Tomm*, §5 EStG Rz.1988.
1439 Vgl. HdR-E/*Mayer-Wegelin*, §249 HGB Rz.229.
1440 Vgl. BFH v.9.2.2006, IV R 33/05, BStBl.II 2006 S.517.
1441 §5 Abs.3 Satz1 EStG.
1442 Vgl. auch HdJ/*Wüstemann, J./Rost*, Abt. III 5 Rz.116.

Nr. 1 EStG bereits eine schriftliche oder mündliche Aufforderung zur Unterlassung; eine Klageerhebung ist nicht erforderlich.[1443]

Wurde allerdings kein Anspruch geltend gemacht, ist aber mit einer Inanspruchnahme zu rechnen,[1444] so knüpft § 5 Abs. 3 Satz 2 eine bedingte Auflösung an die Rückstellungsbilanzierung in der Steuerbilanz: Sollte im dritten auf das Wirtschaftsjahr der Rückstellungsbildung folgenden Wirtschaftsjahr kein Anspruch geltend gemacht worden sein, ist die Rückstellung aufzulösen.

BEISPIEL Ein Unternehmen setzt für eine in t1 begangene Patentrechtsverletzung sowohl in der Handels- als auch in der Steuerbilanz zum 31.12.t1 eine Rückstellung an.

In der Steuerbilanz ist, sofern keine Ansprüche des Anspruchsberechtigten geltend gemacht werden, die Rückstellung zum 31.12.t4 erfolgswirksam aufzulösen (sonstige Rückstellung an sonstiger betrieblicher Ertrag).

Wird die nach § 5 Abs. 3 Satz 1 Nr. 2 EStG gebildete Rückstellung in den Folgejahren wegen einer weiteren Verletzung des Schutzrechts erhöht, ohne dass der Anspruchsberechtigte bis dato seine Ansprüche geltend gemacht hat, so bleibt es bei der bereits definierten Frist (siehe mit Beispiel Kap. 2.1.4.3, S. 36).

Für die Handelsbilanz gilt: Die Rückstellung ist auszuweisen, solange der Anspruch des Geschädigten nicht verjährt ist. Diesbezüglich verweist § 141 PatG auf das BGB. Demnach gelten folgende Fristen:

Tab. 14: Verjährungsfristen für Rechtsansprüche im Zusammenhang mit Patentrechtsverletzungen

Norm	Einschlägige Sachverhalte	Frist	Fristbeginn
§ 195 BGB	Alle Ansprüche außer Schadensersatz und Herausgabe	3 Jahre	Schluss des Jahres, in dem der Anspruch entstanden ist und der Gläubiger von den den Anspruch begründenden Umständen und der Person des Schuldners Kenntnis erlangt oder ohne grobe Fahrlässigkeit erlangen müsste[1445]
§ 199 Abs. 3 BGB	Schadensersatzansprüche bei Kenntnis oder grob fahrlässiger Unkenntnis	10 Jahre	Entstehung des Anspruchs
	Schadensersatzansprüche ohne Berücksichtigung der Kenntnis	30 Jahre	Begehung der Verletzungshandlung
§ 852 BGB	Herausgabeanspruch (bei Erlangung ungerechtfertigter Bereicherungen aufseiten des Schädigers)	10 Jahre	Entstehung des Anspruchs
		30 Jahre	Begehung der Verletzungshandlung

1443 Vgl. *Weber-Grellet* in: Schmidt, § 5 EStG Rz. 395. Ähnlich *Hoffmann/Lüdenbach*, § 249 HGB Rz. 222.

1444 Damit ist § 5 Abs. 3 Satz 1 Nr. 2 EStG gemeint.

1445 Vgl. § 199 Abs. 1 BGB.

Bezüglich der Höhe des Schadensersatzspruches ist der Geschädigte in der Wahl der Methode der Schadensbestimmung frei. Grundsätzlich bieten sich ihm drei verschiedene Möglichkeiten.[1446]

Abb. 26: Möglichkeiten der Schadensbestimmung

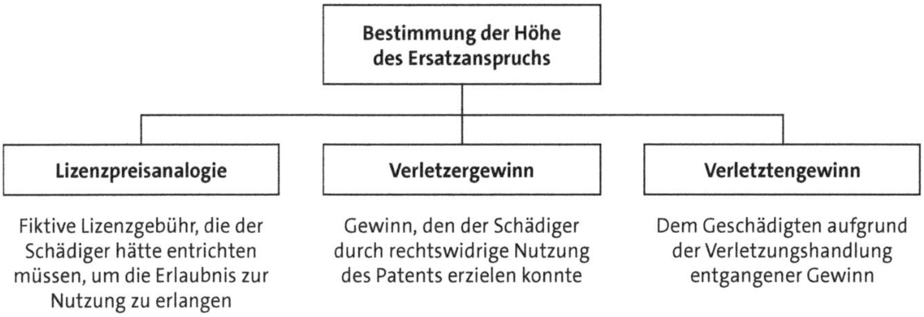

© Künkele/Vodermeier/Zwirner

Aufgrund der freien Methodenwahl aufseiten des Geschädigten ist fraglich, auf welchem Wert die Rückstellungsbemessung basieren soll. Im Sinne eines Kompromisses zwischen Objektivierung und Bedienung des Vorsichtsprinzips sollte u.E. im konkreten Einzelfall eine plausible Schätzung vorgenommen werden. Lässt die Beweislage zweifelsfrei nur die Lizenzpreisanalogie zu, so ist auch diese zu wählen. Ansonsten ist wahrscheinlichkeitsgewichtet die Rückstellungshöhe zu berechnen. Im Zweifelsfall sollte der Mittelwert der drei Ergebnisse nach den jeweiligen Methoden zum Tragen kommen.[1447]

Patronatserklärung: Für eine gegebene harte Patronatserklärung darf erst dann eine Rückstellung gebildet werden, wenn ernsthaft mit einer Inanspruchnahme hieraus zu rechnen ist.[1448] Als harte Patronatserklärung wird bspw. die Zusage eines Mutterunternehmens an ein Tochterunternehmen verstanden, das Tochterunternehmen finanziell so auszustatten, dass es seinen Verbindlichkeiten fristgerecht nachkommen kann.[1449] Ist aber nicht ernsthaft mit einer Inanspruchnahme aus der Patronatserklärung zu rechnen – bspw. weil eine Schwestergesellschaft die benötigten liquiden Mittel bereitstellt und diese Gesellschaft keine Ansprüche gegen die Mutter geltend machen wird –, ist eine Rückstellungsbilanzierung verboten.[1450]

Pauschalrückstellung: Pauschalrückstellungen sind anzusetzen, sofern keine Einzelrückstellung möglich ist. Dies ist insb. der Fall, wenn keine konkreten Gewährleistungs- oder Garantiefälle bekannt sind. Beispielhaft sind hier die Bau- oder Automobilbranche zu nennen, da dort – insb. aktuell beim sog. Dieselgate (siehe Dieselgate) – hohe Gewährleistungsrisiken entstehen können. Eine Pauschalrückstellung hat grds. zur Voraussetzung, dass aufgrund historischer Erfahrungen mit einer gewissen Wahrscheinlichkeit mit der Inanspruchnahme der Gewährleistung zu

1446 Vgl. § 139 Abs. 2 PatG.

1447 *Van Venrooy,* StuW 1991 S. 28, 32, sieht es als zulässig an, zwischen den Werten der drei Methoden frei zu wählen.

1448 Vgl. Syst. Praxiskommentar Bilanzrecht/*Petersen/Künkele/Zwirner,* § 249 HGB Rz. 396. Vgl. auch *Oser/Wirtz,* StuB 2024 S. 3 f.

1449 Vgl. IDW RH HFA 1.013, IDW FN 2008 S. 116, 117.

1450 Vgl. BFH v. 25.10.2006, I R 6/05, BStBl. II 2007 S. 384.

rechnen ist und branchenweite Erfahrungswerte diese Annahmen stützen. Es kommt daher auf die objektive Wahrscheinlichkeit anhand von Erfahrungswerten an. Nicht nachweisbare oder pessimistische Vermutungen bedingen indes keine Pauschalrückstellung.

Pendelkosten: Bei einer Übernahme von Pendel- oder Umzugskosten, die Mitarbeitern im Zusammenhang mit Standortveränderungen bzw. Restrukturierungsmaßnahmen angeboten wird, handelt es sich um Personalaufwand. Die Kosten stehen im Zusammenhang mit der Fortführung des Unternehmens und haben ihre wirtschaftliche Verursachung in der Zukunft. Eine Rückstellung ist daher nicht zu bilden.[1451]

Pensionsähnliche Verpflichtung: Hierbei handelt es sich um Verpflichtungen des Arbeitgebers ggü. dem Arbeitnehmer, die nicht direkt den Pensionsrückstellungen zuzuordnen sind. Diese sind ebenfalls unter den Rückstellungen für Pensionen und ähnliche Verpflichtungen auszuweisen. Hierzu zählen u. a.:

- Vorruhestandsgelder (siehe Vorruhestandsverpflichtung),
- Übergangsgelder (siehe Übergangsgeld).

Siehe Kap. 5.2.2.

Pensionsgeschäft: Bei Pensionsgeschäften wird das zivilrechtliche Eigentum an einem Vermögensgegenstand für einen bestimmten Zeitraum gegen ein Entgelt auf eine andere Person übertragen. Bei einem echten Pensionsgeschäft wird vereinbart, dass am Ende der Laufzeit eine entgeltliche Rückübertragung erfolgt. Beim unechten Pensionsgeschäft hat der Pensionsnehmer die Wahl, den Vermögensgegenstand zurückzuübertragen oder zu behalten. Aufseiten des Pensionsgebers sind für aus der (bedingten) Rücknahmeverpflichtung drohende Verluste ggf. Rückstellungen zu bilden.[1452]

Pensionsrückstellung: siehe Kap. 5.

Pensionssicherungsverein: Durch die Umstellung des Finanzierungsverfahrens sind nunmehr keine Rückstellungen für derartige Beiträge zulässig – siehe Kap. 5.8.3.

Pensionsverpflichtung: siehe Pensionsrückstellung.

Pensionsverpflichtung Handelsvertreter: siehe Ausgleichsanspruch von Handelsvertretern.

Pensionszusage: siehe Kap. 5.

Pensionszusage an Beamte: Einige Bundesländer bilden, ungerechtfertigterweise, keine Pensionsrückstellungen für Zusagen an Beamte. Ist die Gebietskörperschaft rechtlich zur Leistung verpflichtet, muss jedoch zwingend eine Rückstellung für die Altersversorgungsverpflichtungen gebildet werden.[1453]

Pensionszusage an Ehepartner/nicht eheliche Lebensgefährten: Pensionsrückstellungen für einen im Unternehmen mitarbeitenden Ehepartner sind zulässig, wenn die Zusage betrieblich veranlasst war, die Verpflichtung aus der Zusage ernstlich gewollt und eindeutig vereinbart ist und eine solche Pension auch einem familienfremden Arbeitnehmer zugesagt worden wäre. Dies gilt auch bei Pensionszusagen für nicht eheliche Lebensgefährten. Die betriebliche Ver-

1451 Vgl. *Melcher/David/Skowronek*, S. 380 f.

1452 Vgl. Beck Bil-Komm/*Justenhoven/Meyer*, § 246 HGB Rz. 41.

1453 Vgl. Handbuch Bilanzrecht/*Adam/Mahnke*, E.VI. Rz. 24.

anlassung solcher Pensionszusagen und die Wahrscheinlichkeit der Inanspruchnahme sind ggf. zu prüfen.[1454]

Pensionszusage an GmbH-Gesellschafter: Die steuerrechtliche Anerkennung von Pensionszusagen an GmbH-Gesellschafter ist neben der Konformität mit § 6a EStG von anderen Voraussetzungen abhängig. Andernfalls liegt eine verdeckte Gewinnausschüttung vor. Speziell müssen die folgenden Anforderungen erfüllt sein (siehe auch Kap. 5.8.1):[1455]

1. angemessenes Pensionsalter,
2. Einhaltung einer Wartezeit,
3. Finanzierbarkeit der Pensionszusage,
4. Erdienbarkeit,
5. Angemessenheit der Zusage.

Ein angemessenes Pensionsalter ist gegeben, wenn die Pensionszusage auf den Zeitpunkt des gesetzlichen Renteneinstiegsalters geschlossen wird oder zumindest für ein Alter zwischen 60 und 75 Jahren.[1456] Für beherrschende Gesellschafter-Geschäftsführer ist der Ansatz von Pensionsrückstellungen restriktiver. So sind die Pensionszusagen stets auf den Zeitpunkt des gesetzlichen Renteneinstiegsalters zu berechnen, auch wenn vertraglich etwas anderes vereinbart wurde. Eine vertraglich vorgezogene Altersgrenze kann indes nur dann steuerlich anerkannt werden, wenn besondere Umstände diese Ausnahme rechtfertigen.[1457]

Die Erteilung der Pensionszusage darf nicht vor Ablauf einer bestimmten Wartezeit geschehen. Grundsätzlich ist bei neu gegründeten Unternehmen eine Wartezeit von mindestens fünf, bei bereits seit längerer Zeit bestehenden Unternehmen eine Probezeit von zwei bis drei Jahren einzuhalten.[1458]

Die ggü. einem beherrschenden Gesellschafter-Geschäftsführer gemachte Pensionszusage muss für das Unternehmen wirtschaftlich tragbar sein (Finanzierbarkeit). Davon ist auszugehen, wenn eine nach den insolvenzrechtlichen Grundsätzen aufgestellte Überschuldungsbilanz keine Überschuldung aufweisen würde.[1459]

Eine Erdienbarkeit der Pensionszusage für den Gesellschafter-Geschäftsführer ist nicht gegeben, wenn diese nur kurze Zeit vor dem Renteneinstieg erteilt wurde. Stattdessen muss die Zusage mindestens zehn Jahre vor Eintritt des Versorgungsfalls und vor Vollendung des 60. Lebensjahres erteilt werden.[1460] Mit BFH-Urteil vom 7.3.2018[1461] ist die Erdienbarkeit von Pensionsansprüchen nicht zu prüfen, sofern die Altersversorgung, i. R. einer Entgeltumwandlung, durch den Gesellschafter-Geschäftsführer aus einem angemessenen Gehalt finanziert wird. Auf die Erdienbarkeit kommt es in diesem Fall nicht an, da die Gesellschaft dem Gesellschafter-Geschäftsfüh-

1454 Vgl. BFH v. 30.3.1983, I R 162/80, BStBl. II 1983 S. 500; BMF v. 25.7.2002, IV A 6 – S 2176 – 28/02, DStR 2002 S. 1352 f.
1455 Siehe *Maus*, S. 205 f. m. w. N.
1456 Vgl. *Maus*, S. 206.
1457 Vgl. BFH v. 23.1.1991, I R 113/88, BStBl. II 1991 S. 379.
1458 Vgl. BMF v. 14.5.1999, IV C 6 – S 2742 – 9/99, BStBl. I 1999 S. 512.
1459 Vgl. BFH v. 7.11.2001, I R 79/00, BStBl. II 2005 S. 659.
1460 Siehe *Maus*, S. 210.
1461 Vgl. BFH v. 7.3.2018, I R 89/15, BStBl. II 2019 S. 70.

rer nicht mehr als sein Gehalt zuwendet und dieser damit wirtschaftlich betrachtet lediglich über sein eigenes Vermögen verfügt.[1462]

Beurteilungskriterien für die Angemessenheit sind Art und Umfang der Tätigkeit, die künftigen Ertragsaussichten des Unternehmens, das Verhältnis des Geschäftsführergehaltes zum Gesamtgewinn und zur verbleibenden Eigenkapitalverzinsung sowie Art und Höhe der Vergütungen, die im selben Betrieb gezahlt werden oder in gleichartigen Betrieben an Geschäftsführer für entsprechende Leistungen gewährt werden.[1463]

Pensionszusage an Mitunternehmer: siehe Pensionszusage an GmbH-Gesellschafter.

Personalmaßnahme: siehe Personalrückstellung, Prozesskosten, Sozialplan.

Personalrückstellung: siehe Altersteilzeit, Beihilfe, Gleitzeitüberhang, Urlaubsanspruch, Vorruhestandsverpflichtung.

Personalüberhang: siehe Ausbildungskosten.

Personenbeförderung: Eine von den Bezirksregierungen erteilte Betriebsgenehmigung stellt für das Personenbeförderungsunternehmen keine Grundlage für die Bildung von Drohverlustrückstellungen dar, wenn der bis zum Ablauf der Betriebsgenehmigung voraussehbare und bestimmbare Aufwand die voraussichtlichen Einnahmen nach dem Bilanzstichtag übersteigt.[1464]

Pfand: siehe Flaschenpfand.

Pfandkreislauf: siehe Flaschenpfand.

Pflanzenschutzmittel: siehe Zulassungskosten.

Phantom-Stocks: Während der Laufzeit der Phantom-Stock-Vereinbarung ist für den jeweiligen Bilanzstichtag zu beurteilen, ob eine Rückstellung für ungewisse Verbindlichkeiten nach § 249 Abs. 1 Satz 1 HGB zu bilden ist.[1465] Im Zusammenhang mit Phantom-Stocks kommt den Tatbestandsvoraussetzungen der rechtlichen Entstehung bzw. wirtschaftlichen Verursachung zum Stichtag und der Wahrscheinlichkeit der Inanspruchnahme für die Passivierung dem Grunde nach wesentliche Bedeutung zu. Gerade hier ist nach der konkreten Ausgestaltung der jeweiligen Phantom-Stock-Vereinbarung zu unterscheiden.

Stellt die Vereinbarung darauf ab, dass ein bestimmtes Ereignis als aufschiebende Bedingung für das Entstehen des Vergütungsanspruchs aus der Phantom-Stock-Vereinbarung eintritt, ist die Verpflichtung zum Stichtag regelmäßig weder rechtlich entstanden noch wirtschaftlich verursacht. Bei aufschiebend bedingten Verbindlichkeiten ist eine Rückstellung zu bilden, wenn nach vernünftiger kaufmännischer Beurteilung mit dem Eintritt der Bedingung zu rechnen ist. Gerade in den Fällen, in denen die Veräußerung der Beteiligung des Mehrheitsgesellschafters aufschiebende Bedingung ist, ist die Eintrittswahrscheinlichkeit unter Berücksichtigung der Unwägbarkeiten einer Beteiligungsveräußerung inklusive aller Einzelheiten (Stand der Verhandlungen, Anzahl der Interessenten, Exit-orientiertes Geschäftsmodell des Mehrheitsgesellschafters etc.) zu beurteilen. Im Regelfall dürfte der Bedingungseintritt noch nicht hinreichend wahrscheinlich sein. Es ist schwer denkbar, dass zwar die Verhandlungen unmittelbar vor einem

1462 Vgl. *Oser/Wirtz*, StuB 2019 S. 97, 102.

1463 Vgl. BFH v. 5.10.1994, I R 50/94, BStBl. II 1995 S. 549.

1464 Vgl. FG Köln v. 10.5.2006, 13 K 67/03, EFG 2006 S. 1608.

1465 Vgl. grundlegend Handbuch Bilanzrecht/*Westerburg*, C.VI. Rz. 19.

erfolgreichen Abschluss stehen, die Parteien des Anteilskaufvertrags über die Beteiligung des Mehrheitsgesellschafters aber dennoch den Bilanzstichtag verstreichen lassen.

Stellt die Vereinbarung demgegenüber darauf ab, dass seit der Einräumung ein bestimmter (Erdienens-)Zeitraum verstrichen ist und der Anspruch z. B. bei Beendigung des Anstellungsverhältnisses entsteht, kommt es für die Rückstellungsbildung maßgeblich auf das Tatbestandsmerkmal der Wahrscheinlichkeit der Inanspruchnahme an. Zunächst einmal ist in diesem Fall die wirtschaftliche Verursachung vor dem Stichtag mit Auslaufen des Erdienenszeitraums zu bejahen. Denn ab diesem Zeitpunkt kann dem aus der Phantom-Stock-Vereinbarung Berechtigten die insoweit entstandene Rechtsposition – unabhängig davon, dass noch kein Anspruch entstanden ist – nicht mehr entzogen werden. Es ist aber weiterhin zu beurteilen, ob die Beendigung des Anstellungsverhältnisses in diesem Fall überwiegend wahrscheinlich ist. Nur wenn auch diese Voraussetzung bejaht wird (z. B. weil der jeweilige Berechtigte bereits gekündigt hat, die Kündigungsfrist aber über den Stichtag hinausreicht), ist eine Rückstellung für ungewisse Verbindlichkeiten gem. § 249 Abs. 1 Satz 1 HGB dem Grunde nach zu passivieren.

Die Höhe der Rückstellung ist wie bei Aktienoptionen auf Grundlage anerkannter finanzmathematischer Optionspreismodelle, die die Optionsbedingungen und die Erdienenszeit berücksichtigen (analog IFRS 2.33), zu ermitteln. Die Rückstellungshöhe richtet sich nach dem Gesamtwert der Phantom-Stocks am jeweiligen Bilanzstichtag. Die Rückstellung ist zeitanteilig über die Dauer der Erdienenszeit zu erfassen (analog IFRS 2.32). In gleicher Höhe ist zeitanteilig Personalaufwand der Gesellschaft zu buchen. Die Rückstellungshöhe steht mithin im Zeitpunkt des erstmaligen Ansatzes endgültig fest und ist nicht veränderlich. Eine andere Ansicht will die Höhe der Rückstellung für die Phantom-Stocks nach dem inneren Wert der Phantom-Stocks am jeweiligen Bilanzstichtag ermitteln. Eine Erhöhung des Werts führt dann zu einer erfolgswirksamen Erhöhung der Rückstellung, während eine Abnahme des Werts der Phantom-Stocks zu sonstigen betrieblichen Erträgen führt. Unseres Erachtens ist jedoch ein unveränderlicher ratierlicher Ansatz der Rückstellung analog zu IFRS 2.30 ff. vorzugswürdig, da so ein Gleichlauf mit dem Ansatz von Aktienoptionen hergestellt werden kann.

Pharmaindustrie: siehe Arzneimittelprüfung, Ärztemuster.

Pkw: siehe Inspektionsverpflichtung.

Prämien- bzw. Bonusschuld: siehe Prämiensparvertrag.

Prämiensparvertrag: Die Verpflichtung zur Zahlung einer Sparprämie an den „Sparer" am Ende der Vertragslaufzeit muss als Rückstellung für ungewisse Verbindlichkeiten auf der Passivseite der Bilanz berücksichtigt werden.[1466] Die Sparprämie ist als zusätzliche Verzinsung auf das angesparte Kapital zu verstehen und soll demnach ratierlich gem. den eingezahlten Beträgen anzusammeln sein.[1467] Anhand von Erfahrungswerten der Vergangenheit ist zudem für die Möglichkeit, dass der Sparer nicht alle vertraglich vereinbarten Sparleistungen erbringt, ein Fluktuationsabschlag auf die Rückstellung vorzunehmen.[1468] Die Rückstellung ist gem. ihrer Restlaufzeit (also bis zum Zeitpunkt der Zahlung der Sparprämie) abzuzinsen.

1466 Vgl. BFH v. 15.7.1998, I R 24/96, BStBl. II 1998 S. 728.

1467 Denn nur für die Prämie auf den eingezahlten Betrag besteht ein Erfüllungsrückstand.

1468 Vgl. auch BMF v. 18.11.1991, IV B 2 – S 2137 – 58/91, DB 1992 S. 67.

Preisnachlass: Macht ein Kunde ggü. dem Unternehmen einen Preisnachlass wegen Mängeln noch vor dem Bilanzstichtag geltend, ist dafür eine Rückstellung für ungewisse Verbindlichkeiten anzusetzen, wenn die Höhe der Verpflichtung noch nicht bekannt ist (z.B. Wertminderung durch Mangel ist noch nicht festgestellt).

Keine Rückstellung darf gebildet werden, wenn ein Unternehmen selbst hergestellte kundengebundene Formen veräußert und sich verpflichtet, bei später hergestellten Erzeugnissen einen Preisnachlass zu gewähren.[1469]

Zu Preisnachlässen, die das Unternehmen einräumt, siehe Bonus.

Preisprüfung: Öffentliche Aufträge unterliegen dem deutschen Preisrecht und können im Rahmen sog. Preisprüfungen durch die jeweilige Preisüberwachungsstelle der Länder auf die Angemessenheit der Auftragssumme hin untersucht werden. Wird in der Preisprüfung ein geringerer zulässiger Höchstpreis ermittelt, ersetzt dieser den ursprünglich vereinbarten Preis. Das hierdurch entstehende Risiko einer Rückzahlungsverpflichtung kann aufseiten des Auftragnehmers ggf. zu einer Rückstellung führen.

Preissteigerung: Für mutmaßlich steigende Wiederbeschaffungskosten für Vermögensgegenstände des Anlage- oder Umlaufvermögens dürfen keine Rückstellungen gebildet werden.[1470] Eine Drohverlustrückstellung kann allerdings dann geboten sein, wenn die gestiegenen Preise auf dem Beschaffungsmarkt einen Verlust bei einem Absatzgeschäft herbeiführen könnten – siehe analog Beschaffungsgeschäft.

Privatrechtliche Verpflichtung: Ein Rückstellungsansatz ist bei einer Verletzung von privatrechtlichen Normen bzw. von Vertragsvereinbarungen geboten, wenn zum Bilanzstichtag mit einer künftigen Inanspruchnahme aus der Verletzung der Pflichten gerechnet werden kann. „Für den Ansatz einer Rückstellung kommt es nicht auf die Einklagbarkeit des Anspruchs an."[1471] Siehe z.B. Beratungskosten, Bürgschaft, Entfernungsverpflichtung, Erneuerungsverpflichtung bei Mietverträgen, Erneuerungsverpflichtung bei Pachtverträgen, Gewährleistung, Haftpflicht, Haftungsverhältnis, Prozesskosten, Schadensersatz.

Probebetrieb: Eine Rückstellung für Rückbauverpflichtungen kommt nach § 6 Abs. 1 Nr. 3a Buchst. d Satz 1 EStG im Probebetrieb nicht in Betracht, da dem Begriff des „laufenden Betriebs" der Probebetrieb nicht subsumiert werden kann.[1472] Siehe auch Rückbauverpflichtung.

Produkthaftung: Sofern es bei bestimmungsgemäßer Nutzung eines Produkts zur Schädigung einer Sache oder Person kommt,[1473] ist der Produkthaftende (i.d.R. der Produzent) zum Schadensersatz verpflichtet.[1474] Die Bildung einer Rückstellung für ungewisse Verbindlichkeiten ist legitim, wenn der Schadensfall zum Zeitpunkt der Bilanzerstellung bereits bekannt ist, mit einer Inanspruchnahme also zu rechnen ist. Darüber hinaus ist umstritten, ob bereits Pauschalrück-

1469 Vgl. BFH v. 31.1.1973, I R 205/69, BStBl. II 1973 S. 305.

1470 Vgl. BFH v. 17.1.1980, IV R 156/77, BStBl. II 1980 S. 434.

1471 Syst. Praxiskommentar Bilanzrecht/*Petersen/Künkele/Zwirner*, § 249 HGB Rz. 90.

1472 Vgl. FG Münster v. 15.9.2021, 13 K 3059/19 G,F, DStRE 2022 S. 323.

1473 In diesem Zusammenhang sprechen von Mangelfolgeschäden *Funk/Müller*, BB 2010 S. 2163, 2163.

1474 Siehe §§ 1 ff. ProdHaftG.

stellungen zu bilden sind, wenn ein fehlerhaftes Produkt bereits ausgeliefert ist, aber noch keine Produkthaftungsansprüche geltend gemacht worden sind.[1475] Unseres Erachtens hat der vorsichtige Kaufmann bei Kenntnissen über die Auslieferung eines fehlerhaften Produktes eine (Pauschal-)Rückstellung zu bilden, wenn davon auszugehen ist, dass aus diesem Haftungsansprüche resultieren.

BEISPIEL Ein Unternehmen produziert Plüschteddys im asiatischen Ausland. Ein bislang unbekannter Schadstoff wird vom TÜV kurz vor dem Bilanzstichtag entdeckt. Dieser soll Atembeschwerden bei Kindern hervorrufen. Zum Bilanzstichtag ist eine Rückstellung für die mögliche Produkthaftung zu bilanzieren.

Hat der Kaufmann sich durch Versicherungen gegen das Risiko von Produkthaftungen abgesichert, ist dies bei der Rückstellungsbewertung zu berücksichtigen.

Von der Rückstellung für Produkthaftungsrisiken sind Gewährleistungsrückstellungen abzugrenzen.

PRAXISTIPP

Rückstellungen für Produkthaftungsrisiken sind von Rückstellungen für etwaige Gewährleistungsansprüche zu unterscheiden. Während Ansprüche aus Produkthaftungsverpflichtungen sich nicht unmittelbar aus einem fehlerhaften Produkt ergeben, sind Gewährleistungsansprüche bereits mit einem Mangel des in Rede stehenden Produkts begründet. Mitunter kann ein fehlerhaftes Produkt sowohl eine Rückstellung für Produkthaftungsrisiken als auch eine Rückstellung für Gewährleistungsansprüche begründen. Im Sinne einer übersichtlichen Darstellung sollten diese im Anhang jedoch getrennt gezeigt werden.[1476]

Produktionsabgabe: Einer Verpflichtung zur Zahlung einer Produktionsabgabe bei der Zuckerherstellung ist in einer Rückstellung für ungewisse Verbindlichkeiten Rechnung zu tragen. „Bei der Bewertung dieser Rückstellungen sind die Exporterstattungen, die aufgrund der am Bilanzstichtag abgeschlossenen Verträge über den Export von Zucker künftig zu erwarten sind, mindernd zu berücksichtigen."[1477]

Produktionsanlage: siehe Umrüstung von Produktionsanlagen.

Produktionsgutschrift: siehe Bonus.

Produktrücknahme: siehe Elektroschott, Garantieverpflichtung, Leasingrückläufer, Produkthaftung, Remittenden.

Produktverantwortung: siehe Altauto, Elektroschrott.

Produktzulassungskosten: siehe Zulassungskosten.

Produzentenhaftung: siehe Produkthaftung.

Prospekthaftung: Wird im Prospekt die Haftung ausdrücklich ausgeschlossen, besteht keine Grundlage mehr für den Ansatz einer Rückstellung. Siehe auch Ärztemuster.

Provision: siehe Lebensversicherung, Maklergebühr, Versicherungsmakler.

1475 Für eine solche Rückstellung sprechen sich u.a. Beck Bil-Komm/*Schubert*, § 249 HGB Rz. 130, *Funk/Müller*, BB 2010 S. 2163, 2164 f., sowie HdR-E/*Mayer-Wegelin*, § 249 HGB Rz. 229, aus. Dieser Standpunkt wird verneint von *Hoffmann/Lüdenbach*, § 249 HGB Rz. 83, und von Finanzverwaltung und Rechtsprechung – vgl. BFH v. 30.6.1983, IV R 41/81, BStBl. II 1984 S. 263.

1476 So auch *Funk/Müller*, BB 2010 S. 2163, 2166.

1477 BMF v. 18.6.1999, IV C 2 – S 2137 – 66/99, DStR 1999 S. 1113.

Provisionsanspruch des Handelsvertreters: siehe Ausgleichsanspruch von Handelsvertretern.

Provisionsstorno: siehe Storno.

Prozesskosten: Hinsichtlich der Behandlung von Prozesskosten ist zwischen Aktiv- und Passivprozessen zu unterscheiden. Während der Begriff Aktivprozesse alle Prozesse umfasst, in denen der Bilanzierende als Kläger auftritt, beschreibt der Begriff Passivprozesse alle Prozesse, in denen der Bilanzierende als Angeklagter auftritt.[1478]

Für Aktivprozesse gilt, dass eine Rückstellung erst dann angesetzt werden darf, wenn das Verfahren bereits gerichtsanhängig ist,[1479] denn bis dahin wird es der Gegenpartei grds. möglich sein, auf die Forderungen des potenziellen Klägers zu reagieren. Für Passivprozesse ist allerdings bereits dann eine Rückstellung zu bilden, wenn die Gegenpartei erkennbar gemacht hat, dass sie das Gericht anrufen wird, sofern ihre Forderungen nicht erfüllt werden, und der Bilanzierende diesen Forderungen nicht nachkommen will.[1480] Die Finanzverwaltung vertritt eine andere Auffassung und sieht grds. ein Rückstellungsgebot erst bei Klageerhebung.[1481]

Im Aktivprozess hat der Kläger lediglich für das Risiko, die Prozesskosten tragen zu müssen, eine Rückstellung zu bilden. Dabei dürfen nur solche Kosten in die Rückstellungsbemessung einfließen, die noch in der aktuellen Instanz anfallen könnten. Mangels hinreichender Konkretisierung sind die Kosten höherer Instanzen grds. zu vernachlässigen.[1482]

Im Passivprozess hat der Beklagte neben dem Kostenrisiko auch das bestrittene Bußgeld, die Schadensersatzzahlung etc. mit einzubeziehen.[1483] Dies gilt steuerrechtlich nur für solche umstrittenen Zahlungen, die nicht als nicht abziehbare Betriebsausgabe gelten.[1484] Andernfalls ist diese Erfolgswirkung für Zwecke der Steuerbemessung außerbilanziell zu korrigieren. Bezüglich der Beachtung der Kosten höherer Instanzen gilt nichts anderes als bei Aktivprozessen.

1478 Ähnlich in WPH Edition, Kap. F Rz. 679.

1479 Vgl. BFH v. 27.5.1964, IV 352/62 U, BStBl. III 1964 S. 478.

1480 So wohl auch HdR-E/*Mayer-Wegelin,* § 249 HGB Rz. 229; *Osterloh-Konrad,* DStR 2003 S. 1675, 1677. Gegen eine unterschiedliche Behandlung von Aktiv- und Passivprozessen spricht sich hingegen *Eifler,* S. 192, aus. Er empfiehlt zudem für Rechtsstreitigkeiten, die vor dem Bilanzstichtag auftreten und in den ersten acht bis zehn Wochen nach dem Bilanzstichtag zur Klageerhebung führen, eine Rückstellung zu bilanzieren.

1481 Vgl. H 5.7 Abs. 5 EStH. Sich dem anschließend *Hoffmann/Lüdenbach,* § 249 HGB Rz. 87a.

1482 Vgl. BFH v. 27.5.1964, IV 352/62 U, BStBl. III 1964 S. 478. Etwas anderes soll gelten, wenn von beiden Parteien zu erwarten ist, dass sie im Fall eines Unterliegens Rechtsmittel einlegen werden – vgl. *Osterloh-Konrad,* DStR 2003, S. 1675, 1678.

1483 Vgl. WPH Edition, Kap. F Rz. 679.

1484 Siehe hierzu *Blenkers/Czisz/Gerl,* S. 224 ff.

Abb. 27: Abhängigkeit des Ansatzzeitpunktes der Prozesskostenrückstellung von der Kategorie des zugrunde zu legenden Prozesses

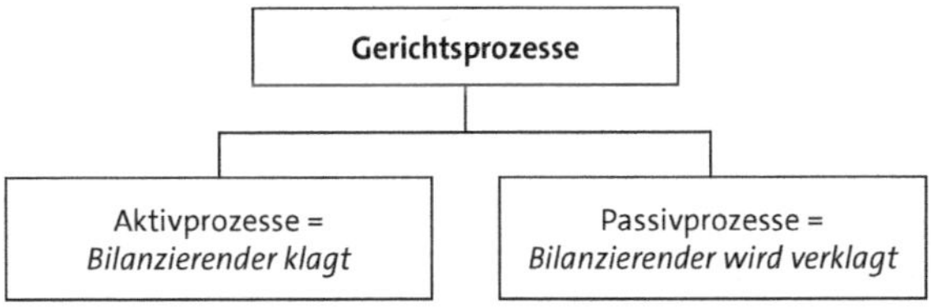

	Aktivprozesse	Passivprozesse
Ansatzzeitpunkt	Prozesskostenrückstellung, wenn die Klage beim Gericht anhängig ist	Prozesskostenrückstellung, wenn mit hinreichender Wahrscheinlichkeit mit einer Klage zu rechnen ist
Bewertung	Bewertung auf Basis des Kostenrisikos der aktuellen Instanz	Bewertung auf Basis des Kostenrisikos + eventueller Bußgelder und Schadensersatzverpflichtungen

© Künkele/Vodermeier/Zwirner

In die Prozesskosten sind sämtliche Aufwendungen im Zusammenhang mit der Prozessvorbereitung und -führung einzubeziehen.[1485] Hierunter können u.a. fallen:[1486]

- Kosten für Gutachten,
- Gerichtskosten,
- Anwalts- und Sachverständigenhonorare,
- Fahrtkosten,
- Kosten für die Beschaffung von Beweismaterial,
- Prozesszinsen (für die zurückliegende Zeit)[1487].

Bei der Bemessung der Rückstellung sind zudem die Wahrscheinlichkeiten der verschiedenen möglichen Beträge des Schadensersatz- oder Herausgabeanspruchs usw. zu beachten. Dies sollte aber stets einzelfallabhängig mit Blick auf das Vorsichtsprinzip geschehen.[1488]

BEISPIEL Die weltweit bekannte Surflegende Siggi Platsch wird von einem Fotografen eines Regenbogenblattes bei seinem allabendlichen Nacktbaden in seinem Pool abgelichtet. Das Regenbogenblatt veröffentlicht tags darauf einen exklusiven Beitrag über Herrn Platsch mitsamt dem Foto.

Siggi Platsch fordert von dem Regenbogenblatt daraufhin ein Schmerzensgeld i.H. von 10 Mio. EUR.

Das Regenbogenblatt hat bereits zum Zeitpunkt der Forderung von Herrn Platsch eine Prozesskostenrückstellung zu bilden, wenn die Zahlung der 10 Mio. EUR nicht vorgenommen wird. Wurden in vergleich-

1485 Dies betrifft aber nur die Prozesskosten i.e.S. sowie die Kosten der Gegenpartei im Zusammenhang mit der Prozessvorbereitung und -führung. Die eigenen, innerbetrieblichen Kosten sind mangels Außenverpflichtung nicht rückstellungsfähig; vgl. *Osterloh-Konrad*, DStR 2003 S. 1675, 1676.

1486 Vgl. auch Beck Bil-Komm/*Schubert*, § 249 HGB Rz. 130; *Blenkers/Czisz/Gerl*, S. 223.

1487 Vgl. BFH v. 6.12.1995, I R 14/95, BStBl. II 1996 S. 406.

1488 Siehe anschaulich hierzu Syst. Praxiskommentar Bilanzrecht/*Brösel/Freichel/Wasmuth*, § 253 HGB Rz. 4.

baren Fällen (Nacktbilder von Prominenten in privater Umgebung) stets nur Schmerzensgelder von 2 bis 5 Mio. EUR fällig, so ist dies bei der Bewertung zu berücksichtigen.

Mit Blick auf das Vorsichtsprinzip wäre demnach eine „mittlere“ Rückstellungshöhe von 7,5 Mio. EUR vertretbar. Zusätzlich sind die Anwalts- und Gerichtskosten einzubeziehen.

Prozessrisiko: siehe Prozesskosten.

Prozesszinsen: siehe Prozesskosten.

Prüferische Durchsicht: Aufwendungen für eine prüferische Durchsicht sind zum Bilanzstichtag zurückzustellen, wenn das Unternehmen eine solche bereits in Auftrag gegeben hat und die Ansatzkriterien einer Verbindlichkeitsrückstellung erfüllt sind.[1489]

Prüfungskosten: siehe Jahresabschluss.

PSV-Beitrag: siehe Pensionssicherungsverein.

Publizität: Für die verpflichtende Publizität (z. B. Offenlegung im elektronischen Bundesanzeiger) ist eine Rückstellung zu bilden.[1490] Siehe hierzu Jahresabschluss.

Put-Option: Die Ausführungen zur Call-Option gelten spiegelbildlich. Siehe Call-Option.

1489 Vgl. *Zwirner/Tippelhofer*, Beilage zu StuB 9/2017 S. 1, 4.
1490 Vgl. *Zwirner/Tippelhofer*, Beilage zu StuB 9/2017 S. 1, 3.

Q.

Qualifiziert faktischer Konzern: siehe Verlustübernahmeverpflichtung.

Qualitätskontrolle: Auch für die externe Qualitätskontrolle bei einer Wirtschaftsprüfungsgesellschaft darf keine Rückstellung gebildet werden, da regelmäßig keine Außenverpflichtung vorliegt. Bei bereits erfolgter Beauftragung eines Qualitätskontrollprüfers liegt zwar eine Außenverpflichtung vor; es fehlt aber an einer wirtschaftlichen Belastung zum Abschlussstichtag.[1491] Daher kommt die Bildung einer Rückstellung nicht in Betracht.

Qualitätsmängel: siehe Gewährleistung.

Qualitätssicherung: Die Qualitätssicherung begründet keine Außenverpflichtung. Die damit in Zusammenhang stehenden Aufwendungen sind als laufender Aufwand aus der normalen Geschäftstätigkeit zu behandeln.

Quartalsbericht: Sofern eine rechtliche Verpflichtung zur Quartalsberichterstattung gegeben ist (z. B. aufgrund von Börsenzulassungsfolgepflichten), ist eine Rückstellung zu bilden. Siehe auch Jahresabschluss.

1491 Vgl. *Hanke*, WP Praxis 2022 S. 185.

R.

Rabatt: siehe Bonus, Rabattmarke.

Rabattmarke: Für die Verpflichtung zur Einlösung von Rabattmarken ist eine Verbindlichkeitsrückstellung zu bilden.[1492] Dabei ist der Betrag, der mit an Sicherheit grenzender Wahrscheinlichkeit nicht eingelöst wird, bei der Bewertung als Abzug zu erfassen.[1493]

PRAXISTIPP

Die Schwundrate ist als historischer Mittelwert zu ermitteln. Wird erstmals eine Rabattaktion durchgeführt, ist eine vorsichtige Schätzung bspw. auf Basis der Branchenerfahrungswerte vorzunehmen.

Siehe auch Bonus.

Rangrücktritt: siehe Gesellschafterfinanzierung.

Rauchfilteranlage: siehe Gasrückführungssystem.

Rauchgasentstaubungsanlage: Rückstellungen für öffentlich-rechtliche Verpflichtungen, bei denen eine Übergangsregelung über mehrere Jahre besteht, sind erst zu dem Bilanzstichtag zulässig, zu dem diese Übergangsfrist abläuft.[1494]

REACH-Verordnung: Die EU-Chemikalienverordnung REACH (Registration, Evaluation, Authorisation and Restriction of Chemicals) verpflichtet Hersteller und Importeure von Chemikalien zur Registrierung dieser Stoffe vor der erstmaligen Einfuhr bzw. Herstellung, sofern die relevante Menge einen Wert von einer Tonne pro Stoff und Kalenderjahr übersteigt. Für Aufwendungen im Zusammenhang mit dieser Registrierung dürfen keine Rückstellungen gebildet werden.[1495] Die benannte Verpflichtung stellt zwar eine sanktionsbewehrte öffentlich-rechtliche Verpflichtung dar, ist aber rechtlich erst bei Erreichen der Mengengrenze entstanden. Da die Registrierung aber im Regelfall vor Erreichen der Mengengrenze stattfindet, um die Herstellung oder Einfuhr zu gewährleisten, sind Aufwendungen bereits angefallen und nicht mehr rückstellungsfähig.[1496] Zudem kann sich das Unternehmen durch gezieltes Unterschreiten der Mengengrenze der Verpflichtung entziehen.[1497]

Rechnungserstellung: siehe Abrechnungskosten, Ausstehende Rechnung.

Rechtsanwaltskosten: siehe Beratungskosten, Prozesskosten.

Rechtsstreitigkeit: siehe Prozesskosten.

Rechtsverfolgungskosten: siehe Prozesskosten.

Recycling: siehe Abfallbeseitigung, Altauto, Altreifen, Bauschutt-Recycling, Elektroschrott.

Registrierungskosten: siehe Arzneimittelprüfung, REACH-Verordnung.

Reifenhändler: siehe Altreifen.

1492 Vgl. BFH v. 7.2.1968, I R 267/64, BStBl. II 1968 S. 445.
1493 Vgl. BFH v. 22.11.1988, III R 62/85, BStBl. II 1989 S. 359.
1494 Vgl. BFH v. 6.2.2013, I R 8/12, BeckRS 2013, 94958.
1495 Vgl. hierzu *Roß/Drögemüller*, BB 2006 S. 1044, 1044 ff.
1496 Vgl. *Roß/Drögemüller*, BB 2006 S. 1044, 1045 f.
1497 Vgl. *Roß/Drögemüller*, BB 2006 S. 1044, 1045 f.

Reisekosten: Für zum Bilanzstichtag noch nicht gedeckte Reisekosten ist eine Rückstellung für ungewisse Verbindlichkeiten zu bilden, wenn von den Arbeitnehmern noch nicht eingereichte Rechnungen im Dienst angefallen sind.

Rekultivierung: Durch Gesetz, Vertrag oder behördliche Auflage kann die Pflicht ergehen, im Tagebau oder für Deponien usw. ausgebeutete Flächen zu rekultivieren. Für solche Kosten, die durch die Ausbeutungstätigkeiten des Unternehmens wirtschaftlich und rechtlich verursacht sind, ist eine Rückstellung für ungewisse Verbindlichkeiten auszuweisen. Dabei muss für steuerliche Zwecke an die Verletzung der gesetzlichen Pflicht eine Sanktion geknüpft sein, sodass sich der Erfüllung der Verpflichtung im Ergebnis nicht entzogen werden kann.[1498] Hierunter fallen z. B. Kosten der

- Auffüllung – siehe Auffüllverpflichtung,
- Planierung,
- Wiederaufforstung.

Der Rückstellungsbetrag ergibt sich hierbei aus dem Erfüllungsbetrag, der notwendig sein würde, um den bis zum Bilanzstichtag ausgebeuteten Teil zu rekultivieren.[1499] Künftig zu erwartende Einnahmen durch Kippgebühren sind bei der Bildung von Rückstellungen steuerlich zu berücksichtigen.[1500] § 6 Abs. 1 Nr. 3a Buchst. d Satz 1 EStG über die zeitanteilige Ansammlung in gleichen Raten findet bei derartigen Verpflichtungen keine Anwendung.[1501] Der Ansammlungsbetrag lautet folglich handels- und steuerrechtlich gleich. Steuerrechtlich sind zudem künftige Vorteile nach § 6 Abs. 1 Nr. 3a Buchst. d EStG gegenzurechnen. Hierunter fallen u. a. Auffüllgebühren, wenn Verkippungsverträge mit Dritten bereits geschlossen wurden oder der Abschluss eines solchen Vertrags sehr wahrscheinlich ist. Rekultivierungsverpflichtungen sind steuer- wie handelsrechtlich abzuzinsen. Für die Steuerbilanz sind die Restlaufzeit bis zu Beginn der Erfüllung und ein Zinssatz von 5,5 % zugrunde zu legen.[1502] Für die Handelsbilanz sind grds. bei verschieden terminierten Erfüllungszeitpunkten die jeweiligen Restlaufzeiten maßgeblich; der Zinssatz ist der Veröffentlichung der Bundesbank zu entnehmen.

BEISPIEL Die Prometheus AG ist verpflichtet, den durch ihre Geschäftstätigkeit kontaminierten Grund und Boden bei Einstellung des Geschäftsbetriebs zu rekultivieren. Es wird davon ausgegangen, dass der Aufwand in fünf Jahren anfällt, da dann der Geschäftsbetrieb eingestellt werden soll. Auf Grundlage aktueller Schätzungen sind dafür 100 Bagger-Stunden notwendig. Zum Bilanzstichtag kostet eine Bagger-Stunde 100 EUR. Für die Zukunft wird von 120 EUR je Stunde ausgegangen. Der Zinssatz beträgt bei einer fünfjährigen Laufzeit annahmegemäß 4,5 %. Zum Bilanzstichtag ist die Rückstellung mit 100 Stunden × 120 EUR anzusetzen und abzuzinsen. Der Rückstellungsbetrag errechnet sich damit wie folgt:

100 Stunden × 120 EUR × $(1 / 1{,}045^5)$ = 9.629 EUR

Die Bewertung von Deponierückstellungen in der Steuerbilanz erfolgt nach den Bewertungsvorschriften des BilMoG unter Beachtung der steuerlichen Bewertungsvorbehalte. Eine handelsrechtliche Beibehaltung höherer Rückstellungswerte im Zusammenhang mit der Erstanwendung

1498 Vgl. FG Berlin-Brandenburg v. 10.6.2020, 9 V 9266/19, BeckRS 2020, 18155.

1499 Vgl. BFH v. 5.5.2011, IV R 32/07, BStBl. II 2012 S. 98.

1500 Vgl. FG München v. 27.3.2012, 6 K 3897/09, EFG 2012 S. 1533 Nr. 16, und BFH v. 21.8.2013, I B 60/12, BeckRS 2013, 96397.

1501 Vgl. Beck Bil-Komm/*Schubert*, § 249 HGB Rz. 130.

1502 Vgl. § 6 Abs. 1 Nr. 3a Buchst. e EStG. Zuletzt bestätigt durch BFH v. 13.7.2017, VI R 62/15, BStBl. II 2018 S. 15.

der durch das BilMoG geänderten Bewertungsvorschriften und unter Bezugnahme auf Art. 67 Abs. 1 Satz 2 EGHGB ist für den Steuerbilanzwert maßgeblich.[1503]

Remissionsverpflichtung: siehe Remittenden.

Remittenden: Im Bereich des Buch-, Zeitschriften- und Zeitungshandels verpflichten sich Verlage ggü. Händlern, unverkäufliche oder mangelhafte Ware zurückzunehmen (sog. Remissionsverpflichtung). Diese Rücknahmeverpflichtung wird mit dem Verkauf der Druckexemplare an den Händler wirtschaftlich wie rechtlich begründet,[1504] sodass – eine wahrscheinliche Inanspruchnahme des Rückgaberechts durch den Händler vorausgesetzt – eine Rückstellung für ungewisse Verbindlichkeiten zu bilden ist. Mithilfe einer derartigen Rückstellung werden die Umsatzerlöse um mögliche Rückzahlungen korrigiert.

Bei der Bewertung der Rückstellung für Remissionsverpflichtungen ist auf Basis von Erfahrungswerten eine Remissionsquote festzulegen, welche die geschätzte, relative Zahl der „Rückläufer" widerspiegelt.[1505]

PRAXISTIPP

Die Rückstellung bemisst sich der Höhe nach an der Gewinnmarge der zurückzunehmenden Bücher. Anders liegen die Dinge, wenn die betroffenen Titel nach der Rücknahme vernichtet bzw. makuliert werden. In diesem Fall ist die Remissionsrückstellung in voller Höhe, also i. H. des Veräußerungspreises, zu bilden.

BEISPIEL Der Verlag V verkauft Ende des Jahres t1 10.000 Bücher des Werkes „Remissionsrückstellungen – Gewusst wie!" an verschiedene Händler. Aufgrund der bisherigen Erfahrung geht der Verlag von einer Remissionsquote von 20 % aus. Der Verkaufspreis beträgt 50 EUR netto, die Herstellungskosten pro Buch 35 EUR (Material 20 EUR, Löhne 10 EUR, Abschreibungen 5 EUR). Der Verlag nutzt das GKV. Der Verlag bucht wie folgt (vereinfachende Darstellung):

Materialaufwand	200 TEUR	an	Vorräte	200 TEUR
Personalaufwand	100 TEUR	an	Kasse	100 TEUR
Abschreibungen	50 TEUR	an	Sachanlagen	50 TEUR
Kasse	500 TEUR	an	Umsatzerlöse	500 TEUR
Umsatzerlöse	30 TEUR	an	sonstige Rückst.	30 TEUR

Mit der letzten Buchung (0,2 × 10.000 × [50 – 35] = 30 TEUR) wird der Umsatz um den wahrscheinlichen Verlust aus der Rücknahmeverpflichtung korrigiert; im Fall der voraussichtlichen Vernichtung der Werke ist die Rückstellung mit 100 TEUR anzusetzen. Die Inanspruchnahme der Rückstellung stellt sich im vorliegenden Beispiel wie folgt dar (es wird davon ausgegangen, dass der erwartete Fall eintritt):

sonstige Rückst.	30 TEUR			
Vorräte	70 TEUR	an	Kasse	100 TEUR

Abwandlung: Entgegen der Annahme werden nur 1.000 Bücher zurückgegeben. Gebucht wird:

sonstige Rückst.	30 TEUR		Umsatzerlöse	15 TEUR
Vorräte	35 TEUR	an	Kasse	50 TEUR

1503 Vgl. BFH v. 9.3.2023 IV R 24/19, DStR 2023 S. 988.

1504 An dieser Stelle ist auf die „Verkehrsordnung für den Buchhandel" zu verweisen, in der die buchhändlerischen Handelsbräuche festgehalten sind – vgl. § 6 Verkehrsordnung für den Buchhandel.

1505 Vgl. zu Remissionsrückstellungen ausführlich *Petersen/Künkele/Göttler,* DStR 2012 S. 2141, 2141 ff.

Zusätzlich sind bei der Rückstellungsbemessung Aufwendungen für Transport, Verpackung, Lagerung und Remissionsbearbeitung zu berücksichtigen. Eine Abzinsung wird aufgrund der Kurzfristigkeit der Remissionsverpflichtung nicht in Betracht kommen.

Rennwett- und Lotteriesteuer: siehe Verkehrssteuer.

Rente, Rentner(in): siehe Pensionsrückstellung.

Reparatur: siehe Großreparatur, Hör- und Sehhilfen, Instandhaltung.

Reparatur von Werkzeugen: siehe Werkzeuge.

Reparaturkosten: siehe Instandhaltung.

Restitution: Bei der Restitution handelt es sich dem Grunde nach um einen Schadensersatz, der entweder in Geld (Geldrestitution) oder in tatsächlicher Leistung (Naturalrestitution) erbracht werden kann. Bei etwaigen Restitutionsansprüchen ist eine Rückstellungsbildung zu prüfen.

Restrukturierung: Für Aufwendungen im Zusammenhang mit zum Stichtag beschlossenen Restrukturierungsmaßnahmen ist der Ansatz von Rückstellungen zu prüfen. Siehe Gesellschafterfinanzierung, Personalrückstellung, Prozesskosten, Sozialplan.

Restrukturierungskosten: siehe Sozialplan.

Restrukturierungsmaßnahmen: siehe Pendelkosten, Transfergesellschaft.

Restrukturierungsverpflichtung: siehe Sozialplan.

Restwertmodell: Die Audi AG hat für den Kfz-Handel ein eigenes Leasing-Restwertmodell etabliert. Der Kfz-Händler vermittelt das Leasingfahrzeug an den Leasingnehmer. Leasinggeber ist wiederum nicht der Kfz-Händler selbst, sondern eine gesonderte Leasinggesellschaft. Der Kfz-Händler verpflichtet sich dazu, am Ende der Vertragslaufzeit das Leasingfahrzeug zu einem zum Abschluss des Leasingvertrags vereinbarten Preis vom Leasinggeber zu erwerben. Zur Absicherung der Verpflichtung des Kfz-Händlers beinhaltet das Restwertmodell eine Restwertabsicherung. Dabei verpflichtet sich der Kfz-Händler zur Zahlung eines Beteiligungsbetrags, der wiederum von einer vom Kfz-Händler wählbaren Risikostufe abhängt. Im Gegenzug erhält der Kfz-Händler von der Audi AG eine Restwertabsicherung. Diese Restwertabsicherung greift immer dann, wenn der tatsächliche Wert des Leasingfahrzeugs am Ende der Vertragslaufzeit unter dem zwischen Kfz-Händler und Leasinggeber vereinbarten Preis liegt. In Höhe der Differenz zwischen tatsächlichem Wert und vereinbartem Preis leistet die Audi AG eine Zuzahlung an den Kfz-Händler.

Die Bildung einer Rückstellung für die Beteiligungsbeträge ist laut Finanzverwaltung unter Verweis auf § 5 Abs. 4b EStG nicht zulässig, da die Beteiligungsbeträge Anschaffungskosten des Leasingfahrzeugs darstellen.[1506] Laut Rechtsprechung ist für die Beteiligungsbeträge weder eine Verbindlichkeit noch eine Rückstellung für drohende Verluste aus schwebenden Geschäften zulässig.[1507] Für die Bilanzierung der Beteiligungsbeträge als Verbindlichkeit fehlt es an der hierfür notwendigen Sicherheit, da die Entrichtung des Beteiligungsbetrags vom Rückerwerb des Leasingfahrzeugs abhing und nicht sicher war, ob der Leasinggeber von seinem Rückgaberecht

1506 Vgl. OFD Frankfurt am Main v. 6.6.2024, S 2137 A – 00007 – 0357 – St 5c, NWB ZAAAJ-71033.

1507 Vgl. hierzu und im Folgenden BFH v. 13.9.2023, XI R 20/20, DStR 2024 S. 287. Vgl. weiterführend *Oser/Wirtz*, StuB 2025 S. 4 f.

Gebrauch machen wird. Aufgrund dieser aufschiebenden Bedingung scheidet eine Bilanzierung als gewisse Verbindlichkeit aus. Auch die Bilanzierung als Rückstellung kommt – entgegen der Auffassung der Finanzverwaltung nicht aufgrund des § 5 Abs. 4b EStG – nicht in Betracht, da es sich hierbei um ein schwebendes Geschäft handelt. Der zwischen Kfz-Händler und Audi AG getroffene synallagmatische Vertrag ist zum Bilanzstichtag beidseitig nicht erfüllt. Insofern wird von der Ausgeglichenheit des Geschäfts ausgegangen.

Rezession: Allgemeine Annahmen zu einem wirtschaftlichen Abschwung rechtfertigen – ebenso wie zukünftig erwartete Verluste – keinen Ansatz einer Rückstellung. Sofern die Rezession dazu führt, dass zum Bilanzstichtag vorhandene Sachverhalte (sowohl bilanzierte Sachverhalte als auch bereits eingegangene Geschäfte) anders zu bewerten sind, ist der Ansatz einer Rückstellung für drohende Verluste zu prüfen.

Rückabwicklung: siehe Gewährleistung, Rückgaberecht.

Rückbau von Versorgungsleitungen: Für den Rückbau von stillgelegten Versorgungsleitungen liegt i. d. R. keine öffentlich-rechtliche Verpflichtung vor, sodass keine Bildung von Rückstellungen zulässig ist. Auch mit Bezug auf einen möglichen Beseitigungsanspruch der Grundstückseigentümer ist keine Rückstellung anzusetzen, wenn keine vertraglich festgelegte Pflicht zum Rückbau vorliegt und kein Grundstückseigentümer den Rückbau verlangt.[1508]

Rückbauverpflichtung: siehe Abbruchverpflichtung, Anpassungsverpflichtung, Entfernungsverpflichtung.

Rückdeckungsversicherung: Die Bewertung der Rückdeckungsversicherung hat mit dem Deckungskapital der Versicherung zu erfolgen. Dieser Wert ist bei Erfüllung der Voraussetzungen des § 246 Abs. 2 HGB mit den Rückstellungen für Altersversorgungs- und ähnliche Verpflichtungen, die rückgedeckt werden, zu saldieren (siehe Kap. 5.9.7.2).[1509]

Rückerstattung: siehe Gewährleistung, Rückgaberecht.

Rückforderung: siehe Rückzahlung.

Rückgaberecht: Bei Lieferungen mit Rückgaberecht ist grds. eine Gewinnrealisierung vorzunehmen.[1510] Im Sinne des Vorsichtsprinzips sind die Umsatzerlöse allerdings durch die Bildung einer Rückstellung zu korrigieren (Buchung: Umsatzerlöse an Rückstellung).[1511] Insbesondere in Bezug auf Versandhandelsunternehmen wird ein solches Vorgehen auch von der h. M. vertreten.[1512]

PRAXISTIPP

Werden Forderungen, denen noch ein Rückgaberecht anhaftet, in voller Höhe ausgewiesen, so ist bei wesentlichen Beträgen ein Davon-Vermerk zu setzen: „Forderungen ..., davon mit Rückgaberecht ...". Die Umsatzerlöse sind zudem i. H. einer zu erwartenden Erlösminderung durch Bildung einer Rückstellung für die mögliche Rückgabe der Artikel zu korrigieren (Buchung: Umsatzerlöse an Rückstellung).

1508 Vgl. Frotscher/Geurts/*Watrin*, § 5 EStG Rz. 458.

1509 Vgl. ausführlich zur handelsrechtlichen Bewertung von Rückstellungen für Altersversorgungsverpflichtungen aus Rückdeckungsversicherungen IDW RH FAB 1.021, IDW Life 2024 S. 777 ff. Vgl. auch *Oser/Wirtz*, StuB 2023 S. 111 f.; *Oser/Wirtz*, StuB 2025 S. 9.

1510 Vgl. Syst. Praxiskommentar Bilanzrecht/*de la Paix*, § 277 HGB Rz. 4; differenzierend Beck Bil-Komm/*Schubert/Berberich*, § 247 HGB Rz. 90 ff.

1511 Vgl. auch aus praktischen Gründen Beck Bil-Komm/*Schubert*, § 249 HGB Rz. 130.

1512 Vgl. WPH Edition, Kap. F Rz. 418.

Im Fall von Versandhandelsunternehmen ist aufgrund der Vielzahl an verkauften Artikeln die Rückstellung als Pauschalrückstellung zu ermitteln. Bei der Bilanzierung der Höhe nach ist der wie folgt ermittelte Betrag mit der aufgrund von Erfahrungs- oder Branchenwerten geschätzten Rückgabequote zu multiplizieren.

	Summe der Nennbeträge aller Forderungen, denen noch ein Rückgaberecht anhaftet
–	aktivierbarer Betrag dieser veräußerten Vermögensgegenstände
+	mögliche Rücknahmekosten
+	Kosten einer möglichen Beschädigung
=	*mögliche Belastung, bezogen auf alle ausgelieferten Waren*
×	Rückgabequote (geschätzt anhand von Erfahrungswerten)
=	*Rückstellungshöhe*

Eine entsprechende Handhabung ist auch bei Verträgen mit Widerrufsrecht geboten.

Zu Kaufverträgen, deren rechtswirksamer Abschluss noch von der Billigung des Käufers abhängig ist, siehe Kauf auf Probe.

Rückgriffsmöglichkeit: siehe Haftpflicht.

Rückkaufoption: siehe Optionsgeschäft.

Rückkaufverpflichtung beim Leasinggeschäft: siehe Leasing.

Rückkaufverpflichtung von Kfz-Händlern: Sofern Kfz-Händler sich verpflichten, verkaufte Fahrzeuge zu einem verbindlich festgelegten Preis zurückzukaufen, sind diese Verpflichtungen in der Bilanz als Verbindlichkeiten zu erfassen.[1513]

Rücknahmeverpflichtung: siehe Elektroschrott, Garantieverpflichtung, Leasingrückläufer, Remittenden.

Rücksendung: Für auf Grundlage eines konkreten Anlasses zu erwartende Rücksendungen, bspw. im Online-Handel beim Kauf gleicher Schuhe in unterschiedlicher Größe durch einen Besteller, ist eine Rückstellungsbildung zu prüfen. Siehe auch Elektroschott, Garantieverpflichtung, Leasingrückläufer, Produkthaftung, Remittenden.

Rückstellung für noch nicht abgewickelte Versicherungsfälle: siehe Schadensrückstellung bei Versicherungsunternehmen.

Rückstellungsspiegel: siehe ausführlich Kap. 4.3.

Rücktransport: siehe Baustellenräumung.

Rücktrittsrecht: siehe Gewährleistung.

Rücktrittsvorbehalt: Beim Grundstücksverkauf mit Rücktrittsvorbehalt ist der Gewinn aus dem Geschäft im Zeitpunkt der Übertragung des Eigentums realisiert. Eine vollständige Nichtpassivierung ist nur angemessen, wenn der Rücktritt mit an Sicherheit grenzender Wahrscheinlichkeit

1513 Vgl. FG Münster v. 25.8.2009, 9 K 4142/04 K,F, DStR 41/2009, VI.

ausgeschlossen werden kann. Der drohenden Ausübung des Rücktrittsrechts ist ansonsten ggf. durch eine Rückstellung Rechnung zu tragen.

Rückvergütung: siehe Beitragsrückgewähr.

Rückverkaufsoption: siehe Rückkaufverpflichtung von Kfz-Händlern.

Rückzahlung: Für etwaige Rückzahlungen des Bilanzierenden im Zusammenhang mit Forderungen, die bspw. vom Insolvenzverwalter eines Kunden oder aus anderen Gründen glaubhaft und berechtigt geltend gemacht werden, sind Rückstellungen für ungewisse Verbindlichkeiten zum Bilanzstichtag insoweit anzusetzen, als die korrespondierenden Erlöse bereits vom Bilanzierenden vereinnahmt wurden. Die Bildung einer entsprechenden Rückstellung hat auf Basis von Erfahrungswerten zu erfolgen. Insbesondere in wirtschaftlich schwierigen Zeiten dürfte die hinreichende Wahrscheinlichkeit, dass der Bilanzierende in Anspruch genommen wird, zunehmen. Siehe auch Insolvenz.

Rückzahlung Corona-Förderung: siehe Rückzahlung Corona-Überbrückungshilfe.

Rückzahlung Corona-Überbrückungshilfe: Im Rahmen der Corona-Krise wurden Unternehmen staatliche Unterstützungsmaßnahmen, wie die Corona-Überbrückungshilfe, unter Erfüllung bestimmter Voraussetzungen gewährt. Sollte ein Unternehmen davon ausgehen, dass es irrtümlich eine Corona-Überbrückungshilfe erhalten hat oder die entsprechenden Auszahlungen sich bspw. aufgrund vorgenommener Schätzungen und Prognosen im Nachhinein als zu hoch erweisen werden, und damit rechnen, eine Rückzahlung vornehmen zu müssen, sind Rückstellungen für ungewisse Verbindlichkeiten anzusetzen.

Rückzahlung einer Anleihe: Als Emittent einer Anleihe ist es nicht möglich, eine Rückstellung für den Zweck zu bilden, die Anleihe zu einem früheren Zeitpunkt durch Ausübung eines Rücknahmerechts zu einem höheren Kurs zurückzukaufen.

Rückzahlung von Arzthonoraren bei Unwirtschaftlichkeit: siehe Arzthonorar.

Rückzahlung von Beiträgen: siehe Beitragsrückgewähr.

Rückzahlung vorläufig festgesetzter Erstattungszinsen: Eine Rückstellung für die potenzielle Rückzahlung vorläufig festgesetzter Erstattungszinsen aufgrund einer möglichen Verfassungswidrigkeit der Höhe des angewandten Zinssatzes setzt voraus, dass der Zinssatz verfassungswidrig ist und die Möglichkeit zur Änderung der Zinsfestsetzung besteht. Ansonsten fehlt es an dem Tatbestandsmerkmal der hinreichenden Wahrscheinlichkeit. Ein Vorläufigkeitsvermerk vermag es nicht, den Vertrauensschutz des § 176 AO zu durchbrechen, sodass die Zinsfestsetzung bei Verfassungswidrigkeit des Zinssatzes nicht zuungunsten des Steuerpflichtigen geändert werden kann. Mithin liegt keine hinreichende Wahrscheinlichkeit der Rückzahlung vor, sodass in diesem Fall keine Rückstellung gebildet werden darf.[1514]

1514 Vgl. FG Münster v. 28.8.2024, 9 K 615/24 F, BeckRS 2024, 25638. Vgl. auch *Oser/Wirtz*, StuB 2025 S. 11.

S.

Sachdarlehen: Bei einem Sachdarlehen wird eine Sache zeitlich befristet übergeben. Diese ist als Vermögensgegenstand bei dem Darlehensnehmer zu bilanzieren. Gleichzeitig ist eine Rückstellung für die Verpflichtung zur Rückgabe in gleicher Höhe anzusetzen.[1515]

Sacheinlage: Für eine künftig zu erbringende Sacheinlage kann keine Rückstellung gebildet werden. Wenn der im Wege der Sacheinlage einzulegende Vermögenswert bereits vorhanden ist, handelt es sich bei Durchführung der Sacheinlage um einen Aktivtausch. Ist der zu einem späteren Zeitpunkt einzulegende Vermögenswert jedoch noch nicht vorhanden, sondern muss erst beschafft werden, scheitert der Ansatz einer Rückstellung daran, dass die künftigen Aufwendungen zu einem aktivierungspflichtigen Sachverhalt führen und insoweit keine Vermögensminderung zu erwarten ist.

Sachleistungsverpflichtung: Der Erfüllungsbetrag von Sach- und Dienstleistungsverpflichtungen umfasst die im Erfüllungszeitpunkt voraussichtlichen Vollkosten (Einzel- und notwendige Gemeinkosten). Der Ansatz der Rückstellungen hat zu Vollkosten zu erfolgen, und zwar unabhängig davon, ob die entsprechenden Aufwendungen i. R. der Herstellungskosten von Vermögensgegenständen nach § 255 Abs. 2 HGB aktivierungspflichtig oder lediglich aktivierungsfähig sind.

Sale-and-Buy-back-Geschäfte: siehe Pensionsgeschäft, Rückkaufverpflichtung von Kfz-Händlern.

Sammelbewertung: Nach § 6 Abs. 1 Nr. 3a EStG gilt für gleichartige voneinander unabhängige Verpflichtungen, dass beim Ansatz der Rückstellung auf Grundlage der Erfahrungen in der Vergangenheit aus der Abwicklung solcher Verpflichtungen die Wahrscheinlichkeit zu berücksichtigen ist, dass der Steuerpflichtige nur für einen Teil der Summe der Verpflichtungen in Anspruch genommen wird.

Sanierungsaufwendungen: siehe Altlastensanierung.

Sanierungsgelder: Für künftig zu leistende Sanierungsgelder ist der Ansatz einer Rückstellung unzulässig.[1516]

Sanierungsmaßnahme: siehe Gesellschafterfinanzierung.

Sanierungsverpflichtung: siehe Altlastensanierung, Erneuerungsverpflichtung bei Mietverträgen, Erneuerungsverpflichtung bei Pachtverträgen.

Sanktion: siehe Bußgeld, Vertragsstrafe.

SAR (Stock-Appreciation-Rights): Im Zeitpunkt der Einräumung von SAR, d. h. des Abschlusses der jeweiligen Vereinbarung mit dem Mitarbeiter, ergeben sich i. d. R. keine bilanziellen Auswirkungen. Dem zukünftigen Anspruch des Mitarbeiters auf Zahlung der entsprechenden SAR-basierten Vergütung steht ein gleichwertiger Anspruch des jeweiligen Unternehmens auf Erbringung der Arbeitsleistung durch den Mitarbeiter gegenüber. Folglich liegt zum Zeitpunkt der Einräumung des SAR ein nicht bilanzierungsfähiges, schwebendes Geschäft vor.[1517]

Während der Laufzeit des SAR-Programms ist zum jeweiligen Bilanzstichtag zu beurteilen, ob eine Rückstellung für ungewisse Verbindlichkeiten nach § 249 Abs. 1 Satz 1 HGB zu bilden ist.

1515 Vgl. Frotscher/Geurts/*Frotscher/Watrin*, § 5 EStG Rz. 128.

1516 Vgl. IDW HFA, IDW Life 2017 S. 118, 118 ff.

1517 Vgl. Handbuch Bilanzrecht/*Westerburg*, C.VI. Rz. 18.

Voraussetzung für die Bildung einer Rückstellung ist sowohl handels- als auch steuerrechtlich das Bestehen einer Außenverpflichtung, die dem Grunde und/oder der Höhe nach ungewiss ist, rechtlich entstanden oder wirtschaftlich vor dem Stichtag verursacht ist, das Vorliegen überwiegender Wahrscheinlichkeit der Inanspruchnahme und schließlich dass keine aktivierungspflichtigen Aufwendungen vorliegen. Im Zusammenhang mit SAR kommt den Tatbestandsvoraussetzungen der rechtlichen Entstehung bzw. wirtschaftlichen Verursachung zum Stichtag und der Wahrscheinlichkeit der Inanspruchnahme für die Passivierung dem Grunde nach wesentliche Bedeutung zu. Gerade hier ist nach der konkreten Ausgestaltung der jeweiligen Vereinbarung zu unterscheiden.

Stellt die Vereinbarung darauf ab, dass ein bestimmtes Ereignis als aufschiebende Bedingung für das Entstehen des Vergütungsanspruchs aus der SAR-Vereinbarung eintritt, ist die Verpflichtung zum Stichtag regelmäßig weder rechtlich entstanden noch wirtschaftlich verursacht. Zwar ist auch bei aufschiebend bedingten Verbindlichkeiten eine Rückstellung zu bilden, wenn nach vernünftiger kaufmännischer Beurteilung mit dem Eintritt der Bedingung zu rechnen ist. Aber gerade in den Fällen, in denen die Veräußerung der Beteiligung des Mehrheitsgesellschafters aufschiebende Bedingung ist, ist die Eintrittswahrscheinlichkeit unter Berücksichtigung der Unwägbarkeiten einer Beteiligungsveräußerung inklusive aller Einzelheiten (Stand der Verhandlungen, Anzahl der Interessenten, Exit-orientiertes Geschäftsmodell usw.) zu beurteilen. Im Regelfall dürfte der Bedingungseintritt noch nicht hinreichend wahrscheinlich sein. Eine AG kann somit Rückstellungen für Verbindlichkeiten aus einem Aktienoptionsprogramm zugunsten von leitenden Mitarbeitern nicht bilden, wenn das Ausübungsrecht davon abhängt, dass es in der Zukunft zu einem Verkauf des Unternehmens oder einem Börsengang kommt. Der Wahrscheinlichkeitsgrad des Eintritts eines dieser Ereignisse ist in diesem Zusammenhang ohne Bedeutung.[1518]

Für die Steuerbilanz sind grds. die handelsrechtlichen Aktivierungs- und Passivierungsge- und -verbote maßgeblich, soweit durch das Steuerrecht keine abweichende steuerliche Ansatznorm eingreift (Grundsatz der Maßgeblichkeit, § 5 Abs. 1 Satz 1 EStG). In Abweichung von der Handelsbilanz dürfen Passivposten in der Steuerbilanz nur angesetzt werden, wenn sie in der Handelsbilanz nicht nur passivierungsfähig, sondern -pflichtig sind.[1519] Die einkommensteuerlichen Sonderregelungen für bestimmte Arten von Rückstellungen sind vorliegend nicht einschlägig. Im Hinblick auf den Ansatz von Rückstellungen für SAR folgt das Steuerrecht dem Handelsrecht. Siehe auch Aktienoptionsplan.

SARS-CoV-2: siehe Corona.

Säumniszuschlag: siehe Versäumniszinsen.

Schachtauffüllung: siehe Verfüllungskosten.

Schachtversatzverpflichtung: siehe Bergschaden, Gruben- und Schachtversatz.

Schadensbearbeitung: siehe Schadensrückstellung bei Versicherungsunternehmen.

Schadensermittlungskosten: siehe Schadensrückstellung bei Versicherungsunternehmen.

Schadensersatz: Für den Ansatz von derartigen Rückstellungen gelten die allgemeinen Grundsätze zur Bildung von Rückstellungen für ungewisse Verbindlichkeiten. Resultiert die eventuelle

1518 Vgl. dazu BFH v. 15.3.2017, IR 11/15, BStBl. II 2017 S. 1043.

1519 Vgl. *Weber-Grellet* in: Schmidt, § 5 EStG Rz. 305.

Verpflichtung aus einer strafbaren Handlung, ist es nach BFH-Rechtsprechung für einen Rückstellungsansatz erforderlich, dass die Tat aufgedeckt wurde.[1520] Dies gilt auch für betriebliche Schadensersatzforderungen aus strafbaren Handlungen.[1521] Im Übrigen ist die Rückstellung bereits zu bilden, wenn mit einer Inanspruchnahme ernsthaft gerechnet werden muss. Dies ist der Fall, wenn davon auszugehen ist, dass der Anspruchsberechtigte von der rechtswidrigen Handlung Kenntnis erlangt. Siehe ferner Haftpflicht, Patentrechtsverletzung, Produkthaftung, Prozesskosten (Passivprozess), Urheberrechtsverletzung.

Schadensersatzansprüche: Der BFH hat mit seinem Urteil vom 16.12.2014 – VIII R 45/12 seine Rechtsprechung hinsichtlich des Wahrscheinlichkeitserfordernisses als Voraussetzung der Rückstellungsbildung modifiziert.[1522] Es bleibt beim zweistufigen Verfahren der Prüfung der Wahrscheinlichkeit. Hinsichtlich des Wahrscheinlichkeitserfordernisses unterscheidet der BFH zwischen der Wahrscheinlichkeit des Bestehens einer Verbindlichkeit und der Wahrscheinlichkeit der Inanspruchnahme der Verbindlichkeit. Im Zusammenhang mit der Bildung einer Rückstellung für eine drohende Schadensersatzforderung prüft der BFH zudem die Prozessaussichten, sodass dieser eine differenzierte Wahrscheinlichkeitsprognose anwendet.[1523] Es müssen mehr Gründe dafür als dagegen sprechen, dass aufgrund einer gerichtlich geltend gemachten Schadensersatzforderung eine Inanspruchnahme überwiegend wahrscheinlich ist. Eine bloße ggf. anwaltlich angedrohte Schadensersatzforderung reicht für die Bildung einer Rückstellung nicht aus.[1524]

Schadensfall: siehe Schadensrückstellung bei Versicherungsunternehmen.

Schadensrückstellung: siehe Schadensrückstellung bei Versicherungsunternehmen.

Schadensrückstellung bei Versicherungsunternehmen: Für bekannt gewordene, aber noch nicht abgewickelte Versicherungsfälle haben Versicherungsunternehmen eine „Rückstellung für noch nicht abgewickelte Versicherungsfälle"[1525] zu bilden. Hierbei sind auch die Kosten für die Schadensermittlung und -bearbeitung zu erfassen.[1526] Den Schadensermittlungskosten sind zu subsumieren:[1527]

- Gehalts-, Reise- und Gemeinkostenanteile der Mitarbeiter des Schadeninnen- und -außendienstes,
- Gutachterkosten,
- Kosten für Behördenauskünfte und Materialunterlagen.

Zu den Schadensbearbeitungskosten zählen:[1528]

- Kosten für die Prüfung des Versicherungsverhältnisses,
- Kosten für Statistiken,

1520 Vgl. BFH v. 2.10.1992, III R 54/91, BStBl. II 1993 S. 153.

1521 Vgl. FG Köln v. 17.3.2011, 13 K 52/11, EFG 2011 S. 1768 Nr. 20.

1522 Vgl. BFH v. 16.12.2014, VIII R 45/12, BStBl. II 2015 S. 759.

1523 Vgl. *Günkel*, BB 2015 S. 2091, 2091 ff.; *Prinz*, WPg 2015 S. 1223, 1223 f.; *Rätke*, StuB 2015, 658, 658 ff.

1524 Vgl. FG Baden-Württemberg v. 19.3.2015, 13 K 540/13, rkr., BB 2015 S. 1391 f.; *Abele*, BB 2015 S. 1391, 1391 ff.

1525 Vgl. *Weber-Grellet* in: Schmidt, § 5 EStG Rz. 550.

1526 Vgl. § 341g Abs. 1 Satz 2 HGB. Für die Steuerbilanz hält *Maus*, S. 238, den Ansatz der Kosten für die Schadensbearbeitung für unzulässig.

1527 Siehe *Blenkers/Czisz/Gerl*, S. 344.

1528 Siehe *Blenkers/Czisz/Gerl*, S. 344.

- Kosten für die Durchführung von Deckungsprozessen,
- Kosten für die Abrechnung mit Rückversicherern.

Grundsätzlich sind derartige Rückstellungen auf Basis des Einzelfalls zu bilden; eine Pauschalrückstellung ist mit Ausnahme der Rückstellung für unbekannte Spätschäden verboten.[1529] Eine Abzinsung ist für versicherungstechnische Rückstellungen gem. § 341e Abs. 1 Satz 3 HGB untersagt.

Schadstoffbelastung: siehe Altlastensanierung.

Schallschutz: siehe Lärmschutz.

Schankerlaubnissteuer: siehe Verkehrssteuer.

Schätzungszwang: siehe Kap. 2.1.2.1.

Schaumweinsteuer: siehe Verbrauchsteuer.

Scheingewinn: Das Entstehen von Scheingewinnen durch steigende Preise kann nicht durch eine Rückstellung ausgeglichen werden.[1530]

Schiff: Für Inspektionen gilt dasselbe wie für Flugzeuge – siehe Flugzeug, Inspektionsverpflichtung.

Schmiergelder: Für Schmiergelder können keine Rückstellungen gebildet werden, da es an einem Schuldcharakter der Zahlungen fehlt.[1531]

Schuldbeitritt: Beim Schuldbeitritt hat der Übernehmer von Pensionsverpflichtungen die volle Verpflichtung anzusetzen und nach § 253 HGB zu bewerten sowie als Pensionsrückstellung auszuweisen. Für den Übertragenden kommt allenfalls noch die Passivierung einer Restverpflichtung infrage.[1532]

Schuldübernahme: Im Rahmen der Schuldübernahme sind bei dem übernehmenden Unternehmen die Altersversorgungsverpflichtungen als Rückstellung zu bilanzieren. Das übertragende Unternehmen hat die Rückstellung auszubuchen, sofern es von der Verpflichtung freigestellt wurde.[1533]

Schuldverschreibung: Schuldverschreibungen sind Anleihen, bei denen der Emittent dem Anleger für die Kapitalbereitstellung i. d. R. Zinsen bezahlt. Siehe auch Rückzahlung einer Anleihe, Wandelschuldverschreibung.

Schutzrechtsverletzung: siehe Patentrechtsverletzung, Urheberrechtsverletzung.

Schwankungsrückstellung: Ist als Dauerschuld zu behandeln.[1534] Siehe Dauerschuldverhältnis.

Schwarzarbeit: siehe Lohnsteuerhinterziehung.

1529 Vgl. Handbuch Bilanzrecht/*Wallasch/Mayr*, E.II. Rz. 70.

1530 Vgl. Frotscher/Geurts/*Watrin*, § 5 EStG Rz. 458.

1531 Vgl. Frotscher/Geurts/*Watrin*, § 5 EStG Rz. 458.

1532 Vgl. IDW RS HFA 30, IDW Life 2017 S. 102, 115 f. Vgl. grds. auch Handbuch Bilanzrecht/*Zwirner/Lindmayr*, C.III. Rz. 119; vgl. *Zwirner*, StuB 2017 S. 218, 223 f.

1533 Vgl. IDW RS HFA 30, IDW Life 2017 S. 102, 115 f. Vgl. grds. auch Handbuch Bilanzrecht/*Zwirner/Lindmayr*, C.III. Rz. 119.

1534 Vgl. BFH v. 12.6.1968, I 278/63, BStBl. II 1968 S. 715.

Schwarzgeld: Der Gesellschafter einer PersG, der Einnahmen, die der PersG zustehen, veruntreut, kann erst dann in seiner Sonderbilanz eine Rückstellung ansetzen, wenn die geschädigten Gesellschafter von der Veruntreuung Kenntnis genommen haben[1535] oder mehr dafür als dagegen spricht, dass die geschädigten Gesellschafter Kenntnis erlangen werden.

Schwebendes Geschäft: siehe Dauerschuldverhältnis.

Schwebendes Rohstoffbeschaffungsgeschäft: siehe Beschaffungsgeschäft, Dauerschuldverhältnis.

Schwerbehinderte: siehe Schwerbehindertenabgabe.

Schwerbehindertenabgabe: Aus öffentlich-rechtlichen Normen ergibt sich die Pflicht zur Beschäftigung Schwerbehinderter im Unternehmen.[1536] Werden die Vorgaben hinsichtlich der Anzahl schwerbehinderter Beschäftigter unterschritten, ist eine Schwerbehindertenabgabe zu entrichten. Liegt zum Bilanzstichtag eine Zahlungsverpflichtung vor, der noch nicht nachgekommen wurde und deren Höhe ungewiss ist, muss eine Rückstellung für ungewisse Verbindlichkeiten gebildet werden.[1537]

PRAXISTIPP

Im Regelfall wird aufgrund der detaillierten Angaben des § 160 SGB IX hinsichtlich der Höhe der Schwerbehindertenabgabe eine Verbindlichkeit anstatt einer Rückstellung auszuweisen sein.

Aufgrund der weitläufigen Ausgeglichenheitsvermutung bezüglich Arbeitsleistung und Arbeitsentgelt ist eine Drohverlustrückstellung für die Beschäftigung eines Schwerbehinderten nur in Ausnahmefällen zulässig. Hier muss das Arbeitsentgelt wesentlich die Arbeitsleistung sowie sonstige Vorteile übersteigen.

Schwerbehinderten-Pflichtplätze: Bei der Beschäftigung von Schwerbehinderten kommt eine Verlustrückstellung in der Handelsbilanz infrage, soweit der Wert der Leistungen des schwerbehinderten Arbeitnehmers während der restlichen Gesamtlaufzeit des Arbeitsverhältnisses unter dem Wert der vom Arbeitgeber zu erbringenden Gegenleistungen (Arbeitslohn und Nebenleistungen) liegen wird. In der Steuerbilanz ist keine Rückstellung bezüglich drohender Verluste aus schwebenden Geschäften für allgemeine Soziallasten zu bilden.

Sektsteuer: siehe Verbrauchsteuer.

Selbstversicherung: Für Selbstversicherungen sind keine Verbindlichkeitsrückstellungen möglich. Es mangelt an einer erforderlichen Außenverpflichtung ggü. einem Dritten.

SEPA: Aufwendungen für Anpassungen eines EDV-Systems an die ab dem 1.2.2014 geltenden, europaweit standardisierten Verfahren für den bargeldlosen Zahlungsverkehr (SEPA) dürfen in Geschäftsjahren vor Inkrafttreten der Neuregelungen nicht als Verbindlichkeitsrückstellung passiviert werden.[1538]

1535 Vgl. BFH v. 22.6.2006, IV R 56/04, BStBl. II 2006 S. 838.
1536 Vgl. § 154 SGB IX.
1537 So auch *Maus*, S. 240.
1538 Vgl. IDW HFA, BC 2013 S. 182, 182 f.

Serienauftrag: Im Zuge langfristiger Serienaufträge können ggf. Rückstellungen für drohende Verluste gebildet werden.[1539]

Serienteile: siehe Werkzeuge.

Sicherheitsinspektion: siehe Inspektionsverpflichtung.

Sicherheitsleistung: siehe Bürgschaft, Patronatserklärung.

Sicherungsgeschäft: siehe Bewertungseinheit.

Signing-Fee: Bei der Bezahlung von Signing-Fees oder Handgeld ist ggf. ein Rechnungsabgrenzungsposten anzusetzen.[1540]

Sitzverlegung: Der Ansatz einer Rückstellung für eine Sitzverlegung aus betriebswirtschaftlichen Überlegungen scheidet aus, da den damit verbundenen Aufwendungen – wie im Kontext optimierter Prozessabläufe – künftige Ersparnisse gegenüberstehen. Damit liegt keine Außenverpflichtung vor.

BEISPIEL ▸ Die Happy GmbH ist ein modernes Beratungsunternehmen mit Sitz in München. Um die hohe Gewerbesteuerbelastung in München künftig zu vermeiden, entschließt sich die Gesellschaft in t1 dazu, ihren Sitz ab t2 in den Süden von Bayern zu verlegen. Aufgrund des Standortwechsels rechnet die Gesellschaft mit Aufwendungen für den Umzug, die Neustrukturierung der EDV sowie zwischenzeitlich doppelte Mietbelastungen von rd. 500 TEUR. Diese Kosten sind nicht rückstellungsfähig, da es sich um eine freiwillige, betriebswirtschaftlich bedingte Entscheidung der Happy GmbH handelt.

Siehe Geschäftsverlegung, Kündigung Mietvertrag, Standortverlagerung.

Skonto: Skonti sind nicht als Rückstellungen zu passivieren, sondern bei der Bewertung der Forderung in Abzug zu bringen.[1541] Siehe auch Bonus.

Skontoabzug: Ist nicht als Rückstellung zu passivieren. Siehe Bonus.

Software: Eine Rückstellung für Kosten im Zusammenhang mit der Wartung und Erhaltung von Software dürfte regelmäßig aufgrund der Neufassung des § 249 Abs. 2 HGB unzulässig sein. Eine Rückstellung für ungewisse Verbindlichkeiten kommt allerdings bei Umstellungen im Zusammenhang mit den GDPdU in Betracht – siehe GDPdU.

Solidaritätszuschlag: siehe Körperschaftsteuer.

Sonderbeitrag: siehe Beiträge.

Sonderprüfung: Eine Sonderprüfung nach §§ 142 ff. AktG kann nur durch die Hauptversammlung oder das Gericht veranlasst werden. In diesem Zusammenhang ist eine Rückstellung zu bilden, wenn es sich um eine Außenverpflichtung handelt, diese wirtschaftlich oder rechtlich im abgelaufenen Geschäftsjahr begründet ist und das betroffene Unternehmen sich der Untersuchung nicht entziehen kann. Siehe auch Interne Untersuchung.

Sortenschutzrecht: Hinsichtlich Ansatz und Bewertung von Rückstellungen für Verletzungen derartiger Schutzrechte gelten die unter „Patentrechtsverletzung" und „Urheberrechtsverletzung" gemachten Aussagen. Zum steuerlichen Auflösungsgebot siehe Kap. 2.1.4.3.

1539 Vgl. Bertram/Kessler/Müller/*Bertram*, § 249 HGB Rz. 318.

1540 Vgl. *Weber-Grellet* in: Schmidt, § 5 EStG Rz. 550.

1541 Vgl. *Eifler*, S. 166; WPH Edition, Kap. F Rz. 686. Analog auch Beck Bil-Komm/*Schubert*, § 249 HGB Rz. 130.

Soziallast: siehe Altersfreizeit und -mehrurlaub, Lohnfortzahlung im Krankheitsfall, Kündigungsschutz, Mutterschutz, Schwerbehindertenabgabe, Sozialplan.

Sozialleistungen: siehe Soziallast.

Sozialplan: Bestimmte Unternehmen werden durch die §§ 111 ff. BetrVG dazu verpflichtet, Sozialpläne bei Betriebsänderungen in Abstimmung mit dem Betriebsrat aufzustellen.[1542] Diese haben zum Ziel, die durch die Betriebsänderung (bspw. Betriebsschließung wegen Standortverlagerung) entstehenden wirtschaftlichen Nachteile der Arbeitnehmer auszugleichen oder zu mildern.[1543]

Nach ganz h. M. entsteht die Pflicht zum Ausweis einer Rückstellung für ungewisse Verbindlichkeiten bereits mit Beschlussfassung der Organe über die Betriebsänderung.[1544] Die Finanzverwaltung befindet hingegen einen späteren Zeitpunkt als maßgeblich, nämlich den der Unterrichtung des Betriebsrats. Allerdings wird eine Rückstellungsbilanzierung auch dann als zulässig erachtet, wenn diese Unterrichtung erst nach dem Bilanzstichtag, aber vor Aufstellung und Feststellung, stattfindet.[1545]

BEISPIEL ▸ Der Vorstand der S AG beschließt zum Ende des Jahres t1, einen deutschen Betrieb zu schließen und die entsprechende Arbeit zukünftig in einem neuen Werk in China verrichten zu lassen. Im April t2 wird der Betriebsrat über die Pläne der Geschäftsleitung informiert. Ein endgültiger Sozialplan wird im Juni t2 geschlossen.

Für die handelsrechtliche Rückstellungsbilanzierung wäre nach h. M. bereits der Beschluss zum Ende des Jahres t1 ausreichend gewesen. Auf die Information des Betriebsrats vor Aufstellung der Bilanz kommt es nicht an.

Aus Sicht der Finanzverwaltung ist ein Rückstellungsansatz erst in t2 begründet, wenn im hier besprochenen Fall davon ausgegangen wird, dass im April t2 der Jahresabschluss bereits erstellt und festgestellt ist.

In die Rückstellungsbewertung müssen alle Kosten einfließen, deren Ursache in den Vereinbarungen des Sozialplans zu sehen ist.[1546] Hierunter fallen insb. Abfindungen, die an die Arbeitnehmer zu zahlen sind. Ferner sind Kosten aufgrund der Erstattungspflicht von Arbeitslosengeld, Umzugs- oder Fahrtkosten und Rentenausgleichszahlungen einzubeziehen.

Bei Betriebsprüfungen wurde mitunter von der Finanzverwaltung eine Einbeziehung oben genannter Kosten mit dem Hinweis auf die Grundsätze der Bilanzierung schwebender Geschäfte abgelehnt.[1547] Hierzu hat *Prinz* bereits zutreffend die Gegenargumentation geliefert: Die Leistungen aufgrund eines Sozialplans gelten keine Arbeitsleistung der Arbeitnehmer ab, sondern dienen der Abmilderung wirtschaftlicher Nachteile. Hierzu sei auf ein Beispiel hingewiesen.

1542 Vgl. *Zwirner/Tippelhofer*, Beilage zu StuB 9/2017 S. 1, 15.

1543 Vgl. auch § 112 Abs. 1 BetrVG.

1544 Vgl. u. a. Beck Bil-Komm/*Schubert*, § 249 HGB Rz. 130; Bertram/Kessler/Müller/*Bertram*, § 249 HGB Rz. 321; WPH Edition, Kap. F Rz. 680; mit dem Hinweis, dass der Unterrichtung des Betriebsrats nur noch eine Beweisfunktion zukommt, HdR-E/*Kessler*, § 249 HGB Rz. 140.

1545 Vgl. R 5.7 Abs. 9 EStR.

1546 Ebenso *Prinz*, DB 2007 S. 353, 355.

1547 Vgl. *Brink/Tenbusch/Prinz*, DB 2008 S. 363, 365.

BEISPIEL Im Rahmen eines Sozialplans werden weiterbeschäftigten Mitarbeitern für zusätzliche Wegstrecken zu der neuen Betriebsstätte die zusätzlichen Aufwendungen erstattet.

Die Zahlung des Arbeitgebers soll keine Arbeitsleistung des Arbeitnehmers abgelten, sondern dient der Minderung wirtschaftlicher Nachteile und ist somit nicht Bestandteil der synallagmatischen Verknüpfung von Leistung und Gegenleistung. Damit liegt kein schwebendes Geschäft vor. Diese Belastungen müssen in die Bewertung der Rückstellung für ungewisse Verbindlichkeiten mit einfließen.

Werden vom Unternehmen i. R. einer Restrukturierung Mitarbeiter entlassen, ist eine Rückstellung für die in diesem Zusammenhang zugesagten Entlassungsabfindungen zu bilden. Der durch die Entlassung von Mitarbeitern künftig ersparte Aufwand stellt keinen künftigen Vorteil i. S. des § 6 Abs. 1 Nr. 3a Buchst. c EStG dar, der die Rückstellung mindern bzw. ganz entfallen lassen könnte. Bei der Rückstellungsbemessung sind nur solche Vorteile gegenzurechnen, die aus einem Außenverhältnis zu Dritten, wie z. B. Kunden und anderen Vertragspartnern, resultieren.[1548]

Sozialverpflichtung: siehe Arbeitsverhältnis.

Sozialversicherungsabgabe: Für die bereits dem Unternehmen bekannte, aber noch nicht erfüllte und der Höhe und/oder dem Zeitpunkt nach unsichere Verpflichtung zur Begleichung hinterzogener Sozialversicherungsabgaben ist eine Rückstellung für ungewisse Verbindlichkeiten anzusetzen.[1549]

Spaltung: siehe Restrukturierung.

Spänetrocknungsanlage: Der behördlich bereits auferlegte Einbau einer Spänetrocknungsanlage verpflichtet zum Ansatz einer Rückstellung.[1550] Entscheidend im entsprechenden Verfahren war, dass es sich bei der Erfüllung der Anpassungsverpflichtung nicht um aktivierungspflichtige Aufwendungen handelte.[1551]

Sparprämie: siehe Prämiensparvertrag.

Sparvertrag: siehe Prämiensparvertrag.

Spezialgerüstbau: siehe Baustellenräumung.

Spezialwerkzeuge: siehe Werkzeuge.

Spielbankabgabe: siehe Verkehrssteuer.

Standortschließung: siehe Standortverlagerung.

Standortverlagerung: Für den Ansatz von Rückstellungen müssen die zentralen Tatbestandsmerkmale für ungewisse Verbindlichkeiten erfüllt werden. Dies ist einerseits der vorliegende Schuldcharakter, der rechtlicher und/oder wirtschaftlicher Natur sein kann und ggü. Dritten (Außenverpflichtung) gilt, und andererseits die Ungewissheit über Bestehen bzw. Entstehen der Verbindlichkeit und/oder deren Höhe und/oder deren Fälligkeit (siehe Kap. 2.1).

Restrukturierungsmaßnahmen betreffen i. d. R. die Aufbau- und/oder Ablauforganisation eines Unternehmens, wie bspw. Standortverlagerungen, Abwanderungen oder die Ausgliederung von

1548 Vgl. FG Baden-Württemberg v. 12.9.2017, 6 K 1472/16, DStRE 2019 S. 22.

1549 Vgl. BFH v. 16.2.1996, I R 73/95, BStBl. II 1996 S. 592.

1550 Vgl. BFH v. 29.11.2007, IV R 85/05, BStBl. II 2008 S. 516.

1551 Siehe ausführlich und kritisch zu den Grundsätzen des Urteils *Moxter*, Bilanzrechtsprechung, S. 151 ff.

einzelnen Funktionseinheiten. Für die i.R. einer Restrukturierung anfallenden Aufwendungen sind im Jahresabschluss ggf. entsprechende Rückstellungen zu bilden. Voraussetzung für den Ansatz einer Rückstellung ist, dass die zentralen Tatbestandsmerkmale für den Ansatz einer Rückstellung – insb. das Kriterium der Außenverpflichtung – erfüllt werden. Entscheidend bei der Beurteilung, ob es sich im vorliegenden Sachverhalt um eine Außenverpflichtung handelt, ist, dass es sich nicht um eine sich vom Bilanzierenden selbst auferlegte Verpflichtung handelt, sondern Ansprüche von fremden Dritten geltend gemacht werden (können). Eine nur interne betriebswirtschaftliche Verpflichtung rechtfertigt indes keine Schuldrückstellung.

Im Fachschrifttum wird der Ansatz von Rückstellungen für Restrukturierungsmaßnahmen, bspw. bei Standortverlagerungen, für zulässig erachtet, sofern infolge einer Standortverlagerung bspw. Personal abgebaut wird.[1552] Für den Personalabbau wird in diesen Fällen häufig ein Sozialplan ausgehandelt. Aufgrund eines ausgehandelten Sozialplans entsteht für den Bilanzierenden eine Außenverpflichtung, sodass der Ansatz einer Rückstellung nach handelsrechtlichen Gesichtspunkten im Einzelfall geboten ist. Weitere Beispiele wären Aufwendungen für vorzeitige Vertragsauflösungen im Geschäftsjahr (Mieten, Pachten, Leasingverträge oder sonstige einzelvertragliche Verpflichtungen) oder Rechts- und Beratungskosten für im Zusammenhang mit der Restrukturierung eingeleitete Maßnahmen.

Anders verhält es sich jedoch in den Fällen, in denen es sich um eine Verlagerung von Teilen des Betriebs oder des gesamten Betriebs handelt (Geschäftsverlegung, Standortwechsel, Sitzverlegung). Daraus können (Restrukturierungs-)Aufwendungen im Zusammenhang mit der Verlagerung von Maschinen oder Umbaumaßnahmen an einen anderen Standort sowie anderen (rein) internen Umstrukturierungsmaßnahmen resultieren. In diesen Fällen scheidet der Ansatz einer Rückstellung regelmäßig aufgrund der fehlenden Außenverpflichtung ggü. einem (fremden) Dritten aus.[1553] Dem Standortwechsel liegen i.d.R. betriebswirtschaftliche Überlegungen zugrunde, die keine faktische Außenverpflichtung rechtfertigen.

BEISPIEL Die Alpha GmbH ist ein Automobilhersteller. Die Gesellschaft ist an den Standorten A und B tätig. Die Alpha GmbH stellt zwei Fahrzeuge her – den „Maikäfer" und den „Marienkäfer". Bisher wurden die Teile, die für die Fahrzeugfertigung benötigt werden, ausschließlich am Standort B produziert. Die Fahrzeugfertigung erfolgte für beide Fahrzeuge am Standort A. Zum Ende des Geschäftsjahres t0 beschließt die Alpha GmbH i.R. einer Optimierung ihrer Produktionsprozesse, ab dem Geschäftsjahr t1 das Fahrzeug „Maikäfer" ausschließlich am Standort A und das Fahrzeug „Marienkäfer" ausschließlich am Standort B zu fertigen. Zudem sollen die jeweiligen benötigten Teile für die Fahrzeugfertigung an dem entsprechenden Standort hergestellt werden. Zur Umsetzung der Maßnahme werden die für die Fertigung des Fahrzeugs „Maikäfer" benötigten Maschinen vom Standort B zum Standort A verlagert. Die Aufwendungen werden zum Bilanzstichtag 31.12.t0 auf einen Betrag i.H.von 1Mio.EUR geschätzt. Die Alpha GmbH kann für die künftigen Aufwendungen im Geschäftsjahr t1 zum Bilanzstichtag 31.12.t0 keine Rückstellung bilden. Das lässt sich damit begründen, dass es sich bei der Verlagerung der Produktionsstätte (hier: der Verlagerung der Maschinen vom Standort B zum Standort A für die Fertigung des Fahrzeugs „Maikäfer") um eine (rein) interne Umstrukturierungsmaßnahme handelt, der betriebswirtschaftliche Überlegungen zugrunde liegen und keine faktische Außenverpflichtung.

Siehe Kündigung Mietvertrag, Sitzverlegung.

1552 Vgl. *Hoffmann/Lüdenbach*, § 249 Rz. 16.
1553 Vgl. *Hoffmann/Lüdenbach*, § 249 Rz. 16ff.

Sterbetafel: Am 5.10.2018 hat die HEUBECK AG die neuen *Heubeck*-Richttafeln 2018 G veröffentlicht.[1554] Die Richttafeln der HEUBECK AG werden in der Praxis regelmäßig als biometrische Grundlage für die Bewertung von Pensionsrückstellungen verwendet. Mit BMF-Schreiben vom 19.10.2018 – IV C 6 – S 2176/07/10004:001 haben die obersten Finanzbehörden der Länder diese neuen *Heubeck*-Richttafeln 2018 G für die Bewertung von Pensionsrückstellungen in der Steuerbilanz anerkannt und in diesem Zusammenhang klargestellt, ab wann die neuen *Heubeck*-Richttafeln 2018 G verpflichtend anzuwenden sind und wie mit einem sich ergebenden Unterschiedsbetrag umzugehen ist. Siehe Pensionsrückstellung.

Steuerberater(in): siehe Beratungskosten.

Steuererklärung: Künftige Kosten für die Verpflichtung zur Erstellung einer Steuererklärung für abgelaufene Geschäftsjahre bzw. erklärungspflichtige Sachverhalte sind in der Handelsbilanz als Rückstellung zu passivieren, sofern sie Betriebssteuern betreffen.[1555] Nicht zulässig ist hingegen eine Rückstellung für die Verpflichtung zur Einkommensteuererklärung. Das steuerrechtliche Verbot[1556] für Rückstellungen für Erklärungen zur gesonderten und einheitlichen Feststellung des Gewinns sowie zur Feststellung des Einheitswerts einer PersG[1557] ist handelsrechtlich irrelevant.[1558] In die Rückstellung einzubeziehen sind auch Kosten für Steuererklärungen früherer Veranlagungszeiträume, für die eine Fristverlängerung gewährt wurde.[1559]

Die Rückstellung ist zu Vollkosten zu bewerten. Bei externer Erstellung ist das voraussichtliche Honorar des Steuerberaters oder Wirtschaftsprüfers maßgeblich – siehe auch Beratungskosten.[1560]

Siehe auch Jahresabschluss.

Steuerhaftung: Steuerschulden können auch dann durch eine Rückstellung berücksichtigt werden, wenn der Kaufmann nicht Steuerschuldner, sondern Haftender ist, dabei muss aber der Haftungsgrund in der betrieblichen Sphäre liegen. Derartige Haftungsschulden können durch eine Rückstellung berücksichtigt werden, wenn der haftungsbegründende Tatbestand erfüllt und mit einer Inanspruchnahme zu rechnen ist.[1561]

Steuerhinterziehung: siehe Hinterzogene Steuern.

Steuerliche Nebenleistung: Für steuerliche Nebenleistungen sind ebenso Rückstellungen anzusetzen wie für Steuerschulden. Steuerliche Nebenleistungen (z. B. Säumniszuschläge nach AO) sind unter den sonstigen Rückstellungen zu erfassen, sofern diese nicht zum Erfüllungsbetrag der Steuerschuld zu zählen sind.[1562]

Steuerliche Verrechnungspreisdokumentation: Die Bildung von Rückstellungen für die steuerliche Verrechnungspreisdokumentation betrifft Sachverhalte, bei denen ein Steuerpflichtiger

1554 Siehe zur erstmaligen Anwendung der und Übergang auf die neuen *Heubeck*-Richttafeln auch *Zwirner,* BC 2018 S. 577, 577 ff.

1555 Vgl. H 5.7 Abs. 4 EStH.

1556 Vgl. § 12 Nr. 1 EStG.

1557 Vgl. BFH v. 24.11.1983, IV R 22/81, BStBl. II 1984 S. 301.

1558 Vgl. *Moxter,* Bilanzrechtsprechung, S. 125.

1559 Vgl. HdR-E/*Kessler,* § 249 HGB Rz. 350.

1560 Vgl. HdR-E/*Kessler,* § 249 HGB Rz. 350, sowie auch *Zwirner/Tippelhofer,* Beilage zu StuB 9/2017 S. 1, 6.

1561 Vgl. Frotscher/Geurts/*Watrin,* § 5 EStG Rz. 458.

1562 Vgl. WPH Edition, Kap. F Rz. 614.

grenzüberschreitende Geschäftsbeziehungen zu nahestehenden Personen (i.S. des § 1 Abs. 2 AStG) pflegt. In diesen Fällen unterliegen die im Rahmen dieser Geschäftsbeziehungen getätigten Geschäftsvorfälle hinsichtlich der Verrechnungspreisdokumentation besonderen Aufzeichnungspflichten. Die Aufzeichnungspflichten sind in § 90 Abs. 3 AO kodifiziert. Demnach ist ein Steuerpflichtiger dazu verpflichtet, bei internationalen Geschäftsbeziehungen mit nahestehenden Personen Aufzeichnungen über die Art und den Inhalt dieser Geschäftsbeziehungen zu erstellen. Die Aufzeichnungspflicht bezieht sich sowohl auf die wirtschaftlichen als auch auf die rechtlichen Grundlagen für eine den Grundsatz des Fremdvergleichs beachtende Vereinbarung von Preisen und anderen Geschäftsbeziehungen mit nahestehenden Personen. Steuerlich dürfen Rückstellungen gebildet werden, sofern diese die Passivierungsvoraussetzungen (siehe Kap. 1.5.1) erfüllen. Die nach § 90 Abs. 3 AO geforderte Verrechnungspreisdokumentation stellt für einen Steuerpflichtigen eine öffentlich-rechtlich begründete Verpflichtung dar, sofern diese inhaltlich hinreichend bestimmt, zeitlich konkretisiert sowie sanktionsbewehrt ist. In diesen Fällen ist der Ansatz von Rückstellungen für die Erstellung der Verrechnungspreisdokumentation (dem Grunde nach) zulässig. Eine dementsprechend notwendige Konkretisierung ist für die Dokumentation gewöhnlicher Geschäftsvorfälle regelmäßig und für die Dokumentation außergewöhnlicher Geschäftsvorfälle stets gegeben.

Steuernachforderung: Hinsichtlich des Zeitpunkts der Bildung einer Rückstellung für Steuernachforderungen aufgrund einer Außenprüfung, denen keine Steuerhinterziehung zugrunde liegt, hat das FG Münster rechtskräftig entschieden, dass die Rückstellung erst im Jahr der Aufdeckung der Steuernachzahlung durch die steuerliche Außenprüfung anzusetzen ist.[1563]

Siehe Zinsen auf Steuernachforderungen.

Steuernachzahlung: siehe Steuerrückstellung.

Steuerrückstellung: Soweit die Höhe einer Steuerschuld für das entsprechende Geschäftsjahr nicht bekannt ist, muss eine Steuerrückstellung i.S. einer Rückstellung für ungewisse Verbindlichkeiten gebildet werden – dies betrifft grds. alle Steuern, siehe aber auch Gewerbesteuer, Grunderwerbsteuer, Körperschaftsteuer. Es kommen insb. folgende Steuerverpflichtungen rückstellungsbegründend in Betracht:

- Gewerbesteuer,
- Umsatzsteuer,
- Grundsteuer,
- Lohnsteuer,[1564]
- Körperschaftsteuer – siehe Körperschaftsteuer.

Die Rückstellung ist dabei stets gegen das entsprechende Steueraufwandskonto zu buchen (Steueraufwand an Steuerrückstellung).

Bestandskräftig veranlagte Steuern sind gesondert unter den sonstigen Verbindlichkeiten in einem Davon-Vermerk und nicht als Rückstellungen auszuweisen. Während bei den Steuerverbindlichkeiten der Grund, die genaue Höhe und die Fälligkeit (alles regelmäßig durch den als

1563 Vgl. FG Münster v. 20.8.2019, 12 K 2903/15, DStRE 2019 S. 1502.

1564 Hinterzogene Lohnsteuer ist vom Arbeitgeber in dem Zeitpunkt zurückzustellen, in dem er mit seiner Haftungsinanspruchnahme ernsthaft rechnen muss – vgl. BFH v. 16.2.1996, I R 73/95, BStBl. II 1996 S. 592.

Verwaltungsakt erlassenen Steuerbescheid eindeutig bestimmt) bekannt sind, müssen für ausstehende Steuerzahlungen, die dem Grunde nach bekannt sind, Rückstellungen so lange angesetzt werden, **bis die entsprechende Veranlagung** vorgenommen wurde.

Unabhängig von der erwarteten Steuerverpflichtung sind erwartete Steuererstattungsansprüche gesondert als sonstige Vermögenswerte zu erfassen. Eine **Saldierung** ist nicht zulässig.[1565]

Der Ansatz von Rückstellungen für private Steuerschulden, also bspw. die voraussichtlichen Steuerzahlungen des Einzelunternehmers oder der Gesellschafter einer PersG, ist ausgeschlossen.[1566] Zusammenfassend ist zur Bestimmung der Zulässigkeit einer Steuerrückstellung zu prüfen, ob:[1567]

- die Steuern das abgelaufene Geschäftsjahr betreffen,
- es sich nicht um eine private Steuerschuld handelt,
- die Höhe der Steuerschuld zum Bilanzstichtag nicht eindeutig feststeht.

PRAXISTIPP

Wahrscheinliche Abschluss- und Nachzahlungen an Steuern sind gem. § 266 Abs. 3 HGB als Steuerrückstellungen (Posten B.2.) gesondert auszuweisen. Allerdings sind Nebenverpflichtungen wie Säumniszuschläge und Zinsen unter den sonstigen Rückstellungen zu zeigen.[1568]

Steuerschulden: Soweit die Höhe einer Steuerschuld für das entsprechende Geschäftsjahr nicht bekannt ist, muss eine Steuerrückstellung i. S. einer Verbindlichkeitsrückstellung gebildet werden (siehe auch Gewerbesteuer, Lohnsteuer, betrifft aber grds. alle Steuern). Hinsichtlich des Zeitpunkts der Bildung einer Rückstellung für Steuernachforderungen aufgrund einer Außenprüfung, denen keine Steuerhinterziehung zugrunde liegt, hat das FG Münster rechtskräftig entschieden, dass die Rückstellung erst im Jahr der Aufdeckung der Steuernachzahlung durch die steuerliche Außenprüfung anzusetzen ist.[1569]

Steuerverkürzung: siehe Hinterzogene Steuern.

Stiller Gesellschafter: siehe Gewinnbeteiligung.

Stillgelegte Deponie: siehe Nachsorgeverpflichtung.

Stock-Option: siehe Aktienoptionsplan, Call-Option, Gratifikation.

Storno: Das Risiko, dass für bereits vereinnahmte Zahlungen Rückzahlungen zu leisten sind, ist zum Bilanzstichtag angemessen bei der Rückstellungsbildung und Bewertung zu berücksichtigen. Ein typischer Anwendungsfall kann in vorschüssig vereinnahmten Provisionen gesehen werden, die auf Basis vermittelter Verträge gezahlt werden. Werden diese verprovisionierten Verträge zu einem späteren Zeitpunkt ganz oder teilweise storniert, muss der Vermittler eine entsprechende Rückzahlung, bezogen auf die erhaltene Provision, zahlen. Das entsprechende Risiko ist zum Stichtag abzubilden.

1565 Vgl. Beck HdR/*Scheffler*, B 233 Rz. 446 ff.; Syst. Praxiskommentar Bilanzrecht/*Petersen/Künkele/Zwirner*, § 249 HGB Rz. 357.

1566 Vgl. HdR-E/*Kessler*, § 249 HGB Rz. 350.

1567 Vgl. *Maus*, S. 243.

1568 Vgl. Syst. Praxiskommentar Bilanzrecht/*Brösel/Freichel/Wasmuth*, § 253 HGB Rz. 275; WPH Edition, Kap. F Rz. 614.

1569 Vgl. FG Münster v. 20.8.2019, 12 K 2903/15, DStRE 2019 S. 1502.

Strafbare Handlung: Für Schadensersatzverpflichtungen aus strafbaren Handlungen sind nur dann Rückstellungen anzusetzen, wenn der Schuldner ernsthaft mit einer Inanspruchnahme rechnen muss. Diese Wahrscheinlichkeit ist gegeben, wenn bis zum Tag der Bilanzaufstellung die den Anspruch begründenden Tatsachen durch Aufdeckung der Tat bekannt geworden sind.[1570] Siehe auch Bußgeld.

Strafe: siehe Bußgeld, Haftpflicht, Prozesskosten, Vertragsstrafe.

Strafrechtliche Verpflichtung: siehe Prozesskosten.

Strafverteidiger(in): siehe Strafverteidigerkosten.

Strafverteidigerkosten: Der Ansatz einer Rückstellung für ungewisse Verbindlichkeiten kommt in Betracht, wenn die Straftat ausschließlich und unmittelbar in Ausübung der betrieblichen Tätigkeit begangen wurde.

Strafzahlungen: siehe Bußgeld, Haftpflicht, Prozesskosten, Vertragsstrafe.

Strafzins: siehe Bußgeld.

Straßenanliegerbeitrag: siehe Anliegerbeitrag.

Stromkosten: siehe Nebenkosten.

Strompreis: siehe Nebenkosten, Mehrerlösabschöpfung.

Strompreisbremse: siehe Mehrerlösabschöpfung.

Stromsteuer: siehe Verbrauchsteuer.

Strukturmaßnahmen: siehe Restrukturierung.

Stundungszinsen: siehe Zinszahlung.

Substanzerhaltungspflicht: siehe Erneuerungsverpflichtung bei Pachtverträgen.

Subventionen: siehe Fördermittel.

Sukzessivlieferungsvertrag: Hierunter sind Vereinbarungen über die mehrmalige Erbringung einer Leistung zu verstehen (z.B. Strom-, Gas- oder Wasserversorgung). Sukzessivlieferungsverträge sind als Dauerschuldverhältnisse regelmäßig Grundlage einer Drohverlustrückstellung. Siehe Dauerschuldverhältnis.

Swapgeschäft: Unter Swapgeschäften sind individualvertraglich festgelegte Austauschverhältnisse über Zahlungsströme zu verstehen. Es ist grds. zwischen Zins-, Währungs- und Zins-/Währungsswaps zu unterscheiden.[1571]

Eine Drohverlustrückstellung kann bei einem drohenden Verpflichtungsüberschuss geboten sein. Dies ist der Fall, wenn der Swap einen negativen Marktwert aufweist, weil sich Leistung und Gegenleistung (voraussichtlich) nicht ausgeglichen gegenüberstehen.[1572]

BEISPIEL Unternehmen A hat einen Swap abgeschlossen, nach dem das Unternehmen jährlich einen Festzins von 2,5 % an den Vertragspartner leisten muss. Im Gegenzug erhält das Unternehmen jährlich eine variable Zinszahlung i.H. von Euribor + 1,5 %. Zum Bewertungsstichtag beträgt die Restlaufzeit des

1570 Vgl. FG Köln v. 17.3.2011, 13 K 52/11, EFG 2011 S. 1768.
1571 Vgl. WPH Edition, Kap. F Rz. 1333 ff.
1572 Vgl. *Bieg*, StB 2003 S. 259, 261.

Zinsswaps noch vier Jahre, der Euribor beträgt 1,3 %. Der Nominalbetrag, auf dessen Grundlage die Zinszahlungen berechnet werden, beträgt 10 Mio. EUR.

Die Abzinsungsfaktoren seien wie folgt:[1573]

Jahr	Abzinsungsfaktor
1	0,9915
2	0,9794
3	0,9622
4	0,9400

Damit ergeben sich für den Swap folgende Barwerte für die Einzahlungen:[1574]

Termin	Einzahlung	Abzinsungsfaktor	Marktwert
31.12.t1	280.000 EUR	0,9915	277.620 EUR
31.12.t2	123.545 EUR	0,9794	121.000 EUR
31.12.t3	178.757 EUR	0,9622	172.000 EUR
31.12.t4	236.170 EUR	0,94	222.000 EUR
		Summe	**792.620 EUR**

Für die Auszahlungen kommen folgende Werte zustande:

Termin	Auszahlung	Abzinsungsfaktor	Marktwert
31.12.t1	– 250.000 EUR	0,9915	– 247.875 EUR
31.12.t2	– 250.000 EUR	0,9794	– 244.850 EUR
31.12.t3	– 250.000 EUR	0,9622	– 240.550 EUR
31.12.t4	– 250.000 EUR	0,94	– 235.000 EUR
		Summe	**– 958.275 EUR**

Für den Swap ergibt sich ein negativer Marktwert i. H. von –175.655 EUR. In dieser Höhe hat das Unternehmen eine Drohverlustrückstellung zu bilden.

Grundsätzlich ausgeschlossen ist eine Drohverlustrückstellung, wenn der Swap ein anderes zugrunde liegendes Geschäft sichert (bspw. ein Darlehen) und das Grundgeschäft eine entgegengesetzte Wertentwicklung aufweist, sodass Verluste sich ausgleichen – siehe Bewertungseinheit[1575]. Siehe ferner Termingeschäft, Währungsswap, Zinsswap.

1573 Zur Ermittlung sowie grds. zur Bewertung von Zinsswaps siehe *Happe*, S. 89 ff. Die Abzinsungsfaktoren wurden auf Basis einer aktuellen Zinsstrukturkurve mit der Formel $\text{Zerobondabzinsungsfaktor}_i = (1 / [1 + r_i] - r_i / [1 + r_i]) \times \sum_{j=1}^{i} \text{Zerobondabzinsungsfaktor}_{j-1}$ ermittelt.

1574 Die Einzahlungen sind mittels Multiplikation des Nominalbetrags mit den Forward Rates zu ermitteln, die sich durch folgende Formel aus den Zerobondabzinsungsfaktoren ergeben: $FR_n = \text{Zerobondabzinsungsfaktor}_{n-1} / \text{Zerobondabzinsungsfaktor}_n - 1$. Vgl. *Happe*, S. 101.

1575 Siehe ausführlich *Petersen/Zwirner/Froschhammer*, StuB 2009 S. 449, 449 ff.

T.

Tabaksteuer: siehe Verbrauchsteuer.

Tagebau: siehe Abraumbeseitigung.

TA-Luft: siehe Anpassungsverpflichtung.

Tankstelle: siehe Gasrückführungssystem.

Tantieme: siehe Gewinnabhängige Vergütung.

Tarifvertrag: siehe Demografiefonds.

Technische Anleitung zur Reinhaltung der Luft: siehe Anpassungsverpflichtung.

Technischer Berater: siehe Beratungskosten.

Teilzahlungsbank: Für Verwaltungskosten darf neben der passiven Abgrenzung der vereinnahmten Kreditgebühren keine Rückstellung gebildet werden. Eine Rückstellung für Ausfälle von Forderungen aus Teilzahlungsgeschäften ist steuerlich jedoch zulässig.[1576]

Termingeschäft: Grundsätzlich kommt die Bildung einer Drohverlustrückstellung in Betracht. Siehe Bewertungseinheit, Call-Option, Devisentermingeschäft, Financial Futures, Optionsgeschäft, Warentermingeschäft.

THG-Quote: siehe Emissionsberechtigung.

Transfergesellschaft: Aufwendungen für eine Transfergesellschaft, die im Zuge von Umstrukturierungsmaßnahmen die Mitarbeiter eines Unternehmens aufnimmt, können als Teil des Sozialplans angesehen werden. Es ist eine Rückstellung zu bilden, wenn es nicht Ziel der Transfergesellschaft ist, die Mitarbeiter weiter beim ursprünglichen Unternehmen zu beschäftigen.[1577]

Transparenzregister: Im Rahmen des Geldwäschegesetzes (GwG) im Jahr 2017 wurde ebenso das Transparenzregister eingerichtet. Hintergrund ist die Veröffentlichung der wirtschaftlich Berechtigten von fast allen juristischen Personen, Vermögensmassen sowie auch Stiftungen und Trusts. In diesem Zusammenhang ergeben sich diverse Meldepflichten, welche sanktionsbewehrt sind. Einfache Verstöße können bereits mit bis zu 100 TEUR sanktioniert werden. Sofern daher Verstöße gegen die Meldepflichten bekannt werden, ist eine Rückstellung zu bilden.

Transportversicherung: Für entstandene, aber noch nicht abgewickelte Versicherungsfälle ist eine Rückstellung für ungewisse Verbindlichkeiten i. H. der zu erwartenden Kosten zu bilden. Eine Pauschalrückstellung ist für unbekannte Spätschäden möglich. Siehe auch Schadensrückstellung bei Versicherungsunternehmen.

Treuebonus: siehe Bonus.

1576 Vgl. BFH v. 17.7.1974, I R 195/72, BStBl. II 1974 S. 684; BFH v. 13.8.1986, II R 213/82, BStBl. II 1987 S. 48.
1577 Vgl. *Melcher/David/Skowronek*, S. 379 f.

Treuegeld: Treuegelder (auch: Treugeld) sind Bezüge[1578], die für den Arbeitnehmer einen Anreiz zum Festhalten des aktuellen Arbeitsplatzes darstellen sollen. Siehe auch Dienstjubiläumszuwendung, Übergangsgeld.

Treueprämie: siehe Bonus, Dienstjubiläumszuwendung, Gratifikation.

TÜV: siehe Inspektionsverpflichtung.

Typisierte Wahrscheinlichkeit bei Passivklagen: siehe Kap. 3.2.2.

1578 Vgl. § 850a Nr. 2 ZPO.

U.

Überbezahlte Werbekosten: Dass Werbekosten voraussichtlich nicht durch von ihnen generierte Erlöse gedeckt werden, begründet keinen Rückstellungsansatz.[1579]

Überbrückungshilfe: siehe Rückzahlung Corona-Überbrückungshilfe.

Übergangsgeld: Die Verpflichtung des Unternehmens, einigen Mitarbeitern nach einer bestimmten Dauer der Betriebs-, Unternehmens- oder Konzernzugehörigkeit für die Zeit nach dem Arbeitsleben zusätzliche Monatsgehälter zu gewähren (sog. Übergangsgelder), ist regelmäßig als Rückstellung für ungewisse Verbindlichkeiten zu bilanzieren.[1580] Übergangsgelder zielen nur auf die kurzfristige Unterstützung des Arbeitnehmers ab und stellen insoweit keine Versorgungsleistungen, sondern aufgeschobenen Arbeitslohn dar.[1581] Die steuerrechtlichen Sondernormen bezüglich Pensionsrückstellungen[1582] sind deshalb nicht zu beachten.

PRAXISTIPP

Übergangsgelder unterliegen nicht den strengen Voraussetzungen des § 6a EStG. Sie sind von den „Pensionsrückstellungen“ zu unterscheiden und als „pensionsähnliche Verpflichtungen“ zu verstehen.

Überschusserlöse: siehe Mehrerlösabschöpfung.

Überschwemmung: siehe Katastrophe.

Überstunden: siehe Gleitzeitüberhang.

Übertragung Altersvorsorge: siehe Pensionsrückstellung.

Überversorgung: Sofern ein bilanzpflichtiges Unternehmen einem Angestellten eine Versorgungszusage erteilt, die unter Anrechnung sonstiger Rentenansprüche mehr als 75 % der letzten Aktivbezüge beträgt (sog. Überversorgung), kann es die entsprechenden Rückstellungen in voller Höhe in seine Bilanz einstellen.[1583]

Überverzinslichkeit: Sofern bei der Kreditaufnahme der Darlehenszinssatz dem Marktzinssatz entsprochen hat und der Marktzinssatz später fällt, ist handelsrechtlich eine Rückstellung für drohende Verluste aus schwebenden Geschäften zu bilden. Hintergrund hiervon ist, dass sich für Darlehensnehmer an folgenden Bilanzstichtagen günstigere Zinskonditionen ergeben würden, als in dem Darlehenszinssatz vereinbart. Für diese Fälle besteht ein handelsrechtliches Passivierungsgebot.

Überverzinslichkeit von Verbindlichkeiten: Eine Drohverlustrückstellung kann gebildet werden, wenn die Überverzinslichkeit der Verbindlichkeit aufgrund eines gesunkenen Marktzinsniveaus entstanden ist. Bei der Ermittlung des drohenden Verlusts ist von den Anschaffungs- und Herstellungskosten und nicht von den Wiederbeschaffungskosten auszugehen. Kann der für die Rückstellung relevante Beitrag der Gegenleistung zum Unternehmenserfolg nicht objektiv ermittelt werden, ist die Bildung einer Rückstellung nur möglich, wenn der Beitrag kaum oder gar nicht vorhanden ist.[1584]

1579 Vgl. FG Niedersachsen v. 13.11.1997, XIV 291/93, EFG 1998 S. 633.

1580 Vgl. allgemein bereits BMF v. 26.1.2006, IV C 5 – S 2333 – 2/06, DB 2006 S. 642.

1581 Vgl. *Loritz,* DStZ 1995 S. 577, 583.

1582 Siehe § 6a EStG.

1583 Vgl. FG Berlin-Brandenburg, n. rkr. Urteil v. 2.12.2014, 6 K 6045/12.

1584 Vgl. IDW RS HFA 4, IDW FN 2010 S. 298, 302.

Überwachung und Dekontamination: siehe Altlastensanierung.

Uferschlamm: siehe Flusswasserkraftwerk.

Uferschutz: siehe Flusswasserkraftwerk.

Umlageverpflichtung: Beim FG Baden-Württemberg (Urteil vom 7.11.2023 – 6 K 1379/21) war ein Sachverhalt streitig, bei dem ein kommunaler Zweckverband die Versorgung seiner Beamten über eine umlagefinanzierte Versorgungseinrichtung finanzierte. Der Steuerpflichtige kann für die erwarteten zukünftigen Umlagezahlungen eine sonstige Rückstellung bilden. Der Sachverhalt ist beim BFH unter dem Aktenzeichen XI R 34/23 anhängig.[1585]

Umrüstung von Produktionsanlagen: Eine Rückstellungsbildung ist in den Fällen zu verneinen, in denen der Aufwand nur auf die künftige Gewährleistung der Produktion oder Dienstleistungserbringung zielt. Siehe hierzu Flusswasserkraftwerk, Gasrückführungssystem.

Umsatzabhängige Verbindlichkeit: siehe Druckbeihilfe, Filmkredit, Zuwendung.

Umsatzbeteiligung: siehe Gewinnabhängige Vergütung.

Umsatzbonus: siehe Bonus.

Umsatzprämie: siehe Bonus.

Umsatzsteuer: siehe Verkehrssteuer.

Umsatztantieme: siehe Gewinnabhängige Vergütung.

Umsatzvergütung: siehe Bonus.

Umsetzungskosten: siehe Geschäftsverlegung.

Umstellungskosten: Kosten für die Umstellung auf ein anderes Rechnungssystem dürfen nicht in eine Rückstellung eingestellt werden. Die Pflicht zur Umstellung der Rechnungslegung ist bis zum Abschlussstichtag weder rechtlich noch wirtschaftlich verursacht.[1586] Siehe auch IFRS-Umstellung.

Umtauschanleihe: Bei einer Umtauschanleihe hat der Anleihegläubiger ein Wahlrecht zwischen Barrückzahlung seiner Anleihe und einer Auszahlung in Form von Aktien anderweitiger Unternehmen. Ist der Marktwert der Umtauschaktien am Bilanzstichtag über den Nominalbetrag der Anleihe gestiegen, ist eine Drohverlustrückstellung aufseiten des Emittenten angebracht, da mit einer über den Nominalbetrag hinausgehenden Belastung durch Übergabe von im Vergleich wertvolleren Aktien zu rechnen ist.[1587]

Umwandlungskosten: siehe Restrukturierung.

Umweltlasten: siehe Umweltschaden.

Umweltschaden: Sofern Umweltschäden im abgelaufenen Geschäftsjahr verursacht wurden und aufgrund privat- oder öffentlich-rechtlicher Bestimmungen beseitigt werden müssen, sind hierfür Rückstellungen für ungewisse Verbindlichkeiten in der Bilanz auszuweisen.

1585 Vgl. auch *Oser/Wirtz*, StuB 2025 S. 10 f.

1586 Vgl. WPH Edition, Kap. F Rz. 666.

1587 Vgl. *Tranacher*, DStR 2018 S. 2491, 2493.

Die öffentlich-rechtliche Verpflichtung kann sich aus verschiedenen Gesetzen zum Schutze der Umwelt ergeben. Neben den spezielleren Normen ist zudem für Schäden aus beruflichen Tätigkeiten das USchadG[1588] zu beachten, das subsidiär gilt, wenn die spezielleren Normen keine Ausführungen zu einem Sachverhalt machen oder hinter den Anforderungen des USchadG zurückbleiben.[1589] Ausreichend für eine Verpflichtung ist bereits eine Gefährdungslage.[1590] Der Kaufmann kann sodann zur Gefahrenabwehr durch Verwaltungsakt verpflichtet werden. Unseres Erachtens ist deswegen bereits bei Bekanntwerden einer etwaigen Gefährdungslage eine Rückstellung zu bilden, wenn davon ausgegangen werden kann, dass die Behörde von dem Sachverhalt Kenntnis erlangen wird.

Siehe auch Altlastensanierung, Bergschaden, Gruben- und Schachtversatz.

Umweltschutz: Die Zulässigkeit einer Verbindlichkeitsrückstellung ist an die Erfüllung bestimmter Voraussetzungen geknüpft. So muss der Grund für die Rückstellung seine wirtschaftliche Verursachung bereits vor dem Bilanzstichtag haben. Darüber hinaus muss eine Inanspruchnahme aus der Verpflichtung wahrscheinlich sein. Dies ist gegeben, sobald ein Verwaltungsakt von einer Behörde erlassen wurde oder eine Missachtung dieser Verpflichtung unweigerlich zu Sanktionen führt.[1591] Entscheidend ist zudem, dass sich der Kaufmann nicht der Verpflichtungserfüllung entziehen kann. Siehe auch Altlastensanierung, Anpassungsverpflichtung, Inspektionsverpflichtung.

Umzugskosten: siehe Geschäftsverlegung.

Ungewisses Risiko: Rückstellungen für ungewisse Risiken sind grds. zu bilden, wenn aus einem einzelnen, separat feststellbaren Risiko eine Inanspruchnahme droht oder plausible Annahmen über die Wahrscheinlichkeit der Inanspruchnahme getroffen werden können.[1592] Der Ansatz rein willkürlich bemessener Beträge ist unzulässig.[1593] Vielmehr sind Rückstellungen für ungewisse Risiken auf Basis der Rückstellungsvoraussetzungen nach § 249 HGB zu beurteilen.

Unmittelbare Pensionsverpflichtung: Für den Ansatz von Pensionsrückstellungen aufgrund unmittelbarer Zusagen gilt Folgendes:

Tab. 15: Abgrenzung der Behandlung unmittelbarer Pensionsverpflichtungen

Neuzusagen[1594]	Altzusagen[1595]
Passivierungspflicht[1596]	Passivierungswahlrecht[1597]

Siehe auch Kap. 5.2.4.

1588 Das USchadG erfasst neben Schädigungen von Gewässern und dem Boden auch Schädigungen von Arten und natürlichen Lebensräumen (sog. Biodiversitätsschäden) – vgl. *Schubert*, WPg 2008 S. 505, 506.

1589 Vgl. *Schubert*, WPg 2008 S. 505, 505 f.

1590 Vgl. § 5 USchadG.

1591 In der Literatur herrscht ein Meinungsstreit darüber, ob bereits die gesetzliche Kodifikation samt Sanktionshinweis (sodass der Kaufmann bei Vorliegen des Tatbestands mit einer Inanspruchnahme ernsthaft rechnen muss) für die Begründung einer Rückstellung ausreicht. Vgl. hierzu *Maus*, S. 254; *Hoffmann/Lüdenbach*, § 249 HGB Rz. 56 ff.

1592 Vgl. WPH Edition, Kap. F Rz. 569.

1593 Vgl. WPH Edition, Kap. F Rz. 574.

1594 Rechtsanspruch wurde nach dem 31.12.1986 erworben – vgl. Art. 28 Abs. 1 Satz 1 EGHGB.

1595 Rechtsanspruch wurde vor dem 1.1.1987 erworben – vgl. Art. 28 Abs. 1 Satz 1 EGHGB.

1596 Vgl. § 249 Abs. 1 Satz 1 HGB i. V. mit Art. 28 Abs. 1 Satz 1 EGHGB.

1597 Vgl. Art. 28 Abs. 1 Satz 1 EGHGB.

Unterdeckung: Nach § 1 Abs. 1 Satz 3 BetrAVG steht der Arbeitgeber auch dann für die Pensionsverpflichtungen ein, wenn diese mittelbar, also über einen externen Versorgungsträger, erfüllt werden (Subsidiärhaftung). Im Fall einer Unterdeckung kann das bilanzierende Unternehmen für diesen Betrag eine Rückstellung für ungewisse Verbindlichkeiten ansetzen (siehe Kap. 5.4.1.3).[1598] Für das Steuerrecht besteht ein Passivierungsverbot (siehe Kap. 5.4.2).

Unterlassene Instandhaltungen: siehe Instandhaltung.

Unternehmensregister: siehe Publizität.

Unternehmensvertrag: siehe Verlustübernahmeverpflichtung.

Unternehmerrisiko: Es kann keine Rückstellung für das allgemeine Unternehmerrisiko gebildet werden, da kein Schuldcharakter vorliegt.[1599]

Unterpachtverhältnis: Eine Brauerei, die eine selbst angepachtete Gaststätte an einen Wirt unterverpachtet und dies mit einer Getränkeabnahmevereinbarung kombiniert, muss die wirtschaftlichen Vorteile dieser Vereinbarung bei der Bildung von Drohverlustrückstellungen wegen Pachtunterdeckung berücksichtigen.

Unterstützungskasse: siehe Zuweisung an Unterstützungskassen.

Unterverzinslichkeit: Bei der Unterverzinslichkeit steigt der Marktzinssatz über den in einem Darlehen vereinbarten Zinssatz. Handelsrechtlich ist eine Verbindlichkeit weiterhin mit ihrem Erfüllungsbetrag auszuweisen. Eine Abzinsung ist unzulässig und würde gegen das Realisationsprinzip verstoßen. Für den Darlehensgeber hingegen besteht die Möglichkeit der Passivierung einer Rückstellung für drohende Verluste aus schwebenden Geschäften (siehe Überverzinslichkeit).

Untreue: siehe Schadensersatz,[1600] Schwarzgeld, Strafverteidigerkosten.

Unverzinsliche Verbindlichkeit: siehe Unverzinslichkeit.

Unverzinslichkeit: Trotz einer Vereinbarung zur Zinslosigkeit – bspw. bei Erfüllungsrückständen – ist eine Abzinsung in aller Regel notwendig. Das FG Münster hat eingehend die gesetzlichen Ausnahmen zum Abzinsungsgebot geprüft.[1601] Dennoch war die Rückstellung für Langzeitarbeitskonten abzuzinsen, obwohl in der Betriebsvereinbarung die Zinslosigkeit eindeutig geregelt war.

Urheberrechtsverletzung: Urheberrechtsverletzungen sind dann in Rückstellungen für ungewisse Verbindlichkeiten zu berücksichtigen, wenn bereits Ansprüche der Gegenpartei anhängig gemacht wurden oder wenn ernsthaft mit einer Inanspruchnahme zu rechnen ist. Dabei ist auch die Bildung einer Pauschalrückstellung legitim, wenn die Verletzungen bereits begangen wurden, aber dem Rechtsinhaber noch nicht bekannt sind. Die Ausführungen unter dem Stichwort „Patentrechtsverletzung" gelten entsprechend.

1598 Vgl. Art. 28 Abs. 1 Satz 2 EGHGB.

1599 Vgl. Frotscher/Geurts/*Frotscher*, § 5 EStG Rz. 458.

1600 Siehe hierzu auch BFH v. 3.7.1991, X R 163-164/87, BStBl. II 1991 S. 802, sowie *Moxter*, Bilanzrechtsprechung, S. 89.

1601 Vgl. FG Münster v. 12.12.2016, 9 K 15050/13 F, EFG 2017 S. 565.

Hinsichtlich der steuerrechtlichen Bilanzierung ist § 5 Abs. 3 EStG zu beachten (siehe Kap. 2.1.4.3).

PRAXISTIPP

Kommt es zu einer Auflösung der steuerrechtlichen Rückstellung aufgrund des § 5 Abs. 3 Satz 2 EStG, während handelsrechtlich die Rückstellung aufgrund der erwarteten Inanspruchnahme bestehen bleibt, sind aktive latente Steuern in der Handelsbilanz anzusetzen.

BEISPIEL Mitte t1 besucht ein Kameramann der Datenpiraten AG die Vorführung des neuen Stücks des bekannten Pianisten El Piano. Der Kameramann filmt heimlich und ohne Genehmigung die gesamte Aufführung des Weltstars. Später vervielfältigt die Datenpiraten AG die Aufzeichnungen und verkauft die DVD von diesem „Special Event" über ihren Internetshop.

Die Aufzeichnung und Vervielfältigung der Aufführung stellt einen Verstoß gegen § 16 UrhG dar. Die Verbreitung der Kopien verstößt gegen § 17 Abs. 1 UrhG.

Da zu erwarten ist, dass der Künstler, sein Label oder eine sonstige Institution regelmäßig das Internet nach Raubkopien „durchforsten", ist damit zu rechnen, dass die Datenpiraten AG aus der Rechtsverletzung in Anspruch genommen wird. Wahrscheinlich ist die Durchsetzung eines Schadensersatzanspruchs nach § 97 Abs. 2 UrhG.

In Höhe des voraussichtlichen Schadensersatzanspruchs (bspw. des erzielten Gewinns durch den Verkauf der DVDs) ist eine Rückstellung für die Urheberrechtsverletzung zu bilden. Ferner sind die Prozesskosten zu beachten.

Zum Bilanzstichtag t4 ist die Rückstellung aufzulösen, wenn El Piano bzw. seine Vertreter keinen Anspruch geltend gemacht haben. Zu diesem Zeitpunkt ist nämlich die Dreijahresfrist des § 5 Abs. 3 Satz 2 EStG bereits abgelaufen, in welcher der Anspruch geltend gemacht werden muss, damit die Rückstellung weiter beibehalten werden kann. Es ist zu buchen:

sonstige Rückstellung	an	sonstiger betrieblicher Ertrag

Wird weiterhin seitens der Datenpiraten AG damit gerechnet, dass ein Schadensersatzanspruch geltend gemacht wird, ist die Rückstellung in der Handelsbilanz beizubehalten. Nunmehr sind aufgrund der Abweichung zwischen Handels- und Steuerbilanz unter Voraussetzung der Nutzung des Aktivierungswahlrechts aktive latente Steuern zu bilden. Es ist zu buchen:

aktive latente Steuern	an	latenter Steuerertrag

Urlaubsanspruch: Haben Arbeitnehmer die ihnen zustehenden Urlaubstage zum Bilanzstichtag noch nicht vollständig aufgebraucht, ist hierfür eine Rückstellung für ungewisse Verbindlichkeiten aufgrund eines Erfüllungsrückstands zu passivieren, sofern ein Anspruch auf Urlaubsgewährung[1602] oder Barabgeltung besteht oder das Unternehmen beabsichtigt, den Urlaub zu gewähren oder abzugelten.[1603] Der gesetzliche Urlaub kann nur verfallen, wenn der Arbeitgeber den Arbeitnehmer aufgefordert hat, den Urlaub zu nehmen, und auf die Möglichkeit des Verfalls hingewiesen hat.[1604] Falls der Arbeitgeber versäumt, den Arbeitnehmer auf den Verfall seines Urlaubsanspruchs hinzuweisen und ihn zur Inanspruchnahme seines Urlaubs aufzufordern, ist die dreijährige Verjährung der Urlaubsansprüche gehemmt.[1605] Arbeitgeber haben daher dafür Sorge zu tragen, ihre Aufforderungs- und Hinweisobliegenheiten zu erfüllen. Eine mangelhafte

1602 Ein Anspruch hierauf ergibt sich regelmäßig aus dem Arbeitsvertrag.

1603 Vgl. BFH v. 10.3.1993, I R 70/91, BStBl. II 1993 S. 446; BFH v. 8.7.1992, X I R 50/89, BStBl. II 1992 S. 910.

1604 Vgl. BAG v. 19.2.2019, 9 AZR 423/16, NZA 2019 S. 977.

1605 Vgl. BAG v. 20.12.2022, 9 AZR 266/19, NZA 2023 S. 683.

arbeitgeberseitige Belehrung ist bei der Rückstellung des Urlaubsanspruchs zu berücksichtigen, wenn fälschlicherweise Urlaubsansprüche als verjährt angenommen wurden.

Wirtschaftlich verursacht ist der Urlaubsanspruch durch die Tätigkeit des Arbeitnehmers im abgelaufenen Jahr. Ungewiss ist hierbei regelmäßig der Zeitpunkt der Inanspruchnahme, also wann der Arbeitnehmer seinen Anspruch geltend machen wird, weniger die Höhe der Belastung für das Unternehmen.[1606]

Bei einem vom Kalenderjahr abweichenden Wirtschaftsjahr ist die Rückstellung zeitanteilig zu bemessen.[1607]

BEISPIEL[1608] Das Geschäftsjahr der ABC GmbH & Co. KG läuft vom 1.10. bis zum 30.9. Jedem Mitarbeiter werden pro Kalenderjahr 32 Urlaubstage gewährt. Zum 30.9.t1 hat der Mitarbeiter M 16 Urlaubstage genommen.

Der Berechnung der Rückstellung ist der zeitanteilige Urlaubsanspruch zugrunde zu legen. Dieser beträgt 24 Tage (= 0,75 × 32 Tage). Davon hat M 16 Urlaubstage genommen, sodass acht Tage für die Rückstellungsberechnung verbleiben.

Ausgangspunkt der Ermittlung der Urlaubsrückstellung ist der Lohnaufwand für die Arbeitskraft pro Arbeitstag. Dabei sind steuerrechtlich die regulären Arbeitstage maßgeblich.[1609] Eine Kürzung um Krankheits- und Urlaubstage scheidet aus, da Urlaubs- wie auch Krankheitstage Bestandteil des Arbeitslohns sind. Bei einer Fünftagewoche und unter Berücksichtigung von Feiertagen ergibt sich für 2023, 2024 und 2025 die folgende Anzahl von Arbeitstagen[1610]:

Tab. 16: Arbeitstage in den einzelnen Bundesländern 2023, 2024 und 2025

Bundesland	Arbeitstage 2023	Arbeitstage 2024	Arbeitstage 2025
Baden-Württemberg	249	251	250
Bayern (ohne Mariä Himmelfahrt)	249	251	250
Bayern (mit Mariä Himmelfahrt)	248	250	249
Bayern (nur Augsburg)	247	249	248
Berlin	251	252	251
Brandenburg	251	252	251
Bremen	251	252	251
Hamburg	251	252	251
Hessen	251	252	251
Mecklenburg-Vorpommern	250	251	251
Niedersachsen	251	252	251
Nordrhein-Westfalen	250	251	251
Rheinland-Pfalz	250	251	251

1606 Vgl. *Zwirner/Tippelhofer*, Beilage zu StuB 9/2017 S. 1, 12 m. w. N.
1607 Vgl. BFH v. 16.6.1980, IV R 35/74, BStBl. II 1980 S. 506. Siehe auch *Happe*, BBK 2010 S. 225, 226.
1608 Abgewandelt entnommen aus *Happe*, BBK 2010 S. 225, 227.
1609 Vgl. BFH v. 8.7.1992, XI R 50/89, BStBl. II 1992 S. 911.
1610 Die Anzahl der Arbeitstage in Deutschland und je Bundesland wurde entnommen: https://go.nwb.de/mrsb6.

Bundesland	Arbeitstage 2023	Arbeitstage 2024	Arbeitstage 2025
Saarland	249	250	250
Sachsen (ohne Fronleichnam)	250	251	250
Sachsen (mit Fronleichnam)	249	250	249
Sachsen-Anhalt	250	252	250
Schleswig-Holstein	251	252	251
Thüringen (ohne Fronleichnam)	250	251	251
Thüringen (mit Fronleichnam)	249	250	250

Handelsrechtlich sind von den regulären Arbeitstagen dagegen noch der Jahresurlaub sowie Krankheitstage in Abzug zu bringen.[1611] Regelmäßig wird die Rückstellung dann auf Basis von rd. 220 Arbeitstagen für handelsrechtliche Zwecke ermittelt.[1612]

Soweit arbeits- oder tarifvertraglich nicht anders geregelt, ist für die Berechnung des Urlaubsentgelts § 11 BUrlG zugrunde zu legen. Demnach ist der durchschnittliche Arbeitsverdienst der letzten 13 Wochen die maßgebliche Grundlage der Berechnung des Urlaubsentgelts.[1613] Zur Bemessung des Urlaubsentgelts sind u. U. auch variable erfolgsabhängige Gehaltsbestandteile als Teil des gewöhnlichen Arbeitsverdiensts zu berücksichtigen. Dafür muss die Vergütung vom Arbeitgeber für bestimmte Zeitabschnitte als Gegenleistung zu zahlen sein, die Höhe zumindest von der Erbringung der geschuldeten Arbeitsleistung abhängen und die Höhe durch die Freistellung des Arbeitnehmers von der Pflicht zu Arbeitsleistung während des Urlaubs beeinflusst werden können.[1614] Bei der Rückstellungsbewertung sind dem Bruttoarbeitslohn noch die Arbeitgeberanteile zur Sozialversicherung, ein etwaiges Urlaubsgeld sowie weitere lohnabhängige Lohnnebenkosten (bspw. Berufsgenossenschaftsbeiträge) hinzuzurechnen.[1615] Ein 13. Monatsgehalt bzw. Weihnachtsgeld ist dann mit zu berücksichtigen, wenn es einen festen Bestandteil der Bezüge darstellt und keine Sondervergütung.[1616]

Die Urlaubsrückstellung darf abweichend von § 11 BUrlG auch im Wege der Durchschnittsermittlung auf Jahresbasis vorgenommen werden.[1617] In diesem Fall ist der maßgebliche Lohnaufwand durch die Zahl der regulären Arbeitstage zu dividieren und mit der Zahl der offenen Urlaubstage zu verrechnen.[1618]

1611 Vgl. Beck Bil-Komm/*Schubert*, § 249 HGB Rz. 130 m. w. N.

1612 Vgl. hierzu bspw. auch FG München v. 7.5.2007, 7 K 2505/05, DStRE 2008 S. 65, und BFH v. 29.1.2008, I B 100/07, BeckRS 2008, 25013206.

1613 Vgl. § 11 Abs. 1 Satz 1 BUrlG.

1614 Vgl. BAG v. 27.7.2021, 9 AZR 376/20, NZA 2022 S. 916.

1615 Vgl. BFH v. 8.7.1992, XI R 50/89, BStBl. II 1992 S. 911.

1616 Vgl. FG Rheinland-Pfalz v. 15.3.2006, 1 K 2369/03, DStRE 2007 S. 139. Nicht ganz eindeutig H 6.11 EStH 2008, in dem das Weihnachtsgeld unter den jährlich vereinbarten Sondervergütungen aufgezählt wird.

1617 Vgl. *Happe*, BBK 2010 S. 225, 229.

1618 Vgl. BFH v. 8.7.1992, XI R 50/89, BStBl. II 1992 S. 910.

BEISPIEL Herr Hugo von der Spree ist bei der A AG in Brandenburg angestellt. Sein Jahresbruttolohn beträgt 48.000 EUR. Arbeitsvertraglich festgehalten ist zudem ein Weihnachtsgeld (inklusive Arbeitgeberanteil) von 2.000 EUR. Der Arbeitgeberanteil zur Sozialversicherung beträgt 9.750 EUR. Herr Hugo von der Spree hat zum Jahresende t1 noch zehn Urlaubstage „offen", die ihm gem. Arbeitsvertrag noch bis Mitte des nächsten Jahres zustehen.

Die Rückstellung für den Urlaubsanspruch von Herrn von der Spree beträgt bei Zugrundelegung der regulären Arbeitstage 2.380,48 EUR (59.750 / 251 × 10). Die Rückstellung für den Urlaubsanspruch von Herrn von der Spree beträgt unter Berücksichtigung von Jahresurlaub und Krankheitstagen, die mit 31 Tagen angenommen werden, 2.715,91 EUR (59.750 / 220 × 10).

Eine Durchschnittsberechnung der Urlaubsrückstellung ist jedoch dann nicht zulässig, wenn der so ermittelte Wert von dem der „13-Wochen-Berechnung" wesentlich abweicht.[1619] Dieser Fall tritt regelmäßig bei unterjährigen Gehaltserhöhungen auf.

BEISPIEL **Abwandlung des vorherigen Beispiels**

Mitte des Jahres kann Hugo von der Spree eine (Brutto-)Gehaltserhöhung von 25 % durchsetzen, sodass sein Monatsbruttogehalt nunmehr 5.000 EUR beträgt. Während das Weihnachtsgeld unverändert bleibt, steigen die Sozialversicherungsabgaben des Arbeitgebers auf 830,00 EUR pro Monat.

Bei Ermittlung der Rückstellung nach der „Jahresdurchschnittsmethode" ergibt sich folgender Betrag:

Bruttoarbeitslohn (gesamt/Jahr)	54.000 EUR
Sozialversicherungsabgaben (Arbeitgeber)	9.855 EUR
Weihnachtsgeld	2.000 EUR
Summe	65.855 EUR

Für seinen Urlaubsanspruch von zehn Tagen wären demnach 2.623,71 EUR anzusetzen (65.855 EUR / 251 × 10). Bei Berücksichtigung von Urlaubs- und Krankheitstagen ergibt sich ein Wert von 2.993,41 EUR (65.855 / 220 × 10).

Im Fall der „13-Wochen-Berechnung" wäre wie folgt zu rechnen:

Bruttoarbeitslohn (drei Monatsgehälter)	15.000 EUR
Sozialversicherungsabgaben (Arbeitgeber)	2.490 EUR
Weihnachtsgeld (zeitanteilig)	500 EUR
Summe	17.990 EUR

Bei 62 regulären Arbeitstagen in den letzten 13 Wochen des Jahres t1 ergibt sich eine Rückstellung i. H. von 2.901,61 EUR, die wesentlich vom Ergebnis nach der „Jahresdurchschnittsmethode" abweicht. Auch unter Berücksichtigung von Urlaubs- und Krankheitstagen ergibt sich eine wesentliche Abweichung mit dem Wert von 3.270,91 EUR, bei dem anteilig 55 Arbeitstage für die letzten 13 Wochen zugrunde gelegt werden. Hier ist i. S. des Vorsichtsprinzips auf die „13-Wochen-Berechnung" abzustellen.

Urlaubsgeld: siehe Gratifikation, Urlaubsanspruch.

Urlaubsverpflichtung: siehe Urlaubsanspruch.

1619 Siehe *Happe*, BBK 2010 S. 225, 229.

V.

Veräußerung eines Gewerbebetriebs: siehe Aufgabe und Veräußerung eines Gewerbebetriebs.

Verbindlichkeitsrückstellung: Eine Verbindlichkeitsrückstellung liegt vor, wenn zu einem späteren Zeitpunkt eine einklagbare Verbindlichkeit existiert. Vor diesem Hintergrund wird von rechtlicher Verbindlichkeit gesprochen, bei der jedoch der Zeitpunkt unklar ist.

Verbrauchsteuer: Für zum Stichtag angefallene und abzuführende Verbrauchsteuern ist eine Rückstellung zu bilden. Die Bewertung der Verbrauchsteuer hat auf Basis des zum Stichtag nachvollziehbaren Verbrauchs sowie der darauf entfallenden Steuer zu erfolgen. Im Zweifelsfall sind bei der Bestimmung der Verbrauchsteuer verschieden hohe Steuersätze – in Abhängigkeit von der jeweils relevanten Bemessungsgrundlage – zu beachten. In der Praxis schuldet regelmäßig der Hersteller der mit Verbrauchsteuer belasteten Güter die Verbrauchsteuer. Die Steuer fällt dann an, wenn die relevanten Waren/Produkte aus dem zollfreien Steuerlager entnommen wurden. Zu den Verbrauchsteuern zählen u.a. Alkopopsteuer, Biersteuer, Branntweinsteuer, Energiesteuer, Kaffeesteuer, Kernbrennstoffsteuer, Stromsteuer, Zwischenerzeugnissteuer.

Verdecktes Eigenkapital: siehe Gesellschafterfinanzierung.

Verdienstsicherung für ältere Arbeitnehmer: Zusätzliche Kosten, die durch die vertragliche Verpflichtung entstehen, einen älteren Arbeitnehmer bei einer Umsetzung auf einen anderen, gewöhnlicherweise geringer vergüteten Arbeitsplatz zu versetzen, begründen laut BFH nicht den Ansatz einer Drohverlustrückstellung.[1620] Insofern gilt die Ausgeglichenheitsvermutung, wonach das vereinbarte Entgelt dem Wert der Arbeitsleistung entspricht. Der Ansatz einer Drohverlustrückstellung kann aber dann geboten sein, wenn der Arbeitnehmer keinen oder keinen nennenswerten Erfolgsbeitrag (bspw. infolge mangelnder betrieblicher Beschäftigungsmöglichkeiten oder Weiterbeschäftigung trotz Arbeitsunfähigkeit) mehr liefert.[1621]

Vereinsbeitrag: siehe Beitragsrückgewähr.

Verfallsanordnung: Bei einer zu erwartenden strafrechtlichen Verfallsanordnung ist eine Rückstellung für ungewisse Verbindlichkeiten zu bilden.[1622] Siehe auch Bußgeld.

BEISPIEL[1623] Die Rauschgifthändler A und B werden aufgrund des Besitzes und des Verkaufs von Kokain verurteilt. Für den unrechtmäßigen Vermögenszuwachs (Gewinn aus Kokainhandel) ist eine Rückstellung für die zu erwartende Verfallsanordnung zu bilden.

Verfüllungskosten: Für die vertragliche oder gesetzlich kodifizierte Verpflichtung, Erdöl- oder Erdgasbohrungen zu verfüllen, müssen Rückstellungen gebildet werden. Der voraussichtliche Erfüllungsbetrag ist hierbei über den Zeitraum der Bohrung anzusammeln. Vergleichbare Verpflichtungen können sich im Zusammenhang mit aufzufüllenden Gruben oder Schächten ergeben. Siehe auch Auffüllverpflichtung, Erdgasspeicher.

Vergnügungssteuer: Die Vergnügungssteuer obliegt der Gesetzgebung der Länder und ermächtigt die jeweiligen Gemeinden, eigene Vergnügungssteuersatzungen zu erlassen. Zu diesen ge-

1620 Vgl. BFH v.16.12.1987, I R 68/87, BStBl.II 1988 S.338. Gleicher Ansicht *Weber-Grellet* in: Schmidt, § 5 EStG Rz.550; *Maus*, S.261.

1621 Vgl. BFH v.25.2.1986, VIII R 377/83, BStBl.II 1986 S.465.

1622 Vgl. BFH v.6.4.2000, IV R 31/99, BStBl.II 2001 S.536.

1623 Das Beispiel basiert auf dem soeben genannten Urteil des BFH v.6.4.2000, IV R 31/99, BStBl.II 2001 S.536.

hören u.a. die Kartensteuer, die Spielautomatensteuer sowie die Prostitutionssteuer. Wenn eine dieser öffentlich-rechtlichen Verpflichtungen hinreichend konkret ist, ist hierfür eine Rückstellung zu bilanzieren.

Verjährte Verbindlichkeiten: Bei verjährten Verbindlichkeiten kann der Kaufmann, um bspw. bestehende Geschäftsbeziehungen nicht zu gefährden, eine Rückstellung bilden. Entscheidend für die Rückstellungsfähigkeit ist, ob hinreichend großer Verpflichtungsdruck vorliegt, sodass sich der Kaufmann der Erfüllung aufgrund nachprüfbarer Umstände nicht entziehen kann.[1624]

Verkaufsvertrag: Ein (Ver-)Kauf(s)vertrag ist ein wechselseitiger Vertrag, bei dem die Rechte an einem bestimmten Vermögensgegenstand vom Verkäufer an den Käufer übergehen. Hierbei verpflichtet sich der Käufer, den Vermögensgegenstand für eine bestimmte Leistung oder Sache zu übernehmen. Sofern aus dem bestehenden Vertragsverhältnis voraussichtlich ein Verlust entstehen wird und auch keine Möglichkeit besteht, das bestehende Vertragsverhältnis zu ändern, ist eine Rückstellung für drohende Verluste zu passivieren. Siehe Drohende Verluste.

Verkehrsbetrieb: siehe Personenbeförderung.

Verkehrssteuer: Zu den Verkehrssteuern zählen insb. die Grunderwerbsteuer, die Versicherungssteuer und die Umsatzsteuer. Grunderwerbsteuer fällt regelmäßig im Zusammenhang mit dem Erwerb eines Grundstücks an. Damit zählt die Grunderwerbsteuer zu den Anschaffungsnebenkosten und ist zu aktivieren. Der Ansatz einer Rückstellung scheidet demnach aus. Für zum Stichtag bekannte Umsatzsteuerverpflichtungen ist regelmäßig eine Verbindlichkeit zu bilden. Eine Rückstellung für Verpflichtungen aus der Umsatzsteuer kann allenfalls in Ausnahmefällen in Betracht kommen, wenn Bemessungsgrundlagen geschätzt werden müssen oder sich zum Stichtag noch unsichere Zahlungen infolge einer Betriebsprüfung ergeben. Siehe auch Betriebsprüfung.

Verlag: siehe Remittenden.

Verlustabdeckung: siehe Verlustübernahmeverpflichtung.

Verlustausgleich bei Beherrschungs- und Gewinnabführungsverträgen: siehe Verlustübernahmeverpflichtung.

Verlustausgleichsverpflichtung: siehe Verlustübernahmeverpflichtung.

Verluste aus schwebenden Geschäften: siehe Drohende Verluste m.w.H.

Verlustrückstellung: siehe Drohende Verluste.

Verlustübernahmeverpflichtung: Gemäß § 302 Abs. 1 AktG hat das Mutterunternehmen bei Bestehen eines Beherrschungs- oder eines Gewinnabführungsvertrags jeden während der Vertragsdauer entstehenden Jahresfehlbetrag grds. auszugleichen. Diese Verpflichtung ist handelsrechtlich zu passivieren. Bei gleichlaufenden Geschäftsjahren ist der bis zum Bilanzstichtag angefallene Verlust als Verbindlichkeit zu passivieren, wenn die Ausgleichsverpflichtung der Höhe nach bereits bekannt ist.[1625] Bei unterschiedlich laufenden Geschäftsjahren ist die bis zum Bi-

1624 Vgl. HdJ/*Wüstemann, J./Rost,* Abt. III 5 Rz. 116.
1625 Ähnlich *Kropff* in: FS Döllerer, S. 367.

lanzstichtag entstandene Ausgleichsverpflichtung zu schätzen und als Rückstellung für ungewisse Verbindlichkeiten auf der Passivseite der Bilanz zu zeigen.[1626]

Für künftige drohende Verluste darf keine Rückstellung gebildet werden.[1627] Es handelt sich beim Gewinnabführungsvertrag nicht um einen schuldrechtlichen Austauschvertrag, der auf den Ausgleich von Leistung und Gegenleistung zielt.[1628] Allerdings ist bei offensichtlich nachhaltiger Verlusterzielung des Tochterunternehmens eine Abschreibung der Beteiligung zu prüfen.[1629]

Steuerrechtlich darf eine solche Rückstellung nicht gebildet werden.[1630] Der handelsrechtlich insofern aufwandswirksam erfasste Betrag ist insofern durch eine Zurechnung auszugleichen.[1631]

Veröffentlichung des Jahresabschlusses: siehe Jahresabschluss.

Verordnungskosten: siehe Arzthonorar.

Verpackung: Durch das Verpackungsgesetz werden Hersteller und Vertreiber von Verpackungen bzw. verpackten Erzeugnissen zu deren Rücknahme und Verwertung verpflichtet.[1632] Mit dem erstmaligen Inverkehrbringen der Verpackung wird die Rücknahme- bzw. Verwertungsverpflichtung begründet, sodass bereits ab diesem Zeitpunkt eine Rückstellung für ungewisse Verbindlichkeiten zu bilden ist.[1633] Dies gilt sowohl für die Handels- als auch für die Steuerbilanz. Die Anforderungen der höchstrichterlichen Rechtsprechung an Rückstellungen aufgrund öffentlich-rechtlicher Verpflichtungen werden durch die Konkretisierungen im VerpackG bereits erfüllt.[1634]

Der Bewertung der Rückstellung sind die (Voll-)Kosten zugrunde zu legen. Die in den Verkehr gebrachten Verpackungen sind zu ermitteln und wegen der typischerweise unterschiedlichen Kosten nach Stoffen zu kategorisieren. Durch Multiplikation der jeweiligen Stoffmenge mit den Entsorgungskosten pro Mengeneinheit und Summierung über alle Stoffe ergibt sich die Rückstellungshöhe.

Verpackungsgesetz: Das Verpackungsgesetz verpflichtet Betreiber eines „dualen Systems" zur umfassenden Sammlung, Sortierung, Verwertung und Entsorgung von im Umlauf befindlichen Verkaufsverpackungen. Grundsätzlich sind hierbei bestimmte Mindestquoten zu erfüllen. Eine Rückstellung für noch zu entsorgende Verpackungen, die sich jedoch zum Bilanzstichtag im Umlauf befinden, ist zulässig. Unerheblich ist hierbei, ob die Mindestquoten bereits erfüllt wur-

1626 Vgl. Beck Bil-Komm/*Schubert*, § 249 HGB Rz. 130.

1627 Gleicher Ansicht Beck Bil-Komm/*Schubert*, § 249 HGB Rz. 130; *Kropff* in: FS Döllerer, S. 367; *Oser*, WPg 1994 S. 312, 321. Anderer Ansicht HdR-E/*Mayer-Wegelin*, § 249 HGB Rz. 229. Laut *Mujkanovic* soll für künftig erwartete Verlustübernahmen eine Verbindlichkeitsrückstellung zu bilden sein; vgl. *Mujkanovic*, StuB 2023 S. 233, 237. Für die Bilanzierung einer Rückstellung für ungewisse Verbindlichkeiten fehlt es u. E. allerdings an der rechtlichen Entstehung bzw. wirtschaftlichen Verursachung zum Bilanzstichtag, sodass eine solche Rückstellung in diesem Fall nicht zulässig ist.

1628 Es liegt also kein schwebendes Geschäft vor. Vgl. *Oser*, WPg 1994 S. 312, 317.

1629 Nach WPH Edition, Kap. F Rz. 689, und Bertram/Kessler/Müller/*Bertram*, § 249 HGB Rz. 336, kann bei nachhaltiger Ertragslosigkeit des Tochterunternehmens ein Rückstellungsansatz i. H. des Barwerts der voraussichtlichen Zahlungen bis zum frühestmöglichen Zeitpunkt der Kündigung des Vertrags gerechtfertigt sein.

1630 Vgl. BFH v. 26.1.1977, I R 101/75, BStBl. II 1977 S. 441. Anderer Ansicht *Oser*, WPg 1994 S. 312, 321.

1631 Vgl. *Maus*, S. 262.

1632 Siehe § 15 VerpackG.

1633 So auch bereits *Berizzi/Guldan*, DB 2007 S. 645, 647; WPH Edition, Kap. F Rz. 571.

1634 Vgl. *Berizzi/Guldan*, DB 2007 S. 645, 647; HdR-E/*Mayer-Wegelin*, § 249 HGB Rz. 111.

den. Aufgrund der vertraglichen Vereinbarungen können Betreiber des dualen Systems ihre Entsorgungstätigkeit nicht mit Erfüllung der Mindestquoten einstellen.[1635]

Verpflichtungsübernahme: siehe Angeschaffte Drohverlustrückstellung, Schuldübernahme.

Verrechnungspreisdokumentation: siehe Steuerliche Verrechnungspreisdokumentation.

Verrechnungspreisrisiko: Die Bildung einer Steuerrückstellung wegen einer möglichen Steuernachforderung durch die Finanzverwaltung aufgrund der Wertung der Wahl von Verrechnungspreisen als verdeckte Gewinnausschüttung ist erst dann möglich, wenn es an einer zivilrechtlich wirksamen, klaren und im Voraus geschlossenen Vereinbarung für eine Geschäftsbeziehung zwischen einer KapG und ihrem beherrschenden Gesellschafter fehlt. Die Rückstellung darf allerdings erst in dem Moment gebildet werden, in dem ernsthaft mit einer Inanspruchnahme gerechnet werden muss. Maßgeblich hierfür ist der Beginn der Betriebsprüfung. Siehe Betriebsprüfungsrisiko.[1636]

Verrechnungsverpflichtung: Zu viel gezahlte Entgelte i.R. eines Dauerschuldverhältnisses können nur dann zum Bilanzstichtag passiviert werden, wenn sich die Vertragsparteien auf eine sofortige Erstattung einigen. Werden die Mehrzahlungen jedoch mit künftigen Einnahmen verrechnet (Verrechnungsverpflichtung), ist eine Rückstellung nicht zulässig.[1637] Um Verrechnungsverpflichtungen kann es sich auch bei dem Ausgleich von Kostenüberdeckungen bei kommunalen Versorgungsbetrieben handeln.[1638]

Versäumniszinsen: Steuerliche Nebenleistungen sind grds. unter „sonstige Rückstellungen“ zu erfassen.[1639]

Verschmelzungskosten: siehe Restrukturierung.

Versicherungsmakler: Ein Versicherungsmakler befindet sich nur dann in einem Erfüllungsrückstand, wenn er aufgrund eindeutiger Individualvereinbarungen dazu verpflichtet ist, die von ihm vermittelten Versicherungsverträge zu betreuen und abzuwickeln. Fehlt es an einer solchen Verpflichtung, scheidet der Ansatz einer Rückstellung für Nachbetreuungskosten aus.[1640] Siehe auch Lebensversicherung, Maklerhaftung, Nachbetreuungskosten.

Versicherungsprämie: Rückstellungen sind zu bilden, wenn für bereits in Anspruch genommenen Versicherungsschutz die zugehörigen Prämien noch nicht in Rechnung gestellt wurden.

Versicherungssteuer: siehe Verkehrssteuer.

Versicherungstechnische Rückstellung: Zu den versicherungstechnischen Rückstellungen zählen u. a.:[1641]

1635 Vgl. FG Rheinland-Pfalz v. 22.9.2010, 2 K 2467/08, DStRE 2011 S. 330 ff.

1636 Siehe *Andresen,* WPg 2003 S. 593, 598 f.

1637 Vgl. BMF v. 28.11.2011, IV C 6 – S 2137/09/10004, BStBl. I 2011 S. 1111.

1638 Vgl. OFD Rheinland v. 4.4.2012, BB 2012 S. 1215.

1639 Vgl. WPH Edition, Kap. F Rz. 617.

1640 Vgl. FG Hamburg v. 6.9.2012, 2 K 90/12, BeckRS 2012, 96646; Niedersächsisches FG v. 11.5.2011, 2 K 11301/08, DStRE 2012 S. 596; FG Schleswig-Holstein v. 26.10.2021, 3 K 28/20, BeckRS 2021, 61600.

1641 Zu Ansatz und Bewertung versicherungstechnischer Rückstellungen siehe auch Handbuch Bilanzrecht/*Wallasch/Mayr,* E.II. Rz. 49 ff.

- Deckungsrückstellungen,[1642]
- Rückstellungen für noch nicht abgewickelte Versicherungsfälle,[1643]
- Schwankungsrückstellungen,[1644]
- Rückstellungen für Beitragsüberträge,[1645]
- Rückstellungen für Beitragsrückerstattungen,[1646]
- Rückstellungen für drohende Verluste aus dem Versicherungsgeschäft.[1647]

§ 341e Abs. 1 Satz 1 HGB erweitert den Umfang der Rückstellungen um solche Beträge, die „[...] notwendig [sind], um die dauernde Erfüllbarkeit der Verpflichtungen aus den Versicherungsverträgen sicherzustellen". Die Rückstellungsbilanzierung ist damit nicht so restriktiv vorzunehmen wie bei Unternehmen anderer Branchen.

Werden Risiken durch Rückversicherer übernommen, sind die versicherungstechnischen Rückstellungen netto auszuweisen, „[...] wobei der Anteil für das in Rückdeckung gegebene Versicherungsgeschäft offen von den jeweiligen Bruttobeträgen in Vorspalten abgezogen wird"[1648].

Versicherungstechnische Rückstellungen sind nach den Wertverhältnissen zum Abschlussstichtag zu bewerten und nicht nach § 253 Abs. 2 HGB abzuzinsen.[1649] Die versicherungstechnischen Risiken sind grds. einzeln zu berücksichtigen. Pauschalrückstellungen sind ausnahmsweise bei ansonsten unverhältnismäßig hohem Aufwand möglich.[1650]

Versicherungsunternehmen: siehe Schadensrückstellung bei Versicherungsunternehmen.

Versicherungsvertrag: Bei schadensabhängiger Prämienhöhe darf ein Versicherungsnehmer wegen zukünftig steigender Prämien durch einen Schadensfall keine Verlustrückstellung bilden.[1651] Für die Betreuung von Versicherungsverträgen beim Versicherungsmakler kommt der Ansatz einer Rückstellung nur dann in Betracht, wenn der Makler zur Betreuung auf Basis einer Individualabrede verpflichtet ist. Siehe auch Versicherungsmakler.

Versicherungsvertreter: siehe Ausgleichsanspruch von Handelsvertretern, Lebensversicherung, Maklergebühr.

Versorgungsrente: Sofern betriebliche Versorgungsrenten von künftigen Erträgen abhängen, sind diese nicht zu passivieren.[1652]

Versorgungsvertrag: siehe Abrechnungskosten, Fernwärmeversorgungsunternehmen.

Verspätungszuschlag: siehe Versäumniszinsen.

Verteilungsrückstellung: siehe Ansammlungsrückstellung.

1642 Vgl. § 341f HGB.
1643 Vgl. § 341g HGB.
1644 Vgl. § 341h HGB.
1645 Vgl. § 341e Abs. 2 Nr. 1 HGB.
1646 Vgl. § 341e Abs. 2 Nr. 2 HGB.
1647 Vgl. § 341e Abs. 2 Nr. 3 HGB.
1648 Handbuch Bilanzrecht/*Wallasch/Mayr,* E.II. Rz. 50.
1649 Vgl. § 341e Abs. 1 Satz 3 HGB.
1650 Vgl. Handbuch Bilanzrecht/*Wallasch/Mayr,* E.II. Rz. 54 m. w. N.
1651 Vgl. *Scheidt,* DB 1991 S. 613, 613 f.; *Weber-Grellet* in: Schmidt, § 5 EStG Rz. 550.
1652 Vgl. *Weber-Grellet* in: Schmidt, § 5 EStG Rz. 550.

Vertragsbetreuung: siehe Lebensversicherung.

Vertragsstorno: siehe Gewährleistung, Rückgaberecht.

Vertragsstrafe: Ist zum Bilanzstichtag ernsthaft mit einer Vertragsstrafe zu rechnen, ist dafür eine Verbindlichkeitsrückstellung zu passivieren. Hierbei muss der Vertrag jedoch bereits rechtsgültig abgeschlossen sein.[1653]

Verurteilung: siehe Kündigungsschutz, Prozesskosten, Verfallsanordnung.

Verwaltungsaktverpflichtung: siehe Öffentlich-rechtliche Verpflichtung.

Verwaltungskosten: siehe Abrechnungskosten, Bauspartechnische Abgrenzung.

Verwaltungskosten zur Durchführung der betrieblichen Altersvorsorge sind nicht dem Begriff der pensionsähnlichen Verpflichtungen zu subsumieren, können aber bei der Bewertung der eigentlichen Pensionsverpflichtung berücksichtigt werden.

Verwertungsgesellschaft: Mit Urteil vom 21.4.2016 – I ZR 198/13 entschied der BGH, dass die VG Wort entgegen der jahrzehntelangen Praxis von den vereinnahmten Geldern nicht mehr einen pauschalen Anteil an die Verlage ausschütten darf, weil diese keine für die Ausschüttung erforderlichen Leistungsschutzrechte an den jeweiligen Werken besitzen. Aufgrund des Urteils vom 21.4.2016 müssen Verlage voraussichtlich die seit dem Geschäftsjahr 2012 erhaltenen Gelder der Verwertungsgesellschaften, insb. der VG Wort, an diese wieder zurückzahlen, weil diese unter Rückforderungsvorbehalt ausgeschüttet wurden.

Aufgrund des Urteils des BGH vom 21.4.2016 ist die Wahrscheinlichkeit der Verpflichtung bzw. die drohende Rückzahlungspflicht der Verlage an die VG Wort hinreichend bestimmt. Die Verpflichtung besteht ggü. Dritten, ist wirtschaftlich verursacht und betrieblich veranlasst. Da die Ausschüttungen der VG Wort seit dem Geschäftsjahr 2012 unter Rückforderungsvorbehalt erfolgten, ist zudem davon auszugehen, dass mit einer tatsächlichen Inanspruchnahme hinreichend sicher zu rechnen ist.[1654] Im Zusammenhang mit den Rückzahlungsforderungen besteht bei den betreffenden Verlagen insofern eine Pflicht zur Bildung einer Rückstellung aufgrund einer ungewissen, aufgrund der erhaltenen Zahlungen aber hinreichend sicher quantifizierbaren Verbindlichkeit.

Fraglich ist, ob die Rückstellung für Rückzahlungen an die Verwertungsgesellschaften, bspw. VG Wort, rückwirkend in noch nicht aufgestellten Jahresabschlüssen der Verlage, deren Stichtag vor dem Ergehen des Urteils liegt (bspw. zum 31.12.2015), passiviert werden muss, ggf. sogar eine Nachholung unterlassener Rückstellungen in bereits auf- und festgestellten Jahresabschlüssen erforderlich ist oder eine Rückstellung erst im nächstfolgenden Jahresabschluss (etwa zum 31.12.2016) notwendig ist.

Anzumerken ist in diesem Zusammenhang und im Hinblick auf die Urteilsverkündung des BGH, dass der EuGH (C-572/13) bereits am 12.11.2015 darüber urteilte, ob Verleger an einem Ausgleich für Vervielfältigungen der vertriebenen Werke zu beteiligen sind. Der BGH hatte mit Beschluss vom 18.12.2014 das Klageverfahren ausgesetzt, um das Urteil des EuGH abzuwarten.

1653 Vgl. FG Brandenburg v. 27.7.1994, 2 K 557/93 K, BB 1994 S. 1677.

1654 Der Verteilungsplan der VG Wort sieht in seinem § 9 eine Regelung vor, die eine nachträgliche Korrektur der Verteilung auf kollektiver Ebene ermöglicht und auf deren Grundlage auch etwaige Rückforderungen und Nachzahlungen abzuwickeln sind. Abrufbar unter https://go.nwb.de/tt7au.

Insofern konnte man davon ausgehen, dass der BGH der Ansicht des EuGH Gewicht beimisst. Damit kann das Urteil des BGH als wertaufhellende Tatsache eingestuft werden, die eine rückwirkende Rückstellungspflicht begründet. Denn spätestens mit der Entscheidung des EuGH musste der Bilanzierende hinreichend sicher damit rechnen, dass auch der BGH zuungunsten der Verlage entscheidet. Die Höhe der Rückstellung richtet sich nach der Höhe der voraussichtlich zurückzuzahlenden Gelder. Diese sind im Einzelfall bekannt. Es sprechen also mehr Aspekte dafür als dagegen, dass die Rückstellung – handels- und steuerrechtlich – bereits im Jahresabschluss zum 31.12.2015 anzusetzen ist.

Sofern im bereits festgestellten Jahresabschluss zum 31.12.2015 keine Rückstellung für die nunmehr höchstrichterlich bestätigte Rückzahlungspflicht gebildet wurde, ist die Notwendigkeit einer Änderung des Jahresabschlusses zu prüfen.

Verzicht: siehe Gesellschafterfinanzierung.

VG Wort: siehe Verwertungsgesellschaft.

Vollkostenbewertung: Der Erfüllungsbetrag von Sach- und Dienstleistungsverpflichtungen umfasst die im Erfüllungszeitpunkt voraussichtlichen Vollkosten (Einzel- und notwendige Gemeinkosten).

Vorauszahlung: siehe Anzahlung.

Vorfälligkeitsentschädigung: Für zum Bilanzstichtag begründete, aber noch nicht berechnete Vorfälligkeitsentschädigungen sind Rückstellungen anzusetzen, sofern die Höhe der Entschädigung nicht bekannt ist.

Vorruhestandsgeld: siehe Vorruhestandsverpflichtung.

Vorruhestandsverpflichtung: Für die Verpflichtung zu Leistungen zum Vorruhestand des Arbeitnehmers ist die Bildung einer Rückstellung geboten. Vorruhestandsverpflichtungen sind den pensionsähnlichen Verpflichtungen zuzuordnen.[1655] Die Bewertung hat jedoch den Grundsätzen der Bewertung der Pensionsrückstellung zu folgen. Siehe auch Altersteilzeit, Pensionsrückstellung.

Vorschuss: siehe Anzahlung.

VPI (Verbraucherpreisindex): Für etwaige Verpflichtungen aus der Anpassung der laufenden, künftigen Rentenzahlungen nach § 16 Abs. 1 BetrAVG muss die bis zum Abschlussstichtag aufgelaufene Inflationsentwicklung, gemessen am Verbraucherpreisindex (VPI), berücksichtigt werden.[1656] Siehe auch Anpassungsstau.

1655 Vgl. Syst. Praxiskommentar Bilanzrecht/*Petersen/Künkele/Zwirner,* § 249 HGB Rz. 212; vgl. Handbuch Bilanzrecht/*Zwirner/Lindmayr,* C.III. Rz. 5.

1656 Vgl. Sitzungsberichterstattung des FAB über die 274. FAB-Sitzung am 22.11.2023, IDW Life 2023 S. 1174 f. Vgl. auch *Zwirner,* BC 2023 S. 155 f.

W.

Wachstumssparen: siehe Prämiensparvertrag, Zuwachssparen.

Wahrscheinlichkeitskriterium: siehe Kap. 1.2.3.

Währungskursrisiko: Bei schwebenden Import- oder Exportgeschäften kann es i. R. von Wechselkursänderungen zu Verlusten kommen. Soweit diese nicht durch Sicherungsinstrumente ausgeglichen werden, ist die Passivierung möglicher Verluste in einer Drohverlustrückstellung handelsbilanziell geboten.

Währungsswap: Ein drohender Verlust kann sich aus den Verpflichtungen zur Zinszahlung i. R. eines Währungsswaps ergeben. Dieser ist i. R. einer Drohverlustrückstellung zu berücksichtigen. Neben dem Erfüllungsrisiko bezüglich der Gegenpartei sind hier das Zinsänderungsrisiko sowie das Risiko von Wechselkursschwankungen (weil Zinsen auf unterschiedliche Währungen gezahlt werden) zu beachten.

Waisenrente: siehe Lohnfortzahlung im Todesfall.

Wandelschuldverschreibung: Bei Wandelschuldverschreibungen handelt es sich um Schuldverschreibungen, bei denen den Gläubigern das Wahlrecht zur Umwandlung der Schuldverschreibung in Aktien des Emittenten eingeräumt wird. Bilanziell sind diese als Umtauschanleihe zu behandeln. Siehe Umtauschanleihe.

Wandlung: siehe Garantieverpflichtung.

Warengutschein: siehe Bonus, Rabattmarke.

Warenprobe: siehe Ärztemuster.

Warenrückgabe: siehe Rücksendung.

Warenrückvergütung: Der bei einer Genossenschaft nach Ablauf des Geschäftsjahrs beschlossenen Warenrückvergütung ist durch den Ansatz einer Verbindlichkeitsrückstellung Rechnung zu tragen.[1657]

Warentermingeschäft: Bei Warentermingeschäften, die nur durch Barausgleich („cash settlement") und nicht durch physische Lieferung erfüllt werden können, ist i. H. des Verlusts, der sich am Bilanzstichtag bei Glattstellen der Position ergeben würde, eine Drohverlustrückstellung zu passivieren.

Warenumschließung: siehe Flaschenpfand.

Wartung: siehe Instandhaltung.

Wartung von Flugzeugen: siehe Flugzeugwartung.

Wartung von Werkzeugen: siehe Werkzeuge.

Wartungsaufwand: siehe Instandhaltung.

Wartungsvertrag: siehe Dauerwartungsvertrag, Inspektionsverpflichtung.

Wasserkosten: siehe Nebenkosten.

1657 Vgl. BFH v. 8.11.1960, I 152/59 U, BStBl. III 1960 S. 523.

WEA: siehe Windkraftanlage.

Wechseldiskont: siehe Wechselobligo.

Wechselkursrisiko: Bei schwebenden Import- oder Exportgeschäften kann es i.R. von Wechselkursänderungen zu Verlusten kommen. Soweit diese nicht durch Sicherungsinstrumente ausgeglichen werden, ist die Passivierung möglicher Verluste in einer Drohverlustrückstellung handelsbilanziell geboten.[1658] Bei nicht schwebenden Geschäften, also bspw. wenn eine Forderung bereits bilanziert wurde, sind die Wechselkursschwankungen bei der Bewertung der Forderung und nicht als Drohverlustrückstellung zu berücksichtigen.

Wechselkursschwankung: siehe Währungskursrisiko (vgl. auch Kap. 2.1.2.8 bezüglich des Konkurrenzverhältnisses zu außerplanmäßigen Abschreibungen).

Wechselobligo: Bei vom Kaufmann vor dem Bilanzstichtag weitergegebenen Wechseln besteht die „Gefahr", dass der Wechselinhaber im Zuge seines Regressanspruchs nach dem Bilanzstichtag die Zahlungsverpflichtung des Unternehmens geltend macht. Ist eine solche Verpflichtung wahrscheinlich, muss dafür eine Verbindlichkeitsrückstellung passiviert werden.[1659] Diese ist als Pauschalrückstellung (Prozentsatz auf den Gesamtbetrag aller weitergegebenen Wechsel) anzusetzen. Diese Summe darf allerdings nicht die Summe der zur Bilanzaufstellung noch nicht eingelösten Wechsel übersteigen.[1660]

Weihnachtsgeld: siehe Weihnachtsgratifikation.

Weihnachtsgratifikation: Die Bildung einer Rückstellung für Weihnachtsgratifikationen kommt dann in Betracht, wenn die Zahlungsverpflichtung für das abgeschlossene Geschäftsjahr noch ausstehend und bezüglich Höhe und/oder Zeitpunkt der Zahlung unsicher ist. Bei vom Kalenderjahr abweichenden Geschäftsjahren darf nur der Betrag als Rückstellung ausgewiesen werden, der bei zeitproportionaler Aufteilung auf die Zeit vor dem Bilanzstichtag entfällt.[1661] Siehe auch Gratifikation.

Werbebeitrag: siehe Fördermittel.

Werbekosten: Der Ansatz einer Rückstellung für Kosten von aufgeschobenen Werbemaßnahmen kommt nicht infrage.

Werbekostenzuschuss: Ein Zuschuss vonseiten des Herstellers an ein Handelsunternehmen, welcher für Werbezwecke überlassen wird. Siehe auch Fördermittel.

Werbezuschuss: siehe Fördermittel.

Werklieferungsvertrag: Für ausstehende Verpflichtungen aus einem Werklieferungsvertrag kann der Ansatz einer Rückstellung für zum Stichtag noch ausstehende Leistungen geboten sein.

Siehe auch Montageverpflichtung.

Werkmangel: Wurde ein bestehender Werkmangel durch den Besteller nicht bis zum Bilanzstichtag gerügt und beruhte dies maßgeblich darauf, dass der objektiv angelegte Mangel bis zum Bilanzstichtag noch keine betriebsbeeinträchtigende Wirkung entfaltet hat und insofern

1658 Vgl. auch Syst. Praxiskommentar Bilanzrecht/*Petersen/Künkele/Zwirner*, § 249 HGB Rz. 164 f.

1659 Vgl. BFH v. 7.5.1998, IV R 24/97, DStRE 1998 S. 914.

1660 Vgl. BMF v. 29.4.1974, IV B 2 – S 2137 – 6/74, DB 1974 S. 848.

1661 Vgl. BFH v. 26.6.1980, IV R 35/74, BStBl. II 1980 S. 506.

die Vertragsbeteiligten von dem vorliegenden Mangel noch keine Kenntnis hatten, scheidet der Ansatz einer Rückstellung wegen fehlender voraussichtlicher Inanspruchnahme zum Bilanzstichtag aus.[1662]

Werkvertrag: Ein Vertrag, bei dem der Erfolg bzw. das Ergebnis des Erbringers vom Empfänger vergütet wird. Sofern aus dem bestehenden Vertragsverhältnis voraussichtlich ein Verlust entstehen wird und auch keine Möglichkeit besteht, das bestehende Vertragsverhältnis zu ändern, ist eine Rückstellung für drohende Verluste zu passivieren. Siehe Drohende Verluste.

Werkzeuge: Stellt ein Lieferant (Spezial-)Werkzeuge für die zukünftige Produktion von Serienteilen her und wird seine Verpflichtung zur zukünftig anfallenden Wartung, Instandhaltung und Aufbewahrung/Lagerung der Werkzeuge ausschließlich durch einen für die Lieferung der Werkzeuge abgeschlossenen Werkzeugvertrag und nicht durch künftige Aufträge zur Produktion der Serienteile abgegolten, so hat der Lieferant eine Rückstellung für die Wartung, Instandhaltung und Aufbewahrung/Lagerung der Werkzeuge zu bilden.[1663]

Werkzeugfertigung: siehe Werkzeuge.

Werkzeugkostenbeitrag: siehe Herstellungskostenbeitrag.

Werkzeugkostenzuschuss: siehe Herstellungskostenbeitrag.

Wertaufhellungsprinzip: Grundsätzlich sind wertaufhellende Ereignisse bei der Bemessung von Rückstellungen dem Grunde sowie der Höhe nach zu berücksichtigen.

In steuerlichen Außenprüfungen entbrennen immer wieder interessante Diskussionen über die Bewertung von Wirtschaftsgütern nach dem Prinzip des niedrigeren Teilwerts oder die Höhe von Rückstellungen. Dabei wird vonseiten der Finanzverwaltung gerne mit Erkenntnissen argumentiert, welche aus Sicht des jeweiligen Stichtages deutlich in der Zukunft liegen. Vor diesem Hintergrund stellt sich die Frage nach der Bedeutung des Wertaufhellungsprinzips in der Steuerbilanz.

Das Wertaufhellungsprinzip hat als grundlegender Bewertungsgrundsatz maßgeblichen Einfluss auf die Bewertung von Wirtschaftsgütern und Schulden. Zum Bilanzierungszeitpunkt sind wertaufhellende Ereignisse zu berücksichtigen, wertbeeinflussende Ereignisse hingegen nicht. Wertaufhellende Tatsachen sind Ereignisse, die am Bilanzstichtag begründet waren. Wertbeeinflussende Tatsachen sind Ereignisse nach dem Bilanzstichtag, die keinen Einfluss auf die Verhältnisse am Bilanzstichtag haben.

So sind Schadensersatzansprüche gegen den Schuldner bereits zum Bilanzstichtag als Rückstellung zu berücksichtigen, wenn die Entdeckung der zum Schadensersatz verpflichtenden Handlung bereits vor der Bilanzaufstellung erfolgte. Geschah das Schadensereignis jedoch nach dem Bilanzstichtag, liegt eine wertbeeinflussende Tatsache vor, welche noch nicht berücksichtigt werden darf.

1662 Vgl. BFH v. 28.8.2018, X B 48/18, BFH/NV 2019 S. 113.

1663 Vgl. FG Münster v. 25.7.2019, 10 K 902/15 K, Rev. eingelegt (BFH, XI R 21/19), EFG 2019 S. 1682. Der BFH bestätigt in seiner Entscheidung v. 2.7.2021 die Ausführungen des FG Münster v. 25.7.2019; vgl. BFH v. 2.7.2021, XI R 21/19, BFH/NV 2022 S. 222. Vgl. die BFH-Entscheidung kommentierend *Prinz,* DB 2022 S. 297 ff.; vgl. auch *Oser/Wirtz,* StuB 2023 S. 110.

Bei der Berücksichtigung wertaufhellender Tatsachen stellt sich gerade in der Steuerbilanz immer wieder die Frage, bis zu welchem Zeitpunkt die betreffenden Ereignisse eingetreten sein müssen, damit sie noch zu berücksichtigen sind. Als maßgeblicher Zeitpunkt wird in der Rechtsprechung der Finanzgerichte und auch der Kommentarliteratur der Zeitpunkt der Bilanzaufstellung genannt. Dabei stellt sich die anschließende Frage, welcher Zeitpunkt dies genau sein kann, wenn sich der Prozess der Bilanzaufstellung möglicherweise über mehrere Jahre hinzieht, gepaart mit der Fragestellung nach der Bedeutung der gesetzlichen Frist für die Aufstellung des Jahresabschlusses von drei bzw. sechs Monaten nach § 264 Abs. 1 HGB.

Gerade in Betriebsprüfungen erlangt diese Fragestellung immer wieder eine interessante Bedeutung. So ist die Finanzverwaltung oftmals auf der einen Seite bemüht, den Wertaufhellungszeitraum „in die Länge" zu ziehen, wenn in der Zukunft Ereignisse eintreten, welche bspw. einen höheren Teilwert begründen oder eine niedrigere Rückstellung vermuten lassen. Auf der anderen Seite kann es jedoch auch das Ziel sein, den Wertaufhellungszeitraum zu verkürzen, wenn zu einem späteren Zeitpunkt Tatsachen offenkundig werden, welche z. B. zu einer höheren Rückstellung führen.

Der BFH hat in seinem Urteil vom 12.12.2012 – I B 27/12 diese Frage eindeutig beantwortet: Für die Steuerbilanz endet der Wertaufhellungszeitraum nicht mit dem Ende des tatsächlichen Bilanzaufstellungsprozesses, sondern mit der gesetzlichen Frist zur Aufstellung des Jahresabschlusses, also nach drei bzw. sechs Monaten. Es empfiehlt sich, gerade in Betriebsprüfungen diese eindeutige Rechtsprechung „im Hinterkopf" zu behalten, besonders dann, wenn bspw. in Fragen der Rückstellungsbewertung vonseiten der Finanzverwaltung mit wirtschaftlichen Ereignissen argumentiert wird, welche aus Sicht des jeweiligen Bilanzstichtages weit in der Zukunft liegen.

Wertguthaben: Wertguthaben können bei Arbeitszeitkonten entstehen. Siehe Arbeitszeitkonto.

Wertgutschein: siehe Bonus, Gutmünzen.

Wertpapiergebundene Altersversorgungszusagen: Bemisst sich die Höhe einer Altersversorgungszusage ausschließlich nach der Höhe von Wertpapieren, ist die Pensionsrückstellung an den beizulegenden Zeitwert der Wertpapiere anzupassen, soweit dieser einen garantierten Mindestbetrag übersteigt.[1664]

Wertpapierleihe: Bei einer Wertpapierleihe werden Wertpapiere für eine begrenzte Zeit und gegen eine Leihgebühr an den Vertragspartner überlassen. Am Ende der Leihfrist hat der Verleiher Wertpapiere gleicher Art, Güte und Menge zurückzugeben. Damit ähnelt die Wertpapierleihe einem echten Pensionsgeschäft. Siehe Pensionsgeschäft.

Wertsicherungsklausel: Im Fall einer Leistungserhöhung ist keine Rückstellung zu bilden. Es handelt sich um eine Verbindlichkeit, da das Ansteigen der Verpflichtung der Höhe und dem Grunde nach bekannt ist.

Wettbewerbsverbot: Hat der Handelsvertreter bei Auflösung des Vertretungsvertrags eine Provision erhalten und sich im Gegenzug dem Wettbewerbsverbot verpflichtet, ist dafür keine Rückstellung zu bilden. Es fehlt an einer wirtschaftlichen Verursachung in der Vergangenheit.[1665]

Wiederaufbereitung: siehe Abfallbeseitigung, Altauto, Altreifen, Bauschutt-Recycling, Elektroschott.

1664 Vgl. *Melcher/David/Skowronek*, S. 408 ff.

1665 Vgl. BFH v. 24.1.2001, I R 39/00, BStBl. II 2005 S. 465.

Wiederaufforstung: Innerhalb einer bestimmten Frist nach einem Einschlag von Holzbeständen müssen Waldbesitzer die unbestockten oder unvollständig bestockten Waldflächen wieder aufforsten.[1666] Liegt ein Einschlag vor, d.h., tritt der Tatbestand der gesetzlichen Verpflichtung ein, ist eine Rückstellung für ungewisse Verbindlichkeiten anzusetzen, und zwar i.H. der voraussichtlichen Kosten der Wiederaufforstung. Bei der Bemessung der Rückstellung sind nur die Kosten in die Rückstellung einzustellen, die durch den Einschlag bis zum Bilanzstichtag verursacht sind. Die Verpflichtung ist entsprechend der Laufzeit bis zu ihrer Erfüllung abzuzinsen. Für die Steuerbilanz ist der Beginn der Wiederaufforstung maßgeblich.[1667] Siehe Rekultivierung.

Wiederherstellungsverpflichtung: Für die Verpflichtung, einen gemieteten Raum im ursprünglichen Zustand zurückzugeben, ist die Bildung einer Rückstellung für ungewisse Verbindlichkeiten geboten. Siehe Erneuerungsverpflichtung bei Mietverträgen.

Windenergieanlage: siehe Windkraftanlage.

Windkraftanlage: Ist eine Baugenehmigung für eine Windkraftanlage mit der Auflage erteilt worden, dass nach Einstellung der Stromerzeugung die Anlage zu beseitigen ist, muss dafür eine Verbindlichkeitsrückstellung passiviert werden. Siehe auch Abbruchverpflichtung, Entfernungsverpflichtung.

Windkraft-Energie-Übernahmeverpflichtung: Eine solche Verpflichtung ist nicht rückstellbar.[1668]

Wirtschaftsberater: siehe Beratungskosten.

Wirtschaftsprüfung: Die Bilanzierung einer Rückstellung für Jahresabschlusskosten ist verpflichtend, sofern eine gesetzliche Prüfungspflicht nach § 316 HGB besteht. Dies beinhaltet die Kosten für betriebliche Steuererklärungen, interne sowie externe Erstellungskosten, das Prüfungshonorar des Jahresabschlussprüfers sowie auch die Offenlegung beim Betreiber des Bundesanzeigers. Siehe auch Jahresabschluss.

Zu beachten ist, dass eine entsprechende Rückstellung steuerlich nicht gebildet werden darf, wenn die Verpflichtung ausschließlich durch den Gesellschaftsvertrag/die Satzung begründet ist.[1669] Siehe auch Freiwillige Jahresabschlussprüfung.

Wirtschaftsverband: siehe Berufsgenossenschaftsbeitrag.

Witwen-/Witwerrente: siehe Lohnfortzahlung im Todesfall.

Wohnrechtszusage: Gewährt der Bilanzierende einem Dritten (z.B. einem ehemaligen GF) eine Wohnrechtszusage, ist diese i.R. einer Pensionsrückstellung abzubilden und zu bewerten. Jenseits von rein monetären Zuwendungen können Versorgungsbezüge auch aus der Gewährung von Sachleistungen und Nutzungsleistungen bestehen.[1670] Damit stellt ein lebenslanges Wohnrecht zum Zweck der Versorgung eines GmbH-GF vom Zeitpunkt seines Renteneintritts an eine Pensionsverpflichtung i.S. des § 249 Abs. 1 Satz 1 HGB dar und ist zu passivieren.

Wohnungsvermietung: siehe Mietvertrag.

1666 Grundsätzlich drei Jahre für Bayern – vgl. Art. 15 Bayerisches Waldgesetz.

1667 Vgl. § 6 Abs. 1 Nr. 3a Buchst. e Satz 2 EStG.

1668 Vgl. Beck Bil-Komm/*Schubert*, § 249 HGB Rz. 130; *Weber-Grellet* in: Schmidt, § 5 EStG Rz. 550.

1669 Vgl. BFH v. 5.6.2014, IV R 26/11, BStBl. II 2014 S. 886.

1670 Vgl. IDW HFA, WPg 1994 S. 26, 26 f.

Z.

Zahlungsbericht: Für Aufwendungen, die im Zusammenhang mit der Erstellung eines Zahlungsberichts entstehen, ist aufgrund der bestehenden öffentlich-rechtlichen Verpflichtung eine Rückstellung zu bilden. Siehe Aufbewahrung von Geschäftsunterlagen, Jahresabschluss, Jahresabschlussprüfung.

Zeitchartervertrag: Drohverlustrückstellungen müssen gebildet werden, wenn der Kapitaldienst aus dem für den Schiffskauf aufgenommenen Darlehen die Erträge aus der Vermietung des Schiffs voraussichtlich übersteigt.[1671]

BEISPIEL ▸ Die A GmbH (Vermieter) schließt einen einjährigen Zeitchartervertrag mit der B GmbH über ein Schiff ab. Die B GmbH hat für diesen Nutzungszeitraum eine Zahlung von 1,2 Mio. EUR zu leisten. Zum Bilanzstichtag sind sechs Monate des Nutzungszeitraums vergangen. Für die restliche Laufzeit rechnet die A GmbH mit Betriebskosten i. H. von 400.000 EUR, in gleicher Höhe fallen Abschreibungen auf das Schiff an.

Es ergibt sich ein potenzieller Verlust i. H. von 200.000 EUR (600.000 EUR – 2 × 400.000 EUR). In dieser Höhe ist eine Drohverlustrückstellung zu bilden.

Zeitraumbezogene Leistungen: siehe Erlösabgrenzung.

Zinsen auf Steuernachforderungen: Ist ernsthaft mit einer Steuernachforderung zu rechnen, sind auch die auf die Nachforderungen entfallenden Zinsen[1672] in einer Rückstellung für ungewisse Verbindlichkeiten zu berücksichtigen.[1673] Dabei sind Rückstellungen nur insofern anzusetzen, als damit eine Zeitspanne vor dem Bilanzstichtag abgegolten wird.[1674] In der Steuerbilanz darf nur auf solche Zinsen eine Rückstellung gebildet werden, die laut Gesetz abzugsfähig sind.[1675] Eine Rückstellung für Hinterziehungszinsen ist frühestens zum Zeitpunkt der Zinsfestsetzung möglich.[1676] Dabei ist insb. der Karenzzeitraum von 15 Monaten zu berücksichtigen.[1677] Für die Steuerbilanz sind derartige Rückstellungen wegen § 6 Abs. 1 Nr. 3a Buchst. e Satz 1 EStG i. V. mit § 6 Abs. 1 Nr. 3 Satz 2 EStG nicht abzuzinsen. Dies soll laut BMF aus Vereinfachungsgründen auch dann gelten, „[...] wenn möglicherweise Zinsen nicht festgesetzt werden (z. B. bei einer Steuerfestsetzung vor Beginn des Zinslaufs nach § 233a Abs. 2 AO)“[1678].

Zinsen bei Aussetzung der Vollziehung (§ 237 AO): Für ungewisse Verpflichtungen zur Zahlung von Aussetzungszinsen infolge eines nicht erfolgreichen Einspruchs oder einer Klage gegen einen Steuerbescheid besteht ein Passivierungsgebot. Ungewiss ist hierbei, ob und in welcher Höhe die Zinsverbindlichkeit nach § 237 AO entsteht. Dies hängt vom Erfolg der anhängenden Anfechtungsklage bzw. des Einspruchs ab. Da der Ausgang eines Rechtsstreits indessen regelmäßig unsicher ist, besteht für eine Inanspruchnahme im Fall des Unterliegens eine hinreichende Wahrscheinlichkeit. Folglich liegt ein Passivierungsgebot vor.[1679]

1671 Vgl. BFH v. 11.2.1988, IV R 191/85, BStBl. II 1988 S. 661.

1672 Vgl. § 233a AO.

1673 Vgl. *Zwirner/Tippelhofer*, Beilage zu StuB 9/2017 S. 1, 6.

1674 Vgl. BFH v. 8.11.2000, IV R 35/74, WPg 2001 S. 506.

1675 Vgl. BFH v. 8.11.2000, IV R 35/74, WPg 2001 S. 506.

1676 Vgl. BFH v. 16.2.1996, I R 73/95, BStBl. II 1996 S. 592.

1677 OFD Frankfurt am Main v. 18.7.2023, S 2133 A – 21 – St 516.

1678 BMF v. 26.5.2005, IV B 2 – S 2175 – 7/05, BStBl. I 2005 S. 703.

1679 Vgl. *Zwirner/Tippelhofer*, Beilage zu StuB 9/2017 S. 1, 6.

Zinsniveau: siehe Darlehenszins.

Zinsoption: Der Stillhalter einer Zinsoption hat dann eine Rückstellung für drohende Verluste zu bilden, wenn der implizierte Zinsterminsatz den Ausübungszinssatz zzgl. Optionsprämie übersteigt.[1680] Eine Ermittlung der Drohverlustrückstellung auf Basis der Glattstellungsmethode scheidet aufgrund des Fehlens eines liquiden Sekundärmarkts bei individualvertraglich vereinbarten Optionen aus.

Zinsswap: Eine Drohverlustrückstellung kommt z. B. in Betracht, wenn der Swap-Payer (Partei, die feste Zinszahlungen leistet) sich einem sinkenden Marktzins gegenübersieht. Ferner kann das Kreditrisiko, also das Risiko, dass eine Partei ihren Zahlungsverpflichtungen nicht mehr nachkommen kann, eine Drohverlustrückstellung begründen. Siehe auch Swapgeschäft.

Zinszahlung: Bei Rückstellungen für Zinszahlungsverpflichtungen sind nur Vorgänge bis zum Bilanzstichtag zu berücksichtigen.[1681] Siehe auch Prozesskosten.

Zivilrechtliche Verpflichtung: siehe Privatrechtliche Verpflichtung.

Zucker-Lagerungsabgabe: Eine Rückstellung für künftig anfallende Lagerkostenabgaben bei Zuckererzeugern, die zur Finanzierung einer monatlichen Subvention (Lagerkostenvergütung) dienen, ist nicht zulässig.[1682]

Zug: Für Inspektionen gilt dasselbe wie für Flugzeuge. Siehe Flugzeug, Inspektionsverpflichtung.

Zulassungsfolgepflicht: siehe Börsenzulassungsfolgepflicht.

Zulassungskosten: Gebühren, die ein Unternehmen für die Zulassung eines neu entwickelten Pflanzenschutzmittels an die zuständige Behörde zu entrichten hat, sind Teil der Herstellungskosten der Rezeptur. Für die Verpflichtung zur Zahlung der Gebühren, die wirtschaftlich mit der Stellung des Antrags entstanden sind, ist eine Rückstellung zu bilden.[1683] Im Fall von Eigenentwicklungen ist der Ansatz einer Rückstellung für Zulassungskosten unter Beachtung von § 5 Abs. 2 EStG bzw. bei Nichtausübung des Wahlrechts nach § 248 Abs. 2 HGB erforderlich. Siehe auch Arzneimittelprüfung.

Zusatzbeitrag: siehe Handwerkskammer.

Zusatzleistung für Pensionäre: siehe Pensionsrückstellung.

Zusatzversorgungskasse: Ein Rückstellungsgebot ergibt sich nur bei Erfüllungsrückständen. Siehe auch ZVK (Zusatzversorgungskasse).

Zuschuss: siehe Fördermittel.

Zuschuss, bedingt rückzahlbarer: Bedingt rückzahlbare Zuschüsse sind bis zum Eintritt der aufschiebenden Bedingung als Rückstellung für ungewisse Verbindlichkeiten zu passivieren, wenn

1680 Siehe *Winter*, BB 1995 S. 1631, 1634 mit weiteren Literaturnachweisen, insb. zur Ermittlung der implizierten Zinsterminsätze aus einer gegebenen Zinsstrukturkurve. Die benannte Methode ist zudem die einzig mögliche bei Over-the-Counter-Zinsoptionen europäischer Art.

1681 Vgl. BFH v. 6.12.1995, I R 14/95, BStBl. II 1996 S. 406.

1682 Vgl. BFH v. 13.5.1998, VIII R 58/96, BFH/NV 1999 S. 27.

1683 Vgl. BFH v. 8.9.2011, IV R 5/09, BStBl. II 2012 S. 122.

mit dem Eintritt der Bedingung gerechnet wird.[1684] Steuerbilanziell ist der Zuschuss als Ertrag zu vereinnahmen.[1685]

Zuwachssparen: Ein Kreditinstitut, das kündbare Sparverträge mit steigendem Zinssatz (sog. Zuwachssparen) anbietet und am Ende jedes Vertragsjahres eine Verzinsung vornimmt, die der marktüblichen Gesamtverzinsung für Kapitalüberlassungen der bis dahin erreichten Laufzeit entspricht, kann für künftig noch steigende Zinsen keine Rückstellung bilden.[1686] Siehe auch Prämiensparvertrag.

Zuweisung an Unterstützungskassen: Hat der Arbeitgeber der Unterstützungskasse die zur Erfüllung der Vorsorgepflichten notwendigen Mittel nicht in ausreichendem Maß zugewendet, kann für diesen Erfüllungsrückstand eine Rückstellung passiviert werden.[1687] Steuerlich besteht allerdings ein Passivierungsverbot für solche mittelbaren Verpflichtungen.

Zuwendung: Der BFH bejaht die Passivierung einer Rückstellung für Zuwendungen, die von künftigen Erträgen bzw. Erfolgen abhängig sind, noch vor Eintritt der Bedingung (also bspw. vor Ertragsrealisierung).[1688] Darauf reagierte das BMF mit Nichtanwendungserlassen.[1689] Das steuerliche Ansatzverbot ist in § 5 Abs. 2a EStG kodifiziert.

Zuwendung, bedingt rückzahlbare: siehe Druckbeihilfe, Filmkredit, Herstellungskostenbeitrag, Zuwendung.

Zuzahlung: siehe Ausgleichsposten.

ZVK (Zusatzversorgungskasse): Zusatzversorgungskassen (ZVK) dienen als Träger der tarifvertraglich geregelten betrieblichen Altersversorgung der Beschäftigten im öffentlichen und kirchlichen Dienst. Die Einschaltung einer ZVK führt grds. zu einer mittelbaren Altersversorgungsverpflichtung des Bilanzierenden. Aus Sicht des Mitgliedsunternehmens bei einer ZVK handelt es sich damit um eine mittelbare Pensionsverpflichtung, für die ein Passivierungswahlrecht besteht. Eine Rückstellung für künftig zu entrichtende Finanzierungsbeiträge infolge einer Unterdeckung ist nach Ansicht des HFA unzulässig.[1690]

Reicht das Vermögen der ZVK zur Erfüllung der Verpflichtungen nicht aus, erwirbt der Begünstigte einen unmittelbaren Anspruch ggü. dem die mittelbare Zusage erklärenden Unternehmen (Subsidiärhaftung nach § 1 Abs. 1 Satz 3 BetrAVG).

Zwangsgeld: Das Zwangsgeld ist ein Ordnungsmittel zur gerichtlichen oder behördlichen Durchsetzung von spezifischen Handlungen des Betroffenen. So kann das Registergericht bspw. nach § 14 HGB Zwangsgeld festsetzen, um die Einreichung von Unterlagen zum Handelsregister zu forcieren. Auch das anzusetzende Ordnungsgeld bei Verstößen gegen die Offenlegungsvorschriften ist als Zwangsgeld zu verstehen.[1691] Wenn das Unternehmen am Bilanzstichtag mit der

1684 Vgl. hierzu WPH Edition, Kap. F Rz. 692 mit Verweis auf IDW St HFA 1 1984.

1685 Vgl. *Weber-Grellet* in: Schmidt, § 5 EStG Rz. 550.

1686 Vgl. BFH v. 20.1.1993, I R 115/91, BStBl. II 1993 S. 373.

1687 Vgl. HdR-E/*Höfer*, § 249 HGB Rz. 794 f.

1688 Vgl. BFH v. 20.5.1995, X R 225/93, BStBl. II 1997 S. 320; BFH v. 3.7.1997, IV R 49/96, BStBl. II 1998 S. 244; BFH v. 17.12.1998, IV R 21/97, BStBl. II 2000 S. 116; BFH v. 4.2.1999, IV R 54/97, BStBl. II 2000 S. 139.

1689 Vgl. BMF v. 28.4.1997, IV B 2 – S 2137 – 38/97, DStR 1997 S. 739; BMF v. 17.2.1998, IV B 2 – S 2134a – 42 – 25/98, BStBl. I 1998 S. 368.

1690 Vgl. IDW HFA, IDW Life 2017 S. 118, 118 f.

1691 Vgl. hierzu Beck Bil-Komm/*Grottel*, § 325 HGB Rz. 350.

Festsetzung von Zwangsgeld rechnet und sich diesem nicht entziehen kann, ist eine Rückstellungsbildung denkbar.

Zwischenabschluss: siehe Halbjahresbericht, Quartalsbericht.

Zwischenerzeugnissteuer: siehe Verbrauchsteuer.

STICHWORTVERZEICHNIS

A

E

H

N

O

P

Q

R

T

W

Z